ज्ञान गरिमा के
72 वर्ष

भारतीय
ज्ञानपीठ

णाणं
पयासयं
वीर नि.सं. 2470
ई. सन् 1944
भारतीय ज्ञानपीठ

भारतीय मुसलमान : इतिहास का सन्दर्भ

भाग–1

भारतीय मुसलमान : इतिहास का सन्दर्भ

कर्मेन्दु शिशिर

भारतीय ज्ञानपीठ

लोकोदय ग्रन्थमाला : ग्रन्थांक 1317

ISBN 978-93-263-5576-6

भारतीय मुसलमान : इतिहास का सन्दर्भ—भाग-1
कर्मेन्दु शिशिर

प्रकाशक : **भारतीय ज्ञानपीठ**
18, इन्स्टीट्यूशनल एरिया, लोदी रोड, नयी दिल्ली-110003

मुद्रक : विकास कम्प्यूटर ऐंड प्रिंटर्स, दिल्ली-110032

आवरण चित्र : लीलाधर मंडलोई

आवरण-सज्जा : चन्द्रकान्त शर्मा

BHARTIYA MUSALMAN : ETIHAS KA SANDARBH—PART-1
by : Karmendu Shishir

Published by
Bharatiya Jnanpith
18, Institutional Area, Lodi Road, New Delhi-110 003
Ph. : 011-24698417, 24626467; 23241619 (Daryaganj)
Mob. : 9350536020; e-mail : bjnanpith@gmail.com
sales@jnanpith.net; website : www.jnanpith.net

First Edition : 2017
Price : Rs. 720

अपनी पत्नी प्रिय शीला सिन्हा को

ज़मीने-चमन गुल खिलाती है, क्या-क्या।
बदलता है रंग आसमाँ कैसे-कैसे।।
न गोरे-सिकन्दर न है क़ब्रे-दारा।
मिटे नामियों के निशाँ कैसे-कैसे।।

—ख़्वाजा हैदर अली 'आतिश'

अपनी बात

भारत में मुस्लिम कौम की मौजूदगी को शताब्दियाँ बीत गयीं। इस दौरान लगभग छह सौ-साढ़े छह सौ वर्षों तक ऐसे सामन्ती शासकों के अधीन देश का शासन रहा जो मुस्लिम थे और इस्लाम पर उनका यकीन था। इसमें अरब, ईरान, तुर्की या मध्य एशिया से आये विदेशी मुसलमानों की संख्या ज्यादा थी। एक छोटा-सा हिस्सा भारत के उन मुसलमानों का भी जरूर था जो समय-समय पर धर्मान्तरित हुए थे। लेकिन लम्बे शासनकाल में उनकी स्थिति अन्य समुदाय के भारतीयों से अलग नहीं थी, वे राज-काज में किसी स्तर पर भागीदार नहीं थे और वे हर दृष्टि से प्रभावहीन थे। अगर बहुत सरलीकृत ढंग से देखा जाय तो राजनीतिक तौर पर सामन्ती शासन व्यवस्था में आम जनता के नजरिये से यह बात ज्यादा महत्त्व नहीं रखती कि सामन्ती शासक हिन्दू थे या मुसलमान। धार्मिक या सांस्कृतिक स्तर पर हिन्दू धर्म के अन्तर्गत आनेवाली सामाजिक व्यवस्था कोई बेहतर व्यवस्था नहीं थी। कट्टर ब्राह्मणवाद के अन्तर्गत बनी वर्ण व्यवस्था में विशाल जनसमुदाय पददलित अवस्था में ही था। अगर कुछ उदाहरण जबरन धर्मान्तरण के तलाश लिये जाते हैं तो इसके उदाहरण भी बहुतायत में मिलते हैं कि सामाजिक स्तर पर त्रस्त एक विशाल जनसमुदाय ने स्वेच्छा से धर्मान्तरण किया था। ऐसे में चयनित नजरिये से इतिहास को देखनेवाले अक्सर मौजूदा समय में भारी संकट पैदा कर देते हैं। इतिहास का कोई भी यथार्थ कभी भी जनता के विरुद्ध नहीं जाता, बशर्ते उसके देखने का नजरिया दुरुस्त हो। अगर हम वर्तमान को सँवारने के नजरिये से इतिहास को देखेंगे तो हमें बहुत मदद मिल सकती है और ठीक इसके उलट इतिहास के दोषपूर्ण इस्तेमाल से हम समकालीन को लहूलुहान करने में तनिक देर नहीं करेंगे।

कोई माने या मत माने, लेकिन मुसलमान इसी धरती से उगे हैं और उनको इसी जमीं में खाक होना है। वे चाहे जिस धर्म, जिस पंथ को मानें, उनको इसका पूरा हक है, इसके लिये उनको न किसी की अनुकम्पा की जरूरत है न इजाजत की। धर्म

देश की चौहद्दी तय नहीं करता। यह हक तो हर किसी को उसके जन्म के साथ हासिल होता है। इसलिये असल मामला उनके भीतर होते निरन्तर परिवर्तनों और दूसरे समुदायों से उनके रिश्तों को लेकर है जो विचारणीय है। अब जहाँ तक बदलावों की बात है तो यह कहना कि इस्लाम बदलावों को लेकर हठी है और वह किसी भी परिवर्तन को नकारता है, इसलिये उसकी कट्टरता दूसरे समुदायों से घुलने-मिलने में बहुत बड़ी बाधा है। लेकिन आप किसी भी धर्म को ले लीजिये—हर धर्म अपनी प्रकृति में ही अपरिवर्तनशील होता है और कोई भी बदलाव उसके संरक्षकों को सशंकित कर देता है कि कहीं उसका अस्तित्व ही संकटग्रस्त न हो जाय। इसलिये हर धर्म का संरक्षक अपने धर्म के आदिम स्वरूप को ही अधिक-से-अधिक बनाये रखने पर जोर देता है। वह समय की गति को खींचकर अपने उदय के पास ही महदूद रखने का भरसक यत्न करता है। आज पाँच लाख से ज्यादा नागा साधु नंगे रहते हैं, दिगम्बर जैन वस्त्रहीन रहते हैं। कुम्भ में करोड़ों लोग किसी स्थान विशेष में निश्चित तिथि को सीमित जगह पर स्नान करते हैं। अब आप पर्यावरण की दृष्टि से विचार करें कि करोड़ों लोग किसी शहर विशेष में जमा होते हैं तो शौचादि जैसी नित्यक्रिया और सीमित स्थान के जल में स्नान के हठ से पर्यावरण की क्या हालत होती होगी? लेकिन सवाल आस्था का होता है और सरकारों को इसकी मुश्किल व्यवस्था से जूझना पड़ता है।

लेकिन आस्था की अपरिवर्तनशीलता से उपजी कट्टरता उतनी घातक नहीं होती, जितनी धार्मिक उसूलों या मान्यताओं की मनमानी व्याख्या से होती है। जब कोई धर्म नेता, अनुयायी अथवा संरक्षक अपने धर्म के उसूलों की ऐसी व्याख्या करता है जो दूसरे वर्ग, जाति, कौम या समुदाय के निजी या प्राकृतिक अधिकारों को बाधित करती है। खास तौर से स्त्रियों को लेकर अनेक धर्मों में ऐसी व्याख्याएँ मिलती हैं। इसी तरह दलित समुदाय के साथ भी बेहद आपत्तिजनक उसूलों को अपनाया जाता रहा है। यह समस्या तब बहुत भयावह और त्रासद हो जाती है, जब हम यह देखते हैं कि एक धर्म के उसूल दूसरे धर्मों के विरुद्ध हिंसक शक्ल में सामने आते हैं। अगर इन व्याख्याओंवाले गुटों के साथ कोई राजनीतिक अथवा आर्थिक स्वार्थ के मसले जुड़ जाते हैं तो स्थिति मानवता के खिलाफ तक पहुँच जाती है और उसका मुकाबला धार्मिक व्याख्याओं से बाहर ताकत से होने लगता है। जाहिर है कोई भी धर्म मानवता की बेहतरी, समुदाय विशेष के साथ सभी की सुख-शान्ति के लिये ही अस्तित्व में आते रहे हैं। इसमें संहारक आचरण की तो कोई गुंजाइश होनी ही नहीं चाहिए थी। लेकिन ऐसे हालात में राजनीतिक महत्त्वाकांक्षा अथवा आर्थिक स्वार्थ के वशीभूत व्याख्याओं का सामना नैतिकता, समझदारी अथवा विवेक से होना असम्भव हो जाता है।

कोई भी धर्म चाहे वह कितना ही रूढ़ और अपरिवर्तनशील क्यों न हो; वह समय के समग्र बदलावों से अपने अनुयायियों को पूरी तरह अछूता नहीं रख सकता। परिवर्तन एक ऐसी अनिवार्य प्रक्रिया है, जिससे कोई चाहे जितना कशमकश करे उससे एकदम से बचा तो नहीं ही जा सकता है। इसलिये समझदारी और विवेक की बात यह है कि हम अपने हित में खुद यह तय करें कि परिवर्तन को कितना और किस रूप में स्वीकार करें और कितना नकारें। फिर स्वीकार और नकार का विवेक और अनुपालन कौन करे, कैसे कराये? यहाँ एक यक्ष प्रश्न धर्म-नेताओं के सामने भी आ खड़ा होता है कि जिन पर अपने पैगम्बर, नबी, आलिम अथवा प्रवर्तक के लिखे, बोले अथवा अपनाये गये वचनों और व्यवहारों को कायम रखने की जिम्मेदारी होती है; जाहिर है ऐसे में वे हस्तक्षेप की अनुमति से ही विचलित हो जाते हैं, क्योंकि उसी के संरक्षक तो वे होते हैं। समय चाहे जितना आगे बढ़े; वे शाश्वत सत्य में बदलाव को आखिर कैसे राजी हों? इससे यह भय स्वाभाविक है कि उन्हें उस धर्म के अस्तित्व पर ही संकट महसूस होने लगे। ऐसे में वे हर हालत में हठ बनाये रखते हैं।

अब आप विचार कीजिये कि किसी भी धर्म में आप उसके प्रवर्तक द्वारा कोई भी वचन या व्यवहार सुदूर अतीत में किसी खास परिस्थिति में खास समय में बोले अथवा आचरित किये गये होते हैं। जाहिर है अगर आप विचार करें कि अगर वही प्रवर्तक आज उपस्थित हो जाएँ तो क्या वे अपने पूर्व कथन या आचरण में कोई बदलाव नहीं करेंगे? उसी को यथावत दुहरायेंगे? बेशक वे ऐसा नहीं करेंगे। तब क्या हमें उन सबके पुनरवतार की प्रतीक्षा करनी होगी? अथवा यह सोचना होगा कि अगर वे आज होते तो अपने वचन या व्यवहार में क्या बदलाव लाते, तब हम क्यों नहीं मिल-जुलकर इसे तय करते? जाहिर है यह काम अपने-अपने धर्मों के नेता, संरक्षक, नबी और आलिम की संसद ही कर सकती है; कोई दूसरा नहीं। इससे धर्म बदलेगा नहीं बल्कि ज्यादा गतिशील, ज्यादा स्वीकार्य, मजबूत और दीर्घजीवी होगा।

नवजागरण पर एकाग्र होकर लम्बे समय तक काम करने के पीछे मेरी सोच यही रही है कि हमारी मौजूदा समस्याओं के अनेक सूत्र हमारे निकटतम अतीत में हैं तो कुछ की जड़ें सुदूर इतिहास में। निकटतम अतीत हमें मौजूदा समस्याओं को समझने और सुधारने में इस तरह भी मदद कर सकता है कि हम देखें कि हमारे पूर्वजों ने अपने समय में समस्याओं को किस तरह सुलझाया था। अगर हम उनसे ज्यादा विवेकवान होने का दम दिखायें तब हमें उनकी चूकों से बचते हुए मौजूदा समय को आगे के लिये कम-से-कम समस्याओं वाला समय तो बना ही सकते हैं। इसमें शक नहीं कि ईमानदारी और मिल्लत हो तो ऐसा किया जा सकता है। यह बात

अलग है कि संकट नीयत और व्यक्तित्व का है। अब इतनी बात तो है कि नवजागरण हमें इसका स्पेस तो मुहैया कराता ही है।

मोटे तौर पर भारत में इस्लाम का प्रसार दो तरीकों से हुआ। एक तो सूफीवाद की प्रेमिल भावधारा वाली आध्यात्मिकता साहित्य और संगीत के माध्यम से समाज तक पहुँची तो दूसरी धारा राजनीति के माध्यम से समाज तक आयी। पहलेवाले माध्यम को लेकर हिन्दी में भी विपुल मात्रा में उत्कृष्ट कार्य हुए हैं और वह परम्परा समाज के रग-रग में पसरी हुई है। सच पूछिये तो जिस साझी संस्कृति की बात होती है, उसकी प्राणधारा इसी परम्परा से प्रवाहित होती है; जिसकी एक समृद्ध विरासत है, जिस पर भारतीय समाज को गर्व है और सहजीवन की यह मिसाल उसे पूरी दुनिया में आज भी अद्वितीय बनाये हुए है। यह बात बहुत कम लोग जानते होंगे कि दुनिया में भारत ही ऐसा इकलौता देश है जिसमें इस्लाम की तमाम पन्थिक धाराओं के अनुयायी मौजूद हैं। ऐसा गौरव और किसी देश को हासिल नहीं है। विरोधाभासों से भरे इस विशाल देश में विभिन्न जातियों, नस्लों और धर्मों का जमावड़ा परस्पर सौहार्द और निजता के साथ मौजूद है।

फ्रेंच लेखक गाय सोर्मन ने एक अनूठी बात कही है कि *'भारत में धार्मिक समुदायों के बीच शान्तिपूर्ण सहअस्तित्व नियम है जबकि टकराव एक अपवाद है।'* इस सच के बावजूद भारत में इन दोनों समुदायों के रिश्ते इतने संवेदनशील हैं कि कब कौन-सी मामूली बात तिल का ताड़ बन जाएगी, कहना मुश्किल है। यह भी सच है कि स्थिर समय में दोनों समुदायों के अतिवादी तत्त्व टकराव की स्थितियाँ पैदा करने की कोशिशों से बाज नहीं आते, लेकिन गनीमत है कि दोनों अपने-अपने समुदायों में अल्पसंख्यक हैं। उनकी नफरत बहुमत में बदलने के पहले ही असरहीन हो जाती है। ऐसे लोगों की नफरत पर गौर करें तो साफ पता चलेगा कि दोनों कौम के अतिवादी अपना हरवा-हथियार मध्यकाल से ही उठाते हैं, जहाँ उनकी सहूलियत की भरपूर गुंजाइश भी होती है।

ज्यों ही हम यह मान लेते हैं कि भारतीय मध्यकाल के शासक, सामन्त शासक नहीं बल्कि एक कौम विशेष के प्रतिनिधि थे, बस खट से मामला आर-पार का बन जाता है। इसमें एक कौम बादशाहों को मुसलमान मानकर खुद को शासक जाति से जोड़कर एक मूर्खता-भरे अहंकार में डूब जाता है तो दूसरा उस समूचे दौर के एक-एक मामले का बदला लेने को उद्यत हो जाता है। दोनों को इतिहास के यथार्थ से कोई लेना-देना नहीं; वे तो प्रेमचन्द के 'शतरंज के खिलाड़ी' की तरह एक-दूसरे को मात देने के लिये तलवारें खींच लेते हैं। जो मुसलमान दिन-भर की कमाई से शाम को परिवार का पेट पालता है और दूसरे दिन फिर कमाई को निकल जाता है; वह बाबर और औरंगजेब की औलाद बन तमाम बादशाहों के एक-एक

कृत्य का कर्ज चुकाता है। मूर्खताओं से भरी इस विडम्बना को लेकर आप कुछ नहीं कर सकते, क्योंकि दोनों अपने इतिहास-ज्ञान के अहंकार में कुछ भी सुनने को तैयार नहीं होते।

पूरे मध्यकालीन बादशाहों के रक्तपात और बेरहम दौर की गाथाओं के वे तमाम मुसलमान जिम्मेदार बन जाते हैं, जिनमें अधिकांश का जीवनयापन उनकी दिनभर की मेहनत-मजूरी पर निर्भर होता है। कोई आश्चर्य नहीं; उनमें से कुछ ऐसे भी जरूर मिल सकते हैं जो खुद को सचमुच उन बादशाहों का वारिस मानकर मौजूदा दौर की निराशा और अभाव के लिये सामनेवाली कौम को जिम्मेदार मानें और अपने स्वर्णयुग की वापसी के लिये दंगे-फसाद के जेहाद को इस्लामी अनुष्ठान समझ लें। भारतीय मुसलमान सिर्फ मध्यकालीन शासकों के ही वारिस तक सीमित नहीं होते बल्कि उन्हें पूरी दुनिया में हो रहे तमाम मुस्लिमों की कार्रवाइयों का भी जिम्मेदार होना पड़ता है। आखिर वे पैन इस्लाम के प्रतिनिधि जो ठहरे!

हालत यह है कि मुस्लिम कौम और इस्लाम को लेकर लगभग पूरी दुनिया में एक किस्म की ऐसी सरलीकृत और एकरेखीय अवधारणात्मक सोच बना दी गयी है जिसमें उनकी कट्टर और रूढ़िवादी छवि के अलावे और कुछ दिखता ही नहीं। उनका खेल, संगीत, साहित्य और अनेक क्षेत्रों के बौद्धिक उपक्रम कभी सामने आते ही नहीं। आतंक से इस्लाम की अभिन्नता ऐसी डरावनी शक्ल में परोस दी गयी है कि सूफीवाद की प्रेमिल भावधारा का गोया कभी अस्तित्व ही न रहा हो। पश्चिम ने सैमुअल हटिंग्टन की ओर से 'सभ्यताओं की मुठभेड़' को चरम वैचारिक उत्कर्ष के रूप में शिल्पित कर एक तरह से आखिरी मुहर ही लगा दी है। ज्ञान के इतने विस्तार और उपलब्धता के बावजूद सहजता से सुज्ञात इसके तमाम भेदों-उपभेदों और बहुविध अन्तर्विरोधों की ऐसी अनदेखी वाकई हैरान कर देनेवाली है। एक छोटे से भूभाग में उपजाये गये आतंक को विश्व-भर के इस्लाम से जोड़कर धार्मिकता के तमाम सूत्रों को उकेर-उकेरकर इस्लाम को ही विश्व मानवता का खतरनाक दुश्मन बना दिया गया है। इससे आहत इस्लाम के सच्चे अनुयायियों से कभी किसी ने जाकर नहीं पूछा कि इस्लाम की इस बर्बरता को देखकर उन पर क्या गुजरती है? आखिर वे क्या सोचते हैं? क्या चाहते हैं? उनकी रूह को जन्नत ले जानेवाला यही है—इस्लाम!

इससे इस्लाम के वैविध्य का पूरा वैभव ही इस प्रकार ढक गया है गोया उसकी अब तक की विश्वव्यापी उपलब्धियाँ और विरासत का कोई मतलब ही नहीं बचा हो। क्या ऐसा कभी हुआ है कि किसी धर्म के एक हिस्से के रूढ़िवाद और आतंकवाद को पूरी कौम की धार्मिक पहचान में रूपान्तरित कर दिया गया हो? इस

विचित्र षड्यन्त्र ने विश्व की विशाल इस्लामी आबादी को अजीब से संकट में डाल रखा है। इस्लाम अरब रूढ़िवाद का पर्याय नहीं बन सका तो कोई कारण नहीं कि आज उसके साथ ऐसा सलूक हो। गाय सोर्मन इस बात पर जोर देते हैं कि "मुसलमान सभ्यताओं के आधार पर जितने बँटे हुए हैं, उतने धर्म की डोर से नहीं बँधे हैं।" वे आगे लिखते हैं कि भारतीय मुसलमान "उतने ही अपने सांस्कृतिक परिवेश की उपज हैं, जितने कि इस्लाम के। एक अरब मुसलमान भारतीय मुसलमान से बिल्कुल अलग है। खास तौर पर भारतीय सूफी दिखाते हैं कि इस्लाम स्थानीय संस्कृति में कितना घुल-मिल गया है। ये पश्चिम की इस धारणा का मजाक है कि मुस्लिम तथाकथित इस्लामी संस्कृति के अतिरिक्त किसी भी स्थानीय संस्कृति में रच-बस नहीं पाते। ...भारत में रहनेवाले मुसलमानों ने इस मिथक की धज्जियाँ उड़ा दी हैं कि इस्लाम धर्मनिरपेक्ष राज्य या लोकतन्त्र के साथ सामंजस्य नहीं बिठा पाता। भारतीय लोकतन्त्र में उन्होंने दिलोजान से शिरकत की है।" (भारत की आत्मा, 51-52)

यह एक ठोस सच्चाई है कि इन सबकी मौजूदगी के बीच कोई अदीठ सहजीवन शैली जरूर विकसित हुई है। वरना धार्मिक एकता के बावजूद पाकिस्तान का टूटना तो घटित हुआ मगर तमाम अन्तर्विरोधों के बावजूद भारत पूर्ववत बना का बना रह गया। इसी को समझने की प्रक्रिया के क्रम में मैंने भारतीय मुसलमानों को जानने के लिये इतिहास की मध्यकालीनता से गुजरते हुए आधुनिक युग तक की यात्रा की है। मुसलमान कोई अजूबी कौम नहीं है, वह भी वैसी ही है जैसी कोई दूसरी कौम! उसमें भी रूढ़िवादी हैं, प्रगतिशील और आधुनिक हैं। बेरहम और दयालु हैं। बेईमान और न्यायप्रिय हैं। हत्या और रक्तपात से भरे मध्यकाल की दीर्घ कालावधि को आप गौर से देखें तो उसमें जितनी हत्या मुसलमानों ने मुसलमानों की की है, उससे ज्यादा गैरमुसलमानों की नहीं की होगी। जो बादशाह राजसत्ता के लिये अपने पिता, भाई और बच्चों को सता सकता है, मार सकता है उसके लिये क्या दीन, क्या धर्म? हम-आप उन्हें मुसलमान समझते रहे, मगर वे शासक थे, सामन्त थे, इसके अलावे और कुछ नहीं।

इतिहासकार होना तो दूर, मैं तो इतिहास का विद्यार्थी भी नहीं। इतिहास में अनधिकृत अतिक्रमण की मेरी कोई मंशा नहीं, न कोई दावा—यह सिर्फ और सिर्फ इतिहास का एक निजी सफर है और इस सफर के अपने संस्मरण हैं। मेरी कोशिश रही है कि इतिहास के इस सफर के दौरान जिन चरित्रों से मेरी मुलाकात हुई, जिनको जानने का अवसर मिला, उनको लेकर मेरी कमअक्ली में जो धारणा बनी, उसे लिख जाऊँ। यह मेरा हक है कि जो मैंने देखा—जिसे जैसा जाना या समझा, उसे वैसा ही बयान करूँ। आपको रुचे तो बहुत अच्छा, न रुचे तो कोई बात नहीं। मैं फिर

दुहराऊँ—यह इतिहास नहीं है; इतिहास का एक सफर है, निजी और नितान्त निजी सफर!

कृतज्ञता-ज्ञापन

यह बात मेरे भीतर अर्से से घुमड़ रही थी कि हिन्दी नवजागरण का विमर्श तब तक अधूरा रहेगा जब तक हम इसके साथ उर्दू/मुस्लिम नवजागरण को शामिल नहीं करते। लेकिन यह काम मेरे जैसे कमअक्ल आदमी के बूते का नहीं था। मुझे न उर्दू आती थी, न फारसी और न ही मैं उर्दू साहित्य तथा पत्रकारिता के इतिहास से परिचित था। बावजूद मेरे दो मित्र अरुण कमल और विजय कुमार ने अपने तर्कों से मुझे कायल किया और यह विश्वास दिलाते रहे कि तुम अगर लग जाओगे तो कुछ तो काम होगा; कम-से-कम इसमें शुरुआत तो होगी। जैसी कि दोनों की आदत है, वे लगातार मेरी पीठ थपथपाते रहे, उत्साह बढ़ाते रहे और जब जो मदद माँगी, अदेर मुहैया भी करायी।

'मुस्लिम सत्यशोधक समाज' के सारे दस्तावेज विजय कुमार जी के सौजन्य से ही मिले। ये दोनों शुरू से अन्त तक मेरे पीठ पीछे खड़े रहे। अगर मैं कहूँ कि मेरे दो युवा दोस्त कवि और आलोचक श्री अच्युतानन्द मिश्र और दुर्लभ शोधार्थी और नवजागरण के अत्यन्त प्रतिभाशाली विचारक श्री समीर कुमार पाठक का निरन्तर सहयोग नहीं मिलता तो यह काम आधा-अधूरा अथवा और प्रभावहीन बनकर रह जाता। दोनों ने अनेक स्तरों पर अप्राप्य जानकारियाँ और पुस्तकें सुलभ करायीं और पूरे विमर्श में सहभागिता निभायी। इनके योगदान को हम पूरे काम से हिगरा ही नहीं सकते। प्रिय रूबल जी ने समय-समय पर कई जानकारियाँ दुरुस्त कीं। खुदाबख्श लाइब्रेरी-पटना में कार्यरत मेरे मित्र और उर्दू लेखक डॉ. जाकिर हुसैन ने उर्दू सम्बन्धी तमाम सामग्री को अनूदित कर सुलभ कराने में जिस उदारता और तत्परता का परिचय दिया; उसके लिये मेरे पास शब्द नहीं हैं। भाई सफदर इमाम कादरी ने हसरत मोहानी वाले लेख को देखकर यत्र-तत्र हुई चूकों को दुरुस्त कर दिया।

मेरे युवा साथियों में वेंकटेश कुमार, अजय आनन्द, डॉ. नरेन्द्र शुक्ल, कुमार मंगलम्, प्रेमचन्द गाँधी और दिल्ली विश्वविद्यालय के प्राध्यापक प्रभात रंजन और अमिताभ राय ने भी बड़ी तत्परता से इच्छित पुस्तकें जुटाने में मदद की। वेंकटेश ने तो और भी स्तरों पर मेरी मदद की। देश निर्मोही ने तो बड़ी उदारता से निजी संग्रह की ही पुस्तकें भेट कर दीं। मेरे प्रिय अजय कुमार सिन्हा ने तानसेन पर कुछ दुर्लभ सामग्री उपलब्ध करायी। अंग्रेजी की सामग्री के अनुवाद में अच्युता जी के अलावे अपने अनुज सीताराम शरण की मदद नहीं मिली होती तो मैं उसका उपयोग ही नहीं कर पाता। मेरे आत्मीय मित्र और सहयोगी डॉ. रामलखन मंडल को बस कहने-भर

की देर होती थी, वे मुझे साथ लेकर पुस्तक तक पहुँच जाते और क्या मजाल जो इसमें कभी अन्यमनस्कता जाहिर की हो। भाषा-वर्तनी में जहाँ भी दुविधा होती; मेरे मित्र भृगुनन्दन त्रिपाठी तुरन्त हल कर देते। राजकमल प्रकाशन; पटना के लाला जी, राम जी और राकेश अगर नहीं होते तो शायद हम इतनी आसानी से वह सामग्री नहीं हासिल कर पाते जो बहुत काम की थी। जो किताब चाहिए उसे पाताल से भी ढूँढ़कर उपलब्ध करा देने में इन मित्रों का कोई जवाब नहीं। 'हंस' में मेरे मित्र विभास जी ने काफी लेखों को धारावाहिक प्रकाशित कर अनेक दुर्लभ पाठकों से सम्पर्क का सुयोग सुलभ कराया। ऐसा करने में उनकी प्राध्यापिका और लेखिका पत्नी बलवन्त कौर, सम्पादक संजय सहाय और प्रबन्धिका रचना यादव जी ने बड़ी उदारता से सहयोग किया। आदरणीय ज्ञानरंजन जी ने 'पहल', लीलाधर मंडलोई ने 'नया ज्ञानोदय', प्रियंवद जी ने 'अकार', विनोद तिवारी ने 'पक्षधर', राजीव रंजन गिरि ने 'अन्तिम जन' और भाई ए. के. अरुण ने 'युवा संवाद' में भी इसके कुछ लेखों को प्रकाशित किया। विपुल संख्या में पाठकों के फोन और मेल से मुझे लगा कि शायद जो किया है, उसमें कुछ सार्थकता जरूर है। मेरे अत्यन्त प्रिय सतीश कुमार मेरे हर काम के शिल्पक हैं। बेहद चिड़चिड़ा देनेवाली लेखन शैली, अक्रमित लेखन सामग्री, बेतहाशा जोड़-घटाव और बार-बार रुला देनेवाले संशोधनों के बावजूद जिस सहृदयता और आत्मीयता से उन्होंने टंकण किया है, उसे मैं जीवन-भर याद रखूँगा। आदरणीय रामकुमार कृषक जी ने बड़ी बारीक निगाह से इसे सँवारा और कई अदीठ चूकें दूर कर दीं। मैं उनके प्रति खासतौर से कृतज्ञ हूँ।

मैं अपने मित्र और प्रखर हिन्दी आलोचक डॉ. अजय तिवारी को भी आदर से स्मरण करना चाहूँगा जिन्होंने पूरी पांडुलिपि पढ़कर मेरे लिये अमूल्य शब्द कहे और कुछ जरूरी सुझाव दिये। मैं इन तमाम मित्रों, शुभेच्छुओं में किसी के प्रति कोई कृतज्ञता प्रकट नहीं कर रहा, क्योंकि ये सभी इस काम के भागीदार हैं और इन सबके सामूहिक उपक्रम का ही यह सुफल है। इस पुस्तक का लेखन-प्रोजेक्ट साथ-साथ तुइबिंगन विश्वविद्यालय, जर्मनी के कर्मेन्दु शिशिर शोधागार की नवजागरण परियोजना के अन्तर्गत हुआ है। अन्त में एक बात और—इस किताब में उद्धरणों के अलावा नुक़्तों का प्रयोग लगभग नहीं किया गया है। पाठक इसी दृष्टि से इसे पढ़ें।

26 अगस्त, 2016

—कर्मेन्दु शिशिर

अनुक्रम

भारत में इस्लाम की शुरुआत
(प्रारम्भ से 1206 ई.)

किसी भी कौम में नवजागरण की शुरुआत परम्परा और आधुनिकता, पिछड़ापन और सुधारवाद तथा जड़ता और गतिशीलता के द्वन्द्व से ही होती है। मुस्लिम कौम का नवजागरण भी इसका अपवाद नहीं। हर धर्म की तरह मुस्लिम कौम में भी इस्लाम की प्रतिबद्धता और कुरआनशरीफ की केन्द्रीयता को लेकर दुराग्रह के सवाल उठते रहे हैं—जिसका उत्तर समय-समय पर उस कौम के विचारक देते रहे हैं। यह कहना कि मुस्लिम कौम में परिवर्तन और गतिशीलता अनुपस्थित रही है—एकदम गलत बात होगी। सर्व-इस्लामवाद में कुरआनशरीफ की केन्द्रीयता तो कायम रही, लेकिन देश-काल के मुताबिक इस कौम में भिन्नताएँ पनपती रहीं। पूरे इस्लामी समाज में एकरेखीयता जैसी बात नहीं रही। रसूल मुहम्मद साहब के जाने के बाद नये मजहबी खलीफाओं ने कई नये धार्मिक नियम बनाये, पुरानी परम्पराओं में बदलाव तक किये और सामन्ती राज्य की जरूरतों से उनकी एक संगति भी कायम की। इसमें राजसत्ता की भूमिका निर्णायक होती गयी और उसके हित में खड़े एक नये वर्ग उलेमा ने भी अपनी महत्त्वपूर्ण भूमिका कायम कर ली। इससे कुरआनशरीफ की व्याख्याओं में भी भिन्नता आती गयी। इस्लाम के नाम पर स्थापित राज्यों में भी कुरआनशरीफ के आदेशों का हू-ब-हू अनुपालन नहीं हुआ। अक्सर शासक की इच्छा और आदेश ही सर्वोपरि रहे। कहीं-कहीं तो वह कुरआन के नजरिये से बिल्कुल अनैतिक और प्रतिकूल था। इसलिये इस्लाम के मूल प्रकृत स्वरूप को लेकर अनेक मुस्लिम विचारक समय-समय पर सक्रिय और मुखर हुए।

इन सुधारवादी कोशिशों और आधुनिक आग्रहों के साथ मुस्लिम कौम के इतिहास में भी गतिशीलता और परिवर्तनों के दौर घटित हुए। इस तरह मुस्लिम कौम की महान विरासत रचनेवाले कवियों, लेखकों, विचारकों, दार्शनिकों और पीरों की गौरवशाली कतार सामने आयी, जिसमें अनेक मानव सभ्यता की ऐतिहासिक

विभूतियाँ बनीं। भारत जैसे देश में जहाँ अरबों के आगमन का इतिहास इस्लाम के जन्म से भी पुराना है—अत्यन्त निकट का रिश्ता बना। भारत के पश्चिमी देशों खासकर मध्य एशिया के अरब देशों के साथ प्राचीन व्यापारिक रिश्ते रहे। अरब के रेगिस्तानी इलाकों में जहाँ कृषि उपज नहीं थी, वहाँ की आबादी व्यापार पर ही निर्भर थी। मक्का खुद में एक बड़ा व्यापारिक केन्द्र था। प्रसिद्ध प्राचीन इतिहास अनुसन्धानवेत्ता डॉ. मोतीचन्द ने प्राचीन भारत के व्यापारिक रास्तों का अद्‌भुत अन्वेषण करते हुए हिन्दी में अपनी अनमोल कृति 'सार्थवाह' की रचना की है। उन्होंने विस्तार से सप्रमाण बताया है कि भारत का रिश्ता रोमन और यूनानी सभ्यताओं से भी रहा है। उन्होंने ईसा के कई शताब्दी पूर्व से ही ईरान, सीरिया सहित मध्य एशिया से आने-जानेवाले रास्तों की तलाश की है। इसलिये भारत के साथ अरबों का रिश्ता इस्लाम के जन्म के बहुत पहले शुरू हो गया था। वे पैगम्बर मुहम्मद साहब के पहले, उनके समय में, खिलाफत काल, उमय्या और अब्बासी वंशों के काल में भी भारत आते रहे। इसमें समय के अन्तराल, काल और स्थान विशेष तथा तत्कालीन परिस्थितियों के कारण काफी अन्तर रहा। भारत में उनके आने, बसने, घुलने-मिलने, वैवाहिक और धार्मिक रिश्ते बनाने, बस्तियों और कस्बों के निर्माण के साथ राज्य कायम करने की चली शताब्दियों तक की गाथाओं को कई इतिहासकारों ने लिखा है। अरबी, हिन्दी और अंग्रेजी में लिखी उन पुस्तकों के बीच से गुजरते हुए आपको एक अजीब किस्म की उलझन महसूस होगी और भिन्नता भी। इसमें अन्य कारणों के अलावे हिजरी संवत और नामों को लेकर मुश्किल तो होती ही है, लेकिन भिन्न जातियों के मेल-मिलाप और विकसित हुए रिश्तों और प्रमुख ऐतिहासिक घटनाओं को लेकर कोई खास मतान्तर नहीं है। दरअसल यह आवागमन दक्षिण और उत्तर, फिर पश्चिमी इलाकों से हुआ इसलिये क्रमबद्ध इतिवृत्तात्मकता भी मुश्किल है। लेकिन एक बात निर्विवाद रूप से कही जा सकती है कि यह पूरा इतिहास बेहद दिलचस्प, रोमांचकारी और कुछ-कुछ उत्तेजक भी है।

इस्लाम के उदय के पूर्व या कहिये 7वीं सदी के पूर्व ईरानी-अरब व्यापारियों के साथ कुछ स्वतन्त्र सैलानीनुमा यात्रियों के आवागमन का पर्याप्त सिलसिला तो मौजूद रहा ही, कुछ के यहीं बस जाने के भी उदाहरण मिले हैं। लेकिन 7वीं सदी के साथ इसमें उल्लेखनीय तेजी आयी। डॉ. ताराचन्द के अनुसार भारतीय समुद्रों में पहला मुस्लिम बेड़ा 630 ई. में देखा गया। उस समय तक वे भारत में प्रवेश के भौगोलिक रास्तों से भी परिचित हो गये थे या तेजी से परिचित हो रहे थे। चावल, सिल्क, हाथीदाँत के सामान और शिल्प-दस्तकारी के सामानों के अलावे भारतीय मसालों की अरब और पश्चिमी देशों में जबर्दस्त माँग थी। जैसे-जैसे अरबों ने

अपना व्यापार पूर्व और पश्चिम में बढ़ाया, वैसे-वैसे उनका भारत के साथ रिश्ता स्थायी होता गया। दक्षिण के मलाबार तट पर तो 7वीं सदी के समय ईरानी और अरबों का लगभग वर्चस्व बन गया था।

जवाहरलाल नेहरू ने लिखा है—"हिन्दुस्तान और सुदूर पूरब के देशों के बीच कम-से-कम पहली सदी ई. में समुद्र के रास्ते से नियमित व्यापार चालू था।" आगे इसे विस्तार देते हुए बताते हैं कि उड़ीसा, बंगाल, बर्मा और मलय द्वीपों तक समुद्री यात्राएँ होती थीं। आगे वे साफ लिखते हैं कि "जहाजों के बनाने का धन्धा प्राचीन हिन्दुस्तान में अच्छी तरक्की पर था। उस जमाने में बने हुए जहाजों का कुछ ब्यौरेवार हाल हमें मिलता है। बहुत से हिन्दुस्तानी बन्दरगाहों के नाम मिलते हैं। दूसरी और तीसरी सदी ई. के दक्षिण हिन्दुस्तानी (आन्ध्र) सिक्कों पर दुहरे पालों वाले जहाज की छाप मिलती है।"[1] मतलब तीसरी से सातवीं सदी ई. तक आते-आते यह सब नष्ट हो गया और अरब, ईरान वाले आगे निकल गये। देश के हालात में भी हर्ष के बाद बुरी तरह बिखराव आया। बहरहाल; उस समय भारत में सामुद्रिक यात्रा का कोई सिलसिला नहीं था और न ही उस काल में यहाँ सामुद्रिक बेड़ों का निर्माण होता था। इसलिये दक्षिण के राज्यों और राजाओं के लिये अरबों से यह रिश्ता बहुत लाभ का रिश्ता था।

इस्लाम के उदय के साथ पैगम्बर मुहम्मद साहब ने अरबों के जीवन में क्रान्तिकारी परिवर्तन ला दिया। खास तौर से अरब कबीलों के बीच एकीकरण की प्रक्रिया और धीरे-धीरे एकीकृत राज्य के उदय ने मध्य एशिया का इतिहास ही बदल दिया, जिसका जबर्दस्त असर पूरे एशिया खास तौर पर भारत पर पड़ा। ईरान और सीरिया पर जीत के बाद भारत के सामुद्रिक इलाके और व्यापार पर उनका लगभग एकाधिकार हो गया। उस दौर में भारत और चीन के साथ अरबों का व्यापार बड़ी तेजी से फैला। यही वह समय था जब भारत के सिन्ध प्रान्त तक जमीन से पहुँच की ओर वे बड़ी तेजी से बढ़े। इस समय तक दक्षिण भारत में उनके कस्बे आबाद हो चुके थे। 7वीं सदी के खत्म होते-होते पश्चिमी तट गुजरात, कच्छ और कुछ द्वीपों के बन्दरगाहों पर भी ईरानियों और अरबों का दबदबा कायम हो गया था, क्योंकि उनको कोई चुनौती ही नहीं थी। मलाबार में उनके वर्चस्व के पीछे वहाँ का राजा चेरमान-पेरुमल था, जिसे व्यापार से जबर्दस्त लाभ हुआ। उसने न सिर्फ इनको भारतीय स्त्रियों से विवाह की अनुमति दी, बल्कि मस्जिद बनाने को जमीन भी दी। वह खुद इस्लाम से इतना प्रभावित हुआ कि अपना धर्म-परिवर्तन कर अपना नाम तक बदल लिया—अब्दुर्रहमान। फिर वह मक्का की ओर चला गया, जहाँ से वह कभी नहीं लौटा। चार साल के बाद उसकी मौत हो गयी, लेकिन उसके धर्मपरिवर्तन का जनता पर जबर्दस्त असर पड़ा। आज भी वहाँ के लोकगीतों में उसकी स्मृति और

आने की प्रतीक्षा जीवित है। उसे नम्बूदरी ब्राह्मण जैसा सम्मान हासिल हुआ। यह दक्षिण में मुस्लिम राज्य की पहली स्थापना थी।

ईरानी, अरब पुरुष और भारतीय स्त्री के संयोग से पैदा सन्तति के रूप में इस्लाम ने भारत के रक्त और जमीन से अपना अटूट रिश्ता कायम किया। भारतीय शक्ल में यह इस्लाम का जीवित साक्ष्य था। डॉ. ताराचन्द ने लिखा है—"8वीं सदी में अरब बेड़ों ने भड़ोंच और काठियावाड़ तट के बन्दरगाहों पर आक्रमण किया। उनका व्यापार और उनकी बस्तियाँ समृद्ध होते रहे। भारत में उनकी स्थापना का पहला लिखित प्रमाण इस देश से आता है। कोल्लम के कब्रिस्तान मय्यत कन्नू में कई ऐसे प्राचीन मकबरे हैं, जिनमें से कुछ पर कुछ लिखा हुआ है।" वे आगे लिखते हैं—"इसके बाद मुस्लिम प्रभाव तेजी से बढ़ा। सौ साल से ज्यादा सालों से मुस्लिम मलाबार तट पर बसे हुए थे। उनका व्यापारियों के रूप में स्वागत होता था और स्वाभाविक रूप से उन्हें बसने, भूमि हासिल करने और अपने धर्म का पालन करने के लिये सुविधाएँ दी गयीं। वहाँ बसने के तुरन्त बाद ही वे धर्मप्रचार के काम में लग गये होंगे, क्योंकि इस्लाम अनिवार्यतः एक धर्मप्रचारक धर्म है और हर मुसलमान अपने धर्म का प्रचारक है।"[2] उन दिनों इस्लाम के प्रचारक अलग से मौजूद थे जो यही काम करते थे।

संयोग से यह काल उनके लिये बहुत मुफीद साबित हुआ, क्योंकि राजनीतिक रूप से यह संक्रमण काल था। चेरों की ताकत क्षीण हो चुकी थी और नयी ताकत की प्रतीक्षा थी। इस काल में हिन्दू और बौद्ध धर्मावलम्बियों के बीच भीषण संघर्ष चल रहा था। दोनों एक-दूसरे को कमजोर करने में लगे हुए थे। हिन्दू जैन धर्म को भी नकार रहे थे। जनता इस विवाद से बुरी तरह परेशान थी और दिशाहीन भी। हिन्दुओं के बीच कोई आध्यात्मिक नेतृत्व नहीं था। कोई राजा इसमें से एक का पक्ष लेकर खुद को मजबूत नहीं कर सकता था। ऐसे में इस्लाम का तेजी से प्रसार हुआ और मलाबार के शासक जमोरिन ने इसका राजनीतिक लाभ भी उठाया। उसकी सेना में अरब के दक्ष सैनिक और सेनापति थे। व्यापार की ताकत और समृद्धि ने उसे महत्त्वाकांक्षी बना दिया था और उसने पास के राज्य वेलापुरम को रौंदकर उसके किले पर अपना अधिकार जमा लिया। लेकिन उसने एक बड़े बाजार के रूप में उसका विकास किया। यहाँ सामन्तवादी और व्यापारिक मानसिकता का फर्क था। यही इलाका आगे चलकर कालीकट के समृद्ध बन्दरगाह के रूप में प्रसिद्ध हुआ। उसकी नौसेना का अध्यक्ष अरब का एक बहादुर और दक्ष सेनापति था। उसने अपने राज्य में आदेश दिया कि प्रत्येक मछुआरे परिवार में एक सदस्य इस्लाम धर्म अपनाये, जिससे राज्य में सामुद्रिक व्यापार समृद्ध हो। उसने अपने कार्यकाल में अनेक मस्जिदों का निर्माण भी कराया।

भारत के पश्चिमी समुद्रतटों पर मुस्लिमों की संख्या, सम्पन्नता और शक्ति काफी बढ़ गयी। मसलन, इस्लाम के उदय के साथ ही कुछ वर्षों में मलाबार में उनकी प्रभावशाली हैसियत कायम हो गयी। इन इलाकों की पुरातात्त्विक खुदाई में 7वीं से 13वीं सदी तक काफी मात्रा में मुस्लिम सिक्के और बर्तन मिले। अपने प्रभाव के साथ ही उन्होंने धर्मप्रचार का काम भी तेज कर दिया और इसमें कई तो सिर्फ यही काम कर रहे थे। जाहिर था उस समय न तो कोई राज्य या शासक और न ही कोई असाधारण हिन्दू धार्मिक नेतृत्व था जो जनता को अपनी ओर आकृष्ट करता। जातियों में विभाजित हिन्दू समाज के निचले तबके को इस्लाम के बन्धुत्व और समानता के भाव ने आकर्षित किया। उसे एक संगठित विशाल धार्मिक समुदाय का सदस्य बनने की सुविधा ने जबर्दस्त ढंग से ललचाया। दक्षिण से पश्चिम तक इस्लाम के प्रसार में इन वस्तुगत परिस्थितियों की बड़ी ही निर्णायक भूमिका रही।

उत्तर भारत में मुस्लिम प्रवेश खलीफा उमर के समय से ही शुरू हो चुका था। ईरान पर आधिपत्य जमाते ही उनका ध्यान भारत की ओर गया। उत्तरी भारत के बन्दरगाहों पर कब्जे के साथ एक और सुविधा यह बनी कि जमीन के रास्ते वे सिन्धु तक पहुँचने लगे। 636 में उन्होंने बंबई के पास थाना पर धावा बोला था। दक्षिण में प्रवेश का रास्ता सामुद्रिक था इसलिये वहाँ सैन्य अभियान सम्भव ही नहीं था। लेकिन ताकतवर होते ही वहाँ भी उन्होंने अपना विस्तार जारी रखा। लेकिन इस तरह देखें तो 7वीं सदी में इस्लाम जहाँ दक्षिण में व्यापार और धर्मप्रचार के माध्यम से फैल रहा था तो उत्तर में सैन्य अभियान से। 7वीं सदी में ही सिन्ध और बलूचिस्तान पर आक्रमण शुरू हो गये। हजरत अली जिन्हें अबू बक्र ने दूसरा खलीफा चुना था, उनके काल (643-644 ई.) में अब्दुल्ला-बिन-उमर ने बलूचिस्तान पर आक्रमण कर राजा रासत को पराजित कर दिया। अब मकरान पर उसका आधिपत्य हो गया। उसने भयंकर लूटमार कर दहशत पैदा कर दी। अनेक लोग भय से भागे भी। लेकिन उमरू तफली ने हजरत उमर को बताया कि वहाँ पानी का अभाव है। वहाँ गरीबी और खाने-पीने की चीजों का भी अभाव है। इस पर खलीफा ने मकरान और सिन्ध से आगे बढ़ने से मना कर दिया। यह रोक तीसरे खलीफा हजरत उस्मान तक बरकरार रही। लेकिन 703 ई. के बाद तत्कालीन शासक मुहम्मद-बिन-हारून ने पाँच वर्षों तक सिन्ध को तबाह कर रक्खा। वह बेवजह सामूहिक नरसंहार, लूट-खसोट करता हुआ दक्षिण सिन्ध तक बढ़ा। संयोग से वह दक्षिण सिन्ध में सफल नहीं हो सका। चौथे खलीफा हजरत अली के समय विभाजन की स्थिति पैदा हो गयी। सन् 661 में मुआविया की खिलाफत में साम्राज्य की राजधानी दमिश्क बन गयी, तब अरब की गैर-मुस्लिम भावनाओं ने अपना प्रभाव दिखलाना फिर शुरू किया। इस्लाम में सिद्धान्तः सभी धर्म-विश्वासियों के साथ समानता का व्यवहार

रखा जाता है पर अब अरबों ने इस बात पर जोर देना शुरू किया कि वे लोग साम्राज्य के साधारण प्रजा-जन पर शासन करनेवाले कुलीन लोग हैं। खलीफा मुआबिया ने खिलाफत को लौकिक सार्वभौम सत्ता-सम्पन्न राज्य घोषित कर दिया। इसमें वे खलीफा के पद पर रहते हुए सांसारिक सुख-सुविधा और ऐश-ओ-आराम प्राप्त करने की तीव्र इच्छा से प्रेरित थे।[3] हजरत अली की 662 में मृत्यु के बाद उनके पुत्र हसन को आसानी से गद्दी से उतारकर उमय्या वंश की शुरुआत हुई। इसके पक्ष के समर्थन में उसने अपने बेटे याजिद को अपना उत्तराधिकार सौंपकर सारे अधिकारों पर सुल्तानों से मुहर लगवा ली। अब राज्य धर्मतन्त्र पर आधारित नहीं था और इस्लाम में लौकिक रूप से राज्य की शुरुआत हो गयी। वह पूरी तरह राज्य में यकीन करता था और उलेमा के विरोध की पूरी तरह अनदेखी। उसने अफ गानिस्तान, बलूचिस्तान और मध्य एशिया तक अपने साम्राज्य का विस्तार किया। सिन्ध पर विजय इसी अभियान से सम्भव हुई।

दरअसल अरब व्यापार के सिलसिले में भारत की सम्पन्नता के साथ-साथ इसकी राजनीतिक और सामाजिक कमजोरी से भी अच्छी तरह परिचित थे। वे जानते थे उनकी विकसित सैनिक क्षमता को यहाँ कोई चुनौती मिलनेवाली नहीं थी। अगर कोई रुकावट थी तो नये इलाके में दुर्गम रास्ते और जनसमर्थन का अभाव। लेकिन इस इलाके तक साम्राज्य का विस्तार स्वाभाविक था, इसलिये इराक के गवर्नर हज्जाज ने योजना बनाकर पहली बार अत्यन्त बहादुर और तेजस्वी सेनापति मुहम्मद-बिन-कासिम के नेतृत्व में 711ई. में आक्रमण किया। वह बहुत ही बहादुर और योग्य सेनानायक था। उसने कठिन थलमार्ग में रास्ता बनाते हुए धावा बोला और हिन्दू शासकों को पराजित किया। उसकी सेनाओं ने पूरे सिन्ध को रौंद डाला। उसने आगे बढ़कर मुल्तान तक अपने साम्राज्य का विस्तार किया। अब तक जिस अरब और इस्लाम से भारतीय जनता परिचित थी, उसके सामने उसका यह नया चेहरा था। यह हिन्दू शासकों से भिन्न था। चुनौती उसके सामने भी थी। जिस देश पर उसे राज करना था, वह उसका देश नहीं था। उसकी धार्मिक, राजनीतिक, सामाजिक और सांस्कृतिक मान्यताएँ भिन्न थीं।

मुहम्मद-बिन-कासिम ने सबसे पहले प्रशासनिक व्यवस्था को चुस्त-दुरुस्त किया। उसे तुरन्त पता चल गया कि पूर्व हिन्दू शासक अयोग्य और अलोकप्रिय थे। उसे लगा जनता के बीच पैठ बनाने के बाद बहुत आसानी होगी। उसने पूर्व की प्रशासनिक व्यवस्था को भी बनाये रखा। उसकी मार्फत उसने जनता को आश्वस्त किया कि मन्दिरों में पूजा-पाठ की व्यवस्था यथावत बनी रहेगी। उसने हिन्दुओं की रक्षा का वचन तो दिया, लेकिन जजिया कर भी लागू किया। इसके साथ उसने हिन्दुओं को अन्य तरह की छूट भी दी। वह पहला मुस्लिम शासक बना, जिसने

भारत पर अरब राज्य की स्थापना की। तब सिन्ध की हैसियत दमिश्क के एक प्रान्त की तरह थी, क्योंकि दमिश्क अब इस्लाम की केन्द्रीय सत्ता की राजधानी बन चुका था। कुछ इतिहासकारों ने एक अलग ही तथ्य का हवाला दिया है कि सिन्ध के तत्कालीन राजा दाहिर के कुछ लोगों ने खलीफाई साम्राज्य के गवर्नर अल-हज्जाज के व्यापारिक जहाज को लूट लिया था, जिसके हर्जाने की उसने माँग की। राजा के इनकार के बाद उसने चढ़ाई की और जीतकर मुस्लिम राज कायम किया।

बहरहाल; यहाँ गौर करनेवाली बात यह है कि मुहम्मद साहब के इन्तकाल के बाद ही राजसत्ता का संघर्ष, राजसत्ता और धर्मसत्ता के खलीफा का वर्चस्व और शासकों की वंशपरम्परा की शुरुआत हो गयी। उन्होंने सबकी राय से शासक चुनने की जिस आदर्श व्यवस्था का निर्देश दिया था, उसे भी छोड़ दिया गया। सबसे अधिक आपत्तिजनक बात यह कि शासकों ने अय्याशी, भोग-विलास और धर्म-निषिद्ध हरकतों की विकृत नुमाइशें तक कीं। शराबनोशी और स्त्री-भोग के ऐसे उदाहरण, जो अकल्पनीय लगते हैं। जो हो, लेकिन सच यही है कि अन्ततः धर्म की सत्ता, राज्य के शासक की इच्छा पर निर्भर होती गयी। जाहिर था जिस कुरान में उलेमा की कोई व्यवस्था नहीं थी, मगर शासक ने अपने हित में इस नये वर्ग को भी खड़ा कर लिया और अपनी जरूरत और इच्छा के मुताबिक अपने कुकृत्यों पर इससे धार्मिक स्वीकृति लेने लगा। फिर तो यह सिलसिला बन गया। यह आज तक चलता चला आया है। राजसत्ता और शासक धर्म का इस्तेमाल या उसकी व्याख्या अपने हित को ध्यान में रखकर करता है। इसमें धर्म का मूल रूप इतना बदल जाता है और कभी-कभी इतना विवादास्पद हो जाता है कि वह हठीले खूनी संघर्ष की शक्ल ले लेता है।

हबीब-बिन-अब्दुर्रहमान ने मालवा और उज्जैन तक चढ़ाई की, लेकिन वह स्थायी राज्य कायम नहीं कर सका। इस आक्रमण से भारत की जनता में मुस्लिम शासकों के प्रति धारणा भी गलत बनी। डॉ. ताराचन्द ने लिखा कि इससे ''मुस्लिमों की प्रगति रुक गयी और आगामी तीन सदियों तक वे भारत के इसी कोने तक सीमित रहे।'' लेकिन ''दाबुल, सोमनाथ, भड़ोंच, खम्भात, सिन्दन और चौल में मुस्लिमों के छोटे समुदाय रहने लगे थे,''[4] जिनकी अपनी मस्जिदें थीं। वे आगे लिखते हैं कि ''ज्यादातर हिन्दू शासकों ने अपने राज्यों में खुले हाथों से उनका स्वागत किया और उनके साथ अत्यन्त आतिथ्यपूर्ण व्यवहार किया।'' वे आगे लिखते हैं—''महमूद गजनवी के आक्रमणों द्वारा भारत के दरवाजे मुस्लिमों के प्रवेश के लिये खुलने के पहले ही मुसलमानों ने पश्चिमी भारत में एक प्रभावशाली स्थिति हासिल कर ली थी और वे इस स्थिति का उपयोग अपने धर्म का प्रचार करने में करते थे।''[5]

इस बीच उमय्या वंश के खलीफा वलीद और उनके द्वारा नियुक्त गवर्नर अल-हज्जाज दोनों मर गये तो उनके नये वारिस सुलैमान-बिन-वलीद ने सारे आदेश पलट दिये। उसने जिस सालेह को नया गवर्नर बनाया; उसने पूर्व गवर्नर अल-हज्जाज से बदला लिया और उसके परिवार के एक-एक सदस्य की हत्या करवा दी। यही सलूक अल-हज्जाज ने उसके परिवार से किया था। मुहम्मद-बिन-कासिम भी कैद कर लिया गया। कुछ दिनों तक ईरान के वासित नगर में कैद कर रखने के बाद उसकी भी हत्या कर दी गयी। हुआ ऐसा कि खुरासान में जिस आन्दोलन की शुरुआत हुई, उसके पीछे अब्बासी वंश का हाथ था जो मुहम्मद साहब के चाचा के वंशज थे। इससे उनको अपने खानदान की श्रेष्ठता का दावा पेश करने में कोई कठिनाई नहीं हुई। दूसरी बात यह कि इन्होंने बड़ी चतुराई-भरी रणनीति अपनाकर ईरानी और शियाओं की मदद हासिल की और उमय्या वंश को समाप्त कर दिया। खलीफा का पद पाते ही इन्होंने दमिश्क से राजधानी हटाकर बगदाद में स्थापित की। अपनी धार्मिक कट्टरता के बावजूद इन्होंने ईसाई, यहूदी और ईरानी लोगों को भी प्रशासन में रखा। लम्बे समय तक चली इस वंशपरम्परा में परिवर्तन 9वीं शताब्दी से शुरू हुआ जब ईरानियों और खुरासानों से इनके संघर्ष शुरू हुए। खुरासान सेनापति अलप्तगीन जो गुलाम था, उसी ने सैनिक गाजी को जन्म दिया—जिसके सूत्र महमूद गजनवी से जुड़ते हैं।

एक ओर मुहम्मद-बिन-कासिम की वीरता, निपुणता और भारत में पहली बार इस्लामी राज्य स्थापित करने का यशोगान इतना ज्यादा किया गया, बार-बार किया गया और दूसरी ओर उसकी क्रूरता, कत्लेआम और तलवार की नोक पर धर्म-परिवर्तन की घटनाओं को प्रयत्नपूर्वक ढँका गया। बाद में कासिम की हत्या और सिन्ध के प्रति खलीफाओं की उदासीनता के कारण ऐसा करना आसान भी हो गया। दरअसल सिन्ध पर कब्जे से खलीफा को वैसा आर्थिक लाभ नहीं मिला, जैसा वह सोच रहा था। उनका ध्यान अफ्रीकी और पूर्व यूरोप के स्पेन की ओर ज्यादा था, पहली बार भारत में कोई धर्म अपने प्रचार और वर्चस्व के लिये ताकत का इस्तेमाल कर रहा था लेकिन हर्ष की मृत्यु के बाद से भारत में राजनीतिक बिखराव इतनी तेजी से हुआ और ऐसा अन्तराल आया कि उसमें इस ज्वार को रोक पाना कठिन था। भारतीय समाज इतना आत्मकेन्द्रित और आत्ममुग्ध था कि एक मामूली धक्का भी उसे ध्वस्त कर सकता था। महमूद गजनवी ने अपने अभियान में इसे सिद्ध भी कर दिया। जो हो, इससे भारत की धार्मिक संस्कृति की उदारता, सहिष्णुता और साझी परम्परा को बहुत नुकसान पहुँचा। दक्षिण भारत में जिस भाईचारे से इस्लाम मजबूत हुआ, वहाँ भी इसका असर पड़ा और उनके भीतर भी आक्रामकता देखी गयी। लेकिन यहाँ इस्लाम माननेवालों के मोटे तौर पर तीन वर्ग बन गये। एक तो वे

जो बाहर से आये तुर्क, ईरानी या अरब के बसनेवाले; दूसरे धर्मान्तरित भारतीय मुसलमान और तीसरे वे जिन्होंने इस्लाम के नाम पर आकर गदर और कत्लेआम मचाये और बेरहमी से लूटकर चले गये। बिना इन तीनों के बीच फर्क किये हम इस्लाम के प्रति न्याय नहीं कर सकते। शासक और शासित मुसलमान तथा लुटेरे मुसलमान का फर्क करके ही आप यथार्थ को समझ सकते हैं। लुटेरे मुसलमान, लूट और हत्या में भारतीय मुसलमानों को भी नहीं बख्शते थे। बाहर से आये सम्पन्न और शासक मुसलमान अपनी श्रेष्ठता ग्रन्थि से ग्रसित थे। वे यहाँ के मुसलमानों को हेय नजरिये से देखते थे। इसलिये इस्लाम की वह धारा जो इन गरीब और सामान्य जन वाले मुसलमानों के बीच प्रवाहित थी, वही भारत की साझी संस्कृति का अभिन्न बनी। यह सब हिगराकर ही समझना-समझाया जाना चाहिए। दुर्भाग्य से कई इतिहासकारों और विचारकों ने यह सतर्कता नहीं बरती।

अब आप इन तमाम तथ्यों पर विचार करें तो एक बात स्पष्ट हो जाती है कि भारत में राजसत्ता और धर्मसत्ता के एकत्व का कोई इतिहास मौजूद नहीं था। दूसरी बात यह कि किसी भी धर्म के प्रचार की अबाध छूट और विभिन्न धर्मों के बीच सह-अस्तित्ववाली साझी संस्कृति सामान्य जन में सहज रूप से संस्कारगत थी। दूसरी ओर भारतीय शासकों में इतनी अदूरदर्शिता थी कि वे अपनी अपार सम्पन्नता की रक्षा को लेकर बिल्कुल बेपरवाह थे। वे भव्य मन्दिरों, किलों और राजमहलों का निर्माण तो कर लेते थे, मगर उसकी सुरक्षा के लिये सैन्य विकास में पिछड़ जाते थे। पूरी दुनिया से कटे होने के कारण वे अपने पड़ोस के मध्य एशियाई इलाकों में चल रही उथल-पुथल, आक्रमण-प्रतिआक्रमण से भी अनजान थे। बार-बार 'इस्लाम खतरे में' वाला भाव दूर-दूर तक उनमें नहीं था। वे आगे बढ़कर इस्लाम के प्रचार-प्रसार को बढ़ावा दे रहे थे। तीसरी बात ब्राह्मणवादी अहंकार और श्रेष्ठता-बोध से सामान्य जनता कटी हुई थी और बिल्कुल उदासीन थी। डॉ. ताराचन्द ने यह भी लिखा है कि हिन्दू शासक उन्हें धर्मप्रचार के लिये प्रोत्साहित भी करते हैं। एक उदाहरण उन्होंने राजा सिद्धराज (1094-1143) का दिया है। जब खम्भात के हिन्दुओं ने अरब व्यापारियों पर आक्रमण किया तो उसने उन्हें दंडित किया। नयी मस्जिदों के निर्माण में मदद की। हिन्दू राजा उन्हें अपनी सेना में रखते थे और महत्त्वपूर्ण पद देते थे। उनके साथ अनेक मुस्लिम सन्त भी आते थे जो खुलकर इस्लाम का प्रचार करते थे। यह इस्लाम का विशुद्ध धार्मिक हिस्सा था, जिसे ऐसी अनुकूल स्थितियाँ पूरी दुनिया में नहीं मिलीं। बावजूद मुस्लिम आक्रान्ताओं और शासकों ने भारत को नहीं बख्शा। इसमें असल पेच इस्लाम की धर्मसत्ता और राजसत्ता के एकत्व की है। राजसत्ता ने हमेशा हर काल में धर्म का इस्तेमाल जो उसके अनुकूल था—वही किया।

पैगम्बर मुहम्मद साहब अरब समाज के सिर्फ धार्मिक ही नहीं, सामाजिक और राजनीतिक व्यवस्था के भी शिल्पकार थे। उन्होंने अरब इलाके के अत्यन्त पिछड़े कबीलों के बीच आपसी मारकाट और भारी वैमनस्य को दूर कर एक नयी राज्य व्यवस्था को मूर्त्त किया। प्रो. मुहम्मद हबीब ने इतिहासकार गिबन के हवाले से लिखा है कि मुहम्मद साहब के पूर्व 1700 युद्धों का वर्णन हदीस में मिलता है। इस बर्बर और अराजक समाज में इस्लाम का उदय एक अभिनव क्रान्ति ही थी—एक नये युग की शुरुआत! लेकिन उन्होंने नेतृत्व चयन की कोई सुविचारित और मुकम्मिल व्यवस्था की रूपरेखा नहीं सौंपी थी; बावजूद उन्होंने आपसी विचार-विमर्श से नेता चुनने की नेक सलाह तो दे ही दी थी। लेकिन हर राजसत्ता का एक अपना अलग ही चरित्र और व्याकरण होता है, जिसमें अक्सर पैगम्बर की हिदायतों और राय की अनदेखी होती रहती है। राजसत्ता-परिवर्तन की गतिशीलता और शासकों के स्वभाव, नीति-कूटनीति, दाँव-पेच और उनके परस्पर सामर्थ्य, संघर्ष में वे आदर्श आसानी से ओझल हो जाते हैं। इस्लामी राज्य यहाँ भी अपवाद नहीं रहे। यहाँ तक कि मुहम्मद साहब के कुरआन की व्याख्याएँ भी बदल गयीं। कुरआन में खलीफा और वंशपरम्परा की कोई व्यवस्था नहीं थी, बावजूद इसके उसकी ऐसी नींव पड़ी, गोया यह मुस्लिम राज्य की पहचान और स्वीकृत रीति हो। सामान्य जनता ने उनके आदर्शों से भले एकाकार किया हो, शासकों ने उनकी अवहेलना बार-बार की। राजसत्ता और शासकों ने अपने हितों के अनुरूप पूरे इस्लाम का स्वरूप ही बदल डाला।

पैगम्बर मुहम्मद साहब के इन्तकाल के बाद उत्तराधिकार का दावा सबसे पहले उनके मूल कबीलेवालों की ओर से आया। उनका एक मुखर-मजबूत तर्क यह था कि सबसे पहले इस्लाम उन्होंने ही स्वीकार किया था। दूसरा दावा मदीना के समर्थकों का था, जिनका कहना था कि अगर उन्होंने उनको समर्थकों के साथ आश्रय नहीं दिया होता तो सभी कब के खत्म हो चुके होते। लेकिन बाद में इन दोनों में आपसी समझ बन गयी और सुलह भी हो गयी। तीसरे दावेदार कुरेशी कबीले के उमय्या लोग थे, जिनका ठोस तर्क यह था कि मुहम्मद साहब के पूर्व वे ही यहाँ के शासक थे; यह बात अलग थी कि सबसे अन्त में इस्लाम स्वीकार करनेवाले यही लोग थे। दरअसल कबीले में सरदार का चुनाव आसान होता था, क्योंकि जो सबसे ज्यादा प्रभावशाली होता था वह आसानी से सरदार बन जाता था। लेकिन यहाँ एक नयी राज्य व्यवस्था थी। मुहम्मद साहब के इन्तकाल के बाद प्रारम्भिक अनुयायियों की बैठक में जब अबू बकर साहब को उत्तराधिकारी चुन लिया गया तो सभी की सहमति लेने में कोई खास अड़चन नहीं आयी। वे पैगम्बर के उत्तराधिकारी या खिलाफत कहे गये। अब वे ही मुहम्मद साहब के धार्मिक, सामाजिक और राजनीतिक

वारिस थे। लेकिन सच्चाई यह थी कि साठ वर्षीय अबू बकर के खिलाफत काल में असल राजनीतिक सत्ता की बागडोर हजरत उमर साहब के हाथों में थी जिन्हें दूसरा खलीफा बनने में कोई तरदूद नहीं हुई। उन्होंने अपना पदनाम खलीफा कर लिया जो बिना हील-हुज्जत के मान लिया गया। वैसे उनकी उपाधि थी—अमीर-उल-मुमीनिन, यानी निष्ठावानों का सेनापति। उसके बाद हजरत उस्मान और हजरत अली तक खलीफा का चयन आपसी सहमति से ही हुआ। अमूमन इन चारों खलीफाओं का व्यक्तित्व, आचरण और कार्य-शैली इस्लामी आदर्शों के अनुरूप रहे। इन्होंने शासन में उच्च प्रतिमानों की स्थापना की।

इस्लामी राज्य के खलीफा का यह सिलसिला लम्बा चला और इस क्रम में जैसे-जैसे राजसत्ता अपनी प्रमुखता हासिल करती गयी, खलीफा निरंकुश होते गये; उनकी मनमानियाँ इस्लामी आदर्श के प्रतिमानों को रौंदती गयीं। उन पर अब किसी तरह का नियन्त्रण नहीं रहा और इस्लामी राज्य के स्वरूप और दिशा की व्याख्या और बदलाव उनकी इच्छा के अनुरूप होने लगे। उनमें कुछ की मनमानियाँ तो इतनी अनैतिक और शर्मनाक थीं कि उन पर यकीन करना मुश्किल हो जाता है। 28 जनवरी 661 ई. को हजरत अली का इन्तकाल हुआ और खिलाफत राशिदा की समाप्ति हो गयी। उसके बाद का युग लगभग अन्धकार काल जैसा रहा।

अब सत्ता अमीर मुआविया के हाथों में आयी जो उमय्या वंश का पहला शासक था। तलवार पर सत्ता लेनेवाले, मुहम्मद साहब और हजरत अली को गाली देनेवाले, अपने भोगी-विलासी बेटे यजीद को उत्तराधिकारी बना वंशपरम्परा की नींव रखनेवाले इस विचित्र शासक के दो व्याख्यान-अंशों पर गौर करें; जो इस प्रकार हैं—(1) मदीना शरीफ में दिये भाषण का अंश : "ईश्वर की सौगन्ध, मैं तुम्हारे शासन की बागडोर अपने हाथों में लेते हुए इस बात से अपरिचित न था कि तुम मेरे अधिकार ग्रहण करने से प्रसन्न नहीं हो और मुझे पसन्द नहीं करते हो। ...परन्तु मैंने अपनी तलवार के बल पर तुमको पराजित करके इसे ले लिया है।"

(2) अपनी विजय-यात्रा में इराक में दिये भाषण का अंश : "हे जनता-जनार्दन! मैंने नमाज-रोजा स्थापित करने के लिये तुमसे युद्ध नहीं किया है। मैं चाहता था कि तुम पर राज्य करूँ जिसमें सफल हो गया। अब तुम्हारा मन चाहे तो नमाज पढ़ो। तुम्हारा मन न चाहे कभी न पढ़ो। रोजा रखो या मत रखो। मुझे इन बातों से सरोकार नहीं है। मुझे इससे मतलब है कि तुम मुझे अपना हाकिम और सुल्तान प्रत्येक स्थिति में समझो।"[6]

जाफर रजा साहब ने लिखा है कि अमीर मुआविया के शासनकाल में धर्मकोष की रकम अय्याशी और ठाटबाट पर खर्च होती थी। उसका दुराचारी पुत्र यजीद, गवर्नर, सेनापति सभी बहुत राजसी जीवन जीते थे। न्यायालय का काजी उससे

थरथर काँपता था। उसने मनमाने कानून तक बना डाले। जिहाद के धन में महँगी वस्तुएँ वह खुद ले लेता; बाकी सिपाहियों को बाँट देता। जैसे हलाल और हराम का फर्क ही मिट गया था। अब्दुल्लाह-इब्न-अब्बास के दो शिशुओं के निर्मम वध से उसकी माँ पागल हो गयी और यह दृश्य देखकर एक महिला चीख उठी कि 'ऐसा तो इस्लाम-पूर्व भी नहीं होता था।' हमदान युद्ध में पकड़ी मुसलमान स्त्रियों को भी उसने दासी बना लिया। लाशों को घोड़े से रौंदने की जिस कबीलाई परम्परा को इस्लाम ने बन्द कर दिया था; उसे इसने फिर से शुरू कर दिया। उसके यजीद ने मदीना युद्ध में खुली छूट दी और तीन दिन तक लूट-खसोट और बेरोकटोक बलात्कार होता रहा, एक हजार महिलाएँ गर्भवती हुईं, सात सौ विशिष्ट और दस हजार सामान्य जन मौत के घाट उतार दिये गये।

असगर अली इंजीनियर ने भी इस काल पर लिखा है कि "उमय्या खलीफा इस्लाम की हिदायतों पर कुछ खास ध्यान नहीं देते थे। मुआविया का बेटा मजीद (यजीद) पक्का शराबी था। उसे शराबोंवाला मजीद कहा जाता था।...पीने में उसके बेटे अल-वलीद ने सबको मात दे दी। कहा जाता है कि उसे शराब के हौज में तैरने की आदत थी और वह इतनी शराब निगल जाता था कि हौज में उसकी सतह खासी नीची आ जाती थी। (अगानी जिल्द 6 पृ. 125)"[7] जाफर रजा साहब ने लिखा है कि एक बार अपनी दासी के साथ वह मदिरापान कर रहा था कि अजान की पुकार आयी और वह दासी से यौन-रत हो गया। उसने प्रण किया कि आज नमाज यही दासी पढ़ायेगी और ऐसा ही हुआ। उसने एक बार कुरआन तक का अपमान किया। एक बार एक सुन्दर दासी के गले में अंगूर अटक गया और वह मर गयी तो उसकी लाश के साथ तीन दिनों तक सम्भोगरत रहा।[8] यह उमय्या वंश का अन्धकार काल लगभग सौ वर्षों तक चला। इस पर इंजीनियर साहब ने टिप्पणी की है कि "मुआविया वास्तव में इस्लाम में राजतन्त्र और खानदानी हुकूमत का संस्थापक था। अपने शासन को स्थायी बनाने के लिये उसने दमन के उपायों का सहारा लिया।"[9] इसी के कार्यकाल में कर्बला की मार्मिक घटना घटी जो शिया-सुन्नी के बीच स्थायी कटुता का सबब बनी रही।

उमय्या वंश से इस्लामी राज्य की मुक्ति और पैगम्बर साहब के हाशमी वंश वाली अब्बासी खिलाफत की शुरुआत में भी वह आदर्श वापस नहीं आ सका, जैसा प्रारम्भ के चार चयनित खिलाफत काल में रहा। उन चारों के कार्यकाल में इस्लाम और इस्लामी राज्य शासन के जो ऊँचे मानदंड, आदर्श और मूल्य स्थापित हुए, उनकी वापसी फिर न हो सकी। पैगम्बर साहब ने जिन आदर्शों को स्थापित कर अरबों और विश्व को एक बेहतर दुनिया देने का स्वप्न देखा था और दिखाया था; इस्लामी सत्ता उससे पूरी तरह भटक गयी थी। अब्बासी वंश के खिलाफत शासन

की सवा पाँच सौ साल की लम्बी अवधि में भी, अपवाद छोड़ दुराचार और अत्याचार का लगभग वही सिलसिला चला। बेशक इस काल में राज्य और इस्लाम का विस्तार हुआ, मगर वह पैगम्बर साहब के आदर्शोंवाला नहीं था। उमय्या वंश की राजधानी दमिश्क पर चढ़ाई कर भयंकर लूटमार और सामूहिक कत्लेआम किया गया। उमय्या वंश के बच्चे-बच्चे की निर्मम हत्या हुई। उनकी लाशें सड़कों पर लावारिस फेंक दी गयी, जिन्हें कुत्ते भभोड़ते रहे। मसलन उनसे सूद समेत बदला लिया गया। इसके शासक भी बेशर्मी से धर्मकोष लूटकर खूब भोग-विलास करते रहे। सुरा-सुन्दरी की लत यथावत बनी रही। जाफर रजा साहब ने अल्लामा जलालुद्दीन सुयूती के हवाले से लिखा कि इस वंश के खलीफा हारून अल-रशीद (मृत्यु 809 ई.) अपनी एक दासी पर आसक्त हो गया। उससे सम्भोग की इच्छा प्रकट की। दासी ने अलग हटकर कहा—मैं आपके पिता की सेवा कर चुकी हूँ। उसी समय काजी अबू यूसफ बुलाये गये। आदेश हुआ कि इसके हलाल होने की कोई विधि बताओ। वे बोले-वह तो हलाल है ही। दासी की बातों का क्या भरोसा। (तारीख-अलखुलफा पृ. 197)।[10] अहलबैत में से चार इमामों की हत्या उमय्या वंश में हुई तो छह इमामों का वध अब्बासी के खिलाफत काल में हुआ।

इस तरह पैगम्बर मुहम्मद साहब के कुरानशरीफ पर दिलो-दिमाग से चलनेवाली विशाल जनता और उनके इस्लामी उसूलों के नाम पर राज्य करनेवाले ये खलीफा अथवा शासकों को हम एक साथ मुसलमान कौम या इस्लाम धर्म के नाम पर एक ही नजरिये से नहीं देख सकते और न ही एक साथ विचार कर सकते हैं। जनता के जीवन में धर्म अपनी जिस नैतिकता, पवित्रता और आदर्शों के साथ शामिल रहा, वहाँ हर विचलन उसे भयभीत करता रहा और वह सच्चे अर्थों में धर्मभीरु बनी रही। दूसरी ओर राजसत्ता के शासक इस्लाम के नाम पर अपनी कुत्सा और मनमानियाँ करते रहे। अपवादों की अनदेखी करें तो इन शासकों ने सामान्य जनता पर ही अत्याचार किये, बलात्कार किये, उसे लूटा और सताया। इसमें गैर-इस्लामी जनता ही नहीं बल्कि इस्लाम की ईमानदार और सच्ची अनुयायी मुसलमान जनता भी शामिल रही। इस तरह जनता के इस्लाम और सत्ता के इस्लाम के बीच विवेकसम्मत फर्क किये बिना हमें किसी निष्कर्ष तक नहीं पहुँचना चाहिए। यहाँ इस्लाम-इस्लाम या मुसलमान-मुसलमान का फर्क है।

जाहिर था इससे अब्बासियों का शासन भी कमजोर पड़ा। उत्तरी अफ्रीका और स्पेन स्वतन्त्र हो गये। 10वीं सदी में ही मिस्र और सीरिया भी आजाद हो गये। अरबों के इस पतन का लाभ उठाते हुए समनी वंश के संस्थापक अमीर इस्लाम ने 911 ई. में तुर्कों को मिलाकर अपनी सैन्य स्थिति मजबूत कर ली। अरब आगे बढ़कर फिर पिछड़ते गये। अमीर इस्लाम जानता था कि अरबों की तुलना में तुर्की

कौम भी लड़ाकू है, इसलिये उसने उनको ऊँचे पदों पर रखना शुरू कर दिया। इसी समनी वंश के शासक ने अलप्तगीन नामक गुलाम को खरीदा था जो गुलाम होने के बावजूद एक बहादुर और साहसी युवा था। उसे जब खुरासान का अधिकारी बनाया गया तो उसकी शासन क्षमता उभरकर सामने आयी। लेकिन 961 ई. में मालिक के मरते ही उसे हटा दिया गया तो वह गजनी चला गया। वहाँ उसका पिता समनी वंश के अधीन ही शासन कर रहा था। वह भी पिता के शासन में हाथ बँटाने लगा। धीरे-धीरे वह अपनी कूटनीति से गजनी को समनी सत्ता से मुक्त करा वहाँ का स्वतन्त्र शासक बन गया। दो वर्षों बाद उसकी मृत्यु हुई। बाद में उसका बेटा और जो दूसरे शासक बने, वे जनता में लोकप्रिय नहीं रहे। उनके शासन की बागडोर भी ढीली पड़ती गयी। अनुकूल समय की ताक में बैठे अलप्तगीन के गुलाम सुबुक्तगीन ने 977 ई. में गजनी की सत्ता पर कब्जा कर लिया। अब उसने गजनी के आसपास मौजूद अफगानी कबीलों को संगठित करना शुरू किया और जल्दी ही एक मजबूत सेना गठित कर ली। अरबों से अलग तुर्क और अफगानी उसकी सेना के मजबूत आधार बने। फिर उसने लमगान और सीस्तान पर आसानी से कब्जा कर लिया। उसने अरब की ओर बढ़ने से जानबूझकर परहेज किया और अपना रुख भारत की ओर मोड़ा। 986 ई. में उसने पहली बार भारत पर आक्रमण किया और पेशावर तक अपने साम्राज्य का विस्तार किया। उसे एक बड़ी सफलता 994 ई. में मिली जब उसने खुरासान जीत लिया। अपने बेटे महमूद को उसने वहाँ का गवर्नर बनाकर भेजा। यही महमूद गजनवी आगे चलकर भारत को बेरहमी से लूटनेवाला मशहूर आक्रमणकारी बना। उसकी भारत पर 17 चढ़ाइयाँ, सोमनाथ की निर्मम लूट, मन्दिरों के ध्वंस और कत्लेआम की गाथाएँ आज भी भारतीयों को कसकती, उत्तेजित और विचलित करती हैं। सुबुक्तगीन गुलाम था लेकिन वीरता, साहस के साथ उसमें न्यायप्रियता भी थी। उसने बड़ी कुशलता से गजनी पर शासन किया। 997 ई. में उसके इन्तकाल के बाद जब सत्ता उसके बेटे महमूद गजनवी के हाथों में आयी तो गजनी एक अच्छा-खासा साम्राज्य बन चुका था।

महमूद गजनवी का जन्म 2 अक्टूबर 971 को गजनी में हुआ था। किंवदन्ती है कि जब उसका जन्म हुआ तो पेशावर का एक मन्दिर स्वतः ध्वस्त हो गया जो शायद आनेवाले भारत के लिये अशुभ संकेत था। उसने इस्लामी शिक्षा के साथ सैन्य शिक्षा हासिल करने पर विशेष ध्यान दिया। थोड़े ही समय में उसकी सैन्य निपुणता उभरकर सामने आने लगी और वह अपने पिता के साथ युद्धों में भाग भी लेने लगा। पिता उसकी बहादुरी और साहस को देखकर गर्व से भर जाता। 997 ई. में उसके निधन के बाद जब 998 ई. में वह गजनी साम्राज्य का शासक बना तो बड़ी धूमधाम से अपना राज्याभिषेक समारोह कराया।

महमूद गजनवी ने भारत पर आक्रमण करने के पहले समनी वंश की आपसी कलह और गृह-युद्ध का लाभ उठाते हुए बुखारा के आधे भाग पर कब्जा कर लिया। फिर उसने खुरासान, सीस्तान, ख्वारिज्म और गोर को जीता। इस विस्तार में उसने तलवार की ताकत से ज्यादा कूटनीति का इस्तेमाल किया। इस पर प्रसन्न होकर बगदाद के खलीफा ने उसे साम्राज्य का दाहिना हाथ—अमीन-उद्दौला और मुसलमानों का संरक्षक—यमीन-उल-मिल्ला की उपाधि से विभूषित किया। उसने तब वादा किया कि वह इस्लाम का पूरी ताकत से प्रचार-प्रसार करेगा। भारत पर उसके आक्रमण, मन्दिर-ध्वंस और बेशुमार लूट-खसोट को लेकर जिस घनीभूत घृणा का इजहार किया जाता है, उसमें आवेग-उत्तेजना ज्यादा और विवेक तथा समझदारी कम दिखाई जाती है। एक तरफ मुहम्मद-बिन-कासिम की चढ़ाई घटित हो चुकी थी, बावजूद भारतीय राज्य सतर्क नहीं हुए। एक गुलाम गजनी जैसे छोटे राज्य का शासक बनकर खुद को इतना ताकतवर बना लेता है और 17 बार चढ़ाई कर भारत के इलाकों को लूटता-रौंदता रहता है; दूसरी ओर परम्परागत भारतीय राजा आपसी लड़ाई में उलझे रहते हैं और अपनी सैन्य ताकत और सामूहिकता पर विचार तक नहीं करते। अपने देश की जनता के एक विशाल समुदाय को अछूत बनाकर उसका बुरी तरह शोषण करते हैं। उसकी उदासीनता दूर कर उसमें किसी राष्ट्रीय चेतना का विकास तक नहीं कर पाते। दूसरी ओर महमूद गजनवी धीरे-धीरे अपनी ताकत का विस्तार करता है और भारतीय राजाओं की कमजोरियों का अनुमान कर धावा बोलता है। 6वीं चढ़ाई में लाहौर के राजा आनन्दपाल ने उसे लगभग पराजित ही कर दिया था, लेकिन रणनीतिक चूक और अन्य राजाओं की मदद के अभाव में वह जीती गयी बाजी भी हार जाता है। ब्राह्मणवाद का अन्धविश्वास इस कदर फैला हुआ था कि 1024 ई. में जब 17वीं बार वह सोमनाथ मन्दिर पर आक्रमण कर अतुल धनराशि—रत्न, सोना, चाँदी लूट रहा था तो यहाँ की जनता तमाशा देख रही थी। वह मानकर बैठी थी कि भगवान सोमनाथ ने महमूद गजनवी को दंडित करने के लिये ही उसे अपने पास बुलाया है और वे अपनी जादुई ताकत से उसका संहार कर देंगे। राष्ट्रकवि रामधारी सिंह 'दिनकर' ने 'संस्कृति के चार अध्याय' में इस पर विचार करते हुए 11वीं सदी के रमाई पंडित के 'शून्यपुराण' की चर्चा की है। उनका एक पद भी उन्होंने 'कविता-कौमुदी (भाग-7)' से उद्धृत किया है। उनके अनुसार, नाथपन्थी योगी ब्राह्मणों से खफा थे और तान्त्रिक-बौद्ध मुसलमानों को 'धर्म-ठाकुर' का अवतार समझते थे। रमाई पंडित इस्लाम को 'धर्म-रक्षक' के रूप में देख रहे थे। (पृ. 248) वे इस्लाम को हिन्दुत्व से बेहतर धर्म मानते थे, क्योंकि उसमें समानता की बात थी। उनको लगा कि ये ब्राह्मणवाद को नष्ट कर देंगे तो बौद्ध धर्म का पुनर्जीवन हो जाएगा। इसलिये मन्दिरों के विनाश पर वे खुश थे। लेकिन जब

उन्होंने बौद्ध मठों और विहारों को ध्वस्त किया तो बौद्ध धर्म की रीढ़ ही टूट गयी। उन्होंने देवल के सभी पुरुषों की हत्या कर दी और सात सौ भिक्षुणियों को बन्दी बना लिया। वह तो सोमनाथ मन्दिर तोड़ने के पूर्व भी अनेक मन्दिरों को तोड़ चुका था। बन्दरगाह के प्रांगण में हिन्दू जनता संहार की प्रतीक्षा में जश्न मना रही थी। इस मन्दिर के लकड़ी के खम्भे में हीरे-जवाहरात जड़े थे। जगह-जगह सोने-चाँदी की मूर्तियाँ स्थापित थीं। चँदोवा में हीरे-जवाहरात लगे हुए थे। शिवलिंगवाले कक्ष में घंटी बजाने के लिये 200 मन के सोने की जंजीर थी। ऐसी अपार सम्पत्ति लूटते हुए महमूद गजनवी ने हथौड़े से मूर्तियाँ तोड़ीं। उनके टुकड़ों तक को वह ले गया और बाद में उन्हें मक्का-मदीना के रास्तों में बिखेर दिया, जिन्हें पददलित करते लोग गुजरे। यह कार्रवाई स्पष्टत: दूसरे धर्म के मान-मर्दन की थी।

बेशक महमूद गजनवी एक लुटेरा था, लेकिन यह नहीं भूलना चाहिए कि वह एक गुलाम का बेटा था। मुसलमानों में उसकी प्रतिष्ठित जगह नहीं थी और उसे हर तरह से खलीफा की नजरों में अपनी अहमियत सिद्ध करनी थी। इसके बावजूद आर. सी. मजूमदार, प्रो. इरफान हबीब या डॉ. नाजिम जैसे लोग उसकी धार्मिक आकांक्षाओं की अनदेखी कर उसके लुटेरे पक्ष को ही सामने रखकर विचार करते हैं। के. एम. मुंशी तक ने स्पष्ट रूप से कहा है कि उसने भारत पर लूट के लिये ही हमले किये थे। प्रो. इरफान हबीब लिखते हैं—''महमूद गजनवी ने भारत पर आक्रमण धार्मिक प्रयोजनों से नहीं, बल्कि लूट के लालच से किये थे। इस्लाम किसी भी आक्रमणकारी को अत्याचार की इजाजत नहीं देता। शरियत का कोई सिद्धान्त गजनवी के उन भारतीय शासकों पर किये गये नाजायज आक्रमणों को उचित नहीं ठहरा सकता, जिन्होंने गजनवी का और उसकी प्रजा का कुछ नहीं बिगाड़ा था।''[11]

हबीब साहब की दिक्कत यह है कि वह इस्लाम के आदर्शों और नैतिकता को जो जनता मानती है और इस्लाम का जैसा इस्तेमाल राज्य या उसके लुटेरे शासक कर रहे थे; दोनों के फर्क को यहाँ हिगराते नहीं हैं। महमूद गजनवी कोई कुरआन शरीफ पढ़कर सोमनाथ मन्दिर नहीं लूट रहा था न ही शरियत के सिद्धान्तों से उसे अनुमोदन कराना था। उसने इस्लाम के मूल्यों के खिलाफ हिन्दू मन्दिरों को ध्वस्त किया। अब यह कहना कि इसके पीछे उसकी या तत्कालीन खिलाफत शासन की कोई धार्मिक मंशा ही नहीं थी—यह विवाद और विचार का विषय है। डॉ. नाजिम तो कहते ही हैं कि गजनवी के पीछे भारत में धर्म-प्रचारक भी गये थे। उन्होंने अनेक हिन्दुओं को मुसलमान बनवाया मगर उसका असल उद्देश्य विजय और धन की लूट ही था।

अब आप प्रो. इरफान हबीब का आकलन देखिए जो महमूद को महान मानते हैं। लिखते हैं—''महमूद एक परिष्कृत और सुसंस्कृत व्यक्ति था जिसमें अदब और

फन की हर खूबसूरत चीज की प्रशंसा की सहज वृत्ति मौजूद थी, मगर वह आगे बढ़ा तो सिपहसालारी में।''[12] आप इरफान हबीब साहब के 'परिष्कृत' और 'सुसंस्कृत' के प्रतिमानों का खुद आकलन कीजिये। आगे वे इस महमूद को लेकर फिर अन्तर्विरोधी बात करते हैं—''इन्होंने (भारतीय अभियान) उसको एक 'धर्मयोद्धा' की प्रतिष्ठा दिलायी जो उसको थोक के भाव मौजूद अजीमशाहों से बल्लियों ऊपर उठाने के लिये आवश्यक थी।''[13] वे बड़ी चालाकी से उसके किये नरसंहार की अनदेखी करते हुए उसकी उदारता का वर्णन करते हैं—''महमूद कोई धर्म-प्रचारक नहीं था, धर्म-परिवर्तन उसका मकसद नहीं था... एक झपट्टे में उसने वह सब बटोर लिया जो भारतीय उद्यमों ने सदियों में जमा किया था और फिर उसने भारतवासियों को छोड़ दिया कि जितनी अच्छी तरह कर सको, अपने शहरों की तबाह हो चुकी दीवारों और देवी-देवताओं की जमीन पर आ रही बेदियों को फिर से बना लो।''[14] कोई शासक मूलत: 'धर्मयोद्धा' नहीं होता; वह अपने हित में उसका इस्तेमाल-भर करता है।

अगर महमूद गजनवी सिर्फ लुटेरा होता और वह सब नहीं करता जो उसने किया तो उसे 'धर्मयोद्धा' वाली प्रतिष्ठा कैसे मिलती? उसका मकसद था कि उसे 'धर्मयोद्धा' की प्रतिष्ठा मिले। इस्लाम में धर्म और राज्य का रिश्ता ज्यादा सघन रहा है। उनके रसूल कमांडर भी थे। इसलिये उसने काफिरों की बड़े पैमाने पर हत्या और मूर्ति-भंजन किया जिससे उसे 'धर्मयोद्धा' की प्रतिष्ठा मिले। आखिर तब क्यों जरूरी थी धर्मयोद्धा की प्रतिष्ठा? प्रो. इरफान हबीब जैसे बड़े इतिहासकार से कोई ऐसी पक्षधरता की उम्मीद नहीं कर सकता था। वे उसको आक्रमण में शामिल धार्मिक पक्ष से बार-बार बचाने की कोशिश करते हैं। आगे स्पष्ट लिखते हैं—''वे कोई धर्मयुद्ध नहीं बल्कि महिमा और सोने के लिये किये गये लौकिक कृत्य थे। इनमें कोई धार्मिक प्रेरक तत्त्व ढूँढ़ पाना असम्भव है।''[15] तब वे उसको 'धर्मयोद्धा' क्यों कह रहे हैं? वे उसकी लूट तक को युगीन धर्म बताकर एक तरह से उसके प्रवक्ता की भूमिका में आ जाते हैं—''उस काल के लोग किसी दुश्मन के पूजा-स्थल को लूटना युद्ध का एक वैध कार्य समझते थे, जो एक हार का लाजमी नतीजा हो।'' आगे लिखते हैं कि ''अगर पर्याप्त हर्जाना दिया जाता तो वह उनकी मूर्तियों को बख्श देने से नहीं कतराता।''[16] आखिर उसने अकूत सम्पत्ति लूटी, तमाम निहत्थे लोगों की हत्या की; स्त्रियों को बाँदी बनाया; वे किस हर्जाने की बात कर रहे हैं? वे इस इतिहास के प्रति बनी धारणा को ही अज्ञानता पर आधारित और गलत ठहराते हैं। अन्त में लिखते हैं—''बाद की नस्लों के लिये महमूद घोर कट्टर बना जो वह कभी नहीं था और उसके इस 'अवतार' की वे मुसलमान आज भी पूजा करते हैं, जिन्होंने क्षुद्र देवताओं की भक्ति में भगवान कृष्ण की शिक्षाओं को त्याग दिया है। इस्लाम के सबसे बुरे दुश्मन हमेशा से ही उसके अपने कट्टर अनुयायी रहे हैं।''[17] प्रो. इरफान

हबीब की इन तमाम बातों के भीतर जो भारी अन्तर्विरोध है; दरअसल यह उनके भीतर का वह द्वन्द्व है जिसमें तमाम पक्षधरता के बावजूद उससे मुक्त छवि दिखाने की कोशिश है। क्योंकि जैसा हम आगे देखेंगे इरफान हबीब साहब मध्ययुगीन भारत के अत्यन्त गहन अध्येता ही नहीं हैं बल्कि उन्होंने उस दौर के समाज और जनता के अछूते इतिहास को गैरसाम्प्रदायिक नजरिये से बारीकी से उकेरा है। उनके इस दृष्टिकोण के पीछे की सोच को हम आगे और गहराई से समझने की कोशिश करेंगे। प्रो. मुजीब, मुबारक अली, जाफर आगा से; एम. जे. अकबर ने तो स्पष्ट रूप से इसके विपरीत खुलकर महमूद की और उसके पैरोकारों के सोच की तीखी आलोचना की है। रामधारी सिंह 'दिनकर' ने बड़ी ही साहसिक बेबाकी, ईमानदारी और गैरसाम्प्रदायिक नजरिये से इसकी तीखी आलोचना की है।

प्रश्न विजय और धन-लूट का नहीं है, उसकी पीड़ा तो समय के साथ गतांक हो गयी; मगर धार्मिक आघात अब भी लोगों को भड़काने और उत्तेजित करने के काम आ रहा है। इतना ही नहीं महमूद गजनवी का पाप पूरी कौम और इस्लाम के मत्थे थोपा जा रहा है। रिबेलियन पाकिस्तानी इतिहासकार मुबारक अली ने यही बात कही है कि सामन्त, राजा, शासक, आक्रमणकारी और लुटेरे को हम इस्लामी या मुसलमान मानकर अध्ययन करेंगे तो उसके ऐसे ही दुष्परिणाम होंगे। महमूद गजनवी को मुसलमानों के संरक्षक की उपाधि मिलती है, वह इस्लाम के प्रचार-प्रसार का वादा करता है। लूट में खलीफा को हिस्सेदार बनाकर खुद को सम्मानित करता है। एम. जे. अकबर ने बिना हिचक पाकिस्तान की ऐसी सोच की आलोचना की है कि उसने "अनिवार्य रूप से सोमनाथ को ध्वस्त करनेवाले का महिमा-मंडन किया है। महमूद गजनवी को पाठ्य-पुस्तक में पाकिस्तान का एक पुरखा बना दिया गया है।" वे आगे लिखते हैं—"मुस्लिम विजय से हिन्दू हृदय-स्थली के पहले परिचय ने पागलपन, लूट और इससे भी ज्यादा बुराई की शोहरत को हवा दी। मुसलमान असभ्य बर्बरों की आदिम छवि के वाहक बन गये जो किसी दूसरे धर्म या आस्था को सम्मान से साथ-साथ जीने की इजाजत नहीं देनेवाले लोग थे। यह छवि आज तक चली आयी है।"[18] यह अहसास प्रो. इरफान हबीब साहब को भी है जब वे यह कहते हैं कि इस्लाम के सबसे बुरे दुश्मन हमेशा से ही उसके अपने कट्टर अनुयायी रहे हैं। तो यह सवाल विकट है कि इस तरह के नजरिये से कोई महमूद गजनवी को कैसे तत्कालीन इस्लामी धार्मिकता से अलग कर सकता है? जरूरत इस्लामी शासक और इस्लामी जनता को अलग करके विचार करने की है। सिद्धान्त की भाषा में यह फर्क वर्गीय आधार पर होना चाहिए। यही बात इतिहासकार मुबारक अली ने जोर देकर कही है—सामान्य जन और सामन्त वर्ग का फर्क करना जरूरी है।

महमूद गजनवी के आखिरी आक्रमणों में और मुहम्मद गोरी के आक्रमणों के

समय गौर करनेवाली बात यह है कि दक्षिण में बसे छोटे-छोटे उपनिवेशों ने भी इन आक्रमणकारियों से अपनी सहानुभूति जतायी जिसका दोनों ने भरपूर लाभ उठाया। इस्लामी प्रसार में सह-अस्तित्व और शान्तिपूर्वक प्रचार की सुविधा और संरक्षण को भूलकर दक्षिण के इन मुसलमानों ने उस आक्रमणकारी से इस्लामी रिश्ता कायम किया—यह बहुत ही गलत था और इससे एक गम्भीर सन्देह का अनवरत सिलसिला बना। यह भी तो बकौल हबीब साहब के उसी युग में भारतीय राजाओं का किया गया सलूक था जिस काल में इरफान साहब दूसरे धर्म के लोगों के साथ बेरहम लूट को स्वाभाविक संस्कृति मानते हैं, जबकि उसी काल में भारतीय शासक दूसरे धर्मों और उसे माननेवाले लोगों के प्रति बिल्कुल उदार और सदय हैं तो ऐसे में यह उस काल की नहीं; समुदाय विशेष की संस्कृति कही जानी चाहिए। बहरहाल; महमूद गजनवी ने अपनी लूट में उतनी बड़ी हिस्सेदारी नहीं बनायी लेकिन इस्लामी जेहाद, काफिरों के अन्त, धर्मयुद्ध और ईश्वर के आदेश पालन के नाम पर अपने कुकृत्यों को व्यापक इस्लामी जगत में फैलाकर उसने समर्थन और सहानुभूति बटोरी। पं. नेहरू ने अलबरूनी के हवाले से लिखा है—"हिन्दू धूल के कणों की तरह चारों तरफ तितर-बितर हो गये, और लोगों में किसी पुराने किस्से की तरह उनकी याद रह गयी। जो तितर-बितर होकर बचे रहे, वे सभी मुसलमानों की तरफ हद दर्जे की नफरत से देखते रहे।"[19] इस बात को दूरदर्शी निगाह से देखनेवालों में प्रो. मुहम्मद मुजीब का आकलन सबसे अधिक सही लगता है—"महमूद गजनवी के विजयी व्यवहारों ने इस्लाम की ओर हिन्दुओं के हृदय में घृणा की ज्वाला भड़का दी तथा उसके प्रचार एवं उन्नति को उससे ज्यादा अवरुद्ध कर दिया जिस सीमा तक आक्रमण और सेनाएँ कर सकती थीं।" (सुल्तान महमूद गजनवी, पृ.105)[20] जाफर रजा ने लिखा है कि "उसने खलीफा अल कादिर बिल्लाह को लूट से अपरिमित उपहार भेजे तो खलीफा के आदेशानुसार सभी मस्जिदों में महमूद द्वारा प्रेषित विजय-पत्र जुमा के अभिबोधन के समय पढ़कर सुनाया गया। ऐसी प्रसन्नता दिखाई गयी मानो उसी दिन ईद हुई हो।"[21] इस्लामी इतिहास की न यह कोई पहली घटना है, न अन्तिम। मगर इसके प्रति बरती जानेवाली निगाह और समझ का सवाल साझी संस्कृति के मुतल्लिक आज भी अत्यन्त महत्त्वपूर्ण और विचारणीय है।

दरअसल मध्यकालीन इतिहास की मूल स्रोत-सामग्री से गुजरते हुए कोई भी सचेत व्यक्ति यह बात आसानी से समझ जाएगा कि थोड़ी-सी चतुराई और सहजता से पकड़ में न आ सकनेवाली बौद्धिक बेईमानी के सहारे इस दौर को गाढ़ी साम्प्रदायिक शक्ल में प्रस्तुत किया जा सकता है। यह अकारण नहीं है कि हिन्दू-मुस्लिम साम्प्रदायिकता में जो सबसे कट्टर और जटिल मानसिकता का पक्ष है उसकी जड़ें इसी दौर के इतिहास से जुड़ी हैं। एक तो इस दौर के लगभग सारे इतिहासकार

सल्तनत अथवा उसके अधीन सूबे के दरबारी थे, कुछ उस दौर में आये यात्री थे। यह सारी सामग्री फारसी में थी जिसमें अधिकांश का अनुवाद सर हेनरी इलियट ने किया और आगे प्रो. डाउसन ने इसको आठ खंडों में प्रकाशित किया। इसमें सायास-अनायास जो भूलें थीं सो तो अपनी जगह पर लेकिन इस आधार पर अंग्रेज इतिहासकारों ने हिन्दुओं पर मुस्लिम अत्याचार के रूप में इस दौर के इतिहास को प्रस्तुत कर दिया। औपनिवेशिक बौद्धिकता के असर में यह सिलसिला लम्बा चला। आजादी के बाद भारत सरकार ने हिन्दी में ऐसी तमाम सामग्री को प्रामाणिक रूप से प्रस्तुत करने की जिम्मेदारी अलीगढ़ मुस्लिम विश्वविद्यालय को सौपी जो प्रो. नूरुल हसन, प्रो. इरफान हबीब जैसे इतिहासकारों के निर्देशन, प्रोत्साहन और सहयोग से इसे साधक इतिहासविद सैयद अतहर अब्बास रिजवी ने उल्लेखनीय दक्षता से पूरा किया। इसमें मुस्लिम शासकों के लगभग 600 वर्षों के शासनकाल से जुड़ी तमाम ऐतिहासिक मूल स्रोत-सामग्री आठ बड़े-बड़े खंडों में प्रकाशित हुई। उन्होंने जिस दक्षता, बौद्धिक ईमानदारी और असाधारण श्रम से इसे पूरा किया है, वह चकित कर देनेवाला काम है। बेशक इसमें कुछ बेहद कट्टर और संकीर्ण नजरिये वाले भी थे जैसे जियाउद्दीन बरनी। लेकिन रिजवी साहब ने अपनी भूमिका में पूरी ईमानदारी बरती। उन्होंने स्पष्ट लिखा कि ''वह धर्म में कट्टर सुन्नी था और सुन्नियों के अतिरिक्त किसी को भी आदरपूर्वक जीवन व्यतीत करने का अधिकारी न समझता था। उसकी समस्त रचनाओं, विशेषकर 'तारीखे-फीरोजशाही' तथा 'फ तावाए जहाँदारी' को समझने के लिये उसके चरित्र को समझना परमावश्यक है। उसकी मानसिक उलझनों की अमिट छाप उपर्युक्त दोनों ग्रन्थों में वर्तमान है और उसको समझे बिना लगभग 82 वर्ष का इतिहास (1265 ई.-1357 ई.) समझना बड़ा कठिन है।''[22]

मसलन इस मूल सामग्री की प्रकृति और अन्तर्वस्तु ही ऐसी है कि अगर कोई चाहे तो यहाँ साम्प्रदायिक कट्टरता के लिये पर्याप्त खुराक मुहैया है। इस इतिहास लेखन के सिलसिले पर सबसे शानदार टिप्पणी प्रख्यात इतिहासकार हरबंस मुखिया ने की है। पहली बात तो यह कि वे मानते हैं कि मध्ययुग में मानव जाति की सोच पर धर्म के प्रभाव को नाकारा नहीं जा सकता। इस कारण लोगों के लिये उसे मुस्लिम शासन मानना सहज स्वाभाविक है। ऐसे में औपनिवेशिक इतिहास लेखकों का काम आसान हो गया है। वे लिखते हैं—''जेम्स स्टुअर्ट मिल ने भारतीय इतिहास का हिन्दू, मुस्लिम और ब्रिटिश कालों में जो विभाजन किया उसका यही अन्तिम परिणाम था, यही काल-विभाजन आगे की डेढ़ सदियों में भारतीय इतिहास के अध्ययन के लिये सार्वभौम रूप से स्वीकृत काल-विभाजन बन गया।'' वे आगे लिखते हैं—''इससे भी ज्यादा दिलेर और ज्यादा सोचा-विचारा प्रयास इलियट और डाउसन के आठ जिल्दों वाले ग्रन्थ 'ए हिस्ट्री ऑफ इंडिया ऐज टोल्ड बाई इट्स

ऑन हिस्टारियंस' ने किया; यह मध्यकालीन भारत के फारसी में लिखे गये इतिहास-ग्रन्थों के अंशों का अनुवाद था। इन अंशों के चयन में पाठक की कल्पनाशक्ति के लिये कुछ बचा ही नहीं, ये अनूदित अंश हमेशा ही साम्प्रदायिक भावनाओं को उकसाते रहे। लगता है कि इलियट को पता था कि वे क्या कर रहे है।''[23] जाहिर था राजनैतिक स्तर पर धार्मिक विभेद की नीति को इतिहास से पुष्ट करने की कोशिश हो रही थी।

इधर हिन्दू सम्प्रदायवादी विजातीय मुसलमानों को जबरन इस्लाम में दीक्षित करने अथवा उसे मिटानेवाले अत्याचारों और देश के सम्मान के लिये धर्म को बचाने के लिये हिन्दुओं के प्रतिरोध को बढ़ा-चढ़ाकर दिखा रहे थे। ऐसा करते हुए वे एक ओर अपनी कमजोरियों की अनदेखी कर रहे थे तो दूसरी ओर समाज की यथास्थिति पर भी पर्दा डाल रहे थे। ऐसे में मध्यकाल का इतिहास मुस्लिम शासकों के अत्याचार और हिन्दू प्रतिरोध तक सीमित होकर रह गया था। वे बार-बार हिन्दुओं की उदारता और इस्लाम की संकीर्णता को उजागर कर रहे थे। वे यह नहीं बता रहे थे कि हिन्दू धर्म की उदारता गैरब्राह्मण जातियों और समुदायों के आसंग में कहाँ विलुप्त हो जा रही थी? दोनों अपने-अपने पक्ष में तथ्य रखकर अपने अनुकूल तर्कों को पेश कर रहे थे। हरबंस मुखिया ने लिखा है—''साम्प्रदायिक और राष्ट्रवादी दोनों श्रेणियों के इतिहासकारों का तर्कशास्त्र अलग-अलग साम्प्रदायिक पहचानों के अस्तित्व की साझी मान्यता पर आधारित था; जब तक चिन्तन साम्प्रदायिक प्रवर्गों पर आधारित था, इस मान्यता से दामन बचाना असम्भव था।''[24]

जब इतिहासकारों ने खासकर प्रो. रामशरण शर्मा, इरफान हबीब, बी. एन. एस. यादव जैसे इतिहासकारों ने उस काल की जनता का सामाजिक-आर्थिक अध्ययन और विश्लेषण किया तो स्थिति में बदलाव आया और औपनिवेशिक इतिहास लेखन का बौद्धिक तिलिस्म भी टूटा। इसने—''लगभग 7वीं या 8वीं सदी से लेकर 13वीं या 14वीं सदी तक के सामाजिक और आर्थिक इतिहास में एक व्यापक निरन्तरता देखने की सम्भावना पैदा की, हालाँकि यह सम्भावना भी निहित रूप में ही उत्पन्न हुई। यह और बात है कि इस निरन्तरता के दायरे के अन्दर कुछ महत्त्वपूर्ण परिवर्तन भी घटित हुए। दूसरे, इसने निर्णायक रूप से राजनीतिक-प्रशासनिक की बजाए सामाजिक-आर्थिक इतिहास को महत्त्व का केन्द्र बना दिया जिसमें साम्प्रदायिक प्रवर्गों का बहुत-कुछ महत्त्व बहरहाल जाता रहा।''[25] दरअसल इसमें असल मुश्किल यह रही कि निहित स्वार्थों के कारण अन्य तमाम पक्षों को गौण करते हुए धार्मिक पक्ष को ही विशेष महत्त्व दिया गया, जिससे साम्प्रदायिक असन्तुलन बना।

महमूद गजनवी के आक्रमण से तीन बातें बिल्कुल स्पष्ट हो गयी थीं। पहली

तो यह कि भारत में अकूत सम्पदा है और दूसरी बात यह कि भारत पर आक्रमण करना आसान है, और तीसरी बात यह कि यह क्षेत्र आन्तरिक स्तर पर एकदम बिखरा हुआ है। धार्मिक स्तर पर हिन्दुओं का बौद्धों और जैनियों से संघर्ष चल रहा था तो हिन्दू शैव, शाक्त और वैष्णव श्रेणियों में बँटे हुए थे। सामाजिक स्तर पर ब्राह्मणवाद चरम पर था और निम्न जातियों पर लगातार अत्याचार हो रहे थे। वे इतने उपेक्षित और कटे हुए थे कि उनके लिये इस्लाम धर्म अपनाना एकदम सहज-स्वाभाविक बात थी। खास तौर से मुहम्मद गोरी के बाद यह बात और स्पष्ट हो गयी, क्योंकि मन्दिरों के ध्वस्त होने से सबसे ज्यादा ब्राह्मण ही प्रभावित हुए थे। डॉ. सतीशचन्द्र ने लिखा है—''इस्लाम के आगमन से ब्राह्मणों की प्रतिष्ठा और प्रभाव को भी एक करारा आघात पहुँचा। भोले-भाले लोगों द्वारा पूजी जानेवाली मूर्तियों को अक्सर ब्राह्मण भगवान के प्रतीकों के रूप में प्रस्तुत न करके यह प्रदर्शित करते थे मानो वे (मूर्तियाँ) स्वयं भगवान थीं, जो ब्राह्मणों का आदेश मानती थीं, निष्ठावानों को फल देती थीं और जो उनकी शक्ति और सामर्थ्य पर सन्देह करते थे, उन्हें दंड देती थीं। इन मूर्तियों को गैर-हिन्दू तुर्कों द्वारा तोड़ा और पैरों से कुचला गया, और ब्राह्मणों और मन्दिरों के दूसरे सेवकों को मार दिया गया या उन्हें छिन्न-भिन्न कर दिया गया। फिर भी तुर्कों का कोई नुकसान नहीं हुआ। भौतिक रूप से भी ब्राह्मणों का नुकसान हुआ।''[26] जाहिर था इसका जनता पर गहरा असर पड़ा। सामान्य जनता का न इस धन पर कोई अधिकार था, न ही इसका सुख। राज-काज और देशरक्षा में वे कहीं से भागीदार नहीं थे। ऐसे में उनसे देशभक्ति या आक्रमणकारियों के प्रति तीव्र नफरत की उम्मीद भला कैसे की जा सकती थी? दुर्भाग्य से यह सिलसिला आगे भी नहीं बदला।

अब आप देखिये महमूद गजनवी के आक्रमण के 160 वर्षों तक भारत विदेशी आक्रमण से महफूज रहा, बावजूद इसके हमारे यहाँ के शासक नहीं बदले। उनके बीच आपसी घमासान मचा रहा। पारस्परिक कटुता और वैर-भाव का आलम यह रहा कि भारत के तमाम राजा अपना अहित उठाकर भी पड़ोसी राजा की बर्बादी के लिये उद्यत थे। हर राजा भोग-विलास और रमणियों के शृंगार में मशगूल था और दरबारी चाटुकार कवियों से अपनी प्रशंसा और वीरता का रासो ग्रन्थ लिखवा रहा था। किस राज्य की कन्या या रानी सुन्दर है, किस राजा ने उसकी यात्रा में उसे सम्मान नहीं दिया, कहाँ क्या षड्यन्त्र हो रहा है, किसे, कैसे कमजोर कर पराजित किया जा सकता है। जनता का गैरब्राह्मण हिस्सा यथावत नारकीय जीवन जीने को पहले की तरह ही अभिशप्त रहा। किसान और कामगार लगातर कर चुका रहे थे; उनकी जिन्दगी और बदहाल ही होती रही। भारत लम्बे समय के लिये विजातीय और विदेशी शासक की गुलामी की प्रतीक्षा कर रहा था।

महमूद गजनवी के आक्रमण और बेरहम लूट से यह बात स्पष्ट हो गयी कि भारत पर आक्रमण का रास्ता खुल गया और उसकी कमजोरियाँ उजागर हो गयीं। दूसरी बात यह कि उसके पास अकूत सम्पदा है। लेकिन इस आक्रमण से भारतीय समाज में जो राजनीतिक और सामाजिक स्तर पर बदलाव आने चाहिए थे, वैसा कुछ नहीं हुआ। एक ओर हिन्दुओं का बौद्धों और जैनियों से संघर्ष चल रहा था तो दूसरी ओर छोटे-छोटे सामन्ती राजाओं का। उनकी संकीर्णता और सामन्ती ठसक के भोंडे प्रदर्शन परस्पर एक-दूसरे को कमजोर करते रहे। सुन्दरियों के बाँके नैन और नर्तकियों के घुँघरुओं के बीच आपस में ही उनकी तलवारें खनकती रहीं। चाटुकार दरबारियों से घिरे राजा अपनी विरुदावलियाँ सुनते रहे। पूरे देश में सामाजिक-आर्थिक स्तर पर परिवर्तन या गतिशीलता के कहीं कोई संकेत नहीं थे। विदेश गमन पर जाति बहिष्कृत रोक की धार्मिक व्यवस्था ने समाज को पूरी तरह कूपमंडूक बना रखा था। बगल के मामूली एशियाई मुल्कों में क्या हो रहा है, इसकी किसी को कोई भनक नहीं थी। सोमनाथ मन्दिर समेत देश के सैकड़ों मन्दिरों के ध्वस्त होने और उनमें स्थापित मूर्तियों के ध्वंस के बावजूद कहीं किसी ओर से कोई चमत्कारिक प्रतिरोध नहीं हुआ। इससे जनता के सामने ब्राह्मणों के दैवी पाखंड खुल गये थे। जो ईश्वर खुद की रक्षा नहीं कर सकता, उसके प्रतिनिधि ब्राह्मण अब ईश्वरीय ताकत का वास्ता देकर भरपूर चढ़ावा नहीं ले सकते थे।

यह कैसी विडम्बना थी कि प्राचीन भारतीय ग्रन्थों की बारीक व्याख्या करनेवाले बौद्धिक ब्राह्मण राजाओं को सीमाओं की सुरक्षा में किलेबन्दी, पहरेदारी और जनता की साँगानिक एकता का पाठ नहीं पढ़ा सके। देश में किसी के पास न सार्वभौम सोच थी न सामूहिक भाव विकसित करने का कहीं कोई जज्बा था। उस पर तुर्रा यह, उनकी ऐंठ ऐसी कि पृथ्वी पर उनके देश जैसा न दूसरा देश है और न उनके राजा जैसा कोई राजा। अब भारत की एक-एक कमजोरी नंगी हो चुकी थी। दूसरी ओर अरब के इलाके अब पहले की तरह खानाबदोश और कबीले युगवाले नहीं रह गये थे। भारत से चीन तक, सुदूर यूरोप तक उनके व्यापार थे। तलवारबाजी, तीरन्दाजी, घुड़सवारी से लेकर जाँबाजी या फुर्तीलेपन में उनका कोई जवाब नहीं था। अस्त्र-शस्त्र बनाने में वे काफी आगे निकल चुके थे। उनमें तुर्क तो विश्व के शानदार लड़ाके थे। चतुराई और रणकौशल की बारीकियों और दाँवपेच में वे माहिर थे। इस्लाम के लिये जेहाद करते हुए उनके जेहन में सीधे जन्नत की हूरें रहती थीं और वे हर लड़ाई पूरे प्राण-प्रण से लड़ते थे। उनकी व्यूहरचना और छापामार युद्ध का कोई मुकाबला नहीं था।

अब तक यही गनीमत थी कि महमूद गजनवी ने भले अपने आक्रमण और लूट से भारतीय अस्मिता पर चोट की थी मगर उसने रुककर यहाँ अपना शासन

स्थापित नहीं किया था। बावजूद भारतीय शासकों की बेपरवाही और अदूरदर्शिता के कारण इसका इतिहास एक निर्णायक करवट लेनेवाला था। एक मामूली देश अफगानिस्तान के निहायत छोटे से प्रदेश गोर का साहसी और महत्त्वाकांक्षी शासक मुहम्मद गोरी भारत पर आक्रमण की मुकम्मल तैयारी कर रहा था। वह भारत के भाग्य को अपनी तलवार से बदल देने को बुरी तरह अधीर था। गोर गजनी के उत्तर में बसा एक छोटा-सा पर्वतीय प्रदेश था। गजनवी के निधन के बाद उसके वारिस लूट के धन से भोग-विलास करने लगे थे। जब गोर के सुल्तान अलाउद्दीन हुसैन ने 1155 ई. में गजनी पर चढ़ाई की तो उसे कोई प्रतिरोध नहीं झेलना पड़ा। उसने गजनी शहर को जलाकर खाक कर दिया। फिर उसने आसपास के तुर्किस्तान, बरमैन, जरूम, बुस्त और जरजिस्तान के इलाके को एक-एक कर जीत लिया। लेकिन उत्तर-पश्चिम में उसे साम्राज्य विस्तार में कोई सफलता नहीं मिली तो उसकी निगाह भारत की ओर मुड़ी। इसी प्रदेश का 1173 ई. में सूबेदार बने मुईजुद्दीन मुहम्मद ने उसके सपने को पूरा किया। भारत में मुहम्मद गोरी के नाम से मशहूर इस योद्धा ने अपनी तलवार से भारत के इतिहास को आमूलचूल बदल दिया।

यह बात तय थी कि उसकी महत्त्वाकांक्षा साम्राज्य विस्तार की ही थी। उसने अपने भाई और पूर्व सुल्तान जियाजुद्दीन के समय जीत और हार के कई मंजर देखे थे और उसे पता था कि इरादे मजबूत हों तो पराजय कोई मानी नहीं रखती। उसे पता था साम्राज्य विस्तार के साथ सेना की मजबूती और समृद्धि के लिये धन जरूरी था और यह भारत की जीत से ही सम्भव था। इसके लिये सेना की तमाम तैयारियों के साथ एक अदम्य साहस और पोख्ता यकीन भी जरूरी था जो इस्लामी जेहाद से ही सम्भव था। हम इस बात को चाहे जितना नकारें या ढँकें, मगर मध्यकाल के तमाम युद्धों में जेहादी जनून की भावना को झुठलाया नहीं जा सकता।

गो कि इरफान हबीब साहब ऐसा नहीं मानते। उनका तर्क है कि ''भारत पर जिसे मुस्लिम विजय कहा जाता है, पर जो वास्तव में गोर-विजय है, उसका तात्पर्य दो बातों से है : पहला था—शासक-वर्ग के रूप में, गोरी-तुर्कों द्वारा 'ठाकुरों' का स्थान ले लेना, और दूसरा था—भारत के शहरी कामगारों की विमुक्ति और इसके साथ-ही-साथ इस वर्ग का बड़ी संख्या में नये धर्म के प्रति आकर्षित होना।'' उनके अनुसार, ''यह संक्रान्ति इसलिये सम्भव हो पायी कि भारतीय समाज अपने अनेक विरोधाभासों के कारण अशक्त व असहाय हो चुका था।'' दरअसल ऐसा कहने के पीछे उनका मुख्य आधार यह था कि कृषि उपज पर ब्राह्मण और ठाकुरों का ही एकाधिकार था। रैयत गैरब्राह्मण थे। उनके लिये ज्ञान और युद्ध के सारे दरवाजे बन्द थे। वे यह भी कहते हैं कि उस दौर में जो संस्कृति थी उसमें इनकी कोई भूमिका

नहीं होती थी—''समाज को सभी औद्योगिक उत्पाद सुलभ करानेवाले ये वर्णहीन समुदाय, अपनी कोई संस्कृति या परम्परा नहीं बना पाये और फलस्वरूप अपना कोई भी इतिहास नहीं छोड़ गये।''[27] 'गोर-विजय' या 'मुस्लिम-विजय' पर विचार करें तो वे जिन तर्क-तथ्यों का प्रमाण दे रहे हैं; वे सच भी मान लिये जाएँ तो यह स्थिति युद्धोपरान्त की है। सवाल यह है कि अगर गोरी ने गैरब्राह्मणों की मुक्ति के लिये यह आक्रमण किया था तो क्या उसके बाद उन सबकी मुक्ति हुई? उन सबके हालात में परिवर्तन हुए? क्या इस्लाम धर्म में शामिल होने से उन्हें वाकई समानता का व्यवहार और सम्मान मिला? और सबसे बड़ी बात यह कि क्या विजय बाद शासन गोर-प्रदेश का कायम हुआ? इसलिये 'मुस्लिम-विजय' कहने की हिचक के पीछे जो कारण हैं वे और उलझन में डालते हैं। इस्लाम धर्म मानना या मनवाना अथवा उसके बाद छह शताब्दियों तक मुस्लिम शासकों का दीर्घ शासन और कट्टरवादियों का गोरी (पाकिस्तान की एक मिसाइल का नाम गोरी है।) की परम्परा से खुद को जोड़ना—ये बातें बिल्कुल विपरीत तथ्य-तर्क पैदा करती हैं।

इरफान साहब के इस आकलन से एक ओर गोर-प्रदेश का आक्रमण सकारात्मक हो जाता है और अगर कोई ऐसा नहीं मानता तो इसकी तोहमत मुस्लिम पर नहीं लगायी जा सकती। बात स्पष्ट है कि गोरी एक शासक-सुल्तान था; इसलिये इतिहासकार को आकलन में शासक और जनता को अलगाना होगा, जो उन्होंने किया भी है, लेकिन उनका दृष्टिकोण मुबारक अली जैसा तीक्ष्ण, प्रखर और स्पष्ट नहीं है। इससे इरफान हबीब साहब एक सामन्त से, दूसरे सामन्त के पक्ष में चले जाते दिखने लगते हैं। ऐसी भी बात नहीं कि वे शासित जनता के सामाजिक-आर्थिक जीवन का विश्लेषण नहीं करते बल्कि पूरी दक्षता और काबिलियत से करते हैं। बस वे सामन्त-सुल्तान और जनता को लेकर साफ -साफ अपनी पक्षधरता को हिगरा नहीं पाते। वे यह बात क्यों भूल जाते हैं कि हर शासक, हर राज्य धर्म का अपने अनुरूप इस्तेमाल करता आया है। उसके प्रतिरोध में भी अपने-अपने धर्म की जनूनी भावना से इंकार नहीं किया जा सकता। अल्ला-हो-अकबर, हर-हर महादेव या सत श्री अकाल के नारे युद्ध के अवसरों पर इस्तेमाल होते रहे हैं। इसको ढँकने के पीछे चाहे जितनी नेक भावना हो मगर इतिहास के यथार्थ को झुठलाना घातक है। कार्ल मार्क्स ने कहा था कि यथार्थ कभी जनता के विरुद्ध नहीं होता। चूक तब होती है, जब हम शासक या सेनापति के धर्म को उसकी जनता से जोड़ते हैं। दुनिया के इतिहास में हर काल में, हर शासक यह जानता है कि उसे धर्म का कब, कितना और किस शक्ल में इस्तेमाल करना है। समकालीनता के घाव भले भर जाएँ, इतिहास के घाव जल्दी नहीं भरते। वे जब कुरेदो, तब दुख देंगे। यह सच्चाई है कि भारत में हिन्दू-मुसलमानों के बीच कट्टरता और घनघोर नफरत की जड़ें इसी मध्यकालीन

इतिहास में हैं। इसीलिये पाकिस्तान के महान इतिहासकार मुबारक अली ने इस बात पर बार–बार जोर दिया है कि शासकों की सोच, मानसिकता और कार्रवाई से जनता को न जोड़ा जाए। दोनों पक्षों के साम्प्रदायिक कट्टरवादी यही तो करते आये हैं और आज भी कर रहे हैं। यह इतिहास की गलत समझ ही नहीं, नाजायज इस्तेमाल भी है।

मुहम्मद गोरी ने पहली बार 1175 ई. में शिया शासक के विरुद्ध मुल्तान पर हमला किया तो उसने घोषणा की—यहाँ का शासक विधर्मी और काफिर है। फिर उसने सिन्ध को पराजित किया। लेकिन दूसरी बार उसे अन्हिलवाड़ के राजा भीमदेव से पराजित होना पड़ा। तब उसने पेशावर, लाहौर और स्यालकोट पर कब्जा किया। इसमें जम्मू के राजा विजयदेव ने उसकी मदद की। ऐसा उसने अपनी सुरक्षा और पंजाब के विरुद्ध अदावत के कारण किया। लापरवाही और अदूरदर्शिता का आलम यह था कि पूरे भारतवर्ष में एक भी शासक आनेवाले खतरे को समझ नहीं पाया, क्योंकि सार्वभौम सोच की समझ ही नहीं थी। यहाँ का बौद्धिक ब्राह्मण समाज आत्मा, परमात्मा, जीव, माया और जीवन–मृत्यु की दार्शनिक बहसों से नीचे उतरने को तैयार ही नहीं था। उस मध्यकालीन दौर में भाग्य और संयोग की भी भूमिका गौर करनेवाली थी। तराइन के 1191 ई. वाले युद्ध में पृथ्वीराज चौहान ने उसे घायल कर दिया था और उसकी मौत बिल्कुल करीब थी। तभी बड़े ही नाटकीय अन्दाज में एक खलजी सैनिक ने उसे घोड़े पर बिठाया और पकड़ से बाहर सुरक्षित निकालकर ले भागा। इधर दिल्ली के राजा पृथ्वीराज चौहान और कन्नौज के राजा जयचन्द्र में ठनी थी। उसकी पुत्री संयोगिता के अपहरण के अपमान से आहत जयचन्द्र ने पृथ्वीराज को सबक सिखाने की जिद्द ऐसी ठान रखी थी कि उन्होंने मुहम्मद गोरी को आमन्त्रित कर भरपूर मदद का आश्वासन दे दिया था।

अगले ही साल 1192 ई. में दुबारा तराइन का मैदान पृथ्वीराज चौहान के लिये घातक सिद्ध हुआ। सतीशचन्द्र ने लिखा है—"मुहम्मद गोरी की एक लाख बीस हजार कवचधारी घुड़सवार सेना के मुकाबले में पृथ्वीराज के पास तीन लाख की विशाल पैदल सेना के अतिरिक्त लगभग तीन हजार हाथी थे। फ़रिश्ता (तारीख़े फ़रिश्ता—मुल्ला मुहम्मद क़ासिम हिन्दू शाह) के विवरण से स्पष्ट होता है कि राजपूतों की पराजय...सुल्तान के श्रेष्ठ दाँवपेचों की वजह से हुई। इस प्रकार तुर्कों की विजय बेहतर रणकौशल, बेहतर घुड़सवारों और प्रशिक्षण के कारण हुई, वे इस वजह से भी विजयी रहे कि युद्ध के तरीके में अधिक निपुण थे।" वे यह भी मानते हैं कि "इसका यह अर्थ नहीं निकालना चाहिए कि राजपूतों की असफलताओं के केवल ये ही कारण थे।"[28] पृथ्वीराज पराजित ही नहीं हुए, मुहम्मद गोरी उन्हें कैद कर अपने साथ ले गया। उनकी वीरता को बढ़ा–चढ़ाकर बखान करनेवाले उनके कवि मित्र ने प्रेम और सम्मान में 'चार बाँस, चौबीस गज अंगुल अष्ट प्रमान, ता पर

बैठा सुल्तान है, मत चूको चौहान!' वाली किंवदन्ती रची। बाद में जयचन्द्र भी बुरी तरह पराजित हुआ और मारा गया। विभीषण के बाद वह दूसरे गद्दार के रूप में मशहूर हुआ। जो हो, लेकिन भारत में पहली बार मुस्लिम राज्य स्थापित हुआ जो अंग्रेजों के आने तक चला।

पृथ्वीराज चौहान की विरुदावली का गायन अनेक भारतीय आज भी करते हैं, लेकिन उनकी पराजय से एक तरह से भारतीय प्रतिरोध का स्तम्भ ढह गया। मुहम्मद गोरी ने दिल्ली के साथ मेरठ, बुलन्दशहर, कन्नौज, वाराणसी, बयाना, ग्वालियर और गुजरात सहित अपने साम्राज्य का व्यापक विस्तार किया। भारतीय समाज अन्दर से किस तरह खोखला हो गया था; इसका एक प्रमाण बख्तियार खलजी के बिहार, बंगाल और आसाम फतह से चलता है। उसका पूरा नाम ईजुद्दीन मुहम्मद बख्तियार खलजी था जो गर्मसीर का रहनेवाला था। उसका चाचा मुहम्मद बिन महमूद मुहम्मद गोरी की ओर से पृथ्वीराज चौहान के खिलाफ लड़ चुका था। यही सोचकर नौकरी की तलाश में वह गजनी आया था। उसके अनाकर्षक व्यक्तित्व और कुरूपता के कारण कोई नौकरी नहीं मिली तो वह दिल्ली चला गया। यहाँ से भी निराश हुआ तो बदायूँ चला गया, जहाँ के सिपहसालार ने उसे रख लिया। फिर वह अवध चला गया जहाँ वह बनारस डिविजन के सेनाध्यक्ष अगूलबक के साथ लग गया। भाग्य ने उसे ऐसी जगह पहुँचा दिया था, जहाँ उसे इतिहास में अपनी जगह बनानी थी।

अगूलबक उसकी वीरता से इतना प्रभावित हुआ कि उसे अपने थोड़े से सैनिकों के लिये इक्ता (थोड़े सैनिकों के खर्च के लिये कुछ गाँवों की एक तरह से जागीर दे दी जाती थी।) मिल गयी। उसका काम बिहार-बंगाल में छापा मारने का था। धीरे-धीरे उसने छापे से अस्त्र-शस्त्र और सैनिक बढ़ा लिये। मात्र दो सौ सैनिकों के बूते उसने बिहार पर आक्रमण किया और विजय प्राप्त की। कहते हैं कि जब वह अपने सैनिकों के साथ जा रहा था, खेतों में काम करनेवाले किसान-मजदूर दोनों ओर कतार बनाकर उसे देख रहे थे। खलजी को लगा अगर ये सभी मिलकर चढ़ाई करते तो उसका बचना मुश्किल हो जाता। मगर उसके कमाल के साहस के सामने कोई नहीं आया। उसे बिना लड़े अधिकार मिल गये। तब उसने दहशत और दबदबा कायम करने के लिये सैकड़ों ब्राह्मणों और भिक्षुओं की हत्या की और नालंदा के प्राचीन और दुर्लभ पुस्तकालय में आग लगा दी जो सप्ताहों जलता रहा। फिर वह बंगाल की ओर बढ़ा और सेन साम्राज्य का अन्त कर दिया। उसने अनेक मस्जिदें, मदरसे और खानकाहों का निर्माण कराया। उसने वीरभूमि जिले में लखनौर और देवकोट में सैनिक चौकियाँ स्थापित कीं और मुहम्मद गोरी के नाम से खुत्बा पढ़वाया। उसने कुछ जनजातियों को मुसलमान भी बनवाया। उसके प्रति हिन्दुओं में बड़ी तीखी नफरत थी। लेकिन जब वह तिब्बत अभियान में फँस गया, उसके

सैनिक मारे गये तो बड़ी मुश्किल से मेज जाति के अली मेज ने हिन्दुओं से उसकी जान बचायी। जब वह देवकोट पहुँचा तो बुखार से तप रहा था। वह रुग्ण शैया पर पड़ा था। तभी उससे मिलने एक अमीर सेवक अली मर्दान आया। उसने उसके मुख से चादर हटायी और उसके सीने में छुरा भोंक दिया। इसलिये यह कहना गलत होगा कि मुहम्मद गोरी के अभियान में इस्लाम का इस्तेमाल नहीं हुआ था।

मुहम्मद गोरी के अभियान के अनुषंग रूप में बख्तियार खलजी की भूमिका को देखें तो एक बात स्पष्ट है कि गैरब्राह्मणों को देश के प्रति कोई लगाव नहीं था। लड़ने या युद्ध करने की अनुमति सिर्फ राजपूतों को थी। अब सारा दारोमदार इसी राजपूत जाति पर टिका था। इन ब्राह्मणों ने निम्न, शूद्र और चांडाल जातियों को लगभग गुलाम बनाकर रखा था। इतना ही नहीं, इसमें कुछ जातियों को तो अछूत माना गया था जो गाँव से अलग बसे रहते और बेहद दयनीय जीवन जीते थे। इरफान हबीब साहब ने तत्कालीन समाज के अध्ययन क्रम में ऐसे आठ समुदायों को चिन्हित भी किया है। ‘‘ऐसे आठ समुदाय हैं, जिनमें धोबी, मोची और बुनकर को छोड़कर, क्योंकि बाकी समुदाय उनसे कोई सरोकार रखना पसन्द नहीं करते, अन्य स्वेच्छा से आपस में विवाह-सम्बन्ध करते हैं। ये आठ समुदाय हैं—धोबी, मोची, बाजीगर, टोकरी और डाल बनानेवाले, नाविक, मछुआरे, शिकारी या कामगार बताये गये हैं।’’[29] इनके जिम्मे गन्दगी साफ करने जैसा घृणित काम था। ये पतित लोग माने जाते थे और गो-मांस तक खाते थे। इरफान हबीब साहब ने मध्यकालीन गाँवों, कस्बों और नगरों के गैरब्राह्मणों के जीवन को लेकर चकित कर देनेवाला अत्यन्त गहन शोध और विश्लेषण किया है। जाहिर है, ऐसा समाज एक धक्का भी नहीं सह सकता और वही हुआ भी। प्रो. खलिक अहमद निजामी साहब ने भी लिखा है कि धर्म पर एक जाति विशेष का ऐसा कब्जा था कि वे मन्दिर की झाँकी भी नहीं देख सकते थे। ऐसे में ‘‘जब भारतीय जनता को गोरी आक्रमणों का सामना करना पड़ता तो अधिकांश प्रजा में देशभक्ति की भावना भड़काने के लिये कुछ नहीं था। वे भारतीय शासकवर्ग का भाग्य शुष्क उदासीनता से देखते रहे। फलस्वरूप नगर पके हुए फलों की भाँति गिरने लगे। केवल दुर्गों ने कुछ विरोध किया किन्तु जब शत्रु ने ग्रामीण क्षेत्रों पर अधिकार कर लिया तो वे नि:सहाय हो गये।’’ वे आगे लिखते हैं—‘‘यदि भारतीय शासक सुरक्षा योजनाओं में जनता का सहयोग प्राप्त करने में सफल हो जाते; यही दुर्ग और गढ़ अपनी सम्पूर्ण आक्रामक शक्तियाँ एक स्थान पर संगठित कर महत्त्वपूर्ण सुरक्षा के केन्द्र बन जाते।’’[30]

भारत में पराजय की पीठिका तैयार थी—भारत पराजित हो गया, मगर अब समस्या इस पर शासन स्थापित करने की थी। मुहम्मद गोरी को पता था इस क्षेत्र में मुस्लिम शासन की कोई परम्परा नहीं थी और इतने विशाल क्षेत्र पर शासन के लिये

वह गोर प्रदेश से पर्याप्त लोगों को बुला भी नहीं सकता था। ऐसे में जैसा कि प्रो. निजामी साहब ने अनुमान किया कि पूर्व में बसी मुस्लिम बस्तियाँ जिनमें महमूद गजनवी के आक्रमण के बाद बढ़ोतरी हुई थी और गैरब्राह्मणों ने धर्म-परिवर्तन भी किया था; उनसे मदद ली गयी होगी। इसमें उसने दक्ष गुलामों का तो बड़े पैमाने पर इस्तेमाल किया। ऐसे में उसने एक और दूरदर्शी सूझ का परिचय दिया और गाँवों या नगरों की स्थानीय शासन व्यवस्था से कोई छेड़छाड़ नहीं की। बेशक उसे असन्तोष और विद्रोह पर भी नजर रखनी थी। एक संकट भाषा का भी था जो अन्तत: फारसी को अपनाकर उसे धीरे-धीरे स्थापित किया गया। ऐसी तमाम सावधानियों का ख्याल रखते हुए उसने अपने सबसे कुशल, बहादुर और योग्य गुलाम कुतुबुद्दीन ऐबक को जब दिल्ली का तख्त सौंपा तो उसने बदले की भावना से दमन और अत्याचारवाली कार्रवाई नहीं की। उसने हिन्दू अधिकारी और अश्वारोही हिन्दुओं की भी भरती की। उसे गैरब्राह्मण जातियों से अनुकूल मदद मिलने में दिक्कत भी नहीं हुई। उसने बिना किसी भेद-भाव के शहरों के दरवाजे सभी के लिये खोल दिये। नगर में प्रत्येक वर्ग का नागरिक, कारीगर, मजदूर, व्यापारी चाहे वह हिन्दू हो या मुसलमान, ब्राह्मण हो या गैरब्राह्मण सभी समान रूप से रह सकते थे। इससे नगरों के निर्माण में उसे बहुत मदद मिली। श्रमिक, कामगार, दस्तकार, शिल्पी सभी ने तेजी से नगरों का पुनर्निर्माण किया। अब सेना में भी गैरराजपूत जातियाँ आसानी से भरती हो सकती थीं। युग-परिवर्तन के नये अध्याय की शुरुआत हुई।

मुहम्मद गोरी को भारत के इतिहास में जो भूमिका अदा करनी थी, कर चुका था और वह सत्ता कुतुबुद्दीन ऐबक को सौंप गजनी लौट गया। उसके अन्त की कथा प्रो. निजामी ने लिखी है—गजनी जाते हुए रास्ते में मुहम्मद गोरी सिन्ध नदी के किनारे दमयक नामक स्थान पर रुका और नदी के किनारे एक हरे-भरे शीतल स्थान पर अपना शिविर लगाया। जिस समय वह शाम की नमाज पढ़ रहा था; कुछ हमलावर छिपकर शिविर में घुसे और उसकी हत्या कर दी। तारीख थी 15 मार्च 1206। इतिहास की यह विचित्र विडम्बना ही थी कि भारत में मुस्लिम राज्य की नींव रखनेवाला योद्धा सफल तो हो गया था, लेकिन वापसी में गजनी लौटनेवाली विजयी सेना उसी सुल्तान की शवयात्रा में बदल चुकी थी।

सन्दर्भ—

1. दी डिस्कवरी ऑफ इंडिया (हिन्दुस्तान की कहानी)
   -जवाहरलाल नेहरू, पृष्ठ-271
2. भारतीय संस्कृति पर इस्लाम का प्रभाव-डॉ. ताराचन्द पृष्ठ-44

3. इस्लाम : उद्भव और विकास-डॉ. किशोरी प्रसाद साहु — पृष्ठ-46
4. भारतीय संस्कृति पर इस्लाम का प्रभाव-डॉ. ताराचन्द — पृष्ठ-52
5. भारतीय संस्कृति पर इस्लाम का प्रभाव-डॉ. ताराचन्द — पृष्ठ-53
6. इस्लामी राज्य बनाम मुस्लिम राज्य-जाफर रजा — पृष्ठ-116
7. इस्लाम का जन्म और विकास-असगर अली इंजीनियर — पृष्ठ-149
8. इस्लामी राज्य बनाम मुस्लिम राज्य-जाफर रजा — पृष्ठ-160;161
9. इस्लाम का जन्म और विकास-असगर अली इंजीनियर — पृष्ठ-58
10. इस्लामी राज्य बनाम मुस्लिम राज्य-जाफर रजा — पृष्ठ-163;164
11. दिल्ली-सल्तनत (1206-1526)-डॉ. कौलेश्वर राय — पृष्ठ-37
12-17. मध्यकालीन भारत-10, सम्पादक-इरफान हबीब — पृष्ठ-11,14, 15, 17, 18, 20; 21
18. चिंगारी-एम. जे. अकबर — पृष्ठ-31, 32
19. दी डिस्कवरी ऑफ इंडिया (हिन्दुस्तान की कहानी) -जवाहरलाल नेहरू — पृष्ठ-317
20. इस्लामी राज्य बनाम मुस्लिम राज्य-जाफर रजा — पृष्ठ-184
21. इस्लामी राज्य बनाम मुस्लिम राज्य-जाफर रजा — पृष्ठ-183
22. आदि तुर्ककालीन भारत-सं./ अनुवादक-सैयद अतहर अब्बास रिजवी — पृष्ठ-105
23. मध्यकालीन भारत : नए आयाम-हरबंस मुखिया — पृष्ठ-43
24. मध्यकालीन भारत : नए आयाम-हरबंस मुखिया — पृष्ठ-45
25. मध्यकालीन भारत : नए आयाम-हरबंस मुखिया — पृष्ठ-46
26. मध्यकालीन भारत में इतिहास लेखन, धर्म और राज्य का स्वरूप -प्रो. सतीशचन्द्र — पृष्ठ-90
27. मध्यकालीन भारत-3, सम्पादक इरफान हबीब — पृष्ठ-12/13
28. मध्यकालीन भारत में इतिहास लेखन, धर्म और राज्य का स्वरूप-प्रो. सतीशचन्द्र — पृष्ठ-140
29. मध्यकालीन भारत-3, सम्पादक इरफान हबीब — पृष्ठ 13
30. दिल्ली सल्तनत-मुहम्मद हबीब, खलिक अहमद निजामी — पृष्ठ-156

गुलाम वंश
(1206–1290 ई.)

मध्यकालीन भारतीय इतिहास के विस्तार से गुजरते हुए आप यह बात शिद्दत से महसूस करेंगे कि हमारी साम्प्रदायिक मानसिकता की जड़ें इसी में हैं। हिन्दू–मुस्लिम दोनों समुदायों के लिये इस पूरे दौर में पर्याप्त सबूत–साक्ष्य हैं, जिनकी मनमानी समझ से दोनों अपने–अपने लिये पर्याप्त हरवा–हथियार ढूँढ़ सकते हैं। इसमें अंग्रेज इतिहासकारों के साथ कई भारतीय इतिहासकारों ने भी इन दोनों कौमों के कट्टरवादियों के काम को आसान कर दिया था। लेकिन आगे के महान इतिहासकारों ने अपने गहन शोध, विश्लेषण और मूल स्रोत–सामग्री से उस युग के वास्तविक यथार्थ को रखकर इस संकट से निजात दिलायी। अब यह बात अलग है कि बहस में दरेरा देकर अपनी संकीर्णता और कट्टरता को हठीले अन्दाज में मनवानेवालों की अब भी कमी नहीं है। इतिहास को जिस मनमाने तरीके से सम्प्रदायवादी कट्टरपन्थियों ने जैसा इस्तेमाल किया है; वह चकित करता है और चिन्तनीय तो है ही। मध्यकाल को लेकर हमें एक बात याद रखनी होगी कि उस दौर में भौगोलिक देश 19वीं सदी के राष्ट्रवादी शबल में नहीं थे। तलवार और ढाल के बूते राज्य का भविष्य था। ताकत से कोई कहीं का शासक बन सकता था। जहाँ तक धर्म की भूमिका का सवाल है तो हिन्दू, हिन्दू राज्य और राजा पर, मुसलमान, मुस्लिम राज्य और सुल्तान पर जीत हासिल कर सकता था। जीत हर हाल में नैतिक विजय थी। फिर भी भारत और मध्य एशिया के अरबों और तुर्कों को लेकर अथवा इस्लाम को लेकर एक विशेष स्थिति अवश्य बनती है। लेकिन उस पर विचार करते समय युग–सापेक्ष वस्तुगतता और ईमानदार विश्लेषण की जरूरत तो है ही।

बेशक भारत के सन्दर्भ में विचार करनेवाली बात तो यह है कि महान सभ्यता और महान शासकों की गौरवशाली परम्परावाला देश इतिहास के थपेड़ों से एक ऐसे शासक के अधीन आ गया जो मूलतः एक तुर्क गुलाम था। महमूद गजनवी की चोट

चाहे जितनी मर्मान्तक थी, लेकिन उसने शासन की बागडोर नहीं थामी। मुहम्मद गोरी ने जरूर पृथ्वीराज को पराजित किया; कैद कर अपने साथ ले गया, लेकिन शासन अपने विश्वासपात्र गुलाम कुतुबुद्दीन को सौंप दिया। एक गुलाम अपनी स्वामिभक्ति और वीरता के बूते हिन्दुस्तान के इतिहास में पहला मुस्लिम शासक बना। यह एक नये अध्याय की शुरुआत थी। अगर हम बेहतर और बुरे की सरलीकृत शक्ल में इस परिघटना को नहीं देखें तो यह एक तरह से युग-परिवर्तन की आहट थी, एक नये सामाजिक-राजनीतिक संक्रमण की शुरुआत। एक सामन्ती समाज-शासक का एक भिन्न सामन्ती शासक के हाथों में हस्तान्तरण। देशी-विदेशी शासक का अन्तर उतना निर्णायक नहीं था, जितना शासक और शासित के बीच धर्म का अन्तर था। उस समय किसी को यह पता नहीं था कि भिन्न देश के एक खरीदे गये गुलाम और भिन्न धर्मवाले राज्य का शासन अगली पाँच-छह शताब्दियों तक कायम रहेगा। लेकिन हुआ ऐसा ही!

कुतुबुद्दीन ऐबक ने जिस इस्लामी राज्य की शुरुआत की, उसे इतिहासकारों ने गुलाम वंश का शासन कहा जो 1206 से 1290 ई. तक कुल चौरासी सालों तक चला। 'गुलाम वंश' नाम को लेकर जैसा कि होता है इतिहासकारों में मतभिन्नता रही और वे इसे 'आदि तुर्क शासन' कहना ज्यादा सही मानते हैं। इसमें दो बेहद अल्पकालिक शासकों को शामिल किया जाय तो कुल ग्यारह शासकों ने राज्य किया, जिनमें मात्र तीन ही खरीदे गये गुलाम थे—कुतुबुद्दीन ऐबक (1206-1210), इल्तुतमिश वंश (1210-1266) और बल्बन (1266-1287)। जाहिर था ये मूलतः गुलाम थे, जिन्हें बाद में मुक्ति हासिल हो चुकी थी। ये तीनों किसी-न-किसी तरह के तुर्क थे। दरअसल उन दिनों तुर्क गुलामों की बड़ी माँग थी। व्यापारी बड़ी तजबीज कर होनहार और तेजस्वी तुर्क नौजवानों को चुनकर खरीदते और उन पर भारी निवेश करते थे। उनको घुड़सवारी, तीरन्दाजी, तलवारबाजी और युद्ध के तमाम कौशल सहित अनेक तरह से प्रशिक्षण देकर बेहद योग्य बनाते थे। व्यापारी उतना निवेश अपनी सन्तान तक पर नहीं करते थे। भारी शिक्षण-प्रशिक्षण के बाद तोल-मोल कर उन्हें ऊँची कीमत पर बेचते थे। बड़े-बड़े सुल्तान इनको खरीदते और ये अपनी स्वामिभक्ति और युद्ध में अद्भुत कौशल प्रदर्शन कर उनका विश्वास जीतते। फिर उन्हें गहरे प्रभावित कर उनके प्रिय पात्र बन जाते थे। कुछ गुलाम तो उन सुल्तानों को अपनी सन्तानों और सगे भाइयों से भी ज्यादा प्रिय हो जाते थे। उनमें कुछ को तो तख्त नसीब हुआ तो कुछ सेना और शासन में ऊँचे पदों तक गये, कई ने जागीरें सँभालीं, कई अमीर बने। युद्ध के समय ये अपने स्वामी की सहायता में शामिल होते और अपने कारनामों से संरक्षक सुल्तानों को हारा हुआ युद्ध भी जिता दिया करते। कुतुबुद्दीन ऐबक भी एक ऐसा ही यशस्वी और करामाती गुलाम था।

कुतुबुद्दीन ऐबक जनजाति का तुर्क था जो तुर्किस्तान में अपने परिवार से बिछड़ गया और नैशापुर के बाजार में पहुँच गया, जहाँ दास खरीदे-बेचे जाते थे। वहीं काजी अजीज कूफी ने उसे खरीदा था। काजी कुरान का अध्येता था और उसमें गहरी अन्तर्दृष्टि थी। उसने कुतुबुद्दीन को अपने बेटे की तरह पाला-पोसा और शिक्षित किया। वह 'कुरानख्वाँ' कहा जाने लगा, जो सुरीले कंठ से कुरान का पाठ करते हैं। उसने धनुर्विद्या और घुड़सवारी में भी उसे दक्ष करा दिया। बाद में उसे एक व्यापारी के हाथों में ऊँचे दामों पर बेचा गया जो उसे लेकर गजनी गया। गजनी में दासों की मंडी से मुहम्मद गोरी ने उसे खरीदा। उसने शुरू से ही अपने स्वामी के प्रति अटूट निष्ठा बनाए रखी। तत्कालीन इतिहासकार मिनहाज सिराज ने 'तबकाते-नासिरी' में एक दिलचस्प वाकये का बयान किया है। एक रात मुहम्मद गोरी ने भोग-विलास में मस्त अपने सभी दास-दासियों को सोना-चाँदी भेंट किया। जब उसे कुतुबुद्दीन को दिया तो "उसने वह सारा धन तुर्कों, द्वारपालों, फर्राशों तथा अन्य कर्मचारियों को बाँट दिया, यहाँ तक कि उसके पास कुछ भी शेष न रहा। दूसरे दिन सुल्तान को मालूम हुआ तो उसने उस पर विशेष कृपादृष्टि दिखाते हुए उसे अपना विश्वासपात्र बना लिया।"[1] आगे उसने हमेशा उसे जिम्मेदार और ऊँचे पदों पर रखा। शुरू में सवारों के एक दस्ते का, फिर पूरे अस्तबल का अधिकारी बना दिया। एक बार गोर और गजनी के युद्ध में उसे कैद कर लोहे से जकड़ दिया गया। युद्ध के बाद जब उसे उसी वेश में लौटाया गया तो मुहम्मद गोरी बहुत प्रभावित हुआ। उसने उसे तत्काल एक टुकड़ी सेना का नायक बनाकर अक्ता (सैन्य संचालन के लिये एक तरह से कुछ गाँवों या इलाके की जागीर सौंपने जैसी व्यवस्था) सौंप दी। फिर तो उसने मुहम्मद गोरी के साथ भाग लेनेवाले युद्धों में भाग लेकर अपनी वीरता से उसका दिल जीत लिया। अब गोरी उस पर बहुत यकीन करने लगा।

कुतुबुद्दीन ऐबक ने अपनी हैसियत आसानी से प्राप्त नहीं की थी। मुहम्मद गोरी के तराइन के दूसरे युद्ध में पृथ्वीराज चौहान की पराजय और गिरफ्तारी में उसकी भूमिका निर्णायक थी। उसके शानदार प्रदर्शन से ही प्रभावित होकर मुहम्मद गोरी ने उसे 'मलिक' का पद दे दिया था। मुहम्मद गोरी की मौत के बाद तख्त के लिये आयी मुश्किलों को उसने अपनी चतुराई, रणकौशल और उद्यम से हासिल किया था। मुहम्मद गोरी ने न तो उसे उत्तराधिकारी नामजद किया था और न ही वह साम्राज्य के तमाम दासों या तुर्कों का नेता ही था। अगर उसकी हैसियत के आधार पर देखें तो दो समानधर्मा और थे—गुलाम ताजुद्दीन यल्दूज और नासिरुद्दीन कुबाचा। यल्दूज भी गोरी का दास और करमान का सूबेदार था। गोरी की मौत के बाद गजनी पर अधिकार जमाकर खुद को पूरे साम्राज्य का दावेदार बन गया था। लेकिन उसे पहले पंजाब तथा फिर अन्यत्र भागना पड़ा। तब वहाँ की जनता ऐबक के पक्ष में भी

नहीं थी। लेकिन उसने हालात की नाजुकता समझी और ऐबक से अपनी पुत्री का विवाह कर दिया। मुल्तान और उच्छ का सूबेदार बना। उसने मुहम्मद गोरी के बाद ही अपने को आजाद शासक घोषित कर दिया। ऐबक उससे उलझकर पूरे साम्राज्य पर अपनी पकड़ को कमजोर करने के पक्ष में नहीं था। उसने दूरदर्शिता और धैर्य से काम लिया। अपनी बहन का विवाह कुबाचा से करके उसे अपने पक्ष में कर लिया।

उधर अली मर्दान बख्तियार के जीते राज्यों पर काबिज था, लेकिन खलजी उसे बिल्कुल पसन्द नहीं कर रहा था। जनता भी दुखी थी। अन्ततः विद्रोह हो गया और अली मर्दान बन्दी बना लिया गया। किसी तरह भागकर वह ऐबक की शरण में आया। अन्ततः ऐबक ने खलजियों को शान्त कर उसे वहाँ का सूबेदार बना दिया। आप गौर कीजिये तो सारा मामला सत्ता–भोग का था। लूट की हवस तेज थी। स्पष्ट है कि सवाल इस्लाम और मुसलमान का नहीं, सिर्फ सत्ता का था। अपने प्रभुत्व का था। ऐबक असमंजस के उस माहौल में गद्दी पर बैठा जरूर लेकिन न तो अपने नाम से खुत्बा पढ़वा सका, न सिक्का ढलवा सका। तब राज्य की सीमाएँ भी अनिश्चित थीं और ध्यान देनेवाली बात यह है कि हिन्दुओं में पराजय की गहरी कसक थी और खासकर राजपूत राजा मुक्ति के लिये छिटपुट विरोध को किसी–न–किसी तरह बचाये हुए थे। लेकिन ऐसी ही सोच अन्य गैरब्राह्मण जातियों की नहीं थी। उनके भीतर ऐसी नियतिवादी सोच घर कर गयी थी कि वे मुस्लिम आक्रमण, शासन और अत्याचारों को पूर्वजन्मों का फल मान रहे थे। ऐसे में उनसे एकजुट होकर प्रतिरोध करने की उम्मीद ही व्यर्थ थी। जनसाधारण की उदासीनता से ऐसे इलाके बड़ी आसानी से उनके पक्ष या साथ में आ जाते थे। दूसरी ओर तुर्कों की गुप्तचरी व्यवस्था भी काफी उन्नत, मजबूत और सक्रिय होती थी। यह बात अलग है कि राजपूतों में तुर्क विरोधी भावना बराबर बनी रही। लेकिन हिन्दुओं का जो समर्थन मुस्लिम राज्य को मिला, वह मुस्लिम शासन को दीर्घजीवी बनाने में बड़ा कारगर सिद्ध हुआ। ऐबक ने भी बड़ी दक्षता से स्थिति पर नियन्त्रण किया और धीरे–धीरे अपनी पकड़ मजबूत की। 25 जून 1206 को गद्दी पर बैठने के लगभग तीन वर्ष बाद उसे वैध उत्तराधिकारी की मान्यता हासिल हुई थी। उसके नाम से आज तक कोई सिक्का प्राप्त नहीं हुआ। लेकिन वह रणनीति के तहत अपनी राजधानी को दिल्ली से इन्द्रप्रस्थ ले गया।

ऐबक की चुनौती हिन्दू जनता पर मुस्लिम शासन की शुरुआत करने की थी। शायद गुलाम के वक्त उसके पहले खरीददार की ठोस शिक्षा का असर था या उसकी दूरदर्शिता थी कि उसने हिन्दू जनता से शासकीय छेड़छाड़ नहीं की। मुहम्मद गोरी का साम्राज्य तो व्यापक था जिसमें मुल्तान, स्यालकोट, लाहौर, तराइन, अजमेर, कुहराम, मेरठ, दिल्ली, बदायूँ, ग्वालियर, बनारस, कन्नौज, कालिंजर, अवध, मालवा, बिहार

और लखनौती सहित कुछ और छोटे-छोटे इलाके थे। अब जनता के स्तर पर तैनात सुरक्षा और राजस्व वसूली की व्यवस्था उसने वैसी ही रखी। राज्य हस्तान्तरण के लम्बे वक्त में उसका नियन्त्रण थोड़ा कमजोर था। यह कहना मुश्किल है कि सुरक्षा और राजस्व में शामिल हिन्दुओं को बनाये रखना उसकी रणनीति थी या विवशता। लेकिन यह बात तो तय है कि ऐबक ने बड़ी बुद्धिमता का परिचय दिया।

दूसरी बात यह कि उसने प्रदेशों की सुरक्षा और सीमाओं को सुनिश्चित करने पर जोर दिया। सबसे बड़ी बात यह कि उसने अपनी सेना में गैरराजपूतों की भरती के द्वार खोल दिये। पहले भारत में सिर्फ राजपूत ही सैनिक हो सकते थे। इसका बहुत ही अच्छा असर पड़ा और उसकी पैठ जनता में बनने लगी। उसने खुद को कभी एक विजेता की तरह जनता में पेश नहीं किया बल्कि अपनी छवि प्रजापालक और न्यायप्रिय शासक की बनायी। जनता का हित और उसकी सुख-समृद्धि ही उसका उद्देश्य रहा। डॉ. हबीबुल्ला के अनुसार उसमें तुर्कों की निडरता के साथ फारसियों की परिष्कृत रुचियाँ तथा शालीनता थी।[2] दुर्भाग्य से 1210 में घोड़े से गिरकर उसकी दुखद मौत हो गयी, लेकिन पहले मुस्लिम शासक की एक उदार छवि से राज्य के अस्तित्व को मजबूती मिली; इसमें कोई शक नहीं। प्रो. के. ए. निजामी साहब ने लिखा है कि उसके राज में किसी सैनिक की हिम्मत नहीं थी कि किसी किसान से बलात रोटी का एक टुकड़ा, बकरी, मुर्गी या एक तिनका तक ले सके। उन्होंने लिखा है—''अबुल फज़्ल जिसने सुल्तान महमूद गजनवी पर निर्दोष व्यक्तियों का खून बहाने का आरोप लगाया है, ऐबक की भूरि-भूरि प्रशंसा करता है और उसकी उपलब्धियों का मूल्यांकन इन शब्दों में करता है—'उसने भले और महान कार्य किये'।''[3]

बेशक उसने ऐसा किया। मलिकों और अमीरों से सहमति ले लेने के बाद उनको अपने पक्ष में किया। गो कि उसे खुद को एक सफल और योग्य शासक के रूप में स्थापित करने का बहुत वक्त नहीं मिला, क्योंकि युद्ध, विद्रोह, दमन और खुद की स्थिति को ही व्यवस्थित करने में पूरा वक्त लग गया। वह सचेत था इसलिये मुस्लिम सैनिकों की अक्ताएँ बहाल रखीं। युद्ध के समय मदद के लिये कम से कम उनका साथ सुनिश्चित रहता था। उसने हिन्दुओं के प्रति भी बहुत कड़ा रुख नहीं अपनाया और मुस्लिम शासन की बुनियाद को भरसक मजबूत करने की हर सम्भव रणनीति अपनायी। भारत में मुस्लिम शासन की शुरुआत के नजरिये से देखें तो ऐबक की भूमिका बहुत ही शानदार मानी जाएगी।

दिल्ली सल्तनत की स्थापना का आधार फारसी परम्परा थी, लेकिन शरीयत और इस्लाम प्रभावित कानूनों को लागू करने से परहेज किया गया। इस सल्तनत की धार्मिक स्वीकृति जब खिलाफत से इल्तुतमिश ने हासिल कर ली तो माना जा

सकता था सर्वइस्लाम के तहत दिल्ली सल्तनत भी उसके अधीन हो गयी। वह प्रभुत्वसम्पन्न स्वतन्त्र शासक था। गौर करनेवाली बात यह थी कि राजनीतिक और सामाजिक प्रश्नों का हल अब हिन्दू धर्म के अनुसार नहीं होता था तो मुस्लिम धर्म के अनुसार भी नहीं होता था। डॉ. नीना सक्सेना के अनुसार, ''राजनीतिक और सामाजिक प्रश्नों का हल हिन्दू धर्म से भिन्न किन्तु भारतीय परम्पराओं को ध्यान में रखते हुए ही निकाला जा सकता था।''[4] इस कोशिश में क्षीण ही सही, एक तरह से इसमें साझी संस्कृति के बीज छुपे थे। वे आगे लिखती हैं कि ''सामाजिक रूप से इस्लाम ने सामाजिक समानता को सन्तुलित रूप दिया और जातिभेद की आलोचना की। ...हिन्दू और मुसलमानों के बीच की खाई को पाटने का हर सम्भव उपाय किया।''[5] इससे यह बात तो स्पष्ट हो गयी कि इस विजातीय और विधर्मी सामन्त के अधीन गैरब्राह्मण जनता को अवश्य सामाजिक स्तर पर राहत महसूस हुई होगी, लेकिन आर्थिक स्तर पर उनकी स्थिति में कोई विशेष परिवर्तन नहीं हुआ। कुतुबुद्दीन ऐबक को भी लम्बा वक्त नहीं मिला, जिससे वह साम्राज्य को विशेष रूप से व्यवस्थित कर पाता। उधर कई प्रदेशों के पराजित हिन्दू राजा अन्दर-ही-अन्दर सुलग रहे थे, जिसमें पृथ्वीराज चौहान के भाई से तो खुद ऐबक को ही एक से अधिक बार उलझना पड़ा था। ऐसे भी हिन्दू जनता के प्रति उसकी नरम नीति खास तौर से गौर करनेवाली है जो बहुत फायदेमन्द साबित हुई। उसकी मौत लाहौर में हुई और उसे वहीं दफनाया भी गया। मोटे तौर से देखने पर ऐबक का मुस्लिम राज्य देश और जनता के लिये उतना घातक नहीं लगता है, लेकिन वास्तव में ऐसा था नहीं। ऐबक की सुल्तानी में अनेक अमीर और मलिक भी थे जो अपने-अपने अक्ता के शासक थे। जैसे बीमार बख्तियार खलजी के ऊपर से चादर हटाकर कटार घोंपनेवाला अली मर्दान नारकूती की कैद से छूटकर ऐबक की शरण में आया तो उसने लखनौती का शासन ही सौंप दिया। मिनहाज सिराज ने लिखा है कि ''जब सुल्तान कुतुबुद्दीन की मृत्यु हो गयी तो अली मर्दान ने छत्र धारण कर लिया और अपने नाम का खुत्बा चालू कर दिया। उसकी उपाधि सुल्तान अल्लाउद्दीन हो गया। वह बड़ा ही अत्याचारी और जालिम था। उसने चारों ओर सेनाएँ भेजकर अनेक खलजी अमीरों की हत्या करवा दी। चारों ओर के राज्य उससे भयभीत रहने लगे, उसे धन-सम्पत्ति तथा भूमिकर भेजने लगे।''[6] उसके अत्याचार और भीषण रक्तपात से प्रजा और कमजोर हुई। लोग बहुत परेशान हुए और अन्ततः विद्रोह कर उसकी हत्या कर दी। इसलिये एक शासक के निजी चरित्र से पूरे मुस्लिम राज्य की प्रजा वह चाहे हिन्दू हो या मुसलमान, राहत में रहती है—ऐसी बात नहीं। लेकिन हिन्दू सामन्तवादी से मुस्लिम सामन्तशाही के इस रूपान्तरित शासन में सामाजिक व्यवस्था में गैरब्राह्मणों के जीवन में राहतवाला परिवर्तन तो हुआ ही—यह बात बिल्कुल सत्य है।

आप गौर कीजिए तो कुतुबुद्दीन ऐबक दिल्ली, अजमेर और ग्वालियर जैसे प्रदेशों को जीतकर भी कोई उन्माद में नहीं आया। उसने शासन में हिन्दुओं की भी नियुक्ति की। धर्म-परिवर्तन को लेकर डॉ. नीना सक्सेना ने लिखा है कि "यहाँ धर्म-परिवर्तन जबरन नहीं किया गया, हालाँकि ऐसे लोगों ने जिनकी कोई जाति न थी, जो निम्न वर्ग के थे (जैसे जुलाहे, कसाई) जिनको जाति-बहिष्कृत समझा जाता था, अधिक संख्या में इस्लाम धर्म स्वीकार किया।" वे इस बात पर जोर देकर कहती हैं कि "भारत में मुसलमानों की आबादी इस समय केवल दस प्रतिशत थी। वह इस स्थिति में न था कि हिन्दू जनसंख्या को एकदम नकार सके। हिन्दुओं को सरकारी सेवा में नियुक्त किया गया। उन्हें अपने सामाजिक और धार्मिक कार्यों को मनाने की पूर्ण स्वतन्त्रता दी गयी।"[7] कृषि व्यवस्था यथावत रही, व्यवसाय में हिन्दू आगे थे। शासक जरूर मुस्लिम थे और विद्रोह को लेकर सख्ती भी थी। लेकिन यह सच्चाई लम्बे मुस्लिम काल तक ऐसी ही सुखद रही—ऐसी भी बात नहीं। कट्टर धार्मिक शासक इल्तुतमिश के समय उलेमाओं ने जबरन धर्म-परिवर्तन पर बार-बार जोर दिया। इस पर हम आगे विचार करेंगे, लेकिन भले ही रणनीतिक विवशता हो मगर कुतुबुद्दीन ऐबक के शासन में हमें धार्मिक नफरत की प्रवृत्ति नहीं मिलती।

मध्यकालीन इतिहास में अक्सर संयोग और भाग्य की भूमिकाओं के दिलचस्प उदाहरण मिलते हैं। मिनहाज सिराज ने लिखा है कि शम्सुद्दीन इल्तुतमिश तुर्किस्तान के अल्बरी कबीला के ईल खाँ का पुत्र था, जिसका परिवार बहुत बड़ा था। वह काफी रूपवान था जिस कारण उसके भाई उससे बहुत जलते थे। एक दिन घोड़े का करतब दिखाने के बहाने उसे ले जाकर एक व्यापारी को बेच आये। व्यापारी ने उसे बुखारा के एक सर्दे के रिश्तेदार को बेच दिया। वह शरीफ खानदान था, इसलिये उन्होंने उसका पालन-पोषण अपनी सन्तान की तरह किया। मिनहाज सिराज ने 'तबकाते-नासिरी' में एक अविश्वसनीय वाकये का बयान किया है कि इल्तुतमिश को घरवाले ने अंगूर खरीदने को भेजा, लेकिन पैसे कहीं खो जाने से वह रोने लगा। तभी उस पर एक दरवेश की नजर पड़ी। उसने उसे चुप कराया और हाथ में अंगूर देकर कहा कि वचन दो जब तुम सुल्तान बनोगे तो फकीरों और नेक लोगों का सम्मान करोगे। संयोग देखिये, इतिहास में उस दरवेश की दुआ फली।

फिर वह एक से दूसरे व्यापारी के हाथों बिकता हुआ गजनी पहुँचा, जहाँ गुलामों की अक्सर खरीद होती थी। उसका रूप, उसकी समझ और व्यक्तित्व का ऐसा तेज था कि पूरे गजनी में शोर मच गया। बात जब मुहम्मद गोरी के कानों तक पहुँची तो उसने उसे बुलवाया। उसने व्यापारी से कीमत खोलने की बात कही। मगर

सौदा नहीं पटा तो मुहम्मद गोरी ने उसके गजनी में बिकने पर ही रोक लगा दी। उसका मालिक जमालुद्दीन बुखारा वापस लौट गया और फिर तीन वर्षों बाद लौटा। लेकिन सुल्तान गोरी की रोक के कारण किसी ने उसे खरीदने की हिम्मत नहीं की। आखिर कुतुबुद्दीन ऐबक ने जब खरीदने की अनुमति माँगी तो मुहम्मद गोरी ने कहा, तुम इसे दिल्ली ले जाकर खरीद लो। ऐसा ही हुआ और हिन्दुस्तान के भावी सुल्तान को कुतुबुद्दीन ने खरीद लिया। वह उसे पुत्रवत प्यार करने लगा और वह जल्दी ही उसका बहुत ही विश्वासपात्र बनता गया। उसकी सूझ-बूझ और योग्यता से प्रभावित होकर कुतुबुद्दीन ने उसे अमीरे-शिकार नियुक्त कर लिया, जो उसके शिकार का प्रबन्ध करता था। फिर उसे आसपास की अक्ता सौंप दी। उसने अपनी वीरता, साहस और योग्यता की ऐसी छाप छोड़ी कि एक दिन कुतुबुद्दीन ऐबक ने उसे बदायूँ का शासक बना दिया। भाग्य उसका दरवाजा लगातार खटखटा रहा था।

कोखरों के विद्रोह को दबाने के लिये मुहम्मद गोरी ने कुतुबुद्दीन से सेना माँगी। वह इल्तुतमिश की बदायूँ सेना के साथ पहुँचा। झेलम के उस युद्ध में इल्तुतमिश ने अपनी वीरता, सूझ-बूझ और पराक्रम से मुहम्मद गोरी तक को प्रभावित किया। उसने उसे बुलाकर खिलअत प्रदान की और कुतुबुद्दीन ऐबक से कहा कि इसके साथ तुम अच्छा सलूक करना; यह आगे बहुत बड़ा कार्य करेगा। साथ ही उसने उसे गुलामी से मुक्ति का आजादी पत्र दिलवा दिया। आश्चर्य है कि मुहम्मद गोरी ने कुतुबुद्दीन ऐबक, यल्दूज और कुबाचा जैसे प्रभावशाली, विश्वसनीय और पुराने गुलामों की मुक्ति का परवाना नहीं दिया, लेकिन गुलाम ऐबक के गुलाम इल्तुतमिश को वह मुक्ति दिलवा दी। क्या वाकई मुहम्मद गोरी की निगाह में उसका भविष्य कौंध गया था? इतिहास ने तो यही सिद्ध किया।

मुहम्मद गोरी न रहा, कुतुबुद्दीन ऐबक बिना उत्तराधिकारी चुने ही मौत का शिकार हुआ। आरामशाह जैसे अपरिपक्व और अकुशल युवा के गद्दी पर बैठने का कोई मतलब नहीं था। यल्दूज और कुबाचा तो कुतुबुद्दीन के समय में ही दिल्ली सल्तनत के दावेदार थे। इल्तुतमिश के सामने चुनौती आसान नहीं थी। तमाम तुर्क दास और अधिकारी भी उसको नहीं चाहते थे। लेकिन कुतुबुद्दीन ऐबक के स्थापित अमीरों ने जब उसे दिल्ली आमन्त्रित किया तो उसने कोई देर नहीं की। आरामशाह भला स्वेच्छा से गद्दी क्यों छोड़ता, लेकिन उसे पराजित कर गद्दी हासिल करने में इल्तुतमिश को कोई दिक्कत नहीं हुई। रही बात गजनी पर काबिज यल्दूज, मुल्तान के शासक कुबाचा और लखनौती की गद्दी ऐबक से हासिल करनेवाला अली मर्दान—सबकी दिल्ली सल्तनत पर नजर थी। इल्तुतमिश ने अपनी वीरता, बुद्धिमत्ता और रणनीति से इन तमाम बाधाओं को पार कर पूरे छब्बीस वर्षों तक दिल्ली पर

शासन किया। इतिहासकार आर. पी. त्रिपाठी ने तो वास्तविक मुस्लिम शासन की शुरुआत उसी से मानी है। उसी ने राज्य के रूप में दिल्ली को व्यवस्थित किया।

मिनहाज सिराज ने लिखा है कि कुबाचा से युद्ध में भक्खर की किलेबन्दी के समय से ही वह उनके साथ था। सुल्तान ने उसकी बड़ी इज्जत भी की थी। कुबाचा ने अपने बेटे को सेवा में भेजकर अधीनता स्वीकार कर ली तो वह दिल्ली लौट आया। वह इन्द्रप्रस्थ से अपनी राजधानी दिल्ली लाया। इल्तुतमिश का स्वभाव ऐबक से भिन्न था। वह साम्राज्य का विस्तार चाहता था। उसे हिन्दुओं की नाराजगी का कोई भय नहीं था। उसका शासन भी पूरे छब्बीस वर्षों तक चला। 1231–32 ई. में उसने ग्वालियर के निकट शिविर लगाया जिसका मिनहाज सिराज ने आँखों देखा वर्णन किया है—"दुष्ट बासिल के पुत्र दुष्ट मलिक देव-मिहलक देव ने युद्ध प्रारम्भ कर दिया। सुल्तान ग्यारह मास तक उस किले के पास ठहरा रहा। यह लेखक उसी वर्ष शाबान के मई–जून में देहली से चलकर उसकी सेवा में उपस्थित हुआ। इस तुच्छ को शिविर में तज्कीर के लिये नियुक्त किया गया।"[8] आप राजा और प्रतिरोध करते राजकुमार के लिये 'दुष्ट' सम्बोधन पर ध्यान दीजिये। जबरन राज्य कब्जा करनेवाले का प्रतिरोध करनेवाला 'दुष्ट'? यही मध्ययुग की अरबी सभ्यता और संस्कृति थी। शासक खुद राजकाज छोड़ दूसरा राज्य हड़पने में लगा है। कुछ इतिहासकार इसे उस काल का आम रिवाज मानते हैं; उसे अरबी या तुर्की कहने की तुलना में वे जेनरलाइज कर देते हैं। बहरहाल! मिनहाज सिराज का संस्मरणात्मक इतिहास देखिये—"सेना ग्वालियर के किले को 12 दिसम्बर 1232 ई. तक घेरे रही, अब उस पर विजय प्राप्त हो गयी। मंगलदेव रात्रि में किले से निकलकर भाग गया। आठ सौ आदमियों का पड़ाव के सामने कत्ल कर दिया गया।"[9] कई इतिहासकारों के लिये आठ सौ आदमियों की हत्या कोई मानी ही नहीं है। वे बार-बार इल्तुतमिश को बेहतर, महान, सुसंस्कृत शासक सिद्ध करने की कोशिश करेंगे अथवा उसके राज्य में विवशता में गैर-मुस्लिमों को शासन में लेने को साझी संस्कृति की महानता से जोड़ देंगे। पाकिस्तान स्थित महान इतिहासकार मुबारक अली ऐसे सामन्ती मुस्लिम शासकों से मुस्लिम कौम को जोड़ने की तीखी आलोचना अकारण ही नहीं करते। वे कट्टर मुस्लिमवादी दृष्टिकोण के विरोध में तल्ख और सख्त नजरिया अपनाने पर जोर देते हैं। फिर इल्तुतमिश मालवा और भेल्सा के किले और नगर को भी जीतता है।

मिनहाज सिराज सुल्तान इल्तुतमिश का ऐसा प्रिय पात्र है कि उसे जीत के बाद खिलअत और ईनाम प्राप्त होता है। वह अपने सुल्तान के प्रशंसा-गायन में ऐसा मुग्ध है कि उसके विध्वंस और अत्याचारों को विजयगाथा के रूप में लिखता है। मुहम्मद हबीब और खलिक अहमद निजामी साहब ने 'दिल्ली सल्तनत' में उसकी

जीत का सारा तथ्य वहीं से लिया है, लेकिन शायद नेकनीयती से ही दो तथ्य छुपा लिये हैं—एक तो आठ सौ लोगों का बेवजह कत्लेआम और दूसरा जिसे खुद मिनहाज सिराज के शब्दों में सुनिये—"वहाँ एक मन्दिर को, जो 300 वर्षों में बनकर तैयार हुआ था और जो 105 गज ऊँचा था, विध्वंस कर दिया। वहाँ से वह उज्जैन नगरी की ओर गया और वहाँ महाकाल देव (महाकाली) के मन्दिर को नष्ट-भ्रष्ट किया। उज्जैन नगरी के राजा विक्रमादित्य की मूर्ति, जिसके राज को आज 1316 वर्ष व्यतीत हो चुके हैं, और हिन्दवी सन् जिसके राज्य से प्रारम्भ होता है, तथा अन्य पीतल की मूर्तियाँ और महाकाल देव की पत्थर की मूर्ति देहली ले आया।"[10]

आप खुद विचार कीजिये तुर्क और अरब की बर्बरता और संस्कृति, विनाश और सभ्यता—मैं उन महान विद्वानों और अध्येताओं का अभिनन्दन करता हूँ जो ऐसे शासकों से मुस्लिम कौम को प्रतीकित करते हैं, जोड़ते हैं और इनको दबे स्वर से साझी संस्कृति के संवाहक के रूप में व्याख्यायित तक करते हैं। लेकिन वे इतने बड़े इतिहासकार हैं कि उनकी बातों को समझने की बुनियादी योग्यता का अभाव मुझ जैसे पाठकों में विरोध की हिम्मत नहीं देता—जो इतिहास का क, ख, ग भी नहीं जानता। डॉ. नीना सक्सेना ने लिखा है—"इल्तुतमिश के समय में जब उलेमाओं ने हिन्दुओं के समक्ष 'मृत्यु या इस्लाम' की शर्त रखने की पेशकश की तो वजीर जुनेरी ने कहा—'हाल ही में भारत पर विजय प्राप्त हुई है, मुसलमान समुद्र में एक बूँद के समान हैं और यह सम्भव है कि यदि ये आदेश लागू किये गये तो हिन्दू आपस में मिल जाएँगे और फलतः व्यापक स्तर पर गड़बड़ी पैदा हो सकती है।" आप आगे की बातों पर गौर कीजिये—"जैसे भी हो कुछ वर्षों के बाद जब मुसलमान राजधानी में दृढ़ता से स्थापित हो जाएँ और सेना की संख्या बढ़ जाय, तब यह सम्भव है कि हिन्दुओं को धर्म या मृत्यु अपनाने पर विचार करने दिया जाए।"[11]

यह मानसिकता उस दौर के शासक की थी। कमी सिर्फ ताकत की थी। ताकत होने पर तलवार और इस्लाम के चयन का विकल्प रखने में मुस्लिम शासक को कोई हिचक नहीं थी। आश्चर्य और आपत्ति इस बात पर होती है कि ऐसे शासकों को मुसलमान और इस्लाम से जोड़कर उनकी परम्परा को आज तक विकसित किया जाता रहा है। डॉ. मुबारक अली इसी सोच और प्रवृत्ति का विरोध करते हैं। वे ऐसे सामन्ती शासकों को आज के मुसलमानों का पूर्वज नहीं मानते, उनको इस्लाम का अनुयायी नहीं मानते। वे उनका और तत्कालीन मुस्लिम जनता को अलग-अलग हिगराकर आकलन करने की बात करते हैं। इस आसंग में मुहम्मद हबीब साहब ने जो अध्ययन किया है, उसे भी अपनी विचार सीमा में शामिल करते हुए हम एक सार्थक और रचनात्मक यथार्थ तक पहुँच सकते हैं।

मिनहास सिराज और जियाउद्दीन बरनी दोनों ने यह बात साफ़ लिखी है कि सारे महत्त्वपूर्ण ओहदों पर तुर्क गुलाम वंश के अधिकारियों का कब्जा था। इल्तुतमिश सत्ता के केन्द्रीकरण पर विश्वास करता था, जिससे सेना के द्वारा नियन्त्रित किया जा सके। अक्ता वाले इलाके सेनापतियों के जिम्मे थे। वे ही राजस्व लाते थे और कानून–व्यवस्था भी देखते थे। ये सभी सेनापति सुल्तान के प्रति वफादार थे। यह कहना कि राजपूत सामन्ती व्यवस्था से इस नयी सामन्ती व्यवस्था के कारण गाँवों की स्थिति में कोई परिवर्तन हुआ—एकदम गलत है। लेकिन सामाजिक स्तर पर गैरब्राह्मण समाज ने जरूर राहत महसूस की। तुर्कों ने भेद–भाव और ऊँच–नीच को नहीं माना। लेकिन बाहरी मुसलमान और धर्मान्तरित मुसलमानों के बीच वही एकता नहीं थी। बाहरी मुसलमान खुद को श्रेष्ठ मानते थे। दूसरा महत्त्वपूर्ण परिवर्तन कारीगर और शिल्पकारों की महत्त्वपूर्ण भूमिका थी। इससे शहरों की अर्थव्यवस्था में गति और परिवर्तन देखने को मिला। इसे दिल्ली, लाहौर या लखनौती जैसे शहरों में देखा जा सकता था। धीरे–धीरे शहर व्यावसायिक केन्द्र के रूप में उभरने लगे और इसमें हिन्दू–मुसलमान दोनों व्यापारी फलने–फूलने लगे। चीन के व्यापारी भी दिल्ली आया करते थे। इसलिये इरफान हबीब साहब का यह अध्ययन अत्यन्त मूल्यवान है कि तुर्कों के शासन के बाद मुसलमान कारीगर और व्यापारियों के आगमन से भारत के आर्थिक जीवन में विकास की प्रक्रिया शुरू हुई। यह इस शासन का सबसे अधिक सकारात्मक पक्ष था, क्योंकि बाहर से आये कारीगरों के कारण नयी तकनीकें भी आयीं। इरफान हबीब साहब की ही खोज है कि ईरान से 12वीं शताब्दी में 'चरखा' भारत में आया। दूसरी बात यह कि कलाओं के विकास में भी समृद्धि आयी और आगे अमीर खुसरो जैसी महान प्रतिभा का उदय हुआ।

इल्तुतमिश ने राज्य की ओर से दो नये कॉलेजों की भी स्थापना की—'म्युजिया' और 'नासिरिया कॉलेज'। उसने कई मदरसों की भी स्थापना की और इस्लामी शिक्षा की नींव रखी। इससे हिन्दू और मुस्लिम संस्कृति के आपसी संवाद और सम्बन्ध बनने शुरू हुए और सबसे अद्भुत बात यह हुई कि एक नयी भाषा 'हिन्दवी' का जन्म हुआ। अमीर खुसरो नें लिखा है—''हिन्दुस्तान में सिन्ध नदी के तट से भारतीय समुद्र तक केवल फारसी गुफ्तार ही है...भारतीय भाषा हर सौ कोस के बाद बदलती है, परन्तु फारसी भाषा चार हजार फास्संग तक ही है।''[12] इस पूरे परिवर्तन पर इरफान हबीब साहब ने माना है कि इससे आधुनिक अर्थ में भले कोई क्रान्ति नहीं हुई हो, कृषिक शोषण की नवीन प्रणाली पर आश्रित शहरी विकास जरूर सम्भव हुआ। भूमि पर किसानों का हक वंशानुगत नहीं था और उनकी दशा लगभग अर्द्ध कृषि दासों जैसी दयनीय थी। उनके अनुसार, वास्तव में शहरी उत्पादन की भारी मात्रा इस नवीन प्रणाली की प्रमुख विशेषता थी। कुल मिलाकर धार्मिक

स्तर पर भले ही भारतीयों की अस्मिता पर चोट पहुँची हो, लेकिन परिवर्तन और गतिशीलता के नजरिये से मुस्लिम शासन भारत के लिये पूरी तरह विनाशकारी ही सिद्ध नहीं हुआ। उसके कई सकारात्मक सुफल भी निकले। इस यथार्थ को हिन्दू कट्टरवादियों को भी मान लेना चाहिए।

इल्तुतमिश को 1210 से 1220 ई. तक पूरे दस साल यल्दूज और कुबाचा से लड़ाई लड़नी पड़ी। तीनों गुलाम थे; मुसलमान थे और इस्लाम को माननेवाले थे। जाहिर था, संघर्ष के मूल में सत्ता पर अधिकार की ही बात थी। सत्ता और धर्म के चयन में हमेशा शासकों ने सत्ता को न सिर्फ प्राथमिकता दी बल्कि धर्म की अपने हित में अनुकूल व्याख्याएँ भी कीं। 1215–1216 ई. के युद्ध में यल्दूज पराजित हो गया। हसन निजामी साहब के अनुसार, युद्ध में वह घायल हुआ, बन्दी बना। फिर उसे बदायूँ ले जाकर कत्ल कर दिया गया। इसी बीच 1221 से 1227 ई. इल्तुतमिश चंगेज खाँ के प्रकोप से सहमा रहा। वह एक बग्गा और ऐसा बेरहम आक्रमणकारी था जो जिधर जाता पूरी तरह ध्वंस और संहार कर देता। संयोग से उसने भारत की ओर रुख नहीं किया। इल्तुतमिश को जब उसके दूत ने मँगवरनी की मदद करने से मना किया तो उसने तुरन्त स्वीकार कर लिया। चंगेज खाँ से टक्कर लेने की हिम्मत उस काल में किसी देश, किसी शासक की नहीं थी। इस बड़ी राहत का ही नतीजा था कि उसने 1226 में रणथम्भौर और 1227 ई. में मंडोर के किले को आसानी से जीत लिया। भटिंडा, सुरसुती और लाहौर को जीतते हुए उच्छ में उसने कुबाचा का पीछा किया। कुबाचा के भीतर समर्पण को लेकर द्वन्द्व रहा और अन्ततः उसने सिन्धु नदी में कूदकर अपनी जान दे दी। सिन्ध और पंजाब पर कब्जे के अलावे सामरिक महत्त्व के ऐसे बारह किले थे जिन्हें उसने जीता था। ऊपरवाले की नेमत उसे तब महसूस हुई जब 18 फरवरी 1229 ई. को बगदाद के खलीफा ने इल्तुतमिश का अभिनन्दन किया। यह एक गुलाम शासक के लिये बहुत बड़ा सम्मान था। इस तरह इल्तुतमिश ने अपने बल–बूते पर बड़ी दूरदर्शिता से काम लिया। यह अकारण नहीं कि डॉ. रामप्रकाश त्रिपाठी ने उसे भारत में सत्ता कायम करनेवाला पहला मुस्लिम शासक माना है।

अगर आप इल्तुतमिश के शासनकाल को हिन्दू–मुस्लिम नजरिये से देखें तो उसने धर्म की तुलना में राज्य को ज्यादा अहमियत दी और अकारण हिन्दू प्रजा को लेकर कोई अत्याचार नहीं किया। कारीगरों, शिल्पकारों, कामगारों और गैरब्राह्मणों की स्थिति पहले से बेहतर हुई। गाँवों और किसानों के जीवन में भले कोई खास परिवर्तन नहीं हुआ, लेकिन नगरों में एक गतिशीलता की शुरुआत तो जरूर हुई।

मगर मेरी समझ से इल्तुतमिश का सबसे बड़ा योगदान था मुसलमानी राज्य और शासन की रवायत छोड़कर अपनी बेटी रजिया सुल्तान को गद्‌दी पर बैठाना। यह एक क्रान्तिकारी मिसाल थी, जिससे आनेवाली मुस्लिम कौम की जागरूक महिलाएँ आज तक प्रेरित होती रही हैं। डॉ. लोहिया इतिहास की इस महान वीरांगना की परम्परा को बार-बार दुहराते थे। इसके बाद इल्तुतमिश के कुल पाँच शासकों को गद्‌दी मिलती है, लेकिन वे अपने दरबारियों के षड्यन्त्र से ही एक-एक कर मार दिये जाते हैं। राज्य में फैलती अराजकता और अमीरों की अनिच्छा के बावजूद आखिर रजिया सुल्तान ने 1236 ई. में गद्‌दी हासिल कर ली। यह इस्लामी राज्य में एक अविश्वसनीय-सी बात थी—एक क्रान्तिकारी कदम। ऐसा पहली बार हुआ था। तमाम तुर्क अधिकारियों और अमीरों के विरोध के बावजूद उसने सत्ता हासिल कर ली। उसने स्त्रियों के लिबास बदल लिये। वह कोट और टोपी पहनकर जनता के बीच आने लगी। राजकाज अपने हाथों में ले लिया। उसने तमाम सेनापतियों, अधिकारियों और राज्यपालों की नियुक्तियाँ कीं और कई को अक्ता दिये। छोटे-मोटे विद्रोहों पर उसने समय रहते काबू पा लिया। नागरिकों, सामान्य जनता के बीच उसकी जबर्दस्त लोकप्रियता ने षड्यन्त्रकारियों को संकट में डाल दिया। लेकिन उसके खिलाफ इतनी जबर्दस्त घेरेबन्दी थी कि वह जिसको भी महत्त्वपूर्ण पद पर बैठाती, वही विश्वासघात करता। ऐसा ही बदायूँ के अक्तादार बनाये गये अमीर हाजिब ने किया। उसे तो रजिया ने अमीर हाजिब जैसा सम्मानित पद भी दिया था। उसी तरह अल्तूनिया को वरन और फिर भटिंडा का अक्ता दिया, मगर इसका उस पर कोई असर नहीं पड़ा। 1240 में अल्तूनिया ने तो विद्रोह ही कर दिया जिसे अनेक अमीरों ने गुप्त रूप से समर्थन दिया था।

आप कल्पना कर सकते हैं कि उस दौर की जो जड़ताएँ थीं, वे कितनी सघन होंगी! ऐसे में जब समान धर्म की स्त्री या शासक को लेकर ऐसी नैतिक जड़ता थी तो गैरइस्लाम के प्रति विद्वेष का होना कितना सहज रहा होगा! अन्त में वह अल्तूनिया से विवाह कर सत्ता मजबूत करने की भरसक कोशिश भी करती है, मगर मामला हाथ से बाहर निकल गया था। बहरामशाह ने दोनों को परास्त किया और कैथल के पास निर्ममता से दोनों की हत्या कर दी। लेकिन मिनहाज सिराज ने लिखा है कि—"जब वे कैथल पहुँचे तो वह सेना भी, जो उनके साथ थी, उनकी विरोधी हो गयी। सुल्तान रजिया तथा अल्तूनिया को हिन्दुओं ने बन्दी बना लिया और दोनों को मार डाला।...सुल्तान रजिया की हत्या 13 नवम्बर 1240 ई. को हुई।"[13] सम्भव है उसकी हत्या बहरामशाह के हिन्दू सैनिकों ने ही की हो। वरना उस दौर में हिन्दू किसी सुल्तान की हत्या की हिमाकत नहीं कर सकते थे—वह भी रजिया जैसी महिला सुल्तान की। रजिया सुल्तान का कार्यकाल भले सीमित रहा हो मगर चार

साल के शासन में उसने इतिहास रच दिया। पुरुषवादी मानसिकता के बावजूद मिनहाज सिराज ने लिखा है—"रजिया सुल्तान बड़ी बुद्धिमान, न्यायप्रिय तथा दानी थी। वह आलिमों का आदर-सत्कार करती, वह स्वयं युद्ध करती। उसमें बादशाहों के योग संचित सभी गुण थे, किन्तु भाग्य ने उसे पुरुष न बनाया था, अतः उसके समस्त गुण उसके लिये कुछ भी लाभप्रद न हो सकते थे।"[14]

यह मानसिकता मुस्लिम कौम में ज्यादा कठोर थी तो हिन्दुओं में भी लगभग यही स्थिति थी, क्योंकि ब्राह्मणवादी व्यवस्था ने इस पूरे वर्ग को अपने प्रपंचों में जकड़ रखा था। मध्ययुग में तमाम धर्मों के पुरोहित वर्ग ने समाज को बहुत नुकसान पहुँचाया। इसने पूरी सभ्यता, संस्कृति और इतिहास को बिल्कुल गर्त में पहुँचा दिया। सत्ता चाहे जिसकी हो, जिस कौम की हो, शासक अपने को सर्वोपरि मानते रहे और धर्म को अपने अनुरूप व्याख्यायित करते रहे—इसमें कभी किसी काल में कोई बदलाव नहीं आया। रजिया सुल्तान के बाद जो सबसे बड़ा परिवर्तन हुआ, वह था अमीर अधिकारियों का यह निर्णय कि अब बादशाह को सर्वेसर्वा नहीं रहने देना है। रजिया के शासन को लेकर उनकी कोई शिकायत न थी, लेकिन उसका स्त्री होना वे सहन नहीं कर पाये थे। इसके लिये उन लोगों ने एक नया पद नायब-ए-मुसलकत बनाया; जो एक संरक्षक की तरह होगा और उसके पास अधिकार भी रहेंगे। वे लोग रजिया के खिलाफ षड्यन्त्र करनेवाले इख्तियारुद्दीन ऐतगीन को नायब बनाने की शर्त पर बहरामशाह को सुल्तान बनाने पर राजी हुए। बहरामशाह के पास कोई रास्ता भी नहीं था। वजीर के पद पर मुहम्मद एवाज बना रहा। इस तरह सत्ता के तीन हिस्सेदार बन गये। यह व्यवस्था देखने में विकेन्द्रणवाली जरूर लगती है, लेकिन वस्तुतः यह सत्ता-संघर्ष का एक स्तरहीन कारण बन गयी। महत्त्वाकांक्षी एतगीन ने बहरामशाह की तलाकशुदा बहन से विवाह कर अपनी स्थिति और मजबूत कर ली। उसके ठाठ-बाट में राजसी प्रदर्शन मुखर होने लगा। इससे चिढ़कर सुल्तान ने उसकी हत्या करवा दी। अब षड्यन्त्र की बारी वजीर मुहम्मद एवाज की थी, उसने तिकड़म कर तुर्क सरदारों और कुछ अमीरों को अपने पक्ष में कर लिया और विद्रोह में 13 मई 1242 ई. को बहरामशाह की हत्या करवा दी। इन्हीं विद्रोहियों के नेता अल्लाउद्दीन मसूदशाह ने जैसे-तैसे सत्ता हासिल कर ली। लेकिन वह कभी उस पर काबिज न रह सका, क्योंकि विद्रोह का असल नायक गयासुद्दीन बल्बन हाँसी की अक्ता से सन्तुष्ट नहीं था। वह काफी योग्य और साहसी था, उसके पीछे चालीस श्रेष्ठ तुर्कों का दल था। वह सुल्तान का मुख्य सलाहकार बन गया। जाहिर था सत्ता के राजदरबार के भीतर घात-प्रतिघात, अन्दरूनी खींचतान, ईर्ष्या या षड्यन्त्र का अनवरत सिलसिला किसी-न-किसी रूप में चलता रहा और इसी में किसी को संयोग, शक्ति और बुद्धिमत्ता के भरोसे इच्छित हासिल कर लेना था। बल्बन ऐसा

भी सलाहकार था जो भाग्य के दरवाजे के बिल्कुल करीब पहुँच चुका था।

उसी दौर में मंगोल आक्रमण के खतरे बढ़े जो बहुत पहले से दस्तक दे रहे थे। बल्बन बड़ी सतर्कता से तुर्क सरकार को मंगोल आक्रमण के सामने बनाये रहा। उसकी सफल मंगोल नीति 1245 ई. तक सामने आयी और उसका रुतबा बढ़ गया। मध्य एशिया में मंगोलों के आक्रमण का भले भारत पर सीधा प्रभाव नहीं पड़ा, मगर उस दौर में उसकी आतंक-आँधी से त्रस्त अनेक अमीर-उमरा, शिल्पकार, कामगार, सन्त, उलेमा, तबीब (चिकित्सक), लेखक, विद्वान भागकर भारत आये और यहाँ मुस्लिम राज्य में ऊँची जगह हासिल की। खैर! बल्बन की सोच के कारण ही लाहौर, उच्छ और मुल्तान सल्तनत के अधिकार में आ गये। उसने अपनी दूसरी चाल चली और नासिरुद्दीन को गद्दी पर बैठाकर मसूदशाह को कैद कर लिया, जहाँ 10 जून 1246 को कारागार में ही उसकी मौत हो गयी। नासिरुद्दीन इल्तुतमिश का पौत्र था और मात्र 17 वर्ष की उम्र में गद्दी पर बैठा था तो सलाहकार बल्बन के रुतबे और दबदबे की कल्पना सहज ही की जा सकती है। नासिरुद्दीन पूर्व शासकों की हत्या के पीछे तुर्क अधिकारियों की भूमिका को समझता था, इसलिये वह शासन बल्बन के द्वारा ही चलाना सुरक्षित समझता था। धीरे-धीरे उसकी बल्बन पर निर्भरता बढ़ती गयी। उसने 7 अक्टूबर 1249 को उसे उलुग खाँ की उपाधि के साथ सेना नियन्त्रक—'नायबे सुल्तान' का भी पद दे दिया। बल्बन को यकीन हो गया, वह किसी भी क्षण पूर्ण सुल्तान हो सकता है। लेकिन जिन तिकड़मों और बुद्धि-कौशल के बूते बल्बन गद्दी के करीब पहुँचा था, वहाँ भी कुछ प्रतिकूल चमत्कार की गुंजाइश थी जिसे सम्भव किया इमादुद्दीन रिहान ने। उसने दोनों के बीच वैमनस्य पैदा कर उसे हाँसी और फिर नागौर अक्ता पर जाने का हुक्म दिलवा दिया। लेकिन मानना होगा बल्बन के धैर्य को, वह बिना हिचक चुपचाप आदेश स्वीकार कर उचित अवसर की प्रतीक्षा करने लगा। लेकिन रिहान धर्मान्तरित मुसलमान था और इस बात ने बल्बन के पीछे तुर्क अधिकारियों को एकजुट होने में सहज मदद की। धर्मान्तरित होने के कारण रिहान पर हिन्दू पक्षधरता और षड्यन्त्र करने की अफवाह आसानी से चिपक गयी।

यह बात खास तौर से गौर करनेवाली है कि भारत में बाहर से आये तुर्क, ईरानी, या अरब मुसलमान न सिर्फ खुद को श्रेष्ठ समझते थे बल्कि राज्य के ऊँचे पदों और संचालन में वे किसी स्थानीय मुसलमान की बहाली के सख्त खिलाफ थे। वे तमाम धर्मान्तरित मुसलमानों को न सिर्फ हेय दृष्टि से देखते थे बल्कि उन पर सन्देह भी करते थे। बात सही हो या गलत, लेकिन उस पर हिन्दुओं की पक्षधरता या हिन्दू राज की वापसी का आरोप लगाकर अपदस्थ, दंडित या हत्या तक कर देते थे। मसलन, सत्ता के सामने मुस्लिम बराबरी के धार्मिक सिद्धान्त और विश्वास की रत्ती

भर भी अहमियत नहीं होती थी। इसलिये हम इस बात पर बार-बार जोर देना चाहते हैं कि सत्ता और शासक के साथ इस्लाम धर्म और मुस्लिम अवाम को समेटकर एक साथ नहीं देखा जाना चाहिए। इस मुस्लिम राज में धर्म गौण था और ताकत या सेना प्रमुख थी। मौलाना सुलेमान नदवी का तो कहना था कि भारत से बाहर के मुस्लिम शासक अपने राज्य को बाहरी मुस्लिम विश्व की नजर को ध्यान में रखकर चला रहे थे। उनके अनुरूप शासन कर रहे थे।

बल्बन की नजर गद्दी पर थी और वह उसे पाने के लिये किसी हद तक जा सकता था। 1266 तक नासिरुद्दीन छत्तीस वर्ष का था। बल्बन उससे बीस-चौबीस वर्ष बड़ा था और वह बहुत ज्यादा प्रतीक्षा नहीं कर सकता था। प्रो. के. ए. निजामी ने लिखा है कि अनेक घटनाक्रमों के बाद सतर्कता से उसने खेल खेला और सुल्तान को विष देकर मार डाला। ''दिल्ली में चाहे जो हलचल रही हो किन्तु उलुग खाँ को गयासुद्दीन बल्बन का खिताब धारण कर सिंहासनारूढ़ होने में कोई कठिनाई नहीं हुई। उसने पुराने राजवंश को नष्ट करने के लिये सारे आवश्यक कदम उठाये।''[15] उन्होंने इतिहासकार इसामी के हवाले से आगे लिखा है कि ''जब उलुग खाँ सिंहासनारूढ़ हुआ तो अधिकारियों की कमर टूट गयी। वे सब बिना तर्क या वाद-विवाद के उसके अधीन हो गये।'' अब बल्बन सुल्तान था। सत्ता उसे खुदा ने वरदान में दी थी और अब वह तमाम अवगुणों से परे एक महानायक बन चुका था। तलवार, ताकत और तिकड़म के सहारे मध्यकाल के इतिहास में शासक महानायक बनते थे और गयासुद्दीन बल्बन भी इसका अपवाद नहीं था।

बल्बन के सामने अनेक आन्तरिक और बाह्य चुनौतियाँ थीं। इल्तुतमिश के बाद लगभग दो दशकों तक शासन की कमजोरी से दिल्ली के आसपास मेव जनजातियों ने व्यापारियों और नागरिकों का जीना दूभर कर दिया था। उनके उत्पात से बचने के लिये उसने दिल्ली के आसपास के जंगलों को कटवाया और मेवों का लगभग वर्ष-भर में पूरी तरह सफाया कर दिया। इससे उसे व्यापारियों और नागरिकों के बीच जबर्दस्त समर्थन मिला। दूसरा अरब के विद्रोह को उसने सख्ती से दमन कर दिया। फिर उसने अवध मार्ग के बीच डाकुओं के आतंक और विद्रोहियों को बलपूर्वक शान्त किया। इससे व्यापारियों के कारवाँ सुगमता से आने-जाने लगे और व्यापारिक गतिविधियाँ तेज हो गयीं। इससे बदायूँ, कटेहर और अमरोहा के किसानों को तंग करने और लूटनेवालों का खात्मा हो गया। इस तरह उसने साम्राज्य के तमाम अशान्त क्षेत्रों को शान्त कर जीवन और व्यापार को गति प्रदान की, एक नया जीवन, नयी हलचल और गतिविधि पैदा कर दी। उसने राज्य विस्तार की तुलना में अधिकार के क्षेत्रों को संगठित और शान्त करने में सबसे अधिक ध्यान दिया।

बल्बन एक दास था और उसने भारी तिकड़म, अनैतिकता और कुटिलता पूर्वक हत्याओं से सिंहासन प्राप्त किया था, इसलिये वह बार-बार खुद के शासन को खुदा की मर्जी के रूप में पेश करता था। उसने राजस्व के सिद्धान्त फारस से लिये थे और फारसी पौराणिक चरित्र ही उसके प्रेरणास्रोत थे। उसने उच्च कुल को ही प्राथमिकता दी और निम्न कुल में जन्मे किसी व्यक्ति को कोई पद देने से हमेशा परहेज किया। दरअसल इसके पीछे उसकी मानसिकता अपनी छवि को बनाने की थी। सबसे ज्यादा सतर्कता उसने हिन्दुओं के भीतर दिल्ली को पाने के लिये पलती हुई लालसा के कारण बरती और साथ ही मंगोलों को भारत के भीतर आने से रोकने के लिये सीमाओं की किलेबन्दी को लेकर भी सतर्क रहा। वह जानता था, हिन्दू मौका मिले तो दिल्ली को दुबारा पाना चाहेंगे और मंगोल अगर भारत में घुस गये तो उनकी आक्रामकता को झेलना कठिन हो जाएगा। उसने खुद को पृथ्वी पर खुदा का भेजा प्रतिनिधि घोषित कर दिया था और फारस के राजत्व सिद्धान्त को पूरी तरह स्थापित कर लिया था। उसने खुद को उच्चवंशीय सिद्ध करने के लिये अपना रिश्ता फिरदौसी के 'शाहनामा' में वर्णित अफ रासियाब वंश से जोड़ लिया था। उसने ईरानी परम्परा और संस्कृति को अपनाने पर जोर दिया। वह व्यक्तिगत तथा सार्वजनिक रूप से उसी की नकल करता रहा। जब 1259 में हलाकू के प्रतिनिधि आये तो उसने शानदार स्वागत के साथ अपनी ईरानी संस्कृति का भव्य प्रदर्शन किया।

बल्बन एक विचित्र शासक था और उसके स्वभाव में नाटकीय प्रदर्शन भी जबर्दस्त था। कहा जाता है कि उसकी दाढ़ी और मुकुट दोनों को मिलाकर लम्बाई लगभग गज भर थी। ऊँचे वेतन प्राप्त और भय पैदा करनेवाले अंगरक्षक अपनी चमचमाती तलवारों से उसे घेरे रहते थे, जिससे जनता से उसकी दूरी बनी रहे और उनमें भय पैदा हो। उसने नृत्य, संगीत, मद्यपान और तमाशों पर प्रतिबन्ध लगा रखा था। जबकि बरनी ने लिखा है कि सुल्तान बनने के पहले वह मद्यपान करता था और जुआ भी खेलता था। मगर जुआ के धन को वह दान में दे देता था। उसके दरबार में आनेवालों को घुटनों के बल बैठकर सिर झुकाकर सजदा करना होता था या पायबोस यानी चरण-चुम्बन करना पड़ता था। दिल्ली के तब तक के इतिहास में पहले ऐसा किसी शासक ने नहीं किया था। विदेशी राजदूत उसके दरबार की शानो-शौकत को देखकर दंग रह जाते थे। एक ओर वह न्याय को लेकर सख्त था तो दूसरी ओर बड़ी ही बर्बरता से लोगों को दंडित भी करता था। विरोधियों और विद्रोहियों के प्रति तो उसकी क्रूरता तमाम सीमाओं को पार कर जाती थी। विद्रोह करनेवाले नगरों और विद्रोही सेना को तो वह पूरी तरह नेस्तानाबूद ही कर देता था। बरनी लिखता है कि "अनेक शम्सी खानों तथा मलिकों को, जिन्हें अपने राज्य सिंहासन का शत्रु और

प्रतिद्वन्द्वी समझा, उसने शरबत या शराब में विष मिलवाकर मरवा डाला, क्योंकि खुल्लमखुल्ला उनकी हत्या से उसे बदनामी का भय एवं विश्वास के कम हो जाने की चिन्ता थी।''[16] वह निरंकुश शासक तो था ही, सेना को उसने पूरी तरह अपनी मुट्ठी में कर रखा था और अपनी मर्जी से राज्य चलाता था। इसके लिये उसके सामने कुरान या शरीअत—कहीं कुछ नहीं था। लेकिन विचित्र बात यह थी कि सामान्य जनता के लिये वह दयालु पिता बन जाता था। बल्बन गद्दी पाने के पूर्व और गद्दी पर बैठने के बाद बिल्कुल अलग व्यक्तित्ववाला शासक था। जियाउद्दीन बरनी लिखता है कि "राज्य के कर्मचारियों को आज्ञा दे देता कि वे डंडे लेकर कीचड़ में घुस जाएँ, बूढ़ों, निःसहाय लोगों, स्त्रियों, बच्चों, निर्बल व्यक्तियों, पशुओं आदि की सहायता करें। यदि कोई नदी ऐसी मिल जाती जहाँ नाव का प्रबन्ध न होता तो दस-बारह दिन तक वहीं ठहर जाता, जिससे सर्वसाधारण सुगमता एवं सुविधापूर्वक निकल जाएँ, किसी का सामान नष्ट न हो और किसी मनुष्य को कोई हानि न पहुँचे।''[17] बरनी यह भी लिखता है कि नगर में अगर कोई सैयद, सन्त या आलिम का इन्तकाल हो जाता तो वह उसके जनाजे में शामिल होता। जनाजे की नमाज अदा करता और तीजे (तीसरे दिन की प्रार्थना) में भी शामिल होता।

जियाउद्दीन बरनी ने अपने प्रसिद्ध ग्रन्थ 'तारीखे-फीरोजशाही' में बहुत विस्तार से उसके द्वारा अपने पुत्र को लिखवायी वसीयत का वर्णन किया है। उसमें उसके बादशाही और राज्य को लेकर दिये गये विचार उसके व्यक्तित्व को और गहरा तथा बड़ा बनाते हैं। यह सब अलग से विचारणीय है। आखिर मध्ययुग के इस शासक को यूँ ही ऐसी सफलता नहीं मिली थी।

मंगोलों के आक्रमण के भय को खत्म करने के लिये उसने पश्चिमी सीमा का पूरा अधिकार अपने उत्तराधिकारी बड़े बेटे सुल्तान महमूद को दे दिया था जो आगे खाने-शहीद नाम से जाना गया। वह काफी योग्य, बहादुर और शिक्षित था। उसके दरबार में फिरदौसी जैसे महाकवि, अमीर खुसरो और अमीर हसन जैसे आलिम लोग थे। उसने शेख सादी को भी आमन्त्रित किया था, जो अत्यधिक उम्र के कारण न आ सके और इसके लिये उन्होंने माफी माँगी, लेकिन साथ में गजलें लिखकर भेजीं। लेकिन एक बार मंगोल सेनाओं ने सिन्ध नदी पार कर ली और कंदली नामक स्थान पर मुहम्मद के सैनिकों से युद्ध हुआ और मंगोल जीत गये। अपने अधिकारियों के मना करने के बावजूद मुहम्मद युद्ध के लिये तैयार हो गया। उसका कहना था—राजकुमार को यह शोभा नहीं देगा कि शत्रु सामने हो और हम घोड़े की लगाम मोड़ लें। मंगोलों की सेना बड़ी थी और उनकी युद्धशैली बहुत आक्रामक थी। घंटों युद्ध के बाद मुहम्मद अकेला पड़ गया और सैनिक के बाण से मारा गया। मंगोलों ने उसकी दासियों को पकड़कर मुहम्मद की लाश की पहचान करायी और उसे साथ ले

जाने लगे। लेकिन मुहम्मद के ससुर ने काफी धन देकर सुल्तान मुहम्मद की लाश खरीद ली। मंगोल बहुत सारा धन लूट वापस चले गये। यह बल्बन के लिये बहुत बड़ा कुठाराघात था। बरनी ने 1285-86 ई. में मुल्तान के खान का लाहौर और दीपालपुर में मंगोलों के साथ युद्ध में मारे जाने का बड़ा ही मार्मिक वर्णन किया है। उस समय बल्बन की उम्र 80 वर्ष के आसपास थी और वही बेटा उसका उत्तराधिकारी भी बनने वाला था। बरनी ने लिखा है—"इस पुत्र की मृत्यु के पश्चात यूँ तो वह बड़ा प्रयत्न करता और यह प्रकट न होने देता कि पुत्र की मृत्यु से उसकी शक्ति किसी प्रकार कम हो गयी है, किन्तु वह दिन-प्रतिदिन निर्बल होने लगा। दिन को दरबार करता, राज्य व्यवस्था में संलग्न रहता और ऐसा दिखाता कि पुत्र की मृत्यु के शोक का उस पर कुछ प्रभाव नहीं पड़ा है परन्तु वह रातों को रोता, चिल्लाता, अपने कपड़े फाड़ डालता और सिर पर धूल डालता।"[18] एक निरंकुश बादशाह और एक पिता के इस मार्मिक अन्तर्द्वन्द्व के भीतर मध्यकालीन भारत का इतिहास भरा पड़ा है।

जियाउद्दीन बरनी ने उसके राज्य के अनेक प्रतिष्ठित व्यक्तियों, आलिम, मशायरव, तबीब (चिकित्सक) सहित सन्तों और बुद्धिजीवियों की एक लम्बी श्रृंखला का उल्लेख किया है। जाहिर था राजनीतिक बर्बरता मध्ययुगीन इतिहास का एक पक्ष था, लेकिन यही उस युग की समग्र छवि नहीं थी। उसके अनेक धवल कोने भी थे। उसके राज्य के एक मलिक अमीर अली हातिम खाँ की सेवा में अमीर खुसरो थे जिन्होंने लिखा—

> संसार को वह लगाम की तरह हिला देता है
> एक कोड़े में सब जीत लेता है।
> मैं खान के दान के हाथ को मानो समुद्र कहूँ,
> मेरा हृदय काँप उठता है क्योंकि मैं इस योग्य नहीं।[19]

बल्बन जानता था, वह अब संसार से विदा लेनेवाला है। उसने अपने छोटे बेटे बुगरा खाँ को दिल्ली की गद्दी सौंपनी चाही, लेकिन वह लखनौती लौट गया। उसका पुत्र कैकुवाद था जिसका पालन बल्बन की देखरेख में ही हुआ था। लेकिन सुल्तान अपने शहीद बड़े बेटे के पुत्र कैखुसरो को दिल्ली की सल्तनत देना चाहता था। उसने दिल्ली के कोतवाल, मन्त्री ख्वाजा बसरी, अनेक मलिकों और मलेकुल-उमरा को बुलाकर कहा कि—"तू वृद्ध हो चुका है और बड़ा अनुभवी है। राज्यों के उलट-फेर को देख चुका है। तुझे मालूम है कि बादशाहों का अन्त किस प्रकार हो जाता है। मैं देखता हूँ कि मेरा अन्तिम समय निकट है। मेरे शासन का समय शेष नहीं। मेरे हृदय में इस विचार के अतिरिक्त अन्य भावना उत्पन्न नहीं होती कि संसार किसी का साथ नहीं देता। वह अस्थायी है। कुछ वर्ष हमारे साथ रहा और अब हमें छोड़ रहा है। उसने जो सभी बादशाहों के साथ किया, वही मेरे साथ भी कर रहा

है।'' इस आखिरी दार्शनिक यथार्थ अनुभव से भरे बल्बन की चिन्ता में उत्तराधिकार का सवाल अभी अटका हुआ था—''तुम लोगों को चाहिए कि मेरे बाद मेरे बड़े बेटे खाने-शहीद के पुत्र कैखुसरो को राजसिंहासन पर बिठाओ। मैंने उसे उसके पिता की मृत्यु के पश्चात अपना उत्तराधिकारी बनाया है।''[20]

भाग्य की यह कैसी विचित्र विडम्बना थी कि खुद को खुदा का प्रतिनिधि बतानेवाला प्रतापी सुल्तान जिसकी इच्छा जुबान से निकलने के पहले ही कार्यान्वित हो जाती थी अपनी आखिरी इच्छा, अनुरोध जिसमें हल्की याचना भी थी, पूरी न करा सका। तीसरे दिन बल्बन का निधन हुआ। प्रबन्धकों ने कैखुसरो को मुल्तान रवाना कर बुगरा खाँ के पुत्र कैकुवाद को सुल्तान घोषित कर दिया। बरनी लिखता है कि ''उस जैसा ऐश्वर्य और वैभववाला शासक जिसने बड़े वैभव तथा ऐश्वर्य से राज्य किया था, भूमि के सुपुर्द कर दिया गया और चार गज भूमि में दफन हो गया।''[21] बस रंक हो या राजा, दफन के लिये धरती सिर्फ चार गज ही भूमि ही मुहैया करती है, क्योंकि जरूरत उतनी ही की होती है। बरनी ने एक छन्द लिखा है—

बादशाह का धन पानी और आग थे। पानी चला गया और आग बुझ गयी।
अब उसके लिये उसका लाव-लश्कर मिट्टी और राख से अधिक नहीं।[22]

उसके बाद साल भी नहीं बीता—राज्य में अराजकता, कुव्यवस्था और अविश्वास का ऐसा दौर चला कि अनेक अमीरों और मलिकों के वंश नष्ट हो गये और परस्पर हत्याओं के दौर ने राज्य का लगभग विनाश ही कर दिया। गुलाम वंश के नाम से मशहूर मुस्लिम राज्य का यह घटनाबहुल अध्याय इतिहास में गतांक हो गया।

सन्दर्भ—

1. आदि तुर्ककालीन भारत : तबकातेनासिरी, मिनहाज सिराज- सं. सैयद अतहर अब्बास रिजवी — पृष्ठ-7
2. दिल्ली सल्तनत-मुहम्मद हबीब, खलीक अहमद निजामी — पृष्ठ-179
3. दिल्ली सल्तनत-मुहम्मद हबीब, खलीक अहमद निजामी — पृष्ठ-180
4. मध्यकालीन भारत (1)-सं. हरीशचन्द्र वर्मा — पृष्ठ-142
5. मध्यकालीन भारत (1)-सं. हरीशचन्द्र वर्मा — पृष्ठ-145
6. आदि तुर्ककालीन भारत : तबकाते-नासिरी, मिनहाज सिराज- सं. सैयद अतहर अब्बास रिजवी — पृष्ठ-18
7. मध्यकालीन भारत (1)-सं. हरीशचन्द्र वर्मा — पृष्ठ-147
8. आदि तुर्ककालीन भारत : तबकाते-नासिरी, मिनहाज सिराज- सं. सैयद अतहर अब्बास रिजवी — पृष्ठ-27

9. आदि तुर्ककालीन भारत : तबकाते-नासिरी, मिनहाज सिराज-
सं. सैयद अतहर अब्बास रिजवी पृष्ठ-27
10. आदि तुर्ककालीन भारत : तबकाते-नासिरी, मिनहाज सिराज-
सं. सैयद अतहर अब्बास रिजवी पृष्ठ-88
11. मध्यकालीन भारत (1)-सं. हरीशचन्द्र वर्मा पृष्ठ-147;148
12. मध्यकालीन भारत (1)-सं. हरीशचन्द्र वर्मा पृष्ठ-147
13. आदि तुर्ककालीन भारत : तबकाते-नासिरी, मिनहाज सिराज-
सं. सैयद अतहर अब्बास रिजवी पृष्ठ-36
14. आदि तुर्ककालीन भारत : तबकाते-नासिरी, मिनहाज सिराज-
सं. सैयद अतहर अब्बास रिजवी पृष्ठ-33
15. दिल्ली सल्तनत-मुहम्मद हबीब, खलीक अहमद निजामी पृष्ठ-232
16. आदि तुर्ककालीन भारत : तारीखे-फिरोजशाही, जियाउद्दीन बरनी-
सं. सैयद अतहर अब्बास रिजवी पृष्ठ-157
17. आदि तुर्ककालीन भारत : तारीखे-फिरोजशाही, जियाउद्दीन बरनी-
सं. सैयद अतहर अब्बास रिजवी पृष्ठ-156
18. आदि तुर्ककालीन भारत : तारीखे-फिरोजशाही, जियाउद्दीन बरनी-
सं. सैयद अतहर अब्बास रिजवी पृष्ठ-201
19. आदि तुर्ककालीन भारत : तारीखे-फिरोजशाही, जियाउद्दीन बरनी-
सं. सैयद अतहर अब्बास रिजवी पृष्ठ-206
20. आदि तुर्ककालीन भारत : तारीखे-फिरोजशाही, जियाउद्दीन बरनी-
सं. सैयद अतहर अब्बास रिजवी पृष्ठ-208
21. आदि तुर्ककालीन भारत : तारीखे-फिरोजशाही, जियाउद्दीन बरनी-
सं. सैयद अतहर अब्बास रिजवी पृष्ठ-209
22. आदि तुर्ककालीन भारत : तारीखे-फिरोजशाही, जियाउद्दीन बरनी-
सं. सैयद अतहर अब्बास रिजवी पृष्ठ-209

खलजी वंश

(1290–1320 ई.)

मध्यकाल के दौर में सत्ता-परिवर्तन, सत्तारोहण, राज्य-व्यवस्था और राज्य के अन्दर-बाहर चल रहे सघन और निरन्तर षड्यन्त्रों में सम्बन्धों का नहीं; शायद संयोगों का ज्यादा महत्त्व था। एक परिवार के भीतर, वंश के भीतर दरबारियों, अधिकारियों और कारिन्दों से साँठगाँठ से जो गुट बन जाते थे उसमें कब, कौन, क्या से क्या हो सकता था या सीधे ऊपर सिधार सकता था—यह सब संयोगों से घटित सफलता-असफलता पर निर्भर था। इसमें न कुरान का दखल था, न इस्लाम का। मुसलमानों में तुर्क अलग थे, मंगोल अलग और बाकी की भी अलग-अलग पहचान थी। इनके बीच स्वार्थ और अन्तर्विरोध के इतने घमासान थे कि धर्मान्तरित मुसलमानों की तो कोई वकत ही नहीं थी, ऐसे में गैर-मुस्लिम समूहों की बात ही क्या? संयोग से हुए अप्रत्याशित सत्तारोहण के बाद खोज-खोजकर महीनों हत्याओं का सिलसिला चलता रहता था—वे वफादार दरबारी या अमीर होते तो मुसलमान ही थे। मुश्किल यह थी कि वफादार ी भी मौत का कारण बन सकती थी और गैरवफादार ी भी। सुल्तान की निकटता कब लाभ और सुख से प्राणदंड में बदल जाय—इसका कोई भरोसा नहीं। बाप और बेटा, भाई और भाई, भतीजा या दामाद किसी रिश्ते का कोई मतलब नहीं था। सत्ता सर्वोपरि थी और कब, कौन, किसका गला रेत दे या रेतवा दे—यह सत्ता के नजरिये से ही तय होता था। बादशाही वैभव के पीछे घनघोर षड्यन्त्र का अनवरत सिलसिला चलता रहता था। धोखे से, क्रूरता या कुटिलता से मारना स्वीकृत रूप में एक कुशल रणनीति-भर थी। इसका इस्लाम, धर्म या नैतिकता से कोई लेना-देना नहीं था।

गुलाम वंश का अवसान और खलजी वंश के उदय की अन्तर्कथा भी इन्हीं वीथियों से गुजरकर इतिहास बनी है। गुलाम वंश के प्रभावशाली शासक बल्बन ने शासन के आखिरी दौर में अपने बड़े बेटे के पुत्र कैखुसरो को उत्तराधिकारी मनोनीत

किया तो दूसरे बेटे बुगरा खाँ के पुत्र कैकुवाद से तनातनी, गुटबाजी और षड्यन्त्र शुरू हो गया। बुगरा खाँ बंगाल का सूबेदार था और खुद को स्वतन्त्र शासक घोषित कर चुका था, लेकिन दिल्ली के तख्त को लेकर उसकी चिन्ता बनी हुई थी। दोनों ओर से लगभग गृहयुद्धवाली स्थिति थी। लेकिन अन्त में 17 साल की उम्र में कैकुवाद का सत्तारोहण हो गया। कैकुवाद चढ़ती जवानी में शराब और सुन्दरी में ऐसा डूबा कि नगर अधिकारी निजामुद्दीन अन्दर-ही-अन्दर ऊँची उड़ान भरने लगा। उसने हालात का फायदा उठाकर धीरे-धीरे अपना प्रभाव जमाना शुरू किया। सुल्तान अपनी विलासिता के कारण एक हद तक उस पर निर्भर रहने लगा। उसने कैखुसरो के खिलाफ सुल्तान के इस तरह कान भरे कि अन्ततः बेचारे कैखुसरो को जान गँवानी पड़ी। बुगरा खाँ लाव-लश्कर के साथ बंगाल से चला और अयोध्या के पास डेरा डाला तो निजामुद्दीन ने उसके खिलाफ सुल्तान के कान भरे। पिता-पुत्र के बीच अविश्वास इतना गहरा गया कि लगा दोनों के बीच युद्ध करवाने में वह सचमुच सफल हो ही जाएगा। मगर बुगरा खाँ को थोड़ी-बहुत भनक मिल गयी थी। उसने बहुत धीरज से काम लिया। फिर ऐसा हुआ कि विरोधियों ने षड्यन्त्र रच निजामुद्दीन को ही जहर देकर मार डाला। इससे बुगरा खाँ को ही नहीं, तुर्कों को भी राहत मिली।

जब कैकुवाद ने अपना सेनापति जलालुद्दीन फीरोज खलजी को बनाया तो तुर्क परेशान हो उठे। उन्होंने बहुत होशियारी से उसे मारने का षड्यन्त्र रचा, क्योंकि तुर्क अपने वर्चस्व को बनाये रखने में उसे खतरा मान रहे थे। फीरोज खलजी ने उसे पहले ही भाँप लिया था; आखिर वह पच्चीस वर्षों से बल्बन की सेवा में था। उसे हर षड्यन्त्र का पता था। उसने बड़े धीरज और चतुराई से इसे विफल कर दिया। कैकुवाद विलासिता से रुग्ण और असहाय राजमहल में पड़ा हुआ था, इसलिये फीरोज खलजी ने उसके नाबालिग बेटे कैमुर्स को गद्दी पर बिठाकर लगभग तीन महीने तक राज चलाया। इस बीच उसने उसके नाम के सिक्के भी ढलवाये और विश्वास बनाये रखा। इस दौरान राज्य-व्यवस्था इतनी लचर हो गयी थी कि उसका चलना असम्भव हो गया। तभी बीमार और पागल कैकुवाद को एक कारिन्दे ने, जिसके पिता की उसने हत्या करवा दी थी; बेरहमी से मारकर यमुना में फेंक दिया। इस तरह गुलाम वंश की सत्ता का बुरा अन्त हुआ और एक नये वंश की, एक नयी सत्ता की शुरुआत हुई।

जून 1290 को जलालुद्दीन फीरोज खलजी का सत्तारोहण हुआ और वह सेनापति से सुल्तान बन गया। खलजी वंश के इस संस्थापक सुल्तान की उम्र सत्तर साल की थी और वह अन्य सुल्तानों से अलग उदार, धर्मनिष्ठ और सहृदय स्वभाव का शासक था। उसने न तो पूर्व सुल्तान के वारिसों की हत्या की और न ही

विरोधियों को दंडित ही किया। बल्कि उसने पूर्व शासक बल्बन के प्रति अतिशय सम्मान प्रकट किया, उसको याद कर फूट-फूटकर रोया और उसके भतीजे के विद्रोह के बावजूद उसे माफी दे दी। वह बड़े दार्शनिक भाव में राजसत्ता को लेकर अनासक्ति तक दिखाता था...यह सबको ज्ञात है कि जो बादशाही प्राप्त करता है, वह अपने जीवन तथा लाव-लश्कर एवं परिवार को सर्वदा मौत के मुँह में रखता है।... उसे जीवन के इस अन्तिम चरण में अपने मुसलमान भाइयों का रक्त बहाना बहुत पाप लगता था। लेकिन गौर करनेवाली बात यह है कि इस क्षमाशीलता और उदारता को लेकर लोग उसका उपहास करते थे, निराशा व्यक्त करते थे कि भला ऐसे कहीं राज चलता है! लोग खुलकर निन्दा तक करते थे। जियाउद्दीन बरनी ने लिखा है—"सुल्तान जलालुद्दीन ने अपनी राज्य व्यवस्था द्वारा प्रयत्न किया कि किसी चींटी को भी हानि न पहुँचे। उसके राज्य में किसी स्थान की प्रजा उससे असन्तुष्ट न हो, किन्तु मलिक, मन्त्री, विश्वस्त तथा गण्यमान्य व्यक्ति और सद्र आदि उसकी नेकी का महत्त्व नहीं समझते थे और यही कहा करते थे कि सुल्तान जलालुद्दीन राज्य व्यवस्था के योग्य नहीं।" आप कल्पना कर सकते हैं उस मध्यकालीन जनमानस की सोच की। पूरी मानसिकता का ही पतन हो चुका था।

जलालुद्दीन बहुत बड़ा कलाप्रेमी भी था और अपने दरबार में अमीर खुसरो का न सिर्फ बहुत सम्मान करता था बल्कि उन्हें ऊँची तनख्वाह भी देता था और मूल्यवान तोहफे—धन, वस्त्र, घोड़े आदि। जिस तरह के तोहफे बड़े-बड़े अमीरों को दिये जाते थे उसी तरह अमीर खुसरो को भी। वे उसकी महफिल के नदीमों के नेता थे। ऐसे और भी विद्वान, कलाकार, वादक और गायक सुल्तान जलालुद्दीन के कृपापात्र थे। खुद इतिहासकार बरनी भी उन अन्तरंग महफिलों में शामिल होते और उन्हें इस बात की बहुत खीझ और खेद होता कि बढ़ी उम्र के कारण वे सुन्दरियों, युवतियों, रमणियों तथा सुरा का इच्छित आनन्द नहीं उठा पा रहे। अपने बारे में वे खिन्न राय देते हैं कि—"न मैं काफिर हूँ और न मैं मुसलमान। न मेरे अधिकार में मेरा हृदय है और न मेरा धर्म।"[1] अपने समय के मशहूर आलिम, कलाकार उच्च पदों पर आसीन थे। बरनी अपनी स्थिति से, सुल्तान की इनायत से थोड़े असन्तुष्ट लगते हैं और वे निराशा ही व्यक्त करते हैं।

इन तमाम उच्च आदर्शों के ठीक विपरीत इसी जलालुद्दीन सुल्तान ने शेख फरीद के महान शिष्य और चमत्कारिक सन्त सीदी मौला, जो लोगों के बीच एक फरिश्ता था; जिसके खानकाह में रोज हजारों लोग खाते, जो खुदा के खजाने से लोगों पर अकूत धन और बहुमूल्य रत्न लुटाता था; ऐसे फकीर को हाथी के पैरों तले रौंदवाकर मरवा डाला। उसके खिलाफ सुल्तान के कान भरे गये थे कि वह राज के खिलाफ विद्रोह रच रहा है। अब आप कल्पना कर सकते हैं बूढ़े सुल्तान जलालुद्दीन

के त्याग, धर्मनिष्ठ और राज के प्रति अनासक्ति की। ऐसे भयानक अन्तर्विरोध मध्यकाल की ही पहचान थे। बरनी ने लिखा है कि ऐसे दरवेश की हत्या से वर्षा बन्द हो गयी। दिल्ली में ऐसा भीषण अकाल पड़ा कि भूख के मारे बीस-बीस और तीस-तीस आदमी एक साथ यमुना में कूदकर आत्महत्या कर लेते थे। इसी सुल्तान ने जो अपने राज्य में एक चींटी का दिल भी न दुखाना चाहता था, उसने रणथम्भौर प्रयाण में झायन में ऐसी तबाही मचायी कि सारे मन्दिरों को नष्ट-भ्रष्ट कर दिया, मूर्तियाँ तोड़वा दीं और आग लगवा दी। झायन और मालवा को लूटकर धन अपनी सेना में बाँट दिया। उसकी सारी ममता, सारी दया सिर्फ मुसलमानों तक सीमित थी। गैरमुसलमानों को लेकर उसकी सोच पर बरनी ने लिखा है—''यह नहीं देखता कि प्रतिदिन हिन्दू जो कि खुदा और मुस्तफा के शत्रु हैं बड़े ठाठ-बाट तथा शान से मेरे महल के नीचे से होकर यमुना तट पर जाते हैं, मूर्ति पूजा करते हैं और शिर्क तथा कुफ्र के आदेशों का हमारे सामने प्रचार करते हैं और हम जैसे निर्लज्ज जो कि अपने आपको मुसलमान बादशाह कहते हैं, कुछ नहीं कर सकते।''[2] इतना ही नहीं; उसे यह लगता था कि अगर वह इस्लाम धर्म का सच्चा माननेवाला बादशाह होता तो—''हिन्दुओं को जो मुस्तफा के धर्म के कट्टर शत्रु हैं, निश्चिन्त होकर पान का बीड़ा न खाने देता और न उन्हें श्वेत वस्त्र पहनने देता और न उन्हें मुसलमानों के बीच ठाठ-बाट से जीवन व्यतीत करने देता।''[3] उसे अपनी बादशाही, अपने धर्म पर लज्जा आती और वह इस बात पर शर्मिन्दा था कि उसके नाम पर खुत्बा पढ़ा जाता है और उसे इस्लाम का रक्षक बताया जाता है। आप कल्पना कर सकते हैं कि सबसे सहृदय मुस्लिम शासक की कैसी सोच थी? जाहिर था, ऐसा नहीं कर पाने के पीछे सिर्फ एक ही कारण होगा कि प्रजा बहुसंख्यक हिन्दू है, कहीं वह विद्रोह न कर दे। इससे अनुमान किया जा सकता है कि शासक और जनता के बीच किस तरह की सोच रही होगी और कैसी संस्कृति।

अलाउद्दीन खलजी, बादशाह जलालुद्दीन का अपना भतीजा और दामाद भी था। उसी ने उसका लालन-पालन किया था। वह कड़ा का शासक था और युद्ध कौशल में उसका कोई सानी नहीं था। बाद में भिल्सा पर विजय प्राप्त कर उसने ढेर सारा धन लूटा तो बादशाह ने उसे अवध की अक्ता भी प्रदान कर दी। वह उसे बहुत मानता था। सुल्तान अलाउद्दीन बेहद महत्त्वाकांक्षी था और उसके भीतर दिल्ली की बादशाही की लालसा बहुत ही प्रबल थी। उसने घोषित रूप से चन्देरी आक्रमण की योजना बनायी, लेकिन उसकी निगाह में देवगिरि की अकूत सम्पत्ति झलमला रही थी। उसने वहाँ के शासक रामदेव को पराजित कर बेशुमार सोना, चाँदी, जवाहरात, मोती, रेशमी वस्त्र, शाल-दुशाले और अनेक कीमती वस्तुएँ प्राप्त कीं। अब उसको लगा कि इससे वह अपनी सैन्य ताकत का इच्छित इस्तेमाल कर सकता है। उधर

जलालुद्दीन के विश्वस्त अलाउद्दीन को लेकर उसे लगातार आगाह कर रहे थे। वे बार-बार यह बात समझाने की कोशिश कर रहे थे कि अकूत सम्पत्ति राजकोष में जमा करने में वह आनाकानी कर रहा है। इससे उसके इरादों का भी पता चलता है। अगर उसने जमा नहीं किया तो उसकी ताकत बहुत बढ़ जाएगी, जलालुद्दीन अपने दामाद और भतीजे के खिलाफ कुछ सुनने को तैयार नहीं था। उसने उसे गोद में खिलाया है, उसके सामने वह बड़ा हुआ है, भला ऐसा वह क्यों करेगा? लेकिन लगातार तिकड़म करते हुए उसने अपने सगे चाचा और ससुर जलालुद्दीन को विवश कर दिया कि वे उससे मिलने आएँ। उसने कड़ा और मानिकपुर के बीच अपनी सेना तैयार कर दी। उसने अपने भाई के हाथों एक विनम्रता से भरा पत्र भिजवा दिया कि वह बड़ा डरा हुआ है। वह अगर अकेले आकर उसे विश्वास देंगे, तभी उसे सन्तोष होगा वरना वह सारी सम्पत्ति छोड़कर अपनी पगड़ी में रखे जहर को खाकर आत्महत्या कर लेगा। जलालुद्दीन उसके पत्र को पढ़कर भावुक हो उठा।

अपने लाव-लश्कर के साथ वह गंगा नदी में नावों के बेड़े से पहुँचा तो अलाउद्दीन ने उसे लिवा लाने के लिये अपने दो विश्वस्त अनुचर भेजे। बार-बार आखिरी समय तक सचेत करने के बावजूद जलालुद्दीन नहीं समझ सका और अपने लाव-लश्कर को छोड़ उसके अनुचरों के साथ मिलने चल पड़ा। अलाउद्दीन ने अपने अमीरों के साथ बादशाह का खाकबोस किया और उसके पैरों पर गिर पड़ा। जलालुद्दीन उसे उठाकर उसका माथा, आँखें और गालों को चूमने लगा। उसकी दाढ़ी पकड़ प्यार की दो थपकी भी दी और लाड़ से भरकर बचपन की याद दिलाते हुए अपना वात्सल्य बरसाने लगा। नदी के पास ही जब जलालुद्दीन उमड़ते प्यार से उसका हाथ पकड़ अपनी ओर खींच रहा था, तभी एक मामूली सैनिक ने तलवार का वार किया। वार सटीक न पड़ा और उसका हाथ कट गया। बादशाह जख्मी हालत में नदी की ओर भागा—''अरे अभागे अला! तूने यह क्या किया?'' तभी उसे जमीन पर गिराकर ऐसा वार किया कि सिर धड़ से अलग हो गया। बरनी को बाद में सुनने को मिला कि सिर कटते समय बादशाह ने शहादत के कलमे पढ़े और रमजान के सत्तरहवें पाक दिन में ठीक इफ्तार के वक्त वह शहीद हो गया। अभी उसके कटे सिर से खून टपक ही रहा था कि पहले से तैयार छत्र रखकर अलाउद्दीन को बादशाह घोषित कर दिया गया।

जलालुद्दीन के साथ जो विश्वस्त थे और जो नौका में ही रह गये थे, वे सभी मार डाले गये। भाले की नोक पर बादशाह के सिर को कड़ा और मानिकपुर में घुमवाया गया। यह सन्देश था कि अब दिल्ली के तख्त का बादशाह अलाउद्दीन हो गया है। जियाउद्दीन बरनी ने लिखा है कि ''सालिम दोजखी का पुत्र जिसने सबसे पहले तलवार मारी थी, एक-दो वर्ष के बीच में ही घुल-घुलकर मर गया। अभागा

इख्तियारुद्दीन हूद जिसने कि उस जैसे बादशाह का सिर काटा था, शीघ्र पागल हो गया। मरते समय चिल्लाता था कि सुल्तान जलालुद्दीन हाथ में नंगी तलवार लिये मेरा सिर काटने आया है।''[4] ऐसी लोमहर्षक घटनाओं की मध्यकालीन दौर में आवृत्तियाँ हुईं, जिन्हें इतिहासकारों ने बहुत ज्यादा महत्त्व नहीं दिया। वे नीतियाँ, वे व्यवस्थाएँ जो समाज को प्रभावित करती थीं, उन पर ध्यान आकृष्ट किया जिन पर गम्भीर शोध हुए और जो उस काल की उपलब्धियाँ मानी गयीं। लेकिन कट्टरवादी तत्त्वों को ऐसी घटनाएँ हमेशा अपने काम की लगीं और वे अपने-अपने तरीके से पक्ष-विपक्ष में आज तक इनका इस्तेमाल करते आ रहे हैं। महाभारत काल हो, प्राचीन, मध्य या आधुनिक काल; इतिहास के हर दौर में बर्बरता हमेशा से बरती जाती रही है। बस, उसके स्वरूप में जरूर फर्क होता है—बाकी और कुछ नहीं। इसका रिश्ता किसी धर्म या कौम से नहीं बल्कि शासक और शासित से होता है। अलाउद्दीन खलजी को इस्लाम से कोई लेना-देना नहीं था और न ही इस्लाम में ऐसी निर्ममता की कोई इजाजत ही दी गयी है।

जलालुद्दीन की पत्नी मलिका-ए-जहाँ ने जो अलाउद्दीन की चाची और सास भी थीं; बिना हालात को समझे अपने अनुभवहीन और युवा बेटे को तख्त पर बिठाकर सत्ता बचाने की कोशिश की, लेकिन उसका कोई फल न निकलना था, न निकला। अलाउद्दीन पाँच महीने तक मामले को शान्त कर अपनी रणनीति बनाता, हालात को अपने पक्ष में करता रहा। फिर एक विशाल सेना के साथ दिल्ली से दो-तीन कोस दूर आकर डेरा डाल दिया। मलिका-ए-जहाँ अपने युवा बेटे को लेकर बिना युद्ध लड़े जैसे-तैसे दूसरे बेटे के पास मुल्तान भागीं। सेना का एक हिस्सा अलाउद्दीन से जा मिला। अलाउद्दीन ने विपुल मात्रा में धन लुटाकर मलिकों, अमीरों को अपने पक्ष में कर लिया। उसने खानों, मलिकों और अमीरों को आदेश दिया था कि वे बिना धन की परवाह किये नये सैनिकों की भर्ती करें। उसने कम ही समय में एक विशाल सेना खड़ी कर ली थी। अलाउद्दीन ने जब दिल्ली में प्रवेश किया तो कारिन्दों और कर्मचारियों को अधीनता स्वीकार करने में तनिक देर नहीं हुई। सेना तो लड़ने के पहले ही उससे मिल गयी थी। लेकिन अलाउद्दीन हर सम्भावित खतरे की आशंका को मिटा देने में यकीन करता था, इसलिये उसने मुल्तान को घेरवाकर सबसे पहले जलालुद्दीन के वारिसों का खात्मा किया। उसने जलालुद्दीन के दोनों पुत्रों, उसके दामाद की आँखों में सलाई फेर दी जो मध्यकाल की बड़ी ही परिचित दंड-शैली थी। उनकी स्त्री, धन, दास-दासी छीन ली। पुत्रों की हत्या करवा दी या उन्हें कैद किया। अपनी सास को दिल्ली लाकर घर में कैद कर लिया।

मुल्तान विजय के साथ ही उसे उसी साल मंगोलों के आक्रमण का सामना

करना पड़ा और उसने उस पर भी विजय हासिल की। अलाउद्दीन खलजी की सोच सीधी और साफ थी। उसने जलालुद्दीन के उन तमाम आश्रयदाताओं को जिन्होंने अपने बादशाह के साथ विश्वासघात कर उससे सोना, पद, अक्ता या दौलत हासिल की थी; स्थिरता आने पर उन सबकी सम्पत्ति जब्त कर ली। कुछ की हत्या करवा दी, कुछ की आँखों में सलाई फेरवा दी और बाकी को कैद कर लिया। मगर मलिक कुतुबुद्दीन अलवी, नसरुद्दीन शहनए और अमीर जमाली खलजी का उसने कुछ नहीं किया। इन तीनों ने न तो पूर्व बादशाह से विश्वासघात किया था और न ही उससे धन-दौलत ही ली थी। अब उसने अपना ध्यान राज्य विस्तार पर दिया, क्योंकि विशाल सेना के साथ उसे ज्यादा धन की भी जरूरत थी। गुजरात का कर्णराय तो किला छोड़ भाग गया। उसके सेनापतियों उलुग खाँ और नुसरत खाँ ने उसके खजाने और हाथियों के साथ-साथ महल की स्त्रियों और बेटियों तक पर अधिकार जमा लिया। उसने गुजरात को जी भर लूटा और एक बार फिर से हिन्दुओं का मान-मर्दन करने के लिये सोमनाथ मन्दिर की मूर्ति ध्वस्त कर उसे दिल्ली मँगवा लिया, जहाँ उसे पैरों से रौंदने के लिये डाल दिया गया। उलुग खाँ और नुसरत खाँ ने उसे लूटकर अपार सम्पत्ति दी। इस युद्ध में लूट के माल में इस्लामी नियमानुसार पाँचवाँ भाग सैनिकों को मिलना चाहिए। इसे लेकर कुछ विवाद हुआ तो बड़ी संख्या में नव मुसलमानों ने गिरोहबन्दी कर नुसरत खाँ के भाई और उलुग खाँ के अमीर को मार डाला। इसके बाद विद्रोह हो गया; इसमें अलाउद्दीन का भांजा भी मारा गया।

अलाउद्दीन को जैसे ही इसकी खबर मिली, उसके आदेश पर उन तमाम विद्रोहियों के बच्चों और स्त्रियों को बन्दी बना लिया गया। स्त्रियों के साथ व्यभिचार हुआ और बच्चों को कैद किया गया। अलाउद्दीन ने किसी अपराध के लिये उसके परिवार को दंडित करने की एक नयी परिपाटी ही डाल दी। यहाँ ध्यान देनेवाली बात नव मुसलमानों की है। दरअसल तुर्क, खलजी या बाहर से आये मुसलमान ही सत्ता के उच्च पदों पर थे। धर्मान्तरित भारतीय मुसलमानों से वे नफरत करते थे और उन्हें नीची निगाह से देखते थे। वैसे अपराध, षड्यन्त्र या विश्वासघात पर जब बाप, भाई को दंडित करने में कोई हिचक नहीं थी तो उसमें बाहरी, तुर्क, मंगोल या धर्मान्तरित का सवाल ही कहाँ से उठता है। इस आलोक में आप तत्कालीन गैर-मुस्लिम जनता के बारे में बस अनुमान ही कर सकते हैं। मूर्ति को पैरों से रौंदवाने के पीछे निश्चय ही हिन्दू कौम में खौफ पैदा करने की मंशा रही होगी।

अलाउद्दीन खलजी ने इन दोनों को गुजरात भेजा था तो मुगलों से लड़नेवाली सेना का नेतृत्व जफर खाँ कर रहा था। जीत के बाद उसकी वीरता, साहस, बहादुरी और कौशल देखकर सुल्तान अलाउद्दीन और उसका भाई उलुग खाँ दोनों सशंकित होने लगे। उसे आशंका हुई कि कहीं यह हिन्दुस्तान की बादशाही का स्वप्न न देखने

लगे। इसलिये या तो उसे अक्ता देकर लखनौती या कहीं और भेजा जाय अथवा विष देकर मार डाला जाय। सत्ता को लेकर आशंकित अलाउद्दीन ने इसी तरह बादशाह को मारकर तख्त हासिल किया था। ऐसे में उसका बहादुर जफर खाँ से भयभीत होना सहज-स्वाभाविक था। अब विडम्बना उस बहादुर सेनापति की थी जिसे जीत और हार दोनों स्थितियों में कीमत चुकानी थी। हार की हालत में दंड की शैली का तो पता नहीं, लेकिन जीत के बाद उसे ईनाम में अपनी शहादत देनी पड़ी। मंगोल सेना से लड़ते हुए व्यूहरचना ऐसी थी जिसमें जफर खाँ को आक्रमण के लिये आगे बढ़ना था, पीछे से मदद करनेवाली सेना का नेतृत्व उलुग खाँ कर रहे थे। घात करना पहले से तय था। उसने जानबूझकर अनदेखी की और लड़ते हुए जफर खाँ दूर निकल गया। चारों ओर से घेरकर उसे मंगोल सेना ने शहीद कर दिया। लेकिन लम्बे समय तक उनके दिलो-दिमाग में उसका खौफ तारी रहा। मध्यकाल के इतिहास में घात-प्रतिघात की यह दोहरी जुगलबन्दी थी-अपनों के बीच भी, दुश्मनों के बीच भी।

अलाउद्दीन खलजी को अनेक युद्धों का सामना करना पड़ा। कुछ उसने खुद आक्रमण किये और कुछ उस पर हुए। खास तौर से मंगोलों ने 1297 से 1308 के बीच छह बार चढ़ाई की। जफर खान की शहादत के बाद चौथी बार 1303 में एक लाख बीस हजार घुड़सवारों की विशाल सेना के साथ तार्गी ने चढ़ाई की। उस समय एक साल से चित्तौड़ को घेरकर सुल्तान अलाउद्दीन वहाँ फँसा था। उसी दौरान उसके भारत विजय-अभियान में निकली विशाल सेना दक्षिण के तेलांगना में पराजित भी हो चुकी थी। जियाउद्दीन बरनी कहता है कि सन्त निजामुद्दीन औलिया के चमत्कारिक प्रभाव के कारण मंगोल वापस लौटे थे, वरना अलाउद्दीन की अनुपस्थिति में सत्ता फिसल भी सकती थी। उन्होंने दो महीनों तक दिल्ली में लूटमार की। 1304 और 1308 के मंगोल आक्रमणों को विफल करने का श्रेय गाजी तुगलक को था, जिससे प्रसन्न होकर बादशाह ने उसे पंजाब का सूबेदार बना दिया था। जलालुद्दीन खलजी ने कुछ मंगोलों को मुगलपुरा में बसाकर उन्हें इस्लाम धर्म स्वीकार करा दिया था। अलाउद्दीन खलजी को पता चला कि ये अब भी मंगोलों की मदद करते हैं तो उसने धर्मान्तरित नव मुसलमानों की बिना कोई लिहाज किये बड़े पैमाने पर हत्या करवा दी, इसमें स्त्रियों और बच्चों तक को नहीं बख्शा गया।

रणथम्भौर का राजा हम्मीर देव पृथ्वीराज चौहान का वंशज था। उसने अलाउद्दीन की सेना को पराजित कर दिया था। इससे क्रोधित अलाउद्दीन किले को साल-भर तक घेरे रहा। बाद में हम्मीर देव ने सन्धि के लिये जिस रणमल को भेजा, वही अलाउद्दीन से मिल गया। इतना ही नहीं, उसने दो अन्य सेनापतियों रतिपाल और

कृष्णपाल को भी मिला लिया। इन तीनों के विश्वासघात से हम्मीर लाचार हो गया और उसकी रानियों ने जौहर से जान दे दी तो हम्मीर देव ने खुद अपनी गर्दन काट ली। बाद में अलाउद्दीन ने तीनों गद्दारों की भी हत्या करवा दी—जो अपने स्वामी का नहीं हो सकता वह किसी का नहीं हो सकता। लेकिन हम्मीर का एक मंगोल सेनापति था—मीर मुहम्मद शाह। वह घायल होकर पकड़ा गया। बादशाह ने उससे पूछा—...अगर तुम्हारे घाव ठीक हो जाएँ और तुम्हारी जान बच जाय तो तुम क्या करोगे?...उसने बिना किसी हिचक के उत्तर दिया—...अगर ऐसा हुआ तो मैं आपको मारकर महाराज हम्मीर देव के पुत्र को गद्दी पर बैठाऊँगा।...अलाउद्दीन ने उसे हाथी के पैरों से कुचलवाकर मौत दी, लेकिन उसके सम्मान में उसकी समाधि भी बनवा दी। हिन्दू सेनापतियों के विश्वासघात की तुलना में इस नव मुसलमान मंगोल सेनापति की स्वामिभक्ति पर गौर करें तो यह हिरोइक अन्दाज भी मध्यकाल की ही पहचान है। भारत में जैसे राज्य और राजा थे, जैसा उनका युद्धकौशल था, जैसी उनके पास युद्ध सामग्री थी, तैयारी थी—उसमें कोई भी समर्थ और चालाक आक्रमणकारी आसानी से राज्य पर अपना प्रभुत्व जमा सकता था। मुसलमानों के शासन को आप जितना भी नापसन्द करें, लेकिन उस दौर के मंगोलों से तो उनकी तुलना नहीं ही की जा सकती। उस दौर में भारत पर विदेशी शासन का होना सहज और स्वाभाविक प्रक्रिया थी। इसके लिये भारत अभिशप्त था।

अलाउद्दीन ने लगभग बीस वर्षों (1296-1316) तक शासन किया और इस दौर को खलजी वंश में ही नहीं, पूरे भारतीय इतिहास में महत्त्वपूर्ण जगह मिली। यह बहुत ही घटना-बहुल दौर रहा। अलाउद्दीन बेहद महत्त्वाकांक्षी शासक था और अनपढ़ होने के बावजूद उसमें राज चलाने की जबर्दस्त क्षमता थी। बिल्कुल उस काल के अनुरूप योग्यता थी। उसकी साहसिकता, बहादुरी, चपलता और बुद्धिमत्ता बेजोड़ थी। जो निर्णय वह कर लेता था, उस पर हठ की हद तक अमल करता था। उसके व्यक्तित्व और शासन के दौर में आश्चर्यजनक विरोधाभास थे। आप उसे न पूरी तरह सराह सकते हैं और न पूरी तरह नकार सकते हैं। उसके भीतर इतिहास में स्थायी अमरत्व की ऐसी प्रबल आकांक्षा थी कि वह खुद मुहम्मद साहब की तरह नया रसूल बनना चाहता था। इससे उसकी इस्लाम की समझ का भी अन्दाज होता है। उसके दरबारी या समकालीन इतिहासकार जियाउद्दीन बरनी ने लिखा है—''पैगम्बर अलैहिस्सलाम की मृत्यु के बाद जो कोई भी अपने आपको मुसलमान कहता या समझता है, अपने आपको उनका अनुयायी कहता है। मुझे भी खुदा ने चार मित्र प्रदान किये हैं। उलुग खाँ, जफर खाँ, नुसरत खाँ और अलप खाँ। मेरे भाग्य से इन्हें बादशाहों के समान वैभव तथा ऐश्वर्य प्राप्त हो गया है। यदि मैं चाहूँ तो इन चारों मित्रों के बल पर एक नया दीन अथवा धर्म चला दूँ। मेरी तथा मेरे मित्रों की

तलवार के भय से सभी व्यक्ति मेरे प्रदर्शित मार्ग पर चलने लगेंगे। उस दीन तथा धर्म के कारण मेरा और मेरे मित्रों का नाम पैगम्बर तथा उनके मित्रों के नाम के समान कयामत तक शेष रहेगा।''...वह बाजाप्ता इस पर मलिकों से परामर्श करने लगा। गोष्ठियाँ करने लगा। वह लोगों से पूछता—हम ऐसा क्या करें कि मेरा यश कयामत तक रहे! कभी वह दूसरी योजना सुनाता—''मेरी इच्छा है कि मैं देहली किसी को सौंपकर स्वयं सिकन्दर की तरह विश्व विजय करने निकल जाऊँ। सारे संसार को अपने अधिकार में कर लूँ।''[5] ये बातें कोरी कल्पना नहीं थीं। वह अपने खुत्बे और सिक्कों पर सिकन्दर द्वितीय कहलवाने और लिखवाने भी लगा था।

बरनी बताते हैं कि उसके चाचा अमाउल मुल्क जो दिल्ली के कोतवाल थे, उसके साथ ही मदिरापान करते थे। उन्होंने हाथ-पैर जोड़ बड़ी मुश्किल से उसे इन योजनाओं के खतरों से आगाह किया और भारत विजय तक ही सीमित रहने को कहा। उन्होंने बादशाह को मुहम्मद रसूल बनने की आकांक्षा पर जनविद्रोह होने का हवाला भी दिया। बरनी के चाचा अमाउल मुल्क पर अलाउद्दीन को बहुत भरोसा था और उनको बहुत मानता भी था। खुद बरनी हो या उसका चाचा और सुल्तान अलाउद्दीन—ये सभी घोर हिन्दू विरोधी थे और उनके प्रति बहुत हिकारत का भाव रखते थे। अमाउल मुल्क ने कहा कि...हिन्दू ऐसे हैं कि वे कदापि अपने वचन तथा बातों का पालन नहीं कर सकते। उनके अनुसार वे तो डर से आज्ञाकारी हैं। वे पाप और विद्रोह करनेवाले हैं और वे खिराज भी अदा नहीं करते। हिन्दुओं के खिलाफ भड़काने की कोशिश काजियों और मुफ्तियों ने भी की।

बरनी ने अपने इतिहास में अलाउद्दीन के पूछे सवालों के उत्तर में काजी मुगीस का बड़ा ही उत्तेजक कथन दर्ज किया है कि हिन्दू से ''जब कर वसूल करनेवाला चाँदी माँगे तो वह बिना सोचे-विचारे और बड़े आदर और नम्रता से सोना दे। यदि वह उसके मुँह में थूकना चाहे तो वह बिना कोई आपत्ति प्रकट किये मुँह खोल दे, जिससे वह उसके मुँह में थूक सके।'' आगे वह समझाता है कि उसका उद्देश्य उन्हें आज्ञाकारी बनाना है। वह आगे कहता है—''हिन्दुओं को अपमानित करना दीन के लिये अति आवश्यक है, कारण है कि वे मुस्तफ के दुश्मनों में सबसे बड़े दुश्मन हैं। मुस्तफ अलैहिस्सलाम ने हिन्दुओं के विषय में यह आदेश दिया है कि उनकी हत्या करा दी जाय। उनकी धन-सम्पत्ति लूट ली जाय या उन्हें बन्दी बना लिया जाय। या तो उनसे इस्लाम स्वीकार कराया जाय और या उनकी हत्या करा दी जाय।''[6] आप कल्पना कर सकते हैं हिन्दुओं के प्रति शासकों, अमीरों, काजियों और अधिकारियों के भीतर भरी घनीभूत घृणा की। जाहिर था इसमें कोई साझी संस्कृति की गुंजाइश ही नहीं थी। अब आप विचार कीजिये कि कुरानशरीफ में कहीं हिन्दू का उल्लेख नहीं है। मुहम्मद साहब कभी जीवन में किसी हिन्दू से न मिले, न कुछ

कहा। हिन्दू इस्लाम के कभी दुश्मन नहीं रहे। मक्का के बाद दूसरी मस्जिद हिन्दू राजा की दी गयी जमीन पर दक्षिण भारत के केरल में बनी। भारत में उनको बसने, मस्जिद बनाने, विवाह करने और व्यापार करने की सुविधाएँ और संरक्षण मिला। फिर काजी मुगीस ने ऐसा क्यों कहा? इस पर शोध करनेवाले गम्भीर इतिहासकारों में डॉ. मुहम्मद हबीब और खलिक अहमद निजामी ने बरनी की अज्ञानता और काजी मुगीस की कुटिलता को उजागर किया है। दरअसल ये चाहते थे कि अलाउद्दीन उत्तेजित होकर हिन्दुओं को लूटे, जिससे इनको कुछ ईनाम और लूट का हिस्सा दान में मिले। इसी लोभ में काजी ने अबू हनीफ जैसों के मुँह से झूठा आदेश कहलवा दिया। जिसकी चर्चा हदीस तक में नहीं है, उसे बता दिया।

मुहम्मद हबीब और निजामी साहब ने इस प्रसंग पर काफी विस्तार और बारीकी से विचार किया है कि अलाउद्दीन किस तरह भ्रष्ट कर्मचारियों को दंडित करने से लेकर राज्य के खजाने और लूट की सम्पत्ति में अपने और राज्य के हक के बारे में काजी मुगीस से सवाल पूछता है, लेकिन वह मुगीस के बहकावे में आनेवाला बादशाह नहीं था। वह पढ़ा-लिखा भले न हो, मगर राजकाज चलाने का विवेक और अनुभव उसमें इतना जबर्दस्त था कि इसके लिये उसे किसी के परामर्श की जरूरत ही नहीं थी। उसने दूसरे दिन काजी मुगीस को साफ-साफ कहा—''मैंने कोई किताब नहीं पढ़ी और पढ़ा-लिखा भी नहीं हूँ किन्तु कई पुश्त से मुसलमान हूँ तथा मुसलमान का पुत्र हूँ। विद्रोह को रोकने के लिये क्योंकि उसमें हजारों आदमी मारे जाते हैं, जो कुछ भी राज्य के हित में अच्छा समझता हूँ वही आदेश लोगों को देता हूँ।'' वह आगे कहता है—''मैं नहीं समझता कि यह आज्ञाएँ शरा के अनुसार हैं या शरा के विरुद्ध। मैं जो कुछ राज्य के लिये उचित समझता हूँ तथा जिन बातों में राज्य का भला देखता हूँ, उन्हीं की आज्ञा देता हूँ। मुझे नहीं मालूम कि भगवान कल कयामत में मुझे क्या दंड देगा?''[7] उसने साफ मना कर दिया कि राजकाज में वह धार्मिक लोगों तथा धार्मिक आदेशों को नहीं मानेगा। राजकाज धर्म से अलग होगा; उसमें वह किसी का हस्तक्षेप स्वीकार करने को तैयार नहीं था।

लेकिन अलाउद्दीन की यह सोच थी कि अगर लोगों के पास धन-दौलत रहेगी तो वे विद्रोह कर देंगे। इस आशंका के कारण वह हिन्दुओं की फसल में आधी कर के रूप में ले लेता था। इसके अलावे चरागाह, पशुधन पर अथवा आबकारी के नाम पर अलग से कर वसूलता था। ऐसा करते हुए उसने कोई भेदभाव नहीं रखा। उसने ''किसी के पास धन-सम्पत्ति न रहने दी। यहाँ तक कि मलिकों, अमीरों, उच्च पदाधिकारियों, मुल्तानियों तथा साहूकारों के पास भी धन-सम्पत्ति शेष न रही। देहली तथा राज्य के अन्य प्रदेशों के निवासियों के पास कोई भी वजीफा, इनाम, मफरूज तथा वक्फ की जमीन न रही।...समस्त प्रजा जीविकोपार्जन में इस प्रकार

लग गयी कि कभी विद्रोह का नाम भी किसी की जबान से न निकलता था।''[8] मसलन, विद्रोह को ध्यान में रखकर राज्य सत्ता के हित में उसने ऐसा किया। उसने मदिरापान पर रोक लगा दी, खुद भी मदिरा पीनी छोड़ दी। उसने ताड़ी, भाँग तथा जुए तक पर रोक लगा दी। पूरे राज्य में गुप्तचरों का सघन जाल बिछा दिया और दंड देने में तो उसकी तलवार अभ्यस्त थी ही। अलाउद्दीन मुगीस से यह भी कहता है कि व्यभिचारियों को खस्सी करने का दंड देता हूँ, फिर भी दरबार में ऐसे मुकदमे आते हैं। वेतन लेकर काम न करनेवालों को जेल में कैद कर लेता हूँ, वेतन जब्त कर लेता हूँ फिर भी लोग बाज नहीं आते। वह आगे कहता है—''नवीसिन्दों (लिपिकों) तथा आमिलों में से लगभग दस हजार नवीसिन्दों को भिखारी बना दिया। उनके शरीर में कीड़े डलवा दिये किन्तु इस पर भी यह समूह चोरी से बाज नहीं आता। ऐसा लगता है कि नवीसिन्दगी के साथ चोरी भी माँ के पेट से लेकर पैदा हुए हैं। शराब पीने तथा बेचने के अपराध में इतने व्यक्तियों की हत्या कर कुओं में डलवा दिया और आज तक ऐसी हत्या हो रही है, किन्तु फिर भी लोग शराब पीते तथा बेचते हैं। लोग अपने अपराधों को नहीं त्यागते तो मैं किस प्रकार बाज आऊँ।''[9] इससे आप उसकी मानसिकता और समझदारी का अन्दाज कर सकते हैं। राजसत्ता के लिये कठोर दंड ही इकलौता रास्ता था। उसकी हर कार्रवाई के केन्द्र में सत्ता का हित था, जिसे वह बखूबी समझता था और उसे दृढ़ता से पालन कराना भी खूब आता था।

उसने अपने कार्यकाल में साम्राज्य का भी आश्चर्यजनक विस्तार किया। गुजरात, रणथम्भौर, मेवाड़, मालवा, मारवाड़, जालौर के साथ-साथ दक्षिण में भी साम्राज्य तेजी से बढ़ा। देवगिरि, वारंगल, द्वार समुद्र, मदुरा तक उसने जीत हासिल की। लेकिन उसकी सबसे बड़ी परेशानी विद्रोह और आक्रमण की थी। उसके भतीजे अकत खाँ के षड्यन्त्र से तो वह बाल-बाल बचा। संयोग अगर उसके पक्ष में नहीं होता तो वह मारा ही जाता। अकत खाँ अति उत्साह में आ गया था। आखिर उसका सिर काट भाले की नोक पर टाँगकर घुमवाया। लश्कर के जिन पदाधिकारियों, सवारों, सैनिकों या किसी को यह बात मालूम थी, उन्हें कोड़े से पीट-पीटकर मार डाला गया। उनके परिवार बन्दी बना लिये गये और उनकी सम्पत्ति जब्त कर ली गयी। इधर दिल्ली में दोनों भानजों के षड्यन्त्र का पता चला तो 'उनकी आँखें खरबूजे की फाँक के समान चाकू से निकलवायीं।' उनके घर-द्वार नष्ट कर दिये गये। यही स्थिति कोतवाल मौला हाजी के विद्रोह में भी हुई। इस तरह उसने लोगों की सम्पत्ति जब्त कर और गुप्तचरों का सघन जाल बुन विद्रोह को जड़ से खत्म करने की कोशिश की। उसकी दंड की शैली भी ऐसी थी कि जल्दी कोई हिम्मत नहीं कर सकता था।

जब उसका ध्यान मंगोलों के बार-बार आक्रमण पर गया तो उसने स्थायी

निदान के लिये विचार-विमर्श शुरू कर दिया। उसने साम्राज्य विस्तार के काम को भी रोक दिया। वह एक बहुत विशाल सेना गठित करना चाहता था, लेकिन उसमें सैनिकों को थोड़े वेतन पर रखा जाय। ऐसा तभी सम्भव था जब बाजार नियन्त्रित हो और अनाज तथा अन्य वस्तुएँ सस्ती दर पर मिलें; साथ ही उनकी कीमत में वृद्धि न हो। कपड़े, जानवरों और दास-दासियों तक के दाम भी कम रहें—और ऐसा उसने कर दिखाया। उसने कड़ी निगरानी की व्यवस्था रखी, कठोर दंड-विधान बनाया और दंड की ऐसी दहशत पैदा कर दी कि कोई राज से तय कीमत लेने की जुर्रत कर ही नहीं सकता था। अकाल के समय उसने बाजार में राज्य के गोदाम भर दिये। यह इतिहास के पन्नों पर अलाउद्दीन की चमत्कारिक अर्थ-व्यवस्था थी। खुद बादशाह बाजार की एक-एक जिन्स की कीमत की रपट मँगवाता था। यह बात इब्ने बतूता और एसामी ने लिखी है। इब्न बतूता ने 'अजाइबुल अलफार' में लिखा है कि "उसने एक दिन मांस का मूल्य बढ़ जाने का कारण पूछा। उत्तर मिला कि पशुओं पर भिन्न-भिन्न स्थानों पर कर वसूल किया जाता है। उसने आदेश दिया कि यह प्रथा बन्द कर दी जाय। उसने व्यापारियों को बुलाकर उन्हें धन प्रदान करते हुए कहा कि इससे पशु तथा बकरियाँ खरीद ली जायँ और जो धन उन्हें बेचकर प्राप्त हो वह राज-कोष में जमा कर दिया जाय। इस काम के लिये उनका पारिश्रमिक निश्चित कर दिया। इसी प्रकार का प्रबन्ध उसने उन कपड़ों के लिये किया जो दौलताबाद से लाये जाते थे। जब अनाज का भाव बहुत बढ़ गया तो उसने गल्ले के गोदाम खुलवा दिये और जब तक गल्ले का भाव कम न हुआ, वह स्वयं गल्ला बिकवाता रहा।"[10] अलाउद्दीन के मूल्य नियन्त्रण पर लिखते हुए डॉ. इरफान हबीब ने एसामी का यह कथन उद्धृत किया है—"बाजार में रोज सूरज डूबने के बाद, हरकारे अनाजों के भाव की खबरें लाते थे, ये सभी भाव सुल्तान के सामने कहे जाते थे, एक-एक करके हरेक शाम को।"[11]

उसने कर-निर्धारण और वसूली की व्यवस्था में भी भारी सुधार किये। जो जमींदार राज्य को निश्चित रकम देकर मनमानी कर निर्धारण और वसूली करता था उसे उसने बन्द कर दिया। वह गाँव, क्षेत्र और किसान की माली हालत देखकर दे सकनेवाली कर की रकम का निर्धारण कर देता था और कर-संग्राहक उसे वसूल कर खजाने में जमा कर देता था। इसमें दो बातों की जबर्दस्त सख्ती थी। एक तो यह कि कर वसूलनेवाला निश्चित कर के अलावे किसान से किसी तरह का न तो नजराना लेगा, न ही उसकी मुर्गी, बकरी या कोई अन्य वस्तु। दूसरे अगर, उसने एक पैसे की भी चोरी की तो उसकी सारी सम्पत्ति राजकोष में जमा कर दी जाती थी। इस तरह उसने कर-वसूली में बिचौलिये की व्यवस्था ही खत्म कर दी। उसने तमाम जीते गये प्रदेशों में जिसे भी शासक बहाल किया था, उससे निश्चित रकम समय पर

वसूल कर लेता था। विद्रोहियों, भ्रष्ट अधिकारियों, कुछ अपराधियों की भी संचित सम्पत्ति जब्त कर वह राजकोष में जमा करवा देता था। इस तरह राजकोष में पर्याप्त रकम जमा हो गयी और विशाल सेना के खर्च या सैनिकों के वेतन की कोई चिन्ता ही न रही।

अब उसने अपना ध्यान मंगोलों पर केन्द्रित किया। बार-बार उनकी चढ़ाई से तंग आकर अलाउद्दीन ने ऐसी व्यूहरचना की जिसने उनकी वापसी के मार्ग को ही बन्द कर दिया। उसने नदी तट पर सेना का शिविर लगा दिया कि जब वे वापसी में थके-माँदे पानी के लिये आएँगे, तभी उनको घेरा जाएगा। उसकी यह नीति सफल रही। सेना और घोड़े प्यास से व्याकुल जब नदी तट पर आये तो उनका सामना अलाउद्दीन के सैनिकों से हुआ। बरनी ने लिखा है कि वे दसों उँगलियाँ मुँह में डाले पानी की भीख माँग रहे थे। उनकी स्त्रियाँ, बच्चे प्यास से बिलबिला रहे थे। लेकिन हजारों मंगोलों की गरदन में रस्सियाँ डालकर स्त्रियों और बच्चों के साथ उन्हें दिल्ली लाया गया। स्त्रियों और बच्चों को दासों की मंडी में बेच दिया गया। हजारों को तलवार के घाट उतार दिया गया तो अमीरा ने हजारा और सद्दा को हाथियों के पैरों से कुचलवा दिया गया। फिर उनकी हिम्मत नहीं हुई कि कभी हिन्दुस्तान की सीमा की ओर देखें भी। वर्षों तक उनको स्वप्न में भी इस्लामी सेना की तलवारें नजर आ रही थीं। उसके भाग्य से उसकी सारी योजनाएँ सफल रहीं। उसकी राज्य-व्यवस्था को लोग चमत्कार मानते थे। लोगों का विश्वास था कि उसकी सफलता के पीछे सूफियों की दैवी शक्ति काम कर रही थी।

निजामुद्दीन औलिया से वह कभी मिलता नहीं था, लेकिन उनके प्रति उसका आदर हमेशा बना रहा। वह अक्सर अपने अनुचर भेजकर सैनिक अभियान की सफलता अथवा राज्य व्यवस्था के लिये उनसे प्रार्थनाएँ करने की गुजारिश करवाता और अपने सैनिक अभियानों के परिणाम के बारे में बताने का आग्रह भी करता। मावर युद्ध में तो उसे विपुल मात्रा में धन-दौलत मिली जिसे उसने बड़ी उदारता से मलिकों और अमीरों में बाँटा। उस काल में मंगोलों के भय से मध्य एशिया के तमाम आलिम और कलाकार, अमीर और मलिक, हकीम और विद्वान, ज्योतिषी उसके राज में आकर बस रहे थे। दिल्ली जैसी समृद्ध राजधानी तब कहीं की न थी। अमीर खुसरो, इतिहासकार बरनी और निजामुद्दीन औलिया तीनों अत्यन्त घनिष्ठ थे और इनकी प्रतिदिन भेंट होती थी। उसने राजधानी दिल्ली को पाप और व्यभिचार से मुक्त नगर बना दिया था। लेकिन बरनी को इस बात का मलाल था कि "सुल्तान अलाउद्दीन इन विद्वानों का मूल्य तथा उनकी विद्वता का मूल्य एवं महत्त्व पूर्णतया न समझ सका। उनके प्रति अपने सैकड़ों कर्त्तव्यों का भी पालन न कर सका। उसके राज्यकाल के सैकड़ों मनुष्यों ने यह न समझा कि उन विद्वानों के पैर की धूल आँखों

में सुरमे की जगह पर लगानी चाहिए। इस इतिहास के संकलनकर्त्ता (बरनी) को भी उनके सम्मान तथा प्रतिष्ठा का पूर्ण ज्ञान था।''[12] बरनी ने अमीर खुसरो और विद्वान अमीर हसन के साथ अपनी सघन दोस्ती का भी हवाला दिया है कि बिना मिले हमलोगों को चैन नहीं होता और हम अक्सर एक-दूसरे के घर आते-जाते थे।

बरनी को आश्चर्य इस बात का भी था कि सुल्तान को खुद इस बात का अहसास था। वे लिखते हैं—''एक बार सुल्तान ने स्वयं अपनी महफिल में गर्व करते हुए कहा था कि मेरे राज्य में इतने अद्वितीय कलाकार एकत्रित हो गये हैं कि इनमें से यदि कोई भी किसी अन्य राज्यकाल में होता तो ईश्वर ही जानता है कि उसका कितना आदर-सम्मान होता।''[13] उसे इस बात पर आश्चर्य और दुख होता था कि दूर-दूर से लोग आकर शेख निजामुद्दीन औलिया का दर्शन करते थे, मगर पता नहीं उसके हृदय में क्या था कि वह कभी मिलने नहीं गया। ''सुल्तान अलाउद्दीन के हृदय में कभी यह न आया कि वह स्वयं शेख के पास जाय या शेख को अपने पास बुलाये तथा उनसे भेंट करे। कौन इस बात पर विश्वास नहीं करेगा, यदि अमीर खुसरो जैसा कोई विद्वान महमूद तथा मंजर के राज्यकाल में होता तो वे उसे अवश्य ही विलायतें तथा अक्ता प्रदान करते। उसे अपने दरबार में बड़ा आदर-सम्मान प्रदान करते, किन्तु सुल्तान उन जैसे अद्वितीय कवियों तथा विद्वानों को केवल एक हजार तनका वेतन देता था। उन्हें अपने दरबार में विशेष रूप से सम्मानित न करता था और उनके आदर-सम्मान का ध्यान न रखता था।''[14] बरनी ने यह पीड़ा बार-बार व्यक्त की है। खुद के बारे में भी उनको बहुत मलाल था।

बेशक अलाउद्दीन ने अपने राज्य को उत्कर्ष तक पहुँचाया, लेकिन उसके भी पापों का घड़ा भर गया था और 1312 से 1316 तक आखिरी चार साल उसके बहुत बुरे गुजरे। उसका दाम्पत्य जीवन तो बर्बाद था ही, इसलिये वह अत्यन्त विलासी बन गया था। जब उसका स्वास्थ्य गिरा और वह रोगशय्या पर गिरा तो फिर उठ न सका। उसके नेक और विश्वस्त सलाहकार मर चुके थे और कुटिल, चापलूस और धूर्त्तों से वह घिर गया था। हठी और उग्र स्वभाव का तो था ही; वृद्ध होने पर बहुत शंकालु भी हो गया था। उसने अपने पुत्र खिज्र खाँ को अपना उत्तराधिकारी बना दिया, लेकिन उसके स्थापित विशाल साम्राज्य को सँभालने की उसमें क्षमता ही नहीं थी। खिज्र खाँ की माँ और मामा अलप खाँ मिलकर राज संचालन कर रहे थे। खिज्र खाँ भोग-विलास में व्यस्त था और उसकी पत्नी अलग दावतें कर रही थी। बरनी के अनुसार, मलिक नायब काफूर अलाउद्दीन का हमबिस्तर माबून था। उसने उसे सेनापति बना दिया था। वह बहुत महत्त्वाकांक्षी था। उसने सेना के महत्त्वपूर्ण पदों पर अपने लोगों को नियुक्त कर दिया, इससे सेना में भी असन्तोष फैलने लगा। मलिक नायब काफूर पर अलाउद्दीन पहले से आसक्त था। बरनी ने कई बादशाहों में इस

प्रवृत्ति के होने का उल्लेख किया है। यह मध्यकाल की एक प्रचलित प्रवृत्ति थी। काफूर को यह बात मालूम थी कि बादशाह की अपनी पत्नी से नहीं पटती है। पुत्र खिज्र खाँ भी विलासिता में डूबा उसकी बहुत फिक्र नहीं करता था। उसने शंकालु बादशाह के भीतर यह बात बैठा दी कि अलप खाँ के साथ मिलकर बेटा और माँ उसकी हत्या के षड्यन्त्र में लगे हैं। अलाउद्दीन ने यकीन कर लिया और उसकी आज्ञा से उसके दोनों बेटों खिज्र खाँ और मुबारक को ग्वालियर किले में और माँ को दिल्ली में बन्दी बना लिया गया। अलप खाँ की धोखे से षड्यन्त्र रच हत्या कर दी गयी। इस खबर को सुनकर गुजरात के सैनिकों ने विद्रोह कर दिया और चित्तौड़ तथा देवगिरि ने खुद को आजाद घोषित कर दिया। इस खबर ने बिस्तर पर पड़े बेबस सुल्तान को विकल कर दिया। वह तड़पकर रह गया। निराशा, खीझ और गुस्से में छटपटाते 2 जनवरी 1316 को उसका इन्तकाल हो गया। बरनी के अनुसार, कुछ लोगों की आशंका थी कि नायब काफूर ने ही उसे विष देकर मार डाला था। पूरी दुनिया पर बादशाही का स्वप्न देखनेवाला, नया धर्म चलाकर नया रसूल बन कयामत तक अमरत्व की लालसा रखनेवाला प्रतापी अलाउद्दीन का बड़ा ही दुखद अन्त हुआ। कोई नहीं जानता कौन, कैसे मरेगा, लेकिन मरेगा जरूर!

बादशाह अलाउद्दीन खलजी का शरीर सीरी राजभवन के बाहर जुमा मस्जिद के सामने मकबरे में दफन हो गया था। सेनापति मलिक काफूर ने अमीरों की सभा बुलाकर बादशाह से लिखवा लिया गया वसीयतनामा पढ़ा; जिसमें उसके संरक्षण में सबसे छोटे पुत्र शिहाबुद्दीन उमर को सुल्तान घोषित किया गया था। शिहाबुद्दीन उमर राजा रामचन्द्र देव की कन्या का पुत्र था; इससे हिन्दू बड़े प्रसन्न हुए। राज्य पर अधिकार प्राप्त करते ही उसने सबसे पहले मलिक सम्बल को ग्वालियर भेजा जो वहाँ कैद खिज्र खाँ की आँखें निकाल दे। उसे इसके एवज में एक बड़ा पद दे दिया गया। सबसे पहले उसने खिज्र खाँ के साथ उसके भाई शादी खाँ की भी आँखें नाई बुलवाकर खरबूजे की फाँक की तरह निकलवा लीं। इधर मलिक काफूर ने राजमाता को कष्ट देकर सारी सम्पत्ति ले ली। इसी बीच मुबारक पहरेदारों की मिलीभगत से भागने में सफल रहा। लगभग 35 दिनों बाद बादशाह अलाउद्दीन के वफादार राजमहल के पायकों ने सोते हुए मलिक काफूर का सिर उसके शरीर से अलग कर दिया। अब कुतुबुद्दीन मुबारकशाह अपने 6 वर्षीय भाई सुल्तान शिहाबुद्दीन उमर का संरक्षक बना। लगभग 64 दिनों तक उसने भाई के शासन को उसके नाम से चलाया और इस बीच कुछ मलिकों और अमीरों को मिलाकर खुद बादशाह बन गया। उसने अपने 6 वर्षीय भाई शिहाबुद्दीन को ग्वालियर भेज दिया और उसकी आँखों में सलाई फेरवा दी। इधर मलिक काफूर की हत्या करनेवाले पायकों का घमंड इतना बढ़ गया था कि वे खुलेआम कहते चल रहे थे कि हमलोगों ने ही नये

सुल्तान कुतुबुद्दीन मुबारक शाह को सिंहासन पर बैठाया है। कुतुबुद्दीन मुबारकशाह की तब उम्र लगभग 18 साल के आसपास थी। पायकों का मन इतना बढ़ा हुआ था कि वे दरबार में बेधड़क घुस जाते थे और इस बात पर जोर देते कि मलिक और अमीर दरबार जाते समय पहले उनको सलाम करें। बादशाह आखिर बादशाह होता है; शायद वे इस बात को भूल गये थे। बादशाह ने देखा और यह आदेश दिया कि पायकों को अलग-अलग कस्बों में एक-एक कर भेजा जाय और वहाँ इनका सिर कलम कर दिया जाय। कुतुबुद्दीन मुबारकशाह आखिर अलाउद्दीन खलजी की ही सन्तान था। पायकों के कटे सिर को देख जियाउद्दीन बरनी ने लिखा है—

ए मरे हुए, तूने किसकी हत्या की, स्वयं तेरी हत्या हो रही है।
जो तेरी हत्या कर रहा है उसकी हत्या देखो कब होती है।[15]

मध्यकाल में राज्य-सत्ता के अधिकार का और कत्ल का सिलसिला साथ-साथ चलता था। इसका न इस्लाम से कोई लेना-देना था, न किसी धर्म से। यह सत्ता और सिंहासन का धर्म था। बरनी लिखते हैं—

ऐश्वर्य का स्वामी केवल ईश्वर ही है और राज्य उसी का है
दूसरों के पास जो तू उसे देख रहा है, वह उसी का दिया हुआ है
इकलीमों की विजय की कुंजी उसके खजाने में है
कोई अपनी भुजाओं की शक्ति से कुछ विजय नहीं कर सकता।[16]

कुतुबुद्दीन मुबारकशाह ने अपनी सत्ता मजबूत करने के लिये पहले तो अपने छोटे भाई पूर्व सुल्तान शिहाबुद्दीन की हत्या करवा दी और शासन में उदारता की नीति अख्तियार की। उसने 18 हजार राजनीतिक बन्दियों की एक साथ रिहाई की। सेना को प्रभावित करने के लिये सैनिकों को एकमुश्त छह महीने का वेतन दे दिया। बाजार नियन्त्रण को थोड़ा ढीला किया और पिता अलाउद्दीन के कठोर नियमों में राहत देकर जनता को भी खुश कर दिया। उसने सबसे अधिक उदारता इस बात में दिखाई कि गरीब जनता आर्थिक मदद के लिये उसके पास अर्जी दे सकती है। बरनी ने लिखा है कि इस आदेश के बाद उसके पास बहुत अर्जियाँ आयीं और उसने बहुतों की मदद की। आलिम, दरवेश, सूफी-सन्तों का वजीफा बढ़ा दिया। उसने सभी वर्गों के लोगों को खुश करने की कोशिश की। बाद में उसने अपने ससुर और मामा को सहायता के लिये बुलाकर उन्हें उपाधियाँ दीं और ऊँचे पदों पर बैठा दिया।

अब उसने अलाउद्दीन खलजी की मौत के बाद पैदा हुई अफरातफरी दूर करने की ओर ध्यान दिया। गुजरात में सेना भेजकर वहाँ के विद्रोहियों को परास्त किया और अपने ससुर जफर खाँ को वहाँ का शासक बना दिया। जफर खाँ ने गुजरात में अमन-चैन वाली व्यवस्था कायम की। अपने शासन से वह लोकप्रिय हो गया। जाहिर था मध्यकाल में बादशाह के किसी अधीनस्थ की लोकप्रियता उसके

लिये घातक हो जाती थी। सुल्तान को शंका होने लगी और उसने षड्यन्त्र कर उसकी हत्या करवा दी। वहाँ उसने वहीदुद्दीन कुरैशी को नया शासक बहाल कर दिया। देवगिरि के विद्रोही शासक हरपाल देव के दमन के लिये वह खुद गया और उसे परास्त कर बन्दी बना लिया। पिता अलाउद्दीन के कठोर नियमों में ढील देनेवाला मुबारकशाह सत्ता के मामले में उससे भी ज्यादा निर्मम हो सकता था। उसने हरपाल देव की जीवित खाल खिंचवाकर देवगिरि के प्रवेश द्वार पर टँगवा दी। यह मध्यकाल के अनेक लोमहर्षक दृश्यों में एक है। उसने देवगिरि को कई टुकड़ों में बाँटकर तुर्की सरदारों को अलग-अलग शासक नियुक्त कर दिया।

सुल्तान मुबारकशाह सत्ता को लेकर अत्यन्त संवेदनशील रहा। जब उसके चचेरे भाइयों ने उसकी हत्या का षड्यन्त्र रचा तो पता चलते ही उसने सभी की हत्या करवा दी और इसमें शामिल कुछ सदस्यों के तो पूरे परिवार को ही खत्म करवा दिया। उसने अपने भाई खिज्र खाँ की विधवा को पत्नी बना लिया। इस युवा शासक की निर्दयता जैसी थी, उससे कहीं बढ़कर उसकी विलासिता थी। व्यभिचार, दुराचार और शराबखोरी तो उसकी दिनचर्या का अभिन्न हिस्सा था ही, उसमें अनेक तरह की यौन विकृतियाँ भी आ गयी थीं। बरनी ने बहुत विस्तार से इसकी चर्चा की है। खास तौर से उसके पुरुष रखैल खुसरो खाँ का बरनी ने बार-बार उल्लेख किया है। वह कभी-कभी जनाने वेश में दरबार आ जाता था तो कभी बिल्कुल नंगे। कभी गन्दी-गन्दी गालियाँ देने लगता तो कभी अपना शिश्न निकाल दिखाने लगता। उसकी शासन में उदारनीति का परिणाम यह हुआ कि अब घर-घर में शराब की दुकानें खुल गयीं। रिश्वत, धोखेबाजी, लूट और अपहरण आम बात हो गयी और वस्तुओं के दाम मनमाने तरीके से बढ़ गये। उसका सबसे विश्वस्त था उसका पुरुष रखैल खुसरो खाँ! बरनी ने लिखा है कि वह यौन-क्रिया के समय ही उसे बरगलाता और हमेशा अनुचित परामर्श देता। बरनी ने खुसरो खाँ के लिये जगह-जगह भर्त्सना भरे शब्दों का इस्तेमाल किया है। सुल्तान उस पर इतना आसक्त हो गया था कि जो भी उसकी शिकायत करता, वह उसे ही मरवा देता। इससे खुसरो खाँ को उसके विरुद्ध षड्यन्त्र रचने में कोई बाधा नहीं हुई। अब कोई चाहकर भी सुल्तान से उसकी शिकायत नहीं कर सकता था। बरनी ने लिखा है कि—...“दरबार के कर्मचारियों में से खास व आम सभी को मालूम था कि जो कोई सुल्तान से खुसरो की शिकायत करेगा उसे उसी प्रकार दंड भुगतना होगा, जिस प्रकार मलिक तुलबगा, मलिक तमर तथा दूसरों को भुगतना पड़ा था।...जब खुसरो खाँ उसके यौन आचरण के वक्त शिकायत करता कि लोग उसके पीछे पड़े हैं और बादशाह को उसके खिलाफ भड़का रहे हैं तो वह कहता—यदि सारा संसार छिन्न-भिन्न हो जाय और मेरे सभी निकटवर्त्ती एकमत होकर तुझे बुरा कहना शुरू कर दें तो भी मैं तुझ पर इतना आसक्त हूँ कि इनमें से

प्रत्येक को तेरे एक-एक जुल्फ पर न्योछावर कर दूँगा। तू सन्तुष्ट रह कि मैं तेरे विषय में किसी की कोई बात न सुनूँगा'।''[17] मौत धीरे-धीरे सुल्तान के करीब आती जा रही थी और उसके हर कदम उसी दिशा में बढ़ रहे थे।

कुतुबुद्दीन मुबारकशाह ने अपने जीवन में जितने निन्दनीय कार्य किये थे, उनमें सबसे अधिक कलंकित काम था—शेख निजामुद्दीन औलिया का अपमान। न तो मुस्लिम समाज, न ही कोई अन्य समाज और न ही इतिहास उसे इस अपराध के लिये कभी माफ कर सकता था। सबसे अधिक आश्चर्य इस बात से होता है कि शेख निजामुद्दीन औलिया के साथ कुतबुद्दीन के दादा जलालुद्दीन और पिता अलाउद्दीन का एक रिश्ता रह चुका था, जिससे उसे वाकिफ होना चाहिए था। लेकिन बादशाहियत का मिजाज ही कुछ और होता है। खलजी वंश के संस्थापक जलालुद्दीन खलजी ने शेख औलिया को कुछ गाँवों की पेशकश की थी तो उन्होंने मना कर दिया था। यहाँ तक कि मिलने से भी अनिच्छा जाहिर कर दी। जब सुल्तान ने खानकाह आने की पेशकश की तो शेख औलिया ने कहा—''मेरी खानकाह के दो द्वार हैं, सुल्तान एक से प्रवेश करेगा तो मैं दूसरे से बाहर चला जाऊँगा।'' सुल्तान ने सोचा बिना सूचना पहुँचा जाय, लेकिन सुल्तान के इस इरादे की सूचना उनके मित्र और सुल्तान के राजदरबारी महाकवि अमीर खुसरो ने पहले ही दे दी। शेख औलिया अपने गुरु की जियारत को निकल गये। सुल्तान ने अमीर खुसरो से पूछताछ की तो ''अमीर खुसरो ने उत्तर दिया—बादशाह के वैमनस्य से केवल प्राणों का ही भय था, लेकिन सूफियों के सम्राट के वैमनस्य से तो ईमान को खतरा था।''[18] यह बात अमीर खुसरो ने ऐसे ही नहीं कही थी। उन पर शेख निजामुद्दीन औलिया का जबर्दस्त असर था। एक महान कवि, एक महान इतिहासकार होने के बावजूद अमीर खुसरो को शेख औलिया के पास कुछ ऐसा विशिष्ट लगता था, जिससे वे अन्दर-ही-अन्दर उद्वेलित रहते थे। डॉ. मुहम्मद हबीब ने उन पर एक अत्यन्त शोधपूर्ण और शानदार लेख लिखते हुए इस बात को लक्षित किया है। वे लिखते हैं—''खुसरो की जहाँ तक बात है, वह शेख के आध्यात्मिक गौरव से चकित रहते थे। उनका सारा जीवन इस पीड़क महत्त्वाकांक्षा से प्रेरित था कि वह काव्य तथा कला के चिरस्थायी स्मारक से अपने को अमर कर दें। शेख में उन्होंने ऐसे व्यक्ति के दर्शन किये जो ऐसी सांसारिक महत्त्वाकांक्षाओं से परे थे और जिन्होंने उन्हें यह महसूस करना सिखाया कि आत्मा का आन्तरिक विकास किसी बाह्य उपलब्धि से कहीं अधिक महत्त्व रखता है।''[19] दोनों के रिश्तों का आलम यह था कि शेख निजामुद्दीन औलिया ने खुसरो से कहा था—''मेरी जिन्दगी के लिये दुआ माँगो, क्योंकि तुम मेरे बाद ज्यादा वक्त नहीं जिओगे।'' यानी यहाँ खुद अपने लिये दुआ की बात थी। शेख औलिया के जाने के छह महीने बाद खुसरो भी दुनिया से चले गये थे।

ऐसी बात नहीं थी कि प्रत्यक्ष फरिश्ते के रूप में शेख निजामुद्दीन औलिया से भी जलनेवालों की कोई कमी थी। उनमें से कुछ ने महाप्रतापी अलाउद्दीन खलजी को शेख औलिया के खिलाफ भड़काने की कोशिश की। उसने सत्ता के खतरेवाली सबसे कमजोर नस पर उँगली रखी कि शेख औलिया की अपार लोकप्रियता कभी भी राजनीतिक आतंक की शक्ल ले सकती है। सोच में अलाउद्दीन खलजी भी पड़ा, लेकिन वह किसी बहकावे में आकर निर्णय लेनेवाला नहीं था। उसने परीक्षण के तौर पर एक पत्र अपने पुत्र खिज्र खाँ के द्वारा भेजा कि शेख उसकी शासन व्यवस्था में मार्गदर्शन करें। शेख ने बिना पत्र खोले ही कहा—"हम फातिहा (कुरान की प्रथम सूरत) दरवेशों को बादशाहों से क्या काम? मैं एक फकीर हूँ जो नगर और नगरवालों से अलग होकर एकान्त में जीवन व्यतीत कर रहा हूँ और बादशाह तथा समस्त मुसलमानों के लिये दुआ करता हूँ। यदि बादशाह को मेरी यह बात अप्रिय लगती है तो मैं यहाँ रहना पसन्द नहीं करता। वह यह कह दें, मैं यहाँ से दूसरी जगह चला जाऊँ। खुदा की भूमि बहुत विशाल है।"[20] फिर सुल्तान अलाउद्दीन ने कभी शेख औलिया के बारे में न किसी का कुछ सुना, न सोचा। लेकिन वह उनसे कभी मिला नहीं। न कभी वे उसके दरबार में आये, न उसने कभी खानकाह जाने की जहमत उठायी। डॉ. मुहम्मद हबीब ने लिखा है—"अलाउद्दीन सन्तों की उतनी ही कम परवाह करता था जितना शेख राजनीतिज्ञों के प्रति उदासीन रहते थे। अपनी झक में सुल्तान ने इरादा कर लिया था कि वह सिर्फ खुदा के सामने अपने पापी घुटने टेकेगा।"[21] लेकिन उसके भीतर हमेशा गहरी श्रद्धा बनी रही। जब दक्षिण भारत अभियान में बहुत दिनों से कोई खबर नहीं आयी तो युद्ध परिणाम जानने के साथ-साथ दुआ करने की प्रार्थना की। शाहजादा खिज्र खाँ के शिष्य बनने पर अमीर खुसरो ने कहा—"शेख ने उनका हाथ पकड़ रखा था; खिज्र खाँ ने पैर!"

उस दरवेश और खुदा तक सीधी पहुँच रखनेवाले शेख निजामुद्दीन औलिया के साथ उसी खलजी खानदान के युवा सुल्तान कुतुबुद्दीन ने खुलेआम बदसलूकी की। दरअसल उसके मन में यह दुर्भावना घर कर गयी थी कि खिज्र खाँ के शिष्य होने के कारण वे उसका पक्ष लेंगे, जबकि शेख औलिया की कभी राजकाज में कोई रुचि नहीं रही। फिर भी कुतुबुद्दीन ने बैर-भाव बनाये रखा। इस प्रसंग को लेकर बरनी ने और तमाम इतिहासकारों ने लिखा है, लेकिन मेरी समझ से सारे वर्णनों से गुजरते हुए सबसे स्पष्टता से प्रो. खलीक अहमद निजामी ने लिखा है। इस बात को तो बरनी ने भी लिखा है कि उसने अपने दरबारियों को शेख औलिया की खानकाह में जाने से रोका। उसका सोचना था कि उनकी ही आय और तोहफों से खानकाह का लंगर चलता है। लेकिन जब इसका भी कोई प्रभाव नहीं पड़ा तो वह खुलेआम शेख औलिया के बारे में बुरा-भला कहने लगा और बरनी के अनुसार, उसने घोषणा कर

दी कि जो उनका सिर काटकर लायेगा उसे एक हजार सोने के तनके ईनाम में दिये जाएँगे। प्रो. खलीक अहमद निजामी ने लिखा है कि उसने शेख औलिया के प्रभाव को खत्म करने के लिये मुल्तान से शेख रुकनुद्दीन मुलतानी को बुलवाया कि वे यहाँ खानकाह स्थापित करें। प्रो. निजामी ने लिखा है—''शेख मुलतानी ने पहले ही दिन सुल्तान को इस विषय में निराश कर दिया। ऐसा हुआ कि जब उनके शुभागमन की सूचना सूफियों के सम्राट (शेख निजामुद्दीन औलिया) को मिली तो वह दिल्ली के कई मील बाहर उनके स्वागत के लिये गये। दोनों बुजुर्गों ने (जो आपस में एक-दूसरे का बड़ा सम्मान करते थे और बहुत ही अच्छे सम्बन्ध रखते थे) बहुत देर बातचीत की, फिर सूफियों के सम्राट स्वामी अपनी खानकाह वापस आये और शेख मुलतानी महल में चले गये। सुल्तान ने उनसे प्रश्न किया कि सबसे पहले किससे भेंट की। फरमाया—''जो दिल्ली का सबसे अच्छा इनसान है। इस वाक्य ने बादशाह की सारी आशाओं पर पानी फेर दिया।''[22]

जब सुल्तान की बनवाई मिस्री मस्जिद पूरी हुई तो उसने दिल्ली के तमाम आलिम और सूफियों को सन्देश भेजा कि वे इस नयी मस्जिद में आकर जुमे की नमाज अदा करें। शेख ने कहा कि खानकाह के पास की मस्जिद का उन पर पहला हक बनता है और वे नहीं गये। रिवाज के मुताबिक हर चन्द्रमास के दिन सभी राजदरबार में जाकर सुल्तान को मुबारकबाद देते हैं। शेख ने इस अवसर पर अपने शिष्य और सेवक इकबाल को भेज दिया। वे ही अलाउद्दीन के दरबार में भी इस मौके पर जाते थे। इस पर कुछ दरबारियों ने सुल्तान को उकसाया कि नौकर को भेजना बादशाह का अपमान है। इससे उत्तेजित होकर उसने आगामी चन्द्रमास को आदेश भिजवाया कि अगर शेख खुद नहीं आये तो उन्हें जंजीरों से बाँधकर लाया जाय। इस आदेश से नगर में खलबली मच गयी। मगर शेख औलिया शान्त थे। प्रो. निजामी ने लिखा है—''ऐसा मालूम होता है कि शेख की कम-से-कम एक भेंट सुल्तान से अवश्य हुई थी। कब और क्योंकर, इसका निर्णय सम्भव नहीं।''[23] ऐसी बात उन्होंने सैरुल मजालिस, सैरुल औलिया और दुरर निजामी के आधार पर लिखी है। फिर प्रो. निजामी ने मनमुटाव के दो-तीन और प्रसंगों का उल्लेख किया है जिनमें एक प्रसंग थोड़े भिन्न तरीके से बरनी के इतिहास में भी आया है। प्रो. निजामी के अनुसार—शेख जियाउद्दीन रूमी के निधन पर फातिहा के समय दोनों का आमना-सामना हुआ था। वे लिखते हैं—''शेख कुरान के पाठ में लीन थे। सुल्तान आया तो आदर-सत्कार के लिये खड़े न हुए कि कुरान पढ़नेवाला खुदा की सेवा में—उसके सामने होता है; वह किसी का आदर-सत्कार नहीं कर सकता। सुल्तान इस विमुखता पर बहुत क्रुद्ध हुआ। कुछ लोगों का कथन इसके विपरीत है। वे कहते हैं कि शेख ने सुल्तान को सलाम किया था लेकिन सुल्तान ने अहंकारवश

उत्तर नहीं दिया। खैर जैसा भी हुआ हो, दोनों के सम्बन्धों में और अधिक खिंचाव पैदा हो गया।''[24] आखिर अगला चन्द्रमास आया तो शिष्यों की चिन्ता बढ़ गयी। सेवक इकबाल तो पालकी लाने की बात करने लगा। शिष्य चाहते थे—मामला टालने के लिये पीर शेख औलिया कहीं चले जायँ। मगर शेख औलिया शान्त थे। ''उस दिन शेख अपनी माता की मजार पर भी गये और दुआ की कि यदि सुल्तान की हठ पूरी हो गयी तो फिर मैं मजार पर नहीं आऊँगा। जिस शाम को चाँद दिखाई दिया, शेख अपनी छत पर टहल रहे थे, और एक शेर पढ़ रहे थे जिसका भावार्थ था—''ऐ लोमड़ी तू अपने स्थान पर क्यों न बैठी रही, तूने शेर से पंजा लड़ाया और अपनी सजा देख ली।''[25] रात गुजरी और दूसरी सुबह राजभवन के आँगन में सुल्तान कुतुबुद्दीन मुबारकशाह का सिर कटा शरीर पड़ा था। उसके सबसे प्रिय पात्र खुसरो खाँ ने षड्यन्त्र रच उसका सिर धड़ से अलग कर वहाँ फेंक दिया था।

खुसरो खाँ गुजरात की बरबारी नामक एक निम्न जाति से पैदा हुआ था। बरनी ने उसे बराओ जाति से पैदा हुआ बताया है, जो वस्तुत: मेहतर जाति मानी जाती है। उस पर यह कि वह जाति बहिष्कृत था इसीलिये चिढ़कर उसने इस्लाम धर्म स्वीकार कर लिया था। वह बेहद खूबसूरत युवा था जिस पर नजर पड़ते ही सुल्तान मोहित हो गया और उसे अपने साथ रख लिया। उसकी अन्तरंगता से वह एक दिन वजीर बन गया। वह लम्बे समय से षड्यन्त्र रच रहा था जिसकी आशंका राजदरबार के कई अधिकारियों को थी। लेकिन सुल्तान कुछ भी सुनने को तैयार नहीं था। खुसरो खाँ ने अपने लोगों को जो मुसलमान बनना चाहते थे और अकेले में सुल्तान से मिलना चाहते थे—यही कहकर सुल्तान को राजी कर लिया था। द्वार के अधिकारी काजी जियाउद्दीन ने पूछताछ भी करनी चाही लेकिन उसकी भी हत्या हो गयी। बरबारों का दल अन्दर प्रवेश कर चुका था। सुल्तान शोरगुल के बाद उठा, मामले को समझकर बचने के लिये अन्त:पुर की ओर भागा भी। खुसरो ने उसे पकड़ा तो भी वह उसकी छाती पर चढ़ चुका था, लेकिन खुसरो की पुकार पर जाहरिया ने उसके सीने पर तीर मारा और सिर धड़ से अलग कर दिया। खुसरो खाँ की गद्दारी, सुल्तान की हत्या और उसके राज्यारोहण का जो वर्णन जियाउद्दीन बरनी ने किया है, उसे एक तरह से उन्होंने इस्लामी सत्ता के विरुद्ध हिन्दुओं का विद्रोह बना दिया है। इसे प्रो. मुहम्मद हबीब ने पूरी तरह खारिज करते हुए गम्भीर, विस्तृत और बारीक विश्लेषण करते हुए तत्कालीन यथार्थ को बड़ी ही तटस्थता से रखा है। उनका तथ्य विश्लेषण और तर्कावली चकित कर देनेवाली है, जो उनकी असाधारण मेधा का प्रमाण भी है। उनके अनुसार षड्यन्त्रकारियों ने सुल्तान की हत्या के बाद की कोई योजना बनायी ही नहीं थी। अपनी गिरफ्तारी के बाद खुसरो ने कहा कि वह किसी शाहजादे को ही गद्दी पर बिठाना चाहता था लेकिन परामर्शदाताओं के दबाब

से वह ऐसा न कर सका। अलाउद्दीन के चार बेटों का वध तो पहले ही हो चुका था, लेकिन पाँच अभी भी थे। फरीद खाँ (15 वर्ष) और अबू बक्र खाँ (14 वर्ष) की हत्या के पूर्व दो बार नमाज पढ़ने की अनुमति दी गयी। बाकी तीन शाहजादे बहाउद्दीन (8 वर्ष), अली खाँ (8 वर्ष), उस्मान खाँ (5 वर्ष) की आँखों में सलाई फेर कसेलाल में भेज दिया गया। राजकुमारियों और कुतुबुद्दीन की माता जी की भी हत्या की गयी। अलाउद्दीन की बहन का बेटा जो फकीर था और उसी तरह रहता भी था; उसकी भी हत्या कर दी गयी।

उसी रात सभी बड़े राजदरबारियों को दूसरी मंजिल में बुलाकर बैठाया गया, जिससे खुसरो को नया शासक घोषित किया जा सके। सुबह होते-होते उसे सुल्तान नासिरुद्दीन का खिताब देकर सिंहासनारूढ़ कर दिया गया और अगले दो माह के चन्द्रमासों में सारी मस्जिदों में उसके नाम के खुत्बे पढ़े गये और उसके नाम के सिक्के भी ढाले गये। प्रो. मुहम्मद हबीब ने अलाउद्दीन के अधीन कार्य कर चुके ऐसे 23 अधिकारियों के नाम दिये हैं, जिन्होंने खुसरो को सहयोग देना स्वीकार किया। उसने किसी हिन्दू को किसी पद पर नियुक्त नहीं किया। उसने अपने साथियों को धन-सम्पत्ति और उपाधियाँ दीं। जिस जाहरिया ने सुल्तान का वध किया था, उसे मोतियों और हीरों के वस्त्र पहनाकर सम्मानित किया। प्रो. मुहम्मद हबीब ने बरनी के हिन्दू-मुस्लिम संघर्ष की कथा को मनगढ़ंत कहते हुए लिखा है कि न तो उसने कोई हिन्दू अधिकारी नियुक्त किये, न ही जियाउद्दीन का मकान लूटा। उसके खुत्बे और सिक्के ढलवाने के पीछे की मंशा साफ है कि वह चाहता था कि उसे मुसलमान शासक मान लिया जाय। फिर बरबारों का एक दल पूरी हिन्दू जनता का प्रतिनिधित्व कैसे कर सकता है? फिर सुल्तान की सेना में और खुसरो को पराजित करनेवाली तुगलक की सेना में भी बड़ी संख्या में हिन्दू थे। उनकी कोई प्रतिक्रिया ऐसी नहीं हुई, जिससे खुसरो को समर्थन मिला हो। इस कांड के बाद उसने किसी हिन्दू समूह या हिन्दू राजा से मदद की अपील नहीं की। न ही हिन्दू सैनिक भर्ती करने का आदेश दिया, न कोई हिन्दू समूह या राजा मदद को आगे आया। प्रो. मुहम्मद हबीब का मानना है कि खुसरो खाँ इसलिये असफल हुआ, क्योंकि उसमें इसकी कोई योग्यता नहीं थी। दीपालपुर के राज्यपाल गाजी मलिक तुगलक ने उसका शासन स्वीकार नहीं किया और युद्ध करने का संकल्प कर तैयारी शुरू की। अपनी बुद्धि, रण-कौशल और बहादुरी से उसने युद्ध जीता, खुसरो का अन्त किया और नये युग की नींव रखी। इतिहास में खलजी वंश का अन्त हुआ—तुगलक वंश के नये अध्याय की शुरुआत हुई।

सन्दर्भ-स्रोत—

1. खलजीकालीन भारत : तारीखे-फीरोजशाही, जियाउद्दीन बरनी- सं. अनुवादक-डॉ. सैयद अतहर अब्बास रिजवी पृष्ठ-17
2. खलजीकालीन भारत : तारीखे-फीरोजशाही, जियाउद्दीन बरनी- सं. अनुवादक- डॉ. सैयद अतहर अब्बास रिजवी पृष्ठ-26/27
3. खलजीकालीन भारत : तारीखे-फीरोजशाही, जियाउद्दीन बरनी- सं. अनुवादक- डॉ. सैयद अतहर अब्बास रिजवी पृष्ठ-27
4. खलजीकालीन भारत : तारीखे-फीरोजशाही, जियाउद्दीन बरनी- सं. अनुवादक- डॉ. सैयद अतहर अब्बास रिजवी पृष्ठ-38
5. खलजीकालीन भारत : तारीखे-फीरोजशाही, जियाउद्दीन बरनी- सं. अनुवादक- डॉ. सैयद अतहर अब्बास रिजवी पृष्ठ-54
6. खलजीकालीन भारत : तारीखे-फीरोजशाही, जियाउद्दीन बरनी- सं. अनुवादक-डॉ. सैयद अतहर अब्बास रिजवी पृष्ठ-70
7. खलजीकालीन भारत : तारीखे-फीरोजशाही, जियाउद्दीन बरनी- सं. अनुवादक- डॉ. सैयद अतहर अब्बास रिजवी पृष्ठ-73
8. खलजीकालीन भारत : तारीखे-फीरोजशाही, जियाउद्दीन बरनी- सं. अनुवादक- डॉ. सैयद अतहर अब्बास रिजवी पृष्ठ-66
9. खलजीकालीन भारत : तारीखे-फीरोजशाही, जियाउद्दीन बरनी- सं. अनुवादक- डॉ. सैयद अतहर अब्बास रिजवी पृष्ठ-74
10. खलजीकालीन भारत : अजाइबुल असफर-इब्ने बतूता- सं. अनुवादक-डॉ. सैयद अतहर अब्बास रिजवी पृष्ठ-213
11. मध्यकालीन भारत (4)-सं. डॉ. इरफान हबीब पृष्ठ-4/24
12. खलजीकालीन भारत : तारीखे-फीरोजशाही, जियाउद्दीन बरनी- सं. अनुवादक-डॉ. सैयद अतहर अब्बास रिजवी पृष्ठ-108
13. खलजीकालीन भारत : तारीखे-फीरोजशाही, जियाउद्दीन बरनी- सं. अनुवादक- डॉ. सैयद अतहर अब्बास रिजवी पृष्ठ-115
14. खलजीकालीन भारत : तारीखे-फीरोजशाही, जियाउद्दीन बरनी- सं. अनुवादक- डॉ. सैयद अतहर अब्बास रिजवी पृष्ठ-116
15. खलजीकालीन भारत : तारीखे-फीरोजशाही, जियाउद्दीन बरनी- सं. अनुवादक-डॉ. सैयद अतहर अब्बास रिजवी पृष्ठ-122
16. खलजीकालीन भारत : तारीखे-फीरोजशाही, जियाउद्दीन बरनी- सं. अनुवादक- डॉ. सैयद अतहर अब्बास रिजवी पृष्ठ-123
17. खलजीकालीन भारत : तारीखे-फीरोजशाही, जियाउद्दीन बरनी- सं. अनुवादक- डॉ. सैयद अतहर अब्बास रिजवी पृष्ठ-138
18. शेख निजामुद्दीन औलिया-प्रो. खलीक अहमद निजामी पृष्ठ-51/52
19. मध्यकालीन भारत (2)-सं. डॉ. इरफान हबीब पृष्ठ-2/27
20. शेख निजामुद्दीन औलिया-प्रो. खलीक अहमद निजामी पृष्ठ-52
21. मध्यकालीन भारत (2)-सं. डॉ. इरफान हबीब पृष्ठ-2/24

22. शेख निजामुद्दीन औलिया-प्रो. खलीक अहमद निजामी पृष्ठ-53
23. शेख निजामुद्दीन औलिया-प्रो. खलीक अहमद निजामी पृष्ठ-54
24. शेख निजामुद्दीन औलिया-प्रो. खलीक अहमद निजामी पृष्ठ-54
25. शेख निजामुद्दीन औलिया-प्रो. खलीक अहमद निजामी पृष्ठ-55

तुगलक वंश

(1320–1414 ई.)

गयासुद्दीन तुगलक कब भारत आया, इसकी ठीक-ठाक जानकारी कोई इतिहासकार नहीं देता। लेकिन जीविका की खोज में भटकते दिल्ली के इस भावी सुल्तान की ज़िन्दगी खलजी वंश के संस्थापक जलालुद्दीन के अंगरक्षक से शुरू होती है। उलुग खाँ की अधीनता में रणथम्भौर में उसने जिस बहादुरी का मुजायरा किया था, उससे ही उसकी जिन्दगी में एक सुखद मोड़ आया। सुल्तान अलाउद्दीन खलजी ने उसे ऊँचा पद और भरपूर प्रतिष्ठा दी और उसे राज्य का अत्यन्त प्रतिष्ठित पद देकर सीमा-रक्षक ही बना दिया। फिर उसने क्रमशः मुल्तान और फिर दीपालपुर का राज्यपाल भी बनाया। कहते हैं कुतुबुद्दीन मुबारकशाह की मृत्यु के पहले उसने 21 युद्धों में विजय हासिल कर अपनी सैन्य प्रतिभा से सभी को प्रभावित कर लिया था। इब्ने बतूता ने इसकी एक सर्वथा अलग ही कहानी लिखी है। उसके अनुसार, "सुल्तान तुगलक उन तुर्कों के इलाके में था जिसका नाम करौना है और जो सिन्ध तथा तुर्कों के देश के मध्य के पर्वतों में निवास करते हैं। तुगलक बड़ा ही दरिद्र था। वह सिन्ध के किसी व्यापारी का सेवक होकर आया। वह उसके घोड़ों की देखभाल करता था। इस समय सुल्तान अलाउद्दीन का राज्य था और सिन्ध का अमीर उसका भाई उलुग खाँ था। तुगलक उसका नौकर हो गया। उसने उसे पदातियों में भर्ती कर दिया। इसके बाद वह अपनी वीरता के लिये प्रसिद्ध हो गया और सवारों में भर्ती हो गया। बाद में उलुग खाँ ने उसे घोड़ों की देख-भाल करनेवाला सबसे बड़ा अधिकारी बना दिया। बाद में इब्ने बतूता ने लिखा है कि मैंने उसके आदेश से बनवायी मस्जिद पर यह खुदा हुआ देखा कि "मैंने मंगोलों से 29 बार युद्ध किया और उन्हें पराजित किया। इसी कारण मेरी उपाधि मलिकुल साजी निश्चित हुई।"[1] एक कथन के अनुसार, उसका पिता तुर्क और माँ जाट-पुत्री थी। जो हो, लेकिन वह सामान्य वर्ग से अपनी योग्यता और वीरता से आगे बढ़ा था और दीपालपुर का

राज्यपाल तक बन गया था। जब षड्यन्त्र रचकर खुसरो खाँ ने दिल्ली की गद्दी हथिया ली तो तुगलक ने उसकी अधीनता मानने से इंकार कर दिया। उसने आसपास के समान पदाधिकारियों को पत्र लिखकर उससे लड़ाई की योजना बनायी, लेकिन उनमें एक को छोड़ उसे इच्छित सहयोग नहीं मिला। कुछ ने तो सीधे बादशाह खुसरो तक बात पहुँचा दी। तुगलक का दावा था कि वह इस्लाम के गौरव को वापस करेगा, क्योंकि खुसरो निम्न जाति में पैदा हुआ पूर्व हिन्दू था। धर्मान्तरण के बावजूद उसने इस्लाम की इज्जत नहीं की। वह अलाउद्दीन खलजी के परिवार की हत्या करनेवालों को दंडित करने की कसम ले चुका था। वह बहादुर तो था ही, उसमें अपार धीरज और बला का रण-कौशल भी था। जब युद्ध हुआ तो उसके पास कम सैनिक थे। खुसरो खाँ अपनी विशाल सेना से लगभग जीत के करीब पहुँच गया था, तब भी तुगलक ने अपना धैर्य नहीं खोया। युद्धभूमि में शत्रु का सामान लूटने की हल्की-सी चूक का फायदा उठाकर तुगलक ने पलटकर ऐसी व्यूहरचना के साथ आक्रमण किया कि खुसरो और उसके सैनिक भाग खड़े हुए। देखते-देखते पराजय को उसने आसान जीत में बदल दिया।

युद्ध जीतकर जब वह अपने शिविर में वापस आया तो हिन्दुस्तान के इतिहास में वह अमर अध्याय का हिस्सा हो चुका था। दिल्ली सल्तनत के अमीर मलिक और प्रतिष्ठित अधिकारियों ने आकर उसे सम्मानित किया। जब वह राजभवन के पास पहुँचा तो उसने तख्त पर बैठने की कोई लालसा व्यक्त नहीं की। उसने विनम्रता से कहा कि ''यदि शाही कुटुम्ब का कोई राजकुमार बचा हो तो उसे सुल्तान घोषित कर देना चाहिए। यदि कोई न बचा हो तो यहाँ अनेक योग्य मलिक उपस्थित हैं। मुझे तो अपने दीपालपुर से बड़ा प्रेम है...। मेरे लिये मेरी तलवार और मंगोलों के सर ही पर्याप्त हैं। आप लोग मुकुट और उसके धारण करनेवाले की रक्षा करें।''[2] जाहिर था इस उदार बड़प्पन के प्रति आदर देते हुए सभी ने उसे ही सुल्तान घोषित कर दिया। तीन दिनों बाद एक पुराने बगीचे से खुसरो खाँ बन्दी बनाकर लाया गया तो उसने सुल्तान की हत्या के पीछे अपने यौन-शोषण के खिलाफ विद्रोह की भावना बताया। उसने बच्चों की हत्या और उन्हें अन्धा करने के पीछे अपने सलाहकारों के दबाव की बात कही। उसकी इच्छा थी, उसे अन्धा कर जीवन-यापन के लिये एक गाँव दे दिया जाय। लेकिन अब तो उसकी इच्छा नहीं; सब कुछ तुगलक की आज्ञा पर ही निर्भर था। उसने उसकी गर्दन धड़ से अलग करा उसके शरीर को उसी आँगन में फिंकवा दिया, जहाँ पर सुल्तान मुबारक शाह के शव को उसने फिंकवा दिया था।

खुसरो खाँ के प्रति अकूत घृणा व्यक्त करते हुए तत्कालीन इतिहासकार जियाउद्दीन बरनी ने जो लिखा है, उसके बारे में प्रो. मुहम्मद हबीब साहब ने कड़ी टिप्पणी की है और उनकी कई बातें मनगढ़न्त बता दी हैं। उन्होंने तत्कालीन घटनाओं

और उपलब्ध तथ्यों के आधार पर बरनी की पूरी साम्प्रदायिक प्रस्तुति को नकार दिया है और इतिहास के असल यथार्थ को अंकित करने की भरपूर कोशिश की है। प्रख्यात और प्रखर इतिहासकार डॉ. मुबारक अली ने तो इसे मुस्लिम समाज के अन्दरूनी समुदायों के अन्तर्विरोध के रूप में लिया है—''सल्तनतशाही के दौरान धर्म-परिवर्तन कर हिन्दू गुलाम से मुसलमान बने खुसरो खान को लिया जा सकता है। उसने कुतुबुद्दीन मुबारक खलजी के विरुद्ध बगावत कर दी तथा उसकी हत्या कर गद्दी पर बैठ गया। जब उसने स्वयं को शासक घोषित किया तो आशंकित मुस्लिम कुलीनों ने उसे धोखेबाज बताया जो मुसलमानों को सत्ता से बेदखल कर पुनः हिन्दू राज स्थापित करने की कोशिश कर रहा था। खुसरो ने हालाँकि न तो ऐसा कोई कदम उठाया था जिससे मुस्लिम सम्प्रदाय को कोई नुकसान होता और न ही उसने हिन्दू राज की पुनर्स्थापना के लिये स्वयं को हिन्दू घोषित किया था। मुस्लिम कुलीनों को दरअसल उसके हिन्दू मूल का होने पर एतराज था। वे एक नव-मुसलमान का प्रभुत्व स्वीकार करने के लिये तैयार नहीं थे। समसामयिक स्रोतों से तो ऐसा आभास होता है कि मुस्लिम समाज के विभिन्न हिस्सों का समर्थन उसे प्राप्त था परन्तु एक तत्कालीन इतिहासकार जियाउद्दीन बरनी ने 'अवसरवादी' कहकर उसकी भर्त्सना की है। विदेशी मूल के तुर्क कुलीनों ने संगठित होकर उसके विरुद्ध लड़ाई लड़ी और उसकी सरकार का तख्ता पलट दिया। यह संघर्ष भारतीय मूल के धर्मान्तरित मुसलमानों तथा विदेशी मूल के उन मुसलमानों के बीच था जो नव-मुसलमानों को बराबरी का दर्जा देने को तैयार नहीं थे।''[3] इस तरह एक समुदाय के पतन और दूसरे समुदाय के उदय को समझे बिना इसके यथार्थ को नहीं जान सकते। हम इसे तत्कालीन शासकों की सिर्फ निजी जय-पराजय के रूप में नहीं देख सकते। दुर्भाग्य से अब तक हमारा नजरिया मुस्लिम राज, मुस्लिम शासन या मुस्लिम शासक के रूप में ही रखकर समझने का रहा है। इसी का विरोध करते हुए डॉ. मुबारक अली ने उसे शासक-सामन्त के रूप में देखने, समझने और विचार करने पर बल दिया है।

तुगलक जब गद्दी पर बैठा तो उसे गयासुद्दीन की उपाधि मिली और इतिहास में गयासुद्दीन तुगलक से एक नये राजवंश के शासन की शुरुआत हुई। जिन परिस्थितियों में वह गद्दी पर बैठा था, जाहिर था उसमें एक अराजकता का माहौल था। पूरी शासन व्यवस्था छिन्न-भिन्न हो गयी थी। सबसे बड़ी समस्या राजकोष की थी जिसे खुसरो ने बेरहम उदारता से मलिकों, अमीरों और अधिकारियों में बाँट दिया था। लोग मालामाल हो गये थे। सैनिकों को ढाई माह का वेतन अग्रिम एकमुश्त भुगतान कर दिया गया था। उसे लगा था ऐसा करने से लोगों को उसका समर्थन हासिल हो जाएगा। उसने एक-एक समस्या सुलझाने की ईमानदार कोशिश की थी। प्रो. बी. पी. सक्सेना ने लिखा है—''यद्यपि वह युवा नहीं था किन्तु उसमें

असीम उत्साह, त्रुटिहीन निर्णय, दृढ़ संकल्प और शासन के प्रत्येक विषय में सुव्यवस्थित होने की इच्छा थी। चिर-सम्मानित प्रथानुसार उसने अपने मित्रों, सम्बन्धियों तथा समर्थकों को प्रशासनिक ढाँचे में सम्मिलित कर उसका पुनर्गठन किया।''[4] प्रो. सक्सेना ने सूत्र वाक्य में उसकी शासकीय क्षमता और तरीकों को दर्ज कर दिया है। उसने अपने पुत्रों को भी उपाधियों से विभूषित किया। इस तरह जरूरी प्रशासनिक सुधार कर उसने राजसत्ता के रुतबे को फिर से बहाल किया। डॉ. आर. पी. त्रिपाठी के अनुसार उसने प्रशासन में एक नया प्रयोग किया—''उसने एक नया प्रयोग शुरू किया। वह तीन पूर्व वजीरों-ख्वाजा खतिर, ख्वाजा मुहज्जब और जुनैदी को आमन्त्रित करता, उन्हें अपनी उपस्थिति में बैठने की अनुमति देकर सम्मानित करता और न सिर्फ उनसे वह महत्त्वपूर्ण मामलों में परामर्श करता बल्कि उनके मतों को पूरा महत्त्व देता था।''[5] उसने सब कुछ इतनी त्वरित गति से किया कि लोगों को अलाउद्दीन खलजी की याद आ गयी। उसके काम करने के तरीके से अमीर खुसरो इतना प्रभावित हुआ कि उसने लिखा—'ऐसा लगता है मानो उसकी टोपी के नीचे सैकड़ों विद्वानों की बुद्धि थी।'

उसने राजस्व सुधार के मामले में न तो अलाउद्दीन की तरह कठोर नीति अपनायी और न ही उसके उत्तराधिकरियों की तरह अत्यन्त ढीली-ढाली। उसने मध्यमार्गी रास्ता लिया। वह कहता था कि किसानों से या हिन्दुओं से कर लेते समय ध्यान रखें कि उन्हें न तो इतना समृद्ध होने देना है कि वे विद्रोह के बारे में सोचें और न इतना वसूला जाय कि वे भिखारी हो जायँ। ऐसा लगता है मानो हिन्दुओं से विद्रोह का भय राजसत्ता को बराबर बना रहता था, क्योंकि हर शासक इस मामले पर संवेदनशील और सतर्क रहा। इसमें सबसे प्रमुख बदलाव यह था कि किसानों से जमीन की नाप के अनुसार और उपज के अनुपात में कर लेने की जगह उसने राजसत्ता को किसान की उपज में ही साझीदार बना लिया। यह बहुत बड़ा परिवर्तन था। दूसरी बात यह कि उसने खुसरो की बाँट दी गयी सम्पत्ति को राजकोष में जमा करने की नीति अपनायी। अब उसने ऐसे लोगों की तलाशी और उनसे वसूली करने की नीति बनायी। अधिकांश लोगों ने भय से खुसरो द्वारा हासिल सम्पत्ति राजकोष में जमा करा दी। जिन लोगों ने आनाकानी की, झूठ बोला, उनसे जबरन भी वसूली की गयी। इसी क्रम में एक जानकारी के आधार पर खुसरो ने पाँच लाख तनके शेख निजामुद्दीन औलिया को भी दिये थे। सुल्तान ने उनसे माँग की तो उन्होंने कह दिया कि वह रकम खानकाह को दी गयी थी और मैंने उसे लंगर में तथा नगद लोगों में बाँट दिया। इससे सुल्तान बहुत नाखुश हुआ। शेख औलिया से उसके रिश्ते कभी अच्छे नहीं रहे।

वह दान भी देता तथा आलिमों, मुफ्तियों, विद्वानों, अध्यापकों और विद्यार्थियों

को उपहार और ईनाम भी देता था। जियाउद्दीन बरनी के अनुसार वह चाहता था कि उसके दरबार के निष्कपट सहायकों तथा उसके हितैषियों एवं उसके प्रति निष्ठा रखनेवाले निर्धन न रहें और उन्हें कर्ज न लेना पड़े। वह सन्तुलित मात्रा में थोड़ा ही दान देता था मगर बड़ी संख्या में देता था। उसकी इच्छा थी कि प्रजा सुखी और प्रसन्न रहे। मध्यकाल के लिहाज से किसी सुल्तान का ऐसा होना आश्चर्यजनक ही था। बरनी ने उसकी कलमतोड़ प्रशंसा की है। वह किसी भी दशा में कभी किसी का विनाश नहीं करना चाहता, यह नकारात्मकता उसके स्वभाव में ही नहीं थी। सैनिकों पर तो वह बरनी के अनुसार माता-पिता से भी अधिक अनुकम्पा रखता था। उसने सेना से ढाई साल के अग्रिम एकमुश्त भुगतान की वसूली बड़े कायदे से सोच-समझकर की, जिससे तनिक भी असन्तोष नहीं फैला। साल-भर का वेतन लेकर बाकी उसने किस्तों में वसूल किया। उसने वेतन में पद-प्रतिष्ठा के साथ योग्यता और जरूरत का भी ख्याल रखा। दीवानी मामलों में वह लाखों को हजारों और हजारों को सैकड़ों में लेकर खत्म कर देता था और इस तरह उसने बहुतों को कैद से आजाद कर दिया था। बरनी के अनुसार, वह चाहता था कि समस्त जनता तथा खास व्यक्तियों के हृदय में आतंक, भय तथा चिन्ता न रहे। वह प्रजा में निराशा देखना पसन्द नहीं करता था। उसने नियम के विरुद्ध, अनुचित या निराधार कभी कुछ नहीं किया। बरनी दिल खोलकर उसकी तारीफ करते हैं—"आज तक देहली में सुल्तान तुगलक के समान कोई बादशाह राजसिंहासन पर आरूढ़ नहीं हुआ है और सम्भव है कि उसके उपरान्त भी कोई ऐसा बादशाह देहली के राजसिंहासन पर आरूढ़ न होगा जो उसके समान बुद्धिमान, विद्वान तथा योग्य हो। बादशाही की जो शर्त बनायी तथा लिखी गयी हैं, वे सब की सब भगवान ने सुल्तान तुगलक शाह को प्रदान की थीं। उसमें पूर्ण रूप से वीरता, साहस, सूझ-बूझ, न्याय, दीनपरवरी, दीनपनाही, आज्ञाकारियों को आश्रय प्रदान करने, विरोधियों के विनाश तथा लोगों की सेवायें पहचानने एवं दूसरों के अधिकार का ध्यान रखने के गुण पाये जाते थे।"[6]

दिल्ली शासन के पूर्व शासकों के बीच बरनी ने सुल्तान तुगलक को एक महान जनप्रिय और बहादुर शासक के रूप में चित्रित किया है। जनता के हितों का ख्याल रखते हुए शायद उसमें बचपन के कठिन जीवन अनुभवों की कोई स्मृति बची रह गयी हो। उसकी वीरता पर भी बरनी मोहित हैं—"संसार को नष्ट-भ्रष्ट कर देनेवाली तुगलक की तलवार की धार काफिरों तथा कृतघ्नों पर इस सीमा तक पैठ चुकी थी कि किसी मंगोल के हृदय में कभी भी उसके राज्य की सीमा को पार करने का विचार न हुआ और न कभी हिन्दुस्तान के विद्रोहियों के हृदय में विद्रोह एवं षड्यन्त्र का विचार उत्पन्न हुआ।"[7] वे अतिरेक में भी बह जाते हैं—"उसके राज्यकाल में सिंह तथा मृग एक ही जलाशय में जल पीते थे।" अथवा "लुटेरों ने

अपनी तलवारें तोड़ डाली थीं और हल के फाले बनवा लिये थे।'' वह न मदिरा पीता था और न जुआ खेलता था, इसकी महफिलें भी नहीं लगती थीं। सुन्दरियों, रमणियों या रूपवान गुलामों या तरुणों में उसकी कोई रुचि नहीं थी। तुगलक ने ''अपनी फफुंदी व्यभिचार के लिये कभी न खोली थी।'' वह पाँचों वक्त की नमाज बिना नागा पढ़ता। रमजान में तो वह रातों को तराबीह की भी नमाज पढ़ता था। उसने कभी अपने दास-दासियों और सेवकों पर कोई अत्याचार नहीं किया जो तब के समय में दूसरे शासकों के लिये आम बात होती थी। अगर बरनी की बातें सच हैं तो जरूर इसमें उसकी निर्धनता, बचपन की गरीबी और संघर्ष का अहसास रहा होगा। लेकिन इसमें भी सन्देह नहीं, जैसा कि कई इतिहासकारों ने लिखा भी है कि बरनी ने वर्णन में पर्याप्त अतिरंजना कर दी है।

उसके राज्य में किसान का अर्थ लगभग हिन्दू ही था। काश्तकार तो वही होते थे। इसलिये किसानों के प्रति उसके भावों और विचारों को लेकर व्यवहार के स्तर पर जो सकारात्मक बदलाव आये; उस पर प्रो. बी. पी. सक्सेना ने रोशनी डाली है। दरअसल अलाउद्दीन ने विद्रोह के डर से किसानों के प्रति इतनी कठोर नीति अपनायी कि उनका जीवन दूभर हो गया। कर्ज के अत्यधिक बोझ से कृषि को लेकर उनमें कोई उत्साह ही नहीं था, इसलिये कृषि का पूरी तरह ह्रास हो गया था। प्रान्तीय राज्यपालों यानी मुक्ताओं को भी भारी मुश्किल हो रही थी और उनकी स्थिति में भी गिरावट आ गयी थी। गयासुद्दीन तुगलक ने कर में कमी कर दी। उसने मुखिया के खत्म कर दिये पद को फिर से बहाल कर उसे राज्य के प्रति वफादार बनाया। प्रो. बी. पी. सक्सेना ने लिखा है कि—''इस बात से इनकार नहीं किया जा सकता कि उत्पादक वर्ग के हितों का समुचित आदर किया गया और यह कि अन्धाधुंध कर तथा अत्याचार से उनकी रक्षा करने के उपाय किये गये और उन्हें उन्नत तथा विस्तृत खेती से होनेवाले लाभों की गारंटी दी गयी।''[8] इससे राजकोषीय वृद्धि भी हुई, जिससे आगे चलकर सुल्तान को राजनीतिक अभियानों में काफी मदद मिली।

अब सुल्तान तुगलक ने साम्राज्य विस्तार की ओर ध्यान दिया। वारंगल के राजा रायप्रताप रुद्रदेव ने खराज देने से मना कर दिया था और खुद को आजाद मानने लगा था। सुल्तान ने अपने पुत्र उलुग खाँ को एक विशाल सेना के साथ भेजा। सत्तर बुर्ज वाले उसके विशाल किले में एक-एक बुर्ज पर एक-एक नायक तैनात था। छह महीने तक घेरेबन्दी के बाद रसद का संकट तो बढ़ा, मगर सुल्तान तुगलक को अपने पुत्र पर ही सन्देह होने लगा और उसने उसे एक कड़ा पत्र भेजा। पत्र में सुल्तान के भीतर शंका के भाव थे, इससे उलुग खाँ चिन्तित हो गया। मध्यकाल में कब, किस बात के लिये, किसकी जान संकट में फँस जाएगी यह कहना मुश्किल था। सब संयोग पर निर्भर था। उलुग खाँ के साथ उबैद नाम का एक ऐसा शख्स था जो

ज्योतिष और फलित ज्योतिष को लेकर बराबर डींगें हाँका करता था। इतिहासकार एसामी के अनुसार उसे बुलाकर खान ने पूछा कि बता कितने दिन में जीत हासिल होगी? उसने एक सप्ताह तक गणना की और एक तिथि बता दी। अगर तिथि गलत होगी तो उसका सिर धड़ से अलग होना निश्चित था। जैसे-जैसे तिथि समीप आती गयी, उबैद बेचैन होने लगा। उसने प्राण बचाने के लिये सेना के दो बड़े अधिकारियों तिगीन और तिसुर को बताया कि दिल्ली में सुल्तान को मरे दो सप्ताह बीत चुके हैं। उसने अफवाह के साथ-साथ इन दोनों को आगाह भी किया कि खान तुम दोनों का वध कर देगा। तिगीन और तिसुर ने रुद्रदेव से साँठगाँठ की और दोनों वहाँ से भाग खड़े हुए। जब खान के पास वफादार सरदार पहुँचे और सारी बातें मालूम हुईं तो वह देवगिरि की ओर चल पड़ा। बाद में बादशाह ने सारे विद्रोहियों के परिवार को दंडित किया, उनकी स्त्रियों और बच्चों तक को मरवा दिया। यह उदार बादशाह की एक नयी तस्वीर थी जिसने विद्रोह करनेवाले अपराधियों की स्त्रियों और बच्चों को हाथी के पैरों से कुचलवाकर मरवा डाला, क्योंकि अपराध सत्ता से साजिश का था। मध्यकाल में सत्ता के सवाल पर किसी मनुष्यता या नैतिकता की कोई जगह नहीं थी।

देवगिरि में उलुग खाँ का छोटा भाई महमूद खाँ राज्यपाल था। वहाँ रुककर उलुग खाँ ने अपनी सेना में नयी भर्तियाँ कीं और सेना को नये सिरे से संगठित किया। फिर उसने वारंगल लौटकर फिर से किले की घेराबन्दी कर दी। इस बार भी लगभग पाँच महीने तक घेराबन्दी चली, लेकिन उसने इस बार दिल्ली से संचार-संवाद की व्यवस्था को मजबूत और विश्वसनीय बनाये रखा। कुछ दिनों में ही राय रुद्रदेव टूट गया। उसने खिराज देने का वचन देते हुए सन्धि वार्त्ता का प्रस्ताव भेजा जिसे उलुग खाँ ने ठुकरा दिया। अब उसे किले पर कब्जा चाहिए था। उसने राय रुद्रदेव को बन्दी बनाकर सपरिवार दिल्ली भेज दिया। वह सुल्तान के सामने हाजिर होने के पहले ही मर गया या अपुष्ट सूचना के अनुसार उसने आत्महत्या कर ली। गुट्टी, कुन्त, माबर, राजामुन्दरी—इस तरह से तेलंगाना अब दिल्ली साम्राज्य का अंग बन गया। उसने वारंगल का नाम बदलकर सुल्तानपुर रखा। यहाँ महत्त्वपूर्ण बात यह है कि उसने पूरे राज्य को छोटे प्रशासनिक भागों में बाँटकर हिन्दू पदाधिकारियों को बने रहने दिया। मन्त्रियों के साथ भी उदारता का बर्ताव किया और न तो उसने कलाकृतियों का ध्वंस किया और न ही मन्दिरों को तोड़ा। इस तरह उसने वहाँ की जनता का विश्वास भी जीत लिया।

उलुग खाँ ने राजमहेन्द्री को फतह करने के बाद उड़ीसा के जाजनगर के भानुदेव द्वितीय को भी पराजित किया। सुल्तान ने इस कठिन अभियान से वापसी करने पर बहादुर बेटे को कीमती पोशाक देकर सम्मानित किया, अधिकारियों और

सैनिकों को ईनाम दिये गये और राज्य में जश्न मनाया गया। गुजरात का शासक अलाउद्दीन खलजी के इन्तकाल के बाद से ही स्वतन्त्र राज्य की तरह आचरण करने लगा था। उसने गुजरात में विद्रोह को दमन करने के लिये नायब वजीर मलिक शादी के नेतृत्व में सेना भेजी। मलिक शादी ने पहुँचने के साथ ही किले को घेर लिया। किले के सैनिकों ने षड्यन्त्र रचा और हथियार छुपाकर स्त्री वेश में शाही सेना से मिल गये और संगीत-नृत्य से मनोरंजन करने लगे। शिविर में घुसने के बाद एक स्त्री वेश सैनिक मलिक शादी के पास गया और अचानक ही उसे छुरा भोंक दिया। सैनिकों में अफरातफरी और शाही सेना में भगदड़ मच गयी। सैनिक दिल्ली की ओर भागे। इस घटना से सुल्तान बहुत आहत हुआ। एसामी के इस वर्णित प्रसंग में विद्रोही सेना के नायक का नाम तक नहीं है। न ही कोई पुष्ट प्रमाण है। भले ही इतिहासकारों ने इसका वर्णन किया हो, लेकिन इसकी प्रामाणिकता सन्दिग्ध है।

बंगाल के शासकों में पारिवारिक तनाव और कलह थी। बुगरा खाँ के वंशज फीरोज शाह के चारों पुत्रों में भारी अनबन थी। गयासुद्दीन ने एक भाई को मार डाला था और दूसरे को भगा चुका था। बाकी एक नासिरुद्दीन के वह पीछे पड़ा था। उसने भागकर सुल्तान तुगलक से मदद माँगी। बंगाल अभियान में गयासुद्दीन तुगलक ने खुद नेतृत्व किया और दिल्ली के शासन के लिये उलुग खाँ को बुलाकर एक राजसी परिषद गठित कर दी। उसने इसी यात्रा में अपने एक कनीय सेनापति के नेतृत्व में सेना भेजकर लखनौती पर कब्जा कर लिया और खिराज देनेवाले शासक के रूप में नासिरुद्दीन की पुष्टि भी कर दी। सतगाँव और सुनारगाँव तातार खाँ को सौंपे; जिसे वह अपने पुत्र की तरह मानता था। तिरहुत पर उसने वापसी में आक्रमण किया और वहाँ अहमद खाँ को शासक नियुक्त किया। बंगाल के विजयी अभियान की वापसी हर दृष्टि से सुखद थी और वह जल्दी से राजधानी पहुँच जाना चाहता था। शाहजादा उलुग खाँ उसके स्वागत की तैयारी राजधानी से थोड़ी दूरी पर अफगानपुर गाँव में कर रहा था, जहाँ उसने एक अस्थायी लकड़ी का मंडप बनवाया था। सुल्तान का स्वागत वहीं होना था और उसे वहीं विश्राम भी करना था। वह भोजन के बाद हाथ धोने निकला, तभी अचानक ऊपर से छत गिर गयी और सुल्तान गयासुद्दीन तुगलक के साथ उसके पाँच-छह सहयोगी भी दबकर मर गये।

बेशक यह घटना अनेक शंकाओं से भरी है, क्योंकि इसमें गयासुद्दीन तुगलक जैसे बादशाह की मृत्यु हो जाती है। जियाउद्दीन बरनी ने इस घटना का अत्यन्त संक्षिप्त वर्णन या कहें उल्लेख-भर किया है, जिसमें एक अर्थपूर्ण वाक्य के अलावे कोई और बात नहीं है—''जिस समय सुल्तान तुगलक शाह विशेष भोजन मँगवाकर भोजन कर चुका और मलिक तथा अमीर हाथ धोने के लिये बाहर निकले तो दैवी विपत्ति का बज्र पृथ्वी निवासियों पर गिरा। सायबान की छत जिसके नीचे

सुल्तान बैठा था अचानक सुल्तान के ऊपर गिर पड़ी और सुल्तान तथा 5-6 अन्य मनुष्य छत के नीचे दबकर स्वर्गवासी हो गये। संसार को विजय करनेवाला उस जैसा बादशाह जो कि संसार में न समा सकता था चार गज भूमि में दफन हो गया।''[9] वर्णनात्मक विस्तार के लिये जाने जानेवाले बरनी यहाँ एकदम संक्षिप्त में काम चलाते हैं। इब्ने बतूता जो इस घटना के आठ साल बाद आता है, उसके अनुसार, इस महल का निर्माण बेटे ने पिता के आदेश से ही करवाया था। उसके अनुसार, इसके बनानेवाले को बाद में वजीर बनाया जाता है। इब्ने बतूता को शेख रुकनुद्दीन जो उस दिन सुल्तान के साथ ही थे; बताते हैं कि सुल्तान के पुत्र ने मुझसे कहा कि वे अस्र की नमाज पढ़ लें, समय हो गया है। उनके जाते ही हाथी आये, धक्का लगा और महल गिर गया, जिसकी नींव लकड़ी की थी। शोर सुन शेख बिना नमाज पढ़े आये, देखा तो सुल्तान को मलबे से निकाला जा रहा था, लेकिन वे मर चुके थे। अब यहाँ भी विवाद है कि मलबे से उनको जब निकाला गया तो वे जीवित थे और बाहर उनकी हत्या हुई। रात को ही उन्हें तुगलकाबाद भेजकर मकबरे में दफना दिया गया।[10] एसामी अपना इतिहास 1350 में लिखता है। उसके अनुसार, महल का निर्माण उलुग खाँ के ही आदेश से हुआ था। बादशाह उसके अपव्यय की सूचना से नाराज था इसलिये चरण छूने के बाद उसने माफी माँगी। नवनिर्मित महल की सजावट के अत्यधिक व्यय से भी बादशाह खुश नहीं था। एसामी के अनुसार, सुल्तान की आज्ञा से हाथी दौड़ हुई, जिससे महल गिरा। वह साफ -साफ उलुग खाँ पर अपने पिता की हत्या का दोषारोपण करता है जिसे उसने महल बनानेवाले अहमद बिन अयाज से मिलकर अंजाम दिया और बाद में उसे वजीर भी बना दिया।

गयासुद्दीन तुगलक के बंगाल अभियान वापसी के सन्दर्भ में एक अवान्तर प्रसंग शेख निजामुद्दीन औलिया से भी जुड़ा है। लेकिन प्रो. बी. पी. सक्सेना सहित कई इतिहासकार इसे नहीं मानते। लेकिन प्रख्यात इतिहासकार डॉ. खलीक अहमद निजामी ने शेख औलिया की जीवनी में इसे दर्ज किया है। दरअसल गयासुद्दीन तुगलक एक तो खुसरो खाँ के दिये पाँच लाख तनके नहीं लौटाने से नाराज था ही, दूसरे कई दरबारी शेख औलिया के विपुल प्रभाव के विरुद्ध उसके कान भरते रहते थे। तीसरी बात यह कि उसके पुत्र शाहजादा उलुग खाँ शेख निजामुद्दीन औलिया का शिष्य बन गया था, जिसके शीघ्र बादशाह बनने की उन्होंने घोषणा कर दी थी। इस सबसे सुल्तान की शेख के बारे में बहुत खराब धारणा बन गयी थी। डॉ. निजामी लिखते हैं—''जब वह अपनी पूर्वी क्षेत्र की मुहीम से वापस आ रहा था तो उसने एक सन्देश भेजा कि उसके दिल्ली पहुँचने से पूर्व शेख दिल्ली छोड़कर कहीं चले जाएँ। शेख को जब यह सन्देश सुनाया गया तो फरमाया—हनोज दिल्ली दूर अस्त, अर्थात् अभी दिल्ली दूर है। तब से यह मुहावरा प्रत्येक व्यक्ति की

जुबान पर है।''[11]

प्रो. बी. पी. सक्सेना उलुग खाँ द्वारा अपने पिता सुल्तान गयासुद्दीन तुगलक की साजिश कर हत्या करने की बात नकारते हैं। वे इब्ने बतूता और एसामी की बातों का आधार सुनी-सुनाई बताते हैं और बतूता द्वारा बीच में शेख रुकनुद्दीन को लाने की बात को भी दुर्भावना से जोड़ते हैं। उनका तर्क है कि सत्ता मिलने के बाद भी उसका रिश्ता अपनी माँ से सौहार्दपूर्ण रहता है। दूसरी बात यह कि उसके उत्तराधिकार को लेकर कोई चुनौती नहीं थी। वे यह भी कहते हैं कि उलुग खाँ का स्वभाव ऐसा था ही नहीं। जो हो, लेकिन उलुग खाँ ने पूरे चालीस दिन तक राजकीय शोक मनाया और खुद इतने दिनों तक काला वस्त्र धारण किये रहा। फिर वह ठाठ-बाट के साथ तुगलकाबाद से दिल्ली गया जहाँ धूमधाम से उसका राज्याभिषेक हुआ। इस अवसर पर जनता में खुलकर धन-दौलत लुटाई गयी और कहीं से कोई विरोध या व्रिदोह का स्वर सुनाई नहीं दिया। जनता ने खुशी से स्वागत किया। जो इतिहासकार उसे पितृहन्ता मानते हैं, उनका तर्क यह है कि चालीस दिनों तक शोक मनाना और स्वयं रोना-धोना थोड़ा अटपटा और नाटकीय लगता है। दूसरी बात यह कि इतने दिनों तक तुगलकाबाद में रुककर उसने जनता, मलिकों, अमीरों और दूसरों की प्रतिक्रियाओं का अन्दाज किया और स्थिति को अनुकूल करता रहा। तीसरी बात यह कि उसने सोनारगाँव के तातार खाँ को जिसे उसका पिता पुत्रवत मानता था, उसे एक करोड़ तनके उपहार में दिये और बहराम खाँ को उपाधि भी दी। किसी को 70 लाख तो किसी को 40 लाख तनके दिये। विद्वानों, कवियों, मलिकों और अमीरों को भी पद, पदवी और उपहार देकर अपने पक्ष में किया। उसने बल्बन के वंशज बहादुर खाँ को जो दिल्ली में नजरबन्द था और उसके लिये परेशानी पैदा कर सकता था, तातार खाँ को हटाकर पूर्वी बंगाल का शासक बना दिया। जो हो, लेकिन उसकी स्थिति जल्द ही सुदृढ़ हो गयी।

जियाउद्दीन बरनी ने उसकी जी खोलकर प्रशंसा की है। वह अत्यन्त महत्त्वाकांक्षी था; ऐसा कि वह सिकन्दर महान से भी आगे सुलेमान की जगह हासिल कर लेना चाहता था। बरनी लिखते हैं—''उसकी आकांक्षा थी कि जिन्नात तथा सारे मनुष्य उसके आदेशों का पालन करने लगें तथा नबूवत एवं बादशाहत के आदेश उसकी राजधानी में चलने लगें, बादशाही और पैगम्बरी को मिला दें, प्रत्येक इक्लीम का बादशाह उसके दासों का दास बन जाय, उसकी बराबरी कोई भी न कर सके।'' वह इस्लामी उसूलोंवाला था और पाँचों वक्त की नमाज पढ़ता था। लेकिन उसमें ठीक इसके विपरीत प्रवृत्तियाँ भी थीं। वह मुसलमानों को भी दंडित करने में हिचकता नहीं था। सैयदों, सूफि यों, आलिमों या शरीफ ों की भी हत्या करवा देता था। बरनी लिखते हैं—''ईश्वर ने सुल्तान मुहम्मद को एक अद्भुत जीव बनाया था।

उसके विरोधाभासी गुणों तथा योग्यताओं को समझना आलिमों एवं बुद्धिमानों के लिये सम्भव नहीं। उसे देखकर बुद्धि चकरा जाती है और उसके गुणों को देखकर चकित तथा स्तब्ध रह जाना पड़ता है।''[12] जुआ, शराब या व्यभिचार से परहेज करनेवाला सुल्तान मुहम्मद इस कारण बरनी और एसामी को पसन्द नहीं था, क्योंकि उसका शासन धर्मनिरपेक्ष था। वह हिन्दुओं के पूजा-पाठ और त्योहार मनाने की पूरी छूट दिये हुए था। यहाँ तक कि उन्हें उच्च पदों पर नियुक्त भी किया। पूरे मध्यकाल में ऐसा करनेवाला वह अकेला शासक था।

मध्यकालीन इतिहास की यह अनिवार्य विडम्बना तो है ही कि उसकी मूल स्रोत सामग्री उन्हीं इतिहासकारों पर आधारित है जो शासकों की कृपा और संरक्षण में थे; उनके दरबार में रहे और उनसे उनका साबका भी रहा। इसके बावजूद कि वे अपने इतिहास लेखन के धर्म को लेकर सचेत और अधिकतम ईमानदार भी रहे। वे इतिहास के द्रष्टा भी रहे, भोक्ता भी और कुछ हद तक साझीदार भी। बेशक हर किसी की तरह उनके भी अपने कुछ पूर्वग्रह रहे, जिसका असर उनके लेखन पर पड़ना स्वाभाविक था। खास तौर पर मुहम्मद तुगलक जैसे विलक्षण सुल्तान को लेकर प्राप्त इतिहास का ऐसा स्वरूप था कि आधुनिक इतिहासकारों को इससे बड़ी परेशानी उठानी पड़ी। प्रो. खलीक अहमद निजामी ने इस मसले पर गौर करते हुए लिखा है कि ''सुल्तान की विविध कार्यवाहियाँ तथा उनकी प्रतिक्रियाओं के कारण सम्बन्धी विश्लेषण करनेवाले के लिये कालक्रम अत्यन्त जटिल समस्या उत्पन्न करता है। ऐतिहासिक क्रम के बजाय सुल्तान की विविध योजनाओं के स्वरूप तथा तीव्रता ने बरनी के मस्तिष्क पर अधिक प्रभाव डाला।''[13] इस बात की उदारता से तारीफ करनी होगी कि दुर्लभ और विविध साक्ष्य संग्रहों के प्रखर, बारीक तथा विद्वतापूर्ण विश्लेषण से प्रो. निजामी जैसे इतिहासकारों ने इस दुष्कर कार्य को सम्भव किया। वरना मुहम्मद तुगलक के अपेक्षाकृत लम्बे पच्चीस साल के कार्यकाल को ठीक-ठीक समझना बहुत मुश्किल होता।

मुहम्मद तुगलक की आश्चर्यजनक विद्वता और महत्त्वाकांक्षा बहुत बड़ी समस्या बन गयी थी। वह विचारक था, कई विषयों का ज्ञाता और उसको इस बात का पर्याप्त अभिमान भी था। वह पूर्व शासक की प्रचलित रवायतों को खारिज कर एक मौलिक लीक सोच सकता था। दिक्कत यह थी कि उसके दिमाग में जब जो नयी बात आती, वह उसे व्यवहार में भी शुरू कर देता था। उसे योजनाबद्ध करना, उस पर विचार-विमर्श करना उसकी प्रकृति में था ही नहीं। राजव्यवस्था के मामले में वह कभी किसी से परामर्श नहीं लेता था। उसका कहना था—''उलेमा धर्म के सिद्धान्तों का युक्तियुक्त निरूपण करने में असमर्थ, तर्क में क्षीण एवं विचारों में कूपमंडूक हैं।''[14] बरनी तो उसके कार्यों को प्रत्यक्ष देख रहा था। सब कुछ उसके

सामने घटित हो रहा था। उसकी प्रामाणिकता उसकी सोच और नजरिये के कारण हो जाती है। प्रो. खलीक अहमद निजामी का उसके बारे में सटीक आकलन यह है कि वह राजनीतिक मामले में प्रतिक्रियावादी और धार्मिक स्तर पर पूरी तरह रूढ़िवादी था। जबकि वे मुहम्मद तुगलक को धर्म में प्रगतिवादी तथा राजनीति में नव-प्रवर्तक मानते हैं। लेकिन कोई भी इतिहासकार तथ्यों को लेकर बरनी की उपेक्षा नहीं कर सकता। इब्ने बतूता और एसामी इन दोनों के लेखन में दूसरों से सुनी हुई बातों का भी पर्याप्त अंश है। इसलिये प्रो. निजामी के विश्लेषण और निष्कर्षों में जरूरी सतर्कता के साथ-साथ उनकी असाधारण दक्षता तो है ही।

बरनी लिखते हैं कि उसके मन में जो भाव या विचार आते या कोई नयी बात सूझती वह तुरन्त उसको कार्यान्वित करा देता था। विरोध या मतभेद की कोई जुर्रत ही नहीं कर सकता था। ''संसार को उज्ज्वल करने वाले उसके विचारों तथा आविष्कारों के विरुद्ध कोई भी अपनी राय प्रस्तुत करने का साहस न कर सकता था। परामर्शदाता उसके विचारों की सराहना करने तथा सैकड़ों प्रकार के उदाहरणों द्वारा सुल्तान के विचारों की प्रशंसा करने के अतिरिक्त कुछ न कर सकते थे।''[15] बरनी उसके व्यक्तित्व का बड़ा ही मोहक चित्र प्रस्तुत करते हैं; उनका वाक्य है—'वह बड़ा ही रूपवान तथा सज-धजवाला व्यक्ति था।' वह शानदार वक्ता था और अपनी बात बहुत ही प्रभावशाली ढंग से रखता था। वे उसे एक बड़े लेखक के रूप में भी प्रस्तुत करते हुए लिखते हैं—''सुलेख तथा सुन्दर रचनाओं एवं विचित्र शैली तथा भाव-व्यंजना में बड़े-बड़े लेखक तथा रचना में नवीनता उत्पन्न करनेवाले गुरु उसका सामना न कर सकते थे। विचित्र बातें निकालने तथा रूपक के प्रयोग में वह अद्वितीय था। यदि बड़े-बड़े लेखक उसके समान लिखने का प्रयास करते तो सफल न होते। उसे बहुत बड़ी संख्या में फारसी कविताएँ कंठस्थ थीं और वह अपने लेखों में उनका उचित प्रयोग करता था। वह प्रायः स्वयं कविता करता था।''[16] जाहिर था, उसमें असाधारण प्रतिभा थी। ऐसा शासक इसके पूर्व कोई नहीं था। व्यक्तित्व का ऐसा उत्कर्ष हमें चाहे जितना प्रभावित करे; असल बात यह है कि राजकाज को लेकर उसका आचरण कैसा था और शासन संचालन में उसकी भूमिका कैसी थी?

मुहम्मद तुगलक की दर्शनशास्त्र में भी गहरी रुचि थी। बरनी लिखते हैं कि वह दर्शनशास्त्र पर वाद-विवाद करता था और दार्शनिकों में दोष निकालता था। ''वह न्यायसिद्ध बातों के अतिरिक्त जो कुछ भी सुनता, उस पर विश्वास न करता था। किसी भी विद्वान, आलिम, कवि, दबीर, नदीम या तबीब (चिकित्सक) को इतना साहस न हो सकता था कि वह सुल्तान मुहम्मद की एकान्त की गोष्ठियों में अपने ज्ञान के विषय में कोई वार्त्ता कर सकता अथवा अपनी योग्यता तथा अपने ज्ञान के अनुसार सुल्तान मुहम्मद को उसके असंख्य प्रश्नों के सामने कोई बात समझा

सकता।''[17] मसलन, वह ज्ञान की विभिन्न शाखाओं में दखल रखता था और इतना अहमन्य था कि अपने सामने किसी को कुछ नहीं समझता था। इसी क्रम में बरनी यह भी कहते हैं कि वह वीर भी अद्वितीय था और अकेले पूरी सेना पर आक्रमण कर सकता था। बाण चलाने, भाला फेंकने और तलवारबाजी से घोड़ा दौड़ाने तक, शिकार खेलने में उसकी निपुणता अलग ही जौहरवाली थी। और तो और वह कई प्रकार के रोगों का इलाज भी कर देता था और चिकित्सकों से जानकारों की तरह वाद-विवाद कर उनकी कमियाँ भी बताता था। कहना मुश्किल है कि बरनी उसकी प्रशंसा कर रहे हैं या व्यंग्य।

दरअसल बरनी की चिढ़ उसकी इन योग्यताओं से नहीं थी। उन्हें परेशान करनेवाली बात धार्मिक थी। ''जो चीज प्रमाणित न हो सकती थी उसे वह न सुनता था, न उस पर विश्वास करता था तथा वह चीज उसके पवित्र हृदय में आरूढ़ न हो पाती थी। यदि सुल्तान मुहम्मद के हृदय में दार्शनिकों के ज्ञान ने स्थान न प्राप्त कर लिया होता और उसे आसमानी कही हुई बातों में रुचि तथा विश्वास होता तो नाना प्रकार के गुणों तथा श्रेष्ठता का स्वामी होते हुए, वह अल्लाह, उसके रसूल, नबियों तथा आलिमों की कही हुई बातों के विरुद्ध कदापि किसी ईमानवाले तथा एकेश्वरवादी की हत्या का आदेश न देता।'' यानी बरनी को उसका मुसलमानों को दंडित करना पसन्द नहीं था। दूसरी बात यह कि वे धार्मिक मामले में उससे भी अपनी तरह रूढ़िवादी होने की अपेक्षा करते थे, उसका स्वतन्त्र चिन्तन उन्हें धर्मविरोधी बात लग रही थी। वे आगे कहते भी हैं—''आसमानी पुस्तकों में लिखी हुई बातों तथा नबियों की हदीस का, जिसके द्वारा मनुष्य में नम्रता, दीनता तथा कयामत के दंड का भय होता है, उसके हृदय में कोई स्थान न था, अतः मुसलमानों की हत्या तथा एकेश्वरवादियों का रक्तपात उसका स्वभाव बन गया था।''[18] प्रो. खलीक अहमद निजामी न सिर्फ बरनी बल्कि एसामी को ऐसा ही रूढ़िवादी मानते हुए लिखते हैं कि ''बाद के लेखक कहते हैं कि उसने उलेमा के अन्तिम पैगम्बरी के अन्धविश्वास को चुनौती दी थी। परन्तु इसका यह अर्थ नहीं है कि उसका इस्लाम पर विश्वास उठ गया था।''[19] जाहिर था वह रिवेलियन चिन्तक था। उसके विचारों में नवीनता थी और उसके सोचने का तरीका मौलिक था। इसका यह मतलब कि वह इस्लाम का ही विरोधी बन गया था, एकदम गलत बात थी। इब्ने बतूता की बात भी बरनी की धारणा को झुठलानेवाली है—''नमाज पर यह सम्राट बहुत जोर देता था। जमाअत के साथ नमाज न पढ़नेवाले को सम्राट के आदेशानुसार मृत्युदंड दिया जाता था। इसी अपराध के कारण एक दिन सम्राट ने नौ मनुष्यों के वध की आज्ञा दे डाली। इसमें एक गायक भी था।''[20] वह यह भी लिखता है कि जमाअत के समय बाजार इत्यादि में घूमने-फिरने वाले लोगों को पकड़कर लाने के लिये आदमी नियुक्त थे। सुल्तान

का आदेश था कि नमाज पढ़ने के तरीके और इस्लाम धर्म के नियमों का ज्ञान जरूरी है। लोगों को इसके बारे में पूछा जाता था और जो उत्तर देने में भटभटाते थे, उनको दंडित तक किया जाता था। बहुत लोग इसे जानकारों से सीखते अथवा कागज पर लिखकर रटते हुए मिल जाते थे। लेकिन बरनी उसे इस्लाम से विचलित मानकर बहुत आत्म-ग्लानि में जी रहे थे। वे सुल्तान के एहसानमन्द थे। "संसार में सुल्तान मुहम्मद ने मुझे आश्रय प्रदान किया था और वह मेरा पोषक था। उसके द्वारा जो इनाम-इकराम प्राप्त हो चुका है, न इससे पूर्व ही मैंने देखा है और न इसके उपरान्त मैं स्वप्न ही में देखूँगा।"[21] ऐसे में वे खुद को संसार में लज्जित, अपमानित और पतित महसूस करने लगे थे। अपने जीवन को व्यर्थ, खुद को अविश्वसनीय मानकर इस चिन्ता से मरे जा रहे थे कि कयामत के दिन पता नहीं उनकी क्या दुर्दशा होगी और कैसे-कैसे कष्ट भोगने पड़ेंगे, क्योंकि वे एक पथभ्रष्ट मुसलमान शासक के संरक्षण में रहे थे! प्रो. निजामी ने बिल्कुल सही आकलित किया—बरनी घोर रूढ़िवादी थे।

प्रो. खलीक अहमद निजामी सुल्तान मुहम्मद तुगलक के इस पक्ष की खुलकर तारीफ करते हैं और दूसरे अनेक स्रोतों से उसके धर्मनिरपेक्ष व्यक्तित्व को विस्तार देते हैं। वे अल उमरी के एक कथन को उद्धृत करते हुए उसके बौद्धिक व्यक्तित्व पर रोशनी डालते हैं—"उलेमा उसकी मजलिस में उपस्थित रहते हैं, रमजान के महीने में उसके साथ इफ्तार करते हैं। प्रत्येक शाम जो लोग वहाँ उपस्थित होते हैं उनमें से एक को सद्रे-जहाँ वाद-विवाद के लिये कोई विषय प्रस्तुत करने के लिये आमन्त्रित करता है। उसके बाद सब सुल्तान के सामने प्रश्न के विभिन्न पक्षों पर बहस करते हैं और वह उन लोगों में ही एक की भाँति उनसे विवेचन करता है और उनके विचारों का खंडन करता है।" यह एक तरह से शास्त्रार्थ और खंडन-मंडन का बौद्धिक प्रदर्शन जैसा है। यह तार्किकता से धर्म के तत्त्व को समझने-समझाने का बौद्धिक उद्यम है। वह धर्म की बद्ध संकीर्णता से बाहर निकलकर विस्तृत आकाश में किसी जिज्ञासु की तरह जुस्तजू में लगा था।

प्रो. खलीक अहमद निजामी अभिलेखों और पुरातात्त्विक साक्ष्यों से उसके व्यक्तित्व के नये आयाम उद्घाटित करते हैं—"नूतन जैन अभिलेखों की खोज से यह ज्ञात हुआ है कि जैन विद्वानों से उसका घनिष्ठ सम्बन्ध था। एक समय जिनप्रभा सूरी ने आधी रात तक उसके साथ बातचीत की। प्रचुर मात्रा में अन्य उपहारों के अतिरिक्त सुल्तान ने उसे एक हजार गायें प्रदान कीं। राजशेखर तथा जिनप्रभा सूरी के समान जैन विद्वानों ने उसके संरक्षण का आनन्द प्राप्त किया।"[22] प्रो. निजामी इस बात पर आश्चर्य प्रकट करते हैं कि इसके बावजूद वह जैन आदर्श अहिंसा से पूर्णतया अप्रभावित रहा। यह उसके आत्मविश्वास और निजी आस्था को लेकर उसकी दृढ़ता

का प्रमाण है। प्रो. निजामी ने बताया है कि वह दिल्ली का ऐसा पहला सुल्तान था जिसके हिन्दुओं के होली जैसे त्योहार में शामिल होने का साक्ष्य मिलता है। अनेक योगी अपने मुस्लिम शिष्यों के साथ उसके साम्राज्य में घूमते रहते थे। प्रो. निजामी लिखते हैं—"शास्त्र विरोधी धार्मिक सम्प्रदायों तथा व्यक्तियों की एक भारी संख्या... मुहम्मद बिन तुगलक द्वारा उत्पन्न किये गये बौद्धिक स्वतन्त्रता के वातावरण में ही पनप सके।"[23] वे आगे यह भी बताते हैं कि वह शत्रुंजय तथा गिरनार के मन्दिरों में भी गया और कुछ कर्म भी सम्पन्न किये। एक ऐसा फरमान भी मिला है जिसमें साधुओं के ठहरने के लिये धर्मशाला निर्माण का आदेश है। बरिहागढ़ शिलालेख में तो सुल्तान द्वारा गायों के ठहरनेवाले स्थल निर्माण की घोषणा भी मिलती है। जाहिर है उसने एक ऐसा आजादख्याल संसार निर्मित किया था, जिसमें भिन्न धार्मिक, सांस्कृतिक और बौद्धिक उन्नयन की पूरी गुंजाइश थी। यह मध्यकाल में एक आश्चर्यजनक शासक की अविश्वसनीय मौजूदगी थी। सूफियों के फलने-फूलने के लिये भी यह सबसे उर्वर समय रहा। "राजनीतिक सत्ता के प्रति उदासीन भावना रखते हुए रहस्यवादियों ने सूफी सम्प्रदायों का संगठन किया था तथा मुस्लिम समाज के सदस्यों को नैतिक तथा आध्यात्मिक पुनरुद्धार द्वारा जागृत करने के लिये एक क्रियाशील आन्दोलन चलाया।"[24] यह धर्मनिरपेक्षता का अविश्वसनीय दौर था। मुहम्मद तुगलक की प्रगतिशीलता सिर्फ धर्म तक ही सीमित नहीं थी, वह शासन में भी शामिल थी। वह समय से बहुत आगे चल रहा था—और बहुत तेज चल रहा था। उसे इसके परिणामों की कोई परवा नहीं थी। दिल्ली सल्तनत में अब तक तुर्क अथवा बाहर से आये मुसलमानों का ही दखल था। तमाम पदों पर उनका एकाधिकार था और वे इस मामले में पूरी तरह सजग थे कि देशी लोगों का प्रवेश न हो सके। वे धर्मान्तरित मुसलमानों से भी घोर नफरत करते थे। कुलीन अमीरों के वर्चस्व से कभी किसी शासक ने छेड़छाड़ नहीं की। मगर मुहम्मद तुगलक सचमुच का रिवेलियन था—परम्पराभंजक सुल्तान!

प्रो. खलीक अहमद निजामी ने लिखा है कि "सुल्तान राजकीय सेवाएँ योग्यता के लिये खुली रहने में विश्वास करता था। कुलीनता के लिये जो कुछ सहानुभूति प्रशासन में शेष रह गयी थी उसे उसने समाप्त कर दिया तथा अकुलीन व्यक्ति प्रशासन में उच्च पदों पर नियुक्त किये।"[25] बरनी से लेकर प्रो. निजामी तक के इतिहास में इसका पूरा ब्यौरा दर्ज है। उसने सोच के स्तर पर नहीं; व्यवहार के स्तर पर इसे सम्भव कर दिया था। बरनी अकारण आहत नहीं था। प्रो. निजामी ने लिखा है कि बरनी की अकुलीन लोगों के प्रति नफरत एक असाध्य रोग की तरह थी। वह अपने प्रगतिशील विचारों का राजनीतिक व्यवहार में साहस से प्रवर्त्तन करनेवाला विलक्षण सुल्तान था। प्रो. निजामी के अनुसार, उसका विश्वास था कि

इस तरह नीचे के पायदान पर खड़े लोगों को प्रशासन में शामिल कर व्यापक आधार बनाया जाय तो सत्ता की नींव मजबूत रहेगी। सरकार का स्थायित्व जनता के समीप जाने से बढ़ेगा। अगर वह देशी मुसलमानों को सत्ता-शासन में शामिल करेगा तो ऐसे में उच्च पदों पर हिन्दुओं की नियुक्ति भी जरूरी होगी, वरना इसका विपरीत असर पड़ेगा। उसने ऐसा ही किया।

जाहिर था इसे काजी, उलेमा, अमीर कभी पसन्द नहीं करते और उन्होंने नहीं ही किया। मुहम्मद तुगलक के पास अपने इन क्रान्तिकारी विचारों को अमली जामा पहनाने की कोई दीर्घ क्रमिक योजना तो थी नहीं, न ही उसने इस पर कभी विचार किया और न ही उसमें इतना धीरज था। विचार उसके भीतर उगा, सुल्तान था ही; बस रोप दिया। ऐसे में मुहम्मद तुगलक के उत्थान और उत्कर्ष के साथ ही उसके पतन की भी शुरुआत हो गयी। न तो योजनाओं का सुचिन्तित प्रारूप था, न ही कोई तैयारी और न ही इसके पक्ष में विश्वसनीय लोग और न ही उनके इस्तेमाल की कोई प्रणाली। योजनाओं की असफलता तय थी। इब्ने बतूता ने इसे देशी-विदेशी अमीरों के खिंचाव के रूप में देखा तो एसामी ने हिन्दू हाकिमों की नियुक्ति से उत्तेजना में आये मुसलमानों की शक्ल में; तो बरनी ने अकुलीन-हीनजन्मा अधिकारियों की नियुक्ति को कारण के रूप में चिन्हित किया। लेकिन इस पर गम्भीरता से एम अतहर अली साहब ने विचार किया है। उनके अनुसार—"मुहम्मद तुगलक के दौर में विकसित हुए संकट का एक प्रमुख पक्ष सल्तनत के कुलीनों (अमीरों) के अन्दरूनी टकराव थे, जिसके कारण मुख्तलिफ सूबों में बगावतों का एक सिलसिला चल पड़ा। इससे न सिर्फ ये हुआ कि सल्तनत के बड़े-बड़े हिस्से आखिरकार अलग हो गये बल्कि जो इलाके कहने के लिये उसके नियन्त्रण में रहे, उनमें भी उसकी कुव्वत संजीदा हद तक कम हो गयी।"[26] आगे वे स्पष्ट कहते हैं कि संकट की जड़ें, कम से कम अंशतः सही कुलीन वर्ग की संरचना में थीं। वे इस बात का अनुमान भी करते हैं कि "मुमकिन है मुहम्मद तुगलक ऐसे हाकिमों को अपनी सेवा में खींचना चाहता रहा हो जिनका अपना कोई स्थानीय आधार न रहा हो और जो उस पर निर्भर रहें।"[27] यह अनुमान करना कि सुल्तान कोई प्रगतिशील विचारक था जो समाज में क्रान्तिकारी परिवर्तन का इच्छुक था—सोच की रोमानियत होगी। कोई सुल्तान अपनी सत्ता को केन्द्र में रखकर ही एक-एक कदम रखता था। अब यह बात दीगर है कि उसके पाँव गलत पड़े या फिसले।

तत्कालीन परिस्थितियों और प्राचीन रवायतों को देखते हुए मुहम्मद तुगलक के इन क्रान्तिकारी कदमों का मतलब ठीक-ठीक समझना बहुत मुश्किल हो जाता है। धार्मिक स्वतन्त्रता, इस्लाम की कठोर लीक से थोड़ा अलग रास्ता अपनाना और उस पर अकुलीनों और हिन्दुओं को सत्ता-संचालन में भागीदार बनाना—एक साथ

इतने सारे निर्णयों को बिना योजनाबद्ध प्रारूप और प्रभावकारी निजी समर्थन के लागू कर देना सुल्तान के नजरिये से कोई बहुत दूरदर्शी बात नहीं लगती। सवाल असन्तोष और आलोचना तक ही नहीं था—यहाँ सीधे निजी हितों पर चोट थी। बरनी को आश्चर्य है कि हिन्द की सबसे कमीनी जातियों में भी नीच पीरा माली को सीधे वित्त विभाग सौंपना, हीनजन्मा किशन बाजारन इन्दरी को अवध जैसा प्रमुख प्रान्त सौंप देना निश्चय ही बड़ी बगावत और विरोध को आमन्त्रण था। काजियों और आलिम के निरन्तर विरोध और बगावतों के लगातार सिलसिले से विवश होकर 1340 ई. में तो उसे सन्देशवाहक द्वारा पत्र भेजकर खलीफा से नियुक्ति पर सहमति पत्र लेना पड़ा। बावजूद पूरे शासनकाल के अन्त-अन्त तक कोई उसकी उदारता और धर्मनिरपेक्षता को बर्दाश्त करने के लिये तैयार नहीं था। एम. अतहर अली साहब का आकलन है कि "एक समरस कुलीन वर्ग पैदा करने के बारे में मुहम्मद तुगलक की नीति अंशत: मनमौजीपन से प्रभावित रही होगी, पर यह अंशत: उस अजनबीपन की प्रतिक्रिया भी थी, जो सुल्तान और जमे-जमाये अमीरों के बीच पहले से चली आ रही थी। उसकी बदनसीबी यह थी कि भाँति-भाँति के तत्त्वों को एक समन्वित कुलीन वर्ग में जोड़ा नहीं जा सका।"[28] मुहम्मद तुगलक खुद सुल्तान तो था, शायद उसे इस बात का इलहाम न था कि उसकी सल्तनत में इस्लामी एकता से ज्यादा प्रभावशाली शासक और शासित की वास्तविकता थी। उसे पूरी तरह नजरअन्दाज करके चलना खतरनाक साबित होना ही था।

इस यथार्थ को प्रो. मुहम्मद हबीब ने स्पष्ट किया है—"शरीयत बेशक सभी मुसलमानों को बराबर समझती है, मगर तुर्क अधिकारियों ने तय कर लिया कि भारतीय मुसलमानों को दबाकर रखना और सरकार के पदों को तुर्क नस्ल का इजारा बनाये रखना है। निम्न वर्गों से बहुत सारे लोग मुसलमान बनाये गये थे और उनके हीन जन्म के कारण मनमानी मात्रा में अपमान और अपराध की उन पर बारिश की जाती थी। गम्भीर राजनीतिक बुद्धिमत्ता के एक उसूल के तौर पर यह तय किया गया कि निचली जाति के किसी व्यक्ति को कोई पद न दिया जाए।...भारतीय मुसलमानों को जीवन के हर क्षेत्र में उनकी हीनता का अहसास कराया जाता रहा। उनसे शादी-ब्याह की बात सोची भी नहीं जा सकती थी, एक मामूली मुसलमान से बातचीत करना या एक सामाजिक सतह पर मेलजोल रखना भी पतित होने का कारण समझा जाता था।"[29] यह कठोर सामाजिक यथार्थ था जो धार्मिक एकता के बावजूद रूढ़, प्रभावशाली और निर्णायक था। इसे एक आदेश से बदल देने की मुहम्मद तुगलक की कामना या सोच ही असंगत, अव्यावहारिक और अप्रासंगिक थी।

मुहम्मद तुगलक अपने व्यक्तित्व और जीवन की तमाम भव्यता और उत्कर्ष के बावजूद सफल शासक नहीं हो सका तो इसके पीछे उसकी अपरिपक्वता,

अकुशलता और अहंकार ही था। वह एक साथ इतने सारे आदेश निकालता कि उसका अनुपालन न अधिकारी कर पाते थे और न वे जनता से करा पाते थे। इससे पैदा असन्तोष और विद्रोह को वह कभी समझने के लिये तैयार ही नहीं था, फलतः दंडित करने और हत्या कराने का सिलसिला लम्बे समय तक चलता रहा। उसके व्यक्तित्व में ऐसे उत्तत और विस्मयकारी अन्तर्विरोध थे जिस पर सहज यकीन करना कठिन हो जाता है। विद्रोह, आक्रमण या सामान्य शासन के दौरान भी उसकी क्रूरता, बेरहमी रोंगटे खड़ी कर देती है और उसका सारा ज्ञान, कविता और भाषण कला व्यर्थ लगने लगती है। यह सिलसिला उसके शासन में आने के साथ ही शुरू हो जाता है। 1326 ई. में बहाउद्दीन गुरशास्प ने जो गुलबर्गा के निकट सागर का सूबेदार था—उसी ने इसकी शुरुआत की। फिर मुल्तान के सूबेदार बहराम आईबा किश्लू खाँ ने 1326 ई. में, बंगाल के सोनार गाँव के सूबेदार गियासुद्दीन बहादुर ने 1330 ई. में, सिन्ध के कमालपुर के काजी करीमुद्दीन और खतीब का जो विद्रोह 1328 ई. में हुआ था, उसमें तो सुल्तान ने दोनों को बन्दी बनाकर खाल खिंचवा ली थी। लेकिन फिर 1333 ई. में वहाँ के हिन्दू सूबेदार रतन ने विद्रोह कर दिया। 1335 ई. में माबर के जलालुद्दीन अहसन शाह के विद्रोह को दबाने के लिये सुल्तान खुद गया, लेकिन वारंगल में सैनिकों के बीच महामारी फैल गयी और वह स्वयं बीमार होकर देवगिरि वापस लौट गया। माबर के शासक ने खुद को स्वतन्त्र घोषित कर दिया। इससे उत्साहित दौलताबाद में ही मलिक हुशंग ने तभी 1335 ई. में विद्रोह कर दिया। दरअसल वह इस कारण भी कुछ ज्यादा उत्साहित हो गया था, क्योंकि यह अफवाह फैल गयी थी कि महामारी में सुल्तान का इन्तकाल हो गया। मगर ज्यों ही उसे जानकारी मिली कि वह जिन्दा है, वह बुरी तरह डर गया और एक हिन्दू राजा की शरण में चला गया। उस हिन्दू राजा ने समझा-बुझाकर उसे सुल्तान के पास माफी के लिये भेजा। सुल्तान ने उसे माफी तो दे दी, मगर दौलताबाद का शासन कुतलुग खाँ को सौंप दिया। उसी साल लाहौर के मूलचन्द्र शेखर ने विद्रोह कर अपने सूबेदार को मार डाला। 1337 ई. में पूर्वी बंगाल के शासक की हत्या उसके अंगरक्षक ने कर दी और मुबारकशाह के नाम से पूर्वी बंगाल का शासक बन गया। सुल्तान कुछ न कर सका और लखनौती, सोनारगाँव तथा सतगाँव दिल्ली की अधीनता से मुक्त हो गये।

इन तमाम विद्रोहों के दमन में उसकी शक्ति न सिर्फ क्षीण हुई बल्कि इसका असर उसके राजकोष पर भी पड़ा। सुल्तान को अपनी आर्थिक हालत सुधारने के लिये नये तरीके सोचने पड़े, जो नये संकट को आमन्त्रित करने जैसा था। उसने यह ऐलान किया कि जो ज्यादा कर देगा, उसी को वह प्रान्तों का शासन सौंप देगा। इस निर्णय से कई प्रान्तों के हाकिमों ने विद्रोह कर दिया। बीदर के हाकिम नसरत खाँ ने

प्रतिवर्ष एक करोड़ तनके का वादा कर अपनी जगह तो बचा ली, लेकिन वह इतनी बड़ी रकम दे नहीं सका। आखिर में उसने विद्रोह किया और कैद कर लिया गया। 1344 ई. में कड़ा के हाकिम निजाम ने भी ऐसा ही किया और वह भी बन्दी बना लिया गया। यहाँ तक कि एक गलतफहमी का शिकार होकर उसके अत्यन्त विश्वासपात्र अवध के राज्यपाल एनुलमुल्क ने भी विद्रोह कर दिया, जिसे उसने दबा दिया। दक्षिण में तो 1344 ई. में तमाम हिन्दू शासक मिल गये और वारंगल, द्वारसमुद्र तथा कारोमंडल के तमाम तटीय प्रदेशों को उन्होंने आजाद करा लिया। गुजरात और देवगिरि के अलावे सुल्तान का कहीं नियन्त्रण नहीं रहा।

दरअसल मुहम्मद तुगलक में एक ऐसे शासक की योग्यता ही नहीं थी जो विशाल साम्राज्य का संचालन कर पाता। उसका अहंकार उसे परामर्श से रोकता था और वह बिना सोचे-समझे फितूर में अपनी हर नयी योजना को एक पर एक लागू करता जा रहा था। राजकोष के खर्च और दान को लेकर उसमें कोई सन्तुलन ही नहीं था। निरंकुशता के कारण वह लगातार नृशंसता से पेश आता रहा और इसके पड़ते प्रभावों से गाफिल रहा। उसके सैनिक तक वफादार नहीं रह गये थे। प्रजा में भारी असन्तोष था। धर्मनिरपेक्षता के कारण मुसलमान आलिम, काजी, मौलवी या शेख उससे बुरी तरह नाराज थे, जो लगातार असहयोग कर रहे थे। अमीरों के बीच अनबन के कारण वे भी विश्वासघात में लगे थे। लगातार अकाल, महामारी ने भी उसके संकट को बढ़ा दिया था। असफलता का बीज उसके स्वभाव में ही था, शासन में ही था। जाहिरन साम्राज्य का पतन सुनिश्चित था।

बहरहाल, इन तमाम विद्रोहों के ऐतिहासिक विवरणों के विस्तार में नहीं जाकर कम-से-कम हम एक विद्रोह जो उसके शासन का पहला विद्रोह था, उस पर थोड़ा रुककर विचार करेंगे। गुरशास्प उसका चचेरा भाई ही था। उसने अपने पिता की मौत के बाद मुहम्मद तुगलक की अधीनता मानने से इंकार कर दिया। मुहम्मद तुगलक ने बिना समय गँवाये अबू रजा के नेतृत्व में एक सेना भेज दी। गुरशास्प गोदावरी पार कर सेना के साथ देवगिरि के पश्चिम की ओर बढ़ा और शाही सेना से युद्ध लड़ा। उसके सेनापति अहमद अयाज ने लगभग युद्ध अपने पक्ष में कर लिया था, लेकिन तभी उसका एक विश्वस्त व्यक्ति अबू रजा से जाकर मिल गया। फिर तो युद्ध का रुख ही बदल गया और गुरशास्प को सपरिवार भागना पड़ा। उसने कम्पिला के क्षत्रिय राजा राय के बारे में काफी कुछ सुन रखा था। वह उसी की शरण में पहुँचा। राय ने उसे संरक्षण में लिया और प्राण गँवाकर भी उसकी रक्षा करने का वचन दिया। आखिर सुल्तान की सेना कम्पिला पहुँची और किले को घेर लिया। पूरे दो महीने तक युद्ध चला, लेकिन राय को गुरशास्प के तथा अपने परिवार सहित किसी तरह भागकर अनेगुण्डी के किले में जाना पड़ा। सुल्तान की सेना वहाँ भी पहुँच गयी और

किले को घेर कर महीने-भर युद्ध करती रही। राय ने गुरशास्प को सपरिवार घोड़े पर बिठाकर चोरी-छुपे किले से बाहर निकाल दिया और अपनी जान-पहचान के एक शासक के पास भेज दिया। जब उसे लग गया कि अब पराजय निश्चित है तो उसने घर की स्त्रियों को जौहर से जलकर मर जाने दिया और खुद युद्ध करते हुए वीरगति प्राप्त की। शरणागत के लिये खुद, परिवार और राज्य को नष्ट कर देनेवाला ऐसा दुर्लभ अन्दाज मध्यकाल में ही देखने को मिलता है।

सेनापति अहमद अयाज ने किले पर कब्जा किया तो एक स्थानीय निवासी को घायलों और शवों की पहचान के लिये नियुक्त किया। वह वाणों से बिंधे एक सर को देखकर चिल्लाया। पूछने पर पता चला, यह राय का सर है। उसने सर को सोने के थाल में रखवाया और शरीर से खाल निकलवाकर उसमें भूसा भरा गया। राय के कुल ग्यारह पुत्र थे, जिन्हें कैद कर उसने सुल्तान मुहम्मद तुगलक के सामने पेश किया। सुल्तान राजा राय के व्यक्तित्व से बड़ा प्रभावित था। उसने उसके पुत्रों के साथ अच्छा व्यवहार किया। सबने इस्लाम कबूल किया। इब्ने बतूता की इनमें से तीन-नस्र, बख्तियार और अबू से मुलाकात भी हुई थी। सुल्तान और खुद इब्ने बतूता भी उसके पिता की शरणागत रक्षा के लिये इतना बड़ा बलिदान देने से बहुत प्रभावित था। गुरशास्प जिसके पास शरण की माँग करने गया था, इब्ने बतूता बताते हैं कि उसने कम्पिला के राय वाली गलती नहीं दोहरायी और उसे सुल्तान के हवाले कर दिया।

दार्शनिक, निपुण वक्ता, कवि और स्वतन्त्र विचारक मुहम्मद तुगलक के सामने जब जंजीरों से जकड़ा उसका चचेरा भाई गुरशास्प लाया गया तो उसने आदेश दिया—इसकी जीवित खाल खींचकर उसमें चोकर और भूसा भरकर पूरे शहर में घुमाया जाय। उसके कुछ मांस को चावल के साथ पकाकर उसकी पत्नी तथा बच्चों के पास भेजा। बाकी एक थाल में रखकर हथिनी को दिया, जो शायद मुहम्मद तुगलक से ज्यादा मानवीय थी। उसने मुँह फेर लिया। इब्ने बतूता कहता है कि भूसे से भरी खाल सिन्ध पहुँची तो वहाँ के राज्यपाल किश्लू खाँ ने उसे दफनाने का आदेश दिया। यह बात सुनकर सुल्तान बहुत नाराज हुआ। इस घटना ने मानो शैतान और सुल्तान के फर्क को ही मिटा दिया हो। बावजूद इतिहासकारों ने उसकी उपलब्धियों और तारीफों में ढेर सारे विवरण और तर्क दिये हैं। नृंशसता हमेशा अतीत में गतांक कर दी जाती है और इतिहासकार सभ्यता के सकारात्मक सूत्रों को पकड़कर आगे बढ़ जाते हैं। तमाम विद्रोहों को निर्ममतापूर्वक दबाने और अलाउद्दीन खलजी के राज्य की सीमा का विस्तार करने के लिये उसके प्रारम्भिक दस सालों को इतिहासकारों ने उसकी बड़ी उपलब्धि माना है।

मुहम्मद तुगलक ने जब देवगिरि को राजधानी बनाने का निर्णय लिया तो यह

दक्षिण में स्थापित पहली मुस्लिम शासित राजधानी बन गयी। उसने उसे दौलताबाद का नाम दिया। उसने शासन-सूत्र सँभालने के साथ ही दक्षिण के देवगिरि और तेलंगाना पर विजय प्राप्त कर उसे पाँच प्रान्तों—देवगिरि, तेलंगाना, माबर, द्वारसमुद्र और कम्पिली में बाँटकर अलग-अलग सूबेदार नियुक्त कर दिये। लेकिन दिल्ली से दक्षिण की दूरी और यातायात के साधनों का ऐसा अभाव था कि उस पर नियन्त्रण रखना कठिन था। इस कारण पाँचों प्रान्तों तथा दूसरें हिन्दू राजाओं के भीतर भी दिल्ली सुल्तान का भय अपेक्षाकृत कम था और वे थोड़ी आजादी महसूस कर सकते थे। प्रान्तों के सूबेदार अमूमन तुर्क थे और वे स्वतन्त्र शासक बनने की तमन्ना रखते थे। दक्षिण के हिन्दू राजाओं ने आगे चलकर अपना संघ भी बना लिया था और वे थोड़ी मजबूत स्थिति में आ गये थे। इसीलिये जब दक्षिण में विद्रोह शुरू हुआ और सुल्तान अकाल और प्लेग से बुरी तरह प्रभावित हुआ तो माबर, वारंगल और द्वारसमुद्र स्वतन्त्र राज्य बन गये। विजयनगर और बहमनी राज्यों ने भी अपनी आजादी का ऐलान कर दिया।

अपने शुरुआती दिनों की सनक में ही उसने दिल्ली के अमीरों से सामान्य नागरिकों तक को दौलताबाद जाने पर विवश कर दिया था। चालीस दिनों की यात्रावाली दूरी के बावजूद उसकी सोच यह थी कि इससे दक्षिण के विजित राज्यों पर वह आराम से दबदबा कायम रख पायेगा। याहिया सरहिन्दी के अनुसार, उसने हर दो मील पर आरामगाह बनवाये। परिवहन का प्रबन्ध किया, नागरिकों को आर्थिक मदद भी दी। प्रो. खलीक अहमद निजामी के अनुसार—''बरनी और एसामी दोनों विशिष्ट वर्ग के इस सीमित निष्क्रमण को बढ़ा-चढ़ाकर सम्पूर्ण आबादी को दौलताबाद के लिये स्थानान्तरण में बदल देते हैं। दिल्ली का विशिष्ट वर्ग दक्षिणी राजधानी के लिये एक उत्तम सामाजिक तथा आर्थिक वर्ग था और सुल्तान ने केवल उसी का साग्रह स्थानान्तरण किया और एक नये वातावरण और नये प्रदेश में बसने को विवश किया।''[30] जबकि बरनी और एसामी के वर्णनों में पूरी दिल्ली के जनविहीन होने और उसकी मार्मिक वीरानगी के चित्र भरे पड़े हैं। जाहिर था एक तानाशाह सुल्तान के आदेश को ठुकराना कठिन था, लेकिन इस अनिच्छित विस्थापन से लोगों के भीतर रोष और असन्तोष तो घर कर ही गया था। बाद में उसे वापसी भी करनी पड़ी। इस क्रम में भारी धन-सम्पदा की बर्बादी हुई सो अलग!

मुहम्मद तुगलक ने अपने राजस्व विभाग को बहुत व्यवस्थित कर लिया था। प्रचुर कर-संग्रह के कारण वह भारत के बाहर भी साम्राज्य विस्तार के सपने देखने लगा था। उसे सबसे ज्यादा आमदनी दोआब इलाके से होती थी, क्योंकि वह सरकार के मुख्यालय के समीप था और उस इलाके में हमेशा पानी भी रहता था। गृह-कर और चरागाह-कर वह अलग से वसूल करता था। लेकिन जब उसने

किसानों पर लगभग 5 से 10 प्रतिशत तक करों में और बढ़ोतरी की तो विरोध शुरू हो गया। अकाल ने इस बढ़ोतरी को असहनीय बना दिया। ऐसे में आर्थिक संकट, सैनिक असफलताएँ और सरकार के आदेशों के विरोध में वह इस कदर फँस गया कि उस जैसे जिद्दी और क्रूर शासक को भी अपने निर्णय पर पुनर्विचार करना पड़ा। उसने गैरशराई कर खत्म कर दिये और विदेश से आनेवाली वस्तुओं पर भी किसी प्रकार का कर नहीं लगाया। लेकिन अकाल इतना जबर्दस्त था, लोग भूख के मारे तड़प-तड़पकर मर रहे थे, आत्महत्याएँ कर रहे थे कि वह तमाम कोशिशों के बावजूद हालात पर नियन्त्रण नहीं रख सका। बरनी ने लिखा है—''देहली में घोर अकाल पड़ा हुआ था। आदमी-आदमी को खाये जाते थे। सुल्तान मुहम्मद ने कृषि के लिये बहुत प्रयास किया। कुएँ खुदवाने का आदेश दिया, किन्तु प्रजा इस आदेश का पालन करने में असमर्थ रही।'' ऐसे हालात में भी उसकी क्रूरता का यह आलम था कि ''लोगों के मुँह से यदि उसके विरुद्ध कुछ निकल जाता तो उन्हें उसके कारण कठोर दंड दिये जाते और बहुतों की हत्या कर दी जाती।''[31] उसकी शान पूरी तरह फीकी पड़ गयी।

बरनी के अनुसार सुल्तान ने इराक, ईरान और तूरान के इलाके को जीतने के लिये एक विशाल सेना 3,70,000 सैनिकों की तैयार की और सभी को साल-भर का अग्रिम वेतन भी दे दिया। उसकी योजना थी कि बाद में जीते गये राज्यों को लूट के माल से सेना का खर्च निकल जायेगा। लेकिन यह अभियान परवान नहीं चढ़ सका। ऐसे में उसने काफी सैनिकों को हटा दिया और बाकी सेना दक्षिण भेज दी। इससे सैनिकों में निराशा, असन्तोष फैला और राज्य में बेरोजगारी में बहुत बढ़ोतरी हो गयी। इसका असर शाही खजाने पर पड़ा। वह लगभग खाली हो गया। उसने चीन की सीमा से सटे हिमालय में अपनी सेना भेजी। उसने आदेश दिया कि कराजिल पर्वत माला के मध्य जो प्रदेश है उसे जीत लिया जाय। वहाँ के लड़ाकू हिन्दू सैनिकों ने वापसी के मार्ग को घेर लिया; सुल्तान की सेना का ऐसा विनाश किया कि बरनी के लिखे पर यकीन करें तो मात्र 10 सवारों की ही वापसी हो पायी। शेष सेना शहीद हो गयी। इसका राज्य पर भारी असर पड़ा।

इसी दौरान उसका एक और निर्णय बुरी तरह असफल हुआ। उसने सोने-चाँदी की जगह ताँबे के सिक्के ढलवाये और उनकी वही कीमत मान्य कर दी। फलत: सभी चतुर नागरिकों ने घर-घर टकसाल की तरह सिक्के ढलवा लिये और वे थोड़े दिनों में ही अमीर बन गये। ताँबे के तनकों के ढेर लगने लगे और विदेशी व्यापारियों ने अपना माल लाना बन्द कर दिया। इस तरह विपुल मात्रा में समानान्तर मुद्रा ने राज्य का दिवाला निकाल दिया। गुस्से और खीझ से भरे सुल्तान को अपना निर्णय वापस लेना पड़ा। पूरे राज्य में आर्थिक अराजकता फैल गयी और लोग

परेशान हो गये। मुद्रा तो पर्याप्त थी, परन्तु माल नहीं था।

विद्रोह के लगातार सिलसिले को शान्त करते, स्वयं राज्य को पटरी पर लाने की कोशिशें करते सुल्तान मुहम्मद के भीतर खिन्नता भरने लगी थी। देवगिरि के हाथ से निकलने को वह अन्दर से सह नहीं पा रहा था। उसने बरनी को अपने पास बुलाकर कहा—"मेरा राज्य रुग्ण है और रोग किसी प्रकार समाप्त नहीं होता। जिस तरह कोई हकीम सिर की पीड़ा का इलाज करता है तो ज्वर बढ़ जाता है और यदि ज्वर का इलाज करता है तो सिर की पीड़ा; उसी प्रकार मेरा राज्य भी रोगी हो गया है। यदि एक ओर सुव्यवस्थित करता हूँ तो दूसरी ओर अव्यवस्था पैदा हो जाती है। यदि मैं किसी एक दिशा को सुशासित करता हूँ तो दूसरी ओर अशान्ति फैल जाती है। तू मुझे बता कि प्राचीन बादशाह राज्य के इन रोगों के विषय में किस प्रकार आचरण करते थे।" इस पूरे सवाल में सुल्तान मुहम्मद बरनी को परामर्शदाता का दर्जा नहीं देता है। वह सिर्फ इतिहास से उदाहरण चाहता है। बरनी एक तो प्रजा में अविश्वास पैदा होने पर राज्य पुत्रों को सौंप एकान्तवास का उदाहरण पेश करते हैं। दूसरे उदाहरण में वे राज्य को वजीरों, अधिकारियों और कारिन्दों को सौंप खुद शिकार, संगीत और मदिरापान का आनन्द लेने की बात करते हैं। आखिर में बरनी बहुत बेबाक हो जाते हैं—"राज्य के रोगों में सबसे बड़ा तथा घातक रोग यह है कि राज्य के साधारण तथा विशेष व्यक्ति बादशाह से घृणा करने लगें तथा प्रजा का विश्वास बादशाह पर न रहे।" बादशाह न तो उस पर नाराज होता है और न ही कोई सीख लेता है। वह कहता है कि उसके पास एक ही औषधि है—तलवार। वह यथास्थिति से तनिक भी टस से मस होने को तैयार नहीं—"मैं लोगों की हत्या करता हूँ तथा तलवार चलाता हूँ जिससे वे या तो टुकड़े-टुकड़े हो जायँ या ठीक ही हो जायँ। जितना अधिक लोग विद्रोह करेंगे उतना ही अधिक मैं लोगों की हत्या कराऊँगा।"[32] आश्चर्य यह है कि सुल्तान मुहम्मद के दार्शनिक, विचारक, लेखक, कवि और वक्ता के गुणों की उसके जीवन, आचरण और सोच में कोई भूमिका ही नहीं थी। फिर ये गुण थे किस काम के?

मुहम्मद तुगलक के पिता ने तुर्की के व्यापारी से तगी नामक एक दास को खरीदा था, जिसे उसने दरबार का निरीक्षक बना दिया था। बाद में वह वजीर की सेना में अधिकारी बन गया। एक बार मुहम्मद तुगलक ने उसे किसी लापरवाही के कारण सजा दी और उसे निर्वासित कर दिया। गुजरात के काजी जमाम के विद्रोह में उसने सुल्तान के पक्ष में कुछ कारगर कोशिश की तो सुल्तान ने प्रसन्न होकर उसे फिर से दरबार का निरीक्षक बना दिया। कुछ दिनों तक गुजरात में भी रहा था। जब सुल्तान मुहम्मद तुगलक दौलताबाद के विद्रोह को दबाने के अभियान में खुद निकला तो तगी में महत्त्वाकांक्षा जग गयी। उसने गुजरात के असन्तुष्ट और नाराज

अमीरों के साथ मिलकर विद्रोह कर दिया और खुलकर विद्रोहियों का नेतृत्व करने लगा। उसने सुल्तान के विश्वासपात्र अन्हिलवाड़ा के राज्यपाल की हत्या कर दी और एक विशाल सेना के साथ भड़ौच को घेर लिया। एक बार करनाल के शासक ने उसे बन्दी बनाकर सुल्तान को सौंपना भी चाहा, लेकिन वह धोखा देकर भाग निकला। सुल्तान उसके पीछे पड़ गया और इस अभियान में वह काठियावाड़ में गोंदल पहुँच गया।

जब वह अपनी अपार सेना के साथ विद्रोही और धोखेबाज तगी का पीछा करते थट्टा की ओर जाने की राह में था, उस दिन मुहर्रम की दसवीं थी। सुल्तान का रोजा था। रोजा खोलते समय उसने जो मछली खायी, वह ठीक से पची नहीं और वह बीमार पड़ गया। उसे बुखार भी आ गया। वह सिन्धु नदी में नाव से चला और थट्टा के चौदह कोस पूर्व पड़ाव डाला। उसका रोग धीरे-धीरे बढ़ता जा रहा था। सेना परेशान थी; लोगों में कोहराम मचा हुआ था। वह अपने परिवार से हजारों मील दूर शत्रु का पीछा करते उसके करीब पहुँच चुका था। 20 मार्च 1351 को सिन्धु नदी के किनारे शाही पड़ाव में सुल्तान मुहम्मद का अन्त हो गया। सुरक्षित दुश्मन तगी सिर्फ 14 कोस की दूरी पर था। शाही सेना, अमला-कफला विद्रोहियों, शत्रुओं और मंगोलों से घिरी निर्जीव सुल्तान के नेतृत्व में पूरी तरह किंकर्त्तव्यविमूढ़ हो गयी। बरनी ने इस अवसर पर कुछ छन्द लिखे—

यह कयामत का दिन है उठ! और फाड़ डाल,
आसमानों के महल के गुम्बज की छत।
बादशाह मुहम्मद मिट्टी के अन्दर सो गया,
दुख प्रकट करने के लिये अपने वस्त्र काले कर ले।
और फिर शोक के हाथों से संसार के शरीर पर,
मिट्टी फेंक! इस सम्मानित वस्त्र पर।[33]

मुहम्मद तुगलक की जिस जगह और जिन विषम परिस्थितियों में मौत हुई, उसमें शामिल सैनिकों और लोगों के संकट की सिर्फ कल्पना ही की जा सकती थी। बरनी के अनुसार, शिविर में लगभग दो हजार आदमी थे। यह बात सभी को मालूम थी कि उसका कोई पुत्र नहीं था और न ही उसने सुल्तान के बारे में कोई वसीयत छोड़ी थी। इस्लामी राज की रवायतों के अनुसार सुल्तान के चयन में जिन अमीरों, अधिकारियों की सहमति जरूरी थी उनमें अधिकांश दिल्ली में थे। वहाँ न ही विभिन्न प्रान्तों के राज्यपालों की सहमति ही सम्भव थी। इधर मंगोलों और थट्टा के सैनिकों का खतरा हर पल मडँरा रहा था। अन्त में उच्च अधिकारियों ने सबसे पहले मंगोल सेनापति अल्तून को जिसे अमीर कजगान ने सुल्तान की मदद के लिये ही भेजा था—उसे भरपूर धन देकर उससे शाही शिविर से दूर रहने का आश्वासन

लिया गया। 21 मार्च को शोक और 22 मार्च को सारे कर्मकांड निबटाकर काफिले को सिन्धु के पूर्वी किनारे से सिबिस्तान की ओर कूच कर दिया गया। लेकिन जिस नौरोज कगनि को सुल्तान मुहम्मद ने दिल्ली सल्तनत में प्रोन्नति दी थी, जो तर्माशिरीं खाँ का जामाता था, उसने मंगोलों को भड़काकर शाही काफिले पर आक्रमण करवा दिया। बड़ी-बड़ी मुश्किल से महिलाओं और राजकोष को बचाया जा सका। थट्टा सैनिक भी आक्रमण कर रहे थे, लेकिन उसका सामना थोड़ा आसान था।

काफिला आगे बढ़ रहा था लेकिन इस बात पर भी मन्थन चल रहा था कि सुल्तान का चयन जरूरी है क्योंकि दिल्ली अभी काफी दूर है। ज्यादातर लोग तुगलक के छोटे भाई रजब के पुत्र फीरोज के पक्ष में थे जबकि उसकी बहन अपने बेटे के। आखिर में वह भी मान गयी। अनिच्छा के बावजूद फीरोज ने पद स्वीकार कर लिया। गोकि फीरोज मुहम्मद तुगलक की तरह पेशेवर सैनिक नहीं था। उसने अपने चचेरे भाई मुहम्मद तुगलक की बात निष्ठा और ईमानदारी से मानी थी। राज्यारोहण के समय उसकी उम्र पैंतालीस साल की थी।

सुल्तान बनने के पहले दिन से ही उसने अमीरों को आदेश दिया और पीछे से शिविर लूटनेवाले थट्टा सैनिकों का वध करा दिया। फिर उसने मंगोलों पर आक्रमण कर उन्हें भी भगाया। उसका काफिला सुरक्षित सिबिस्तान पहुँचा। कुछ दिनों तक वह वहीं रुका। सैनिकों और घोड़ों को आराम करने का मौका मिला। उसने वहाँ मलिकों, अमीरों, गणमान्य व्यक्तियों को खिलअतें दीं, आलिमों और सूफियों को उपहार दिये, गरीबों पर धन न्योछावर किया, सेना को ईनाम दिया। वहाँ जिसकी जमीनें या अन्य सम्पत्ति जो जब्त की गयी थी, उसे लौटा दिया। मजारों के दर्शन किये। फिर दिल्ली रवाना हुआ। भक्कर में भी वह रुका और वहाँ भी लोगों को उपकृत किया। शेख जमालुद्दीन की नष्ट खानकाह को आबाद किया। वहाँ से दिल्ली चला तो उसे रास्ते में ही अहमद अयाज के षड्यन्त्र का पता चल गया। उसने एक 6 वर्षीय बालक को मुहम्मद तुगलक का बेटा बनाकर सिंहासन पर बैठा दिया था। सारे अधिकारी, सैनिक और लोग चकित थे कि जब सुल्तान का कोई पुत्र ही नहीं था तो चौरासी वर्षीय इस बूढ़े को क्या फितूर सवार हुआ? सुल्तान फीरोज शाह का काफिला दीपालपुर, फतेहाबाद, हाँसी में विश्राम करते दिल्ली के मात्र तीस कोस निकट पहुँचा तो अहमद अयाज डर से काँपने लगा। बाद में उसने जमीन पर झुककर माफी माँगी। सुल्तान ने उसकी जान बख्श दी। उसका साथ देनेवालों में भी किसी का वध नहीं कराया। यह एक नयी बात थी। लेकिन जो सुल्तान की हत्या के चार-पाँच युवा षड्यन्त्रकारी थे उनको उसने जरूर मरवा डाला। लेकिन उसकी उदारता और शान्तिप्रियता का लाभ दुकानदार, व्यापारी, अनाज की चोरबाजारी करनेवाले

आढ़ती, सर्राफ और ऋणदाताओं ने जमकर उठाया। अधिकांश राज का कर खराज भी नहीं देते थे। उसने ऋण देनेवाली पंजिका ही नष्ट कर दी और किसी से कोई बकाया वसूल नहीं किया, सभी ऋण माफ कर दिये गये। दिल्ली नगर के लगभग सारे निवासी इससे बड़ी राहत महसूस कर रहे थे। उसने गरीबों को भी इतना धन बाँटा कि दिल्ली शहर में कोई गरीब ही न रहा।

मलिक, अमीर, अधिकारी, सैनिक, साहूकार, व्यापारी और नगर निवासी सभी सन्तुष्ट और प्रसन्न हो गये और नये सुल्तान के मुरीद हो गये। उसने मलिक मकबूल को नायब वजीर बहाल किया और उसे खान-ए-जहाँ के खिताब से नवाजा। उसने उसका वार्षिक वेतन तेरह लाख कर दिया जो उस समय के लिहाज से बहुत ही ज्यादा था। उसने अनेक पदों पर लोगों की नियुक्ति की। वह इस मामले में सतर्क था कि राज्य में असन्तोष न पनपे और उसकी पूरी सुरक्षा हो—इसका ध्यान रहे। इसमें सबसे बड़ी भूमिका उसके नियुक्त वजीर मलिक मकबूल की थी जो बड़ा ही काबिल व्यक्ति था। उसने बड़ी ईमानदारी से अपना दायित्व पूरा किया। उसे पता था कि राज्य की आमदनी का मुख्य आधार राजस्व है। इसलिये उसने पूरे प्रान्त की सघन जाँच-पड़ताल कर अराजकता खत्म की और व्यवस्था को चुस्त-दुरुस्त बनाया। उसने चार महत्त्वपूर्ण नहरों का निर्माण भी कराया, जिससे सिंचाई व्यवस्था अच्छी हो गयी। इसका सीधा असर उपज और राजस्व संग्रह पर पड़ा। लगभग 160 मील के क्षेत्र का तो उसने कायाकल्प ही कर दिया। उसने बारह हजार नये बाग लगवाये। इससे राज्य को सालाना एक लाख अस्सी हजार तनके का लाभ होने लगा। उसने अपने कार्यकाल में लगभग छत्तीस कारखाने स्थापित किये, जिसके उत्पादित सामानों की बिक्री से राजकोष में अप्रत्याशित वृद्धि हुई और लोगों को रोजगार मिला। व्यापारिक गतिविधियों के विस्तार से भी जनता में खुशहाली आयी। कर वसूली में भी काफी गड़बड़ियाँ थीं; उसने इसे रोकने के लिये कर वसूली के लिये ठीकेदारी प्रथा लागू कर दी। शुद्ध धातुओं के सिक्के में टकसाल अधिकारी की बेईमानी से विदेशी व्यापार प्रभावित होता था। उसने उसे तुरन्त बर्खास्त कर दिया और सिक्कों की धातुओं की शुद्धता सुनिश्चित कर दी। उसने दो तरह की सैनिक व्यवस्था बनायी। अस्थायी सैनिक—जिनको वह नगद वेतन देता और स्थायी सैनिकों में कुछ को जागीर तो कुछ को भू-राजस्व वसूली का अधिकार ही दे दिया।

फीरोज शाह की उदार दानशीलता का बरनी ने बहुत खुलकर वर्णन किया है। उसने लिखा है कि "दो-तीन वर्षों में कोई दिन ऐसा व्यतीत न होता था जब दीवाने रिसालत वाले बड़े स्नेह से सैयदों, शेखों, आलिमों, सूफियों, हाफिजों, मस्जिद वालों, कलन्दरों, हैदरियों, रौजों के सेवकों, मफरूजियों, कृषकों, भिखारियों, सहायता पाने के वास्तविक अधिकारियों, लूले-लँगड़े लोगों, बेकार व्यक्तियों, वृद्ध

स्त्रियों तथा अनाथों के प्रार्थना-पत्र राजसिंहासन के सामने न प्रस्तुत करते हों।''[34] उसके अनुसार इन सबको वह दान देता था। सैकड़ोंवाले, हजारों और हजारोंवाले लाखों में आ गये। उसने खानकाहों का पुनरुद्धार किया। बंजर जमीनों को गरीब किसानों में बाँटा। उसने अस्पताल भी बनवाये, जहाँ योग्य वैद्य और हकीम रहते थे और मुफ्त में इलाज करते थे। दवा और भोजन तक के पैसे नहीं लिये जाते थे। मजारों, खानकाहों के लिये उसने जागीरें दे रखी थीं। बरनी के अनुसार तो उसने अपने कार्यकाल में 50 बाँध, 40 मस्जिदें, 30 मदरसे, 20 महल, 100 सराय, 30 झील, 100 औषधालय, 5 मकबरे, 100 स्नानगृह, 10 स्तम्भ, 150 पुल-पुलिया और 40 कुओं का निर्माण कराया था। उसे दास खरीदने का ऐसा शौक था कि एक समय उसके राज्य में दासों की संख्या एक लाख अस्सी हजार पहुँच गयी थी। उसे राज्यों के इतिहास की जानकारी थी। उसने अपने उत्तराधिकारी का नाम भी तय कर दिया था। उसकी सांस्कृतिक अभिरुचि ऐसी थी कि उसके यहाँ विद्वानों, कलाकारों और संगीतज्ञों की कुल संख्या तीन हजार तक पहुँच गयी थी।

फीरोज शाह का कोई एक विभाग अगर गलत था और जनता का एक बड़ा हिस्सा उससे प्रताड़ित था तो वह था—न्याय विभाग। वह सुन्नी मुसलमान था और उसमें धार्मिक कट्टरता भी थी। फीरोज शाह कट्टर सुन्नी आग्रहोंवाला सुल्तान था। अपनी इसी धर्मप्रियता के कारण उसने न्याय विभाग पूरी तरह उलेमा के लिये सुरक्षित कर दिया था। उसने मुसलमानों को मृत्यु-दंड से पूरी तरह मुक्त कर दिया। इसका बहुत बुरा असर पड़ा और बड़े-बड़े अपराधों में इजाफा हुआ तथा उनमें इनकी भागीदारी बहुत बढ़ गयी। यह धार्मिक विशेषाधिकार की बिल्कुल नयी व्यवस्था थी। इससे न्याय में निष्पक्षता बुरी तरह प्रभावित हुई। धार्मिक कट्टरता के कारण उलेमा हिन्दुओं और शियाओं के प्रति निर्मम व्यवहार करने लगे थे। उनका शासन में दबदबा बढ़ गया था और धर्म राजनीतिक तथा शासन को प्रभावित करने लगा था। वे बढ़-चढ़कर धर्मान्तरण के लिये भी प्रोत्साहित करने लगे थे और कभी-कभी कोई जन मुश्किल पेच में फँस जाता था तो उसे विवश होकर धर्मान्तरण करना पड़ता था। उलेमा का सुल्तान पर इतना दबाव बढ़ गया कि जो फीरोज शाह हिन्दुओं को पूजा-त्योहार के लिये पूरी तरह छूट दिये हुए था, उसने मन्दिर और मूर्तियाँ तक तोड़ीं। शियाओं को कई धार्मिक कर्मकांड करने से रोका गया और महत्त्वपूर्ण मेहदवी नेता रुकनुद्दीन का तो वध ही करवा दिया गया। आखिर में उलेमा की मनमानी और अत्याचारों का विरोध बढ़ने लगा तो फीरोज शाह भी नाराज हो गया। वे छूट का नाजायज लाभ उठाने लगे और उनकी महत्त्वाकांक्षाएँ भी परवान चढ़ने लगीं तो फीरोज के कान खड़े हुए। उसने नियन्त्रण करना शुरू किया, लेकिन उलेमा मनमानी पर किसी तरह की कटौती के लिये तैयार नहीं थे। वे भड़क गये और प्रभावशाली

मलिकों, अमीरों और प्रभावशाली सुन्नी नागरिकों को उकसाकर गृहयुद्ध जैसे हालात पैदा कर दिये। उसने बड़ी बुद्धिमत्ता और सख्ती से इसे शान्त किया।

लखनौती के शासक के बारे में पता चला कि वह आजाद होने की योजना बना रहा है। उसने कर-खिराज भी बन्द कर दिया था। फीरोज शाह ने एक बड़ी सेना के साथ सरयू पार की तो वह भागकर तिरहुत चला गया। उसने लखनौती, गोरखपुर दोनों जगहों पर अपना प्रभाव कायम किया। गोरखपुर के राय ने उपहार दिये और खाकबोस किया; अधीनता मान ली और कर-खराज देना भी स्वीकार कर लिया। पंडुवा से तिरहुत पहुँचने पर वहाँ के राय और जमींदारों ने अधीनता मान ली और उपहार पेश किये। इलियास वहाँ से भी भागकर एकदला चला गया था। एकदला में इलियास ने शाही सेना से युद्ध लड़ा, लेकिन भारी जन-धन की बर्बादी के बाद पराजित होकर भाग गया। एकदला को लूट लिया गया। सुल्तान ने निरपराध लोगों की हत्या नहीं करने दी और हाथी, घोड़ा तथा धन-दौलत लेकर वह वापस दिल्ली लौट गया।

बरनी के अनुसार मंगोल एक बार सोदरा नदी पार कर घुस गये और उपद्रव करने लगे। फीरोज शाह ने उनको पकड़कर मार डाला और बन्दियों को गले में लकड़ी का घेरा डाल ऊँट पर घुमवाया। अधिकांश भागने के क्रम में सोदरा नदी में डूबकर मर गये। दूसरी बार फिर गुजरात पर आक्रमण किया। वहाँ भी उनकी बड़े पैमाने पर हत्या हुई और उनको इस तरह घेरा कि कई मंगोल पानी के बिना तड़पकर मर गये।

बरनी ने लिखा है कि सुल्तान फीरोज शाह को शिकार करने का बड़ा शौक था। लिखा है—"जब वह शिकार खेलने उन स्थानों पर गया तो उसने जंगल में न तो कोई चीता छोड़ा और न कोई भेड़िया, नीलगाय, हिरण या बारहसिंगा, न मुझे कोई पक्षी ही हवा में उड़ता अथवा जल के निकट उतरता हुआ दिखाई देता है।"[35] इससे इतना मांस जमा हो जाता था कि गाय या भेड़ की हत्या करने की जरूरत ही नहीं पड़ती थी। बरनी ने मात्र छह वर्षों का हाल ही देखा और लिखा। आगे के इतिहास की मूल स्रोत सामग्री के लिये इतिहासकार सबसे अधिक उसके समकालीन शम्स सिराज अफीफ के लिखे पर निर्भर रहते हैं।

शम्स सिराज अफीफ सुल्तान फीरोज शाह का समकालीन था। मध्यकाल पर काम करनेवाले लगभग तमाम बड़े इतिहासकारों ने इसके लिखे बरनी के ही समनाम इतिहास ग्रन्थ 'तारीखे-फीरोजशाही' को ही मूल स्रोत सामग्री के रूप में अध्ययन का आधार-ग्रंथ बनाया। अफीफ ने लिखा है कि उसने एकदला का नाम आजादपुर कर दिया था। उसके अनुसार दिल्ली के निकट हिसार नगर को उसी ने आबाद किया था। उसने एक तरह से नहर तथा जल-संग्रह का इसे केन्द्र ही बना दिया। यहाँ पानी

जमीन की सतह से मात्र चार गज नीचे था। उसने पूरे मन से दिल्ली के पास फीरोजाबाद नगर का निर्माण किया था। यमुना के किनारे कावीन गाँव को उसने चुना और 18 गाँवों को मिलाकर इस नगर का निर्माण किया। यह दिल्ली से मात्र पाँच कोस की दूरी पर था। जिन दिनों वह फीरोजाबाद के निर्माण में लगा था, उन्हीं दिनों शम्सुद्दीन ने सोनारगाँव के शासक फखरुद्दीन को मार डाला और वहाँ का शासक बन गया। उसके जामाता जफर खाँ ने सुल्तान फीरोज शाह की चरण-वन्दना कर अपने पर हुए अत्याचार के लिये मदद माँगी। फीरोज शाह ने उसकी बात मान ली।

फीरोज शाह कन्नौज, अवध होते हुए जौनपुर पहुँचा तो वहाँ छह माह रुका। वहाँ शम्सुद्दीन का बेटा सुल्तान सिकन्दर शासक था। वह भागकर एकदला द्वीप में घुस गया। लेकिन उसने सुल्तान को बहुत सारा उपहार देकर अन्ततः उसकी अधीनता मान ली। जफर खाँ को सोनारगाँव में जान का भय था, इसलिये वह बादशाह की शरण में सपरिवार दिल्ली ही रह गया। फीरोज शाह जौनपुर से जाजनगर पहुँचा और वहाँ से आठ जंगली हाथियों को काबू कर दिल्ली वापसी की। रास्ता भटकने के कारण उसे वापसी में छह माह लग गये। दिल्ली से बाद में दौलताबाद की ओर प्रस्थान करते हुए उसने नगरकोट के किले को जीता। उसने थट्टावालों से फिर युद्ध किया और वहीं से गुजरात की ओर गया। रास्ते में कूँचीरन में भूख और प्यास से पूरी सेना और वह स्वयं इतना व्यथित हुआ कि उसने आगे युद्ध से ही तौबा करने की सोची। उसे बाद में एमादुलमुल्क को दिल्ली भेजकर सेना मँगानी पड़ी। आखिर में थट्टा के शासक जाम और बाँहबना ने फीरोज शाह के चरणों में माथा टेक दिया। सुल्तान ने दोनों को एक-एक अरबी घोड़ा देकर सम्मान दिया और उनकी जान भी बख्श दी। फिर सुल्तान फीरोज शाह ने दिल्ली वापसी का फरमान दिया।

इसके बाद उसने सचमुच बड़े युद्धों से तौबा कर ली और राज्य के सुशासन में लग गया। उसे मुहम्मद तुगलक की तरह खलीफा की ओर से खिलअत हासिल हुई। यह बहुत बड़ा सम्मान था। उसने राज्य की व्यवस्था ऐसी कर दी थी कि सारा सामान सस्ता मिलने लगा था और प्रजा को किसी तरह की कोई दिक्कत नहीं थी। उसके दरबार में विद्वान, आलिम, कलाकार, गायक तो बड़ी संख्या में थे ही, नृत्य और गायन की मजलिसें भी सजती रहती थीं। उसके काल में चित्रकला का भी काफी विकास हुआ। लेकिन बाद में उसने जजिया भी लगाया और एक ब्राह्मण को सामूहिक मूर्ति-पूजा के अपराध में जिन्दा जलवा दिया। उसने अपने प्रिय पात्र और मलिक एमादुलमुल्क के षड्यन्त्र से नाराज होकर उसकी तेरह करोड़ की सम्पत्ति राज्यकोष में जमा करा दी। अपने आखिरी दौर में उसने तमाम दासों को आजाद कर दिया था।

शम्स अफीफ ने लिखा है कि सुल्तान अपने आखिरी दिनों में तीन बातों पर

सबसे ज्यादा ध्यान देता था। पहले तो वह बन्दियों का बड़ा ख्याल रखता और जिसे मुक्त किया जा सकता था—उसे मुक्त कर देता। अपने अधिकारियों को चेतावनी देता कि किसी को ज्यादा न सताया जाय और लम्बे समय तक किसी को बन्दी बनाकर नहीं रखा जाय। सबसे महत्त्वपूर्ण बात यह थी कि मुक्त करते समय कैदियों को वैसी जगह भिजवाता, जहाँ उनके लिये नौकरी या रोजगार की व्यवस्था वह पहले से कर चुका होता था। यह रेखांकित करनेवाली बात है। दूसरा काम मस्जिदों का ख्याल करना, जहाँ उसने इमाम और मुअज्जिन नियुक्त कर दिये थे। वह सारी व्यवस्था का ध्यान रखता था। तीसरी बात वह दीनों के प्रति न्याय करता। वह पीड़ित से पूछता कि "उसे उसके पास क्यों आना पड़ा, उसने अधिकारियों से गुहार क्यों नहीं की?" उसे पता चलता कि अधिकारियों ने टालमटोल या उपेक्षा बरती है तो वह उनको डाँटता-फटकारता। उसने कभी किसी दीन-दुखिया को बिना न्याय दिये वापस नहीं किया। वह बहुत वृद्ध हो चुका था और उसने अपने सारे अधिकार अपने पौत्र (प्रपौत्र) तुगलक शाह बिन फतह खाँ को सौंप दिये। 20 सितम्बर 1388 ई. को अस्सी साल की आयु में उसका इन्तकाल हो गया।

फीरोज शाह की शासन व्यवस्था का सारा श्रेय उसके वजीर खानेजहाँ मकबूल को जाता है। वह था तो निरक्षर लेकिन उसमें हद दर्जे की काबिलियत थी। उसकी निष्ठा भी अन्त-अन्त तक बनी रही। उसके शासन में उज्ज्वल पक्ष बहुत हैं और अगर उसकी धार्मिक कट्टरता के कारण हिन्दुओं और शियाओं के प्रति बरते गये कड़े रुख को छोड़ दिया जाय तो ऐसा शासन शायद ही किसी पूर्व सुल्तान का रहा हो। उलेमा के असर के कारण उसके शासन पर यह कलंक बना रह गया। जागीरदारों, अमीरों और उलेमा को प्रश्रय देना उसकी बहुत बड़ी चूक थी। भ्रष्टाचार पर वह कठोर दंड नहीं दे पाता था। ठीकेदारी से कर-वसूली और जागीर पर स्थायी सैनिकों को रखने का निर्णय भी गलत था। उसने सेना को भी सुसंगठित और ताकतवर नहीं बनाया वरना बंगाल, जाजनगर और सिन्ध के आक्रमण अधूरे परिणामोंवाले नहीं होते। जाहिर था उसने शासन को ऐसा नहीं रखा था कि बाद में आनेवाला सुल्तान आसानी से संचालित कर पाता। तुगलक शाह (1388-89) ने सुरा-सुन्दरी का आनन्द लेना शुरू ही किया था कि फीरोज शाह के दूसरे पुत्र जफर खाँ के बेटे अबू वक्र उसे मारकर खुद सत्ता पर काबिज हो गया। अबू वक्र (1389-90) से फीरोज शाह के तीसरे बेटे मुहम्मद शाह ने तिकड़म कर सत्ता हासिल कर ली और अबू वक्र को जान बचाने के लिये भागना पड़ा। मुहम्मद शाह 1309 ई. में गद्‌दी पर बैठा और षड्यन्त्र में मदद करनेवाले कोतवाल इस्लाम खाँ को वजीर बना दिया। उसने सेना भेज अबू वक्र को बन्दी बना लिया और वह कुछ दिनों बाद कैद में ही मर गया। उसने जफर खाँ को गुजरात भेजकर अपनी सत्ता बहाल कर दी और उसे ही वहाँ का

शासक बना दिया। राज्य के छिटफुट विद्रोहों को रोकने की कोशिश भी की, मगर 1394 में उसकी मृत्यु हो गयी। उसके बाद उसका बड़ा बेटा और फिर उसका भाई महमूद शाह कहने को तो 1412 तक सुल्तान बना रहा, लेकिन नाम-भर के लिये। षड्यन्त्रों का अन्तहीन सिलसिला और अधीनस्थ प्रान्तों की आजादी ने पूरी सल्तनत को खोखला कर दिया था। ऐसे जर्जर राज्य पर तैमूर लंग की चढ़ाई ने तुगलक वंश के शासन का ही पूरी तरह अन्त कर दिया। यह वंश इतिहास का एक अध्याय बनकर पूरी तरह अतीत में गतांक हो गया।

सन्दर्भ-स्रोत—

1. तुगलककालीन भारत (1)-इब्ने बतूता की भारत यात्रा के संस्मरण-सं./अनुवादक-डॉ. सैयद अतहर अब्बास रिजवी — पृष्ठ-178,179
2. दिल्ली सल्तनत-डॉ. मुहम्मद हबीब, प्रो. खलीक अहमद निजामी — पृष्ठ-378
3. इतिहास का मतान्तर-डॉ. मुबारक अली — पृष्ठ-30
4. दिल्ली सल्तनत-डॉ. मुहम्मद हबीब, प्रो. खलीक अहमद निजामी — पृष्ठ-402
5. मुस्लिम प्रशासन के कुछ पहलू-डॉ. आर. पी. त्रिपाठी — पृष्ठ-142
6. तुगलककालीन भारत (1)-तारीखे-फीरोजशाही, जियाउद्दीन बरनी-सं./अनुवादक-डॉ. सैयद अतहर अब्बास रिजवी — पृष्ठ-15
7. तुगलककालीन भारत (1)-तारीखे-फीरोजशाही, जियाउददीन बरनी-सं./अनुवादक-डॉ. सैयद अतहर अब्बास रिजवी — पृष्ठ-16,17
8. दिल्ली सल्तनत-डॉ. मुहम्मद हबीब, प्रो. खलीक अहमद निजामी — पृष्ठ-407
9. तुगलककालीन भारत (1)-तारीखे-फीरोजशाही, जियाउददीन बरनी-सं./अनुवादक-डॉ. सैयद अतहर अब्बास रिजवी — पृष्ठ-25
10. तुगलककालीन भारत (1)-इब्ने बतूता का का यात्रा संस्मरण-सं. अनुवादक-डॉ. सैयद अतहर अब्बास रिजवी — पृष्ठ-182
11. शेख निजामुद्दीन औलिया-डॉ. खलीक अहमद निजामी — पृष्ठ-57
12. तुगलककालीन भारत (1)-तारीखे-फीरोजशाही, जियाउद्दीन बरनी-सं./अनुवादक-डॉ. सैयद अतहर अब्बास रिजवी — पृष्ठ-30
13. दिल्ली सल्तनत-मुहम्मद हबीब, खलीक अहमद निजामी — पृष्ठ-420
14. दिल्ली सल्तनत-डॉ. कौलेश्वर राय — पृष्ठ-173
15. तुगलककालीन भारत (1)-तारीखे-फीरोजशाही, जियाउद्दीन बरनी-सं./अनुवादक-डॉ. सैयद अतहर अब्बास रिजवी — पृष्ठ-33
16. तुगलक कालीन भारत (1)-तारीखे-फीरोजशाही, जियाउद्दीन बरनी-सं./अनुवादक-डॉ. सैयद अतहर अब्बास रिजवी — पृष्ठ-34
17. तुगलककालीन भारत (1)-तारीखे-फीरोजशाही, जियाउद्दीन बरनी-सं./अनुवादक-डॉ. सैयद अतहर अब्बास रिजवी — पृष्ठ-34

18. तुगलककालीन भारत (1)-तारीखे-फीरोजशाही, जियाउद्दीन बरनी-सं./अनुवादक-डॉ. सैयद अतहर अब्बास रिजवी पृष्ठ-35
19. दिल्ली सल्तनत-मुहम्मद हबीब, खलीक अहमद निजामी पृष्ठ-424
20. इब्ने बतूता की भारत यात्रा-नेशनल बुक ट्रस्ट पृष्ठ-95
21. तुगलककालीन भारत (1)-तारीखे-फीरोजशाही, जियाउद्दीन बरनी-सं./अनुवादक-डॉ. सैयद अतहर अब्बास रिजवी पृष्ठ-36
22. दिल्ली सल्तनत-मुहम्मद हबीब, खलीक अहमद निजामी पृष्ठ-424/425
23. दिल्ली सल्तनत-मुहम्मद हबीब, खलीक अहमद निजामी पृष्ठ-425
24. दिल्ली सल्तनत-मुहम्मद हबीब, खलीक अहमद निजामी पृष्ठ-425
25. दिल्ली सल्तनत-मुहम्मद हबीब, खलीक अहमद निजामी पृष्ठ-426
26. मध्यकालीन भारत (द्व)-सं. डॉ. इरफान हबीब पृष्ठ-29
27. मध्यकालीन भारत (द्वद्व)-सं. डॉ. इरफान हबीब पृष्ठ-31
28. मध्यकालीन भारत (द्वद्वद्व)-सं. डॉ. इरफान हबीब पृष्ठ-32
29. मध्यकालीन भारत (द्व1)-सं. डॉ. इरफान हबीब पृष्ठ-26
30. दिल्ली सल्तनत-मुहम्मद हबीब, खलीक अहमद निजामी पृष्ठ-427
31. तुगलककालीन भारत (1)-तारीखे-फीरोजशाही, जियाउद्दीन बरनी-सं./अनुवादक-डॉ. सैयद अतहर अब्बास रिजवी पृष्ठ-51
32. तुगलककालीन भारत (1)-तारीखे-फीरोजशाही, जियाउद्दीन बरनी-सं./अनुवादक-डॉ. सैयद अतहर अब्बास रिजवी पृष्ठ-79
33. तुगलककालीन भारत (1)-तारीखे-फीरोजशाही, जियाउद्दीन बरनी-सं./अनुवादक-डॉ. सैयद अतहर अब्बास रिजवी पृष्ठ-82
34. तुगलककालीन भारत (2)-तारीखे-फीरोजशाही, जियाउद्दीन बरनी-सं./अनुवादक-डॉ. सैयद अतहर अब्बास रिजवी पृष्ठ-22
35. तुगलककालीन भारत (2)-तारीखे-फीरोजशाही, जियाउद्दीन बरनी-सं./अनुवादक-डॉ. सैयद अतहर अब्बास रिजवी पृष्ठ-47

सैयद वंश

(1414–1451 ई.)

यह सही है कि तुगलक वंश अपनी कमजोरियों के कारण अन्दर से जर्जर हो चुका था, लेकिन इतिहास में इसे ध्वस्त करने का श्रेय तो समरकन्द के आक्रमणकारी तैमूरलंग को ही जाता है। तैमूर का जन्म 1336 ई. में केस नामक शहर में हुआ था। उसके पिता अमीर तुर्गे वरलास की गुरकन जाति से आते थे जो तुर्कों में बहुत श्रेष्ठ मानी जाती थी। उसे बचपन में ही कुरान की समुचित शिक्षा मिली थी और जैसी कि वहाँ की रवायत थी उसने घुड़सवारी, तलवारबाजी की सैनिक शिक्षा भी ली थी। एक लड़ाकू सैनिक के रूप में उसका जज्बा दूसरे सैनिकों को प्रेरित करनेवाला था और उसमें जन्मजात सेनापति की नेतृत्ववाली प्रवृत्ति थी। वह बचपन से ही आजादख्याल स्वभाव का था। उसे एक छोटे से भाग का शासक बना दिया गया, लेकिन जल्दी ही अपने सुल्तान से उसकी अनबन हो गयी। उसे उस पद से ही नहीं हटना पड़ा बल्कि अपनी जान बचाने के लिये इधर-उधर भागना, छुपना और भटकना भी पड़ा। एक बार शत्रुओं के पीछा करने पर भागते हुए गिर पड़ा और उसकी टाँग टूट गयी। तभी से उसका नाम तैमूरलंग पड़ गया।

उसके ख्वाब बड़े थे और उसमें युद्ध का भरपूर जज्बा था। उसने जैसे-तैसे एक छोटी-सी सेना गठित की और 1369 ई. में शत्रुओं से युद्ध किया। अपने अद्‌भुत युद्ध-कौशल से उसने शत्रुओं को पराजित कर दिया। अब भाग्य ने उसे एक ऐसे मुहाने पर ला खड़ा किया था, जहाँ एक उज्ज्वल भविष्य उसकी प्रतीक्षा कर रहा था। सरदारों ने उसे चुना और वह समरकन्द का सुल्तान बन गया। उसने बिना समय गँवाये ख्वारिज्म, फारस, मेसोपोटामिया आदि प्रदेशों को जीतकर अपने साम्राज्य का विस्तार किया। उसकी सैन्य चपलता और रण-कौशल कमाल का था। विजयोन्माद में उसकी युद्ध लिप्ता इतनी उत्तप्त होती गयी कि वह सुदूर भारत पर आक्रमण की बात सोचने लगा। महमूद गजनवी की लूट का ऐश्वर्य पूरे मध्य एशिया में ख्यात था

और भारत की समृद्धि उसे भी बार-बार ललचा रही थी। वह लम्बे युद्ध अभियान की तैयारी में लग गया। पहले उसने अपने पौत्र पीर मुहम्मद को एक बड़ी सेना के साथ 1397 ई. में भारत भेजा। मुहम्मद ने सिन्धु नदी पार की और मुल्तान का घेरा डाल दिया। वहाँ के शासक सारंग खाँ ने अधीनता मानने से इंकार कर दिया और युद्ध की चुनौती स्वीकार कर ली। तैमूरलंग संवादिया से एक-एक बात की जानकारी ले रहा था।

तैमूरलंग को लगा, उसे खुद इस अभियान का नेतृत्व करना होगा और उसने भारत पर आक्रमण की तैयारी का ऐलान कर दिया। अनेक सरदारों ने उसे मना किया और रास्ते की बाधाओं का तरह-तरह से उल्लेख किया। तैमूरलंग बहुत ही चतुर सेनापति था; उसने सरदारों की धार्मिक भावनाओं का सहारा लिया। उसने अपने अभियान को इस्लाम से जोड़कर विधर्मी हिन्दुओं के मन्दिरों और बुतपरस्ती का जिक्र किया, जिसे ध्वस्त करना इस्लाम का पवित्र काम था। 1398 ई. में जब वह समरकन्द से विशाल सेना के साथ चला तो उसने एक ऐसे संवाद-सूत्र के बारे में भी सोच लिया, जिससे उसका यहाँ से सम्पर्क बना रहे। सिन्धु नदी पार करते ही उसने स्थानीय शासक शहाबुद्दीन मुबारक शाह को परास्त किया और झेलम पार कर तलम्बा पहुँच गया। वहाँ के नागरिकों ने पहले तो तुरन्त धन देना स्वीकार कर लिया लेकिन बाद में वे आनाकानी करने लगे। तब उसने एक-एक आदमी की हत्या कर पूरे नगर को बुरी तरह लूट लिया। भारत में तैमूरलंग का आगाज इसी अन्दाज में हुआ। दहशतभरी अफवाहें आगे-आगे जातीं और तैमूर की विध्वंसक सेना पीछे-पीछे। उत्तर में पहाड़ी खोखर बहुत तंग करनेवाली जाति थी। उसने एक ही झटके में उनको शान्त कर दिया। उसकी विशाल सेना बिना किसी प्रतिरोध के बड़ी तेजी से पाकपट्टन, दीपालपुर, सिरसा, फतेहाबाद, समाना, कैथल, पानीपत पार करती लूटपाट करती, कहीं-कहीं बुरी तरह रौंदती हुई बिल्कुल दिल्ली के पास पहुँच गयी। सबसे पहले उसने लोनी पर अधिकार किया; वहाँ चुन-चुनकर सारे हिन्दुओं की हत्या कर दी। उस समय दिल्ली का सुल्तान महमूद शाह था। पहली बार तो उसने तैमूर को पराजित कर दिया। तब उसकी कैद में एक लाख बन्दियों को लगा अब वे मुक्त हो जाएँगे। वे प्रसन्न भी हुए लेकिन इस्लाम के नाम पर इस बेरहम आक्रमणकारी ने उन सारे बन्दियों का वध करा दिया। सम्भव है ऐसी निर्मम हत्याओं के पीछे उसका मकसद दहशत और खौफ पैदा करने का रहा हो। सिर्फ हिन्दुओं की हत्या करने से उसको मुसलमानों के समर्थन की आशा रही होगी और खुद को इस्लाम का महान योद्धा सिद्ध करने की महत्त्वाकांक्षा भी। मध्यकाल के शासकों की यह विचित्र मनोग्रन्थि थी, जिसका इस्लाम से कुछ भी लेना-देना नहीं था, मगर यह सब उसी के नाम पर होता आ रहा था।

इस बार तैमूर की सेना ने 17 दिसम्बर 1398 ई. को ज्यादा मजबूती से आक्रमण किया और शाही सेना को परास्त कर दिल्ली पर कब्जा कर लिया। महमूद शाह गुजरात की ओर भाग निकला तो उसका संरक्षक मल्लू खाँ बरन की ओर भागा। दिल्ली तैमूरलंग की टूटी टाँग के नीचे कराह रही थी। उसकी सेना ने लूटपाट, हत्या और बलात्कार का ऐसा तांडव किया, जिसकी पहले कोई मिसाल नहीं थी। इस्लाम को लज्जित कर देनेवाले वहशीपन के साथ तैमूर ने पन्द्रह दिनों तक दिल्ली को बुरी तरह तहस-नहस किया। सीरी, जहाँपनाह तथा पुरानी दिल्ली को तो उसने लगभग वीरान बना दिया। इस लूटपाट में उसके हाथ अकूत धन लगा। जाहिर है धन तो मलिक, अमीर और अधिकारियों के पास ही रहा होगा और वे मुसलमान ही रहे होंगे। ऐसे में उसने पता नहीं इस्लाम की कौन-सी व्याख्या की होगी? फिर वजीराबाद, हरद्वार, जम्मू होता हुआ लूट करता, हत्या करता वह मार्च 1339 में लाहौर पहुँचा। रास्ते में मिलनेवाले प्रतिरोध ऐसे नहीं थे जो उसे मुश्किल में डालते। सीमान्त प्रान्तों के शासकों में खिज्र खाँ और बहादुर ताहिर ने उसकी अधीनता स्वीकार कर ली थी। तैमूर ने लाहौर में बादशाह की तरह दरबार लगाया और खिज्र खाँ को लाहौर, मुल्तान और दीपालपुर सौंप दिया। अन्य सरदारों को उसने अपने-अपने प्रान्तों में शासन करने की अनुमति दे दी। ये सभी उसे सालाना कर भेजेंगे और उसके नाम पर खुत्बा पढ़ेंगे।

तैमूर के आक्रमण ने दिल्ली को उजाड़ तो दिया ही था; उसके अत्याचारों से हिन्दू-मुसलमानों के सामाजिक सौहार्द में भी भारी अन्तर आ गया था। दोनों के बीच कड़वाहट बहुत ज्यादा बढ़ गयी थी। हिन्दुओं में मुसलमानों के प्रति बहुत तीखी नफरत भर गयी थी। समरकन्द वापस होते हुए वह आक्रमणकारी जो धन ले जा सकता था, ले गया। बिल्कुल निरपराध लोगों की बेवजह हत्या करता, स्त्रियों से बलात्कार करता और अन्त में नगरों में आग लगा देता था। ऊपर से दैवी प्रकोप भी ऐसा कि उसके जाने के बाद अकाल और महामारी फैल गयी। लोग तबाह-तबाह हो गये। तैमूर चाहकर भी जो इच्छित चीजें नहीं ले जा सकता था—वह थीं यहाँ की इमारतें जिनके शिल्प ने उसे मोहित कर लिया था। तब वह गुजरात और बहमनी से अनेक शिल्पियों को अपने साथ समरकन्द ले गया। उन शिल्पियों ने समरकन्द में अनेक कलात्मक इमारतें खड़ी कीं। उनमें समरकन्द की प्रसिद्ध मस्जिद-ए-जामी भी शामिल है। यह कैसी विडम्बना थी कि जिस भारत को इस समरकन्द के लुटेरे ने तहस-नहस किया; उसी भारत के शिल्पियों ने उसके नगर में अपने हुनर से शानदार इमारतें खड़ी कर उसे और आबाद कर दिया।

तैमूर की वापसी के बाद श्मशान बनी दिल्ली में शासन का संघर्ष शुरू हो गया। डरकर भागा नसरत शाह आकर दिल्ली की गद्दी पर काबिज हो गया लेकिन

मल्लू इकबाल ने उसे हराकर मालवा में शरण लिये पूर्व सुल्तान महमूद शाह को बुलाकर फिर से गद्दी पर बैठा दिया। वैसे मल्लू खाँ ही वास्तविक शासक था। अनबन होने पर फिर महमूद शाह कन्नौज चला गया। इस बीच मल्लू खाँ ने खिज्र खाँ पर आक्रमण कर दिया। उसने मल्लू खाँ को पराजित किया और उसे मार डाला। महमूद शाह वापस आया, लेकिन उसका स्वास्थ्य बहुत खराब था और अन्ततः वह 1412 में मर गया। दो वर्षों तक दौलत खाँ ने दिल्ली पर शासन किया, जिसे पराजित कर खिज्र खाँ ने 1414 ई. में दिल्ली की गद्दी सँभाल ली और सैयद-वंश की नींव डाली। दरअसल खिज्र खाँ की असल ताकत यह थी कि वह तैमूरलंग का प्रतिनिधि था।

खिज्र खाँ जब दिल्ली की गद्दी पर बैठा तो उसने खुद के लिये सुल्तान नहीं बल्कि 'रैयते-अली' की पदवी ली और तैमूर के प्रति स्वामिभक्ति दिखाता भी रहा। उसे 'सैयद' की उपाधि दी गयी थी जो वस्तुतः पैगम्बर के वंशज होते थे। सैयद अतहर अब्बास रिजवी ने अकबर के द्वारा नियुक्त बख्शी निजामुद्दीन अहमद के इतिहास ग्रन्थ 'तबकाते-अकबरी' (रचनाकाल : 1592-93) को अत्यन्त महत्त्वपूर्ण माना है। उसके अनुसार फीरोज शाह के दरबार के मलिक मर्वान दौलत ने खिज्र खाँ के पिता को पुत्रवत पाला था। एक बार उनके यहाँ अमीर जलाल बुखारी अतिथि बनकर आये। वे सन्त वृत्ति के सैयद थे। जब युवा खिज्र खाँ हाथ धुलवाने लगा तो वे बोले—"यह युवक सैयद का पुत्र है और यह सेवा उसके योग्य नहीं। इस प्रकार अमीर सैयद जलाल द्वारा उसके वंश की पुष्टि होती है। खिज्र खाँ पवित्र तथा नैतिकतापूर्ण जीवन व्यतीत करनेवाला, सत्यवादी, सदाचारी व्यक्ति था। उसके आचरण की श्रेष्ठता से उसके वंश की श्रेष्ठता का पता चलता है।"[1] मुस्लिम समाज में वंश श्रेष्ठता का बोध हमेशा से रेखांकित होता रहा है, लेकिन इसमें आचरण के आधार पर सैयद जलाल के इस कथन को ही प्रमाण नहीं माना जा सकता। अगर है भी तो बहुत कमजोर प्रमाण है। प्रो. खलीक अहमद निजामी ने तो पूरे विश्वास से कहा है कि वह सैयद नहीं था और उन्होंने बताया है कि तब किस तरह कल्पित वंशावली तक बनवायी जाती थी। जो हो, लेकिन ऐसा मानने से खिज्र खाँ को सुल्तान बनने और राज्य संचालन में काफी सहूलियत हो गयी, क्योंकि पैगम्बर के नाम से जुड़े वंश के कारण उसको अतिरिक्त सम्मान और समर्थन मिला। उसने उपाधि ही नहीं, सिक्का भी तैमूर के नाम से ही ढलवाया और खुत्बा भी उसी के नाम से पढ़े गये। बहुत बाद में खिज्र खाँ का नाम भी खुत्बा में जोड़ दिया गया। उसने अपने हितैषियों और योग्य व्यक्तियों को विभिन्न पदों पर नियुक्त किया, उन्हें उपाधि से जागीरें तक दीं। कुछ को तो प्रान्त तक सौंपे।

खिज्र खाँ ने कभी अपनी जगह नहीं बदली। खुद को धरातल पर रखा। वह

तैमूर के निधन के बाद भी उसके बेटे शाहबाज के नाम पर खुत्बा पढ़वाता रहा और प्रतिवर्ष कर भी भेजता रहा। जिन हालात में वह दिल्ली की गद्दी पर बैठा था तब स्थिति अत्यन्त दयनीय थी। अधीनस्थ सारे प्रान्तों के शासक स्वतन्त्र होने की महत्त्वाकांक्षा पाले बैठे हुए थे और सल्तनत के मलिकों और अमीरों में खूब आपसी घमासान चल रहा था। मालवा, गुजरात और जौनपुर ने तो खुद को आजाद घोषित कर ही दिया था; दोआब, मेवात, खोक्खर, लाहौर और सरहिन्द भी उसी राह पर चल रहे थे। खिज्र खाँ ने धीरज से काम लिया। सबसे पहले उसने दिल्ली नगर और प्रशासन को व्यवस्थित किया और पंजाब तथा दोआब के विद्रोहों को एक-एक कर शान्त किया। कटेहर और बदायूँ के विद्रोहों को भी उसने दबा दिया। इटावा के राजपूत विद्रोह कर रहे थे, उसे बड़ी मुश्किल से दबा पाया। फिर मेवात और ग्वालियर में भी उसे सफलता मिली। उसे सैयद वंश का माना जाता था, इसलिये वह भी इसकी मर्यादा का निर्वाह करता था और बेमतलब के रक्तपात से परहेज करता था। उसने कभी प्रतिशोध की भावना नहीं पाली। बुद्धिमानी और दयालुता के कारण प्रजा में भी वह काफी लोकप्रिय था। उसने बड़ी विषम स्थिति में शान्ति व्यवस्था कायम की थी। यह अकारण नहीं था कि उसकी मृत्यु पर तीन दिनों तक प्रजा काले वस्त्र धारण कर शोक मनाती रही। उसकी सफलता का बहुत बड़ा श्रेय उसके काबिल वजीर ताजुलमुल्क को भी जाता है। 13 जनवरी 1421 को इस वजीर की मृत्यु हुई तो खिज्र खाँ अन्दर से टूट गया। उसने उसके बड़े बेटे को वजीर तो बनाया, लेकिन खुद ज्यादा दिन नहीं जी सका। 20 मई 1421 को सैयद-वंश का यह शरीफ संस्थापक चल बसा।

खिज्र खाँ ने अपने मरने के तीन दिन पूर्व अपने बेटे मलिक मुबारक शाह को उत्तराधिकारी मनोनीत कर दिया था, जिसे सभी मलिकों और अमीरों ने मान लिया था। 22 मई 1421 को वह गद्दी पर बैठा। उसने सबसे पहले समरकन्द से अपना सम्बन्ध तोड़ लिया। लेकिन अपने सत्रह साल के शासनकाल में उसे अपने पिता वाली मुश्किलें ही झेलनी पड़ीं। बटेहर, मेवात और उत्तर-पूर्व के तमाम प्रान्तों से उसे उलझते ही रहना पड़ा। दरअसल इसकी जड़ें तुगलक शासक फीरोज शाह की शासन नीतियों में थीं। उसने अधिकारियों से लेकर सैनिकों तक की लगभग तमाम राजकीय सेवाओं को स्थायी और वंशानुगत बना दिया था। गुजरात, मालवा, जौनपुर, बंगाल, खानदेश और माबर ने धीरे-धीरे अपने अलग सिक्के ढलवाये, अपने नाम के खुत्बे पढ़वाये और खुद को आजाद घोषित किये बिना भी वे स्वतन्त्र शासक की तरह ही बर्ताव करते रहे। मुबारक शाह ने स्थिति पर नियन्त्रण करने की भरसक कोशिश की। उसने अमीरों को नियन्त्रित करना शुरू भी किया और उनका यहाँ से वहाँ तबादला करता रहा। एक जिले से दूसरे जिले भेजते रहने में वे अपना

प्रभुत्व विस्तार नहीं कर पाते थे। लेकिन सबसे अधिक परेशान वह पंजाब और दोआब के विद्रोहों से हुआ। तुगान तो कम लेकिन जाहिल और अत्यन्त महत्त्वाकांक्षी खोक्खर जसरथ काफी लम्बे समय तक मुबारक शाह को परेशान किये रहा। उसने शासन व्यवस्था को नियन्त्रित करने के लिये कमाल-उल-मुल्क को सह-वजीर बना दिया, जिससे वजीर सरवर-उल-मुल्क बेहद नाराज हो गया। उसने मीरान सद्र से मिलकर षड्यन्त्र रचा और 20 फरवरी 1434 ई. को उसकी हत्या करवा दी।

निजामुद्दीन अहमद के 'तबकाते-अकबरी' के अनुसार मुहम्मद शाहजाद फरीद बिन खिज्र खाँ का पुत्र था जिसे प्रो. खलीक अहमद निजामी ने मुबारक शाह का दत्तक पुत्र कहा है। मलिकों, अमीरों, इमामों, भद्रजनों, उलेमा और जनता की सहमति से वह गद्दी पर तो बैठा, लेकिन 'तबकाते-अकबरी' के अनुसार सरवर-उल-मुल्क ने राजकोष, हाथीखाना तथा शस्त्रागार अपने ही अधिकार में रखा। उसी की पहल पर मुबारक शाह के हत्यारे मीराने सद्र को उसने मुईनुलमुल्क की उपाधि दिलवायी। सुल्तान का वफादार कमाल-उल-मुल्क इस सारे प्रकरण से वाकिफ था और वजीर तथा मीराने सद्र को मारने की फिराक में लगा हुआ था। वजीर सरवर-उल-मुल्क ने लगभग राज्य की बागडोर अपनी मुट्ठी में ही ले रखी थी। बाद में मुहम्मद शाह को सारी बातों का पता चल गया था और वह सरवर-उल-मुल्क से न सिर्फ सावधान रह रहा था बल्कि उससे मुबारक शाह की हत्या का बदला लेने की फिराक में भी था। उसने दिखावे का मित्रताभरा व्यवहार जरूर बनाये रखा। जब सरवर-उल-मुल्क मीराने सद्र के पुत्रों के साथ मुहम्मद शाह की हत्या करने के उद्देश्य से उसके कमरे में घुसा तो वह पहले से ही सावधान था और उसने जरूरी प्रबन्ध कर रखे थे। सरवर-उल-मुल्क और मीराने सद्र के पुत्र मार डाले गये। उसने कमाल-उल-मुल्क को अपना वजीर नियुक्त कर दिया।

मुहम्मद शाह ने शासन को सुव्यवस्थित करने की बड़ी कोशिश की, मगर तैमूर के आक्रमण से लड़खड़ाती सल्तनत को सँभालना आसान बात नहीं रह गयी थी। विभिन्न प्रान्तों के शासक केन्द्रीय सत्ता की कमजोरी का लाभ उठाकर विद्रोह करने लगे थे। इब्राहीम शरकी ने कुछ हिस्सों पर कब्जा कर लिया था और ग्वालियर के शासक ने तो कर देना ही बन्द कर दिया था। मालवा का शासक महमूद खलजी एक बड़ी महत्त्वाकांक्षा से विशाल सेना लेकर दिल्ली रवाना हो गया था। उसकी नजर में दिल्ली का सिंहासन झिलमिला रहा था। उधर बहलोल लोदी भी दिल्ली को लेकर महत्त्वाकांक्षी था। वह भी इस अभियान में महमूद खलजी से आ मिला था। निजामुद्दीन अहमद के 'तबकाते-अकबरी' के अनुसार, महमूद खलजी ने दिल्ली पर चढ़ाई की। मुहम्मद शाह ने अपनी सेना को युद्ध के लिये तैयार किया और दोनों सेनाएँ आमने-सामने खड़ी हुईं। मुहम्मद शाह ने अग्रिम सेना का नेतृत्व

मलिक बहलोल लोदी को सौंपा था। महमूद खलजी ने अपने दोनों पुत्रों गयासुद्दीन और कदर खाँ को नेतृत्व देकर मोर्चे पर लगा दिया था। सुबह से शाम तक दोनों सेनाओं में युद्ध हुआ, लेकिन रात में दोनों दल अपने-अपने शिविर में लौट गये। रात-भर मन्त्रणा करने के बाद मुहम्मद शाह ने सन्धि का निर्णय लिया और वार्त्ता का प्रस्ताव भेजा। इधर मालवा के सुल्तान महमूद को सूचना मिल चुकी थी कि इस अवसर का लाभ उठाकर उसके और उसकी सेना के नहीं रहने पर गुजरात का शासक सुल्तान अहमद मांडू पर चढ़ाई करने के लिये कूच कर गया है। ऐसे में दोनों ने तत्काल सन्धि प्रस्ताव स्वीकार कर लिया और वापस लौट गये। मलिक बहलोल लोदी सुल्तान महमूद से बहुत नाराज हुआ और उसने वापसी करती उसकी सेना के शिविर पर ही धावा बोलकर काफी धन-सम्पत्ति और भारी सामान लूट लिया। वह आकर मुहम्मद शाह से मिला तो वह बड़ा प्रसन्न हुआ। उसे उसने बहुत सारे उपहारों के साथ सम्मानित किया तथा पुत्रवत प्यार देने लगा। दिल्ली के कई मलिक, अमीर, अधिकारी और जनता मुहम्मद शाह की सन्धि को समर्पण की तरह ले रहे थे और उससे बहुत क्षुब्ध थे। ऐसा आज तक दिल्ली के किसी सुल्तान ने नहीं किया था। दिल्ली सुल्तान का रुतबा फीका पड़ गया था।

निजामुद्दीन अहमद के अनुसार सुल्तान मुहम्मद शाह ने उसे दीपालपुर और लाहौर सौंपकर जसरथ को पराजित करने का भार सौंपा। जसरथ अपनी पुरानी अदावत को बनाये हुए तो था, लेकिन वह भारी तिकड़मी और तंग करनेवाली खोक्खर जाति का था। उसने बहलोल लोदी से खुद सम्पर्क कर उसे दिल्ली की सल्तनत हासिल करने को उकसाया। उसने खोक्खर की पूरी मदद का भरोसा दिया। बहलोल लोदी के भीतर यह महत्त्वाकांक्षा घर कर गयी और उसने सेना सुगठित करने पर ध्यान दिया। उसने इस बार इधर-उधर बिखरे अफगान सैनिकों की भर्ती पर जोर दिया जो श्रेष्ठ लड़ाके थे। उसने पूर्वी अफगानिस्तान के रोह इलाके के कबीलोंवाले अफगानों को निमन्त्रित किया। वह जानता था कि ये कबीले अपने सरदार के अलावे और किसी की अधीनता कभी नहीं मानेंगे। उसने उनको यह भरोसा दिया कि प्रभुसत्ता नाम के लिये जरूर उसके हाथों में होगी, लेकिन हम जो भी देश जीतेंगे, उनमें भाइयों की तरह बराबर की हिस्सेदारी रहेगी। उसके आमन्त्रण पर अफगानों के आने की चर्चा फारसी के इतिहासकारों ने चींटियों और टिड्डियों के दलों की बाढ़ के रूप में की है।

उसने आसपास के इलाकों को अपने अधिकार में करना शुरू कर दिया और खुलकर मुहम्मद शाह का विरोध करने लगा। दिल्ली केन्द्र के कमजोर पड़ने पर प्रान्तीय शासकों का महत्त्वाकांक्षी होना, विद्रोह और आजादी की घोषणा करना आम बात थी। उस समय घात-प्रतिघात और षड्यन्त्र की चालें भी तेज हो जाती थीं।

कब, कौन शासक, कौन प्रान्त और कहाँ की जनता इसका शिकार बन जाएगी, यह कहना बहुत मुश्किल होता था। मुहम्मद शाह के शासन का निकम्मापन इतनी शोचनीय स्थिति में पहुँच चुका था कि निजामुद्दीन अहमद ने लिखा है कि केन्द्र से मात्र 20 कोस की दूरीवाले क्षेत्र के अमीर तक विद्रोह करके स्वतन्त्र होने लगे थे। 1443 ई. के अन्त में मुहम्मद शाह का भी इन्तकाल हो गया।

सैयद वंश के शासकों में मानो इस बात की होड़ रही थी कि कौन, किस शासक से कितना ज्यादा खुद को अयोग्य और नाकारा सिद्ध कर सकता है। इस मामले में यह बात माननी पड़ेगी कि सैयद वंश का अन्त करनेवाले मुहम्मद शाह का पुत्र सुल्तान अलाउद्दीन जो आलम शाह के नाम से जाना गया—उसने इस होड़ में बाजी मार ली। वह सैयद वंश का सबसे नाकारा और आखिरी सुल्तान साबित हुआ। मुहम्मद शाह के इन्तकाल के बाद अमीरों और प्रतिष्ठित लोगों ने उसे दिल्ली की गद्दी पर बैठा तो दिया, लेकिन उसकी शासन में कोई दिलचस्पी ही नहीं थी। मलिक बहलोल सहित तमाम अमीरों ने अधीनता स्वीकार (बैअत) तो कर ली, मगर उसकी अयोग्यता ने बहलोल के भीतर पनप रही महत्त्वाकांक्षा को बेतरह भड़का दिया। आलम शाह एक बार बदायूँ गया तो उसका वहाँ ऐसा मन रमा कि उसने वहीं रहने का फैसला ही कर लिया। बदायूँ को उसने राजधानी बनाने की घोषणा भी कर दी। वजीरे-ममालिक और वफादार "हुसान खाँ ने निष्ठापूर्वक निवेदन किया कि 'देहली को त्यागकर बदायूँ को राजधानी बनाना राज्य के लिये उचित नहीं।' सुल्तान उसकी इस बात से और भी अधिक रुष्ट हुआ और उसे अलग करके देहली में ही छोड़ दिया।"[2] वह अपने दो सालों में से एक को शहर का अधीक्षक और दूसरे को कोतवाल बनाकर खुद बदायूँ चला गया। इन दोनों साले भाइयों में इतनी अनबन हो गयी कि एक ने दूसरे की हत्या कर दी और जीवित बचे एक को हुसाम खाँ के उकसावे पर नगरवासियों ने निबटा दिया। उधर षड्यन्त्रकारियों ने आलम शाह के कान भरे तो उसने वजीर ममालिक हमीद खाँ की हत्या का ही मन बना लिया। हमीद खाँ को यह बात पता चल गयी और उसने हुसान खाँ से मिलकर दिल्ली पर अधिकार जमा लिया। दोनों ने मन्त्रणा कर मलिक बहलोल को सुल्तान बनने के लिये आमन्त्रित किया। वह अपनी तैयार सेना के साथ दिल्ली आया और यहाँ के हालात को समझकर पहले सुल्तान आलम शाह से बातचीत करने गया। उसने कहा कि वह बदायूँ में सुल्तान बने रहें और उनका प्रतिनिधि बनकर वह दिल्ली सँभाल लेगा। मलंग की तरह जीवन गुजारनेवाले सुल्तान को इससे कोई फर्क नहीं पड़ा। उसने बहलोल को कह दिया कि "मेरा पिता तुम्हें पुत्रवत मानता था, इसलिये मुझे कोई ऐतराज नहीं। तुम मेरे बड़े भाई की तरह हो। मैं बदायूँ में आजाद बनकर रहूँगा; मैं दिल्ली तुम्हारे हवाले कर रहा हूँ।"

पूरे मध्यकाल के इतिहास में इस सुविधाजनक तरीके से पहले शायद ही किसी शासक को गद्दी नसीब हुई होगी या किसी शासक ने गद्दी सौंपी होगी। बहलोल लोदी को दिल्ली सल्तनत उपहार में मिल गयी। उसने तमाम मौजूदा मलिकों और अमीरों की पूर्व सुविधाएँ और वेतन बनाये रखे। कुछ दिनों बाद तो वह अपने नाम से खुत्बा भी पढ़वाने लगा। आलम शाह बदायूँ में पड़ा रहा और शायद यही उसकी जिन्दगी की बड़ी नियामत रही कि वह 1478 ई. में अपनी स्वाभाविक मौत मरा। प्रो. खलीक अहमद निजामी ने लिखा है कि "सैंतीस वर्ष के अप्रसन्न शासन के पश्चात सैयद वंश का अन्त हुआ। मुल्तान के राज्य के रूप में उत्पन्न होकर यह बदायूँ के राज्य के रूप में समाप्त हो गया। मध्यकालीन भारतीय इतिहास में वह न तो राजनीतिक और न सांस्कृतिक दृष्टि से ही कुछ योगदान कर सका। दिल्ली साम्राज्य के विघटन और पुनर्निर्माण की प्रक्रिया में यह एक अवश्यंभावी चरण था।"[3] षड्यन्त्र, विश्वासघात, तिकड़म, हत्या, लूट और अनेक तरह के हिंसक अत्याचारों के इतिवृत्तात्मक उदाहरणों और घटना-बहुल ऐतिहासिकता के मध्य सैयद वंश का सैंतीस वर्ष का काल एक शान्त टापू की तरह लगता है। शायद तैमूरलंग की बर्बरता की पृष्ठभूमि में रचे-बसे इस काल-खंड की यही नियति हो।

सन्दर्भ-स्रोत—

1. उत्तर तैमूरकालीन भारत (1) 'तबकाते-अकबरी' (1) ख्वाजा निजामुद्दीन अहमद-सं./अनुवादक-सैयद अहतर अब्बास रिजवी — पृष्ठ-63
2. उत्तर तैमूरकालीन भारत (1) 'तबकाते-अकबरी' (1) ख्वाजा निजामुद्दीन अहमद-सं./अनुवादक-सैयद अहतर अब्बास रिजवी — पृष्ठ-83
3. दिल्ली सल्तनत-प्रो. मुहम्मद हबीब, प्रो. खलीक अहमद निजामी — पृष्ठ 564

लोदी वंश

(1451–1526 ई.)

मध्यकाल के इतिहास में मुस्लिम कौम को एक इकाई के रूप में मानकार विचार करने की सरलीकृत प्रवृत्ति और संकीर्ण मानसिकता का अनेक इतिहासकारों ने बहुत वाजिब विरोध किया है। नेहरू जी ने भी दिनकर जी की पुस्तक 'संस्कृति के चार अध्याय' की भूमिका में मुस्लिम काल, हिन्दू काल और अंग्रेज काल के रूप में इतिहास विभाजन और इस नजरिये से अध्ययन पर एतराज जताया है। पाक इतिहासकार डॉ. मुबारक अली ने तो इतिहास के इस नजरिये पर काफी सख्त रुख लिया है और इस पर विस्तार से विचार भी किया है। सच्चाई भी यही थी कि मध्यकाल में कुछ अपवादों को छोड़कर लगभग तुर्कों का ही शासन कायम रहा। लेकिन मध्यकाल में मध्य एशिया से खास तौर पर मंगोलों के बढ़ते उत्पात से त्रस्त बड़ी संख्या में मुसलमान आये और कई किस्तों में लगातार आते रहे। वे अलग-अलग जगहों से आये थे। ऐसे में विभिन्न इलाकों के मुसलमान एक-दूसरे से काफी भिन्न थे। वे ही यहाँ राज-काज में शासक, अधिकारी या सेनापति होते थे। वे यहाँ के धर्मान्तरित भारतीय मुसलमानों से भी नफरत करते थे। बेटी-रोटी का रिश्ता तो दूर की बात थी, वे सामान्य मेल-जोल रखने से भी परहेज करते थे। अफगानों को भी ये सांस्कृतिक रूप से बहुत हेय नजरिये से देखते थे। महमूद गजनवी की सामरिक सफलता के बाद एक लड़ाकू सैनिक के रूप में इनकी भूमिका की पहचान तो बन चुकी थी और तुर्कों ने इनको अपनी सेना में शामिल करना शुरू भी कर दिया था। बावजूद इसके खलजी शासन तक, इनके प्रति खराब नजरिया ही बना रहा। तुगलक शासन में इनके प्रति व्यवहार में थोड़ा बदलाव आया, लेकिन शासन में इनको कभी भी साझीदार नहीं बनाया गया। दरअसल इन तमाम मुस्लिम समुदायों का स्वभाव, सोच, संस्कार, संस्कृति और सैन्य क्षमता भी एक-दूसरे से भिन्न थी। इस्लाम ग्रहण करने के बावजूद उनकी मूल संस्कृति, स्वभाव, संस्कार और रीति-रिवाज तक पूर्ववत बने

रहे। ऐसे में पूरी मुस्लिम कौम को एक इकाई के रूप में देखने का नजरिया सचमुच बिल्कुल गलत है।

लोदी अफगान जाति के थे, जिन्हें पठान भी कहा जाता था। वे मुल्तान से पेशावर और सुलेमान से गजनी तक फैले हुए थे। यह जाति कृषि-आधारित नहीं थी। ये मुख्य रूप से पशुपालन का धन्धा करते थे और आते-जाते काफिलों को लूटना इनके लिये एक अतिरिक्त व्यवसाय जैसा था। लेकिन बाद में बार-बार होते युद्ध में जब घोड़ों की अहमियत बढ़ने लगी तो ये घोड़ों के व्यापार से भी जुड़ने लगे। भारत में इनका प्रवेश सुल्तान फीरोज शाह के शासनकाल में बहुत बढ़ा। इसी दौर में भारत आनेवाले अफगानियों में मलिक बहराम शामिल था। वह मुल्तान के शासक के यहाँ नौकर हो गया था। उसके पाँच पुत्र थे जिनमें एक सुल्तान खाँ, शासक खिज्र खाँ के यहाँ नौकरी करते हुए उनका अत्यन्त विश्वासपात्र बन गया। खिज्र खाँ उसकी बहादुरी और योग्यता से इतना प्रभावित हुआ कि उसे सरहिन्द का शासक ही नियुक्त कर दिया। उसे इस्लाम खाँ की उपाधि भी दी। इसी का दूसरा भाई मलिक काका था जिसका बेटा बहलोल था, जो इतिहास में दिल्ली का पहला अफगान सुलतान बना। जब मलिक काका एक युद्ध में मारा गया तब बहलोल बहुत छोटा था। इस्लाम खाँ ने उसे अपने बेटे की तरह पाला-पोसा और अपने संरक्षण में रखकर उसे प्रशिक्षित किया।

अफगान सुल्तानों अथवा लोदी वंश के इतिहास की मूल स्रोत-सामग्री मुगलकालीन इतिहासकारों ने उपलब्ध करायी है। सैयद अतहर अब्बास रिजवी ने 'उत्तर तैमूरकालीन भारत' के दोनों खंडों में ऐसी विपुल सामग्री का संकलन/सम्पादन किया है। जिन इतिहासकारों की सामग्री उन्होंने सुलभ कराई है, उनमें अफगान सुल्तानों से जुड़ी सामग्री निजामुद्दीन अहमद की 'तबकाते-अकबरी', शेख रिज्कुल्लाह मुश्ताकी की वाकेआते-मुश्ताकी, अब्दुल्ला की तारीखे-दाउदी, अहमद यादगार की तारीखे-शाही अथवा तारीखे-मलातीने अफागेना और मुहम्मद कासिम हिन्दू शाह की तारीखे-फरिश्ता (खंड दो) प्रमुख हैं। इनमें कुछ ने तो कहानियाँ और अलौकिक घटनाओं का ऐसा जखीरा प्रस्तुत किया है कि उसमें इतिहास के यथार्थ की तलाश करना एक अलग ही शोध कार्य है। लेकिन निजामुद्दीन अहमद के बारे में सैयद अतहर अब्बास रिजवी ने लिखा है कि "'तबकाते-अकबरी' में अफगान सुल्तानों का इतिहास अधिक ऐतिहासिक ढंग से लिखा गया है।" वहीं अहमद यादगार के बारे में वे लिखते हैं कि "उसका मुख्य उद्देश्य अफगान सुल्तानों के इतिहास की रचना था।" मध्यकाल के इतिहास पर काम करनेवाले इतिहासकारों ने इन्हीं की सामग्री को मूल स्रोत के रूप में इस्तेमाल किया है, जिसमें डॉ. मुहम्मद हबीब और डॉ. खलीक अहमद निजामी का काम निःसन्देह

महत्त्वपूर्ण और प्रामाणिक है।

भारत में अफगानों को शासक के रूप में प्रतिष्ठित करने का श्रेय बहलोल को ही जाता है, जिसने लोदी वंश की स्थापना कर मध्यकाल में मुस्लिम राज की ऐतिहासिक धारा ही बदल दी। अहमद यादगार के मुताबिक एक बार सात साल की अवस्था में नमाज अदा करते हुए इस्लाम खाँ की चटाई पर उसकी गेंद चली गयी तो उसने दौड़कर उसे उठा लिया। इस पर उसकी चाची डाँटने लगी तो इस्लाम खाँ ने उसे मना किया—''तुम भविष्य में बहलोल को न डाँटना; कारण कि उसके ललाट पर ऐसे चिह्न हैं जिनसे पता चलता है कि वह बड़े ही श्रेष्ठ तथा उच्च स्थान पर आरूढ़ होगा और वह एक ऐसा दीपक है जो मेरे वंश को रोशन कर देगा।''[1] उसकी युवावस्था का एक बहुत ही दिलचस्प वाकया 'वाकेआते-मुश्ताकी ' में दर्ज है। जब बहलोल युवा हुआ तो वह घोड़ों का व्यापार करने लगा। एक बार वह फीरोज खाँ और कुतुब खाँ के साथ व्यापार से लौटते समय सामाना में ठहरा। पता चला वहाँ एक पहुँचे हुए फकीर शेख आये हैं। तीनों ने तय किया और उनके दर्शनार्थ गये। जब वे उनके पास बैठे हुए थे तो ''शेख ने कहा, 'तुम लोगों में से कौन देहली की बादशाही जिसे मैं दो हजार तनके में बेचता हूँ; लेगा?' बहलोल के पास एक हजार छह सौ तनके थे। उसने कहा कि, 'यदि आप कहें तो इन्हें प्रस्तुत करूँ?' शेख ने कहा—'मुझे स्वीकार है। ले आ।' बहलोल ने पैसे दे दिये। शेख ने कहा—'जा तू बादशाह होगा और ये तेरे सेवक होंगे।' बहलोल के दोनों साथियों के पूछने पर उसने जवाब दिया—'मैंने बड़ा अच्छा किया। इतने धन से मैं अपना सारा जीवन व्यतीत नहीं कर सकता था। कुछ दिनों में यह धन खर्च हो जाता। यदि वह पहुँचा हुआ है और उसकी बात सत्य है तो मैं बादशाह हो जाऊँगा अन्यथा जो धन मैंने खर्च किया एक सैयद की सेवा की। दोनों ही बातें मैंने अच्छी कीं।''[2] ऐसी अनेक अलौकिक, अविश्वसनीय घटनाओं और कहानियों से भरे इन इतिहास ग्रन्थों को पढ़ते हुए आप मध्यकाल की रुचियों, दिलचस्पियों, बात करने के तौर-तरीकों से उस युग की मानसिकता को समझ सकते हैं।

इस्लाम खाँ उससे इतना प्रभावित था कि उसने अपनी पुत्री शम्स खातून से न सिर्फ उसका विवाह कर दिया, बल्कि अपने पुत्रों को दरकिनार कर उसे ही सरहिन्द का उत्तराधिकारी तक बना दिया। सरहिन्द का शासक बनते ही बहलोल ने सबसे पहले अपने को दिल्ली सल्तनत से आजाद घोषित कर दिया। पहले तो दिल्ली सुल्तान ने जोश में आकर हसन खाँ के नेतृत्व में सेना भेज दी, जिसे बहलोल ने पराजित कर दिया। अब उसकी नजर सीधे दिल्ली की गद्दी पर थी और वह इसी की तैयारी में लग गया था। वह अफगानों को लेकर अपनी सेना गठित करने लगा। वह कबीलाई मानसिकतावाले अफगानों को बड़ी सतर्कता से सेना में शामिल कर

रहा था। अफगानों के कबीलाई तौर-तरीकों और सरदार के प्रति उनकी समर्पित भावना से वह अच्छी तरह परिचित था। उसे कबीलों के आपसी संघर्ष के चले अनवरत सिलसिले की भी पूरी जानकारी थी। यही कारण है कि उसने खुद को नाममात्र का नेता मानकर उनसे विजित इलाकों में समान भागीदारी का वादा किया। इसमें कोई शक नहीं कि अफगान कौम अत्यन्त बहादुर, लड़ाकू और आखिरी दम तक लड़नेवाली जाति थी। लेकिन यह बात भी सही है कि वे तुर्कों की तरह विकसित सोचवाली कौम नहीं थी। उनके पास पिछड़ी कबीलाई व्यवस्था थी और मध्यकाल में विकसित हो चुकी राज्य शासन-प्रणाली से वे लगभग अनजान थे। ऐसे में बहलोल ने बड़ी बुद्धिमता का परिचय देते हुए उनकी ताकत का इस्तेमाल किया। उसने कोई उतावली नहीं दिखायी बल्कि उचित अवसर की प्रतीक्षा की। जब दिल्ली पर मालवा के महमूद शाह ने आक्रमण किया तो वह आजाद घोषित करने के बावजूद दिल्ली सल्तनत की ओर से लड़ा। इससे कमजोर पड़ा मुहम्मद शाह बड़ा प्रसन्न हुआ और उसे खान-ए-खाना की उपाधि दी। वह उसे पुत्रवत मानने लगा। भाग्य बहलोल की प्रतीक्षा कर रहा था और वह सुल्तान के मरने की। आखिर उसने उसके नाकारा उत्तराधिकारी से बिना किसी युद्ध के ही दिल्ली की सल्तनत हासिल कर ली।

बहलोल को इस बात का पूरा अहसास था कि जितनी आसानी से दिल्ली सल्तनत उसे हासिल हुई है, उसे बचाये रखना उतना ही कठिन होगा। सुल्तान अलाउद्दीन या आलमशाह ने बेशक अपना राज्य त्याग दिया था, लेकिन उसके अनेक मलिक और अमीर अभी भी उसके प्रति वफादार थे। वे उसे ही वैध सुल्तान मान रहे थे। वे कभी नहीं चाहते थे कि सैयदों की सुल्तानी अफगानों के हाथों में जाय। इस कारण वे उसके दामाद और जौनपुर के शासक महमूद शर्की को आमन्त्रण दे रहे थे कि वह अपना हक हासिल करे। खास तौर से उसकी पत्नी बार-बार उसे उकसाती रहती थी कि "यदि तुम उसके विरुद्ध सेना के साथ कूच नहीं करते तो मैं खुद धनुष-बाण लेकर बहलोल से युद्ध करने जाऊँगी।" ऐसी बात नहीं थी कि बहलोल महमूद शर्की के इन इरादों से गाफिल था। उसके सामने दूसरी मुश्किल हामिद खाँ था जिसे उसी के कहने पर आलम शाह ने शासन में बहाल किया था। लेकिन उससे बहुत से मलिक और अमीर चिढ़े हुए थे और वे सुल्तान आलम शाह के कान भरते रहे थे कि उसे पद से हटाकर बन्दी बना लिया जाय। कुछ तो उसे वध कर देने की भी राय दे रहे थे। हामिद खाँ को जैसे ही इसकी भनक लगी, वह अपने भाइयों की मदद से भाग निकला। भागते हुए वह काफी धन भी ले गया। उसकी कोशिश यह थी कि मालवा का सुल्तान महमूद दिल्ली पर धावा बोलकर गद्दी हथिया ले। बहलोल को इन सारी बातों की जानकारी थी और वह बहुत ही सतर्कता

से मामले को अपने अनुकूल करने में लगा था। सबसे पहले उसने हामिद खाँ से सम्पर्क साधा और उसे बहुत तरह का लालच देकर अपने पक्ष में कर लिया। वह अभी किसी से उलझना नहीं चाहता था। वह कूटनीति से इस संकट को पार कर एक-एक मामले को सलटाने की कोशिश में था। सुल्तान के बदायूँ जाने और उनके दोनों सालों के मारे जाने के बाद से दिल्ली की शासन-व्यवस्था बुरी तरह लड़खड़ा गयी थी। एक तरह से अराजकता की स्थिति थी। वह शासन व्यवस्था को पटरी पर लाना चाहता था, जिससे विरोधी मलिकों और अमीरों को ज्यादा मौका न मिले। उसकी दूसरी कोशिश राजकोष की सुरक्षा की थी, जिसकी लूट की सबसे ज्यादा आशंका थी। उसने अफगान सैनिकों को सुरक्षा में तैनात किया और भरसक शासन को चुस्त-दुरुस्त करने की भी कोशिश में लग गया। उसने हामिद खाँ को विश्वास में लेकर यह भ्रम पैदा किया कि उसे अफगानों से कोई खतरा नहीं है। फिर उसने षड्यन्त्र रचकर कुतुब खाँ के द्वारा हामिद खाँ को बन्दी बनाकर एकान्त जगह में कैद कर लिया। उसने राजकोष, अश्वशाला और शस्त्रागार पर अफगान सैनिकों की कड़ी निगरानी बिठा दी।

इस तरह अन्दरूनी अव्यवस्था को ठीक-ठाक कर उसने दोआब और पंजाब की कुव्यवस्था दूर करने के लिये दिल्ली से प्रस्थान किया। बहलोल बहादुर चतुर और महत्त्वाकांक्षी शासक था। वह दिल्ली सल्तनत के पुराने रुतबे की वापसी के लिये प्रयत्नशील था। दोआब और पंजाब में भारी अव्यवस्था थी और वहाँ से कर की अदायगी ही रुक गयी थी। उसने अपने बेटों और चाची तथा सास के भरोसे राजधानी को छोड़ दिया था। उसकी अनुपस्थिति ने विरोधी मलिकों और अमीरों को सुनहला अवसर दे दिया और उन्होंने जौनपुर खबर भेज महमूद तर्की को चढ़ाई के लिये आमन्त्रित किया। महमूद तर्की ने अपनी सेना के साथ आकर किले पर घेरा डाल दिया। किले में बहलोल की सास और चाची बीबी मट्टू इस्लाम खाँ की विधवा थीं; उन्होंने अपना धीरज बनाये रखा। सबसे पहले उन्होंने स्त्रियों को पुरुष वेष में किले के तमाम बुर्जों पर इस तरह तैनान किया, जिससे अन्दर अनेक अफगानी सैनिकों की उपस्थिति का भ्रम बना रहे। दूसरा काम यह किया कि निपुण तीरन्दाजों को बीच-बीच में प्रहार करते रहने को कहा जाता। इसी में एक तीर पानी के मशक को और बैल को बेधता हुआ जमीन में धँसा तो दुश्मन सेना में दहशत फैल गयी। लेकिन जब महमूद तर्की की सेना ने आग के गोले किले के अन्दर फेंकने शुरू किये तो मट्टू बीबी के सैनिकों का विश्वास डोलने लगा। लगा कि किले का दरवाजा खोलना होगा और अब समर्पण के अलावे और कोई रास्ता नहीं है। लेकिन काफी मन्त्रणा के बाद एक आखिरी कोशिश सैयद शम्सुद्दीन ने की। वह जानता था कि किले को घेरकर खड़ी सेना का सरदार दरिया खाँ है जो मूलतः अफगानी है। उसने

उससे अकेले में बात की और अफगान होने का वास्ता दिया। अहमद यादगार ने 'तारीखे-शाही' में इसे नाटकीय अन्दाज में लिखा है—''सैयद शम्सुद्दीन ने किले की कुंजियाँ उसके समक्ष रख दीं और कहा, 'या तो अपनी माताओं तथा बहनों के पर्दे की रक्षा करो और या उन्हें शत्रु को सौंप दो ताकि वे उन्हें अपमानित करें।' दरिया खाँ ने कहा—'मैं क्या करूँ? सम्बन्ध के कारण मैं किले की विजय में विलम्ब करता था किन्तु सुल्तान बहलोल ने पहुँचने में बड़ी देर कर दी। तू इस समय कुंजियों को अपने पास रख और जो कुछ मैं करूँगा उसे देखता रह।''[3] उसने सुल्तान महमूद शर्की से कुछ छिपाया नहीं, लेकिन उसका मत था कि पहले बहलोल को रास्ते में रोककर उसकी सेना को पराजित कर देना ठीक होगा, तब दिल्ली खुद-ब-खुद हमारी हो जाएगी। उसके ऐसा कहने पर सुल्तान ने उसे और फतह खाँ को आदेश दिया कि वे सेना लेकर जाएँ। कोशिश यह हो कि पानीपत में उसे रोककर पराजित कर दिया जाय।

अफगानों, तुर्कों या अन्य मुस्लिम समुदायों के बीच सांस्कृतिक, ऐतिहासिक, सामाजिक और राजनीतिक सोच-विचार और संस्कारों में जो भिन्नता थी, उसके परिणाम कितने निर्णायक असरवाले हुए—यह प्रसंग इसका एक उदाहरण है। ऐसे में पूरे मध्यकालीन इतिहास के इस काल-खंड को मुस्लिम राज के रूप में सरलीकृत करके सूत्रबद्ध करना बिल्कुल गलत नजरिया होगा। दरिया खाँ सेना लेकर जाता है और दिल्ली से 15-17 कोस दूर नरेला के पास बहलोल की सेना का सामना भी करता है, मगर कुतुब खाँ से साँठगाँठ पर युद्ध में पीठ दिखा देता है और तय वादे के अनुसार बहलोल की सेना उसका पीछा भी नहीं करती। फतेह खाँ मार दिया जाता है और महमूद शर्की पराजित हो जाता है। पराजय की खबर सुन महमूद शर्की की सेना अस्तव्यस्त हो जाती है। वह जैसे-तैसे पलायन कर जाता है। इसी बीच बहलोल की सेना पहुँचकर उसके पचास हाथी और काफी धन-दौलत लूट लेती है। बीस कोस तक उसकी सेना का पीछा कर बहलोल वापस लौटता है।

इस विजय से बहलोल की न सिर्फ प्रतिष्ठा बढ़ी बल्कि उसके विरोधी भी भयभीत हो उठे। अब उसका ध्यान अपने प्रान्तीय शासकों की ओर जाता है जो कर देने में आनाकानी कर रहे थे, अथवा देना बन्द कर दिया था और आजादी का आनन्द उठा रहे थे। सबसे पहले उसने मेवात के अहमद खाँ को समर्पण के लिये विवश किया। उसने माफी माँगकर अच्छे व्यवहार का वादा किया तथा जमानत के तौर पर अपने चाचा मुबारक खाँ को सुल्तान की सेवा में अर्पित कर दिया। यही हाल कोयल के राज्यपाल ईसा खाँ का हुआ। सुल्तान ने चेतावनी के साथ दोनों को बने रहने दिया, लेकिन मेवात के सात परगने लेकर उसे सम्भल में मिला दिया। मेवात के शासक की हैसियत कम हो गयी। कम्पिल, पटियाली, रापरी, भोगाँव और इटावा

के साथ भी ऐसा ही हुआ। मामूली प्रतिरोध रापरी के शासक ने किया जिसे उसने बड़ी आसानी से शान्त कर दिया। लेकिन जौनपुर उसके लिये सरदर्द बना रहा। बहलोल ने जौनपुर के अधीन शम्साबाद पर राय करन के नेतृत्व में धावा बोल दिया। वहाँ महमूद शर्की का नियुक्त शासक जौना खाँ था। उसने दुर्ग देने से इंकार किया तो बहलोल ने उसे भगाकर वहाँ का शासक राय करन को बना दिया। यह सुनकर महमूद शर्की आग-बबूला हो उठा और सेना के साथ युद्ध के इरादे से शम्साबाद पहुँचा। इस युद्ध में विजेता तो बहलोल ही हुआ, लेकिन घोड़े से गिरकर घायल हो जाने के कारण कुत्ब खाँ पकड़ा गया। सुल्तान महमूद शर्की ने उसे बन्दी बनाया और सात साल तक कैद किये रहा। 1459 में महमूद शर्की का निधन हुआ तो जौनपुर संकट कुछ दिनों के लिये ओट में चला गया।

महमूद शर्की के निधन के बाद उसका बेटा मुहम्मद शाह शर्की शासक बना। कुत्ब खाँ अभी उसकी कैद में ही था जो सुल्तान बहलोल का साला था। उसकी पत्नी शम्स खातून अपने भाई के लिये पति को बार-बार उकसाती थी। मुहम्मद शर्की ने फिर से शम्साबाद को राय करन से छीनकर जौना खाँ को सौंप दिया था। घटनाक्रम इस प्रकार घटित हुआ कि राय करन और रापरी का राज्यपाल मुहम्मद खाँ मुहम्मद शर्की से मिल गये थे। लेकिन वह अपने भाइयों की हत्या को प्राथमिकता देता रहा और उसकी माँ उन्हें बचाने को छटपटाती रही। उसने माँ को पत्र लिखा— 'सारे शाहजादों की यही दशा होगी। माता जी सभी के लिये एक साथ शोक प्रकट कर लें।' इसी बीच उसके खुद के पुत्र जलाल खाँ को बहलोल शाह ने बन्दी बना लिया।

उसकी माँ बीबी राजी ने अमीरों की सहमति से हुसैन खाँ को सुल्तान घोषित कर दिया। सेना पुराने सुल्तान की पत्नी बीबी राजी के साथ खड़ी हुई। थोड़े प्रतिरोध के बाद मुहम्मद शाह पकड़ा गया। माँ बीबी राजी अपने ही बेटे को जंजीर में बँधवाकर ले गयी। ऐसा था मध्यकाल का राज-मोह! नया सुल्तान हुसैन शाह सेना के साथ बहलोल से युद्ध करने आया, मगर दोनों में सन्धि हो गयी और कुत्ब खाँ ससम्मान बहलोल के पास आया और ससम्मान जलाल खाँ वापस हुआ। लेकिन हुसैन शाह ने दो बार और बहलोल पर आक्रमण किया। पराजय और सन्धि के इस सिलसिले को खत्म करते हुए अफगान योद्धा बहलोल ने उसे जौनपुर से बेदखल कर दिया और बहुत बड़ी सेना के साथ वहाँ की गद्दी पर अपने छोटे पुत्र को बैठा दिया। जौनपुर से निजात पाकर उसने थोड़ी चैन की साँस ली। उसने कालपी को आजम हुमायूँ को सौंप दिया। ग्वालियर के शासक मान ने उपहार भेंट कर अधीनता मान ली और कर देने का वादा किया। फिर वह लाहौर की ओर चला। सरहिन्द पहुँचकर उसकी स्मृतियाँ ताजी हो गयीं। यह नगर उसके लिये शुभ था। उसने सभी

अमीरों की पत्नियों को अपनी ओर से भेंट दी कि वे अपने-अपने नाम से नगर में मुहल्ले स्थापित कर लें। अहमद यादगार के मुताबिक, वह दो वर्षों बाद वापस दिल्ली लौटा। ग्वालियर का राजा मान मर चुका था। उसका बेटा 12 हाथी और दो लाख रुपये सालाना कर चुकाने के वादे के बाद वहाँ का शासक बना रहा। एक कठिन युद्ध के बाद अन्ततः उसने उदयपुर के राणा को भी पराजित कर दिया। उदयपुर में उसके नाम का खुत्बा पढ़ा गया और सिक्का भी जारी हुआ।

बहलोल के राजपूत रियासतों के साथ युद्ध को लेकर इतिहासकारों में मत-भिन्नता है। इस विषय पर प्रो. सुरेश कुमार श्रीवास्तव ने लिखा है। उनके अनुसार, अहमद यादगार ने नाम और तिथि का उल्लेख तक नहीं किया और कर्नल टाड के इतिहास में भी तिथि नहीं दी गयी है। मुहम्मद हबीब और प्रो. खलीक अहमद निजामी साहब के में तो बिल्कुल ही उल्लेख नहीं। वे खुद राजपूत इतिहास से अनुसन्धान कर लिखते हैं कि "मेवाड़ पर आक्रमण का मौका बहलोल को इसलिये मिला, क्योंकि इस राजपूत रियासत में मतभेद थे। अपने पिता महाराणा कुम्भा की हत्या करके सन् 1468 में गद्दी पर बैठे राय ऊदा ने अगले पाँच वर्षों तक आतंक का साम्राज्य बनाये रखा। अन्त में उसके भाई रायमल ने उसे खदेड़ दिया। राय ऊदा ने बहलोल से मदद चाही और उसकी दोस्ती के बदले अपनी बेटी उसे देने की पेशकश की। टाड के अनुसार, इसके फौरन बाद ऊदा की बिजली गिरने से उस समय मौत हो गयी जब वह बहलोल के दरबार से बाहर निकल रहा था।"[4] प्रो. श्रीवास्तव ने लिखा है कि ऊदा की मौत के बाद बहलोल उसके पुत्रों के साथ युद्ध के उद्देश्य से आया और शाही सेना ने सियाढ़ में पड़ाव डाला। राणा रायमल के भतीजे छत्रसाल के नेतृत्व में भयंकर युद्ध हुआ और शाही सेना को काफी क्षति पहुँची लेकिन छत्रसाल की मृत्यु के बाद राणा रायमल टूट गये और उन्होंने हताश होकर सन्धि कर ली। उन्होंने सुल्तान के खुत्बे पढ़वाने और उसके नाम के सिक्के ढलवाने की शर्त भी कबूल कर ली।

बहलोल को आगे नीमखार, मुल्तान, डलमऊ, मालवा, इटावा में भी विजय हासिल हुई। लम्बे समय बाद दिल्ली सल्तनत का रुतबा वापस हो रहा था। प्रो. खलीक अहमद निजामी के अनुसार, जीवन के आखिरी वर्षों में "1488 में सुल्तान बहलोल ने हिसार-फिरोजा, ग्वालियर और इटावा की ओर प्रस्थान किया। ग्वालियर के राजा मानसिंह तोमर ने अस्सी लाख टके उपहार स्वरूप भेंट किये। बहलोल ने इटावा से चौहान सरदार संकट सिंह को, जो हुसैन शाह तर्की से उसके छीने जाने के समय से नगर का अधिकारी था, हटाकर उसे राय दादू को प्रदान किया। दिल्ली लौटते समय रास्ते में लू लगने से बहलोल बीमार हो गया और 12 जुलाई 1489 को मिलावली में, जहाँ वह बीमारी में रुका था, उसकी मृत्यु हो गयी।" प्रो. खलीक

अहमद निजामी ने उसका मूल्यांकन करते हुए लिखा है कि "बहलोल में राजनीतिक यथार्थवाद की स्पष्ट सूक्ष्म दृष्टि और लक्ष्य के प्रति अटल दृढ़ता थी जिसने निरन्तर उसकी गतिविधियाँ निर्देशित कीं। उसकी दृष्टि में लक्ष्य साधनों का औचित्य सिद्ध करता था और वह प्रवंचना, विश्वासघात या छल का सहारा लेने में कभी नहीं हिचकिचाया बशर्ते उससे उसका उद्देश्य सिद्ध होता हो।" वे आगे लिखते हैं—"उसने उस समय एक विशिष्ट अफगान का शौर्य प्रदर्शित किया जब पराजित शर्की शासक की पत्नी को उसके पति के पास पूर्ण मान-मर्यादा और सम्मान सहित भेज दिया।"[5] मध्यकाल के जहाँ अनेक सुल्तान पराजित राजाओं की पत्नियों को हरम में डाल लेते थे, वहाँ इस अफगान सुल्तान का आदर्श उत्कर्ष भरा आचरण अलग से रेखांकित करने योग्य है।

पूरे अड़तीस वर्ष तक शासन करनेवाला वह दिल्ली का पहला सुल्तान था। यह उसकी बहुत बड़ी सफलता थी। उसने अफगान सैनिकों को शासकों का गौरव दिलाया। प्रो. निजामी ने उसकी सबसे उल्लेखनीय उपलब्धि के रूप में बहलोली नामक सिक्के का प्रचलन बताया है, जिसने उसे मुद्राशास्त्र के इतिहास में अमर कर दिया। इसका प्रचलन अकबर के शासन तक चलता रहा। वह भद्र, न्यायप्रिय, उदार और सहज जीवन जीनेवाला शासक था। वह जनता के प्रार्थनापत्रों को स्वयं देखता और निर्णय लेता था। आश्चर्य की बात यह थी कि उसका खाना प्रतिदिन किसी न किसी अमीर के घर से आता था। वह नाराज होने पर सीधे अमीर के घर चला जाता। एक और अनोखी विशेषता थी कि वह कभी राजसिंहासन पर नहीं बैठा। वह अमीरों के साथ एक अलग कालीन पर बैठता था। वह नियमित रूप से अपने धार्मिक दायित्व पूरे करता; धर्म के विद्वानों और उलेमा को पूरा आदर देता और उसमें धर्मान्धता भी नहीं थी। राय करन, राय प्रताप, राय वीर सिंह, राय तिलोकचन्द या राय धन्धू जैसे हिन्दू सरदारों का उसने विश्वास अर्जित किया था। हिन्दू जमींदार उससे प्रसन्न रहते थे और कुछ राजपूतों तथा अन्य हिन्दुओं को भी उसने महत्त्वपूर्ण पद सौंपे थे। प्रो. निजामी ने लिखा है कि उसमें इतना आत्मविश्वास था और उसकी लोकप्रियता ऐसी थी कि वह अंगरक्षक भी नहीं रखता था। उनके अनुसार, इसके पीछे उसकी यह भावना थी कि अफगान सरदारों को शासन में भागीदारी का अहसास हो। इतिहासकार अब्दुल्ला के अनुसार वह कहा करता था—'इतना काफी है कि मेरा नाम राज्य के साथ सम्बद्ध है।' अब्दुल्ला ने उसके आखिरी वक्त का वर्णन इस प्रकार किया है—"अपना अन्तिम समय निकट समझकर उसने अपने एक विश्वासपात्र को बुलाकर उससे कहा कि—'मेरी वसीयत निजाम खाँ को, जो सुल्तान सिकन्दर के नाम से बादशाह हुआ,' पहुँचा देना। 1. सूर कौम के किसी व्यक्ति को अमीर अथवा खान नियुक्त न करना; कारण कि उन्हें बादशाही की

महत्त्वाकांक्षा है, 2. अफगानी को सेवा न प्रदान करना; कारण कि वे लोग किसी बात की ओर ध्यान नहीं देते और नमक का भी ख्याल नहीं रखते।''[6] और लोदी वंश के इस संस्थापक का इन्तकाल हो गया। उसे दिल्ली के समीप जूद नामक उद्यान में एक भव्य मकबरे में दफना दिया गया।

प्रो. खलीक अहमद निजामी के अनुसार, वसीयत के बावजूद सुल्तान का मसला नहीं सुलझा। इसमें सबसे बड़ा पेच यह था कि निजाम खाँ एक हिन्दू सुनार की पुत्री से पैदा हुआ था। उसकी माँ तमाम सरदारों से अच्छे व्यवहार का वादा कर रही थी मगर ईसा खाँ अड़ा हुआ था। खानेखाना फर्मुली के कुछ कहने पर वह झिड़क बैठा—'तुम एक दास हो और शाही मामलों से तुम्हारा कोई सरोकार नहीं।' जाहिर था इससे अपमानित होकर उसने अपना समर्थन निजाम के पक्ष में रखा और उठकर चला गया। निजाम खाँ ने चुपचाप एक शेख से आशीर्वाद लिया, पिता बहलोल के जनाजे में शामिल हुआ और काली नदी के तट पर जाकर एक टीले पर सिंहासनारूढ़ हो गया। अब उसकी चुनौती सारे सरदारों का अनुमोदन प्राप्त करने की थी। दूसरा संकट इस अन्दरूनी मतभेद से प्रान्तीय शासकों से अधीनता मनवाने की मुश्किलों का भी था।

सबसे पहले उसने रापरी और चन्द्रवार के किले को घेरा, क्योंकि उसका भाई आलम खाँ वहाँ के शासक आजम हुमायूँ से जा मिला था। रापरी के शासक ने तुरन्त समर्पण कर दिया। उसने खानेखाना को वहाँ का शासक बना दिया। उसका भाई आलम खाँ भागकर पटियाला के शासक ईसा खाँ की शरण में छुपा था। उसने पटियाला पर आक्रमण किया और जीतकर वहाँ की बागडोर राय गणेश को दे दी। ईसा खाँ युद्ध में घायल हो चुका था और कुछ ही दिनों में उसकी मौत भी हो गयी। उसका दूसरा भाई बारबक इस्माईल खाँ से मिल गया था और इस्माईल खाँ ने युद्ध की चुनौती स्वीकार कर ली थी। कन्नौज के पास युद्ध हुआ और बारबक सेना का सेनापति बन्दी हो गया। बाद में वह सिकन्दर लोदी से मिल गया। बारबक हार गया और बदायूँ भाग गया। उसने बारबक से समर्मण कराकर उसे जौनपुर का शासक बना दिया। सिकन्दर लोदी का यह बहुत दूरदर्शितावाला कदम था। उसने किसी को बन्दी नहीं बनाया। उसका उद्देश्य सिर्फ अधीनता स्वीकार करवाना था, वरना ऐसे मामलों में हत्या अथवा आँखों में सलाई फेर देने की ही परम्परा चली आ रही थी। इससे लोगों में भी अच्छा सन्देश गया। लेकिन उसकी ताकत कम करने और नियन्त्रण रखने के भी उपाय किये। उसके अनेक परगनों में अपने विश्वासपात्रों को बैठा दिया। अभी भी शाही परिवार का एक सदस्य आजम हुमायूँ लोदी बचा रह गया था जो कालपी में शरण लिये हुए था। उसने कालपी पर चढ़ाई कर जीत हासिल की और उसे महमूद खाँ लोदी को सौंप दिया। फिर उसने जथरा के तातार खाँ को परास्त

कर दिल्ली की अधीनता स्वीकार करायी। जौनपुर की मदद करनेवाला बयाना का शासक अशरफ स्वतन्त्र राज्य कर रहा था। उसने उसे समर्पण का सन्देश भिजवाया, लेकिन वह 'हाँ' और 'ना' के द्वन्द्व में फँसा रहा। उसने सुल्तान अशरफ के अधीन आगरा को घेर लिया। सुल्तान अशरफ ने वहाँ हैबत खाँ को नियुक्त किया था। सिकन्दर लोदी ने उसे समर्पण को मजबूर किया। बयाना को दिल्ली में मिला लिया। उसने बयाना में अपने विश्वस्त गुलाम खानेखाना फर्मुली को बिठा दिया।

इस अभियान के बाद वह दिल्ली पहुँचा ही था कि उसे खबर मिली कि जोगा के नेतृत्व में चौहान राजपूतों ने जो जौनपुर और गोरखपुर के बीच रहते थे; जौनपुर पर धावा बोल दिया है। उन लोगों ने मुबारक खाँ को बन्दी बनाकर रीवाँ के राय भेद को सौंप दिया और मुबारक का भाई शेर खाँ मारा गया। बारबक भागकर दरियाबाद चला गया। सिकन्दर लोदी अभी महल में भी नहीं गया था। उसने सेना कूच करने का आदेश दे दिया। उसने 1491 में जौनपुर कूच किया था। डलमऊ में बारबक शाह मिला। राय भेद को पता चला कि सुल्तान आ रहे हैं तो उसने भय से मुबारक खाँ को आजाद कर दिया। कठगढ़ में जोगा की सेना मिली तो उसने आक्रमण कर दिया। अभी सुल्तान की सेना काफी पीछे थी। उसने मात्र पाँच सौ सवार सैनिकों के बूते ही धावा बोला था, मगर शाही सेना का ऐसा आतंक था कि पन्द्रह हजार सवार और दो लाख पैदल सैनिकों के बावजूद जोगा भाग खड़ा हुआ। जोगा सुल्तान के प्रमुख दुश्मन हुसैन शर्की की शरण में गया। सिकन्दर ने उसका किला घेर लिया। अन्त में युद्ध हुआ और हुसैन शर्की पराजित हुआ। वह भागकर तिरहुत बिहार चला गया। सिकन्दर ने बारबक को जौनपुर की गद्दी पर फिर बैठाया। लेकिन वह इतना लुंज-पुंज व्यक्तित्व का था कि अमीरों और जमींदारों ने ही उसे मारकर भगा दिया। सिकन्दर उसकी अयोग्यता से खीझ गया और समर्पण कर चुके प्रतिद्वन्द्वी भाई आजम हुमायूँ को भेजा कि वह उसे कैद कर ले और जौनपुर को तत्काल सँभाले। हुसैन शर्की आकर चुनार के किले में छुपा था। सिकन्दर ने उसे घेर लिया। वह रुका नहीं; रीवाँ और कंतित की ओर चला। फिर अरेल होते डलमऊ पहुँचा। शेर खाँ की विधवा अत्यन्त रूपवती और सुसंस्कृत स्त्री थी। सिकन्दर लोदी ने उससे निकाह कर लिया।

राय भेद अधीनता स्वीकार करने के बावजूद सिकन्दर लोदी के सामने भय के कारण उपस्थित नहीं हुआ। 1494 में उसका बेटा पराजित हुआ और उसने अधीनता स्वीकार कर ली, लेकिन वह सरकूच की ओर भागते हुए रास्ते में ही मर गया। सिकन्दर लौटते हुए अकाल और बाढ़ के कारण बहुत मुश्किल में पड़ा और उसकी काफी सेना नष्ट हो गयी। बाकी भी काफी थकी हुई थी। इसी मौके पर जैसे-तैसे तैयार की गयी सेना लेकर हुसैन शर्की ने उसे घेरना चाहा। उसे कई असन्तुष्ट

जमींदारों का भी समर्थन प्राप्त था। सिकन्दर बनारस पहुँचा। उसने हुसैन खाँ को बुरी तरह पराजित किया। वह भागकर फिर बिहार गया तो सुल्तान ने इस बार पीछा किया। उसने बंगाल के सुल्तान अलाउद्दीन के यहाँ शरण ली। सिकन्दर ने पहले तिरहुत के शासक को समर्पण करा मुबारक खाँ को कर वसूलने के लिये वहाँ तैनात किया। उधर बंगाल के शासक के बेटे के नेतृत्व में सिकन्दर लोदी की तलाश में निकली सेना का साबका पटना के आगे बाढ़ के दनियाल में हुआ। शाही सेना का नेतृत्व मुबारक खाँ और महमूद खाँ लोदी कर रहे थे। लेकिन दोनों के सेनापतियों ने सन्धि कर ली कि अब बंगाल में शाही सुल्तान के दुश्मनों को कभी शरण नहीं मिलेगी। दोनों पक्ष एक-दूसरे पर आक्रमण नहीं करेंगे। सिकन्दर लोदी ने बिहार के तिरहुत, सारण के जो इलाके जीते हैं, उन पर बंगाल के शासक दावा नहीं करेंगे। लौटते हुए जौनपुर में उसने छह मास का लम्बा प्रवास किया। सिकन्दर लोदी हुसैन शर्की को लेकर इतना खफा था कि उसने उसके बनवाये स्मारकों, महलों, उद्यानों इत्यादि को पूरी तरह नष्ट करवा दिया। उसके भीतर नफरत इतनी सघन थी कि वह उसकी बनवायी मस्जिद तक ढाहने पर आमादा था, लेकिन उलेमा के आग्रह पर छोड़ दिया।

जौनपुर को व्यवस्थित कर जब वह 1499 से 1503 के बीच सम्भल में था तो उसके विरुद्ध षड्यंत्र रचा गया। उसकी जगह पर फतेह खाँ को सुल्तान बनाने की साजिश थी। इसका भेद खुलते ही उसने इसमें शामिल असगर खाँ, दिल्ली के राज्यपाल सैयद खाँ सरवानी, तातार खाँ, महमूद शाह तथा अन्य शामिल लोगों का या तो वध करवा दिया अथवा देशनिकाला दे दिया। जो सरदार असन्तुष्ट थे, वे ग्वालियर और गुजरात चले गये।

धौलपुर के राजा राय विनायक देव (प्रो. निजामी के अनुसार राय मानिक देव) पर सन्देह था कि उन्होंने विद्रोहियों में कुछ को उकसाया था। निजामुद्दीन अहमद ने 'तबकाते-अकबरी' में लिखा है कि सुल्तान ने मेवात के हाकिम आलम खाँ और रापरी के हाकिम खान-ए-खाना लोहानी को आदेश दिया कि वे धौलपुर के किले को फतह कर लें। राय विनायक देव ने इस युद्ध में शाही सेना के शूरवीर ख्वाजा बब्बन को मार डाला। युद्ध चलता रहा और शाही सेना को नुकसान होता रहा। सुल्तान सिकन्दर यह सुनकर बौखला गया और स्वयं धौलपुर पर चढ़ाई कर दी। राय विनायक देव किला छोड़ ग्वालियर भाग गया। शाही सेना किले में प्रवेश कर गयी और जमकर लूटमार की। उसने आसपास के घरों और वृक्षों तक को नष्ट-भ्रष्ट कर डाला। एक माह तक वह वहाँ रुका और फिर ग्वालियर होते हुए मेंदकी (मन्दकी) में पड़ाव डाला। वहाँ पानी और मौसम के कारण महामारी फैल गयी। ग्वालियर के राजा ने सुल्तान के दुश्मनों को, जो शरण लिये हुए थे तुरन्त निकाल

बाहर किया और अपने बड़े लड़के विक्रमादित्य को सन्धि के लिये भेजा। सुल्तान ने उसे घोड़े और खिलअत भेंट की और लौट जाने की अनुमति देकर आगरा चला गया। उसने धौलपुर भी तत्काल के लिये राय विनायक देव को ही सौंप दिया। पूरी बरसात वह आगरा में रुका रहा। फरवरी-मार्च 1505 ई. में उसने मुन्दरायल किले को घेरा। किला हासिल करने के बावजूद उसने आसपास के तमाम मन्दिरों को ध्वस्त कर दिया और मस्जिदें खड़ी कीं। उसने किले के लिये मियाँ मकन को नियुक्त किया। अनेक उद्यानों, भवनों को नष्ट कर दिया। 1504 के बाद दुबारा 1506 में धौलपुर किले से राय विनायक देव को निकालकर मलिक कमरुद्दीन को सौंप दिया। यहाँ उसने भदौरिया राजपूतों पर काफी अत्याचार किये। 6 जुलाई को आगरा लौटा तो वहाँ भूकम्प आ गया।

उसने उदित नगर (अवन्तगढ़) के किले को भी फतह किया तथा वहाँ भी मन्दिरों को तोड़कर मस्जिदों का निर्माण कराया। राजपूतों ने वीरता से प्रतिरोध किया, मगर शाही सेना विशाल थी। राजपूत तो शहीद हुए, नारियों ने जौहर कर लिया। उसने मजाहिद खाँ को किला सौंपा। मगर बाद में पता चला कि उसने अवन्तगढ़ के राजा से घूस ले ली थी कि सुल्तान से किला वापसी की बात करेगा। इससे गुस्सा कर उसने किला उससे छीनकर ताजुद्दीन को सुपुर्द कर दिया। फिर उसने तोमर राजपूतों के गढ़ नरवर पर चढ़ाई की। एक साल तक किले को घेरे रहा। अन्त में यहाँ विजय प्राप्त होने पर फिर उसने मन्दिरों को ध्वस्त कर मजिस्दें खड़ी कीं। वहाँ उसने उलेमा बसाये। मदरसों में तालीम हासिल करनेवालों को वजीफे दिये। लौटते हुए उसने किला एक कछवाहा राजपूत राजसिंह को सौंप दिया। उसने मालवा, नागौर और चन्देरी पर भी विजय हासिल की। लेकिन राजस्थान में सुल्तान सिकन्दर लोदी के समकालीन रायमल के उत्तराधिकारी राणा साँगा से भिड़ने का कहीं कोई विवरण नहीं मिलता। मात्र 27 साल की उम्र में राणा साँगा 5 मई 1509 को मेवाड़ का राजा बना और अपने पड़ोसी राज्यों से लेकर दिल्ली सल्तनत से भी जमकर लोहा लिया। बाबर के हमले के पहले तक राजपूतों के साम्राज्य स्थापन का वह सबसे चमकभरा सितारा था। प्रो. सुरेश कुमार श्रीवास्तव ने आश्चर्य प्रकट किया है कि जिन दिनों सिकन्दर अपने राज्य का लगातार विस्तार कर रहा था, उन्हीं दिनों राणा साँगा ने छटासू पर कब्जा कर लिया जो लोदियों के अधिकार का इलाका था। इतना ही नहीं, राणा ने इसे पूरनमल की जागीर में जब शामिल कर लिया तो पूरनमल आसपास के गाँवों के सैयद मुसलमानों पर जुल्म भी ढाता रहा। वे लिखते हैं— "1511 ई. के सिलहादि खंढार अभिलेख से संकेत मिलता है कि पूर्वी राजस्थान में सिकन्दर लोदी की शक्ति काफी कम हो गयी थी। अवसर पाकर राणा साँगा वस्तुतः न केवल समूचे राजस्थान का अधीश्वर बन गया था अपितु अपने पड़ोसियों की

कीमत पर अपनी सीमाओं का विस्तार भी कर रहा था।''[7] प्रो. निजामी के अनुसार, उसने आगरा नगर की स्थापना 1506 में की थी। (कुछ इतिहास ग्रन्थों में 1504 लिखा गया है।) उनके अनुसार विशेषज्ञों के साथ वह यमुना में नाव से चला और दिल्ली से आगे बढ़ते हुए बहुत छानबीन के बाद देवली परगने के बाशी और पोया गाँवों का चयन किया। उसने बयाना के नौ परगनों को उसमें शामिल कर दिया। नाव में बैठे सुल्तान ने नाविक के नायक से पूछा—''तुम बताओ कि दोनों ऊँचाई में मेरे लिये कौन ठीक होगा?'' नायक ने कहा—''अग्र-भाग-आगे-राह में अधिक उपयुक्त होगा।'' सुल्तान ने मुस्कुराकर कहा—''इस नगर का नाम भी आगरा होगा।''[8] सुल्तान ने इतना कहा और आगरा नगर का जन्म हो गया।

मुहम्मद कबीर बिन शेख इस्माईल ने 'अफसानयेशाहान' में लिखा है कि मौलाना जमाली जो पहुँचे हुए फकीर थे, उनकी सुल्तान सिकन्दर लोदी से बहुत गहरी दोस्ती थी। लेकिन मियाँ हाफिज नामक एक मौला ने दोनों में मतभेद पैदा कर दिया। मौलाना जमाली बादशाह की बेरुखी भाँपकर बुरी तरह खिन्न हो गये और एक दिन अचानक दिल्ली से भागकर खुरासान चले गये। वे कलन्दर थे, उनके पास इल्म था। धीरे-धीरे वहाँ उनके काफी भक्त हो गये। उनकी शोहरत बहुत तेजी से बढ़ी। सुल्तान सिकन्दर लोदी को जब यह मालूम हुआ तो वह बड़ा चिन्तित हुआ। उसके भीतर यह भी सन्देह पनपा कि कहीं यह मेरे राज्य में कोई विघ्न न पैदा करे। सिकन्दर लोदी ने अपने सन्देशवाहकों को भेजा। उन्होंने पत्र में मौलाना जमाली से जोरदार आग्रह किया और उनसे दिल्ली चले आने की गुजारिश की गयी। उन्होंने उत्तर में एक छन्द भेजा और खुद काबा की ओर प्रस्थान कर गये—

दो सेह गज बोरिया व पोस्त यके, दिले पुर दर्दे यार दोस्त यके।
ई कदर बस बूअद जमाली रा, आशिके मस्त ला उबाली रा।

(दो-तीन गज बोरिया अथवा एक खाल, मित्र का दुख रो परिपूर्ण हृदय, किसी का दोस्त, जमाली के लिये यही बहुत है, मस्त आशिकी और निश्चिन्त रहना।)[9]

21 नवम्बर 1517 को जिस दिन सन्देशवाहकों ने मौलाना जमाली का यह छन्द संवाद सुल्तान सिकन्दर लोदी को सौंपा, उसी दिन गले के कैंसर से उसका इन्तकाल हो गया।

सिकन्दर लोदी के शासन और बहलोल लोदी के शासन में काफी फर्क था। जहाँ बहलोल ने अफगानों से बराबरी का वादा कर उसका निर्वाह भी किया, वहीं सिकन्दर लोदी पूरी तरह सुल्तान की भूमिका में रहा। बहलोल नाराज अमीरों को मनाने उनके घर तक चला जाता था जबकि सिकन्दर लोदी ने अमीरों के विशेषाधिकारों पर ही अंकुश लगा दिया और उनको अनुशासित भी किया। खास तौर से वित्त के

मामले में जागीरों के हिसाब-किताब की वह जाँच भी करवाता था। लेकिन यह भी सच है कि उसका शासन तुर्कों की तरह पूरी तरह तानाशाहीवाला भी नहीं था, फिर भी वह सख्त रहा। एक बार सम्भल में चौगान खेलते समय कुछ अमीर उसके सामने लड़ पड़े तो उसने शम्स खाँ नामक अमीर को कोड़े तक लगवाये। उसने शीघ्र और निष्पक्ष न्याय व्यवस्था कायम की। वह स्वयं न्याय का काम देखता था। उलेमा सिर्फ परामर्श दे सकते थे। उसने जमीन की पैमाइश के लिये 30 इंच का गज बनवाया जो बहुत दिनों तक सिकन्दरी गज के नाम से प्रचलन में रहा। 1496 के अकाल में उसने अनाज से चुंगी हटा दी और राहत कार्य शुरू कराया। वह प्रतिदिन निर्धन जनता के लिये पक्के और कच्चे खाने की खैरात भी चलवाता था। डॉ. आर. पी. त्रिपाठी के अनुसार, सिकन्दर लोदी के विचार अफगानों जैसे कठोर नहीं थे। उससे ज्यादा कठोरता उसके पिता के समय थी। उनके अनुसार—"सिकन्दर लोदी का महत्त्वपूर्ण योगदान यह था कि उसने अनाज पर जकात को खत्म किया। चूँकि उसके राज्य के कुछ भागों में गम्भीर अकाल पड़ गया था और वह कम कीमत पर अनाज का बेहतर प्रदाय करने के लिये उत्सुक था, इसलिये उसने वह कदम उठाया।"[10] असहाय लोगों के लिये दैनिक, साप्ताहिक या अर्धवार्षिक वृत्तियाँ देता था। वह अपने पुराने सामानों की बिक्री से प्राप्त आय को गरीब कन्याओं के विवाह में खर्च करता था। उसने लेखकों, कवियों, विद्वानों, कलाकारों और संगीतज्ञों को राज्य संरक्षण भी दिया था। उसके राजधानी में रहने पर शयन शैया के पास प्रतिदिन सत्तर विद्वान बैठकर शास्त्रीय या धार्मिक विषयों पर विचार-विमर्श करते थे। लेकिन धार्मिक मामले में वह काफी असहिष्णु था। शायद हिन्दू माता के पुत्र होने के नाते वह जान-बूझकर खुद को पक्का मुसलमान सिद्ध करने के उत्साह में ऐसा करता था। इतिहासकार अब्दुल्लाह ने 'तारीखे-दाऊदी' में धर्मान्धता के आसंग में एक ऐसे प्रसंग का वर्णन किया है, जिसकी प्रतिक्रिया से शायद सिकन्दर लोदी इस तरह कट्टर हुआ था। कुरुक्षेत्र में पर्व के मौके पर हिन्दुओं की अपार भीड़ थी। शाहजादा सिकन्दर थानेश्वर जाकर तमाम तीर्थ यात्रियों के सामूहिक वध का आदेश देना चाहता था। उसके किसी मुसाहिब ने सलाह दी कि इसमें आलिम की राय लेनी चाहिए। मौलाना अब्दुल्लाह अजोधनी को बुलाया गया। उन्होंने कहा कि जब यह प्रथा वर्षों से चल रही है और तुम्हारे पुरखों ने कुछ नहीं किया तो तुम ऐसा क्यों कर रहे हो? वे बोले कि "प्राचीन मन्दिर को नष्ट कराना उचित नहीं और जिस जगह प्राचीन काल से स्नान करने की प्रथा चली आ रही है, उसे रोकना हमारे लिये उचित नहीं।" यह बात सुनकर शाहजादे ने कटार निकाल ली और कहा कि "तू काफिरों का पक्षपात कर रहा है। सबसे पहले मैं तेरी हत्या करूँगा। फिर बाद में मैं कुरुक्षेत्र पर आक्रमण करूँगा।" मियाँ अब्दुल्लाह ने कहा कि "मरना सभी को है। ईश्वर के

आदेश के बिना कोई नहीं मरता। जब कोई किसी अत्याचारी के पास आता है तो सर्वप्रथम अपनी मृत्यु निश्चित कर लेता है। जो कुछ होना है, वह होगा। मैंने शरा का आदेश बता दिया, यदि आपको शरा की चिन्ता नहीं है तो मुझसे कुछ पूछने की आवश्यता ही न थी।'' मौलाना अब्दुल्लाह अजोधनी ने इस्लाम धर्म की महानता को इतिहास में कलंकित होने से बचा लिया था और ऐसा करते हुए उन्होंने अपने प्राण भी संकट में डाल दिये थे। आलिम की इस निर्भीकता के मूल में उनकी अदम्य आस्था ही थी। शाहजादे ने साफ कहा—''यदि तू आज्ञा दे देता तो इससे कई हजार मुसलमानों का भला हो जाता।'' लेकिन अब्दुल्लाह ने अन्तिम वाक्य यह लिखा है कि ''शाहजादे ने उनसे कहा—'मियाँ अब्दुल्लाह, कभी-कभी मिलते रहना।' यह कहकर वह चल दिया।''[11] यह शायद उस सन्त आत्मा की आभा का असर था। प्रो. निजामी ने लिखा है कि दरअसल इस हस्तक्षेप से वह चिढ़ गया था। उसने नगरकोट के मन्दिरों की मूर्तियाँ विध्वंस करते समय उसके टुकड़े कसाइयों को दे दिये थे कि वे इससे मांस तौलें। जाहिर था उसके भीतर हिन्दुओं के प्रति सघन घृणा थी।

सिकन्दर लोदी की मृत्यु के बाद लोदी वंश के शासन का आखिरी सुल्तान इब्राहीम लोदी 22 नवम्बर 1517 को सिंहासन पर बैठाया गया। प्रो. निजामी ने लिखा है कि दरबारी अमीरों ने सिकन्दर लोदी के व्यक्तिकेन्द्रित शासन से सीख लेकर साम्राज्य को दो हिस्सों में विभाजित करने की योजना बनायी। एक सुल्तान इब्राहीम लोदी और दूसरे उसके छोटे भाई जलाल खाँ का। इस पर एक समझौता हुआ और ऐसा कर भी दिया गया।

जलाल खाँ को जौनपुर शर्कियों द्वारा शासित प्रदेश दिया गया था। वह वहाँ शासन के लिये प्रस्थान भी कर गया। वह कुछ दिनों के लिये रास्ते में कालपी में रुककर भोग-विलास में लीन हो गया। आजम हुमायूँ के पुत्र फतेह खाँ को उसने वजीर नियुक्त कर दिया और उसे जौनपुर भेज दिया। लेकिन जब रापरी का राज्यपाल खानेजहाँ आया तो उसने विभाजन पर आपत्ति जतायी और इसे खत्म करने का ऐलान कर दिया। उसके अनुसार विभाजन अफगानों के हित में नहीं था। इब्राहीम लोदी ने इस मौके को लपक लिया। अब जलाल खाँ को एक शिष्ट भाषा में फरमान भेजा गया और उससे कहा गया कि वह दरबार में वापस लौट जाय, क्योंकि एक जरूरी विषय पर परामर्श करना है। लेकिन हैबत खाँ के द्वारा उसे इस षड्यंत्र की सूचना मिल गयी। उसने फरमान मानने से इंकार कर दिया। तब इब्राहीम लोदी ने एक प्रतिनिधिमंडल भेजा, लेकिन जलाल खाँ ने उसकी भी बात नहीं मानी। तब इब्राहीम ने उसे कमजोर करने की योजना पर काम शुरू कर दिया।

उसने उसके अमीरों को कीमती तोहफे भेजे और आगे भी देने का वादा कर उन्हें अपनी ओर मिलाने की चेष्टा की। अनेक मलिक और अमीर इब्राहीम से मिल

भी गये। इब्राहीम ने अपना दूसरा अभिषेक 29 दिसम्बर 1517 को किया, जिसमें अमीरों और अधिकारियों को जागीरें, कीमती वस्त्र, उपहार तथा पद दिये। इस बार राज्याभिषेक में पुरानी व्यवस्था भंग कर उसे लोदी साम्राज्य के सर्वसत्ताधारी होने के दावे की घोषणा कर दी गयी।

इब्राहीम का समझौते से इस तरह पलटना जलाल खाँ को किसी भी सूरत में मंजूर नहीं था। उसने कालपी में ही रुककर तमाम असन्तुष्ट जमींदारों की मदद से एक सेना गठित की। उसने सुल्तान जलालुद्दीन का खिताब भी लिया और अपने नाम का खुत्बा भी पढ़वाया। उसने अपने नाम के सिक्के भी ढलवाये। उसने ग्वालियर किले को घेरे आजम हुमायूँ को यह सन्देश भेजा कि वे उसके पिता के समान हैं, बतायें कि उसकी क्या गलती है? समझौता तो इब्राहीम ने तोड़ा है। उसने ईमानदार मुसलमान का वास्ता देकर उसकी सहानुभूति जीत ली। फिर दोनों ने पहले जौनपुर में अपनी स्थिति मजबूत करने के लिये विरोधी अमीरों पर कार्रवाई का निर्णय लिया। इसी क्रम में पहला धावा अवध के राज्यपाल पर बोला गया तो वह लखनऊ की ओर भाग गया और इब्राहीम से अपना दुखड़ा रोया। अब इब्राहीम ने खुलकर युद्ध का निर्णय लिया और अपने अन्य भाइयों को जिन्हें बन्दी बना रक्खा था; हाँसी के किले में भेज दिया। 6 जनवरी 1518 को वह भोगाँव पहुँचा। वहीं उसे खबर मिली कि आजम हुमायूँ और उसके पुत्र फ तेह खाँ ने जलाल खाँ का साथ छोड़ दिया है और वे मिलने आ रहे हैं। उसने उनका स्वागत किया और उन्हें कीमती उपहार बाँटे। इसी बीच जरतौली के जमींदारों के विद्रोह की खबर आयी जिसे तुरन्त दबा दिया गया। जौनपुर के कई प्रमुख अमीरों ने भी जलाल खाँ का साथ छोड़ दिया और वे इब्राहीम से मिल गये। जब एक विशाल सेना जलाल खाँ पर धावा बोलने के लिये कालपी पहुँची तो पता चला, जलाल खाँ सेना सहित आगरा कूच कर गया है। उधर शाही सेना ने अन्ततः कालपी के किले पर अधिकार जमा लिया। वहाँ उसे विपुल मात्रा में धनराशि हासिल हुई।

इब्राहीम लोदी ने अपने एक मलिक अदम काकर को आगरा भेजा था। उसने बड़ी चतुराई से जलाल खाँ को आक्रमण करने में विलम्ब करवाया; तब तक शाही सेना पहुँच गयी। पहले तो सन्धि वार्त्ता चली, जलाल खाँ ने इब्राहीम के अधीन उसे मलिक बनने को राजी कर लिया। मगर हठी और महत्त्वाकांक्षी इब्राहीम ने इस प्रस्ताव को भी ठुकरा दिया। तब जलाल खाँ भागकर ग्वालियर चला गया। फिर मालवा, कटंगा और हाँसी में शरण तलाशता रहा। लेकिन अन्ततः उसे भीलों ने बन्दी बनाकर इब्राहीम लोदी को सौंप दिया। इब्राहीम लोदी ने उसे अपने अन्य भाइयों के साथ हाँसी के किले में नजरबन्द रखा और कुछ दिनों बाद उसने सारे भाइयों का वध करवा दिया।

इब्राहीम लोदी की आँख में ग्वालियर लगातार गड़ रहा था। उसके पिता ने भी इस पर कभी निर्णायक जीत हासिल नहीं की। मानसिंह की मौत के बाद उसका बेटा विक्रमादित्य राजा बना था। उसने तुरन्त समर्पण कर दिया और सन्धि को तैयार हो गया। इब्राहीम ने विक्रमादित्य को ग्वालियर तो नहीं दिया मगर उसे शम्साबाद का शासक जरूर नियुक्त कर दिया। लेकिन उसको असली चुनौती मेवाड़ के राणा साँगा से मिली। उसने मालवा के भी कुछ हिस्सों पर अधिकार जमाकर सीधे सुल्तान को ललकार दिया था। सुल्तान इब्राहीम ने मियाँ मारवन के नेतृत्व में सेना भेजी। मदद में जो अन्य सरदार थे, उनमें एका नहीं बन सका और कई सरदार राणा साँगा से मिल गये। उसने धौलपुर के निकट बारी गाँव में उसकी सेना का सामना किया और उसे परास्त कर दिया। क्रोध से बौखलाया इब्राहीम लोदी खुद आया, लेकिन राणा साँगा की सेना को परास्त नहीं कर सका। विद्रोही सरदार फिर लोदी की सेना से आ मिले, मगर तब भी वे राणा का कुछ नहीं बिगाड़ पाये। दोनों सेनाएँ पीछे लौट गयीं। राणा साँगा गम्भीरा नदी के किनारे तक बढ़ आया और इब्राहीम लोदी के पिता ने जिन इमारतों का निर्माण कराया था, उनमें आग लगवा दी। कुछ दिनों बाद चन्देरी के शासक मियाँ हुसैन की मृत्यु हुई तो उसने उस पर भी कब्जा कर लिया। इब्राहीम छटपटाकर भी चन्देरी को कभी वापस नहीं पा सका।

इब्राहीम लोदी की सबसे बड़ी दिक्कत यह थी कि वह बहुत ही जिद्दी, घमंडी और निरंकुश स्वभाव का था। उसने अपने पूर्वजों से भी कुछ नहीं सीखा। सबसे गलत बात यह कि उसका अपने मलिकों और अमीरों के प्रति अत्यन्त कटु व्यवहार था। उसका स्वभाव इतना उद्दंड था कि वह बुजुर्गों से भी अशिष्टता करने लगता था। अत्यन्त प्रतिष्ठित और बुजुर्ग अमीर मियाँ भुवा लोदी जो न्यायपालिका के अध्यक्ष जैसे सम्मानित पद पर थे, उनको इसलिये बन्दी बना लिया कि वे अधिक उम्र के कारण अपने कर्त्तव्यों का ठीक से निर्वहन नहीं कर पा रहे थे। बेचारे की कैद में ही मृत्यु हो गयी। इससे तमाम मलिक और अमीर सशंकित और नाराज हो गये थे। उनके परिवारवाले बेहद नाराज थे। उसने सनक में आकर अपने बहादुर सेनापति आजम हुमायूँ को बुलाकर जेल में डाल दिया। इससे क्रुद्ध होकर उसके बेटे इस्लाम खाँ ने कड़ा मानिकपुर में विद्रोह कर दिया। ऐसे तमाम असन्तुष्टों ने मिलकर उससे युद्ध भी किया। वे भले पराजित हो गये मगर राज्य की आन्तरिक शासन प्रणाली तो अस्तव्यस्त हो ही गयी थी। आजम हुमायूँ और मियाँ हुसैन फर्मुली को कैद कर उसने मरवा दिया या वे कैद में ही मर गये। इसके पूर्वज जिन अमीरों के घर जाते थे, एक साथ खाना खाते थे। उनके साथ उसका ऐसा बर्त्ताव? सभी बुरी तरह नाराज थे।

बेशक इब्राहीम लोदी ने इस्लाम खाँ को पराजित कर मार डाला हो। लेकिन दरिया खाँ लोहानी के पुत्र मुहम्मद शाह ने अपने को आजाद घोषित किया और अपने

नाम के सिक्के भी ढलवाये। इब्राहीम उसका कुछ नहीं कर सका। इसी क्रम में उसने पंजाब के शासक दौलत खाँ को दरबार में हाजिर होने का हुक्म सुना दिया। दौलत खाँ ने अपने बेटे दिलावर खाँ को भेजा तो वह बुरी तरह बिगड़ गया। उसने दिलावर खाँ को बन्दीगृह दिखाकर कहा कि अगर वह तुरन्त नहीं आया तो उसकी जगह यही होगी। किसी तरह दिलावर खाँ जान बचाकर भागा। दौलत खाँ ने यह सब सुना तो बहुत क्रोधित हुआ। दिलावर खाँ बिना समय गँवाये उसके प्रतिद्वन्द्वी भाई आलम खाँ से मिल गया। लेकिन दौलत खाँ बहुत चतुर और महत्त्वाकांक्षी था। वह काबुल में काबिज बाबर के भारत में हस्तक्षेप को देख रहा था। वह उसे लेकर थोड़ा असमंजस में भी था।

इधर इब्राहीम लोदी, अपने भाई आलम खाँ के अमीरों को लगातार परेशान कर रहा था, इसलिये उसके अमीर और आलम खाँ ने बाबर से मदद माँगी। दिलावर खाँ जाकर बाबर से मिला और इब्राहीम खाँ के अत्याचार से मुक्ति की गुजारिश की। उसने यकीन दिलाया कि सुल्तान आलम खाँ हमेशा उसकी इज्जत करता रहेगा। यह अफगानियों की सबसे बड़ी चूक थी। बाबर ने तुरन्त ताड़ लिया कि भारत के अफगानों में एकता नहीं है। 'बाबरनामा' में बाबर ने राणा साँगा के दूत भेजने की चर्चा करते हुए लिखा है कि अगर वह दिल्ली तक चढ़ आये तो राणा साँगा आगरा पर धावा बोल देगा। बाबर को भारतीय शासकों की आपसी अनबन का यकीन हो गया तो उसने 1524 में ही पंजाब पर चढ़ाई कर दी। दौलत खाँ की शंका सही साबित हुई और वह भाग खड़ा हुआ। लाहौर और दीपालपुर पर कब्जे के बाद दौलत खाँ बाबर से मिला। उसने उसे जालन्धर, सुल्तानपुर और आसपास के कुछ इलाके देकर सूबेदार बनाया, लेकिन दौलत खाँ को इससे सन्तोष नहीं था। उसने बाबर की सेना के साथ षड्यंत्र रचा जो उसके बेटे दिलावर खाँ को नागवार लगा और उसने बाबर को बाप की चालबाजी बता दी। बाबर उसको, उसके दूसरे बेटे गाजी खाँ के साथ गिरफ्तार कर अपने साथ ले चला। दीपालपुर उसने आलम खाँ को दे दिया था। दौलत खाँ ने हाथ-पाँव जोड़कर बाबर को वफादारी का ऐसा यकीन दिलाया कि उसने उसे काबुल के पहले ही नौशेरा के पास रिहा कर दिया। दौलत खाँ गुस्से में लौटा और अपने बेटे दिलावर खाँ को बन्दी बना आलम खाँ को दीपालपुर से खदेड़ दिया। वह बाबर की जीती गयी पंजाब की भूमि को लेने की जुगत करने लगा। आलम खाँ भागकर बाबर की शरण में पहुँचा। उसने बाबर से गुजारिश की कि वह उसे दिल्ली सल्तनत दिला दे तो पंजाब वह उसके हवाले कर देगा। यह आलम खाँ का अजीब भोलापन था कि जो दिल्ली सल्तनत जीत लेगा, वह क्या पंजाब खुद नहीं जीत सकता? आखिर वह जीतकर दिल्ली उसे क्यों दे देगा? बाबर के सामने भारत की अन्दरूनी तस्वीर बिल्कुल साफ थी।

बाबर ने अगले साल नवम्बर 1525 ई. में भारत विजय का ऐतिहासिक अभियान शुरू किया और रास्ते में बदख्शाँ और गजनी से भी सेना को शामिल करते आगे बढ़ा। मलोन के किले में छिपे दौलत खाँ ने बाबर की तुरन्त कदमपोशी की और दिलावर खाँ उसकी सेना में शामिल हो गया, मगर गाजी खाँ भागकर इब्राहीम से जा मिला। उसे राणा साँगा के समर्थन की पूरी.उम्मीद थी। कुछ इतिहासकार राणा साँगा के बाबर से मदद की बात को नकारते हैं और खुद बाबर द्वारा ही उससे मदद माँगने की बात करते हैं। जो हो, इससे बाबर कम से कम इस बात से तो आश्वस्त था कि राजपूतों का समर्थन अफगानों को नहीं मिलेगा। प्रो. सुरेश कुमार श्रीवास्तव ने लिखा है—"राणा साँगा सोचता था कि योजना का लाभ उसे इस तरह मिलेगा कि हमेशा की तरह इस बार भी बाबर लोदियों को हराकर और राज्य को लूटकर वापस चला जाएगा। फिर उसे अपनी मनचाही करने का मौका मिलेगा। लेकिन जब राणा ने बाबर के असली इरादों को समझा कि पंजाब के विद्रोहियों को उसने कैसे प्रभावशाली तरीके से काबू में किया है तो उसे अपनी स्थिति स्पष्ट हो गयी। यही वजह है कि राणा साँगा ने इब्राहीम लोदी पर कोई भारी आक्रमण नहीं किया। यही नहीं, पानीपत के बाद उसने बाबर के दुश्मनों से मिल जाने की कोशिशें भी कीं और इससे बाबर को राणा साँगा पर आक्रमण का बहाना मिला।"[12] इब्राहीम के अमीर उससे इतने खफा थे कि उसमें कुछ तो जाकर बाबर की सेना से भी मिल गये।

पानीपत की लड़ाई की सच्चाई को इतिहासकारों ने पूरी तरह 'बाबरनामा' के आधार पर ही नहीं लिखा है। प्रो. सुरेश कुमार श्रीवास्तव ने यह तो माना है कि लाहौर से पानीपत तक वह बड़ी तेजी से आया और रास्ते में लोदी की कई चौकियों पर कब्जा कर लिया। 12 अप्रैल 1526 को वह पानीपत पहुँचा तो इब्राहीम लोदी उसकी चुस्ती देख घबरा गया। प्रो. श्रीवास्तव ने अबुल फजल के मात्र बारह हजार घुड़सवारों की बात में दूसरे इतिहासकारों के साक्ष्य रखे हैं। 'बाबरनामा' में भी इतनी ही संख्या बतायी गयी है। प्रो. श्रीवास्तव के अनुसार, कई इतिहासकारों ने बतलाया है कि बाबर की सेना के साथ पैदल-तोपची, उनके भारतीय मित्रों की सेनाएँ, अफगान सैनिकों के झुंड और भारतीय धन-दौलत के लालच में आये तुर्की सैनिकों की जमात अलग से शामिल थी। वे बोल्जले हेग के हवाले से इनकी संख्या 25000 बताते हैं। दूसरी ओर इब्राहीम लोदी की ओर से एक लाख सैनिकों की बात भी बढ़ा-चढ़ाकर कही जाती है। उन्होंने यदुनाथ सरकार के हवाले से तर्क दिया है कि गृह-युद्ध, विद्रोहों और अमीरों की अनबन से उसका राजकोष खाली था। ऐसे में एक लाख सैनिकों को वेतन देने की उसकी स्थिति ही नहीं थी। उनका अनुमान लगभग 50,000 का है। दस हजार हाथियों की जगह उन्होंने एक हजार हाथियों की बात कही है। 'बाबरनामा' में बाबर ने भी हाथियों की संख्या एक हजार ही लिखी

है। बारूद और गोले का प्रयोग बाबर ने पहली बार किया, जिसका असर निर्णायक पड़ा। दोनों के सैन्य-कौशल में भारी फर्क था और सैनिकों की चुस्ती, जोशो-खरोश में भी काफी अन्तर था। उसने तोपची और गोलन्दाजों की सुरक्षा के लिये सात सौ मालवाहक गाड़ियाँ मँगाकर दो गाड़ियों को बैल की खाल के रस्से में बाँध दिया था। इस तरह सुरक्षा कवच बन गया था। बीच-बीच में निकास की जगह थी, जिससे घुड़सवार निकल सकते थे। बाबर की अचूक सुरक्षा-व्यवस्था के मुकाबले इब्राहीम की सेना असुरक्षित थी। गोले या तीर लग जाने पर हाथी पीछे लौटकर अपनी ही सेना के लिये मुसीबत बन जाते। बायीं ओर उसने गड्ढे के ऊपर पेड़, पत्तियों से ढँककर एक दिशा से पूरी तरह सुरक्षित कर लिया था। यदुनाथ सरकार के अनुसार, वे यमुना नदी के सूखे नाले थे जिसकी दाहिनी ओर बाबर ने सेना खड़ी कर ली थी। इब्राहीम की पराजय निश्चित थी। युद्ध हुआ और बाबर को आसानी से जीत हासिल हो गयी। इब्राहीम पहला मुसलिम सुल्तान था जो रणभूमि में शहीद हुआ था।

'बाबरनामा' में लिखा है कि "आधे दिन में इतनी बड़ी सेना मिट्टी में मिल गयी। इब्राहीम के पास एक ही स्थान पर 5-6 हजार आदमी मारे गये। अन्य स्थानों पर जो लाशें पड़ी थीं, उनकी संख्या अनुमानतः 15-16 हजार होगी किन्तु आगरा पहुँचने पर हिन्दुस्तानियों की बातों से पता चला कि इस युद्ध में 40-50 हजार आदमी मारे गये होंगे।" बाबर ने आगे लिखा है—"ताहिर तीबरी इब्राहीम का सिर लाया। उसे उसका शरीर लाशों के एक ढेर में मिल गया था।"[13] भारत का इतिहास आमूलचूल बदल चुका था। बाबर ने लोदीवंश के साथ उस परम्परा का विनाश कर दिया जो भारत के सांस्कृतिक विकास को अवरुद्ध किये हुए था। उसने एक ऐसे मुगल वंश की स्थापना की जिससे भारत में सांस्कृतिक परिवर्तन की गति तेज हुई। मुगलों ने इस देश को अनेक स्तरों पर समृद्ध और विकसित करने में अपना अमूल्य योगदान दिया और ऐसा करते हुए वे इस मुल्क की मिट्टी में पूरी तरह रच-बस गये।

सन्दर्भ-स्रोत—

1. उत्तर तैमूरकालीन भारत (भाग-1)-तारीखे-शाही-अहमद यादगार-सं./अनुवादक-सैयद अतहर अब्बास रिजवी पृष्ठ-307
2. उत्तर तैमूरकालीन भारत (1)- वाकेआते-मुश्ताकी -शेख रिज्कुल्लाह मुश्ताकी-सं./अनुवादक-सैयद अतहर अब्बास रिजवी पृष्ठ-92
3. उत्तर तैमूरकालीन भारत (भाग-1)-तारीखे-शाही-अहमद यादगार-सं./अनुवादक-सैयद अतहर अब्बास रिजवी पृष्ठ-312
4. मध्यकालीन भारत (भाग-1)-सं. डॉ. हरीशचन्द्र वर्मा पृष्ठ-241

5. दिल्ली सल्तनत-प्रो. मुहम्मद हबीब, प्रो. खलीक अहमद निजामी पृष्ठ-584
6. उत्तर तैमूरकालीन भारत (भाग-1)-तारीखे-दाऊदी-अब्दुल्लाह-सं./अनुवादक-सैयद तहर अब्बास रिजवी पृष्ठ-251
7. मध्यकालीन भारत (भाग-1)-सं. डॉ. हरीशचन्द्र वर्मा पृष्ठ-242
8. दिल्ली सल्तनत-प्रो. मुहम्मद हबीब, प्रो. खलीक अहमद निजामी पृष्ठ-592
9. उत्तर तैमूरकालीन भारत (1)-अफसानये शाहान-मुहम्मद कबीर बिन शेख इस्माइल-सं./अनुवादक-सैयद अतहर अब्बास रिजवी पृष्ठ-381
10. मुसलिम प्रशासन के कुछ पहलू-डॉ. आर. पी. त्रिपाठी पृष्ठ-219
11. उत्तर तैमूरकालीन भारत (भाग-1)-तारीखे-दाऊदी-अब्दुल्लाह-सं./अनुवादक-सैयद अतहर अब्बास रिजवी पृष्ठ-256
12. मध्यकालीन भारत (भाग-1)-सं. डॉ. हरीशचन्द्र वर्मा पृष्ठ-252
13. मुगलकालीन भारत-बाबर-डॉ. सैयद अतहर अब्बास रिजवी पृष्ठ-157, 158

मुगल वंश : बाबर
(1526–1530 ई.)

पूर्व पाठ

इतिहासकारों के सामने बाबर अथवा बाद के मुगल शासकों के इतिहास-लेखन की मूल स्रोत-सामग्री को लेकर उतनी बड़ी समस्या नहीं रही, जैसी इसके पूर्व के मुस्लिम शासकों से जुड़ी सामग्री को लेकर रही। मुगल-पूर्व की मूल स्रोत-सामग्री में कुछ तो उन शासकों के दरबार में बतौर इतिहासकार रहे अथवा कुछ बाद के, ऐसे बहुत इतिहासकार रहे जो मुगलकाल के दौर में थे, लेकिन उन्होंने मुगल-पूर्व के शासन और शासकों का भी इतिहास लिखा। इसके साथ वे विदेशी यात्री थे जो उस दौरान भारत आये, रहे और अपना वृत्तान्त लिखा। ऐसे में इतिहासकारों के सामने सामग्री की उपलब्धता से ज्यादा बड़ी समस्या उनके वर्णनों की प्रामाणिकता के निर्धारण की रही। एक तो वे उन्हीं शासकों के दरबारी, वेतनभोगी अथवा समकालीन रहे, दूसरे इस्लाम के प्रति उनकी आस्था गैर-इस्लामी लोगों के प्रति पूर्वग्रहग्रस्त रही अथवा उनके खुद के निहित राग-द्वेष, आग्रह अथवा स्वार्थ रहे होंगे। बेशक ऐसे में तत्कालीन इतिहास के यथार्थ का निर्धारण बेहद चुनौतीपूर्ण कार्य रहा। उनके तथ्यगत वर्णनों, घटनाओं के बीच से सत्य और प्रामाणिक अंशों को निकालना बहुत मुश्किल काम रहा। बावजूद डॉ. मुहम्मद हबीब, प्रो. इरफान हबीब, प्रो. खलीक अहमद, निजामी, डॉ. ईश्वरी प्रसाद, श्रीराम शर्मा, डॉ. आर. पी. त्रिपाठी, प्रो. अस्करी, प्रो. एच. पी. गुप्ता, प्रो. शिरीन मुसबी और ऐसे अनेक इतिहासकारों ने अपनी असाधारण मेधा का परिचय दिया और परस्पर भिन्न तथ्यों, घटनाओं अथवा वर्णनों के बीच उस यथार्थ की पहचान की और अन्ततः उस काल-खंड की स्पष्ट तस्वीर पेश कर दी। इसमें सहज मतित्व और अनुमानों की भी भूमिका रही होगी, इससे इंकार नहीं किया जा सकता। यह भी गम्भीर अनुसन्धान की प्रक्रिया के ही आवश्यक उपांग हैं।

खास तौर पर हिन्दी पाठकों के लिये इस काल-खंड की मूल स्रोत-सामग्री उपलब्ध कराने में जिस एक इतिहासकार ने जो भूमिका अदा की, उससे तो हिन्दी पाठक शायद ही कभी उऋण हो और वे हैं इतिहास के महान साधक डॉ. सैयद अतहर अब्बास रिजवी। उन्होंने जिस आधिकारिक योग्यता से इसे सम्भव किया है, वह एक व्यक्ति का नहीं बल्कि एक संस्था का काम किया। आदि तुर्ककालीन भारत से लेकर मुगलकालीन भारत : हुमायूँ तक की फारसी-अरबी में मौजूद सम्पूर्ण मूल स्रोत-सामग्री को नौ खंडों में प्रस्तुत करने का उन्होंने स्तुत्य कार्य किया है। हर नजरिये से यह ऐतिहासिक काम है। सामग्री के चयन, सम्पादन, अनुवाद, जरूरी भूमिका, पाद-टिप्पणियाँ और पूरी प्रस्तुति ही उनके असाधारण श्रम, साधना और योग्यता का कायल बना देती है। इसी की अगली कड़ी में मुल्ला मुहम्मद कासिम हिन्दू शाह की 'तारीखे-फरिश्ता' भी जुड़ जाती है, जिसे अलग से फारसी से हिन्दी में लाने का अत्यन्त प्रशंसनीय कार्य डॉ. नरेन्द्र बहादुर श्रीवास्तव ने भी किया है। बिना आधारभूत ग्रन्थों के कोई भाषा कभी भी आत्मनिर्भर नहीं हो सकती। यह कार्य एक तरह से राष्ट्रीय काम है, क्योंकि भारत में हिन्दू-मुस्लिम वैमनस्य और नफरत के सारे हथियार इसी कालखंड से चुराये जाते हैं। जाहिर है चोरी किये गये हथियारों का कभी कोई सही इस्तेमाल नहीं करेगा। अंग्रेज इतिहासकार सर हेनरी इलियट ने मध्यकाल की मूल स्रोत-सामग्री फारसी ग्रन्थों का अनुवाद History of India as told its own Historians लगभग 1879 ई. में प्रकाशित किया। इसे प्रो. डाउसन ने आगे चलकर सम्पादित किया। फारसी भाषा के जानकार इतिहासकारों ने इसकी कमियों की ओर इशारा किया और बताया कि इससे काफी भ्रमित करनेवाली धारणाएँ पैदा हो गयी हैं। लेकिन उन्होंने इसमें कोई सुधार नहीं किया। शायद उनको भ्रान्त धारणाओं का भारत में राजनीतिक इस्तेमाल करना था और उन्होंने ऐसा किया भी। हिन्दू-मुस्लिम विभाजन को मजबूत करने के लिये इतिहास का उन्होंने ऐसा साम्प्रदायिक नजरिया पेश किया था, जिससे ये दोनों समुदाय वैचारिक आधार पर अपनी खेमेबन्दी कायम रखें, क्योंकि उनकी सोच ऐतिहासिक रूप से पुष्ट कर दी गयी है। उसने नफरत के हथियारों के भंडारों से भी उनको परिचित करा दिया था या कहिये सुलभ ही करा दिया था। डॉ. रिजवी ने बताया है कि उनके कार्यों में जो अशुद्धियाँ थीं, उसकी पहली समीक्षा 1939 ई. में शाहपूर शाह हुर्मुसजी होडीवाला ने स्टडीज इन इंडो-मुस्लिम हिस्ट्री (Studies in Indo-Muslim History) में की। लेकिन उसकी संकीर्णता से मुक्ति तो तब मिली जब आजादी के बाद हमारे इतिहासकारों ने इस पर काम किया।

बाबर और उसके बाद के शासन और शासकों के इतिहास को लेकर इतिहासकार अपेक्षाकृत बेहतर स्थिति में रहे। उनके पास इतने सारे विविध किस्म के दस्तावेज,

फरमान, पत्र, सन्धि-पत्र, सिक्के, इमारतें, शिला-पट और ऐसी तमाम विविध सामग्री की बहुतायत रही कि वे उपलब्ध आधारभूत ग्रन्थों से इतिहास के यथार्थ को अपेक्षाकृत आसानी से निर्धारित कर पाये। इस दौरान गहन शोधपत्रों, अनुसन्धानों और खोजपूर्ण पुस्तकों का विपुल जखीरा सामने आता गया और आज शायद ही मुगलकाल का कोई ऐसा कोना-अंतरा बचा हो, जहाँ इनकी पहुँच न बनी हो। इन इतिहासकारों के कार्यों से गुजरते हुए आदरसहित विस्मय होता है कि किस तरह इस काल-खंड के बीहड़ में ये फकीरों की तरह जीवन-भर भटकते रहे कि शायद ही कोई पगडंडी अजानी बची रह गयी हो। पूरे कालखंड के बारीक-से-बारीक पहलुओं का रग-रेशा उकेरकर ऐसा रोशन कर दिया है कि अज्ञान और अन्धेरे की कोई गुंजाइश ही नहीं। ऐसे में मेरे जैसा कमअक्ल न तो समग्रता को संक्षेप में समेटने का दु:साहस कर सकता है और न ही उसे नये ढंग से प्रस्तुत करने की जुर्रत। वैसे भी हमारा आशय इस कड़ी को आधुनिकता तक पहुँचाकर ही पूरा भी हो जाता है।

बाबर के पूर्व या उसके बाद के शासकों या शासन का इतिहास दिल्ली सल्तनत तक ही केन्द्रित है और अपनी तमाम विशालता और महत्त्व के बावजूद वह पूरे भारत के सारे मुस्लिम शासकों और शासन के इतिहास को नहीं समेटता। कुछ इससे दूर अप्रभावित, कम प्रभावित या इसके अधीन प्रान्त, अक्ताएँ या जागीरें रहीं जो आजाद और गुलाम होती रहीं। इसमें हिन्दू और मुस्लिम शासक रहे और इनके अपने अन्तर्विरोध भी बने रहे। खास तौर से एकदम पूर्वी और एकदम दक्षिणी भारत में ऐसी स्थितियाँ ज्यादा और दीर्घ काल तक रहीं। दिल्ली सल्तनत के शासकों और शासन के मजबूत और कमजोर होने पर इन शासकों की हैसियत और भूमिकाओं में तब्दीलियाँ आती रहीं। कभी-कभी उनके स्वरूप में रद्दोबदल भी हुआ, लेकिन किसी-न-किसी रूप में उनका वजूद बना रहा। इस दौरान महमूद गजनवी से लेकर मुगलकाल तक मध्य एशिया, अरब से अफगान तक विपुल जातीय समुदायों का भारत में आना लगा रहा जो इस्लाम में आस्था रखते हुए भी एक-दूसरे से अलग थे। इनका एक बड़ा हिस्सा जन्मजात लड़ाकू और प्रशिक्षित सैनिक था। जाहिर था उन सबका दिल्ली सल्तनत की शाही सेना में खप पाना सम्भव नहीं था। दूसरी बात यह कि दिल्ली के सुल्तान द्वारा दी गयी अक्ताओं या जागीरों में जितनी सेना रखने की अनुमति थी, उनमें ये आसानी से खप जाते थे। जब ऐसे अधीन प्रान्त, अक्ताएँ या जागीरें विद्रोह करती थीं अथवा खुद को आजाद घोषित करती थीं तो इन सैनिकों को अपनी सेना की ओर से ही युद्ध करना होता था। शाही सेना में कभी-कभी छँटनी भी हुई तो छँटनीग्रस्त सैनिक, बेरोजगार सैनिक, अच्छे वेतन और सुविधाओं का प्रलोभन अथवा ऊँचे सैन्य पदों की आकांक्षा में मुस्लिम सैनिक बड़ी संख्या में हिन्दू शासकों की सेना में भी जाते रहे। मुस्लिम शासकों ने भी अनेक कारणों से हिन्दू

सैनिकों को अपनी सेना में रखा। खास तौर से राजपूतों के साथ सघन रिश्तों में तो यह सिलसिला ज्यादा तेज रहा। मुगलकाल तक आते-आते ऐसे ज्यादा उदाहरण मिलने लगते हैं जब हिन्दू शासकों की सेना में उच्च पदों का संचालन मुस्लिम सैन्य अधिकारी या मुस्लिम शासकों की सेना में हिन्दू सैन्य अधिकारी करते रहे। जाहिर है ऐसे में उनके बीच हुए युद्धों में उनका समर्पण, ईमानदारी और वफादारी अपनी ही सेना और शासक के प्रति रही। विचार कीजिये, क्या ऐसे उदाहरण हिन्दू-मुस्लिम नजरिये से इतिहास की व्याख्या करनेवाली समझ का उपहास करते हुए नहीं लगते?

डॉ. सैयद अतहर अब्बास रिजवी ने जिस सामग्री को संकलित, सम्पादित और अनूदित कर उपलब्ध कराया है और उसमें दिल्ली सल्तनत के अलावे दक्षिण का इतिहास (1347 ई. से 1593 ई.), गुजरात के सुल्तानों का इतिहास (1390 ई. से 1573 ई.), मालवा के सुल्तानों का इतिहास (1406 ई. से 1569 ई.), बंगाल के सुल्तानों का इतिहास (1340 ई. से 1576 ई.), जौनपुर के सुल्तानों का इतिहास (1382 ई. से 1476 ई.), कश्मीर के सुल्तानों का इतिहास (1346 ई. से 1586 ई.), सिन्ध के सुल्तानों का इतिहास (705 ई. से 1592 ई.), मुल्तान के सुल्तानों का इतिहास (1493 ई. से 1517 ई.)—यह सामग्री ख्वाजा निजामुद्दीन अहमद के 'तबकाते-अकबरी' से अनूदित है। मुहम्मद कासिम हिन्द शाह के 'तारीखे-फरिश्ता' में मुसलमानों के पूर्व के हिन्दू राजाओं का इतिहास तो महाभारत के कौरवों और पांडवों से ही शुरू किया गया है। इसके अलावे लाहौर के गजनवियों का इतिहास, दक्षिण के सुल्तानों के इतिहास को छह भागों में विभाजित कर बहमनी, आदिलशाही, निजामशाही, कुतुबशाही, एमादशाही और वरीदशाही शीर्षकों से किया है। गुजरात, मालवा, बुरहानपुर, बंगाल, जौनपुर, सिन्ध, थट्टा, मुल्तान, सिन्ध की जागीरें और जमींदारियाँ, कश्मीर, मालाबार और अन्त में हिन्दुस्तान के सूफी-सन्तों और हिन्दुस्तान का संक्षिप्त विवरणात्मक परिचय दर्ज है। इसके अलावे भी मुहम्मद बिहामद खानी, शेख जिज्कुल्लाह मुश्ताकी, अल हाजद्दबीर, सिकन्दर बिन मंझू, मीर मुहम्मद मासूम और गुलाम हुसैन सलीम के लिखे इतिहास में इन जगहों में कुछ का इतिहास मौजूद है, जिसको प्रस्तुत किया गया है। बेशक भारत में मुस्लिम राज को समग्रता में जानने के लिये इन सबसे गुजरना जरूरी है जिसे हम यहाँ नहीं समेट पा रहे हैं। लगभग ये शासक और इनके शासक दिल्ली सल्तनत की विशाल छाया के अन्दर-बाहर ही रहे। वहाँ भी मुस्लिम समुदायों की भिन्नता का शासकों ने अपने हित में इस्तेमाल कर उसके अनुरूप व्यवहार रखा और राज्यहित को केन्द्र में रखकर ही गैर-हिन्दू या गैर-मुस्लिम शासकों और जनसमुदायों के प्रति व्यवहार बरता।

इन प्रान्तीय मुस्लिम शासकों, खास तौर से बंगाल और दक्षिण में—की स्थिति अपेक्षाकृत भिन्न रही, क्योंकि वे मुख्य मुस्लिम शक्ति केन्द्र रहे जो दिल्ली

सल्तनत से काफी दूर थे। वहाँ शासकों की सेना में अथवा कुछ हद तक जबरन प्रवासी बने मुसलमान काफी कम संख्या में थे और बहुसंख्यक प्रजा हिन्दू थी। जहाँ भी मुसलमान अल्पसंख्यक रहे, वहाँ उनके स्वभाव, सोच और व्यवहार में बहुमत की नृशंसता नहीं मिलती। इसलिये प्रान्तीय शासित इलाकों में मुस्लिम शासकों के बावजूद दोनों समुदायों के भावों और विचारों में काफी अपनापा और सामंजस्य विकसित हुआ। यहाँ के शासकों को भिन्नधर्मी बहुसंख्यक जनता की भावनाओं, इच्छाओं और जीवन की जरूरतों का थोड़ा-बहुत तो ख्याल रखना ही होता था। यह शासन की विवशता भी थी। इसलिये उन प्रान्तीय शासकों को कम-से-कम छोटे पदों पर भिन्नधर्मी हिन्दुओं को भी बहाल करना पड़ा।

एस. आबिद हुसैन ने भी इस पर विचार किया है और दक्षिणी राज्यों का हवाला भी दिया है—"बहमनी राज्य की नींव रखनेवाले ने अपनी राजगद्दी अपने ब्राह्मण मित्र गंगू के प्रयत्न से प्राप्त की। प्रेम और कृतज्ञता में राजा ने उसे केवल वजीर नहीं बनाया बल्कि राजवंश के उपनाम के रूप में उसे अपना लिया। बहमनी के काल में ब्राह्मण तथा अन्य हिन्दुओं का साधारण तौर से राज्य के प्रशासन में बड़ा हिस्सा था। पाँच मुसलमान राज्यों में जो बहमनी सल्तनत के विनाश पर बने थे, यह उदार नीति जारी रही।"[1] उन्होंने आगे कश्मीर के राजा जैनुल अबीदीन की चर्चा करते हुए बताया है कि वे किस तरह धार्मिक पूर्वाग्रहों से मुक्त थे और उनमें तनिक भी धार्मिक भेदभाव नहीं था। 1427 ई. में सिंहासनारूढ़ होते ही उन्होंने सिकन्दर के समय पलायन किये हिन्दुओं, ब्राह्मण कश्मीरियों को बुलवाया और उनको शासन में बहाल भी किया। उन्होंने हर भेद को खत्म कर अनेक संस्कृत पुस्तकों का परसियन में अनुवाद करवाया। कला, हस्तशिल्प का विकास किया और संगीत में विशेष रुचि के कारण दूर देशों तक के संगीतज्ञों को आमन्त्रित-सम्मानित किया। बंगाल के राजाओं में भी "अलाउद्दीन हुसैन शाह (1493-1518) और उनके पुत्र नसीरुद्दीन नुसरत शाह (1518-1533) ने अन्य बातों के बीच बंगाली भाषा को संरक्षण देकर और संस्कृत से अनुवाद द्वारा उसकी अभिव्यक्ति कर बहुत लोकप्रियता अर्जित की। हुसैन शाह की प्रेरणा से मालधर बसु ने भगवद्गीता का बंगाली में अनुवाद किया। नुसरत शाह के संरक्षण में महाभारत का अनुवाद किया गया। एक दूसरे राजा ने क्रिध्वीदास से रामायण का अनुवाद कराया।"[2]

इस तरह मुगलकाल के पूर्व बंगाल, दक्षिण और कश्मीर तथा अन्य प्रातों में भी अवचेतन स्तर पर जो अन्तर्धारा प्रवाहित हो रही थी, उसे दिल्ली सल्तनत के किसी शासक ने लक्षित नहीं किया। एस. आबिद हुसैन लिखते हैं—"किसी मुसलमान शासक के पास वह अन्तर्दृष्टि नहीं थी कि वह देखे कि इतिहास की सतही धारा के नीचे एक अन्तर्धारा है जो सतह पर आने के लिये छटपटा रही है, यह

देखे कि भारतीय जीवन की ऊपरी विविधता के पीछे एकता की आत्मा स्वयं प्रकट होने के लिये संघर्ष कर रही है। उसे एक अकबर की आवश्यकता थी।''[3] कहते हैं इतिहास खुद नायकत्व पैदा कर देता है और वह इतिहास को शिल्पित कर एक नया इतिहास रचता है। इसलिये यह माना जाना चाहिए कि भारत में विविधता के भीतर एकता की सूक्ष्म अन्तर्धारा के बीज मुगलकाल के पूर्व ही पड़ चुके थे। बस उसे फलना-फूलना शेष था।

अगर आप बाबर और उसके बाद के शासकों और शासन से पूर्व के शासकों और शासन की तुलना करते हुए भारतीय समाज को देखें तो एक किस्म का गुणात्मक अन्तर दिखाई पड़ेगा। बाबर और हुमायूँ को तो भारत में शासन का ऐसा अवसर नहीं मिला कि वे कोई शासन से उल्लेखनीय और असरकारी प्रभाव छोड़ते, लेकिन बाबर के पास भारत की जो समझ थी और जैसी दूरदर्शिता थी उससे उसने अपने वारिसों को एक बेहतर शिक्षा और सीख तो दे ही दी थी। अकबर के शासन के पूर्व कम-से-कम दो अत्यन्त महत्त्वपूर्ण घटनाएँ और एक गौण परिवर्तन ऐसा हुआ था, जिससे सामाजिक और सांस्कृतिक स्तर पर बहुत ही सार्थक और उर्वर अनुकूलनवाली पृष्ठभूमि तैयार हो चुकी थी। एक तो अफगान सुल्तान शेरशाह ने अपनी संक्षिप्त शासन अवधि में ही चमत्कारिक परिवर्तन कर एक ऐसा आदर्श उदाहरण रख दिया था, जिसके सापेक्ष लोग आनेवाली हुकूमतों को आकलित कर सकते थे। वह भले ही अफगान था मगर गैर-इस्लामी जनता के भीतर मुस्लिम शासकों के प्रति उसने बेहतर धारणा तो पैदा कर ही दी थी। दूसरी घटना सूफियों का तेजी से हुआ फैलाव था जो मुस्लिम शासकों की बेरहमी से बिल्कुल अलग इस्लाम की एक प्रेमिल तस्वीर पेश कर रहे थे। सच पूछिये तो जिस हिन्दू-मुस्लिम एकता की समवेत गंगा-जमुनी तहजीब का गायन करते लोग थकते नहीं उसे पैदा करने, विकसित करने, फैलाने और पोख्ता बनाने का सबसे ज्यादा श्रेय इन्हीं सूफी-सन्तों, दरवेशों और महान कवियों को जाता है। इनकी भूमिका आन्तरिक स्तर पर काम कर रही थी और दोनों समुदायों को आध्यात्मिक, सांस्कृतिक और आत्मिक स्तर पर जोड़ रही थी। जिस गौण परिवर्तन की चर्चा मैं कह रहा था, उससे मेरा आशय हिन्दू-मुसलमानों का भिन्न शासकों के शासन में भागीदारी से है जो बाबर के पूर्व शासकों में लगभग नहीं था। शासन के अलावे सेना में भिन्न सहभागिता तो विश्वास को और मजबूत करती ही होगी, क्योंकि यह विभाग सबसे नाजुक था। भिन्न धर्म के प्रतिपक्षी से युद्ध करना और अपने ही धर्म के प्रतिपक्षी से युद्ध करना बिल्कुल अलग बात है। भिन्नधर्मी शासक के लिये अपने ही धर्मवाले शासक से युद्ध करते हुए शहादत देने का गहरा असर जरूर जनमानस पर पड़ा होगा। ऐसी तमाम अनुकूल पृष्ठभूमि पर अकबर जैसे शासक का भारतीय इतिहास के आकाश में उदित होना

निश्चय ही किसी वरदान से कम नहीं रहा होगा। गंगा-जमुनी संस्कृति जिसका बखान करते हम कभी थकते नहीं है, इसी काल में उत्कर्ष पर पहुँची और पोख्ता भी हुई।

यह इतिहास का ठोस यथार्थ है कि सम्राट अशोक के बाद दूसरी बार मुगलियां सल्तनत ने भारत को आमूलचूल बदल दिया और उसी की कोख से एक अभिनव भारत का जन्म हुआ। आज यह जिस शक्ल में हमारे सामने है, उसमें उसका योगदान इस कदर घुला-मिला है कि कोई चाहकर भी उसे हिगरा नहीं सकता। इतिहास का कोई भी ईमानदार पाठक मध्ययुग की वीथियों से गुजरकर जब मुगलकाल को समग्रता में आकलित करेगा तो इस बात का उसे पक्का अहसास होगा कि आज हम जिस प्राचीन भारतीय संस्कृति के असाधारण वैभव को अहंकार की सर्वोच्च ऊँचाई तक स्मरण करते-कराते हैं, मुगल सल्तनत के बिना शायद हम उसे याद रखने योग्य आज बचे भी नहीं होते। मध्यकाल में भारतीय राज्यों के जो शासक थे, उनकी जो शासन व्यवस्थाएँ थीं और उनके जो आपसी अन्तर्विरोध थे; सामाजिक स्तर पर जो ब्राह्मणवादी व्यवस्था की कठोर जकड़न थी, उसमें पराधीनता और विनाश हमारी नियति थी। लाखों की संख्या में चलनेवाले विश्व के सबसे बर्बर और जाहिल मंगोलों का हुजूम जिस तरह सामूहिक कत्लेआम मचाता, सब कुछ तहस-नहस करता भारत में घुसा था; उसे रोकने और खदेड़ने की ताकत तब के किसी भारतीय शासक में नहीं थी। उसकी मौजूदगी में शायद ही हमारी प्राचीनता के कोई चिह्न शेष बचे होते और खुदा-न-खास्ता वे यहाँ शासनारूढ़ हुए होते तो यकीन कीजिये, हमारी स्मृति से हमारी प्राचीनता हमेशा के लिये गायब भी हो चुकी होती। बर्बरता और जाहिलपने के अलावे उनके पास और कुछ नहीं था। बेशक उसे जिन तत्कालीन मुस्लिम शासकों ने रोका वे कोई परिष्कृत रुचि और उन्नत संस्कृतिवाले नहीं थे, लेकिन फिर भी उनमें कई शासकों का ऐसा शासन था जिनके राज्य में आलिमों, दरवेशों, कवियों, विद्वानों, हकीमों और कलाकारों को पनाह मिली। वे इस देश की महानता से रू-ब-रू हुए, सीखे, सराहे और कुछ-कुछ सँवारे भी। कुछ ने इसके वैभव के गीत भी गाये और खुद को इसी की मिट्टी में रोपते भी गये। बेशक उनमें कुछ ने मूर्तियाँ तोड़ीं, मन्दिर ढाये लेकिन सारा कुछ मटियामेट नहीं किया।

इस पृष्ठभूमि में बाबर ने जिस मुगलशासन की नींव रखी, वह पहले से बिल्कुल अलग थी। उसका पूर्व शासकों और उनके शासन से कोई मुकाबला ही नहीं था। वे एक भरी-पूरी समृद्ध और समानान्तर संस्कृति के साथ आये और उसे हम पर बलात थोपने की कोई कोशिश भी नहीं की। मुगल बेहद तहजीबवाले थे और अपेक्षाकृत खुले थे। धर्म, साहित्य, संगीत, कला, स्थापत्य, भवन-निर्माण,

दस्तकारी, शिल्पकारी, खानपान, रहन-सहन उन्होंने सारी खिड़कियाँ खोल रखी थीं। उन्होंने जहाँ, जो भी अच्छा था उसे लेने में कोई हिचक नहीं रखी और न ही अपना देने में ही कोई संकोच किया। उनकी सोच और शासन में इतना स्पेस था कि दोनों के बीच एक अविच्छिन्न एकता के तन्तु विकसित हुए और तमाम उतार-चढ़ावों के बावजूद उनकी निरन्तरता बनी रही। इस आपसी लेन-देन की सबसे बड़ी विशेषता यह रही कि इस प्रक्रिया में किसी ने न किसी को जड़विहीन किया और न ही विपन्न। हमें पूरी आजादी थी अपने सुदूर सांस्कृतिक वैभव से जुड़ने की, उस पर गर्व करने और उसमें से वांछित को लेने की भी। मध्यकाल में मुगलों के पूर्व जैसे शासकों और उनके शासन को हम झेल आये थे; उनमें बाबर का आना और मुगल शासन की नींव रखना किसी वरदान से कम नहीं था। इस दौरान देश में जो भी हिन्दू शासक थे, तकरीबन किसी के पास इससे बेहतर शासन प्रणाली नहीं थी। न ही कोई ऐसा सामाजिक, सांस्कृतिक जीवन था जो इस दौरान सम्भावित झंझावातों को झेलकर कोई आदर्श प्रतिमान रच सकता था। कठोर, क्रूर और बेरहम ब्राह्मण संस्कृति और विलासिता में डूबी सामन्ती व्यवस्था में विकास की वह गुंजाइश ही नहीं थी जो मुगल शासन ने मुहैया कराई। भक्तिकाल के उस महान सांस्कृतिक विकास से, तुलसीदास से सूरदास और मीरा तक, रसखान से रहीम तक, कबीर से जायसी तक, अमीर खुसरो से गालिब तक एक समृद्ध जुड़ाव और लगातार समृद्ध करने की अनवरत परम्परा ही मिलेगी, जिसमें शासक या शासन ने कभी बाधक बनकर अवरोध पैदा नहीं किया।

इस पूरे आलोकमें बाबर की उपस्थिति पर ईमानदारी से विचार करें तो आपको उसके आने और मुगलिया सल्तनत के स्थापित करने का गौरवपूर्ण अहसास होगा। खास तौर से उसके जीवन से गुजरते हुए जब आप उसके असाधारण नायकत्व से परिचित होंगे तब शायद और गहराई से इस बात को महसूस करेंगे कि इतिहास ने उसे भारत को एक दुर्लभ उपहार के रूप में सौंपा था। उसने अकल्पनीय जीवन संघर्षों से महानायकत्व को अर्जित किया था। उसके व्यक्तित्व के भीतर परस्पर भिन्न मानवीय गुणों और प्रवृत्तियों के अनेक ऐसे स्तूप थे जो उस युग के किसी अन्य शासक में नहीं मिलते। उसमें पिता की ओर से तैमूर वंश की तुर्क परम्परा वाली तुर्शी, चपलता और निर्भीकता थी तो माता की ओर से मंगोलों वाली बेरहम आक्रामकता भी। लेकिन जो बात उसे अद्वितीय शासक बनाती थी—वह थी फारस-ईरान की अर्जित संस्कृति और उससे निर्मित परिष्कृत संस्कार। पिता उमर शेख मिर्जा की मौत के बाद बारह वर्ष से कुछ कम ही उम्र में वह फरगना की गद्दी पर बैठा और तब से उसे लगभग जीवन के आखिरी वक्त तक राज्य के लिये संघर्ष ही करना पड़ा। लेकिन वह जन्मजात बादशाह था। लिखता है—...मुझे राज्य पर अधिकार

करने तथा बादशाह बनने की आकांक्षा थी, अतः मैं एक या दो बार की असफलता से निराश होकर बैठा न रह सकता था।...जब 1507 में उसने काबुल पर अधिकार किया तो उसने खुद को मिर्जा कहने से मना किया और आदेश दिया कि लोग उसे 'बादशाह' कहा करें। लेकिन सरलता ऐसी कि बादशाह होकर भी किसी साधारण नागरिकके यहाँ रोजा खोलने अथवा रात गुजारने में उसे कोई हिचक नहीं होती थी। बादशाही के तो उसके जीवन में समय-समय पर गिनती के दिन ही मिले, बाकी सारा जीवन तो उसे बेहद कष्ट और लड़ते हुए ही गुजारना पड़ा। उसने एक शेर में कहा है—"भाग्य का कोई ऐसा कष्ट अथवा हानि नहीं है जिसे मैंने न भोगा हो, इस टूटे हुए हृदय ने सभी को सहन किया है। हाय! कोई ऐसा कष्ट भी है, जिसे मैंने न भोगा हो।"[4] योद्धा तो वह ऐसा अदम्य साहसी और बहादुर था कि युद्ध में पौराणिक चरित्रों का अहसास करा देता। तुर्कमान हजारा के युद्ध में बिना कवच के ही दुश्मनों पर धावा बोल दिया। बाण उसके ऊपर से सन-सन कर गुजर रहे थे। किसी हसबखाह ने चिन्ता जतायी—मैंने तुम्हारे ऊपर से दो बाण जाते देखे, भला इस तरह नंगे जा रहे? बाबर ने कहा—...चिन्ता मत करो, ऐसे बहुत से बाण मेरे सिर पर से गुजर चुके हैं।...और वही बाबर जब अपनी प्रेमिका के सामने पड़ता है तो ऐसा शर्मिन्दा कि होंठ थरथराकर रहे जाते हैं। मगर जुबान नहीं खुलती। बड़प्पन और मानवीय उत्कर्ष के अनेक उदाहरण उसके जीवन में भरे पड़े हैं। इब्राहीम लोदी जब युद्ध में शहीद हो जाता है तो बाबर उसकी माँ को परिवार के नौकर-चाकरों के साथ सात लाख की आमदनीवाली जागीर ही नहीं सौंपता, बल्कि इज्जत बख्शते हुए विनम्र गुजारिश भी करता है कि वे उसे इब्राहीम लोदी की जगह समझें। दुर्भाग्य से इब्राहीम लोदी की माँ इस मनुष्यता का मान नहीं रख पाती और उसे जहर देकर मारने का षड्यंत्र रचती है। लेखक के रूप में 'बाबरनामा' तुर्की साहित्य ही नहीं बल्कि विश्व साहित्य की आत्मकथाओं में एक अनुपम कृति है। यथार्थ और ईमानदार वर्णनात्मकता से भरी इस आत्मकथा में एक ओर जीवन के घनघोर कष्टों और घोरतम कटु अनुभवों की मार्मिकता है तो दूसरी ओर घाटियों, उपत्यकाओं, दर्रों, बेशुमार पक्षियों, फलों और वनस्पतियों का मोहक और औत्सुक्य से भरा वर्णन है, खास तौर से किलों के वर्णन में उनके स्थापत्य का उसने जैसा बारीक वर्णन किया है—वह उसकी दिलचस्पी और समझ का अहसास कराता है। लोगों के मनोलोक और अन्दरूनी भावों की उसकी समझ चकित करनेवाली है और दुश्मनों की वीरता के प्रति सम्मान प्रकट करते हुए वह खुद हमारी आँखों में बहुत ऊँचा उठ जाता है। लेखक की बुनियादी शर्त ईमानदारी और तटस्थता की है। आप उस स्थल पर गौर करें, जब काबुल में वह अपने रिश्तेदारों से मिलता है।

कृतघ्नता के उदाहरण उसके निकट के रिश्तेदार शाह बेगम और खानम से जुड़े

थे। वह बताता है कि "दो बार जब दुर्भाग्य एवं काल के कुचक्र के कारण राज्य एवं सिंहासन तथा नौकर-चाकर से वंचित होकर, मैं तथा मेरी माता उनके पास शरण हेतु पहुँचे थे तो उन्होंने हमारे प्रति कोई कृपादृष्टि प्रदर्शित न की थी।" लेकिन जब भाग्य उनके सुदिन लाया तो बाबर नम्रतापूर्वक अभिवादन कर उनसे भेंट करता है—"शाह बेगम तथा खानम बहुत परेशान, लज्जित और शर्मिन्दा थीं। वे न तो कोई उचित बहाना कर सकी थीं और न स्नेहपूर्वक मेरे कुशल समाचार पूछ सकती थीं।" वह आगे लिखता है जब उसके सुदिन और उनके दुर्दिन आते हैं तो "शाह बेगम मेरे पास आईं तो मैंने उन्हें काबुल का पमगान नामक सर्वोत्कृष्ट स्थान दे दिया और सेवाभाव एवं सम्मान प्रदर्शित करने में कोई कमी न की।" इस पूरे प्रकरण की विस्तार से चर्चा करने के बाद बाबर ने लेखकीय ईमानदारी को लेकर जिस विनम्रता से लिखा है। वह उसके प्रति किसी भी पाठक को गहरे विनम्र बनाती है—"मैं यह बात शिकायत के रूप में नहीं लिख रहा हूँ। मैंने जो सच बात थी वह लिख दी। मेरे इस लिखने का उद्देश्य अपनी प्रशंसा करना नहीं है। इस इतिहास में मैं इस बात पर दृढ़ रहा हूँ कि हर बात जो लिखूँ वह सच लिखूँ और जो घटना जिस प्रकार घटी हो उसका ठीक-ठीक उसी प्रकार उल्लेख करूँ। इस कारण यह आवश्यक हो गया कि जो कुछ अच्छा-बुरा ज्ञात हुआ उसे लिख दूँ। अपने पिता, बड़े भाई, सम्बन्धियों एवं अन्य लोगों के गुणों तथा अवगुणों के विषय में मैंने बड़ी सावधानी से लिखा है। पाठकगण मुझे क्षमा करें और कोई आलोचना न करें।"[5] आप महसूस करेंगे यह एक असाधारण योद्धा, महान बादशाह की नहीं—एक सहज, सरल लेकिन असाधारण लेखक की भाषा है।

बाबर का जन्म 14 फरवरी 1483 ई. को मध्य एशियाई देश फरगना में हुआ था। उसके पिता उमर शेख मिर्जा का रिश्ता तैमूरलंग से जुड़ता था और माँ कूतलूक (कतलक) निगार खानम यूनुस खाँ (यूनास खाँ) की बेटी थीं, जिनका रिश्ता चंगेज खाँ से जुड़ता था। चंगेज का दूसरा बेटा चगत्ता औकसस नदी के उस पार जाकर बसा जहाँ कुछ तुर्क भी आकर बस गये थे। इसी कारण यह वंश चगताई के नाम से भी जाना जाता है। वे अपने समय के अत्यन्त विद्वान तथा चित्रकला, संगीत सहित विभिन्न कलाओं में गहरी पैठ वाले प्रसिद्ध व्यक्ति थे। बाबर के पिता का रिश्ता ख्वाजा उबैदुल्लाह एहरार से था जो बहुत बड़े सन्त थे और उन्होंने ही बाबर का नामकरण किया था—जहीरुद्दीन मुहम्मद। उनके प्रति बाबर की आस्था अन्त तक बनी रही गो कि उनके इन्तकाल के समय उसकी उम्र मात्र सात साल की थी। उनके एक शिष्य अब्दुल्लाह की बाबर ने भूरि-भूरि प्रशंसा की है। उन दिनों हिराज के शाह हुसैन मिर्जा का दरबार विद्वानों, कवियों से भरा होता था जिनसे बाबर बहुत प्रभावित रहा था। उसकी माँ भी फारसी जानती थी और अपने पिता के प्रभाव से वे भी बहुत

योग्य और परिष्कृत रुचिवाली महिला थीं। बाबर का अपनी माँ से बहुत गहरा जुड़ाव था। वह अपनी पाँच साल बड़ी बहन खानजादा बेगम से भी जुड़ा था जो बाबर को बहुत मानती थीं। उसके पिता की जब 1494 ई. में मृत्यु हुई तो उसकी उम्र मात्र ग्यारह साल चार महीने की थी। उसी उम्र में फरगना की गद्दी पर उसे बैठना पड़ा। लेकिन उसका भाग्य इतना सरल न था। उसके पारिवारिक रिश्तेदार; खुद उसके चाचा नहीं चाहते थे कि वह गद्दी पर बैठे। उन्होंने उसके पिता के समय ही फरगना पर चढ़ाई कर दी थी, लेकिन उसके पिता ने चाचा को पराजित कर दिया था। फरगना इतना छोटा प्रान्त था कि बाबर की महत्त्वाकांक्षा वहाँ अँट नहीं पा रही थी। उसकी निगाह तैमूर की राजधानी समरकन्द पर लगी थी। उसने नवम्बर 1497 ई. में समरकन्द पर धावा बोला और बहादुरी से लड़ते हुए उसे अपने अधीन कर लिया। उस समय लोगों के कहने पर उसने फरगना की गद्दी पर अपने भाई जहाँगीर के बैठने पर कोई एतराज नहीं किया। दुर्भाग्य से उसी समय वह बीमार पड़ा और समरकन्द पर उसका अभी दबदबा पूरी तरह कायम भी नहीं हुआ कि षड्यन्त्रकारियों ने अफवाह फैला दी कि उसका निधन हो गया। जब वह स्वस्थ हुआ तो उसे इसकी जानकारी हुई। उसने तुरन्त फरगना कूच किया, तब तक काफी देर हो चुकी थी और बाबर षड्यन्त्र का शिकार हो चुका था। फरगना और समरकन्द दोनों उसके हाथ से फिसल चुके थे। फरगना पर उसका भाई जहाँगीर और समरकन्द पर उसका मामा अली काबिज था। वह दोनों जगहों से बेदखल होकर भी निराश नहीं हुआ और न ही उसने हिम्मत हारी। बेशक उसका जीवन एक खानाबदोश जैसा हो गया था। उसने जीवन का हर कष्ट झेला जिसकी चर्चा उसने 'बाबरनामा' में भी की है। फिर 1498–99 ई. में उसने फरगना और 1500 ई. में समरकन्द पर दुबारा कब्जा तो कर लिया, लेकिन उसे बचाये नहीं रख सका। 1502 ई. तक उजबेकों ने उससे दोनों प्रान्त छीन लिये और वह फिर से बेदखल हो गया। फिर दो वर्षों तक उसने बहुत जहालतभरी जिन्दगी बसर की। इस बीच वह बार-बार अपने प्रान्त पर अधिकार जमाने की कोशिश करता रहा, लेकिन उसे सफलता नहीं मिली। वह निराश होकर मुगलिस्तान, खजार और शामान होते हुए तिरमिज नगर पहुँचा। वहाँ का शासक मुहम्मद बाकर भी उजबेकों का सताया हुआ था। उसने बाबर की बड़ी खिदमत की और उसे कीमती तोहफे भी दिये। उसने बड़ी राहत महसूस की और उसी से सलाह माँगी कि उसे क्या करना चाहिए? मुहम्मद बाकर ने उसे सलाह दी कि वह काबुल पर कब्जा करके अपना भाग्योदय कर सकता है।

बाबर 1504 ई. में काबुल की ओर चला तो रास्ते में खुसरू शाह के प्रान्त से गुजरा। खुसरू शाह ने उजबेकों के युद्ध में उसे धोखा दिया था, इसलिये वह डर गया और उसके पड़ाव पर पहुँचकर माफी माँगने लगा। बाबर को इस बीच उसकी सेना

के भीतर असन्तोष का पता चल गया था। उसने ऐसी चाल चली कि उसकी आठ हजार सेना बाबर के साथ आ गयी। खुसरू शाह को भागकर अपनी जान बचानी पड़ी। बाबर को काफी सम्पत्ति भी हासिल हो गयी, जिसको तीन-चार ऊँटों पर लादकर उसने साजो-सामान के साथ काबुल की ओर कूच किया। काबुल में अलग बेग मिर्जा की मौत के बाद से ही शासन कमजोर था। उसके नाबालिग बेटे अब्दुल रज्जाक को गद्दी पर बैठाकर सरदार जकी ही शासन का सारा प्रबन्ध देख रहा था। नाराज अमीरों ने उसकी हत्या कर दी तो अराजकता की स्थिति उत्पन्न हो गयी और मुहम्मद मुकीम ने धावा बोलकर सत्ता अपने हाथ में ले ली। बाबर के चढ़ाई करते ही मुहम्मद मुकीम अपनी जान के लिये गिड़गिड़ाने लगा और बड़ी आसानी से किला उसे सौंप दिया। वर्षों से राज्य के बिना रहे बाबर की मुराद पूरी हुई। अब वह काबुल का सुल्तान था। उसने तुरन्त अपनी स्थिति मजबूत की। उसके भीतर से अभी भी समरकन्द और फरगना का मोह गया नहीं था। जब उसने सुना कि फारस के शाह इस्माइल ने समरकन्द के शैबानी खाँ से युद्ध लड़कर उसे पराजित कर दिया है तो उसे लगा कि वह चाहे तो अब समरकन्द पर कब्जा जमा सकता है। उसने शाह इस्माइल से सम्पर्क स्थापित किया, लेकिन उसने बाबर के सामने बहुत कठिन शर्तें रखीं। उसने कहा कि उसके नाम से खुत्बा पढ़वाना होगा, उसके नाम के सिक्के ढलवाने होंगे और उसे शिया धर्म का प्रचार-प्रसार करना होगा। बाबर के लिये समरकन्द ऐसी दुखती रग की तरह था कि उसने उस समय तो उसकी सारी शर्तें मान लीं। जाहिर था इससे समरकन्द तो उसके हाथ में आ गया, मगर उसकी शर्तें खुद्दार बाबर को नागवार लगने लगीं। शाह इस्माइल इससे बहुत नाराज हो उठा। उसने तुरन्त बाबर पर शर्तें मानने के लिये दबाव बनाया। उधर समरकन्द के लोगों में उन शर्तों को लेकर भारी असन्तोष था। बाबर को समरकन्द छोड़कर भागना पड़ा। बाबर ने भी मान लिया कि इस बार समरकन्द से उसकी विदाई आखिरी ही है।

उसने खुद को काबुल में ही केन्द्रित किया। उसने एक-एक कर कन्धार, गजनी, कशलाकात, हजारजात, कून्दूज और बदख्शाँ को भी जीतकर अपने अधीन कर लिया। इस बीच 1505 ई. में उसकी माँ कतलग निसार खानम का निधन हो चुका था, जिसे वह बहुत मानता था। उसने 1507 में खुद को बादशाह घोषित करवाया। काबुल की गद्दी उसकी महत्त्वकांक्षा से काफी छोटी पड़ रही थी और इसके राज्य विस्तार से भी उसे कोई लाभ नहीं हो पा रहा था। इसके विपरीत सीमा विस्तार से वह अपने शत्रुओं के और करीब होता जा रहा था। इस बीच काबुल के किले में 6 मार्च 1508 को हुमायूँ का जन्म हुआ। उसकी इच्छा अपने शाहजादा को एक विशाल देश की विरासत सौंपने की थी, इसलिये उसकी निगाह बार-बार हिन्दुस्तान की ओर मुड़ रही थी। लेकिन किसी-न-किसी कारणवश हिन्दुस्तान का

अभियान टलता जा रहा था।

हिन्दुस्तान पर उसने पहला आक्रमण 1518-19 में बजौर सीमा प्रान्त पर किया और वहाँ के किले पर अधिकार कर लिया। झेलम किनारे का भेरा भी उसके अधीन हो गया। वहाँ उसने अपना सूबेदार हिन्दू बेग को बहाल किया। बाबर खुद को तुर्क विरासत का प्रतिनिधि मानता था, इसलिये उसने लोदी को सन्देश दिया कि वह तुर्कों के अधीन रहे प्रान्तों पर अपना दावा छोड़ दे। इब्राहीम लोदी ऐसे किसी सन्देश को मानने के लिये तैयार नहीं था। उल्टे उसने हिन्दू बेग को ही भगा दिया। बाबर ने पेशावर के पास दूसरी बार आक्रमण किया, लेकिन किसी कारणवश उसे काबुल लौटना पड़ा। अगले साल 1520 में उसने बदख्शाँ को कब्जे में लेकर हुमायूँ को वहाँ का सूबेदार बनाया जो तब सिर्फ बारह साल का एक किशोर था। स्यालकोट के कब्जे में उसे ज्यादा तरदुद नहीं हुई, लेकिन जब उसने सैयदपुर पर आक्रमण किया तो वहाँ की जनता का जबर्दस्त प्रतिरोध झेलना पड़ा। चौथी बार 1524 ई. में उसने चढ़ाई कर पंजाब जीत लिया और दौलत खाँ को जालन्धर तथा सुल्तानपुर का जागीरदार बना दिया। उसने दीपालपुर पर भी कब्जा जमा उसे आलम खाँ को सौंप दिया। धीरे-धीरे दौलत खाँ ने पूरे पंजाब पर अधिकार जमा लिया।

हर बार की सफलता ने बाबर के भीतर यह विश्वास भर दिया कि उसका भविष्य हिन्दुस्तान में ही है। उसने हिन्दुस्तान में अपनी दिलचस्पी बढ़ा दी। वह हिन्दुस्तान के बारे में पक्की जानकारी भी जुटाने लगा। उसे यहाँ के राजनीतिक हालात की अच्छी जानकारी हो गयी थी। उसे मालूम हो गया कि हिन्दुस्तान की केन्द्रीय सत्ता पर काबिज अफगान शासक अहंकारी है और उसका प्रान्तीय शासकों से ही नहीं, अपने अमीरों से भी अच्छा सम्बन्ध नहीं है। उसे यह भी पता हो गया कि इब्राहीम लोदी एक अयोग्य, अदूरदर्शी, दम्भी और नाकारा शासक है। स्पष्ट हो गया कि उससे प्रजा असन्तुष्ट है और अफगानों में भी आपसी एकता नहीं है। खुद पठान सरदार तक उससे नाराज हैं। प्रशासन पर उसकी पकड़ ढीली है। सबसे महत्त्वपूर्ण बात यह कि अगर वह केन्द्रीय सत्ता पर आक्रमण करेगा तो बाकी प्रान्तों से कोई उसकी सहायता को नहीं आएगा। यह बात बार-बार बाबर को आक्रमण के लिये उकसा रही थी। वह लगातार अनुकूल अवसर की प्रतीक्षा में रहा। उधर इब्राहीम लोदी ने पंजाब के शासक दौलत खाँ को बुलाया तो उसने अपने बेटे दिलावर खाँ को भेज दिया। इससे इब्राहीम लोदी आग-बबूला हो उठा। उसने उससे जो कहा उससे दिलावर खाँ डर गया। वह उसे बन्दीगृह में डालने की बात कर रहा था। दिलावर खाँ को पता चला कि वह उसकी आँखों में भी सलाई फेरवाना चाहता है। दिलावर खाँ चुपके से दिल्ली से भाग गया। उसने काबुल जाकर बाबर के दरबार में हाजिरी लगायी। बाबर ने उससे पूछा कि...तुम जिसका तीस सालों से नमक खा रहे

हो, जिसके कारण तुम बीस साल से पंजाब के शासक बने हुए हो, तुम उसी के खिलाफ मेरे दरबार में क्यों आये?...अहमद यादगार ने 'तारीखे-शाही' में लिखा है—''दिलावर खाँ ने निवेदन किया कि 40 वर्ष हुए मेरे पिता तथा दादा ने उसके तथा उसके पिता के लिये अपने प्राणों की बलि दे दी और उसके राज्य को दृढ़ बनाया। सुल्तान ने अपने पिता के अमीरों से दुर्व्यवहार किया और 23 अमीरों की बिना किसी अपराध के हत्या करा दी। उनके वंश को नष्ट कर दिया, कुछ को दीवार में चुनवा दिया और कुछ को जलाकर मार डाला। जब उसके आतंक से बचने की कोई आशा नहीं रही तो सारे अमीरों ने मुझे आपके दरबार में भेजा।''[6]

जब बाबर ने 1524 में चौथी बार आक्रमण किया था तो इसके पीछे दौलत खाँ का हाथ था जो पंजाब का सूबेदार था। बाबर ने सबसे पहले पंजाब को ही जीत लिया और दौलत खाँ को जालन्धर तथा सुल्तानपुर की जागीरें सौंप दीं। दौलत खाँ एक ओर इब्राहीम लोदी से दगा कर रहा था तो दूसरी ओर वह बाबर के प्रति भी ईमानदार नहीं था। यही कारण था कि उस पर न इब्राहीम लोदी भरोसा कर रहा था और न बाबर। जब दिलावर खाँ ने बाबर से भेंट कर सारी बातें स्पष्ट कीं तो उसने सुल्तानपुर की जागीर दिलावर खाँ को और दीपालपुर आलम खाँ को सौंप दिया। बाबर के काबुल लौटते ही दौलत खाँ ने पूरे पंजाब पर कब्जा जमा लिया। आलम खाँ शुरू में तो भागकर काबुल और लाहौर गया, लेकिन फिर वह भी दौलत खाँ से मिलकर दिल्ली पर कब्जा जमाने के मनसूबे बनाने लगा। इसको थोड़ी हवा राणा साँगा ने भी दे दी। बाबर एक बात समझ गया कि काबुल से वह हिन्दुस्तान के अधीनस्थ प्रान्तों को स्थानीय रूप से अपने अधीन नहीं रख सकता। उसे अन्ततः दिल्ली फ तह करनी होगी। दौलत खाँ को लगा बाबर दिल्ली जीतकर उसे सौंप देगा तो राणा साँगा की सोच थी—बाबर दिल्ली जीतकर लूटपाट करेगा और वापस चला जाएगा। फिर वह दौलत खाँ या कोई भी रहे, उसे हराकर आसानी से दिल्ली पर अधिकार जमा लेगा। इन दोनों के दिवास्वप्न का कोई आधार नहीं था। बाबर काबुल और दिल्ली के अन्तर को बखूबी समझ रहा था। उसने काफी सोच-समझकर दिल्ली अभियान की शुरुआत की थी।

पानीपत में बाबर और इब्राहीम लोदी के युद्ध और पराजय का जो वर्णन हम पीछे कर आये हैं ('लोदी वंश' का आखिरी हिस्सा) उससे काफी अलग वर्णन 'तारीखे-शाही' में अहमद यादगार ने किया है; खास तौर से इब्राहीम लोदी प्रसंग में। डॉ. सैयद अतहर अब्बास रिजवी के अनुसार—''जहाँ तक बाबर के इतिहास का सम्बन्ध है अहमद यादगार की 'तारीखे-शाही', शेख रिज्कुल्लाह मुश्ताकी की 'वाकेआते-मुश्ताकी' एवं अब्दुल्लाह की 'तारीखे-दाऊदी' से भी अधिक महत्त्व की है। इसमें बाबर के हिन्दुस्तान में सिंहासनारूढ़ होने के उपरान्त तीसरे वर्ष का कुछ

हाल दिया गया है और इस बात का उल्लेख किया गया है कि बाबर उस वर्ष लाहौर पहुँचा और उसने कैथल के मन्दाहरों के विरुद्ध सेनाएँ भेजीं। इस वर्ष का विवरण न तो 'बाबरनामा' में प्राप्य है और न अन्य मुगल तथा अफगान इतिहासों में। इस विषय में हमारी जानकारी का एकमात्र साधन 'तारीखे-शाही' है, किन्तु इस कारण कि अफगान इतिहासकार ऐतिहासिक तथ्यों एवं निराधार कहानियों में कोई अधिक भेद-भाव नहीं कर सके हैं, जब तक अन्य सूत्रों से भी इस घटना की पुष्टि न हो जाए इसको ऐतिहासिक तथ्य समझना बड़ा कठिन है, किन्तु फिर भी अहमद के इतिहास की उपेक्षा सम्भव नहीं।''[7]

अहमद यादगार के अनुसार इब्राहीम को बाबर के आने और लाहौर तथा पंजाब को अपने अधीन कर लेने की सूचना ने उसे बुरी तरह विकल कर दिया। आगरा से दिल्ली पहुँचकर उसने दौलत खाँ को लिखा—'तू मेरे पिता के रहमोकरम से यहाँ तक पहुँचा और बीस सालों से पंजाब पर राज कर रहा है और तूने मुगलों को मेरे राज्य में बुलाया?' दौलत खाँ ने उसे जवाब भिजवाया कि 'बेशक मैं आपका आश्रित रहा। आपके पिता ने मुझे फर्श से उठाकर अर्श पर पहुँचाया और मैंने भी उनका पूरी निष्ठा से निर्वाह किया। लेकिन वे अपने अमीरों का कितना सम्मान करते थे और तूने कुछ के बहकावे में आकर अमीरों को बर्बाद कर दिया। मैंने नहीं, तुम्हारी करतूतों ने मुगलों को बुलाया है।' सभी इब्राहीम के विरुद्ध थे। यहाँ तक कि ज्योतिषियों ने झूठ-मूठ उसकी विजय की भविष्यवाणी की और बाबर की जीत का फलादेश समझ भाग खड़े हुए।

जहाँ दूसरे इतिहासकार युद्ध लड़े बिना अथवा बाबर की आसानी से जीतने की बात बताते हैं, वहाँ अहमद यादगार के अनुसार—''दोनों बादशाहों के बीच पानीपत कस्बे के पूर्व में ऐसा घोर युद्ध हुआ कि युग की आँखों ने कभी पहले न देखा होगा।...सुल्तान अपने थोड़े से साथियों के साथ खड़ा हुआ था। महमूद खाँ ने निवेदन किया—'बहुत कठिन विपत्ति आ गयी है, अच्छा हो कि आप स्वयं रणक्षेत्र से बाहर निकल आयें। यदि बादशाह सलामत रहेंगे तो बहुत बड़ी संख्या में सेना पुनः एकत्र हो जाएगी।' सुल्तान ने कहा—'महमूद खाँ! बादशाहों के लिये रणक्षेत्र से भागना बड़ी ही लज्जा की बात है। देखो हमारे इतने अमीर दोस्त तथा निष्ठावान मित्र शहीद पड़े हुए हैं। अब हम कहाँ भागकर जायँ? मैं अपने घोड़े का पाँव सीने तक रक्त से डूबा हुआ पाता हूँ। जितने समय तक मेरे भाग्य में था, मैंने राज्य किया और अपनी इच्छा की पूर्त्ति की। इस समय धूर्त आकाश मुगलों का सहायक है, मेरे जीवन से क्या लाभ? अच्छा तो यही है कि हम तथा मित्र लोग सब एक ही स्थान पर धूल एवं रक्त में मिल जाएँ।''[8] बेशक इब्राहीम शहीद होता है मगर इससे उसके वीर व्यक्तित्व पर रोशनी पड़ती है।

अहमद यादगार इब्राहीम की लाश से बाबर के सलूक की भी किंचित भिन्न तस्वीर पेश करते हैं। उनके अनुसार, विजय के बाद बाबर ने दिलावर खाँ को रणक्षेत्र में भेजा जहाँ उसे रक्त और धूल में सनी इब्राहीम की लाश मिली। उसका मुकुट, छत्र बिखर गया था। दिलावर खाँ इस दृश्य को देखकर रो पड़ा। उसने बाबर से निवेदन किया तो वह वहाँ स्वयँ पहुँचा। उसने उस जगह की मिट्टी उठाकर कहा— 'तेरी वीरता को धन्य है!' बाबर ने तुरन्त आदेश दिया कि जरबफ्त के थान लाये जायँ और मिश्री का हलवा तैयार किया जाय। उसने दिलावर खाँ, अमीर खलीफा और जहाँगीर कुली को आदेश दिया कि वे सुल्तान के जनाजे को नहलाकर उस स्थान पर जहाँ वह शहीद हुआ है, दफन कर दें। बाद में उसकी कब्र उसी जगह पर बनायी गयी, जहाँ वह शहीद हुआ था। पूर्व के वर्णन और इस वर्णन में बाबर के सलूक में जो फर्क दिखाई देता है, उससे उसके व्यक्तित्व को समझने में भी सुविधा होती है। लेकिन इसके बाद उसने इब्राहीम की माँ के साथ जो सलूक किया, उसके वर्णन में एकरूपता है। इसलिये यह तथ्य असन्दिग्ध है। 'बाबरनामा' में उसने खुद लिखा है—"इब्राहीम की माता को सात लाख के मूल्य का परगना प्रदान किया गया। इब्राहीम की माता को उसके प्राचीन सेवकों सहित आगरा से एक कोस पर नदी के उतार की ओर निवास स्थान प्रदान किया गया।"[9] अगर वह शहीद दुश्मन की माँ के साथ ऐसा बड़प्पन भरा बर्त्ताव कर रहा है तो अहमद यादगार द्वारा इब्राहीम की लाश के साथ किये गये सलूक के वर्णन पर भी यकीन किया जा सकता है।

'बाबरनामा' को पढ़ते हुए यह बात तो बिल्कुल स्पष्ट हो जाती है कि बाबर को हिन्दुस्तान के बारे में बहुत ही अच्छी-खासी जानकारी हो चुकी थी। वह पूरे देश के राजनीतिक हालात को अन्दर-बाहर तक बहुत अच्छी तरह समझ चुका था। लेकिन जो बात हमें किंचित रोमांचित करती है—वह है उसकी विलक्षण अन्तर्दृष्टि! वह जिस तरह इस देश की भौगोलिक बनावट को देखता-समझता है, जिस तरह इसके प्राकृतिक दृश्यों का वर्णन करता है, और जिस तरह इसके सामाजिक-सांस्कृतिक जीवन के अन्दरूनी गह्वरों में प्रवेश करता है, उससे कहीं-न-कहीं ऐसा महसूस होता है कि उसके भीतर बात उत्सुकता और जिज्ञासा से आगे की है। बेशक वह कोई इरादा जाहिर नहीं करता, लेकिन उसके वर्णन का अन्दाज ऐसा है गोया वह एक किस्म का रिश्ता कायम करना चाहता है। वह न तो कोई कवि था और न ही कोई यायावर। वह युद्ध जीतकर बादशाह बननेवाला योद्धा था फिर भी वह फूलों, फलों, पक्षियों, जानवरों, जीव-जन्तुओं, जलचरों, ऋतुओं के वर्णन-विस्तार में ही नहीं जाता, माप-तौल, संख्या, सिंचाई, कृषि, उपज, भूमि, नदियों, पहाड़ों और देश के गुण-दोषों पर भी विचार करता है, उसे समझता है। यह नजर वैसे बादशाह की भी नहीं है जो किसी देश को जीतकर मनमाना शासन करने लगता है। निःसन्देह

उसमें एक कौतूहल, जिज्ञासा और मानवीय सरोकार वाली स्वाभाविक सहजता भी है। ऐसा लगता है मानो उसके भीतर एक रिश्ता कायम करने की दिशा में इस देश को जानने की कोई प्रक्रिया चल रही है। आज के पहले कभी किसी शासक या योद्धा अथवा किसी यायावर ने भी इस तरह इस देश को नहीं देखा था। बेशक यहाँ का वैभव सोना-चाँदी, हीरा, पन्ना, जवाहरात पर भी उसकी नजर थी और भरपूर थी। बचपन से ही उसमें किसी शानदार देश का बादशाह बनने की जबर्दस्त तमन्ना थी। वह जन्मजात शासक था, लेकिन अब तक के तमाम शासकों से बिल्कुल अलग।

दिल्ली फतह करने के बाद उसने सबसे पहले हुमायूँ को आगरा के किले और खजाने पर कब्जे के लिये दौड़ाया। हुमायूँ ने बहुत कोशिश की, मगर किलेदार ने दरवाजा नहीं खोला। उसने किले को घेरे में ले लिया। आगरा आने-जाने के तमाम रास्तों की नाकेबन्दी कर सैनिक तैनात कर दिये। खजाना लेकर भागने अथवा किसी के पलायन करने या किसी के शहर में घुसने पर पूरी तरह पाबन्दी लग गयी। ग्वालियर का राजा विक्रमाजित सपरिवार आगरा में फँस चुका था। उसने "हुमायूँ को अपनी इच्छा से अत्यधिक जवाहरात एवं बहुमूल्य वस्तुएँ दीं, जिनमें वह प्रसिद्ध हीरा भी था जिसके बारे में प्रसिद्ध है कि उसका मूल्य समस्त संसार के ढाई दिन के भोजन के व्यय के बराबर आँका जाता था। वह लगभग 8 मिस्काल (320 रत्ती के करीब) के बराबर था।"[10] इधर बाबर ने अपने विश्वसनीय सेनापति को दिल्ली खजाने की रक्षा में सैनिकों के साथ भेजा था। अफगानों के अधीन का भीरा से बिहार तक हिन्दुस्तान का सबसे बड़ा इलाका अब उसके कब्जे में था। उधर गुजरात के सुल्तान की कुछ ही पहले मृत्यु हो चुकी थी। दक्षिण का ताकतवर बहमनी राज्य इस कदर बिखर गया था कि उसके सारे अमीर खुद को आजाद सुल्तान की तरह बर्ताव कर रहे थे। मालवा का सुल्तान महमूद जो शायद अकेला खलजी-वंश से जुड़ा शासक था; उसे राणा साँगा ने चढ़ाई कर तबाह कर दिया था। बंगाल के सुल्तान नुसरत शाह को न तो ऐसा कोई संकट था और न ही कोई चुनौती। लेकिन इन पाँचों मुस्लिम शासित राज्यों के अलावे बाबर के शब्दों में दो काफिरों की हुकूमत वाले और राज्य भी थे। दक्षिण में विजयनगर जो व्यवस्थित और लगभग महफूज था। दूसरा राजस्थान के चित्तौड़ का प्रतापी राणा साँगा जिसने मालवा पर 1519 में चढ़ाई कर महमूद से जबरन रणथम्भौर, देवास के निकट सारंगपुर, साँची के पास भिलसा तथा चन्देरी राज्य छीनकर अपने प्रान्त में मिला लिया था। बाकी अनेक छोटे-बड़े राजे-रजवाड़े किसी-न-किसी के अधीन थे। जाहिर था पूरे हिन्दुस्तान में सबसे विशाल राज्य के सबसे शक्तिशाली शासक इब्राहीम लोदी को पराजित करने के बाद बाबर जैसे योद्धा के लिये साम्राज्य विस्तार करना कोई कठिन बात नहीं थी। पूरे

हिन्दुस्तान में दिल्ली फतह की दहशत भी पसर चुकी थी; बावजूद मामला इतना आसान नहीं था। तरह-तरह की ढेर सारी बाधाएँ थीं। इसमें राणा साँगा की चुनौती सबसे बड़ी बाधा थी। उसे किसी भी सूरत में आसानी से नजरअन्दाज नहीं किया जा सकता था। बाबर को पता था राणा साँगा से युद्ध हुआ तो वह इब्राहीम लोदी से ज्यादा कड़ा मुकाबला साबित होगा। दूसरी बात यह कि वह एक बिल्कुल अपरिचित और सर्वथा अजाने देश में था। यहाँ किसी अमीर या जागीरदार अथवा जमींदार से उसका बहुत ज्यादा सरोकारवाला कभी कोई सिलसिला नहीं रहा, जिससे वह आसानी से दोस्त-दुश्मन की पहचान कर ले। दिक्कत का एक पहलू यह भी था कि इतने बड़े साम्राज्य से जुड़े प्रान्तीय अमीर, जागीरदार, छोटे-बड़े सूबेदार, जमींदार, शासन और सेना के अधिकारी किसी को यह मालूम नहीं था कि यह विजेता कैसा है और यह किसके साथ कैसा सलूक करेगा? यह भी कि यहाँ रहकर शासन करेगा या सारा माल हासिल कर यहाँ से चला जाएगा। इसलिये ये सारे के सारे अपने-अपने किले के अन्दर मजबूती से दरवाजे बन्द कर पड़े थे, अथवा कहीं छिप गये थे या भाग गये थे। कोई सामने आने को तैयार ही नहीं था। बाबर ने खुद लिखा है कि सैनिक, प्रजाजन और गाँववाले भय से भाग खड़े हुए थे। कई जरूरी सामानों और घोड़ों के लिये चारे तक का संकट उपस्थित हो गया था। यहाँ तक कि कई जगहों पर चोरी-डकैती की वारदातें होने लगी थीं। भीषण गर्मी से सेना और जानवर दोनों बेहाल थे।

दिल्ली फतह ने बाबर को इतिहास का अमर योद्धा बना दिया। वह हिन्दुस्तान का युग-प्रवर्तक बन गया। वर्षों बाद—बहुत वर्षों बाद, शायद जीवन में पहली बार तो ऐसा मौका आया था जब उसके किशोरवय के सपने पूरे हुए थे। कभी इधर-उधर भटकनेवाले बाबर के हाथों में खुदा ने अकूत दौलत दे दी थी। बाबर जीवन की जिन दुर्गम पगडंडियों से चलकर यहाँ तक पहुँचा था, उससे उसके भीतर थोड़ा सूफीयाना भाव भी आ गया था। जीत पर ईनाम लुटाते समय उसके शहंशाही अन्दाज से असाधारण उदारता और असीम उल्लास छलक रहा था। शायद ही उसके जीवन की कोई बस्ती, कोई रिश्ता अथवा कोई बाशिन्दा बचा हो। बेटे हुमायूँ को, तमाम अमीरों और उन तमाम सैनिकों को जो चाहे अफगान, बलूच, हजाराँ या अरब अथवा कोई और क्यों न हो, एक-एक व्यापारी, कर्मचारी से विद्यार्थी तक, बड़े-छोटे तमाम निकट-दूर के रिश्तेदारों, मित्रों को वे चाहे काबुल-कन्धार में हों अथवा फरगना या समरकन्द में, खुरासान या काशगर में, उसके जानते जितने आलिम, पीर हैं, जितने खानकाह, मस्जिद, मजार हैं; सबके चढ़ावे भिजवाये। सबको उपहार, भेंट और ईनाम भिजवाये। भारत से मध्य एशिया तक दिल्ली फतह की गौरव-गाथा गूँजती रही। बस एक कसक ऐसी थी जिसने बाबर को भीतर से भरभरा दिया था—काश,

आज उसकी माँ जीवित होती!

लौटने को आतुर लोगों में अमीर, सेनापति और सैनिक भी थे। इनमें प्रमुख था ख्वाजा कलाँ जो बाबर का बहुत करीबी था। बाबर ने सभी अमीरों को बुलाकर मन्त्रणा की। उसने बहुत धीरज से काम लिया और बिल्कुल आवेगहीन होकर पहले तो सबका आभार जताया और सभी को जीत का श्रेय दिया। उसने कहा कि ईश्वर की कृपा से इतना विशाल भूभाग का राज्य हमें मिला है। इसे छोड़कर जाना कहीं से बुद्धिमत्तावाली बात नहीं होगी। उसने यह भी ऐलान किया कि वह किसी को रोकेगा नहीं, जो भी जाना चाहता है, खुशी-खुशी जा सकता है और अपने साथ इनाम, उपहार भी ले जा सकता है। ख्वाजा कलाँ को हिन्दुस्तान की गर्मी और धूल से बहुत परेशानी थी। वह लौटने को आतुर था। गजनी उसकी मातृभूमि थी। बाबर ने उसे अम्बाला से 25 मील दूर 3-4 लाख के राजस्व वाला कुहराम का इलाका सौंप दिया। ख्वाजा मीर मीरान भी काबुल लौटा, बाबर ने उसे भी भेंट दी। अब जो लोग रह गये उनमें बाबर ने सबको हैसियत के अनुसार अपने अधिकारवाले विभिन्न इलाकों का शासन सौंपा। इस बीच जहाँ-जहाँ से उपद्रव या विद्रोह की खबरें आ रही थीं, उसने किसी विश्वस्त के नेतृत्व में सैनिक भेजकर उनका दमन करा दिया। फिर उसने जगह-जगह किलेदारों और इब्राहीम के अमीरों को फरमान भिजवाना शुरू किया कि वे शीघ्र उसके सामने हाजिर हों। फरमान में उसने एक संकेत रूप में रूबाई भी लिखी जो आज भी रामपुर की लाइब्रेरी में सुरक्षित है—

यदि तू शीघ्र न आएगा और परामर्श पर ध्यान न देगा,
तो जो बात स्पष्ट है, उसके उल्लेख की क्या आवश्यकता?[11]

आखिरी पंक्ति में निहित धमकी भरी शालीनता बाबर का अपना अन्दाज था। बहुत जगहों पर उसने अपने बेटे हुमायूँ को भेजकर उनसे अधीनता स्वीकार करवायी और दिल्ली शासन के दबदबे को कायम किया। अनेक जगहों पर सैनिकों को भेजकर स्वत: अथवा आनाकानी करने पर बलात समर्पण कराकर उसने पूरे राज्य में अपनी पकड़ मजबूत कर ली। बस अकेला राणा साँगा था—जिसकी चुनौती बाबर ने मन-ही-मन स्वीकार तो कर ली थी, लेकिन वह अनुकूल समय की प्रतीक्षा के साथ-साथ तैयारियों में भी लगा रहा।

राणा साँगा से बाबर इसलिये नाराज था क्योंकि उसने अपना आदमी काबुल भेजकर यह सन्देश दिया था कि वह आकर इब्राहीम लोदी पर चढ़ाई करे तो इधर से वह भी सेना लेकर धावा बोल देगा, लेकिन वह नहीं आया। कुछ इतिहासकार इसे गलत मानते हैं, लेकिन 'बाबरनामा' में बाबर ने खुद इसकी चर्चा की है। दूसरी बात यह कि वह इब्राहीम को परास्त करने के बावजूद उसे दिल्ली के बादशाह की मान्यता नहीं दे रहा था और उसके भाई को वास्तविक उत्तराधिकारी मानकर उसे

गद्दी पर काबिज कराना चाहता था। इस अभियान में उसने छोटे-बड़े कई राजाओं, सूबेदारों और जागीरदारों को भी शामिल कर अपनी सेना बढ़ा ली थी। बाबर ने उससे युद्ध की तैयारी ही नहीं कर ली बल्कि मेवाड़ की ओर प्रस्थान भी कर दिया। राणा साँगा इसके पहले ही एक हाथ और एक आँख गँवा चुका था। उसके एक पैर में भी तीर लगा था और वह एक पैर से भी लाचार था। लेकिन उसके भीतर युद्ध के लिये पर्याप्त उत्साह था और वह अपनी विशाल सेना के साथ खनवा नामक एक गाँव के निकट आ डटा। बाबर की सेना ने उसकी सेना का जोश देखा तो वह आतंकित हो गयी। लेकिन बाबर के पास अपार धीरज था। गो कि जैसी उम्मीद थी, राणा साँगा का मुकाबला कठिन साबित हुआ। यहाँ बाबर ने युद्ध का आशय और स्वरूप ही बदल दिया। इब्राहीम से लड़ते हुए उसने राज्य के लोभ को प्रेरणा बताया तो राणा साँगा से युद्ध को पूरी तरह धर्म-युद्ध में तब्दील कर दिया। बाबर ने अपनी सेना के भीतर व्याप्त भय और शिथिलता को भाँप लिया था। लेकिन वह तनिक भी निराश न हुआ। उसने अपनी सेना में असाधारण जोश भरा—

> बेगो तथा वीरो! जो कोई भी पैदा हुआ है वह मृत्यु को प्राप्त होगा,
> जो स्थायी तथा बाकी रहेगा, वह ईश्वर है।
> यदि मैं यश पाकर मरूँ तो यह उचित है,
> मुझे यश अवश्य चाहिए कारण कि शरीर नश्वर है।

''महान ईश्वर ने हमें इतना बड़ा सौभाग्य प्रदान किया है और इतने बड़े यश को हमारे निकट कर दिया है कि हमलोग या तो शहीद होंगे और या गाजी, अत: सबको कुरान शरीफ की शपथ लेनी चाहिए कि कोई भी इस शत्रु के सामने से मुँह मोड़ने के विषय में न सोचेगा और जब तक शरीर में प्राण है उस समय तक इस रण-क्षेत्र एवं युद्ध से अलग न होगा।''[12] जाहिर था उसने युद्ध को धार्मिक शक्ल में रूपान्तरित कर दिया था। अब उसके सैनिक एक जनून में थे और प्राणों की बाजी लगाकर युद्ध में उतर रहे थे। हुमायूँ की बेटी गुलबदन बेगम ने अपने सैनिकों से बाबर के बयान को इस तरह लिखा है—''तुम्हें पता है कि हमारी जन्मभूमि एवं नगर के मध्य में कितने मास की दूरी है? ईश्वर हमें उस दिन से बचाये और पराजय का मुँह न दिखाये। ईश्वर न करे कि ऐसा हो, हम कहाँ, हमारी जन्मभूमि कहाँ और यह शहर कहाँ। इस समय हमारा पाला अजनबी एवं अपरिचित लोगों से पड़ा है, अत: यही उचित होगा कि हम इन दो बातों का संकल्प कर लें कि यदि हम शत्रु की हत्या कर देंगे तो गाजी हो जाएँगे और यदि मारे जाएँगे तो शहीद होंगे। दोनों प्रकार से हमारा ही उपकार होगा और हम सम्मानित लोगों में उत्कृष्ट श्रेणी को प्राप्त होंगे।''[13] राणा के राजपूत वीरों ने जबर्दस्त युद्ध लड़ा और बाबर की सेना को पराजय की कगार पर धकेल दिया। बाबर ने इस युद्ध के सटीक और विस्तृत वर्णन

के लिये शैख जैन के 'फतहनामा' को पूरा का पूरा उद्धृत कर लिया है। इसमें दोनों सेनाओं का विस्तृत वर्णन, युद्ध-स्थल पर सेनाओं की व्यूहरचना, रणनीतियाँ और भयंकर युद्ध का विस्तार से वर्णन है, लेकिन इसकी भाषा थोड़ी बोझिल है। युद्ध की एक झलक आप इस शेर में देखें—

युद्ध के उस दिन डूबा एवं निकला,
मीन तक रक्त, चन्द्रमा तक धूल के बादल।
घोड़े खुरों से उस विस्तृत मैदान में,
एक भूमि ऊपर उड़ गयी एक अन्य आकाश बनाने को।

इसमें मीन से मतलब उस मछली से है जो मान्यता के मुताबिक पृथ्वी को अपने ऊपर टिकाये रखती है। नीचे सात आसमानों में युद्ध से बनते आठवें आसमान का उल्लेख है। आगे शेख जैन ने कुरान की दो-दो आयतें उद्धृत की हैं। "जिस समय गाजी लोग सिर कटाने एवं प्राणों की बलि दे रहे थे, उन्हें एक दैवी आवाज सुनाई दी जो कह रही थी 'न तो व्याकुल हो और न दुखी। कारण कि यदि तुम विश्वास रखते हो तो तुम्हें अविश्वासियों पर विजय मिलेगी।' और न लोगों ने अभ्रान्त सूचना देनेवाले से सुखद शब्द सुने—'ईश्वर की ओर से सहायता एवं तत्काल विजय है और तुम यह सुखद समाचार मोमिनों के पास ले जाओ।'"[14] राणा साँगा की ओर से भी उदय सिंह, राय चन्द्रभान चौहान, भूपत राव, माणिकचन्द्र चौहान और दलपत राव, कर्म सिंह और दनकूसी जैसे बाँकुरे बहादुर सेनापति थे, लेकिन उनके पास बाबर की तरह उन्नत तोपें और हथियार नहीं थे। उनकी युद्धकला भी बाबर की तुलना में पिछड़ी थी। दूसरी बात यह कि राजपूत राजाओं में एकता नहीं थी। कई राजपूत राजाओं ने इससे अपने को अलग रखा। बावजूद जो लड़े उन सभी ने बड़ी ही वीरता का मुजायरा किया। यह युद्ध इतना घमासान था कि 16 मार्च 1527 से शुरू हुआ था और लगातार 12 दिनों चलकर 27 मार्च 1527 को खत्म हुआ। राणा साँगा के लगभग सारे प्रमुख सेनापति शहीद हो गये। भारतीय जन-धन की हानि हुई। बाबर की सेना को भी बहुत नुकसान उठाना पड़ा। उसके अनेक नामी सरदार मारे गये, लेकिन जीत उसे ही हासिल हुई। राणा साँगा बुरी तरह घायल होकर युद्धभूमि से निकल गया और बहुत ही मर्मान्तक पीड़ा झेलते हुए घनघोर निराशा में दो वर्षों बाद आखिरी साँस ली। बाद में 20 जनवरी 1528 को बाबर ने चन्देरी के किले पर चढ़ाई कर मेदनी राय को हराकर अपना अधिकार जमा लिया। इस युद्ध में भी अनेक राजपूत सरदार मारे गये और अनेक राजपूत कन्याओं ने जौहर कर अपनी जान दे दी। उसके बाद उसने अफगान सरदारों पर ध्यान केन्द्रित किया। इब्राहीम लोदी का भाई महमूद लोदी लगातार परेशान कर रहा था और उसने बिहार पर कब्जा भी जमा लिया था। 6 मई 1529 को घाघरा युद्ध में उसने अफगान सरदारों को

पराजित कर सभी को समर्पण के लिये मजबूर कर दिया। लेकिन उसे ईश्वर ने वह अवसर नहीं दिया कि वह राज्य को व्यवस्थित कर पाये। न ही वह कोई कानून अथवा सुधार का काम ही कर सका। शासन अव्यवस्थित और खजाना खाली, लेकिन उसने एक ऐतिहासिक काम जरूर कर दिया था। भारत में मुगलवंश के साम्राज्य की नींव जरूर रख दी थी।

बाबर ने जब मन-ही-मन यह निर्णय ले लिया था कि वह हिन्दुस्तान छोड़कर नहीं जाएगा तो उसने काबुल से अपने परिवार को बुला लिया। ऐसी बात नहीं थी कि उसे राज्य के विकास की चिन्ता नहीं थी और वह इसे व्यवस्थित नहीं करना चाहता था। उसे छिटपुट बराबर युद्ध के अभियानों में निकलना पड़ता था। कभी बिहार, बंगाल, लखनऊ, कन्नौज तो कभी ग्वालियर। उसने एक काम यह किया कि आगरा से काबुल तक के रास्ते की माप करा दी। उसने आदेश दिया कि 9-9 कुरोह (कोस) पर 12 कारी (24 या 36 फुट) ऊँची मीनारों का निर्माण किया जाय। 18-18 कुरोह पर छह घोड़े डाकगाड़ी के लिये रखे जायँ। इसका दूसरा प्रमाण ख्वाजा कलाँ के नाम लिखे पत्र में मिलता है, जिसमें उसने निर्देश दिये थे कि किले की मरम्मत की जाय और पर्याप्त खाद्य सामग्री जमा कर ली जाय। उसने कारवाँ सरायों और हम्मामों की मरम्मत के भी आदेश दिये थे। खुर्द काबुल बाँध के निर्माण और गजनी बाँध की मरम्मत के आदेश भी दिये थे। उसके आदेश से बहुत सारे उद्यान बने थे और उसने अनेक पौधे लगवाये थे।

बाबर हिन्दुस्तान का बादशाह बन चुका था और वह इस देश को जानने, समझने के लिये तरह-तरह के उपक्रम भी कर रहा था। हिन्दुस्तान की हर नायाब चीज के प्रति उसकी उत्सुकता बेजोड़ थी, लेकिन उसका नजरिया आलोचनात्मक था। उसने कहीं भी बहुत ज्यादा उछाह व्यक्त नहीं किया है और जो उसे नापसन्द है उसे बेलाग लिखा भी है। पता नहीं उसे क्या सूझी और उसने हिन्दुस्तानी खाना खाने की इच्छा जाहिर की। तुरन्त उसके सामने इब्राहीम के 50-60 बावर्ची पेश कर दिये गये, जिनमें से उसने चार को चुन लिया। यह बात जब इब्राहीम की माँ को पता चली तो उसके भीतर कुटिलता का साँप रेंगने लगा। उसने तुरन्त इटावा से अपने अहमद चाश्नीगीर को बुलवाया जो इब्राहीम के रसोइये का प्रबन्ध देखता था। उसी की जिम्मेदारी होती थी कि वह खाना चखकर आश्वस्त हो ले कि वह सुरक्षित है या नहीं, तभी मुहर मारकर उसे दस्तरख्वान लगने पर भिजवाये। इब्राहीम की कुटिल माँ ने एक तोला विष लाकर दिया और दाई के हाथों बावर्ची को भिजवा दिया। वह दूसरी दाई भेजकर आश्वस्त भी हो गयी कि उसने उसे दे दिया है। बावर्ची को चार परगने का लालच दिया गया था। बाबर ने अपनी ओर से सावधानी यह बरती थी कि उसके बावर्ची पतीले के रसे को चखकर आश्वस्त हो जाते थे कि खाने में विष नहीं

है और वह सुरक्षित है। कुटिल माँ ने निर्देश दिया था कि विष रकाबी या प्याली में मिलाया जाय अथवा रोटी पर छिड़क दिया जाय। बावर्ची ने थोड़ा जहर तो रोटी पर छिड़क दिया था, लेकिन रकाबी में डालने की उसकी हिम्मत नहीं हुई। उसने बचे जहर को चूल्हे में डालकर जला दिया। मुहम्मद कासिम हिन्दू शाह ने 'तारीखे-फरिश्ता' में लिखा है कि उसने खुश्का और खरगोश के सालन में जहर मिला दिया था।

जुम्मे के दिन सूरज ढलने के पहले दस्तरख्वान बिछा। रकाबियाँ सजायी गयीं। लेकिन आज बादशाह को किसी खाने में कोई स्वाद नहीं मिल रहा था। उसे अन्दर से मतली आने लगी। तुरन्त शंका भी हुई। जी किया कै हो जाय। वह उठा, उबकाई आयी और उसने कै कर दी। शराब पीने के बावजूद उसे कभी कै नहीं होती थी। उसका माथा ठनका और उसने बावर्चियों को नजरबन्द करने का हुक्म दिया। खाने को कुत्ते को खिलाया गया तो उसकी हालत बिगड़ गयी। दूसरे दिन उसने वजीरों और अमीरों की हाजिरी बुला दरबार लगाया। बावर्ची पेश हुआ और उसने सारा सच उगल दिया। चाश्नीगीर अहमद के टुकड़े-टुकड़े कर दिये गये। बावर्ची की जीते-जी खाल खिंचवा ली गयी। एक दाई को हाथी के पैरों तले कुचलवाकर मारा गया तो दूसरी को सीधे गोली मार दी गयी। इब्राहीम की माँ कैद कर ली गयी। उसे नौकरों-चाकरों से महरूम कर दिया गया। उस अभागी कुटिल बेवा को थोड़ी भी गैरत नहीं थी कि जिस बादशाह ने कहा था कि वह उसे ही इब्राहीम समझे और उसने खुद उसे माँ का दर्जा दिया था, उसे उसने मारना चाहा। बाबर ने उसे मारा तो नहीं लेकिन अपने से दूर कामरान के साथ काबुल भेज दिया। रास्ते में सिन्ध नदी में छलाँग लगाकर उसने आत्महत्या कर ली। बादशाह ने जैसे-तैसे अन्दर पेट के कोठे को साफ करनेवाला जुलाब लिया। कै की तो काला पित्त निकला। जैसे-तैसे जान बची। गुलबदन बेगम ने लिखा है कि उस डायन के जहर का ऐसा असर था, जिसने बादशाह को अन्दर से रुग्ण कर दिया था। जान भले बच गयी मगर उससे बादशाह की अन्दरूनी क्षति तो हुई ही थी।

गुलबदन बेगम ने लिखा है कि आगरा में वह बेगम माहम माँ के साथ नौका विहार कर रही थी कि खबर मिली—भाई हुमायूँ बहुत बीमार हैं। दोनों विकल-बेचैन दिल्ली पहुँचीं और रुग्ण हुमायूँ को देखकर विचलित हो उठीं। बाबर भी तुरन्त भागा-भागा आया और उसे देखकर बहुत दुखी हुआ। हुमायूँ की माँ माहम बेगम ने बड़े आहत मन से बादशाह पर तंज कसा—"आप मेरे पुत्र की चिन्ता नहीं कर रहे हैं। आप बादशाह हैं। आपको क्या चिन्ता हो सकती है? आपके अन्य पुत्र भी हैं। मुझे दुख है कि मेरा यही एक अकेला पुत्र है।" बादशाह ने उत्तर दिया—"माहम! यद्यपि मेरे अन्य पुत्र भी हैं किन्तु मैं तेरे हुमायूँ के बराबर किसी भी पुत्र को प्रिय नहीं

समझता; कारण कि मैं सल्तनत एवं बादशाही तथा समृद्ध संसार, दुनिया के अद्वितीय, अपने काल के विचित्र व्यक्ति, प्रतापी, सफल एवं प्रिय पुत्र हुमायूँ के लिये चाहता हूँ न कि अन्य लोगों के लिये।''[15] गुलबदन बेगम ने आगे एक अद्‌भुत घटना का उल्लेख किया है। गोकि गुलबदन बेगम की उम्र उस समय सात साल के आसपास रही होगी। पता नहीं इस घटना में कितनी सच्चाई है!

बाबर ने खलीफा और इमामों से प्रार्थना की और दुआएँ माँगते हुए हुमायूँ के चारों ओर चक्कर लगाया और ईश्वर से प्रार्थना की—''हे ईश्वर! यदि जान का बदला जान हो सकता हो तो मैं बाबर अपनी अवस्था और प्राण हुमायूँ को प्रदान करता हूँ।''[16] गुलबदन बेगम ने लिखा है कि हुमायूँ धीरे-धीरे चंगा होता गया और बाबर बीमार पड़ता गया। चिकित्सकों ने देखा। जो हो सकता था, सब किया, लेकिन गुलबदन बेगम के शब्दों में—उस डायन के विष का ऐसा असर था कि अब किसी औषधि से कोई लाभ नहीं हो रहा था। रोग पेट के अन्दर था। बीमारी दिन-प्रतिदिन बढ़ती ही जा रही थी। आखिर बादशाह ने सभी अमीरों को बुलाकर अपनी वसीयत बतायी—''मैं इस बात की वसीयत करता हूँ कि तुम सब लोग हुमायूँ को मेरे स्थान पर समझो और उसके प्रति निष्ठावान होने में कमी मत करो। उसके साथ दिल व जान से मेल रखो। मुझे ईश्वर से आशा है कि हुमायूँ भी अपने आदमियों के साथ भली-भाँति व्यवहार करेगा।'' इसके बाद हुमायूँ से कहा कि ''तुझे तेरे भाइयों एवं अपने सभी सम्बन्धियों तथा आदमियों को ईश्वर को सौंपता हूँ और इन लोगों को तेरे सुपुर्द करता हूँ। इन बातों से उपस्थित गण विलाप करने लगे और स्वयं हजरत बादशाह की पवित्र आँखों में आँसू आ गये।''[17] अबुल फजल ने 'अकबरनामा' (1) में लिखा है कि उन्होंने ''अपनी पवित्र जिह्वा से कहा कि मेरी शिक्षा का सारांश यह है कि अपने भाइयों की हत्या का चाहे वे इसके जितना ही पात्र क्यों न हों, विचार न करना।''[18] इसी तरह की बात अहमद यादगार ने 'तारीखे-शाही' में लिखी है— ''यदि ईश्वर तुझे राजसिंहासन और मुकुट प्रदान करे तो अपने भाइयों की हत्या न करना और उन्हें क्षमा करते रहना।''[19] जाहिर था बाबर को मध्यकालीन शासकों और सत्ता का स्वभाव मालूम था। वह जानता था कि किस तरह सत्ता के लिये भाई और बेटों का कत्ल किया जाता है। लेकिन क्या उसका मुगलवंश इससे आगे मुक्त रहा? यह सिलसिला मुगलवंश के चरित्र में भी शामिल रहा।

खुदा ने हिन्दुस्तान जैसा देश उसके हाथों में सौंप दिया था। अब वह इस मुल्क का बादशाह था और उसकी रहमतों पर सब कुछ निर्भर था। बात उसकी बादशाहियत की नहीं, बल्कि वंश की परम्परा की थी। यह अहसास उसे गहरे, बहुत गहरे विकल-बेचैन कर रहा था। उसने अपने पोते के जन्म की खुशी में हुमायूँ को 27 नवम्बर 1528 ई. को खत लिखा—''बादशाहत से बड़ा बन्धन कोई दूसरा

बन्धन नहीं। यह याद रखना, हुकूमत बेपरवाही से नहीं चलती।'' उसने शेख सादी की पंक्तियाँ उद्धृत कीं—

''अगर तेरे पैरों में बेड़ियाँ पड़ जायँ, तो उसकी परवाह न कर। गर अकेला ही चलना पड़े, तब भी अपनी ही अक्ल की रोशनी में चलता चल।''

वह हुमायूँ को सावधान करता है—''अल्लाह का शुक्र है कि उसने तुम्हें हिन्दुस्तान की बादशाहत अता की। अब वक्त आ गया है कि तुम जिन्दगी में खतरे उठाओ। किस्मत ने जो जिम्मेवारी तुम्हें सौंपी है, उसकी तरफ लापरवाही न दिखाना। हुकूमत के साथ सुस्ती और आरामतलबी का मेल नहीं।'' बाबर जानता था उसके पास वक्त नहीं है, लेकिन थोड़े ही दिनों में वह हिन्दुस्तान को जितना समझ चुका था, जान चुका था—उसमें शासन कैसे करना है! मूल बात यह कि वह अपने अनुरूप हिन्दुस्तान पर शासन थोपने की नहीं, हिन्दुस्तान के अनुरूप शासन की बात कर रहा था। उसने अपना वसीयतनामा लिखा जो मुगलवंश के शासन की एक तरह से प्रस्तावना थी। इसमें झलकती उसकी सोच उसके महान व्यक्तित्व को प्रतिबिम्बित करती है—

''व मा इलऐन इल्ला अल बलाग। अलहम्दो लिल्लाह-ए मेरे फर्जन्द, सल्तनत को स्थायी रखने की गरज से यह वसीयतनामा लिखा गया—

हिन्दुस्तान का मुल्क भिन्न-भिन्न धर्मों का गहवारा है। उस अल्लाह की तारीफ है कि जो न्यायवान, दयावान और महान है कि जिसने तुझे बादशाही बख्शी है। यह मुनासिब है कि तू अपने दिल से सभी धर्मों की तरफ अगर कोई बदगुमानी है तो उसे निकाल दे और हर मिल्लत अथवा सम्प्रदाय के साथ उनके अपने तरीके से उनका न्याय कर और विशेष रूप से गाय की कुरबानी से बिल्कुल परहेज कर, क्योंकि इससे तू हिन्दुस्तान के दिल को जीत लेगा और इस मुल्क की रैयत का दिल इस अहसान से दबकर तेरी बादशाही के साथ रहेगा। तेरे साम्राज्य में हर धर्म के जितने मन्दिर और पूजाघर हैं, उनको नुकसान न हो। इस तरह अदल और इन्साफ करना जिससे रैयत शाह से और शाह रैयत से आसूदा रहे। इस्लाम की तरक्की, जुल्म की तेग के मुकाबले में अहसान की तेग से ज्यादा अच्छी हो सकती है। शिया और सुन्नियों के झगड़ों को नजरअन्दाज करना, क्योंकि इन झगड़ों से इस्लाम कमजोर होता है। प्रकृति के पाँचों तत्त्वों की तरह विविध धर्मों के पैरोकारों के प्रति व्यवहार करना ताकि सल्तनत का जिस्म विविध व्याधियों से पाक और साफ रहे। हजरत तैमूर के कारनामों को अपनी नजर के सामने रखना ताकि सल्तनत के काम में तुम पुख्ता हो जाओ। और हमारा काम महज तुम्हें सलाह देना है।'' (हिजरी 933, जमादि-उल-अव्वल की पहली तारीख)[20]

यह बात कितनी आश्चर्यजनक है कि बाबर ने पहली नजर में हिन्दुस्तान की

मूल आत्मा को पहचान लिया था। धार्मिक असहिष्णुता और धार्मिक सहजीवन के आदर्श को बनाये रखकर इस्लाम की तरक्की की बात खास तौर से रेखांकित करनेवाली है। बाबर की इस इंगित सोच से तत्कालीन भारतीय समाज में मौजूदा गंगा-जमुनी संस्कृति का भी प्रमाण मिल जाता है जो उसके पूर्व के अनेक शासकों की इच्छा और हस्तक्षेप के बावजूद सुरक्षित थी। बाबर का यह वसीयतनामा मुगल शासन के संकल्पों का, उसके आदर्शों का वह दस्तावेज है, जिसमें उस महान योद्धा और शासक की आकांक्षा और स्वप्नों को साफ -साफ देखा जा सकता है। यह देखा जा सकता है कि मध्यकाल में अब तक चले आ रहे तमाम मूल्यों, तमाम रवायतों से अलग एक नये युग का आगाज इसमें बतौर एक शासक एक नये भारत का बीज था। आप चाहें तो उसके इस वसीयतनामे के आलोक में सभी मुगल बादशाहों की शासन पद्धति का आकलन कर सकते हैं कि कौन मुगल शासक इन आदर्शों के कितने पास और कितनी दूर था।

ठीक तीन दिनों बाद 26 दिसम्बर 1530 ई. दिन सोमवार को उस महानायक ने हमेशा के लिये आँखें मूँद लीं। मध्य एशिया के फरगाना और समरकन्द का यह महान योद्धा भारत की धरती पर मुगलवंश का विशाल वट-वृक्ष रोपकर इसी धरती का स्थायी हिस्सा बन गया।

सन्दर्भ-स्रोत—

1. भारत की राष्ट्रीय संस्कृति-एस. आबिद हुसैन पृष्ठ-77
2. भारत की राष्ट्रीय संस्कृति-एस. आबिद हुसैन पृष्ठ-77
3. भारत की राष्ट्रीय संस्कृति-एस. आबिद हुसैन पृष्ठ-80
4. मुगलकालीन भारत : बाबर (बाबरनामा)-डॉ. सैयद अतहर अब्बास रिजवी पृष्ठ-66
5. मुगलकालीन भारत : बाबर (बाबरनामा)-डॉ. सैयद अतहर अब्बास रिजवी पृष्ठ 72 73
6. मुगलकालीन भारत : बाबर (तारीखे-शाही-अहमद यादगार) -डॉ. सैयद अतहर अब्बास रिजवी पृष्ठ-449
7. मुगलकालीन भारत : बाबर (भूमिका)-डॉ. सैयद अतहर अब्बास रिजवी पृष्ठ-72
8. मुगलकालीन भारत : बाबर (तारीखे-शाही-अहमद यादगार) -डॉ. सैयद अतहर अब्बास रिजवी पृष्ठ-452
9. मुगलकालीन भारत : बाबर (बाबरनामा)-डॉ. सैयद अतहर अब्बास रिजवी पृष्ठ-161
10. मुगलकालीन भारत : बाबर (बाबरनामा)-डॉ. सैयद अतहर अब्बास रिजवी पृष्ठ-161
11. मुगलकालीन भारत : बाबर (बाबरनामा)-डॉ. सैयद अतहर अब्बास रिजवी पृष्ठ-208
12. मुगलकालीन भारत : बाबर (बाबरनामा)-डॉ. सैयद अतहर अब्बास रिजवी पृष्ठ-235
13. मुगलकालीन भारत : बाबर (हुमायूँनामा-गुलबदन बेगम)- डॉ. सैयद अतहर अब्बास रिजवी पृष्ठ-366

14. मुगलकालीन भारत : बाबर (बाबरनामा)-डॉ. सैयद अतहर अब्बास रिजवी पृष्ठ-247
15. मुगलकालीन भारत : बाबर (हुमायूँनामा-गुलबदन बेगम)
-डॉ. सैयद अतहर अब्बास रिजवी पृष्ठ-370
16. मुगलकालीन भारत : बाबर (हुमायूँनामा-गुलबदन बेगम)
-डॉ. सैयद अतहर अब्बास रिजवी पृष्ठ-371
17. मुगलकालीन भारत : बाबर (हुमायूँनामा-गुलबदन बेगम)
-डॉ. सैयद अतहर अब्बास रिजवी पृष्ठ-373
18. मुगलकालीन भारत : बाबर ('अकबरनामा' (1)-अबुल फजल)
-डॉ. सैयद अतहर अब्बास रिजवी पृष्ठ-411
19. मुगलकालीन भारत : बाबर (तारीखे-शाही-अहमद यादगार)
-डॉ. सैयद अतहर अब्बास रिजवी पृष्ठ-461
20. भारतीय संस्कृति : मुगल विरासत (औरंगजेब के फरमान)-बी. एन. पांडेय पृष्ठ 96/97

हुमायूँ
(1530–1540 ई. तथा 1555–1556 ई.)

मुगल बादशाहों में हुमायूँ का व्यक्तित्व जितना अलग था, उसका नसीब उतना ही विचित्र। उसमें मध्यकालीन राजत्व के उन अपेक्षित गुणों का थोड़ा-सा अभाव था, जिनके बिना उस युग में किसी शासक का अपनी बादशाहियत बरकरार रख पाना मुश्किल होता था। उसमें मनुष्यता के कुछ ऐसे दुर्लभ गुण थे, जो उसके व्यक्तित्व को उस दौर में आकर्षक तो बनाते हैं, लेकिन प्रभावशाली नहीं। परिस्थितियों के अनुरूप अपने स्वभाव और निर्णयों में तब्दीली लाना उसे आता ही नहीं था। मनुष्यता के कुछ दुर्लभ गुण उसके भीतर बचे रह गये थे, जिनके कारण उसका साम्राज्य और जीवन बुरी तरह प्रभावित हुआ। साम्राज्य को सर्वोपरि मानकर किसी भी रिश्ते की बलि चढ़ा देनेवाले दूसरे बादशाहों से वह बिल्कुल अलग था। वह कुछ नैतिक मूल्यों को कायम रख अपने साम्राज्य और जीवन को ही संकट में डाल लेता था। बेशक बाबर जैसे विलक्षण योद्धा ने अपने अद्‌भुत पराक्रम से हिन्दुस्तान की बादशाहियत हासिल कर उसे एक विशाल साम्राज्य की विरासत सौंप दी थी। उसका काम उसे महफूज रखते हुए व्यवस्थित और सँवारने-भर का था, लेकिन वह ऐसा नहीं कर सका। तमाम क्षमताओं के बावजूद वह अपने स्वभाव और आदत से विवश बना रहा। गो कि वह भद्र, सुसंस्कृत और परिष्कृत रुचिवाला था लेकिन शराब, अफीम और अन्य व्यसनों ने उसे अन्दर से अस्थिर और कमजोर बना दिया था। सही समय पर सही निर्णय लेने से वह चूकता रहा। उसकी जिन्दगी विपुल घटनाओं और हलचलों से भरी रही और वह बार-बार मुश्किलों को आमन्त्रित करता रहा।

उसका पूरा नाम नसीरुद्‌दीन मुहम्मद हुमायूँ मिर्जा था। जब बाबर काबुल का अधिपति था तो काबुल के किले में ही 6 मार्च 1506 ई. को उसका जन्म हुआ था। बाबर ने बड़ी धूमधाम से उसका जन्मोत्सव मनाया था। लम्बे संघर्ष और भटकन के बाद बाबर के जीवन में स्थिरता आयी थी और वह काबुल जीतकर पादशाह बना था।

जाहिर था ऐसे में हुमायूँ के जन्म से उसे गहरी खुशी हुई थी। उसने हुमायूँ की शिक्षा-दीक्षा के लिये तब के योग्य आलिम की व्यवस्था की थी। हुमायूँ ने तुर्की, अरबी और फारसी की विधिवत तालीम ली। बाद में तो हिन्दुस्तान आने पर उसने हिन्दी भी सीख ली। फारसी में तो उसने कुछ कविताएँ भी लिखी हैं। गणित, दर्शन और ज्योतिष में उसकी खास दिलचस्पी थी और सैन्य शिक्षा तो उसकी पारिवारिक संस्कृति और परम्परा का हिस्सा ही था। वह बचपन से ही पिता के साथ कभी-कभी शिकार पर भी जाता और सटीक निशाने के कारण उसे पिता से प्रशंसा भी मिलती। वैसे भी गद्दी पर बैठने के पहले उसने कई लड़ाइयाँ लड़कर अपने युद्ध-कौशल का लोहा भी मनवा लिया था। तमाम कोशिशों के बावजूद उसके विरोधी उसे गद्दी से उतार पाने में असफल रहे।

भारत पर आक्रमण के समय हुमायूँ को उसने सेना के साथ आने का आदेश दिया था। हुमायूँ को बदख्शाँ के सैनिकों को हिन्दुस्तान लाने के लिये राजी करने और सेना की तैयारी कर पहुँचने में लगभग एक सप्ताह की देरी हो गयी तो बाबर ने उसे बहुत डाँटा। इसका उल्लेख उसने 'बाबरनामा' में किया भी है। बिना इस बात पर विचार किये कि बदख्शाँ के सैनिक किसी अजाने इलाके में लम्बे समय के लिये जाने को तैयार नहीं थे और हुमायूँ को मनाने में काफी मुश्किलों का सामना करना पड़ा होगा—कुछ इतिहासकार भी उसकी आलोचना करते हैं। उसे आलसी और दायित्व निर्वाह में लापरवाह बताते हैं। लेकिन उस समय हुमायूँ की उम्र मात्र 17 साल की थी और तब तक उसे शराब और अफीम की वैसी लत भी नहीं लगी थी। भारत पर आक्रमण में भी उसने अपनी बहादुरी का मुजायरा किया था। 26 फरवरी 1526 ई. को उसने हिसार फीरोजा के हमीद खाँ को परास्त किया और कब्जा जमा लिया। वह सौ युद्धबन्दी और सात-आठ हाथी लेकर बाबर की सेवा में हाजिर हुआ। बाबर बहुत प्रसन्न हुआ। उसने लिखा है—"हुमायूँ का प्रथम युद्ध तथा प्रथम अनुभव था और एक बड़ा ही उत्कृष्ट शकुन भी।" वह आगे लिखता है—"हिसार फीरोजा को उसके अधीनस्थ एवं उससे सम्बन्धित स्थानों तथा एक करोड़ नकद धन सहित हुमायूँ को पुरस्कार स्वरूप प्रदान कर दिया गया।"[1] उसने पानीपत के युद्ध में भी भाग लिया। युद्ध जीत लेने के बाद बाबर ने सुलतान इब्राहीम लोदी की राजधानी के खजाने पर अधिकार जमाने के लिये हुमायूँ को ही भेजा। उस समय आगरा के किले में अफगान सैनिक, भारतीय और अनेक सम्भ्रान्त लोगों के परिवार शरण लिये हुए थे। उसी में ग्वालियर के शासक विक्रमाजित भी शामिल थे।

युवा हुमायूँ के सामने कठिन चुनौती थी। वह किले के लोगों को यकीन दिलाना चाहता था कि वे मुगलों का साथ दें तो उनको बख्श दिया जाएगा। दूसरा खतरा अफगानियों से था जो खजाने को लूटकर भाग जाना चाहते थे। सबसे बड़ी

समस्या खुद मुगल सैनिक थे जो लगभग विदेशी थे और जीत के उन्माद में उनके लूटमार मचाने की बड़ी सम्भावना थी। उनको काबू में रखना जरूरी था। एक खतरा यह भी था कि आगरा के बाहर से कोई सैन्य कुमुक लेकर अन्दर दाखिल भी हो सकता था। उसने आगरा शहर की ऐसी सतर्क नाकेबन्दी कर दी थी कि किसी के भागने और प्रवेश करने की कोई गुंजाइश ही नहीं थी। ग्वालियर नरेश विक्रमाजित सपरिवार आगरा से निकलते समय रक्षकों द्वारा पकड़ लिये गये। हुमायूँ ने पहले तो उनको लूटे जाने से बचाया। उसने उनसे बहुत अच्छा व्यवहार किया। उनको इससे बड़ी राहत मिली और उन्होंने कोहेनूर सहित अनेक रत्न हुमायूँ को नजर कर दिये। लगभग युद्ध के दो सप्ताह बाद बाबर के आगरा पहुँचने पर सारी सम्पत्ति, कोहेनूर सहित हुमायूँ ने उन्हें अर्पित कर दी। लोदी के कोष को तो उसने बड़ी ही उदारता और दरियादिली से बाँटा।

सुलतान इब्राहीम लोदी अफगानी था, इसलिये बाबर और मुगल सेना को लेकर अफगानियों में तीखी प्रतिक्रिया थी। बाबर भी उनका पीछा करना चाहता था, लेकिन इस काम को आगे बढ़कर हुमायूँ ने खुद ले लिया और इस अभियान में निकल गया। डलमऊ में इब्राहीम लोदी के अमीर फतेह खाँ ने समर्पण कर दिया। हुमायूँ गाजीपुर की ओर बढ़ा तो अफगान बिना लड़े घाघरा नदी पार कर पीछे बंगाल की ओर भागे। हुमायूँ ने जौनपुर में जुनाइद बरलास और शाहमीर हसन को संयुक्त रूप में गवर्नर बनाया। शेख बायजीद को अवध में बहाल किया। फिर दोआब और कालपी में आलम खाँ को परास्त कर अपने अधीन किया और वापस बाबर के पास आगरा पहुँचा।

पूर्वी क्षेत्र के इस सफल विजय अभियान से बाबर बहुत प्रसन्न हुआ। उसकी कहीं भी अफगानों से मुठभेड़ नहीं हुई और वे बिना परास्त हुए ही भाग गये थे। उनका कोई नुकसान नहीं हुआ था। जाहिर था वे आगे संगठित होकर वापस युद्ध करने को आ सकते थे। तब उनको कुचलना जरूरी था। मगर हुमायूँ में ऐसी दूरदर्शिता का घोर अभाव था। अभी बाबर की मुख्य चिन्ता राणा साँगा था और पिता-पुत्र उसी से युद्ध करने निकले थे। इसी अभियान के पड़ाव में बाबर ने मदिरापान त्यागने का संकल्प लिया और साथ की सारी संचित मदिरा बहवा दी। राणा साँगा को खानवा युद्ध में पराजित करने के बाद बाबर ने हुमायूँ को बदख्शाँ लौटने की अनुमति दे दी। हुमायूँ के अधिकांश सैनिक या तो बदख्शाँ के थे या उसी ओर (हिन्दूकुश) के थे। इन कारणों से और इस कारण से भी कि काबुल सैनिकों से खाली था, हुमायूँ को काबुल जाने की अनुमति दे दी गयी।''[2] बाबर ने हुमायूँ के शिविर में ही भोजन और विश्राम किया तथा उसके अमीरों को खिलअतें देकर सोने की नमाज अदा कर उसे विदा कर दिया।

बदख्शाँ में 1529 ई. तक दो वर्षों के प्रवास में उसे जनता के बीच लोकप्रियता तो हासिल हुई लेकिन वह उजबेकों को पूरी तरह परास्त नहीं कर सका। वहीं उसका विवाह बेगा बेगम से हुआ और एक पुत्र की भी प्राप्ति हुई। वहीं उसे चापलूसों की संगत में अफीम की बुरी लत लग गयी और वह अवसादग्रस्त रहने लगा। वह 6 जून 1529 ई. को मीर फख्र अली को शासन सौंपकर खुद आगरा के लिये रवाना हो गया। दूसरे दिन काबुल पहुँचा तो अस्करी, हिन्दाल और कामरान तीनों भाइयों से उसकी भेंट हुई। आपसी बाचतीन से काबुल और कन्धार कामरान तथा बदख्शाँ हिन्दाल को सौंप दिया गया। उसे आगरा पहुँचने में लगभग पाँच माह लग गये। बाबर उसे फिर बदख्शाँ भेजना चाहता था, लेकिन वह इसके लिये तैयार नहीं हुआ। लगभग तीन महीने बाद वह सम्भल गया, जहाँ 1530 ई. में उसकी तबियत बहुत खराब हो गयी। उसे आगरा लाने की व्यवस्था की गयी। मथुरा में उसकी मुलाकात माँ माहम बेगम से हुई। आगरा पहुँचते-पहुँचते उसकी हालत और खराब हो गयी। इसी बीमारी के प्रसंग में वह प्रसिद्ध किंवदन्ती है कि बाबर ने उसके बिस्तर की परिक्रमा कर खुदा से गुजारिश की कि वह हुमायूँ की जान के बदले उसकी जान ले ले।...

चमत्कार हो या संयोग, हुमायूँ स्वस्थ हो गया और बाबर बीमार। तमाम हकीम रात-दिन लगे रहे लेकिन गुलबदन बेगम के अनुसार, इब्राहीम की माँ का दिया जहर अपना असर दिखा रहा था। उसके बचने की कोई उम्मीद नहीं थी। गुलबदन बेगम ने लिखा है—"इस रोग से दुखित होकर वसीअत करता हूँ कि सब हुमायूँ को हमारे स्थान पर समझें, उसका भला चाहने में कमी न करें और उससे एकमत होकर रहें। ईश्वर से आशा रखता हूँ कि हुमायूँ! तुमको तुम्हारे भाइयों, सब सम्बन्धियों और अपने और तुम्हारे मनुष्यों को ईश्वर को सौंपता हूँ और इन सबको तुम्हें सौंपता हूँ।"[3] गुलबदन उस समय वहाँ उपस्थित थीं, लेकिन तत्कालीन इतिहासकार अहमद यागदार ने ज्यादा स्पष्टता से लिखा है कि—"यदि ईश्वर तुझे राजसिंहासन और मुकुट प्रदान करे तो अपने भाइयों की हत्या न करना और उन्हें क्षमा करते रहना। शाहजादे ने भूमि पर सिर रखकर आदेश स्वीकार कर लिया।"[4] बाबर को दिये वचन को पूरा करने में ही हुमायूँ को वह सब झेलना पड़ा और इतिहासकारों ने उसे वह जगह न दी जो वह पा सकता था। उसे अपने पिता की आज्ञा के पालन के लिये इतिहास में भारी कीमत चुकानी पड़ी। 26 दिसम्बर 1530 ई. को बाबर का इन्तकाल हुआ और चार दिनों बाद 30 दिसम्बर को हुमायूँ गद्दी पर बैठा। उसने बाबर को रामबाग में दफनाया, लेकिन जब शेरशाह बादशाह बना तो बाबर की अफगान पत्नी मुबारिका ने उसे काबुल ले जाकर दुबारा दफनाया। जहाँगीर ने वहाँ एक अंकित शिलालेख लगवाया और शाहजहाँ ने एक सुन्दर मस्जिद का निर्माण

कराया। आजकल वह जगह शाहे काबुल के नाम से जानी जाती है।

भारत जैसे विशाल देश में बाबर ने जिस मुगल शासन की नींव डाली थी, उसे महफूज रखने, व्यवस्थित और संगठित करने के लिये काफी समय की जरूरत थी। मात्र चार वर्ष तो उन दुश्मनों से लड़ने में ही गुजर गये जो साम्राज्य के लिये आगे संकट पैदा कर सकते थे। इसलिये यह कहना कि वह हुमायूँ के लिये कई समस्याएँ छोड़ गया, उचित नहीं है। अगली पीढ़ी के लिये कोई कुछ भी करे, उसे अपने समय का टॉस्क खुद पूरा करना पड़ता है। सुदूर दूसरे देश से आकर हिन्दुस्तान जैसी विविधता और अजाने देश में शासन की नींव डाल लेना अलग बात है; उस पर बुलन्द इमारत खड़ी करना बिल्कुल ही अलग। गौर करनेवाली बात है कि मुगल सेना के तमाम सैनिक विदेशी थे और भिन्न-भिन्न समुदायों के थे। दीर्घ काल तक उन्हें रोके रखना; उनके बीच एकता बनाकर रखना और उन्हीं के भरोसे साम्राज्य की सुरक्षा और विस्तार करना कतई सम्भव नहीं था। वह भी तब जब अफगानों से सत्ता ली गयी हो और वे भी भले बिखरे हुए हों, मगर बड़ी संख्या में मौजूद तो थे ही। चगताई, तूरानी, ईरानी, मुगल, अफगानी और भारतीय सभी तरह के सैनिक थे, जिनमें स्थायी एकता सम्भव नहीं थी। बाबर ने जिस साम्राज्य को स्थापित किया था उसका भूगोल अत्यन्त विस्तृत था। सिन्धु नदी, काबुल, कन्धार, गजनी, जलालाबाद, पेशावर, कोहदमन, स्वात, बजौर, पूर्वी पंजाब, मुल्तान, बिहार के काफी हिस्से, दिल्ली, सिरसा, हाँसी, हिमालय के कुछ हिस्से, मालवा, बयाना, रणथम्भौर, ग्वालियर, चन्देरी, बुन्देलखंड—अब न तो उसके पास कोई प्रशासकीय विभाजन था और न ही योग्य शासकों की फौज। हर जगह विदेशी शासकों को बैठाकर राज्य का संचालन कर लेना आसान बात नहीं थी। उमरा जो काफी जगहों पर राजस्व वसूल करते थे, उनके पास भी जरूरी कर्मचारी और व्यवस्था का अभाव था। दूसरी बात यह कि उनका स्थानान्तारण भी होता था। शासन में गवर्नर, दीवान और कोतवाल को बहाल करना तो अपेक्षाकृत आसान था, लेकिन समाज की निचली तह तक पकड़ बनाना अत्यन्त मुश्किल। उस पर अफगानों के समर्थक जगह-जगह फैले हुए थे। बाबर ने जिस उदारता से इब्राहीम के राजकोष को लुटा दिया था, बाँट दिया था, उससे राज्य के पास धन का घोर अभाव हो गया था। राजकोष खाली था।

हुमायूँ बादशाह तो बन गया था मगर उसे बाबर को दिये गये वचन के अनुसार अपने भाइयों में राज्य का बँटवारा भी करना था जो मुगल साम्राज्य की मजबूती के लिये भारी खतरा था। भाई ऐसे मौके पर उसकी मदद कर सकते थे मगर हुमायूँ तब खुद 23 साल का था, कामरान 17, अस्करी 15 तो हिन्दाल मात्र 12 साल का। हुमायूँ

और कामरान को 6 और 5 के अनुपात में हिस्सा मिलना था। मात्र 23 वर्षीय युवा हुमायूँ के सामने इन आन्तरिक चुनौतियों के अलावे बाहरी चुनौतियों की भी लम्बी सूची थी। गुजरात, बंगाल, खानदेश, कश्मीर और राजपूताना की सीमा पर मजबूत राज्य थे और सिन्ध, मुल्तान और मालवा पर अधिकार मुकम्मिल भी नहीं था। ऊपर से बिहार में असंगठित अफगान धीरे-धीरे संगठित होने लगे थे। जाहिर था हुमायूँ को आगे अन्दर और बाहर से अनेक मुश्किल चुनौतियों का सामना करना था।

उसने गद्दी पर बैठते ही अपने नाम का खुत्बा पढ़वा लिया और उत्सव का आदेश भी दे दिया। उसे तनिक भी आनेवाली मुश्किलों का कोई अन्दाज नहीं था। कामरान अपने मिले हिस्से से पूरी तरह असन्तुष्ट था। बाबर की मौत की खबर मिलते ही उसने काबुल को अस्करी के हवाले किया और एक सेना के साथ हिन्दुस्तान के लिये रवाना हो गया। उसने रास्ते में पेशावर और लमगान पर कब्जा कर लिया। हुमायूँ ने अपना दूत भेजकर उसे कहलवाया कि वह इन दोनों इलाकों को ले ले, लेकिन वापस लौट जाय। उसने कोई बात न सुनी और मुल्तान पर कब्जा कर लाहौर को घेर लिया। लाहौर के सूबेदार युनूस अली को कामरान के अधिकारी कराचा बेग ने धोखा देकर गिरफ्तार कर लिया और लाहौर भी कामरान के कब्जे में आ गया। उसने युनूस अली को लाहौर का गवर्नर बनने का प्रस्ताव दिया, लेकिन उस वफादार ने कामरान के नाम से गवर्नरी करने से इंकार कर दिया। कामरान ने इतनी दया जरूर की कि उसे हुमायूँ के पास जाने दिया। उसने विजित इलाके अपने पास रखने के लिये हुमायूँ के पास अपना दूत भेजा। हुमायूँ के पास तब कोई रास्ता नहीं था। उसने उससे बात ही नहीं की बल्कि हिसार और फीरोजा भी उसे भेंट कर दिया। कामरान ने एक कविता में धन्यवाद लिखकर हुमायूँ को भेज दिया। हुमायूँ चाहता था चाहे जैसे भी हो, वह सन्तुष्ट रहे। बाबर को दिये वचन की गरिमा का पालन अपनी जगह पर मगर उसका आचरण उसे उदात्त और उदार जरूर बनाता है। मगर यह बात मुगल साम्राज्य के लिये घातक थी। खुदा का शुक्र था कि अस्करी और हिन्दाल दोनों भाई शान्त थे। हुमायूँ ने उनको दिल्ली के निकट ही सम्भल और मेवात की जागीरें सौंप दीं। लेकिन अपने दरबारियों के बार-बार उकसावे में आगे चलकर ये दोनों भाई भी असन्तुष्ट हो गये। अवसर मिलने पर वे विद्रोह के लिये उत्तेजित भी होते रहे।

हुमायूँ ने गद्दी पर बैठने के बाद पहला आक्रमण चन्देलों द्वारा शासित कालिंजर के किले पर किया। उसने लगभग महीने-भर तक किले का घेरा डाले रखा। अन्त में राजा रुद्रप्रताप ने अधीनता स्वीकार कर ली और बारह मन सोना क्षतिपूर्त्ति के रूप में दिया। अफगानों के विद्रोह के कारण हुमायूँ की भी अपनी विवशता थी। इस पहली विजय से हुमायूँ की प्रतिष्ठा बढ़ी। तभी खबर आयी कि

अफगानों ने जौनपुर के गवर्नर जुनायद बरलास को भगाकर अपना अधिकार जमा लिया है और वे बाराबंकी की ओर बढ़े हैं। गोमती तट के पास दादरा में मुगल सेना से उनकी जबर्दस्त मुठभेड़ हुई और अफगान परास्त हो गये। अफगान लोदी वंश के उत्तराधिकारी को फिर से दिल्ली का बादशाह बनाने को आतुर थे। दादरा के युद्ध से अफगानों को भी धक्का लगा। इब्राहीम लोदी की मौत के बाद इस युद्ध में उनके कई अमीर मारे गये। इस युद्ध में गंगा और घाघरा के बीच का हिस्सा भी मुगलों के अधीन आ गया। लेकिन हुमायूँ जीत के बाद आगरा लौट गया। यह उसकी बड़ी भूल थी। अफगानों की ताकत पूरी तरह नष्ट नहीं हुई थी। हुमायूँ को आगे इस भूल की भारी कीमत चुकानी पड़ी थी।

हुमायूँ की नजर चुनार के किले पर पड़ी। बनारस और मिर्जापुर के बीच गंगा के तट पर विशाल चट्टान पर बने इस दुर्ग का एक हिस्सा गंगा की गोद में है। लगभग चार महीने तक हुमायूँ इसे घेरे रहा। उस समय दुर्ग की रक्षा शेर खाँ का बेटा जलाल खाँ कर रहा था। शेर खाँ बाहर था, इसलिये गुपचुप तरीके से वह किले के अन्दर आवश्यक सामग्री भिजवाता रहता था। हुमायूँ का दुर्योग ऐसा कि उसी समय सूचना आयी कि बहादुर शाह ने मालवा पर धावा बोलकर अपना अधिकार जमा लिया है और वह चित्तौड़ पर आक्रमण की तैयारी में लगा हुआ है। सन्धि करना हुमायूँ की विवशता हो गयी है, इसे चतुर शेर खाँ समझ गया। उसने मात्र 500 (पाँच सौ) अफगान सैनिकों को मुगल सेना में भेजने की शर्त पर ही सन्धि कर ली। शेर खाँ का चुनार पर अधिकार कायम रहा और 500 सैनिकों की अपने प्रति वफादारी को लेकर भी वह निश्चिन्त था। डॉ. ईश्वरी प्रसाद जैसे इतिहासकारों ने इस सन्धि के लिये हुमायूँ की कड़ी आलोचना तो की है, मगर यह नहीं बताया है कि उसके पास और क्या विकल्प था? उधर चित्तौड़ की महारानी कर्णावती हुमायूँ को राखी भेजकर मदद की अपील कर रही थी; तब हुमायूँ अकारण ग्वालियर में पड़ा हुआ था। यह बात इतिहासकारों के लिये भी समझ से परे है।

इसी बीच उसकी माँ माहम बेगम की बीमारी की खबर मिली। वह तुरन्त आगरा लौटा लेकिन हकीमों की सघन देखरेख के बावजूद वे 8 मई 1533 ई. को दिवंगत हो गयीं। वे एक योग्य बेगम थीं। वे आगरा में बैठकर बाबर की कब्र की देखभाल करती रहीं। वहाँ कुरान पाठ के लिये साठ व्यक्ति नियुक्त किये गये थे। वे जब तक रहीं, बाबर की मजार पर दोनों जून भोजन वितरण किया जाता था। इसका प्रबन्ध वे अपनी जागीर से करती थीं।

विलास और बादशाहियत हुमायूँ के अन्दर प्रवेश कर चुके थे। वह दिल्ली के पास दीनपनाह नाम से एक नये शहर का निर्माण कराने लगा और इस अवसर पर हरम की बेगमों के कहने पर शानदार दावत भी दी। ऐसा लगता, मानो दावत देने के

लिये वह बहाने की ताक में रहता था। दूसरा जश्न उसने हिन्दाल के विवाह के मौके पर किया। गुलबदन बेगम ने 'हुमायूँनामा' में इसका विस्तार से वर्णन किया है। इन दिनों हुमायूँ के मनोरंजन और विलासप्रियता बहुत बढ़ गये थे। उसे न तो बहादुरशाह की बढ़ती जा रही ताकत की चिन्ता थी और न ही नये सिरे से अफगानों के संगठित होने की कोई परवाह थी। नाजुक दौर से गुजरते साम्राज्य के अगल-बगल दुश्मनों की तैयारी से ऐसी बेखबरी हुमायूँ की राजत्व क्षमता पर कलंक ही थी। उसके अनेक सम्बन्धी और अमीर उसके विरुद्ध षड्यन्त्र में लगे रहते, उसके अधिकारी रिश्वत लेकर उसकी आज्ञा की अवहेलना तक करते, लेकिन हुमायूँ इस सबसे बेखबर रहता। इससे वह अनावश्यक रूप से अनामन्त्रित संकटों का शिकार होता रहा। उसके निकट के रिश्तेदार मुहम्मद जमान मिर्जा और मुहम्मद सुल्तान मिर्जा ने उसके विरुद्ध विद्रोह कर दिया। उसने विद्रोह तो दबा दिया, लेकिन जमान मिर्जा को माफी दे दी। वह उसकी सौतेली बहन का पति था। उसने उदारता से उसे एक कीमती खेमा भी सौंप दिया कि वह शर्म और अहसान से राजभक्त बन जाएगा। उल्टे उसने स्वतन्त्र राज्य स्थापित करने की महत्त्वाकांक्षा से मुहम्मद सुल्तान मिर्जा तथा उसके दोनों पुत्रों के साथ मिलकर विद्रोह कर दिया। इसके पीछे बहादुरशाह की शह थी। ये लोग कुछ अमीरों और बहादुरशाह के साथ मिलकर खुफियागिरी भी करते थे। दुबारा विद्रोह दमन के बाद उसने इन सबकी आँखों में सलाई फेरवाने का आदेश दिया, लेकिन सलाई फेरनेवाले और जेलर को मिलाकर वे साफ बच गये और भागकर बहादुरशाह से जा मिले। हुमायूँ का अपने दरबार, अधिकारी और सेना पर न तो दबदबा था न कोई भय। प्रशासन बिल्कुल ढीला-ढाला था और उसके पास कोई विश्वस्त खुफिया विभाग भी नहीं था।

गुजरात के शासक बहादुरशाह के मामले में ऐसी ही कमजोरियों का उसे गम्भीर खामियाजा उठाना पड़ा था। मालवा विजय के बावजूद वह उसकी विस्तारवादी मंशा को भाँप नहीं पाया। मुगल साम्राज्य के षड्यन्त्रकारी, विद्रोही और विश्वासघातियों की गुजरात शरणस्थली बना रहा, मगर हुमायूँ की नींद न खुली और वह रास-रंग में डूबा रहा। नतीजतन बहादुर सिंह ने मालवा से सटे रायसीन के दुर्ग को भी घेर लिया। उसमें सात सौ स्त्रियों ने जौहर से बलिदान देकर अपनी लज्जा की रक्षा की। सिलहदी और लक्ष्मण सिंह मारे गये और रायसीन के किले पर बहादुरशाह का कब्जा हो गया। उसने मुगल शासन में अमीर रहे आलम खाँ को रायसीन के साथ चन्देरी और भीलसा का भी शासक बना दिया। यह मुगल शासन के लिये खतरे की घंटी थी। इससे अमीरों के भीतर बहादुरशाह के प्रति लोभ और वफादारी बढ़ सकती थी और वे हुमायूँ से विश्वासघात करने को प्रोत्साहित हो सकते थे। बहादुरशाह की महत्त्वाकांक्षा और आक्रामक हो गयी। उसने तुरन्त चित्तौड़ पर धावा बोल दिया।

जिस राणा साँगा और रत्न सिंह से बहादुरशाह की मित्रता थी; उसी के राज्य का वारिस विक्रमादित्य अत्यन्त नाकारा था और शराब तथा स्त्रियों में डूबा रहनेवाला शासक था। उससे कोई राजपूत सरदार खुश नहीं था। राणा साँगा के गौरवशाली अतीत से जुड़े सरदार उसका साथ छोड़कर अपनी जागीरों में चले गये थे, यह बात बहादुरशाह जानता था। दुर्ग पर आये संकट को भाँपकर जब राणा साँगा की विधवा महारानी कर्णावती ने राखी भेजकर हुमायूँ से सहायता की अपील की तो उसने इसे गम्भीरता से नहीं लिया। यह उसकी भूल और अदूरदर्शिता ही थी। वह राजपूतों का समर्थन हासिल कर आसानी से बहादुरशाह को परास्त कर सकता था। लेकिन हुमायूँ राजत्व के मामले में बिल्कुल अदूरदर्शी था। बहादुरशाह को राणा साँगा के मालवा के विजित हिस्से के साथ 10 हाथी, 100 घोड़े और पाँच करोड़ तनका की विशाल राशि हासिल हुई। गुजरात के सुल्तान का राणा साँगा द्वारा छीना गया मुकुट भी उसे वापस करना पड़ा। राणा साँगा के चित्तौड़ की प्रतिष्ठा धूमिल हो गयी।

बहादुरशाह ने मुगल शासक के तमाम प्रतिद्वन्द्वी शासकों से रिश्ता बनाना शुरू कर दिया। उसने बढ़ते अफगानी योद्धा शेर खाँ की भी आर्थिक मदद की। हुमायूँ के तमाम सम्भावित दुश्मनों से उसने अपनी मैत्री प्रगाढ़ करनी शुरू कर दी थी। उसने पुर्तगालियों से भी अपने रिश्ते कायम कर लिये थे। उसका सपना दिल्ली की गद्‌दी प्राप्त करना था। जब उसने तातार खाँ को आगरा पर आक्रमण के लिये भेजा तब जाकर हुमायूँ की नींद खुली। उसने तुरन्त कई काबिल सरदारों के साथ एक सेना अस्करी और हिन्दाल के नेतृत्व में भेजी। बहादुरी से लड़ते हुए तातार खाँ मारा गया। इससे बहादुरशाह हुमायूँ की नजरों पर चढ़ गया। बेशक बहादुरशाह की रणनीति को उसे पहले ही समझ जाना चाहिए था। अगर वह महारानी कर्णावती की राखी के समय ही चित्तौड़ की मदद में सामने आया होता तो राजपूतों की मदद उसे अफगानों के साथ युद्ध में भी बहुत काम आयी होती। प्रो. हरिशंकर श्रीवास्तव ने बहादुरशाह और हुमायूँ के बीच हुए पत्राचार का उल्लेख किया है। दोनों ने एक-दूसरे को चार-चार पत्र लिखे थे—"इन पत्रों से बहादुरशाह तथा हुमायूँ के विचारों के अतिरिक्त समकालीन कूटनीतिक सम्बन्धों पर भी प्रकाश पड़ता है। इन पत्रों से स्पष्ट हो जाता है कि बहादुरशाह मीठे-मीठे शब्दों से हुमायूँ को प्रसन्न करना चाहता था, यद्यपि अन्दर-अन्दर वह सेना तैयार कर मुगल साम्राज्य को समाप्त करने का प्रयत्न करता रहा। इन पत्रों को देखकर इस बात से आश्चर्य होता है कि बहादुरशाह की मनोवृत्ति और कार्यों को देखकर भी हुमायूँ ने परिस्थिति की गम्भीरता का अनुमान नहीं किया।"[5] बाबर से औरंगजेब तक ऐसा एक भी बादशाह नहीं, जिसने ऐसी भयंकर चूक की हो।

देर से सावधान हुए हुमायूँ को बंगाल और गुजरात दोनों ओर से खतरा

महसूस हुआ। उसने यह भी महसूस किया कि उसने काफी देर कर दी है। कुछ दिनों तक वह द्वन्द्व में रहा कि पहले बंगाल से युद्ध करे या गुजरात से। मगर गुजरात के हालात ज्यादा उत्तेजित करनेवाले थे, क्योंकि पत्राचार में उसकी ऐंठ हुमायूँ को गड़ गयी थी। लेकिन यहाँ वह फिर एक बार वही चूक करता है और राजपूतों को साथ करने का मौका दुबारा गँवा देता है। यह उसके जीवन की सबसे बड़ी चूक साबित हुई। बहादुरशाह फिर चित्तौड़ पर घेरा डालता है। नाकारा और मूर्ख राजा विक्रमादित्य पहली चढ़ाई के बावजूद चेता नहीं था। इस बार राणा साँगा की विधवा वीरांगना कर्णावती शासन अपने हाथ में लेती हैं और तमाम राजपूत जागीरदारों, सेनापतियों, सरदारों का आह्वान करती हैं और वे एक बार फिर एकजुट होकर चित्तौड़ की रक्षा में आते हैं। उस समय हुमायूँ मालवा पर चढ़ाई करता है और रायसीन का दुर्ग अपने अधीन कर लेता है। बहादुरशाह बहुत घबरा जाता है और वह शीघ्र राजधानी माँडू पहुँचकर गुजरात को बचाना चाहता है। लेकिन सद्र खाँ अपने स्वार्थ में उसे एक साम्प्रदायिक सलाह देता है। उसे मानकर बहादुरशाह हुमायूँ से आग्रह करता है कि वह हिन्दू राजपूतों से धर्मयुद्ध लड़ रहा है, ऐसे में उसका गुजरात पर धावा बोलना इस्लामी परम्परा के अनुसार धर्म-विरुद्ध है। किस सुविधा से इनके युद्ध में इस्लाम उपस्थित हो जाता है! यह गौर करनेवाली बात है। हुमायूँ सलाह मान भी लेता है। प्रो. हरिशंकर श्रीवास्तव ने लिखा है—"हुमायूँ ने एक भारी भूल की तथा उसने एक बहुत बड़ा अवसर खो दिया। वास्तविक रूप में हुमायूँ राजपूतों की सहायता के महत्त्व को नहीं समझ सका। यदि उसने इस सुअवसर से लाभ उठाया होता तो उसका भविष्य ही बदल गया होता।"[6] हुमायूँ की कृतघ्नता तब और खलती है जब उस दौरान उसके टिके रहने की रसद राजपूतों द्वारा ही पहुँचाई जा रही थी। वरना वह प्रतीक्षा करने की स्थिति में ही नहीं रहता। यहाँ उसका व्यक्तित्व बहुत निम्न कोटि का हो जाता है। 13000 स्त्रियाँ वीरांगना कर्णावती के नेतृत्व में जौहर से जल मरती हैं और 300 बच्चे कुएँ में डाल दिये जाते हैं। भैरों पोल में हुए इस भीषण युद्ध में 32000 आदमी मारे जाते हैं। 8 मार्च 1535 ई. को चित्तौड़ का पतन होता है और किला बहादुरशाह के अधिकार में आ जाता है। जिस रूमी खाँ के लिये मन्त्री सद्र खाँ ने यह चाल चली थी; अमीर उसके विरुद्ध थे इसलिये किलेदार के रूप में बहादुरशाह नस्सम खाँ को बहाल करता है।

मन्दसौर के पास दोनों सेनाओं की भिड़न्त हुई। बहादुरशाह के तोपखाने का सरदार रूमी खाँ चित्तौड़ किले का किलेदार नहीं बनाने से नाराज था। उसने हुमायूँ से पहले ही अपने तार जोड़ रखे थे। ऐन मौके पर उसने दगा दी और उससे जा मिला। बहादुरशाह भय से काँप रहा था। वह बिना किसी को बताये भाग खड़ा हुआ। फिर तो उसकी सेना में बिखरने और पलायन करने की होड़ मच गयी। 80 साल का बूढ़ा

खुदावन्द खाँ जो पहले मन्त्री रह चुका था, भाग न सका और पकड़ा गया। लेकिन सद्र खाँ भाग गया। हुमायूँ ने बूढ़े खुदावन्द खाँ से अच्छा व्यवहार किया। इस हालात का लाभ उठाकर राजपूतों ने चित्तौड़ पर फिर कब्जा कर लिया। सन्धि की बात चली लेकिन बहादुरशाह को इसका मौका ही नहीं मिला। माँडू दुर्ग पर अधिकार के बाद हुमायूँ ने जब कत्लेआम की आज्ञा दी तो धार्मिक भाईचारे की धज्जियाँ उड़ाते हुए मुगल सैनिकों ने गली-गली में खून की नदियाँ बहा दीं। घायल सद्र खाँ को हुमायूँ ने माफी दी लेकिन मालवा के शासक रहे आलम खाँ की ऐड़ी की नस काटकर उसे पंगु बना दिया गया। मुगल सेना बहादुरशाह का पीछा करती चम्पानीर और अहमदाबाद पहुँची और जमकर लूटमार की। चम्पानीर दुर्ग पर विजय से हुमायूँ को बेशुमार धन मिला। उसने अस्करी को गुजरात का शासक नियुक्त कर दिया।

अस्करी स्वभाव से तपाकी और घमंडी था। उसे शराबखोरी की आदत थी, इसलिये उसकी अमीरों से पटी नहीं। सो सारे अमीर एक-एक कर भागते गये और बहादुरशाह से जुड़ते गये। अस्करी अपने दरबारियों के उकसावे पर महत्त्वाकांक्षी बन गया था। वहाँ चम्पानीर पहुँचकर उसने तरदी बेग से मदद की माँग की तो उसने बिना हुमायूँ की स्वीकृति के देने से मना कर दिया। बार-बार जोर देने पर उसने हुमायूँ को खबर भेज सावधान कर दिया कि अस्करी के इरादे सन्दिग्ध हैं। अब हुमायूँ तेजी से आगरा की ओर बढ़ा। आगरा के रास्ते में चित्तौड़ में दोनों भाइयों की मुलाकात हुई। उसने भाई को तो क्षमा दे ही दी, अमीरों को भी दंडित नहीं किया। दोनों में मेल हो गया और वे एक साथ आगरा की ओर बढ़े। आगरा आकर उसने हिन्दू बेग को जौनपुर का और मिर्जा नासिर को कालपी का गवर्नर बनाया। मुगलों के गुजरात से पलायन करने के बाद बहादुरशाह ने फिर वापसी की कोशिश शुरू कर दी। गुजरात पर विजय प्राप्त करने के बाद हुमायूँ का वहाँ शासन की उचित व्यवस्था करने के बजाय लूटमार और हत्याकांड मचाने का मतलब इतिहासकारों की समझ में नहीं आया। जनता का समर्थन खो देने से उसका वहाँ बने रहना तो मुश्किल था ही। आखिर हुमायूँ ने गुजरात में व्यवस्थित शासन का प्रबन्ध क्यों नहीं किया? जबकि बहादुरशाह अपनी जनता में लोकप्रिय था। फिर वही गलती हुमायूँ ने मालवा में भी दुहरायी। अगर वह सन्धि कर बहादुरशाह को ही अपने अधीन राज्य दे दिया होता तो शेर खाँ से उसके बचाव में मदद मिलती। लेकिन उसने न तो राजपूतों को साथ लिया और न ही बहादुरशाह को ही अपना बना पाया। बहादुरशाह को गुजरात राज्य वापस तो मिला, लेकिन इसी दौरान उसकी अचानक मौत हो गयी। बहादुरशाह ने अपनी योग्यता से सुशासन स्थापित कर गुजरात को कठिन दौर से निकालकर शान्त और समृद्ध प्रान्त बना दिया था। उससे हिन्दू प्रजा भी सन्तुष्ट थी। राजा नरसिंह देव तो उसके अत्यन्त प्रिय पात्र थे। तमाम समकालीन लेखकों ने उसकी खुलकर प्रशंसा

की है। गायक मंझू के हुमायूँ दरबार से वापस आने पर उसने बहुत खुशी जाहिर की थी। उसने कहा कि उसका जो कुछ खोया था उसे मिल गया। ईश्वर से अब कुछ माँगने को नहीं रहा। एक संगीतकार के प्रति ऐसा अद्वितीय सम्मान बहादुरशाह के उदात्त व्यक्तित्व का प्रमाण है। लेकिन दूसरी ओर उसने सत्ता के लिये अपने भाइयों की हत्याएँ की थीं। समय-समय पर उसकी क्रूरता भी सामने आयी है। दरअसल मध्यकाल के बादशाहों की मानसिक बुनावट को हम सरलीकृत ढाँचे में रखकर समझ ही नहीं सकते।

अब हुमायूँ के साम्राज्य और जीवन पर वह संकट आनेवाला था जिसने उसे न सिर्फ गद्दी से अपदस्थ किया बल्कि दरबदर भटकने को विवश भी किया। चुनार सन्धि में 500 अफगान सैनिकों के साथ शेर खाँ का बेटा कुतुब खाँ हुमायूँ का बन्धक था। हुमायूँ ने उसे मालवा भेजा था। शेर खाँ उसकी वापसी के बारे में लगातार सोच रहा था। उपयुक्त अवसर देखकर कुतुब खाँ मन्दनौर से अपने 500 सैनिकों के साथ भाग खड़ा हुआ। इस बीच शेर खाँ ने अफगानों के आपसी विवादों को सुलझाकर उनका नेतृत्व हासिल कर लिया था। उधर बंगाल में नुसरत खाँ की मृत्यु के बाद हालात लगातार खराब होते जा रहे थे। वहाँ पुर्तगाली भी अपनी मनमानी करने लगे थे। शेर खाँ ने बड़ी बुद्धिमत्ता से काम किया और चुपचाप अपनी ताकत बढ़ाता रहा। बिहार में तो उसका लगभग पूरा वर्चस्व ही कायम हो चुका था। गुजरात और मालवा के हाथ से निकलने के बाद हुमायूँ की प्रतिष्ठा धूल में मिल चुकी थी। शेर खाँ के भय से वह आगरा छोड़कर दुबारा गुजरात और मालवा अभियान में निकल नहीं सकता था।

शेर खाँ प्रभावशाली योद्धा ही नहीं था; अत्यन्त चतुर रणनीतिकार भी था। उसने न तो अपने नाम से खुत्बा पढ़वाया था, न ही अपने नाम के सिक्के ढलवाये थे और न ही कभी मुगल शासित इलाकों पर आक्रमण ही किया था। इस आधार पर उसने जौनपुर के गवर्नर हिन्दू बेग को रिश्वत देकर अपने अनुकूल रिपोर्ट हुमायूँ के पास भिजवा दी और अपनी वफादारी के प्रति उसे आश्वस्त कर दिया। हुमायूँ की गुप्तचर सेवा इतनी लचर थी कि उसे शेर खाँ की तैयारियों और इरादों की कोई भनक तक न लगी। जब बंगाल का शासक महमूद काफी मुश्किल में था और उसे कहीं से किसी मदद के पहुँचने की कोई उम्मीद नहीं थी तो शेर खाँ ने कर न देने का आरोप लगाकर उस पर आक्रमण कर दिया। महमूद खाँ भागकर गौड़ चला गया। उसने उसके काफी इलाकों पर अधिकार कर लिया। अब जाकर हुमायूँ को शेर खाँ की असलियत का अन्दाज हुआ। उसे हमेशा देर से ही अहसास होता था। शेर खाँ ने गौड़ के घेरे को ख्वास खाँ के और चुनार किले की रक्षा के लिये अपने बेटे कुतुब खाँ को लगा दिया था तथा बाकी की सुरक्षा अफगान सरदारों के हवाले कर खुद भरकुंडा

में बैठा हुआ था। जब हुमायूँ ने चुनार किले पर घेरा डाल रखा था तब शेर खाँ गौड़ किले को घेरे हुए था जहाँ बंगाल का राजकोष था। हुमायूँ अपने मन्त्रियों से मशविरा करते हुए दुविधा में फँसा रहा कि वह चुनार से घेरा उठाकर गौड़ की ओर बढ़े या पहले चुनार पर फतह पूरी कर ले। इसी अनिर्णय में उसे चुनार फतह करने में 6 माह लगे और शेरशाह ने इसी बीच गौड़ किले को जीतकर राजकोष को सुरक्षित जगह पहुँचा दिया। हुमायूँ सोच के स्तर पर बार-बार बचकाना और फिसड्डी साबित होता रहा। वह बहादुर योद्धा तो था; चपल और दूरदर्शी सेनानायक नहीं था।

अब शेर खाँ के सामने धन बचाने की चिन्ता थी। भरकुंडा का दुर्ग तो उसी के लिये नहीं बल्कि अफगानों की सुरक्षा के लिये भी महफूज नहीं था। इसके लिये उसे रोहतास का दुर्ग सबसे उपयुक्त लगा। वहाँ का मन्त्री चूड़ामणि ब्राह्मण था और शेर खाँ का परम मित्र। उसने 6 मन सोना रिश्वत देकर चूड़ामणि को पूरी तरह अपने पक्ष में कर लिया जिसकी मदद से किले के राजा को धोखा देकर रोहतास किले पर अधिकार कर लिया। शेर खाँ अपने उद्देश्य की पूर्त्ति के लिये विश्वासघात करने से भी नहीं हिचका। हुमायूँ चुनार के बाद बनारस पर अधिकार कर सोन के तट पर मनेर के पास पहुँचा। वहीं उसने शेर खाँ से सन्धि वार्त्ता शुरू की। इसमें बिहार, बंगाल के सौंपने, जीवन-भर मुगलों की अधीनता स्वीकार करने से दस लाख वार्षिक देने की शर्त थी। शेर खाँ ने तुरन्त शर्तें मान लीं। उधर घायल और पराजित महमूद हुमायूँ के पास मदद के लिये पहुँचा। हुमायूँ बंगाल में प्रवेश कर गया, जबकि सन्धि-वार्त्ता की शर्त के अनुसार उसे आगरा लौट जाना था। शेर खाँ ने तेरह हजार चुने हुए सैनिकों के साथ भागलपुर में रास्ता रोकने को भेजा और इस बीच कोष को रोहतास में सुरक्षित कर लिया। हुमायूँ जब गौड़ में पहुँचा तो नगर वीरान था; लाशें पड़ी हुई थीं। उसने लाशों का अन्तिम संस्कार किया, नगर की सफाई करायी। ऐसे आदर्श गुणों में हुमायूँ का कोई मुकाबला नहीं था।

बिहार, बंगाल पर आसानी से अधिकार कर उसने तिरहुत और पूर्णियाँ के लिये हिन्दाल को शासक नियुक्त कर दिया। उसने उसे मुगल सेना के लिये जरूरी सामग्री मुहैया कराने का आदेश भी दिया। हिन्दाल पर बादशाह बनने का ऐसा खब्त सवार हुआ कि वह सब छोड़-छाड़ कर दिल्ली की ओर रवाना हो गया। उसके विद्रोह की खबर से हुमायूँ हैरान रह गया। उसने आगरा में अपने नाम का खुत्बा पढ़वाया और खुद को आजाद घोषित कर दिया। इससे उसकी माँ दिलदार बेगम बहुत दुखी हुई और गुस्से में मातम का वस्त्र धारण कर लिया। मगर हिन्दाल पर इसका कोई असर नहीं पड़ा। उसने दिल्ली को घेर लिया। उधर फख्र अली के कहने पर कामरान भी सेना के साथ दिल्ली की ओर रवाना हो गया। इसे सुनकर हिन्दाल डर गया और अलवर की ओर भाग गया। दिलदार बेगम तथा अन्य स्त्रियों के बहुत

जोर देने पर वह क्षमा माँगने को राजी हुआ। उसके इस तरह तिरहुत और पूर्णियाँ छोड़कर जाने से हुमायूँ का बंगाल अभियान मुश्किल में फँस गया और उसकी सेना को काफी संकट झेलने पड़े।

उधर शेर खाँ पूर्व, पश्चिम और उत्तर तीन दिशाओं से मुगलों द्वारा घिरा था। इसलिये उसने अप्रत्याशित दु:साहस का परिचय देते हुए बहुत बड़ा जोखिम उठाया और निकट बनारस पर धावा बोलकर अपना अधिकार कायम कर लिया। उसने वहाँ के शासक मीर फजल अली सहित सात सौ मुगलों को बेरहमी से काट डाला। उसने जल्द ही यह भाँप लिया कि जौनपुर में उलझने से लड़ाई लम्बी खिंच सकती है तो वह कन्नौज की ओर रौंदता आगे बढ़ गया। फिर बहराइच और सम्भल पर कब्जा किया। उधर शेर खाँ के सरदार ख्वास खाँ ने मुंगेर के शासक यूसफ खैल को कैद कर लिया। अफगानों की मार-काट से मुगल प्रान्तों में आतंक फैल गया था। इन तमाम विजित इलाकों में जनता का विश्वास जीतने के लिये वह साथ-साथ बेहतर शासन व्यवस्था भी कायम करता जा रहा था। उसने आगरा से बंगाल की सम्पर्क सेवा भी बाधित कर दी थी। गलत सूचनाओं के कारण हुमायूँ बंगाल में फँसा रह गया था। दरअसल शेर खाँ एक बड़ी तैयारी में था।

बंगाल अभियान में न तो हुमायूँ शेर खाँ को नियन्त्रित कर सका और न ही वह महमूद को फिर से गद्दी पर बिठा ही पाया, क्योंकि इसी बीच उसकी मौत हो गयी। उसकी अनुपस्थिति से राजधानी में जो गड़बड़ियाँ पैदा हुईं, सो अलग क्षति हुई। अब समस्या बंगाल में शासक बहाली की थी। मुगलों का दबदबा अब इतना कमजोर हो गया था और शेर खाँ का आतंक ऐसा बन गया था कि कोई बंगाल का शासक बनने को तैयार ही नहीं हो पा रहा था। जाहिल बेग ने इस प्रस्ताव पर कहा कि ''मेरी हत्या के लिये कोई अन्य राह नहीं सूझी तो मुझे बंगाल का शासक बनाया जा रहा है।'' वह भागकर हिन्दाल से जा मिला। आखिर में हुमायूँ ने पाँच हजार घुड़सवार सैनिकों को सौंपकर जहाँगीर कुली को नियुक्त किया और खुद आगरा रवाना हुआ। उधर शेर खाँ रोहतास के पास हुमायूँ की वापसी की राह देख रहा था। वह पूरी तैयारी में था। हुमायूँ चौसा के निकट पहुँचा तो शेर खाँ पहाड़ियों से निकलकर सामने आया। कर्मनासा के पश्चिमी तट पर हुमायूँ का पड़ाव था तो पूर्वी किनारे शेर खाँ डटा था। उस समय कामरान और हिन्दाल आगरा में थे। कामरान चाहता था कि वह चौसा के लिये कूच करे, लेकिन कुछ लोगों ने उसे मना किया कि विजयश्री तो हुमायूँ के नाम ही रहेगी। हुमायूँ जीतकर ताकतवर बनेगा और आपकी सेना उसके नेतृत्व में लड़ेगी। हुमायूँ का सौभाग्य एक बार फिर आते-आते अटक गया। कामरान के इस निर्णय ने मुगल साम्राज्य के इतिहास में एक स्थायी कलंक जोड़ दिया और हुमायूँ की बदनसीबी ने उसे ईरान का शरणार्थी बना दिया।

कभी-कभी इतिहास में संयोग और भाग्य की भूमिका किस तरह निर्णायक हो जाती है यह चौसा के युद्ध ने सिद्ध कर दिया। अगर मुगल सेना शुरू में ही धावा बोल देती तो शेर खाँ की थकी सेना पराजित हो सकती थी। तब उसकी सेना में ज्यादा सैनिक जुटे भी नहीं थे। दोनों सेनाएँ कर्मनासा और गंगा के संगम पर जहाँ खड़ी थीं, वहाँ शेर खाँ की स्थिति खराब थी। संगम के पतले पश्चिमी भाग में अफगान इकट्ठे हुए थे जबकि फैले भाग में मुगल। यदि तत्परता से पहले पहल कर मुगल सेना संगम के बीच के भाग को घेरती तो दो तरफ नदी और एक तरफ मुगल सैनिकों से अफगान बुरी तरह घिर जाते। लेकिन दुर्भाग्य देखिए कि दोनों सेनाएँ 1539 ई. के अप्रैल से मई तक आमने-सामने खड़ी रह गईं। इस बीच शेर खाँ अपनी ताकत बटोरता रहा और ख्वास खाँ को सेना के साथ जल्द आने को दूत भेजता रहा। वह इस ताक में था कि बरसात शुरू हो जाय तो मुगल सेना बुरी तरह फँस जाएगी। रसद और पशुओं के चारे की किल्लत शुरू भी हो गयी थी। हुमायूँ ने आगरा सन्देश भेजा मगर कोई सहायता नहीं आयी। हुमायूँ ने सन्धि-वार्त्ता के लिये जब शेख खलील को भेजा तो उसने देखा शेर खाँ स्वयं खाइयाँ खोद रहा था। यह हुमायूँ की पराजय भावना का ही संकेत था, जिसे शेर खाँ ने तुरन्त भाँप लिया। सन्धि का मसौदा भी दिलचस्प था।

पूरे बंगाल, बिहार के साथ चुनार का किला शेर खाँ का होगा, मगर उसे मुगलों की अधीनता मानकर उसके नाम का खुत्बा पढ़वाना पड़ेगा और सिक्के ढलवाना होगा। दिलचस्प हिस्सा यह कि शेर खाँ को नदी का भाग छोड़कर मुगल सेना को पीछा करने का अभिनय करने देगा और उस समय उसकी सेना पीछे हटती जाएगी, जिससे मुगलों की प्रतिष्ठा बनी रहेगी। लोग जानेंगे कि अफगान अपनी कमजोरी से पराजित हुए। आप बेचारे हुमायूँ की इस बचकानी सोच और हास्यास्पद शर्त से उसके राजत्व गुण का अनुमान लगा सकते हैं। शेर खाँ ने यथावत शर्त मान ली और उसने ऐसा विश्वासघात किया जो आगे चलकर इतिहास में उसके शानदार युद्ध-चातुर्य और कौशल के रूप में दर्ज किया गया। विपत्ति और दुर्दशा हुमायूँ के दरवाजे की कुंडी खटखटा रही थीं। शेर खाँ ने नदी पार करने के लिये पुल बनाने का आदेश दे दिया। 30 मई 1539 ई. को ख्वास खाँ सेना सहित आ मिला। उसने प्रचारित किया कि उस पर झारखंड से चेरूह सरदार आक्रमण करने आ रहा है। हुमायूँ ने बिना गुप्तचर सूचना के उस पर यकीन कर लिया और खुद को इस युद्ध से तटस्थ रहने का ऐलान भी कर दिया। इस बीच उसने रसद वगैरह बेरोकटोक जाने दिया, जिससे मुगल और आश्वस्त हो गये। शेर खाँ रात को अपने सैनिकों के साथ युद्धाभ्यास करता जाता और फिर लौट आता; कह देता कि दुश्मन अभी नहीं आया है। सातवें दिन 25 जून 1539 ई. की निर्णायक रात उसने ख्वास खाँ सहित मुख्य

सरदारों को चेरूह सरदार के नाम पर रवाना कर दिया। फिर रात को वह लौट आया तो सभी प्रमुख सरदारों ने रणनीति बनाकर रात्रि में ही आक्रमण तय कर दिया। हुमायूँ की अदूरदर्शिता और लापरवाही का आप इस बात से अन्दाज लगा सकते हैं कि अनेक बार विश्वासघात करने और माफी पानेवाला धोखेबाज मुहम्मद जमान खाँ उस रात पहरेदारी कर रहा था जो पूरी तरह बेखबर था।

शेर खाँ ने अपने अलावे एक दल ख्वास खाँ तथा तीसरे अपने बेटे जलाल खाँ के नेतृत्व में पुल पार कराकर रात्रि में सोती हुई मुगल सेना को तीन ओर से घेर लिया। एक तरफ तो नदी ही थी। पहली बारिश से जमीन भी गीली हो चुकी थी। अचानक आक्रमण से मची भगदड़ और अफरातफरी में मुगल सेना न तो अस्त्र-शस्त्र धारण कर सकी और न ही घोड़ो की जीन कस सकी। एकाएक बाहर निकला हुमायूँ माजरा देखकर दंग रह गया। उसे लगा सैनिक भय से कहीं भाग न जायँ, इसलिये उसने पुल तोड़वा दिये। चूक पर चूक की। इस पुल के टूटने के कारण ही वह स्वयं घिर गया तो भाग न सका। वह सैनिकों को एकत्रित करने को आवाज देता रहा। मात्र 300 सैनिक थे, लेकिन मुगल बादशाह हुमायूँ ने बहादुरी से युद्ध लड़ना शुरू कर दिया था। हुमायूँ या तो मारा जाता अथवा कैद होता। उसके रक्षकों और करीब के शुभचिन्तकों ने बाँह पकड़कर उसे युद्धक्षेत्र से बाहर खींचा। टूटे पुल से भागना तो सम्भव नहीं था, सो वह घोड़े सहित गंगा में कूद पड़ा। धारा इतनी तेज थी कि पार करना सम्भव ही नहीं था। तभी निजाम नामक एक भिश्ती ने मशक की सहायता से बादशाह हुमायूँ को सकुशल उस पार पहुँचा दिया। डॉ. हरिशंकर श्रीवास्तव ने लिखा है—"जिस समय हुमायूँ नदी पार कर रहा था, इस कठिन पराजय की भयंकर परिस्थिति में भी उसका दार्शनिक मस्तिष्क शान्त था। उसने भिश्ती से उसका नाम पूछा और उससे यह सुनकर कि उसका नाम निजाम है; उस व्यक्ति के प्रति आभार प्रकट करते हुए कहा कि उसका नाम निजामुद्दीन औलिया होगा। हुमायूँ ने निजाम को वचन दिया कि वह राजसिंहासन पर आरूढ़ हो जाएगा तो उसको आधे दिन तक बादशाह बनाएगा।"[7] वह जैसे-तैसे आगरा की ओर रवाना हुआ।

पानीपत के युद्ध में अफगानी इब्राहीम लोदी को परास्त कर बाबर ने मुगल वंश का राज्य स्थापित किया था। तब से उसने कभी कोई युद्ध नहीं हारा। उसी मुगल बादशाह को एक अफगानी सरदार ने परास्त कर उसका बुरी तरह मान-मर्दन कर दिया। उसकी साख खाक में मिल गयी थी। इतिहास में यह कलंक उसी बाबर के बेटे हुमायूँ के नाम हमेशा-हमेशा के लिये दर्ज हो गया था। अनेक प्रसिद्ध अमीर मारे गये थे। सात-आठ हजार मुगल सैनिक शहीद हुए थे। अनेक बन्दी बनाये गये थे। गिरफ्तार बेगमों को बाइज्जत राजधानी पहुँचा दिया गया था। अफगानों ने मुगलों के

अहंकार को चूर-चूर कर दिया। यह कहने का कोई मतलब नहीं था कि शेर खाँ ने विश्वासघात किया। हुमायूँ खुद सन्धि-वार्त्ता तोड़कर मनेर से बंगाल की ओर बढ़ा था। गुजरात अभियान में मांडू के दुर्ग पर सन्धि तय हो जाने के बावजूद इसी हुमायूँ ने आक्रमण कर कत्लेआम मचाया था। लम्बे समय से अफगानों के भीतर धधक रही बदले की आग को थोड़ी शान्ति तो मिली ही थी। अफगानी सैनिक बहुत उत्साह में थे।

चौसा विजय के बाद शेर खाँ ने अपना समय जश्न में बर्बाद नहीं किया। उसने कन्नौज तक के इलाकों पर अधिकार जमा लिया। उसे पता था बिना दिल्ली और आगरा पर अधिकार जमाये वह हिन्दुस्तान का सुल्तान नहीं बन सकता था। कुछ ज्यादा ही उत्साह में शेर खाँ ने अपने बेटे कुतुब खाँ को अलग से चन्देरी की ओर रवाना कर दिया। इस खबर से हुमायूँ ने अपने प्रमुख सेनापतियों के साथ एक सेना भेज दी। इससे डरकर मालवा, सारंगपुर के शासक मल्लू खाँ ने कहकर भी कुतुब खाँ की मदद नहीं की। कुतुब खाँ पराजित हुआ और युद्ध में मारा गया। इससे शेर खाँ बहुत आहत हुआ और कुतुब खाँ की मौत का बदला भी लिया। आखिर वादे के बाद मल्लू खाँ ने उसकी क्यों नहीं मदद की? लेकिन इससे मुगलों में नया उत्साह पैदा हुआ। कन्नौज में शेर खाँ से हुमायूँ का युद्ध हुआ लेकिन मुगल सेना को भागना पड़ा। जैसे-तैसे हुमायूँ की जान बची और वह आगरा पहुँचा तो लग गया अब आगरा भी सुरक्षित नहीं रहा। उसने परिवार के साथ जितना धन ले सकता था, लिया और आगरा छोड़ दिया। इस पराजय के बाद वह अन्दर से बुरी तरह टूट गया था। हिन्दाल अपनी माँ तथा अन्य स्त्रियों के साथ अलवर की ओर चला गया। हुमायूँ आगरा से तुरन्त रवाना हो गया। फिर दिल्ली से रोहतक पहुँचा। मुगलों की प्रतिष्ठा को ऐसा धक्का लगा कि रोहतक में उसके काफिले को देखकर नगर का द्वार ही बन्द कर दिया गया। जब हुमायूँ ने सतलज नदी पार की तो उसे पता चला कि शेरशाह दिल्ली पहुँच गया है। अफगान उसका लगातार पीछा कर रहे थे। तभी अफगानों ने हिन्दाल को जालन्धर में घेर लिया। लेकिन वह भाग निकला।

हुमायूँ जब लाहौर पहुँचा तो कामरान ने उसकी बड़ी इज्जत की। हिन्दाल और अस्करी भी लाहौर पहुँचे। अफगानों ने जालन्धर पर कब्जा कर लिया था। हुमायूँ लगभग तीन महीने तक लाहौर में रुककर मुगलों के बीच एकता पर बल देता रहा। उधर वह शेर खाँ से सन्धि-वार्त्ता के सूत्र भी तलाशता रहा। इधर कामरान को लग रहा था कि अस्करी और हिन्दाल कहीं अपने राज्यों को खोकर उसके राज्य पर अधिकार न कर लें। शेर खाँ से बचने के सबके पास अपने-अपने प्रस्ताव थे, मगर

कोई किसी नतीजे पर पहुँच नहीं रहा था। इसी बीच कामरान ने सद्र काजी अब्दुल्ला को शेर खाँ से बात करने दिल्ली भेजा। गुलबदन बेगम ने लिखा है कि हुमायूँ ने भी अपने एक तुर्कमान अमीर मुजफ्फर बेग को अब्दुल्ला के साथ ही भेजा। "यह क्या न्याय है? समस्त हिन्दुस्तान तेरे लिये छोड़ दिया। एक लाहौर रह गया है। हमारे और तुम्हारे बीच में सरहिन्द सीमा बन जाय।" उस अन्यायकारी एवं ईश्वर का भय न करनेवाले ने यह स्वीकार न किया और कहा कि "काबुल तुम्हारे लिये छोड़ दिया। वहाँ चले जाओ।"[8] आप कल्पना कर सकते हैं हुमायूँ की दयनीयता और शेर खाँ के दबदबे का। उसने मुगल बादशाह हुमायूँ को लगभग याचक की भूमिका में पहुँचा दिया था। हुमायूँ के वफादार मुजफ्फर बेग ने अपने आदमियों को आगे भेजा और लाहौर छोड़ने की तैयारी कर दी। अब लाहौर भी महफूज नहीं रहा। हुमायूँ तुरन्त तैयार हो गया। उसने सारा असबाब वहीं छोड़ दिया और जो नगद ले सकता था ले लिया। खुदा का शुक्र था कि जब लाहौर नदी पार कर ली गयी तो शेर खाँ का दूत पहुँचा। तय हुआ कि उससे सुबह भेंट की जाएगी। ऐसे नाजुक मौके पर भाई कामरान किस तरह अपनी वरिष्ठता को लेकर परेशान था, इसका उल्लेख गुलबदन बेगम ने किया है—"मिर्जा कामरान ने निवेदन किया कि कल दरबार होगा और शेर खाँ का दूत आयेगा। यदि मुझे हजरत अपने कालीन के कोने पर बैठने का आदेश दे दें तो मुझमें एवं मेरे अन्य भाइयों में जो अन्तर है, वह स्पष्ट हो जाएगा और यह मेरे सम्मान का विषय होगा।"...मैंने सुना था कि शेर खाँ के उत्तर में दूत के हाथों जो रुबाई लिखकर भेजी थी; वह इस प्रकार है–

दर आईना गरचे खुद नुमाई वाशद,
पैवस्ता ज खेशतन जुदाई वाशद
खुद रा ब मिसले गैर दीदन अजब अस्त,
ईं बुलअजबी कारे खुदाई वाशद।

—'दर्पण में यदि अपना चेहरा देखा जा सकता है, सर्वदा वह अपने से पृथक रहता है। अपने आपको दूसरे के रूप में देखना, यह बड़े आश्चर्य की बात है, यह चमत्कार ईश्वर का कार्य है।'—शेर खाँ के दूत ने पहुँचकर अभिवादन किया।"[9]

उसी दौरान नींद में देखे एक स्वप्न में सिर से पाँव तक हरे रंग के वस्त्र पहने बुजुर्ग ने हुमायूँ की हिम्मत बँधायी और दुआ दी—"ईश्वर तुझे पुत्र प्रदान करेगा। उसका नाम जलालुद्दीन मुहम्मद अकबर रखना।" हुमायूँ और मुगल वंश का भविष्य अब अगली पीढ़ी के भरोसे था। उसी समय बेगम गुनूर ने भी बेटी को जन्म दिया। ऐसी मुश्किल घड़ी में समाचार आया कि शेर खाँ लाहौर पहुँच गया है, इसलिये बिना समय गँवाये जैसे-तैसे हुमायूँ लाहौर से कूच कर गया। स्यालकोट में ख्वाजा कलाँ बेग हाजिर हुआ। लेकिन कामरान किसी सूरत में हुमायूँ को काबुल

जाने देना नहीं चाहता था। उस समय बख्शू बिलोची ने हुमायूँ को सौ नावों और भरपूर रसद से मदद की। चालीस दिनों तक बड़ी मान-मनौव्वल के बाद हुमायूँ से हमीदा बानो बेगम का विवाह हुआ। वहीं सियाहवान में हुमायूँ के एक विश्वस्त रहे आदमी मिर्जा शाह हुसैन का किला था, लेकिन उसने भी इस मौके पर नमकहरामी की और उस पर कब्जा करने की कोशिश में हुमायूँ को अपने अनेक आदमियों को खोना पड़ा। हिन्दाल कन्धार जा चुका था। कामरान हुमायूँ को काबुल जाने से मना करके खुद अपनी सेना के साथ काबुल चला गया। इस तरह दोनों भाइयों ने अत्यन्त संकट के समय हुमायूँ को अकेला छोड़ दिया।

हुमायूँ को इस बीच जीवन के अत्यन्त कटु अनुभव हुए। जिस-जिसकी उसने मदद की थी, जिसे प्रान्त की सूबेदारी दी थी या दिलायी थी, उन सबने उसे धोखा दिया। वह मिर्जा यादगार नासिर से आहत हुआ तो जोधपुर के राजा मालदेव के पास पहुँचा। पहले तो उसने एक जीवा तथा एक ऊँट पर अशर्फियाँ लदवाकर भेजीं। कहा—'बीकानेर आपको देता हूँ।' जब अतगा खाँ को शक हुआ, वह पता करने गया तो अन्दरूनी माजरा यह था कि शेर खाँ ने मालदेव के पास उसे बन्दी बनाने का पत्र भेजा था। हुमायूँ तुरन्त अमरकोट की ओर निकल गया। रास्ते में मालदेव के सैनिकों से उसे युद्ध भी करना पड़ा। तीन दिनों तक न कोई कुआँ मिला, न किसी ने पानी पिया। तीन दिनों बाद अमरकोट के राणा प्रसाद ने उसका बड़ा स्वागत किया। हुमायूँ कुछ दिनों तक वहीं रुका और परिवार को वहीं छोड़कर आगे बढ़ा। तीन दिनों बाद खबर मिली कि भारत के भावी सम्राट जलालुद्दीन मुहम्मद अकबर का 14 अक्टूबर 1542 ई. को जन्म हुआ है। फिर वे चून होते थत्ता पहुँचा, जहाँ छह माह रुका रहा। इस बीच कन्धार को लेकर हिन्दाल और कामरान आपस में उलझ गये। हुमायूँ ने फूफी खानजादा बेगम से आग्रह किया कि वे कन्धार जाकर हिन्दाल और कामरान को समझाएँ कि उजबेक और तुर्कमान ताक में हैं; ऐसे में आपस में मेल रखना ही ठीक होगा। कामरान राजी हो जाय तो बेहतर होगा।

बेगम कन्धार पहुँची तो चार दिनों बाद कामरान भी आ गया। कामरान अपने नाम से खुत्बा पढ़वाने की जिद्द पर अड़ा था तो हिन्दाल का कहना था कि इसमें परिवर्तन की जरूरत ही क्या? कामरान ने विनयपूर्वक पत्र लिखकर हिन्दाल की माँ दिलदार बेगम को भी बुला लिया। जिद्द पर अड़े कामरान ने अपने नाम का खुत्बा पढ़वा लिया और कन्धार मिर्जा अस्करी को दे भी दिया। उसने हिन्दाल को गजनी देने का वादा किया मगर आगे उससे भी विश्वासघात किया। हिन्दाल इससे इतना विरक्त हो गया कि लम्बे समय तक काबुल में दरवेशों जैसा जीवन गुजारता रहा। इधर शाह हुसैन हुमायूँ को कन्धार भेजने पर जोर दे रहा था। हुमायूँ कन्धार की ओर रवाना हुआ। मिर्जा अस्करी कामरान के कहने पर हुमायूँ को बन्दी बनाना चाहता था

मगर बैरम खाँ तथा अन्य विश्वस्त सरदारों के साथ वे निकल गये थे। हमीदा बानो बेगम तो साथ थी, लेकिन बालक अकबर फँस गया था। पहाड़ों की बेतरह ठंड के बीच भूख के मारे एक घोड़े को मार ढाल में पकाकर खाया तो जान में जान आयी। जब बिलोचों के गाँव पहुँचे तो माजरा समझ में आया। बिलोची सरदार ने हाजिर होकर जो कुछ कहा उससे हुमायूँ बेहद मर्माहत हुआ। उसने कहा—"मिर्जा कामरान और मिर्जा अस्करी का फरमान हमारे पास आया है और उसमें लिखा है कि, सुना जाता है कि पादशाह तुम लोगों के घरों में ठहरे हुए हैं। यदि वे वहाँ हों तो उन्हें कदापि जाने न देना, बन्दी बनाकर हमारे पास ले आना। उनकी धन-सम्पत्ति एवं घोड़े तुम्हें दे दिये गये। पादशाह को कन्धार पहुँचा दो।"[10] उस बिलोची सरदार ने अपने और अपने परिवार के प्राण संकट में डालकर हुमायूँ को विदा किया। हुमायूँ ने उसे लाल, मोती और अन्य वस्तुएँ भेंट में दीं और मुगल साम्राज्य की सीमा के बाहर फारस के खुरासान शहर पहुँचा। शाह तहमास्प ने अपने प्रतिष्ठित लोगों को भेजकर हुमायूँ का स्वागत किया। बाबर के बेटे, मुगल शहंशाह के अनुरूप उसने हुमायूँ को आदर-सम्मान दिया।

बेगम गुलबदन ने और कई इतिहासकारों ने ईरान के शाह तहमास्प और हुमायूँ की भेंट, आतिथ्य और प्रवास का विस्तृत वर्णन किया है। उसमें हमीदा बानो बेगम के सम्मान में दी गयी भव्य दावत का गुलबदन बेगम ने बड़ा ही मनोहारी चित्रण किया है। उसमें उनकी बुद्धिमत्ता भरी बातचीत और बेहद सम्भ्रात व्यवहार का भी। हुमायूँ जिस हालत में वहाँ पहुँचा था उसमें शाह तहमास्प का आतिथ्य खुदा की बहुत बड़ी नेमत थी। लेकिन बहुत गौर से पढ़ते हुए हुमायूँ के मन को टटोलने की कोशिश में ऐसा लगता है, यह उसके जीवन का शायद सबसे पीड़क प्रसंगों में रहा। इसमें शाह के दरबार में गये बैरम खाँ की भूमिका बेशक ऐतिहासिक रही। बैरम खाँ दरबार में हाजिर हुआ तो शाह ने कहा कि "वह शिया लोगों की तरह बाल काट ले और ईरानी टोपी पहने। बैरम खाँ ने कहा कि वह एक दूसरे शासक का सेवक है और वह केवल अपने स्वामी की आज्ञा से ही वैसा कर सकता है।"[11] लेकिन बेबस हुमायूँ को जब शाह ने शिया मत मानने को विवश किया तो उसने उत्तर में पूरी शराफत से इतना ही लिखा कि—धार्मिक विचारों में जबर्दस्ती नहीं होनी चाहिए। मगर तरीका चाहे जितना सम्भ्रान्त और शालीन हो। आखिर हुमायूँ को अपनी आत्मा की आवाज को मजबूरी में कुचलना ही पड़ा।

शाह ने शुरू में सदाशयता दिखायी थी, साथ में शिकार खेलने गया था। मगर उसने बाद में यह शर्त भेजी कि वह शिया मत मान लेगा तो उसकी हर प्रकार से मदद की जाएगी। उसमें यह धमकी भी थी कि ऐसा नहीं करने पर वह आग में झोंक देगा। हुमायूँ बहुत दुखी हुआ, उसने कहा कि उसे राजत्व की चाह नहीं है। उसने तो

सिर्फ मक्का जाने के रास्ते से गुजरने की अनुमति–भर माँगी थी। शाह ने दूसरा पत्र भेजा। शाह ने काजी को भी समझाने के लिये भेजा कि शाह सुन्नियों के खिलाफ जंग छेड़नेवाले हैं और एक सुन्नी बादशाह तो उनकी कैद में है। काजी ने हालात का हवाला दिया; तरह–तरह से समझाया तो मन मारकर हुमायूँ ने उसकी शर्तें मंजूर कर लीं। शाह की बहन सुलतान बेगम भाई को समझा रही थी कि वह बादशाह पर जबर्दस्ती न करें। वे जाना चाहते हैं तो उनको जाने दें। हुमायूँ ने उसकी बहन को बताया कि वह मुहम्मद साहब के पूरे खानदान की इज्जत करता आया है। उसने 'नादे अली' को सुमिरन करनेवाला कहा था। आखिर अकेले में बैरम खाँ ने बातचीत कर शाह को मदद के लिये राजी कर लिया। उसने बारह हजार घुड़सवार सैनिक देने का वचन दिया जो काबुल, गजनी और कन्धार विजय में मदद करेंगे। साथ में शाहजादा मुराद भी जाएगा जिसे कन्धार सौंपना होगा। उसने अलग से तीन हजार तुमान नगद, हाथी, घोड़े, ऊँट, ईरानी कपड़े और राजसी तम्बू भेंट किये। दुबारा मित्रता का जश्न तीन दिनों तक चलता रहा।

हुमायूँ ने सबसे पहले कामरान के अधिकारवाले बुस्त के किले को युद्ध से जीत लिया। अस्करी को पता चला तो उसने कामरान से मदद की गुहार की और कन्धार का खजाना लेकर भाग जाने की भी सोची। कामरान की सेना भी आ गयी। उस समय अकबर कन्धार में ही था। उसे वह साथ ही रखना चाहता था मगर बाद में आपसी विमर्श कर उसे दाय–नौकरों के साथ काबुल भेज दिया। हुमायूँ ने फिर से एकता कायम करने के इरादे से बैरम खाँ को काबुल भेजा। लेकिन वहाँ सुलेमान मिर्जा और हिन्दाल तो बन्दी थे मगर उसकी सभी से मुलाकात हो गयी। कामरान ने समय की नजाकत समझकर हिन्दाल को आजाद कर दिया और बाबर की बहन खानजादा बेगम को कन्धार भेज दिया। सुलेमान को उसका बदख्शाँ भी सौंप दिया। हिन्दाल कुछ अमीरों के साथ जाकर हुमायूँ से मिल गया। हुमायूँ कन्धार को घेरे रहा। आखिरकार दुर्ग हुमायूँ के कब्जे में आ गया।

वहाँ खानजादा बेगम ने बड़े ही नाटकीय अन्दाज में मिर्जा अस्करी के गले में तलवार लटकाकर हुमायूँ के सामने पेश किया और उससे माफी की गुजारिश की। हुमायूँ ने बिलोची सरदार को लिखे उसके मूल पत्र को दिखाया तो वह शर्म से गड़ गया। हुमायूँ ने उसे प्राणदंड तो नहीं दिया, लेकिन कुछ दिनों के लिये बन्दी बनाने की आज्ञा जरूर दी। हुमायूँ ने वादे के अनुसार दुर्ग तो समर्पित कर दिया। कोष भी सौंप दिया मगर मिर्जा अस्करी को उसने समर्पित नहीं किया। उसने बैरम खाँ को दुर्ग का किलेदार नियुक्त किया। उसने बाकी विजित इलाके को अपने अमीरों और सरदारों में बाँट दिया। अब उसने काबुल का रुख किया। कामरान ने काबुल बचाने की बड़ी कोशिश की, लेकिन हुमायूँ ने उस पर कब्जा कर लिया। पाँच वर्षों बाद

बेगम गुलबदन और दिलदार बेगम तथा दो वर्षों बाद हुमायूँ के बेटे अकबर से मिलने का दृश्य अत्यन्त मार्मिक और भावुक था।

हुमायूँ सुलेमान मिर्जा को अपने पिता द्वारा दी गयी भूमि तक ही सीमित रखना चाहता था, लेकिन वह नहीं आया और युद्ध की तैयारी करता रहा। हुमायूँ ने बदख्शाँ पर आक्रमण किया। सुलेमान भीषण युद्ध में पराजित होकर खुस्त भाग गया। उसके कई सैनिक हुमायूँ की सेना के साथ हो लिये। हुमायूँ ने खुस्त पर भी अधिकार कर लिया। हुमायूँ ने उसके अधिकृत इलाकों को अपने अधिकारियों में बाँट दिया। बदख्शाँ को व्यवस्थित कर लौटते समय हुमायूँ बीमार पड़ गया। इसका लाभ सुलेमान मिर्जा से हिन्दाल तक उठाने में लग गये। उधर कामरान ने पहले गजनी पर कब्जा कर उसका शासन अपने दामाद को दे दिया और खुद काबुल की ओर बढ़ा। काबुल का हाकिम मुहम्मद तगाई नंगे स्नानागार में था। सुना तो बिना कपड़ों के ही भागा, मगर पकड़कर मार डाला गया। कामरान ने काबुल पर फिर अधिकार जमा लिया। जनवरी 1547 ई. को हुमायूँ किला-ए-जफर से रवाना होकर काबुल पहुँचा और धावा बोल दिया। कामरान ने काबुल के हुमायूँ समर्थकों पर तरह-तरह के अत्याचार शुरू कर दिये। उसने तो एक बार तोप का गोला गिरने पर अकबर को किले की दीवार पर बैठा दिया। आखिर कोई रास्ता नहीं बचा तो 27 अप्रैल 1547 ई. को आधी रात में वह चुपके से भाग गया। उसके पास भागने के लिये कोई घोड़ा नहीं था। दया आयी तो हिन्दाल ने उसे घोड़ा देकर उसकी मदद की। हुमायूँ ने किले पर अधिकार होने के बाद कामरान समर्थकों पर अत्याचार किये। हुमायूँ कामरान का पीछा करता रहा। आखिर माफी की आशा रखकर कामरान फिर हुमायूँ की ही शरण में लौटा।

हुमायूँ के सामने कामरान एक अपराधी की तरह खड़ा था, लेकिन उसने उसे अपनी दाहिनी ओर बैठाया और जब दोनों भाई गले मिले तो उनकी आँखों से आँसू बहने लगे। शर्बत का गिलास आया तो हुमायूँ ने आधा पीकर बाकी उसे दे दिया। फिर हुमायूँ ने उसके सम्मान में एक दावत रखी। जश्न के बाद हुमायूँ ने फिर जागीरों का बँटवारा किया। कामरान को कुलाब, अस्करी को कुरातिगीन, हिन्दाल को कुन्दूज, गोरी, काहमर्द, बकलान, नारीन, सुलेमान मिर्जा तथा इब्राहीम मिर्जा को किला-ए-जफर, तालीकान और कुछ परगने दिये गये। मगर अभागे कामरान को यह बँटवारा तनिक रास नहीं आया। वह समय की नजाकत समझकर तब चुप रहा। हुमायूँ इस बँटवारे के बाद काबुल रवाना हुआ। 5 अक्टूबर 1548 ई. को वह काबुल पहुँचा। हुमायूँ की आश्चर्यजनक सदाशयता को उसकी कमजोरी मानकर कामरान ने फिर से विद्रोह की तैयारी शुरू कर दी। इधर हुमायूँ ने बदख्शाँ पर फिर अपना अधिकार कर लिया। फिर वह ऐबक पहुँचा और उसके किले को जा घेरा। किला

उसके कब्जे में आ गया। तभी उसे पता चला कि कामरान ने काबुल पर फिर कब्जा कर लिया है। इससे हुमायूँ के साथ सैनिक, अमीर, उमरा सभी को अपने परिवार की चिन्ता होने लगी। रास्ते में उजबेकों ने आक्रमण कर दिया। जैसे-तैसे 23 सितम्बर 1549 ई. को हुमायूँ काबुल पहुँचा।

प्रो. हरिशंकर श्रीवास्तव ने हुमायूँ की उदारता का उदाहरण देते हुए लिखा है—"काबुल लौटकर हुमायूँ ने ऐबक में बन्दी बनाये गये उजबेकों को मुक्त कर दिया। उनके स्वदेश लौटने पर पीर मुहम्मद हुमायूँ की उदारता सुनकर प्रसन्न हुआ और उसने भी बन्दी बनाये गये हुमायूँ के सेवकों को स्वतन्त्र कर दिया।" उन्होंने आगे लिखा है—"इसी समय प्रसिद्ध चित्रकार अब्दुस्समद एवं मीर सैयद अली ने हुमायूँ की सेवा स्वीकार की। मुगल चित्रकला के इतिहास में यह महत्त्वपूर्ण घटना थी, क्योंकि इन्हीं चित्रकारों ने मुगल चित्रकला की नींव डाली।"[12] जाहिर था हुमायूँ के व्यक्तित्व में मौजूद यह उदारता अमूमन मध्यकालीन बादशाहों में देखने को नहीं मिलती। यह भी एक कारण रहा होगा कि कुछ इतिहासकारों ने हुमायूँ को बहुत ऊँचे दर्जे के रूप में चित्रित किया है।

कामरान के प्रति हुमायूँ की उदारता के बावजूद उसका बार-बार विश्वासघात करना तो एक हद तक समझा जा सकता है कि वह अपनी महत्त्वाकांक्षा का शिकार था, लेकिन अपनी और हुमायूँ की स्थिति और ताकत को लेकर उसकी गलतफहमी अथवा बेखबरी समझ से परे थी। इसका मतलब था उसमें राजत्व की मामूली समझ भी नहीं थी। उसने उजबेकों को अपनी ओर करने के लिये सुलेमान मिर्जा की स्त्री के पास प्रेम-पत्र लिख दिया। हुमायूँ को बल्ख में फँसा देख उसने नासमझी का परिचय देते हुए बदख्शाँ पर आक्रमण कर दिया। हिन्दाल उसकी तुलना में ज्यादा बुद्धिमान था जो उसकी बातों में नहीं आया। कामरान ने उजबेकों से मदद माँगी तो उन लोगों ने तुरन्त एक सेना भेज दी। वे मुगलों के परम्परागत दुश्मन थे इसलिये उनके लिये मुगलों के आपसी झगड़े का लाभ उठाना स्वाभाविक बात थी। बीच में हिन्दाल ने एक खेल खेला। उसने जाली पत्र लिखकर उजबेकों के पास भिजवा दिया कि कामरान और हिन्दाल मिलकर उजबेकों का नाश करेंगे। उजबेक डर गये और कामरान का साथ छोड़ दिया।

अब हुमायूँ भी कामरान से सतर्क रहने लगा था। जब कामरान ने कराचा खाँ से काबुल पर कब्जे के लिये समवेत आक्रमण की योजना बनायी तो हुमायूँ को झाँसे में लेने के लिये उसे एक माफीनामा भेजा। इस बार हुमायूँ सचेत हो गया। लेकिन क्षमा याचना के नाम पर उसने एकाएक हुमायूँ पर धावा बोल दिया। हुमायूँ की किसी तरह जान बच गयी, लेकिन जो तलवार उसके माथे पर मारी गयी थी उससे काफी खून निकल रहा था। उसके अत्यन्त विश्वस्त फहरत खाँ ने उसकी जान बचायी।

जैसे–तैसे वह यहाँ से वहाँ तीन महीने तक भटकता रहा। संयोग से उसकी हिन्दाल से भेंट हो गयी। हुमायूँ ने खून से लथपथ जीबा फेंक दिया था, जिसे कामरान के सैनिकों ने ले जाकर कामरान को दिखाया तो उसने यकीन कर लिया कि अचानक धावे में वह मारा गया। अब वह निडर होकर काबुल की ओर बढ़ा। उसने काबुल के कोष पर कब्जा कर लिया। हुमायूँ के आदमियों को दंडित किया और अकबर को कैद कर लिया। हुमायूँ चुपचाप काबुल पर अधिकार वापसी की तैयारियों में लगा रहा। इस बार उसने पूरी तैयारी से आक्रमण किया। कामरान भेष बदलकर भाग निकला। अस्करी गिरफ्तार कर लिया गया। हुमायूँ ने तीसरी बार काबुल पर विजय प्राप्त की थी। हुमायूँ ने फिर उदारता दिखा अस्करी को हज करने की अनुमति दे दी। सुलेमान को आदेश हुआ कि वह अस्करी को बल्ख के रास्ते मक्का भेज दे। वह मक्का–मदीना गया और वहीं 1557–1558 ई. में उसकी मृत्यु हो गयी। इधर 1551 ई. में कामरान ने काबुल के आसपास सैनिक गतिविधियाँ फिर शुरू कीं तो हुमायूँ ने उसका पीछा किया।

दोनों भाई एक–दूसरे की ताक में रहते। उस समय साथ–साथ मौजूद रहे इतिहासकार जौहर आफताबची ने आँखों देखे इतिहास का वर्णन 'तजकिरतुल वाकेआत' में किया है। उसके अनुसार मिर्जा हिन्दाल मृग का शिकार कर पड़ाव पर पहुँचा। पता चला दूसरे दिन मिर्जा कामरान अफगानों से मिलकर रात को धावा बोलेगा। हुमायूँ ने तय किया 'यदि वह रात में छापा मारेगा तो हम ऊँचाई पर रहेंगे और अन्य लोग चारों ओर मोर्चों पर रहें।' मिर्जा हिन्दाल रात में मोर्चों का चक्कर लगा रहा था। इसी बीच खबर मिली कि कामरान ने धावा बोल दिया। हिन्दाल तुरन्त मोर्चे पर पहुँच गया। उस समय उसके पास सिर्फ दो बाण और धनुष था। कई सैनिकों ने उस पर एक साथ हमला कर दिया और मदद को सेना भी नहीं पहुँच पायी। सब कुछ अचानक हुआ। सैनिक वापस चले गये थे। हुमायूँ ऊँचाई से लगातार हिन्दाल के समाचार की आवाज लगा रहा था मगर 300 लोगों की जुबान बन्द थी। हुमायूँ ने मीर अब्दुल हई को समाचार के लिये भेजा। "मीर अब्दुल हई ने समाचार लाकर यह शेर पढ़ा—

'हे पादशाह! संसार का नवरोज नष्ट हो गया
सैकड़ों पंखड़ियोंवाला गुलाब खिला रहे।'

हजरत पादशाह खरगाह में पहुँचे और अत्यधिक शोक प्रकट करने लगे। अमीरों ने उपस्थित होकर क्षमा याचना की और कहा—"यह उसका सौभाग्य था कि हजरत की सेवा में मारा गया। हजरत पादशाह सुरक्षित रहे।"[13]

गुलबदन बेगम ने लिखा है कि कामरान ने भागकर शेर खाँ के पुत्र इस्लाम शाह के पास जाकर एक हजार रुपये नजर किये और उससे सैनिक सहायता माँगी।

इस्लाम शाह ने कोई उत्तर नहीं दिया लेकिन कामरान ने ओट में उसकी बातें सुनीं—''जिसने अपने भाई मिर्जा हिन्दाल की हत्या कर डाली हो, उसे किस प्रकार कुमक दी जा सकती है! अपितु उसकी हत्या करा देना उचित होगा।'' इतना सुनना था कि कामरान बिना अपने साथ गये लोगों को बताये चुपचाप खिसका और भाग खड़ा हुआ। इस्लाम शाह ने उसके आदमियों को बन्दी बना लिया। अभी ''कामरान भीरा एवं खुशाब तक पहुँचा ही था कि आदम धक्कर ने सैकड़ों उपाय एवं बहानों से उसे बन्दी बनाकर हजरत पादशाह के सामने उपस्थित किया।'' गुलबदन बेगम ने आगे लिखा है कि सारे खान, सुलतान, सर्वसाधारण और सम्मानित लोगों ने निवेदन किया—''पादशाही एवं राज्य में भ्रातृ-भाव से काम नहीं चलता। यदि भाई को प्रसन्न करने की इच्छा है तो पादशाही त्याग दीजिये और यदि पादशाही चाहते हैं तो भ्रातृ-भाव त्याग दें।'' सभी ने उसके अपराध दुहराये और कहा—''यह भाई नहीं है; यह हजरत का शत्रु है।'' सब लोगों ने एकत्र होकर एकमत से आग्रह किया-''राज्य में विघ्न डालनेवाले का सर गिरा देना ही अच्छा है।''[14]

बादशाह हुमायूँ सबकी सुनता रहा लेकिन तमाम आवाजों के परे एक आवाज उसके मरहूम अब्बा बाबर की थी। उसने आँखों में नश्तर लगाने का आदेश दिया और चुपचाप उठकर चला गया। कामरान को अन्धा करने का आँखों देखा वर्णन बड़ा ही लोमहर्षक है। कामरान की सहनशक्ति भी दंग कर देनेवाली थी—''मिर्जा कामरान किसी चीज की खोज करने लगा, उसके हाथ में रूमाल था। गोली बनाकर उस फर्राश के मुँह पर मारा जो मिर्जा को पकड़ने के लिये हाथ फैलाये था। तदुपरान्त उसने मिर्जा का हाथ पकड़ा। खरगाह के बाहर लाया और मिर्जा को लिटाया। उसकी आँखों में नश्तर लगाया। लगभग पचास नश्तर लगाये गये। उसने पौरुष प्रदर्शित करते हुए दम न मारा। जो व्यक्ति उसके जानू पर बैठा था उससे मिर्जा ने केवल यह बात कही, 'तू जानू पर क्यों बैठा है? क्या इसके बिना तेरी तसल्ली न होगी?' इस बात के अतिरिक्त उसने कुछ न कहा। बड़ी वीरता से धैर्य धारण किये रहा। तदुपरान्त किरदी सेवादार ने उसकी आँखों में नमक छिड़का। अधीन होकर उसने अल्लाह का नाम लिया, तदुपरान्त यह कहा—''हे ईश्वर! मैंने संसार में जो कुछ किया था उसका बदला मिल गया, अब मुझे कयामत में आशा है।''[15] जौहर आफ ताबची के इस आँखों देखे वर्णन में जो ठंडापन है; वह भी हैरान कर देता है। बिल्कुल गतिहीन गद्य। यह मध्यकाल में एक तरह से रहमभरा दंड माना जाता था।

प्रो. हरिशंकर श्रीवास्तव ने लिखा है कि जिस काबुल में कामरान ने जिस शान से राज्य किया था, वहाँ वह जाने को तैयार नहीं हुआ। उसने मक्का जाने की आज्ञा माँगी, उसे दे दी गयी। सिन्धु नदी के तट पर उसने हुमायूँ से मिलने की इच्छा जाहिर की। उसकी आँखों पर पट्टी बाँध दी गयी थी। हुमायूँ ने उसे देखा तो उसकी आँखें

भीग गयीं। कामरान खुद को जब्त किये रहा। उसने हुमायूँ के लिये एक कविता पढ़ी। उसने अपने परिवार और आश्रितों की देखभाल करने को कहा। जब हुमायूँ चला गया तो वह फूट-फूटकर रोने लगा। उसके सेवकों में सिर्फ चिलमा कोका उसके साथ जाने को तैयार हुआ। रास्ते में थट्टा उसकी ससुराल थी। बेगम चोचक के पिता शाह हुसैन ने बेटी को रुकने के लिये बहुत जोर दिया। बेगम ने कहा—"आपने मुझे मिर्जा के सुपुर्द उस समय किया था जब मिर्जा अन्धे न थे। इस समय यदि मैं साथ छोड़ दूँ तो दुनिया यही कहेगी कि शाह की लड़की ने दुख में अपने पति का साथ छोड़ दिया और मेरे नाम को बुरा कलंक लगेगा।" यह कहकर वह कामरान के साथ जाकर उसकी नाव में बैठ गयी।"[16]

कामरान का व्यक्तित्व चाहे जितना खराब हो, उसकी बेगम चोचक ने अपने समर्पण और त्याग से खुद को महान बना लिया। 5 अक्टूबर 1557 ई. को मक्का में जीवन के 49 वें साल में कामरान की मौत हुई। लगभग 6-7 महीने बाद बेगम चोचक भी दिवंगत हो गईं। सेवक चिलमा कोका काबुल लौट आया।

जब तक शेरशाह जिन्दा रहा उसने हुमायूँ को सिन्ध नदी के इस पार नहीं आने दिया। उसने पंजाब देने का आग्रह भी ठुकरा दिया। लेकिन 22 मई 1545 ई. को आकस्मिक मौत के बाद उसका बेटा जलाल खाँ, इस्लाम शाह के नाम से गद्दी पर बैठा। वह भी पिता की तरह ही बहादुर और योग्य शासक था। वह साहित्यिक अभिरुचि का था और स्वयं भी कविता करता था। अरबी, फारसी कविताएँ उसे बहुत पसन्द थीं। वह धार्मिक ग्रन्थों का अध्येता भी था और उसका जीवन बहुत संयमी था। लेकिन प्रतिहिंसा अथवा बदला लेने के मामले में उसकी पाशविकता लोगों को कँपा देती थी। जब तक वह जीवित रहा हुमायूँ ने सिन्ध नदी पार करने की हिम्मत नहीं की। लेकिन 30 अक्टूबर 1553 ई. को भगन्दर से उसकी मौत हो गयी। उसके 12 वर्षीय पुत्र को गद्दी पर बिठाया गया तो उसके चाचा ने उसकी हत्या कर दी और वह मुहम्मद आदिल शाह के नाम से गद्दी पर बैठा। शेरशाह के स्थापित सूर साम्राज्य का तेजी से पतन होने लगा और शराबखोरी और व्यभिचार का बोलबाला हो गया। आदिल शाह की मूर्खताएँ किंवदन्ती बन गयीं। इसी दौर में एक हिन्दू अधिकारी हेमू ने उसकी बड़ी मदद की जो मूलत: शोरे का सौदागर था। धीरे-धीरे वही वास्तविक शासक बन गया। इसका लाभ उठाकर पंजाब, बंगाल और मालवा के शासकों ने अपने को आजाद घोषित कर दिया। हुमायूँ के लिये यही अत्यन्त सुनहला अवसर साबित हुआ।

12 नवम्बर 1554 ई. को मात्र तीन हजार सैनिकों के साथ हुमायूँ भारत के

लिये काबुल से रवाना हुआ। सुरखाब, लमगानात, जलालाबाद होते हुए जब वह पेशावर पहुँचा तो बैरम खाँ 5000 सैनिकों के साथ उससे आ मिला। उसके आक्रमण की सूचना पाकर तातार खाँ भाग खड़ा हुआ। बिना युद्ध उसने एक किले पर तो अधिकार जमा लिया। उसकी सेना की एक टुकड़ी ने शिहाबुद्दीन के नेतृत्व में आसानी से लाहौर पर कब्जा कर लिया। उसने नागरिकों को आश्वस्त कर दिया कि उनको कोई क्षति नहीं पहुँचायी जाएगी। 24 फरवरी 1555 ई. को जब हुमायूँ ने लाहौर में प्रवेश किया तो उसके नागरिकों ने जोरदार स्वागत किया। 12 हजार अफगानों के साथ शाहबाज खाँ ने दीपालपुर में उसका प्रतिरोध किया, लेकिन वह पराजित हो भाग खड़ा हुआ। हुमायूँ को काफी संख्या में हाथी, घोड़े तथा अन्य सामान हाथ लगे। बैरम खाँ ने हरियाणा में नसीब खाँ को परास्त कर काफी सामान हासिल कर लिया। जालन्धर में तो अफगान, मुगल सेना को देखते ही भाग खड़े हुए। यहाँ भी उसे आसानी से विजय मिली। अब भाग्य हुमायूँ के साथ था।

बैरम खाँ की सेना जालन्धर से माछीवारा पहुँची। तीस हजार घुड़सवारोंवाली अफगान सेना मुगलों के अद्भुत युद्ध-कौशल के सामने नहीं टिक सकी। बिना हुमायूँ की उपस्थिति के बैरम खाँ ने इस कठिन युद्ध को जीत लिया था। सिकन्दर शाह सूर स्तब्ध था। उसने तुरन्त सरहिन्द के किले को घेरा। उधर बीमारी से मुक्त होकर हुमायूँ सरहिन्द के लिये रवाना हुआ। यहाँ भी विजय को दुहराया गया। सरहिन्द की जीत के बाद मुगलों के लिये दिल्ली को जीतना अत्यन्त सुगम हो गया। यह युद्ध अफगानों के लिये बेहद निराशाजनक था। अब अफगानों का प्रतिरोध लगभग समाप्तप्राय था। दिल्ली की कमान सिकन्दर उजबेक के हाथों थी। वर्षा के कारण हुमायूँ समाना में रुका रहा। जब उसे दिल्ली विजय की सूचना मिली तो उसने खुदा का आभार जताया। 23 जुलाई 1555 ई. को उसने जब दिल्ली में प्रवेश किया तो बहुत भावुक हो उठा। उसे इतिहास में ही नहीं बल्कि सचमुच में दुबारा जिन्दगी हासिल हुई थी। वह एक बार फिर मुगल तख्त पर आसीन हुआ। उसने सबसे पहले जागीरों का बँटवारा किया। बैरम खाँ को सरहिन्द तथा अन्य परगने, तरदी बेग को मेवात, सिकन्दर खाँ उजबेक को आगरा, अली कुली खाँ को सम्भल, हैदर मुहम्मद खाँ को बयाना और अबुलमाली को पंजाब का शासक नियुक्त किया। उसने बार-बार खुदा का आभार प्रकट किया। मुहम्मद साहब की आत्मा की शान्ति के लिये दान-पुण्य दिये। वक्फ बनाये।

लेकिन दुबारा हिन्दुस्तान का बादशाह बनकर भी हुमायूँ को थोड़ी राहत भले मिली; उसमें अब पहलेवाला उत्साह नहीं था। वह जीवन के प्रति निराशाभरी बातें और बार-बार परलोक की चर्चा करता था। उसे इस राजसत्ता से ही विरक्ति हो गयी थी जिसने उसके भाइयों के बीच वैमनस्य पैदा किया और उसका परिवार उजड़

गया। वह चाहता था अकबर गद्दी सँभाले। अब वह शेष जीवन दरवेशों और विद्वानों की सोहबत में गुजारेगा। उसने अब अफीम की खुराक भी कम कर दी थी। सांसारिकता से विरक्ति की स्थिति थी।

24 जनवरी 1556 ई. को उसने अफीम को गुलाब जल में मिलाकर सेवन किया था। वह पुस्तकालय की छत पर गया था। वहीं से मस्जिद में जमा लोगों का अभिवादन स्वीकार किया। मक्का, गुजरात तक काबुल की बातें करता रहा। उसने कुछ ज्योतिषियों और गणितज्ञों को शुक्र ग्रह के उदयकाल को जानने के लिये बुलाया था। जब वह नीचे उतर रहा था कि मस्जिद से अजान हुई। उसका नियम था—अजान सुनते ही वह घुटनों के बल श्रद्धा से झुक जाया करता था। उस समय उसने लम्बा लबादा पहन रखा था। तभी पैर के नीचे वह दबा, छड़ी फिसली और सीढ़ियों से फिसलकर वह सिर के बल नीचे गिर पड़ा। दाहिने कान से रक्त रिसा। बेहोशी की हालत में उसे राजमहल पहुँचाया गया। दूसरे दिन और कमजोरी महसूस हुई। हकीमों की दवाओं का कोई असर नहीं हुआ। तुरन्त अकबर को सूचना भेजी गयी। उसकी हालत शोचनीय होती गयी और 26 जनवरी 1556 ई. रविवार को उसका इन्तकाल हो गया।

हुमायूँ धार्मिकता के बावजूद बिल्कुल कट्टर नहीं था। सदाशयता, उदारता और क्षमाशीलता में वह मध्यकालीन बादशाहों में अद्वितीय था। ज्योतिष और नक्षत्र विज्ञान में 'बिसात-ए-निशात' उसका अनोखा आविष्कार था। यह गोलाकार कालीन था जो तान्त्रिक ग्रहों तथा नक्षत्रों के ग्रहपथों के अनुरूप वृत्तों में विभाजित था। यह एक तरह का खेल था जिसमें पासा फेंककर बैठने की जगह तय होती थी। उसने गन्दगी से बचने के लिये खास तरह के शीशे के बर्त्तनों का निर्माण कराया था। उसने सात दिनों के लिये अलग-अलग मजलिसों की व्यवस्था की थी। शासन व्यवस्था में भी उसने मौलिक सुधार कराये थे। नौकाओं पर घर, उद्यान और प्रमोद तरणी नाम से बजरे बनवाये थे। उसने ग्रहों का ख्याल रखकर एक खास तरह का कोट भी डिजाइन किया था। साहित्य में उसकी गहरी रुचि थी और उसने एक समृद्ध पुस्तकालय का निर्माण भी किया था।

संगीत-प्रेम उसे विरासत में हासिल हुआ था और मुगल-साम्राज्य में समृद्ध संगीत परम्परा की नींव रखनेवालों में हुमायूँ का नाम भी शुमार है। इतिहासकार बी. के. अग्रवाल ने लिखा है कि ''हर सोमवार और बुधवार मुराद के दिन कहे जाते थे। हुमायूँ सोमवार और बुधवार को गाना सुनता था, विशिष्ट लोगों को दरबार में बुलाकर उनके मनोरथ की सिद्धि करता। हुमायूँ के गायकों और वादकों की सूची में 29 गायकों एवं वादकों के नाम मिलते हैं।''[17] वास्तुशिल्प में भी उसकी गहरी दिलचस्पी थी। सीमित शासनकाल के कारण भले ही उसने कोई बड़ा स्मारक नहीं

खड़ा किया, मगर दिल्ली से अलग दीनपनाह की शुरुआत एक अभिनव कल्पना ही है। उसी के ठीक बाहर उसकी पत्नी हाजी बेगम की देखरेख में हुमायूँ का मकबरा बना, जो हिन्दुस्तानी और फारसी वास्तुकला के परस्पर संयोग का नायाब नमूना है। बिना किसी रूढ़िवादी सौन्दर्यबोध का शिकार हुए एक समन्वयवादी वास्तुशिल्प का विकास उसी के काल की देन है। विद्वानों, कलाकारों और संगीतज्ञों के सम्मान की उसने मुगल दरबारी परम्परा कायम की। लुब-तुल-तवारीख का लेखक अब्दुल लतीफ और दिल्ली मदरसा के मशहूर विद्वान शेख हुसैन उसके दरबार के ही रत्न थे। उसकी जो भी सफलता-असफलता रही हो लेकिन दुबारा मुगल साम्राज्य कायम कर उसने अकबर जैसे महान सम्राट के शासन का संयोग मुहैया कराया, वरना भारत का इतिहास उससे वंचित रह जाता। टूट जाने के बावजूद उसने मुगल-शासन की कड़ी को दुबारा कायम किया—यह अपने आप में बहुत बड़ी बात थी।

सन्दर्भ-स्रोत—

1. मुगलकालीन भारत (बाबर)-'बाबरनामा' -सं./अनु. डॉ. सैयद अतहर अब्बास रिजवी पृष्ठ-151
2. मुगलकालीन भारत (बाबर)-'बाबरनामा' -सं./अनु. डॉ. सैयद अतहर अब्बास रिजवी पृष्ठ-253
3. हुमायूँनामा-गुलबदन बेगम; अनुवादक-ब्रजरत्न दास पृष्ठ-15
4. मुगलकालीन भारत (बाबर)-तारीखे-शाही-अहमद यादगार -सं./अनु. डॉ. सैयद अतहर अब्बास रिजवी पृष्ठ-461
5. मुगल सम्राट हुमायूँ-प्रो. हरिशंकर श्रीवास्तव पृष्ठ-128
6. मुगल सम्राट हुमायूँ-प्रो. हरिशंकर श्रीवास्तव पृष्ठ-137
7. मुगल सम्राट हुमायूँ-प्रो. हरिशंकर श्रीवास्तव पृष्ठ-205
8. मुगलकालीन भारत (हुमायूँ भाग-1)-हुमायूँनामा-गुलबदन बेगम-सं./अनु. डॉ सैयद अतहर अब्बास रिजवी पृष्ठ-531, 532
9. मुगलकालीन भारत (हुमायूँ भाग-1)-हुमायूँनामा-गुलबदन बेगम-सं./अनु. डॉ सैयद अतहर अब्बास रिजवी पृष्ठ-532
10. मुगलकालीन भारत (हुमायूँ भाग-1)-हुमायूँनामा-गुलबदन बेगम-सं./अनु. डॉ सैयद अतहर अब्बास रिजवी पृष्ठ-550
11. मुगल सम्राट हुमायूँ-प्रो. हरिशंकर श्रीवास्तव पृष्ठ-278
12. मुगल सम्राट हुमायूँ-प्रो. हरिशंकर श्रीवास्तव पृष्ठ-307
13. मुगलकालीन भारत (हुमायूँ भाग-1)-तजकिरतुल वाकेआत-जौहर आफ तबची-सं./अनु. डॉ. सैयद अतहर अब्बास रिजवी पृष्ठ-705
14. मुगलकालीन भारत (हुमायूँ भाग-1)-हुमायूँनामा-गुलबदन बेगम-सं./अनु. डॉ. सैयद अतहर अब्बास रिजवी पृष्ठ 577

15. मुगलकालीन भारत (हुमायूँ भाग-1)-तजकिरतुल वाकेआत
-जौहरआफ ताबची -सं./अनु. डॉ. सैयद अतहर अब्बास रिजवी पृष्ठ 710, 711
16. मुगल सम्राट हुमायूँ-प्रो. हरिशंकर श्रीवास्तव पृष्ठ 318
17. मध्यकालीन भारत (भाग-2)-सं. डॉ. हरीशचन्द्र वर्मा पृष्ठ 557

अकबर

(1556–1605 ई.)

अकबर को लेकर हिन्दी, उर्दू, फारसी और अंग्रेजी में विपुल मात्रा में काम हुआ है। इतिहास में उसके एक-एक पक्ष पर अत्यन्त गहराई और बारीकी में जाकर शोध हुए हैं। उन सब के बीच से गुजरना एक थका देनेवाला अनुभव है। अबुल फजल के 'आइने-अकबरी' और 'अकबरनामा' को लेकर इतिहास के मर्मज्ञों ने जो विचार किया है और जिस तरह से उसका इस्तेमाल किया है, उससे इस मूल स्रोत-सामग्री को समझने का एक नजरिया भी मिलता है। डॉ. इरफान हबीब ने स्वयं और अपने निर्देशन में जो कार्य किये-कराये हैं वे तो अप्रतिम हैं ही, अन्य ख्यात, अल्पख्यात लोगों के गम्भीर शोध लेख भी पढ़कर चकित हो जाना पड़ता है। हम चाहें तो कह सकते हैं कि कम-से-कम इतिहास के मामले में हमारे इतिहासकारों ने हमें बौद्धिक स्तर पर आत्मनिर्भर बना दिया है; इसमें सन्देह नहीं। 'आइने-अकबरी' तो एक तरह से अकबर के समय को जानने का मुकम्मिल दस्तावेज जैसा है; आप चाहें तो इसे उस युग का श्वेतपत्र कह लें। इतिहासकारों ने इसी रूप में उसका इस्तेमाल भी किया है।

इसमें वैज्ञानिक और प्रौद्योगिकी को लेकर कई खंड हैं। वे कीमियागिरी सम्बन्धी विश्वासों को स्वीकार करते हैं। एक जगह वे धातुओं के रूपान्तरण पर लिखते हैं कि "टिन कोढ़ग्रस्त चाँदी है और काँसा कच्चा सोना होता है और कीमियागिर उन्हें हकीमों की तरह प्रतिकार और समानता की विधियों का सहारा लेकर वापस शुद्ध अवस्था में ला सकता है।"[1] उसी तरह वे खनिजों के बारे में काफी विस्तार से लिखते हैं। इसको उन्होंने वर्गीकृत करके बताने की कोशिश की है। उसने ध्वनि तरंगों के बारे में, रंगों के बारे में भी लिखा है। इसमें पशु-चिकित्सा, प्राकृतिक वस्तु, आयुर्विज्ञान, भौतिक और गणित विषयों पर भी खंडवार लेखन है। सबसे महत्त्वपूर्ण बात यह कि अबुल फजल ने हिन्दू शास्त्रों में तब तक उपलब्ध विज्ञान का

भी काफी उपयोग किया है। साहित्य, संगीत संरक्षण के अलावे कृषि सम्बन्धी विवरण भी इसमें पर्याप्त मात्रा में है। 'अकबरनामा' भी उसी तरह का एक विशाल ग्रन्थ है जिसमें अकबर से जुड़े 1602 ई. तक जब तक अबुल फजल जिन्दा था, तब तक का पूरा इतिवृत्त दर्ज है। 1607 ई. में उसकी मौत के बीच की अवधि का इतिवृत्त इनायतुल्ला ने पूरा किया है और इस विशाल ग्रन्थ को अकबर के इतिहास की मूल स्रोत-सामग्री के रूप में लगभग अनमोल बना दिया है। लेकिन इन ग्रन्थों को समग्र रूप से पढ़ना बेहद पित्तमार वाला कार्य है। एक तो इसकी भाषा इतनी उलझी, जटिल और काफी उबाऊ किस्म की है। दूसरे इसमें अनावश्यक शब्दाडम्बर, बेइन्तहा नामावलियाँ, बार-बार किया गया विषयान्तर विस्तार, दैनिक व्यवहार की अत्यन्त तुच्छ घटनाओं का अतिरेक, कल्पित वृत्तान्तों का सिलसिला, ज्योतिष और धूमकेतुओं के विचित्र वर्णन, अभियानों के समय अगर राजकर्मियों की सूची ही वे देने लगते हैं तो लगता है अबुल फजल ने हाजिरी रजिस्टर से पूरी नामावली ही उतार दी है। पग-पग पर चाटुकारिता के ऐसे नमूने कि उनमें यथार्थ की तलाश जैसे पुआल के ढेर से सुई खोजना हो। जिन इतिहासकारों ने इस मूल स्रोत-सामग्री से इतिहास के यथार्थ को हिगराकर हमें सुलभ कराया है; वाकई उनकी मेधा और श्रम की दाद देनी होगी। इसके अलावे नवाब समसामुद्दौला शाहनवाज खाँ शहीद ख्वाफी औरंगाबादी की 'मआसिरुल उमरा' है, जिसका अनुवाद मुगल दरबार के सरदार नाम से बाबू ब्रजरत्नदास जी ने दो विशाल खंडों में किया है। इसमें मुगल काल के एक हजार एक्यानवे प्रमुख और महत्त्वपूर्ण सरदारों का जीवन परिचय और उनकी भूमिकाओं का वर्णन है। उसमें भी अकबर के कुछ प्रमुख नवरत्नों से ही दो-एक के लिये आपको अलग से स्रोत सामग्री जुटानी पड़ेगी। जाहिर है ऐसे ऐतिहासिक विवरणों, इतिवृत्तों और परिचयात्मक सामग्री से आधुनिक इतिहास लेखन सम्भव नहीं। जब आप इस पर आधुनिक इतिहासकारों के लेखन से गुजरते हैं तो विपुल मात्रा में दस्तावेज, फरमान, पत्र और दूसरी स्रोत-सामग्री का पता चलता है। इसके बाद वे उस युग के यथार्थ पर अपनी राय कायम करते हैं। इसके बावजूद उनमें अपवाद की चेतना भी होती है। ऐसे में मेरे जैसे कमअक्ल के लिये जहाँ-तहाँ से सार-संग्रह करना भी एक अनधिकृत कोशिश ही है। उस पर अकबर जैसे शासक को लेकर जिसका दायरा जितना विस्तृत है; उतना ही बहुआयामी भी। उसके अन्तर्विरोध आश्चर्यजनक हैं और व्यक्तित्व इतना जटिल कि आप जल्दी किसी निष्कर्ष तक पहुँच ही नहीं सकते। कभी-कभी लगता है कि अगर अबुल फजल ने उसके व्यक्तित्व में कुछ अपार्थिवता आरोपित की है, अगर कुछ पारलौकिक जैसा पाया है तो सम्भव है उसने प्रत्यक्ष ऐसा महसूस किया हो।

इसमें तो कोई सन्देह नहीं कि अकबर के समय मुगल साम्राज्य की स्थिति

भारतीय इतिहास में एक तरह से मौर्य साम्राज्य और गुप्त साम्राज्य के गौरव की वापसी जैसी थी। ऐसे में जिन इतिहासकारों ने उसे उसी परम्परा के शासकों में रखा है तो उसमें कुछ भी गलत नहीं है। लेकिन कुछ इतिहासकार ऐसा नहीं मानते। उसे इतना ऊँचा मान देना तो दूर, उल्टे उसकी महानता के कारकों को ही झुठला देते हैं अथवा उसकी जमकर नुक्ताचीनी करते हैं। कुछ पाकिस्तानी इतिहासकार तो उसे काफिर बादशाह मानते हैं, जिसने इस्लामी सल्तनत को ही कलंकित कर दिया। ऐसा कहने के पीछे उनके पास उन काजियों के फतवे होते हैं जो अकबर के समय उनके विरुद्ध जारी किये गये थे और उन्हें हटाने की कई बार असफल कोशिशें हुई थीं। बार-बार बगावत हुई थी। बंगाल और जौनपुर के काजियों ने फतवा दिया था कि अकबर ने अपना मजहब छोड़ दिया है, इसलिये उसके खिलाफ बगावत बिल्कुल जायज है। डॉ. रामविलास शर्मा ने विन्सेंट स्मिथ की पुस्तक 'अकबर द ग्रेट मुगल' का लगभग सार-संक्षेप रखा है और जगह-जगह अपनी टिप्पणी दी है। वे लिखते हैं—"स्मिथ का कहना है कि जिन मुल्लाओं ने बगावत को प्रेरित किया था, उन्हें अनियमित रूप से दंड दिया गया। बंगाल के काजी के साथ, जौनपुर का काजी बुलाया गया। नदी में उनकी नाव उलट गयी और दोनों काजी कुछ बागियों के साथ नदी में डूब गये। स्मिथ का विचार है अकबर ने इस नाव के डूबने की व्यवस्था की थी।"[2] इन विद्रोहियों में अकबर का सौतेला भाई मुहम्मद हाकिम भी था, जिसके पक्ष में काजी फतवा जारी कर रहे थे। हाकिम खुद बादशाह होना चाहता था। उधर अकबर के विरुद्ध शेख अहमद सरहिन्दी बेहद मुखर और सक्रिय थे और वे मुसलमानों को लगातार भड़का रहे थे। हाकिम को लगा अगर उसने हिन्दुस्तान पर धावा बोला तो सारे मुसलमान विद्रोह कर उसके साथ हो जाएँगे। धर्म के नाम पर शाही सैनिक भी बड़े पैमाने पर साथ देंगे और वह बादशाह बन जाएगा। खुद अकबर का वित्त मन्त्री शाह मंसूर भी इसी सोच का था। मुहम्मद हाकिम के नाम उसका लिखा पत्र पकड़ लिया गया था। हाकिम ने पंजाब की ओर से आक्रमण किया मगर एक भी मुसलमान ने उसका साथ नहीं दिया। भागने के क्रम में ऐसी भगदड़ और हड़बड़ी हुई कि चिनाब में नाव के डूबने और न तैर सकने के कारण 400 लोग डूब गये। शाह मंसूर को पद से हटाकर कैद कर लिया गया।

जाहि था असल मामला मुहम्मद हाकिम और अकबर के बीच गद्दी का था, जिसे मजहब छोड़ने और अपनाने के नाम से आरोपित कर दिया गया। मुहम्मद हाकिम को भले गद्दी नसीब नहीं हुई, लेकिन बतौर इस्लामी विचारक अहमद सरहिन्दी शताब्दियों बाद भी सोच में जीवित रहा और इतिहास में वह अकबर से उलझा रहा। मजहब के मानने, न मानने की बात तो तब खड़ी होती है, जब साम्राज्य होता। अपने पिता से अकबर को जो साम्राज्य मिला था उसकी कोई नींव नहीं थी।

यह तो अकबर का पराक्रम और भाग्य था कि हेमू की आँख में तीर लगा, वह घायल हुआ और उसकी सेना तितर-बितर हो गयी, भाग खड़ी हुई। अकबर ने अपने साम्राज्य को जो विशाल और भव्य शक्ल में खड़ा किया था, वह इस्लाम की मदद से खड़ा नहीं किया था जो अहमद सरहिन्दी या बंगाल अथवा जौनपुर के काजी अपने वर्चस्व को लेकर उतावले हो गये थे। न ही आधी शताब्दी तक उसके दीर्घ शासन में ही इस्लाम की कोई भूमिका थी। उसने जो चतुर्दिक उपलब्धियाँ हासिल कीं, वे सब अपनी क्षमता से की थीं।

उसने तो शासन के तौर-तरीकों, नीतियों और रीतियों में अनेक आदर्शों के बीज बोये और विविध क्षेत्रों में उपलब्धियों के ऐसे उत्कर्ष कायम किये जो आगे चलकर हिन्दुस्तान की गौरव गाथाओं में शुमार हुए। उसने धर्म और राजनीति के रिश्तों को समाज में इस तरह पिरोया जिससे सही अर्थों में साझी संस्कृति समृद्ध और सम्पन्न हुई। सूफीवाद की प्रेमिल आध्यात्मिक धारा साहित्य, कला और संगीत के माध्यम से समाज में साझेपन का जो ताना-बाना शताब्दियों से बुनती चली आ रही थी वह प्रकट रूप में मुखरित हो उठी। अत्यन्त उन्नत मस्तिष्क और असाधारण मेधावाले इतिहासकारों ने पक्ष-विपक्ष वाले कटघरे में रखकर अकबर की छवि को धवल और धुँधली करने की कोशिशें भी कीं, लेकिन इतिहास के इस महानायक को लेकर बने लोकमानस में उसकी महानतावाली छवि पूरी तरह महफूज रही। पीढ़ियों-दर-पीढ़ियों भारत के सामान्य जन के बीच उससे जुड़े कल्पित या इतिहाससम्मत किस्से जनश्रुतियों की शक्ल में गाँवों तक में दुहराये जाती रहे, भले ही वह बीरबल के लतीफों की शक्ल में ही क्यों न हों! मेरा ख्याल है मुगल बादशाहों में अकबर जैसी जनप्रियता किसी और बादशाह को नसीब नहीं हुई।

जब हुमायूँ की मौत हुई थी तो अकबर पंजाब के सुदूर गुरुदासपुर से पच्चीस मील दूर कालानौर में था। वह अफगान विद्रोहियों के दबाने के सैनिक अभियान में लगा था। उसके राज्याभिषेक को लेकर सम्भावित षड्यंत्र की कोशिशें सतह पर आने के पहले ही खत्म हो गयीं। बैरम खाँ के हस्तक्षेप और तत्परता से मात्र 13 साल 4 माह का यह मुगल शाहजादा फरवरी 1556 ई. में मुगल बादशाह बन गया। डॉ. सैयद अतहर अब्बास रिजवी ने मुगलकालीन भारत (हुमायूँ) के दो विशाल खंडों में जिस मूल स्रोत-सामग्री का अनुवाद, संकलन और सम्पादन किया है, उसमें संकलित अबुल फजल के 'अकबरनामा' (1) में एक दिलचस्प वाकया दर्ज है—
"उस समय जो हितैषी उनकी पवित्र सेवा में उपस्थित थे, उन्होंने प्रयत्न करके इस प्राण-विदारक दुर्घटना को छिपाया...17 दिनों तक बड़ी बुद्धिमानी से उन्होंने इस हृदय-विदारक दुर्घटना को सर्वसाधारण से गुप्त रखा।...मीर अब्दुल हई सद्र ने इस शेर का पाठ किया—

यदि संसार का नवरोज नष्ट हो गया,
तो प्रत्यक्ष सैकड़ों पंखड़ियोंवाला गुलाब जीवित रहे।
(नवरोज-हुमायूँ, गुलाब-अकबर)

...जिन दिनों यह हृदय-विदारक दुर्घटना छिपाई जा रही थी, एक बार मुल्ला बेकसी को स्वर्गीय पादशाह के वस्त्र पहनाकर झरोखे में जहाँ वे बैठा करते थे; बैठा दिया गया और उसने नदी की ओर मुँह करके लोगों को दर्शन दे दिये। लोगों को कोर्निश कर लेने से उस घबड़ाहट एवं शोक के, जो उनके हृदय में था, कुछ सन्तोष हो गया।''[3] डॉ. रिजवी ने सिदी आला रईस के अंग्रेजी में लिखे विस्तृत विवरण को भी दिया है। इससे इस घटना की प्रामाणिकता को बल मिलता है।

डॉ. आर. पी. त्रिपाठी बादशाह के रूप में उसकी मान्यता को आश्चर्यजनक तो नहीं मानते लेकिन इतनी बात जरूर जोड़ देते हैं कि ''मुगलों का यह सौभाग्य था कि अकबर का छोटा भाई हाकिम भारत में नहीं था और अकबर के अधिकार को चुनौती देनेवाला कोई और नहीं था।''[4] इस सौतेले भाई ने आगे चलकर बार-बार विद्रोह किया और अकबर को परेशान रखा। डॉ. आर. पी. त्रिपाठी के अनुसार तब तक राजत्व हासिल करने का कोई मान्य आधार प्रचलित नहीं था। बड़े बेटे के शासन करने की प्रथा का ठीक से प्रचलन नहीं हुआ था, इसलिये अकबर की राजगद्दी से इसकी भी अघोषित शुरुआत हो गयी। हकीम का एक बार उलेमाओं ने इस्तेमाल किया और अकबर की गैर-इस्लामी लोगों के प्रति उदारता से चिढ़कर उन लोगों ने फतवा जारी कर हकीम को बादशाह घोषित कर दिया और उसके नाम से खुत्बा भी पढ़वा दिया। अकबर ने बुद्धिमानी और ताकत से इस प्रपंच को बेअसर किया।

सच पूछिये तो बाबर और हुमायूँ का शासन इतना संक्षिप्त रहा कि वे कायदे से मुगल साम्राज्य को स्थापित ही नहीं कर सके थे। इसके विपरीत इन दोनों ने ढेर सारे दुश्मन भी खड़े कर लिये थे जिसे वे साम्राज्य के साथ-साथ अपने वारिस को छोड़ गये थे। उसमें सबसे बड़ी चुनौती चुनार से बंगाल तक की सरहद तक शेरशाह के स्थापित राज्य का शासक उसका भतीजा आदिल शाह था। आदिल शाह तो नाकारा था, लेकिन उसका वजीर बना हेमू अपने असाधारण पराक्रम का प्रदर्शन कर चुका था। हेमू एक बनिया था जो दुकानदारी करता था। लेकिन अपनी असाधारण योग्यता से वह आदिल शाह का कारिन्दा हुआ और विलक्षण प्रतिभा का परिचय देते हुए राज्य का अत्यन्त प्रभावशाली प्रशासक और प्रधानमन्त्री बन गया। उसने आदिल शाह की सेना को सुगठित कर महान योद्धा की तरह सेनापतित्व किया और चुनार में इब्राहीम सूरी को पराजित कर दिया। फिर तो उसने एक पर एक कुल 22 लड़ाइयाँ लड़ीं और किसी में उसे शिकस्त नहीं मिली। मुगल दरबारियों में उसका ऐसा खौफ था कि उसमें कई दरबारी अकबर को यह राय दे रहे थे कि वह काबुल भागकर

अपनी जान बचा ले। लेकिन बैरम खाँ ऐसा बिल्कुल नहीं चाहता था। वह एक महान सेनापति था और उसे खुद पर और अपनी सेना पर इतना भरोसा था कि वह डटकर मुकाबले का मन बना चुका था। ऐतिहासिक पानीपत के मैदान में दोनों सेनाएँ आमने-सामने खड़ी हुईं और 5 नवम्बर 1556 ई. को युद्ध हुआ। यह मुगलों के लिये बहुत विकट समय था। हेमू की सेना में एक लाख राजपूत और अफगान लड़ाके और घुड़सवार सैनिक थे। पन्द्रह सौ युद्ध के हाथी थे। मुगल सेना मात्र बीस हज़ार थी, लेकिन उसके पास तोपें थीं। बावजूद पहले दिन हेमू ने युद्ध अपने पक्ष में कर लिया था। लेकिन दूसरे दिन दुर्योग से हेमू की आँख में तीर लगा और वह बेहोश होकर गिर पड़ा। इससे उसकी सेना में खलबली मच गयी और भगदड़ फैली, सेना तितर-बितर हो गयी। पासा पलट गया और हेमू गिरफ्तार कर लिया गया। घायल हेमू अकबर के सामने लाया गया और उसकी गरदन धड़ से अलग कर दी गयी। हेमू के साथ ही अफगान सत्ता का खात्मा हो गया और हुमायूँ के समय से चला आ रहा यह बड़ा संकट दूर हो गया। मुगल शासन फिर से स्थापित हो गया।

अकबर के संरक्षक की भूमिका में बैरम खाँ ने दो ऐसे कार्य किये जिनका कोई भी प्रतिदान शायद छोटा पड़ेगा। एक तो उसने हुमायूँ के निधन के बाद 14 फरवरी 1556 ई. को उसका राज्याभिषेक करा दिया। यदि वहाँ वह चूकता तो मुगल शासन बिखर भी सकता था अथवा अकबर का बादशाह बनना मुश्किल हो सकता था। दूसरी बड़ी बात यह कि जब हेमू के भय से जालन्धर में मिर्जाओं और बेगों की युद्ध परिषद् उसे सुरक्षा के लिये काबुल चले जाने का मशविरा दे रही थी तब बैरम खाँ ने असाधारण साहस का परिचय देते हुए युद्ध लड़ा और हेमू को परास्त कर मुगल शासन के लड़खड़ाते पाँवों को स्थिरता दी। उसने सिकन्दर सूरी को तो पराजित किया ही; जौनपुर, ग्वालियर, सम्भल, अजमेर और राजस्थान के अनेक प्रान्तों को जीतकर मुगल साम्राज्य का विस्तार भी किया। बेशक बैरम खाँ सेनापति था, साहसी और बहादुर था लेकिन उसमें शासक का व्यक्तित्व नहीं था। हठ और अहंकार की मुखरता शासन के शीर्षस्थ लोगों को बार-बार नागवार लग रही थी। सत्ता संचालन के मद में उसकी मनमानियाँ बादशाह के निकटस्थों को भी अखर रही थीं। सबसे बड़ी बात यह कि उसने अपने व्यवहार से शाही हरम की औरतों तक को नाराज कर दिया था। अकबर की माँ हमीदा बानू बेगम, अकबर को पालनेवाली बुर्जुग माहम अनगा—सबके सब नाराज थे। लोग यहाँ तक सन्देह कर रहे थे कि उसकी योजना अकबर के चचेरे भाई कामरान के पुत्र अबुल कासिम को गद्दी पर बैठाने की है। एक और बात जो बैरम खाँ को लेकर उच्च अधिकारियों को अखर रही थी वह थी—उसका शिया होना। अकबर तमाम लोगों की शिकायत सुनते-सुनते परेशान हो गया था, लेकिन जब उसकी माँ ने उसे शासन-सूत्र अपने हाथ में लेने को कहा तो

उसने बैरम खाँ को अपने पद से हटा दिया और उसके सामने तीन प्रस्ताव रखे। एक तो वह कालपी और चन्देरी के प्रदेश को सँभाले, दूसरा वह गुप्त वार्त्ता सलाहकार बन जाय अथवा चुपचाप मक्का चला जाए। बैरम खाँ ने तीसरा प्रस्ताव ही चुना। उसका मन उचट गया था। लेकिन मक्का जाते समय गुजरात के पट्अन इलाके में एक पुरानी हत्या के कारण मारे गये व्यक्ति के पुत्र ने उसकी हत्या कर दी। बच्चा और पत्नी अनाथ हो गये। अकबर ने उसकी पत्नी से खुद विवाह कर लिया और उसके बच्चे की परवरिश करने लगा। वही लड़का आगे चलकर अबुर्रहीम खान-ए-खाना के नाम से प्रसिद्ध हुआ जो अकबर का मित्र बना और नवरत्नों में शुमार किया गया।

1560 ई. में अकबर बैरम खाँ को पदच्युत कर शासन पूरी तरह अपने हाथ में लेता है; उस समय उसकी उम्र अट्ठारह साल की हो गयी थी। जब वह गद्दी पर बैठा था तो दिल्ली, आगरा के अलावे पंजाब का ही कुछ हिस्सा अधिकार में था और वहाँ भी स्थिति पूरी तरह सुरक्षित नहीं थी। अकबर ने सबसे पहले अधिकृत इलाके में अपनी स्थिति सुदृढ़ की। फिर उसने साम्राज्य विस्तार के लिये कियास खाँ को ग्वालियर भेजा जिसने आसानी से जीत हासिल कर ली। जामन खाँ के नेतृत्व में जौनपुर को जीता और उसे ही वहाँ का गवर्नर बना दिया। अगले ही साल 1561 ई. में उसने चुनार पर भी अधिकार कर लिया। अकबर अपने साम्राज्य के विस्तार के साथ-साथ अपनी स्थिति भी सुदृढ़ करता जा रहा था। इस क्रम में सबसे महत्त्वपूर्ण विजय अभियान मालवा का था। उस समय वहाँ का शासक युवा बाजबहादुर दरअसल एक संगीतकार और कवि था। उसकी अत्यन्त रूपवती पत्नी भी संगीत और काव्य में प्रवीण-पटु थी। बाजबहादुर और रूपमती की प्रेम गाथाएँ बड़ी लोकप्रिय थीं और उसका राज्य संगीत का एक बहुत बड़ा केन्द्र बन गया था। इस कारण उसने अपनी सेना की ओर ध्यान नहीं दिया। अकबर ने अपने को पालनेवाली धाय माहम अनगा के बेटे अधम खाँ के नेतृत्व में सेना भेजकर मालवा पर चढ़ाई करवा दी, जिसमें बाजबहादुर बुरी तरह पराजित हुआ। अधम खाँ स्वभाव का लम्पट था, सो उसकी नजर रूपमती पर थी। लेकिन उसे बलात हरम में ले जाने की कोशिश हुई तो उसने विषपान कर लिया। अधम खाँ ने मालवा जीतने के बाद अनावश्यक क्रूरता बरती और मनमानी करने लगा जिससे मालवा के लोगों में तीखी प्रतिक्रिया हुई। अकबर ने वहाँ की सत्ता पीर मुहम्मद को सौंप दी। वह और अत्याचारी निकला। जनता ने विद्रोह कर दिया, मुगलों को भागना पड़ा। बाजबहादुर को मालवा दुबारा हासिल हो गया।

अकबर ने अधम खाँ की कारगुजारियों पर बड़ी नाराजगी प्रकट की। हाथ आये मालवा के निकल जाने के दौरान अधम खाँ की मनमानी से वह गुस्से में था।

एक बार धाय माँ के कहने पर उसने उसे बख्श दिया था। इसलिये मालवा की कमान उससे छीन ली गयी तो उसने उससे वजीर का पद देने की माँग की। अकबर ने उसकी माँग अनसुनी कर दी। इससे अधम खाँ चिढ़ गया और दफ्तर में घुसकर वर्तमान वजीर को चाकू घोंपकर मार डाला। अकबर सुनकर आग-बबूला हो उठा और उसे किले के छज्जे से फिंकवाकर मार डाला। उसने इस बार मालवा विजय की सैन्य कमान अब्दुल्ला खाँ उजबेग को दी। उसने दुबारा मालवा पर अधिकार कर लिया। बाजबहादुर ने भागकर मेवाड़ के राणा के यहाँ शरण ली, फिर कुछ दिनों तक वह इधर-उधर भटकता रहा और फिर अकबर के दरबार में आकर उसकी अधीनता स्वीकार कर ली। उसे एक हजार, फिर दो हजार का मनसबदार बनाया गया। उसकी मृत्यु के बाद उसे उज्जैन में उस तालाब के पास दफनाया गया, जहाँ उसकी प्रिय पत्नी रूपमती दफना दी गयी थी।

लगभग उसी समय मुगल सेना ने गढ़-कटंगा राज्य को रौंद डाला। वहाँ गोंडों का शासन था। वहाँ के राजा अमनदास ने गुजरात के शासक की मदद करके संग्राम सिंह की उपाधि पायी थी। उसने महोबा के चन्देल राजपूत राजा के बेटे से अपनी बेटी का विवाह कर अपनी स्थिति मजबूत की थी। चन्देल राजकुमारी दुर्गावती जल्द ही विधवा हो गयीं, मगर वह बहुत बहादुर थीं और अपने नाबालिग बेटे को गद्दी पर बैठाकर राज्य करने लगीं। वह बन्दूक और तीर-कमान चलाने में बहुत प्रवीण थीं। उनकी दौलत और सुन्दरता की कहानियाँ सुनकर इलाहाबाद के मुगल सरदार आसफ खान ने चढ़ाई कर दी। रानी दुर्गावती बहुत बहादुरी से लड़ीं। लेकिन बाद में कैद होने की नौबत आयी तो उन्होंने खंजर भोंककर आत्मघात कर लिया। आसफ खान ने उनकी राजधानी चौरागढ़ जो आधुनिक जबलपुर है; को जीत लिया। डॉ. सतीशचन्द्र ने अबुल फजल के हवाले से लिखा है कि "जेवरात, सोना-चाँदी और दूसरी वस्तुओं के रूप में इतना लूट का माल मिला कि उसके एक हिस्से का हिसाब लगाना भी असम्भव है। पूरे लूट के माल में से आसफ खान ने दरबार को सिर्फ दो सौ हाथी भेजे और बाकी सब कुछ अपने पास रख लिया। रानी की छोटी बहन कमला देवी को दरबार में भेज दिया।"[5] बाद में अकबर ने सख्ती कर आसफ खान से लूट का माल निकलवाया और मालवा का बड़ा हिस्सा लेकर बाकी राज्य संग्राम सिंह के भाई चन्द्रशाह को वापस कर दिया।

अकबर की नजर गुजरात पर लगी थी। धन और वाणिज्य ही नहीं; सामरिक नजरिये से भी वह बड़ा महत्त्वपूर्ण था। वह मक्का के रास्ते पर पड़ता था। वहाँ का शासक मुहम्मद शाह तृतीय अत्यन्त अयोग्य था। वहाँ अराजकता की स्थिति थी और एक जागीरदार इत्तिमाद खाँ ने जब अकबर से हस्तक्षेप का अनुरोध किया था, उसने मौका हाथ से न जाने दिया। 1572 ई. में उसने गुजरात पर अधिकार कर लिया। यह

अकबर की बड़ी विजय थी। उसने आजम मिर्जा को वहाँ का गवर्नर बना दिया। लेकिन वहाँ विद्रोह की घटनाएँ होती रहीं और अकबर ने दुबारा महाकवि अब्दुर्रहीम खान-ए-खाना के नेतृत्व में 1584 ई. में दुबारा गुजरात को पूरी तरह अपने अधीन कर लिया। इससे मुगल दरबार को 50 लाख की आमदनी होने लगी। 1573-74 ई. में बिहार, 1576 ई. में बंगाल और 1590 ई. में उसने उड़ीसा को जीतकर पूर्व में मुगल साम्राज्य का विस्तार किया।

मुहम्मद मिर्जा हकीम की अधीनता अस्वीकार करने पर अकबर ने काबुल प्रस्थान किया। डॉ. सतीशचन्द्र ने लिखा है कि "काबुल पर कूच करके (1581 ई.) अकबर ने अपनी सफलता में चार चाँद लगाए।...काबुल से भारत लौटने से पहले अकबर ने काबुल को अपनी बहन के हवाले कर दिया। राज्य का एक स्त्री के हवाले किया जाना अकबर की विशाल हृदयता और उदारता का सूचक था। अपने विरोधियों पर अकबर की विजय निजी विजय ही नहीं थी, बल्कि वह यह भी दिखाती थी कि नयी व्यवस्था जड़ें जमाने लगी थी। अकबर अब अपने साम्राज्य के और आगे विस्तार के बारे में सोचने के लिये स्वतन्त्र था।"[6] मिर्जा हकीम के मरने के बाद तो उसने 1585 ई. में काबुल को पूरी तरह मुगल साम्राज्य में मिला लिया। अफगानों से 1595 ई. में बलूचिस्तान भी छीन लिया गया। 1590 ई. में जब मुगल फौज कन्धार पहुँची तो बिना युद्ध किये ही वहाँ के शासक मुजफ्फर हुसैन ने कन्धार मुगलों को सौंप दिया। सिन्ध का शासक मिर्जा जानी बेग मुगल सेना से लगातार लड़ता रहा, लेकिन 1591 ई. में अन्ततः वह भी पराजित हो गया। अकबर ने उससे अच्छा व्यवहार किया और उसे जागीरदार बनाकर मनसबदार नियुक्त कर दिया। यही काम उसने काश्मीर में किया। 1589 ई. में वहाँ के शासक यूसुफ खाँ और उसके बेटे याकूब को मनसबदार बना दिया। काश्मीर का प्राकृतिक सौन्दर्य अकबर को बड़ा प्रिय था और काफी दिनों से उस पर अधिकार पाने के लिये वह विकल था।

राजस्थान में रणथम्भौर के बूँदी राजा सुरजन राय ने मुगल सेना का मुकाबला तो किया, लेकिन 1569 ई. में उसने आत्मसमर्पण कर दिया। 1570 ई. में नागौर अभियान के समय मारवाड़ के चन्द्रसेन, बीकानेर के कल्याणमल और जैसलमेर के रावल हर राय ने खुद आ-आकर उसकी अधीनता स्वीकार कर ली। आमेर नरेश की पुत्री से तो खुद विवाह ही कर लिया; उसने बीकानेर और जैसलमेर की राजकुमारियों से भी वैवाहिक सम्बन्ध बनाये। जोधपुर की राजकुमारी से अपने बेटे सलीम का विवाह किया। राजस्थान के तमाम राजाओं में प्रतिरोध की पताका सिर्फ मेवाड़ नरेश के हाथों में लहराती रही जो अकबर की नींद में काँटे की तरह चुभ रही थी। चित्तौड़ के शेर की दहाड़ अरावली की घाटियों से टकराकर पूरी मुगल सल्तनत को उत्तेजित कर रही थी। अकबर ने बड़ी चालाकी से उसे आजाद छोड़ रखा था। पहले वह एक-

एक कर बाकी को मेमने की तरह पालतू बनाकर अपने बाड़े में शामिल करता गया। अन्त में उसने चित्तौड़ अभियान अपने हाथ में लिया।

चित्तौड़ के साथ अदावत की शुरुआत एक तरह से बाबर के समय ही शुरू हो गयी थी। पूरे मुगलकाल में चित्तौड़ मुगल शासकों के लिये गले की हडड्ी बना रहा। अगर तमाम राजपूत राजाओं में चित्तौड़ जैसा स्वाभिमान, जातीय चेतना और एकता की भावना होती तो शायद मुगलों के लिये राजस्थान और एक हद तक गुजरात पर अधिकार करना बहुत मुश्किल होता। वैसे भी बिना राजपूतों से अनुकूल रिश्तों के मुगल अपने साम्राज्य का विस्तार नहीं कर पाते। यह अकारण नहीं है कि मुगलकाल के अध्ययन में इतिहासकारों ने मुगल–राजपूत रिश्तों का न सिर्फ स्वतन्त्र तरीके से बल्कि काफी विस्तार और बारीकी से अध्ययन किया है। चित्तौड़ का राजा राणा साँगा की परम्परा को कायम रखे हुए था। वहाँ के शासक राणा उदय सिंह ने अकबर की अधीनता मानने से इंकार कर दिया तो अकबर ने उस पर आक्रमण कर दिया। इसका सबसे जीवन्त वर्णन अबुल फजल ने किया है। चित्तौड़ का किला काफी सुदृढ़ था और वहाँ का दुर्गाध्यक्ष रावत बलवीर सोलंकी बहुत ही साहसी और बहादुर था। राणा को पता था शाही सेना के लिये फतह करना आसान नहीं होगा। उसने किले में काफी मात्रा में खाने–पीने का सामान पहुँचवा दिया और अन्दर पाँच हजार अत्यन्त बहादुर राजपूत सैनिक भेज दिये। राणा उदय सिंह ने आसपास के इलाके को पूरी तरह नष्ट–भ्रष्ट कर दिया था, जिससे मुगल सेना को कोई सुविधा हासिल न हो सके और खुद अरावली की पहाड़ियों में छिप गया।

20 अक्टूबर 1567 ई. को अकबर ने दुर्ग के पास ही शाही पड़ाव डाल दिया। दूसरे दिन उसने उस पहाड़ी के नीचे जाकर निरीक्षण किया, जिस पर यह दुर्ग स्थित था। उसने उसका चक्कर भी लगाया। भूमि–माप से घेरे की दूरी दो कोस आँकी गयी। अकबर ने चारों ओर से तोपें लगाकर किले को घेर लिया। उसने ने अपने सरदार हुसैन कुली खाँ को राज्य की राजधानी उदयपुर भेजा जहाँ उसने खूब लूटपाट की और जिसे देखा, अकारण मौत के घाट उतार दिया। अकबर ने पहली बार जोरदार आक्रमण किया लेकिन कुछ परिणाम नहीं निकला। तब अकबर ने किले की प्राचीरों के नीचे सुरंग बनाकर बारूद लगाने का आदेश दिया। तब किले से सांडा सिलहदार और साहिब खाँ निकलकर आये और बादशाह से कबूल किया कि वे प्रतिवर्ष कर अदायगी करेंगे और बादशाह की प्रजा बन जाएँगे। कुछ मुगल सरदारों को यह प्रस्ताव पसन्द भी था, लेकिन अकबर ने इसे नामंजूर कर दिया। वह राणा का मान–मर्दन चाहता था कि वे खुद आकर सलामी दे। 14 दिसम्बर 1568 ई. को बारूद में आग लगायी गयी तो प्राचीरें ध्वस्त हो गयीं। अबुल फजल ने लिखा है कि सुरंगों में 120 मन और 80 मन बारूद भरी गयी थी, जिसके विस्फोट की आवाज

पचास कोस और उससे भी ज्यादा दूर तक सुनाई दी। अबुल फजल के अनुसार इसमें मुगलों की ओर से दो सौ वीर मारे गये जिनमें सौ बहुत प्रसिद्ध थे और उनमें से बीस को स्वयं बादशाह निजी तौर पर जानते थे। इसमें लगभग आठ हजार राजपूत सैनिक मारे गये। इसके अलावे लगभग चालीस हजार सामान्य किसान चित्तौड़ की रक्षा में मदद कर रहे थे। अबुल फजल ने लिखा है कि 16 अगस्त 1303 ई. को जब सुल्तान अलाउद्दीन ने 6 माह 7 दिन के घेरे के बाद चित्तौड़ दुर्ग जीता था तो किसानों को नहीं मारा था, लेकिन अकबर ने इस राय को ठुकरा दिया। उसने दुर्ग पर कब्जा करने के बाद कत्लेआम का आदेश दिया और तीस हजार निरीह किसान काट डाले गये। हम इतने बड़े पैमाने पर कत्लेआम को जायज ठहराने की चाहे जितनी दलीलें दें, मध्यकाल की संस्कृति की दुहाई दें लेकिन यह नरसंहार अकबर पर कलंक ही रहेगा। अकबर न तो अपने वंश की क्रूर परम्परा का और न मध्यकालीन बर्बरता का ही अतिक्रमण कर सका। ऐसे में उसकी धर्मनिरपेक्षता और उदारता भी एक तरह से उसकी रणनीति ही रही होगी, क्योंकि इतने विशाल देश में लम्बे शासन और साम्राज्य विस्तार के लिये धार्मिक सहिष्णुता की रणनीति अपनाना ही उसे अपने हित में लगा होगा। आखिर मुगलकाल से बर्बरता के इस अध्याय का पहला रचनाकार तो वही बना। इसलिये किसी बादशाह के व्यक्तित्व और कार्यों को बहुत सरलीकृत तरीके से नहीं लेना चाहिए। इनके व्यक्तित्व में काफी पेच और जटिलताएँ थीं।

अकबर ने अपनी बन्दूक का नाम संग्राम रखा था। जब उसने देखा कि ध्वस्त किले की प्राचीर पर खड़ा कोई व्यक्ति दुर्ग की मरम्मत करवा रहा है तो उसने उस पर निशाना साध गोली चला दी। बाद में पता चला कि वह किलाध्यक्ष जयमल था। जलती आग से मुगलों ने अनुमान किया कि पराजय के बाद राजपूत स्त्रियाँ आग में जलकर जौहर कर रही हैं, जिससे वे मुगलों के हाथ में न पड़ें। राजपूतों ने जबर्दस्त युद्ध किया लेकिन किले की रक्षा नहीं कर सके। अबुल फजल ने लिखा है कि...उस दिन ऐसा कोई घर एवं मार्ग नहीं था जहाँ पर मुर्दों के ढेर नहीं लग रहे हों। परन्तु तीन स्थानों पर मारे जानेवालों की संख्या बहुत अधिक थी।...इस युद्ध में एक दिलचस्प बात यह हुई कि कालपी से आये लगभग एक हजार निशानेबाज सैनिकों ने ही मुगल सेना को भारी क्षति पहुँचायी थी। लेकिन असल कमाल की बात यह रही कि उन्होंने मुगल सैनिकों का वेष धारण कर लिया और स्त्रियों और बच्चों को अपनी पगड़ी में बाँधकर ऐसे निकल गये मानो वे युद्धबन्दियों को ले जा रहे हों। अकबर चकित रह गया। लेकिन वह किला रक्षक जयमल और पत्ता से इतना प्रभावित हुआ कि उसने इन दोनों वीरों की मूतियाँ दो हाथियों पर बैठे बनवायीं और उनको आगरा में स्थापित कराया।

राणा उदय सिंह ने कभी अधीनता नहीं स्वीकार की। वे लड़ते रहे और बाद में मेवाड़ के काफी बड़े भू-भाग पर दुबारा कब्जा भी कर लिया। लेकिन चित्तौड़ की वह पुरानी आभा फिर वापस नहीं हुई। वह एक उजाड़ प्रान्त बनकर अपने शौर्य की गवाही देता रहा। मारवाड़, आमेर, बीकानेर और बूँदी के राजा अकबर की अधीनता स्वीकार कर चित्तौड़ के विरुद्ध लड़े। हल्दीघाटी के युद्ध में तो राजा मानसिंह ने ही मुगल सेना का नेतृत्व किया था। भीलों और किसानों ने इन राजाओं की तुलना में ज्यादा आत्मगौरव दिखाया और वे मेवाड़ के साथ छापामार युद्ध में सहयोग करते रहे। राणा उदय सिंह के बाद उनके पुत्र राणा प्रताप ने तो मेवाड़ के चित्तौड़, अजमेर और मंडलगढ़ छोड़कर बाकी इलाके पर दुबारा अपना अधिकार कायम कर लिया। उन्होंने हल्दीघाटी के मैदान में जबर्दस्त लड़ाई लड़ी। बाद में जाकर जंगलों में छिप गये। घास की रोटी खाकर रहे, मगर कभी गरदन न झुकायी। इतिहास ने उन्हें स्वाभिमान का प्रतीक बना दिया। अकबर अपने साम्राज्य-विस्तार और विद्रोह में इतना उलझा रहा कि उसका राणा प्रताप से दुबारा युद्ध नहीं हुआ। 1597 ई. में राणा प्रताप का निधन हुआ, लेकिन उन्होंने अपने शान-स्वाभिमान को कायम रखा। इस अपराजेय और अप्रतिहत योद्धा के निधन पर अकबर ने भी उसे आदर सहित स्मरण किया और गौरवपूर्ण श्रद्धांजलि अर्पित की।

उत्तर भारत में साम्राज्य के विस्तार और मजबूती के बाद स्वाभाविक था कि मुगल साम्राज्य अब दक्षिण का रुख करे। डॉ. सतीशचन्द्र लिखते हैं कि "मालवा और गुजरात विजय के बाद मुगल दकन की राजनीति से अपने आपको शायद ही अलग रख सकते थे। 1576 ई. में मुगल सेना ने खानदेश पर हमला किया और वहाँ के शासक को अधीनता मानने पर मजबूर कर दिया।"[7] लेकिन 1586 ई. से 1598 ई. तक पूरे बारह वर्षों तक अकबर को उत्तर-पश्चिम के लिये लाहौर में रहना पड़ा; इससे दक्षिण की हालत बिगड़ गयी। डॉ. सतीशचन्द्र ने दक्षिण को 'उबलता लावा' कहा है। ऐसा इसलिये क्योंकि वे आपस में लड़ते रहते थे। किसी शासक के मरने पर अमीरों के गुट बन जाते और वे अपनी पसन्द के शासक को बैठाने के लिये लड़ने लगते थे। वहाँ अफगानों के साथ हब्शियों के भी गुट थे। इनका जनता से कोई लेना-देना नहीं रहता, इनके बीच शासन को लेकर झगड़े होते थे। ऐसे में जो भी शासक होता उसे जनता से कोई समर्थन नहीं मिलता। गोलकुंडा में शिया राजधर्म था और बीजापुर तथा अहमदनगर के दरबार में भी शिया मजबूत थे। डॉ. सतीशचन्द्र का मानना है कि इससे पन्थिक टकराव अक्सर होते रहते थे। इसमें एक गुट महदवी विचारों का भी था। मुसलमानों का यह विश्वास था कि हर युग में पैगम्बर के वंश से कोई आएगा और वह धर्म को मजबूती देगा और न्याय को विजयी बनाएगा। ऐसे व्यक्ति को ही महदी कहा जाता था। अकबर के सुलहकुल के पीछे यही सोच थी।

वह दक्षिण में पन्थिक टकराव से डरा हुआ था, क्योंकि अगर उनके संघर्ष तीखे हुए तो मुगल साम्राज्य भी प्रभावित होगा। उधर ईसाई शाही परिवार की स्त्रियों को हज यात्रा पर भी ले जाने में मनमानी करते थे। अकबर उन पर भी नियन्त्रण चाहता था।

अकबर चाहता था कि उसकी धमक से सारे राज्य उसकी अधीनता स्वीकार कर लें। उसने 1591 ई. में कूटनीतिक पहल करते हुए एक प्रतिनिधिमंडल सारे प्रान्तों में भेजा, लेकिन दबाव में पड़े खानदेश के अलावे किसी ने उसकी अधीनता स्वीकार नहीं की। अब तय था कि उसे सैन्य पहल करनी ही होगी। यह मौका भी उसे मिल ही गया जब 1595 ई. में बुरहान निजामशाह की मृत्यु के बाद निजामशाही अमीरों के गुटों में संघर्ष छिड़ गया। इसमें चार दावेदार थे जिसमें बुरहान निजामशाह के बेटे बहादुर का दावा सबसे मजबूत था। बीजापुर का शासक इब्राहीम आदिलशाह द्वितीय भी उसी के समर्थन में था। चाँद बीबी बुरहान की बहन थी और बहुत ही साहसी और बहादुर महिला थी। वह बीजापुर के शासक की पत्नी थी। उसने नाबालिग इब्राहीम को गद्दी पर बिठाकर दस साल तक राज्य किया। उसके विरोधी दकनी गुट ने अकबर से हस्तक्षेप की माँग की।

मुगल आक्रमण का नेतृत्व गुजरात का सूबेदार शाहजादा मुराद और महान कवि अब्दुर्रहीम खान-ए-खाना ने किया। मुगल आसानी से किले तक पहुँच गये। चाँद बीबी बालक राजा बहादुर को लेकर किले के अन्दर बन्द हो गयी। चार महीने की सख्त घेरेबन्दी के बाद दोनों पक्षों में समझौता हुआ। बहादुर को निजामशाही की मान्यता दे दी गयी और बदले में बरार चाँद बीबी ने मुगलों को सौंप दिया, और अधीनता भी स्वीकार कर ली। इस घटना से दक्षिणी राज्य चौक्रन्ने हो गये। वे सभी बरार पर कब्जे में बाधा उत्पन्न करने लगे और अहमदनगर के साथ हो गये। बीजापुर, गोलकुंडा और अहमदनगर की समवेत सेना से मुगल सेना का युद्ध हुआ, जिसमें मुगल सेना ने अपने से तीन गुनी सेना को परास्त कर दिया। बीजापुर और गोलकुंडा की सेनाएँ पीछे हट गयीं। मुगल अहमदनगर पर चढ़े रहे। अकेली चाँद बीबी सन्धि को तैयार थीं, लेकिन विरोधियों ने उनकी हत्या कर दी। मुगलों का अहमदनगर पर कब्जा हो गया। बालक बहादुर ग्वालियर भेज दिया गया और 1600 ई. में मुगल छावनी स्थापित हो गयी।

मुगल अहमदनगर में थमे रहे। अकबर मौके का जायजा लेने मालवा होते हुए खानदेश पहुँचा। उसने खानदेश के असीरगढ़ किले पर भी अधिकार कर लिया। इसी बीच 1601 ई. में सलीम के विद्रोह के कारण अकबर को वापस लौटना पड़ा। अकबर को लग गया कि दक्षिण में उत्तर भारत जैसी मजबूत स्थिति बनानी सम्भव नहीं है। इसलिये वह बीजापुर से सन्धि कर कोई स्थायी हल चाहता था। उसने शाहजादा दानियाल का विवाह इब्राहीम आदिलशाह द्वितीय की बेटी से किया,

लेकिन शराबखोरी के कारण दानियाल की मौत हो गयी। दक्षिण में अकबर ने मुगल साम्राज्य की ओर से जोरदार दस्तक जरूर दी, मगर बसेरे को स्थिर और मजबूत करने का दायित्व उसने अपने वंशजों पर छोड़ दिया। फिर भी बरार, खानदेश और अहमदनगर में तो उसने अपनी पताका फहरा ही दी। इसी के साथ उसने सम्राट की उपाधि धारण की। उत्तर में काश्मीर, दक्षिण में गोदावरी, पश्चिम में अफगानिस्तान और पूर्व में बंगाल तक साम्राज्य का ऐसा विस्तार तो ब्रिटिश काल में भी नहीं हुआ था। अकबर ने मौर्य और गुप्त साम्राज्य के बाद की विशालता को फिर से पुनर्स्थापित कर दिया था।

राजतन्त्रात्मक प्रणाली में इतने विशाल साम्राज्य का संचालन सबसे बड़ी चुनौती थी लेकिन इसे अपने प्रशासकीय कौशल, असाधारण प्रबन्ध क्षमता और अद्‌भुत व्यक्तित्व से अकबर ने मूर्त्त किया। इसमें सबसे बड़ी भूमिका उसकी चयनित मन्त्रिपरिषद् की थी जो दरबार के नवरत्नों से जानी जाती थी। उसमें सभी अपने-अपने क्षेत्र के अपने समय के विलक्षण और अद्वितीय व्यक्तित्व थे। दूसरी बात यह कि अकबर निरंकुश शासक नहीं था। उसमें लचीलापन और उदारता भी थी। उसने अनेक कारखाने स्थापित कर रखे थे और औद्योगिक संस्थान खड़े किये थे। उत्पादन, क्रय-विक्रय और वितरण की उसने शानदार व्यवस्था बना रखी थी। धार्मिक सहिष्णुता के कारण सूफीमत निर्द्वन्द्व भाव से पनपा और सामाजिक सौहार्द कायम रहा। उसने सैन्य, पुलिस, न्याय और प्रशासन की अपने समय के लिहाज से अत्यन्त उन्नत प्रणाली विकसित कर रखी थी। प्रान्तीय सरकारों पर भी उसकी नजर रहती थी और अन्याय पर वह किसी को बेहिचक दंडित कर देता था। जिला, परगना और ग्राम-प्रशासन की ऐसी व्यवस्था थी जिससे अन्तिम पायदान पर खड़े व्यक्ति और सुदूर गाँव तक स्थायी रूप से उसके शासन की पहुँच बन गयी थी।

उसका शरीर बलिष्ठ था और व्यक्तित्व अत्यन्त मोहक। वह राजकाज में सोलह घंटे देता था। 1605 ई. में 63 साल की उम्र में भारत के इतिहास में वह अमर अध्याय बन कर संसार से विदा हुआ। उसके व्यक्तित्व और अवदान पर इतना ज्यादा लिखा गया है कि उस सबकी गणना भी यहाँ मुश्किल है, लेकिन उसमें एक बिल्कुल अलहदा नजरिया पं. जवाहरलाल नेहरू का भी है।

पं. जवाहरलाल नेहरू ने अकबर की शख्सियत की खुलकर प्रशंसा की है और उसकी जिज्ञासा और तरह-तरह के ज्ञान सीखने की ललक की भी खूब तारीफ की है। उन्होंने उसके दरबारी पुर्तगाली जेसुइट के हवाले से लिखा है कि ''उसकी दिलचस्पी बहुत-सी बातों में थी और वह उन सबके बारे में जानकारी हासिल करने का यत्न करता था।...अपने ज्ञान के शौक में वह सभी चीजों को एक साथ सीख लेना चाहता था—इस तरह जैसे कोई भूखा आदमी अपना खाना एक ही निवाले में

खा लेना चाहता है।''[8] लेकिन पं. नेहरू को इस बात पर ताज्जुब है कि उसका कौतूहल एक जगह जाकर ठहर क्यों जाता है? मेरा ख्याल है सकारात्मक रुख के बावजूद इस तरह अकबर को आज तक किसी ने नहीं देखा है। उनको इस बात पर आश्चर्य है कि वह ज्ञात रास्तों को टटोलने की दिशा में क्यों नहीं आगे बढ़ा? उसने जमीन की फौजी ताकत तो खूब बढ़ा ली थी मगर उसके पास समुद्री ताकत एकदम नहीं थी। पश्चिम में गोवा पर पुर्तगालियों के कब्जे के बावजूद वह न तो चेता और न ही उनसे संघर्ष किया। पुर्तगाली रह-रह कर डँस भी लेते थे, लेकिन न सिर्फ अकबर बल्कि लगभग सभी मुगल शासकों ने इन विदेशियों के उत्पात को ज्यादा महत्त्व नहीं दिया। क्या यह उनकी अदूरदर्शिता थी? तोपखाने को तो उसने फौज में शामिल भी कर लिया, उसका वे निर्माण भी करा रहे थे लेकिन इस दिशा में विशेष तरक्की के लिये उन्होंने अपने लोगों को बाहर क्यों नहीं भेजा? पं. नेहरू इस बात पर भी आश्चर्य प्रकट करते हैं कि उसे जब छपी पुस्तकें मिली थीं, तब उसने क्यों नहीं छपाई को लेकर उत्सुकता और कौतूहल प्रकट किया? अपने इस्तेमाल के लिये वह घड़ियाँ यूरोप से मँगा लेता था, लेकिन कारीगरोंवाले भारत में उसने खुद इसके निर्माण की बात क्यों नहीं सोची? नेहरू जी लिखते हैं—''इस जमाने में हिन्दुस्तान ही में ऐसा नहीं हुआ कि यह रचनात्मक शक्ति और ईजाद की शक्ति अपंग हो गयी थी। यही, बल्कि इससे भी गिरी हुई दशा सारे पश्चिमी और मध्य एशिया की हो रही थी।''[9] नेहरू जी इसके कारणों को समझ रहे थे; इसके बावजूद पश्चिम कैसे आगे बढ़ गया? एक बहुत मामूली-से फर्क ने एशिया को पीछे और यूरोप को आगे कर दिया।

पं. नेहरू लिखते हैं—''जब एशिया मूर्छित और अपनी पुरानी कोशिशों की वजह से थक गया था, उस वक्त यूरोप में, जो बहुत-सी बातों में पिछड़ा हुआ था, तब्दीलियों के आसार दिख रहे थे। वहाँ एक नयी चेतना पैदा हो गयी थी, एक नया जोश काम कर रहा था, जो वहाँ के साहसियों को समुद्र पार भेज रहा था और वहाँ के विचारकों के दिमाग को नयी-नयी दिशाओं में ले जा रहा था।''[10] दरअसल यह यूरोप का नवजागरण था। अकबर के समकालीन तुलसीदास थे और सूरदास भी। भक्तिकाल का स्वर्ण युग इसी दौर में था जिसे रामविलास जी लोकजागरण कहते हैं। इसकी विडम्बना यह थी कि यह लगभग विज्ञान-विमुख था। इस लोकजागरण की सरहद सामाजिक बाड़े तक ही सीमित रह गयी थी। विज्ञान के प्रति उदासीनता के बावजूद यूरोप के नवजागरण में एक खुलापन था, असीम आजादी थी। इससे बौद्धिक जड़ता टूटी और पुराने बन्धन भी नष्ट हुए। आदमी के जीवन में इंकलाबी तरक्की पैदा नहीं हुई। विज्ञान की गति धीरे-धीरे जोर पकड़ती गयी और यूरोप ने एक नये युग में प्रवेश किया। पं. नेहरू ने बड़े ही सकारात्मक नजरिये से अकबर की

आलोचनात्मक छवि उकेरी है। उनके भीतर यह विश्वास था कि ''अकबर ऐसा खोजी दिमागवाला था कि अगर उसने इस तरफ ध्यान दिया होता और दुनिया के और हिस्सों में क्या हो रहा है, इसे जानने की कोशिश की होती तो उसके लिये यह मुमकिन था कि एक समाजी तब्दीली की बुनियाद कायम कर देता।''[11] पं. नेहरू ने यहाँ इतिहासकार की सीमाओं का अतिक्रमण कर लिया है। यह नेहरू की समझ ही नहीं, उनकी कसक का भी अहसास कराता है कि अकबर ने अपनी पूरी क्षमता का इस्तेमाल नहीं किया। अगर अकबर के नेतृत्व में ऐसा कुछ हुआ होता तो भारत में नवजागरण की शुरुआत बहुत पहले हुई होती। हम बहुत पहले आधुनिक हुए होते। यह प्रक्रिया सिर्फ अपनी निरन्तरता बनाये रहती तो आज भारत अपनी यात्रा में हजार साल आगे रहता। दरअसल सामन्ती शासन की अपनी सीमाएँ होती हैं, जिसमें आधुनिकता के लिये, ईजाद के लिये लगभग कोई सम्भावना नहीं होती। अकबर चाहे जितना महान था, वह अपने सामन्ती ढाँचे को तोड़कर आगे नहीं बढ़ सका था।

दरअसल पं. नेहरू की अकबर से ऐसी अपेक्षा यूँ ही नहीं थी। हस्तकला से प्रौद्योगिकी तक में उसकी गहरी दिलचस्पी थी। इमारतसाजी में वह खुद रुचि लेता था। उसने अपने महल के पास ही एक ऐसी शिल्पशाला बनवायी थी जिसमें चित्रकला, सुनारगिरी के अलावे कपड़े और कालीन भी तैयार होते थे। कपड़ासाजी में छापों की डिजाइन और रंगों का इस्तेमाल खास तौर से होता था। शस्त्रशाला में बन्दूक और तोपों का निर्माण होता था। ऐसे में पं. नेहरू की अपेक्षाओं का मुकम्मिल आधार स्वाभाविक है।

धार्मिक मामले में अकबर की जो उदार छवि बनती है, वह शुरू से अन्त तक एकरेखीय थी—ऐसी बात नहीं। उसने फतेहपुर-सीकरी में जो इबादतखाना बनवाया था, उसमें विभिन्न धर्मों के आचार्यों से तर्क-वितर्क या बहसें सुनकर उसे काफी उलझन होती थी। कभी-कभी वह किसी धर्म विशेष के आचार्य से भी प्रवचन सुनता और खुद सवाल कर उनका उत्तर जानता। लेकिन उसने कभी अन्दर से सकून महसूस नहीं किया। आन्तरिक अनिश्चितताओं और द्वैत का उद्वेलन यथावत बना ही रह गया। वह चाहता था कि सारे धर्मों के लोग एक समवेत निर्णय पर पहुँचें। शायद उसकी कोशिश उस एकत्व की तलाश हो जो सारे धर्मों के मूल में मौजूद होनी चाहिए। इबादतखाने की बहस के पीछे आखिर और क्या प्रयोजन हो सकता है? इक्तिदार आलम खान लिखते हैं कि ''1578 ई. के आसपास इबादतखाना में इस्लामी धर्मशास्त्र और विधिशास्त्र के अहम पहलुओं की नये सिरे से जाँच-पड़ताल का अमल शुरू हुआ। बदायूँनी के मुताबिक इसे शेख मुबारक ने शुरू किया जब

उन्होंने मुज्तहिद के दू-ब-दू इमामे-आदिल की स्थिति को लेकर एक सवाल पूछा। यही बहस थी जिसके अन्त में प्रमुख धर्मशास्त्रियों ने 1579 ई. में एक महजर (घोषणापत्र) पर दस्तखत किये, जिसमें अकबर को बादशाहे-इस्लाम की मान्यता दी गयी।'' मसलन, वह इस्लाम को लेकर मुल्लाओं, आलिमों से ऊपर माना गया। अकबर के इस उपक्रम को लेकर कुछ इतिहासकारों ने कड़ी टिप्पणी की है। विन्सेंट स्मिथ और प्रो. के. ए. निजामी का तो यह मानना है कि अकबर पैगम्बर शासक का रुतबा पाने की कोशिश कर रहा था। उन्होंने उसके इस कदम की आलोचना की है, जबकि आई. एच. कुरेशी इसे इस्लाम समर्थकों के उत्पीड़न के रूप में मानते हैं। लेकिन डॉ. अतहर अली ऐसा नहीं मानते। वे इसे धर्मनिरपेक्ष राज्य की स्थापना करने की इच्छा से जोड़कर देखते हैं। प्रश्न यह है कि अकबर के सामने धर्म सर्वोपरि था या राज्य? हमें यह नहीं भूलना चाहिए कि मुगल शासन ने अपनी स्थापना के समय से ही खलीफा के वर्चस्व को नकारकर खुद को उसकी स्वीकृति से आजाद कर लिया था। अकबर को भारत की धार्मिक विषमता का पूरा अहसास था और वह जानता था कि धार्मिक विभेद उसके राज्य की दृढ़ता के लिये घातक सिद्ध होगा। इसलिये यह निर्णय इस सवाल पर निर्भर करता है कि राज्य धर्म के अनुसार चलेगा या धर्म का स्वरूप राज्य के हित के अनुसार तय होगा। दूसरी बात यह कि राज्य के लोगों में अकबर के प्रति वह धारणा थी कि नहीं जो स्मिथ, निजामी साहब अथवा कुरेशी साहब कह रहे हैं। इसमें सन्देह नहीं कि महजर प्राप्त होने के बाद राज्य-सत्ता के साथ धार्मिक सत्ता भी उसके हाथ में आ गयी और एक तरह से वह लगभग खलीफा की भूमिका में आ गया। क्योंकि ''महजर ने अकबर को यह अधिकार दिया कि उलेमा में किसी विषय पर मतभेद होने की दशा में वह साम्राज्य की जरूरतों को ध्यान में रखते हुए किसी एक विचार को जिसे वह सर्वोत्तम समझे, मान्यता दे सकता है।''[12] यहाँ गौर करनेवाली बात 'साम्राज्य की जरूरतों' है। वही उसके लिये सर्वोपरि था। हेमू के दमन के बाद उसके इस्लाम के रक्षक होने की पुष्टि भी कर दी गयी। तब के अकबर के सोच को लेकर वे लिखते हैं—''1581 ई. के बाद दर्ज अकबर के कौलों समेत असन्दिग्ध साक्ष्यों से पता चलता है कि शुरू के वर्षों में वह एक दीनदार मुस्लिम ही नहीं था बल्कि हिन्दुओं के प्रति असहिष्णु भी था। वह अफसोस के साथ स्वीकार करता है कि उन शुरू के वर्षों में उसने अनेक हिन्दुओं को इस्लाम स्वीकार करने पर मजबूर किया था।''[13] प्रो. शिवशंकर मेनन ने लिखा है कि ''अकबर ने बाद में स्वयं इस तथ्य को स्वीकार किया है कि पहले मैं अपने धर्म को न माननेवाले का धार्मिक उत्पीड़न करता था तथा इसी को इस्लाम समझता था। जैसे-जैसे मेरा ज्ञान बढ़ा, मैं यह सोच-सोचकर शर्मिंदा हुआ।''[14] इबादतखाना की स्थापना वह 1575 ई. में करता है जिसमें शुरू में सुन्नी मत के लोग

ही वाद-विवाद में हिस्सा लेते थे। फिर शिया मत वाले मुल्लाओं को भी अवसर मिलने लगा। बाद में उसने हिन्दुओं, जैनियों, ईसाइयों, यहूदियों और जरथ्रुस्त्रियों के लिये भी दरवाजे खोल दिये। इसमें होनेवाले वाद-विवादों से कभी-कभी वह चिढ़ भी जाता था। सुन्नी उलेमा की अन्य धर्मावलम्बियों के प्रति तिरस्कार की भावना उसे पसन्द नहीं थी। लेकिन इस वाद-विवाद से उसे अपने धार्मिक विचारों को विकसित करने में बहुत मदद मिली।

यहाँ गौर करनेवाली बात यह है कि वह तीर्थयात्रा-कर 1563 ई., जजिया कर 1564 ई. में खत्म करता है और 1565 ई. में वृन्दावन के एक मन्दिर की सहायता की घोषणा करता है। बदायूँनी के हवाले से इक्तिदार आलम खान ने लिखा है कि अपनी जवानी में अकबर अपनी हिन्दू पत्नियों के साथ होम किया करता था। बात यहीं तक नहीं रुकती; 1567 ई. में शेख अब्दुन्नबी के सुझाव पर दिल्ली में अमीर खुसरो के मकबरे के पास मौजूद एक कब्र से मुर्तजा शरीफी शीराजी की लाश खोदकर निकाली गयी। तर्क यह दिया गया कि एक 'धर्मद्रोही' को एक प्रसिद्ध सूफी-सन्त की कब्र के पास दफनाने की इजाजत नहीं दी जा सकती। बिना शक यह एक अतिवादी काम था, जिसकी आलोचना बदायूँनी ने भी की थी। मेहदवियों के धर्मगुरु मियाँ मुस्तफा बन्दगी को 1570 ई. के आसपास कैद कर जंजीरों में जकड़ दरबार में लाया गया। इक्तिदार आलम खान के अनुसार, 1571 ई. के आसपास वह सर्वेश्वरवादी सूफी सिद्धान्तों के प्रभाव में आया और उसके नजरिये में भी परिवर्तन आया। लिखते हैं—''जिसे वह परम्परागत धर्मगुरुओं का इस्लाम समझता था, उसे आखिरकार छोड़कर इस्लाम की एक नयी, पूरी तरह भिन्न धारणा अपनायी जो विभिन्न धर्मों को अलग करनेवाली सीमाओं का अतिक्रमण करती थी और जिसका सारतत्त्व, अकबर के मुताबिक, यह नहीं था कि अपने अकीदों की तोतारटन्त की जाए या खतना कराया जाए बल्कि यह था कि व्यक्ति बेपनाह ताकतवर दुनियावी इच्छाओं और वासनाओं के खिलाफ लड़ने के लिये तैयार और समर्थ हो।''[15]

जाहिर था उसके भीतर धार्मिक आस्था की दृढ़ता जैसी कोई स्थिति नहीं थी—एक द्वन्द्व था, एक विकलता थी जो शायद सही जगह पहुँचने के लिये उसे अन्दर से परेशान कर रही थी। क्योंकि कोई बादशाह सिर्फ इसलिये राज्य के धार्मिक आईन को निश्चित करने के लिये इबादतखाना बनवाकर धर्माचार्यों से इस तरह बहस नहीं करवाता। निश्चय ही उसके अन्दर सचमुच में अन्दरूनी विकलता रही होगी। 1573 ई. के आसपास तो उसने ऐलान किया था कि...मेरे पीर हजरत ख्वाजा मुईनुद्दीन चिश्ती हैं...जो कोई यह कहता है कि वे गुमराह थे, वह काफिर है। ऐसा कहनेवाले शख्स को मैं अपने हाथों से मारूँगा।...1578 से 1582 ई. के दौरान वह शेख मुबारक, अबुल फजल, गाजी खान बदख्शी, हकीम अबुल फतह जैसे विचारकों

की ज्यादा सोहबत करता रहा। लिखते हैं—"इब्न अल-अरबी का विचार था कि वह सब जो एक दैवी यथार्थ का अंग नहीं, माया है। इसी के चलते अकबर इस विचार तक पहुँचा कि सभी धर्म या तो एक समान सच्चे हैं या एक समान भ्रामक हैं।" वे अन्त में लिखते हैं—"कुछ भी हो, यह अकबर की विश्व-दृष्टि का एक और निर्णायक मोड़ था जिसके चलते वह सुस्वीकृत इस्लामी विश्वासों और प्रथाओं से उतनी दूर निकल गया जितना कि इस्लामी रहस्यवाद की सर्वेश्वरवादी धारणाओं के दायरे में मुमकिन ही नहीं था।"[16]

प्रो. शिवशंकर मेनन ने लिखा है कि "उसके धार्मिक विचारों के निरूपण में सूफी मत व सर्वेश्वरवाद का गहरा प्रभाव था। सूफी सर्वेश्वरवाद से सम्बन्धित दो क्लासिक ग्रन्थ, जलालुद्दीन रूमी का मसनवी तथा हाफिज का दीवान, अकबर की मनपसन्द पुस्तकों में से थे।"[17] वैसे भी अकबर ने अजमेर के ख्वाजा मुईनुद्दीन चिश्ती की दरगाह पर पैदल जाकर पुत्र की कामना की थी और उनके नाम पर ही सलीम का नामकरण भी किया था। बादशाह बनने के बाद उसने अनेक बार दरगाह पर जाकर जियारत की थी। आगे प्रो. मेनन ने बहुत ही साफ-साफ लिखा है कि "अकबर के सूफी धर्म के प्रति झुकाव ने ही विश्व के प्रति एक विशद व उदार दृष्टिकोण अपनाने को प्रेरित किया। अकबर का यह विचार 1575 ई. के बाद से इबादतखाने में होनेवाले वाद-विवाद के कारण और भी परिपक्व होता गया। वाद-विवाद के दौरान एक ओर कट्टरपन्थी सुन्नी उलेमा की धर्मान्धता सामने आयी व उनमें विविध विषयों के बारे में गहरा मतभेद होने के कारण विभ्रम की स्थिति भी स्पष्ट हुई। दूसरी ओर इन वाद-विवादों ने उसका यह विश्वास पक्का कर दिया कि विद्वान पुरुष सभी धर्मों में पाये जाते हैं तथा यह भी कि सत्य केवल इस्लाम धर्म की थाती नहीं है। इसी सहिष्णु दृष्टिकोण का एक प्रतिरूप अकबर की आध्यात्मिक एवं भौतिक अर्थों में अपने श्रेष्ठ व्यक्तित्व के प्रति जागरूकता भी थी।"[18] प्रो. मेनन के इस आलोचनात्मक आकलन में धार्मिक विचारों की प्रक्रिया और उसके विकसित स्वरूप की छवि पूरी तरह स्पष्ट दिख रही है। यहाँ यह बात भी स्पष्ट है कि सुलह-ए-कुल का यह मतलब नहीं था कि विभिन्न धर्मों के लोगों ने अपने धर्मों का परित्याग कर अकबर के धार्मिक नेतृत्व को पूरी तरह स्वीकार कर लिया। अकबर की भी कोई ऐसी महत्त्वाकांक्षा नहीं थी। इसका निष्कर्ष सिर्फ इतना था—जो राज्य के हित में अकबर चाहता था और उसने हासिल भी किया कि रिआया में से हर एक, भले ही वह अकबर को अपना आध्यात्मिक गुरु मानता हो या न मानता हो, अन्य जातियों व सम्प्रदायों के प्रति शान्ति व सामंजस्य के सिद्धान्त को मानने के लिये बाध्य था।[19]

यही कारण था कि 1581 ई. के बाद वह इस्लाम के रूढ़िवाद से दूर होता

गया और सुलहे–कुल से गहरे जुड़ता चला गया। वह औपचारिक इबादत की तुलना में आत्मिक विकास पर बल देने लगा जो नानक, कबीर के आदर्शों के करीब था। ऐसे में नमाज वगैरह धार्मिक बाह्य आचरणों के प्रति उसकी टिप्पणियों से सरहिन्दी जैसे कट्टर विचारक चिढ़ने लगे तो कोई आश्चर्यजनक बात नहीं थी। लेकिन तब भी उलेमा का बहुमत अकबर के खिलाफ नहीं था। ध्यान रहे कि तुलनात्मक धर्मशास्त्र के आधार पर विकसित सुलहे–कुल में हिन्दू विश्वासों और रीतियों की भी आलोचना थी। जिन पन्थों और पक्षों की उसमें आलोचना थी, उनमें से किसी ने चुनौती खड़ी कर शास्त्रार्थ नहीं किया जबकि अकबर ने ऐसा करने का स्पेस दे रखा था। लेकिन 1601 ई. के आसपास एक व्यापक असन्तोष तो पसरा ही, जिसके पीछे मुख्य भूमिका नमाज को लेकर उसकी आलोचना थी। नमाज इस्लाम के मुख्य हिस्से से जुड़ी हुई है। इसलिये जीवन के आखिरी वर्षों में वह इस्लाम, मुसलमान और नमाज को लेकर काफी नरम पड़ गया था। उसकी मौत के बाद भी कोई विवाद नहीं हुआ। अब्दुल हक जैसे धर्मशास्त्री ने सार वाक्य कहा कि तमाम नवीन विचारों के बावजूद अकबर एक मुसलमान बादशाह ही था। इसमें कभी, किसी ने कोई सन्देह नहीं किया।

अकबर के धार्मिक विचारों और नीतियों के सबसे मुखर आलोचक शेख अहमद सरहिन्दी (मृत्यु 1624 ई.) ही थे। पूरे मुगलकाल में इस्लामी कट्टरता के वे पहले ऐसे विचारक हुए जो गैर–मुस्लिमों के प्रति बेहद सख्त थे। वे नक्शबन्दी सम्प्रदाय के सूफी थे, मगर वे चिश्ती और कादिरी सम्प्रदाय को भी साथ मिलाकर चलते थे। प्रो. शिवशंकर मेनन के अनुसार, इस्लाम में यह मान्यता थी कि प्रत्येक शताब्दी के प्रारम्भ में एक ऐसा पैगम्बर आएगा जो इस्लाम में सुधार कर उसे एक नया रूप देगा। सरहिन्दी को यह यकीन था कि मुजद्दिद–ए–अल्फ –ए सानी मसलन दूसरे पैगम्बर वे खुद ही हैं। इसलिये उन्होंने इस्लाम को नया रूप देने का लक्ष्य चुना और वे इस पर पूरी निष्ठा से लगे रहे। उनका कहना था कि सच्चा इस्लाम वही है जिसमें शरीयत और सुन्नत का पूरी तरह अनुपालन हो। सरहिन्दी हिन्दुओं के ही नहीं, शियाओं के भी कट्टर विरोधी थे। डॉ. शिवशंकर मेनन ने लिखा है कि "शरीयत को महत्त्व देने के कारण सरहिन्दी वहदत–उल–वुजूद के उस सर्वात्मवादी सिद्धान्त के विरुद्ध थे जिसका प्रतिपादन इब्न–उल–अरबी ने किया था। उन्होंने मब्द व माद नामक प्रपत्र में अलाउद्दौला सिम्नानी द्वारा प्रतिपादित सिद्धान्त वहदत उल–शुहूद का समर्थन किया। यद्यपि शेख अहमद ने वुजूदी विचार का विरोध किया, लेकिन उन्होंने इब्न–उल–अरबी की आध्यात्मिक श्रेष्ठता को स्वीकार किया और यह माना कि उन्होंने सूफी परम्परा में महत्त्वपूर्ण योगदान दिया था।"[20]

सरहिन्दी अकबर की कोशिशों का लगातार विरोध करते जा रहे थे, लेकिन

नक्शबन्दी सूफी सम्प्रदाय की ही एक धारा ऐसी भी थी जो उनके सिद्धान्त वहदत-उल-शुहूद को नहीं मानती थी और अकबर के वहदत-उल-वुजूदी विचारों का ही समर्थन करती थी। अकबर की मृत्यु के बाद उन्होंने अनेक अमीरों को पत्र लिखकर जहाँगीर पर इस बात के लिये दबाव बनाने की कोशिश की कि वह फिर से जजिया कर लागू करे और नौकरी से हिन्दुओं और शियाओं को निकाल बाहर करे। उसके उपद्रव से गुस्सा कर जहाँगीर ने उसे गिरफ्तार करवा दिया और उसे पाखंडी तक कहा। लेकिन उस समय कई सुन्नी उलेमा ने जहाँगीर का समर्थन किया, क्योंकि वे सरहिन्दी के विचारों के खिलाफ थे। लेकिन सरहिन्दी ने अपने कट्टरपन्थी विचारों के जो बीज रोपे थे वे आगे भी फलते-फूलते रहे। उसके अनुयायियों में आदम बनूरी को तो शाहजहाँ ने देशनिकाला तक दे दिया था। औरंगजेब उसका समर्थक तो था लेकिन एक समय उसने भी उसके उत्पात से तंग आकर औरंगाबाद में उसके पत्रकों के प्रचार पर रोक लगा दी थी। शेख अहमद सरहिन्दी के विचारों का समर्थन करनेवाला एक धड़ा शताब्दियों बाद तक मौजूद रहा। इसलिये इतिहास में उनकी अनदेखी नहीं की जा सकी और न ही की गयी। पाकिस्तान में उनके प्रबल समर्थक आज भी मौजूद हैं, जिसकी आलोचना डॉ. मुबारक अली ने की है।

अकबर के शासनकाल पर अपनी बेबाक राय रखते हुए डॉ. मुबारक अली भी मानते हैं कि अकबर की सहिष्णुता की नीति मुगल शासन के आधार को मजबूत करने के लिये जरूरी थी। इससे सामाजिक और सांस्कृतिक परम्पराओं को भी नया जीवन मिला। समाज में नयी शक्ति और स्फूर्ति पैदा हुई। उनके अनुसार—"अकबर ने मुसलमानों की जड़ें भारतीय मिट्टी में जमाने तथा विदेशी सहायता पर उनकी निर्भरता समाप्त करने का एक प्रयास किया। एकता की इस नीति से अधिकांश सुन्नी अभिजात वर्ग को आघात-सा लगा क्योंकि वे पूरे प्रशासन पर अधिकार जमाये रख सारी सुविधाएँ बिना किसी को भागीदार बनाये अकेले भोगना चाहते थे। इस नीति के जवाब में उलेमा की मदद से उन्होंने एक अभियान चलाया तथा एकता के सारे चिह्नों को मिटा देने की कोशिश की।"[21] स्पष्ट था कि हिन्दुओं या शियाओं के विरोध के पीछे सिर्फ स्वार्थ था, इस्लाम का इसके लिये सिर्फ इस्तेमाल किया जा रहा था। इसी बात का अहसास बतौर एक शासक अकबर को अच्छी तरह हो चुका था।

डॉ. मुबारक अली बिना लाग-लपेटवाली खरी-खरी बात कहने के लिये भारतीय उपमहाद्वीप के सम्भवत: सबसे प्रखर इतिहासकार हैं। उनका स्पष्ट मानना था कि हिन्दुओं और शियाओं की नियुक्तियों से विदेशी मूल के मुसलमानों में बावेला मचना स्वाभाविक बात थी। वे इस फिराक में थे कि किसी तरह अपना वर्चस्व कायम रखा जाय। इसलिये सरहिन्दी को इनका पूरा समर्थन मिला। डॉ.

अली ने शेख फरीद के नाम सरहिन्दी ने जो पत्र लिखा, उसे उद्धृत किया है। इसमें उनकी कट्टरता खुलकर व्यक्त हुई है—"काफिरों के अपमान से ही इस्लाम की श्रेष्ठता व सम्मान की रक्षा हो सकती है। यदि कोई काफिरों से दोस्ताना ताल्लुक रखता है तो इसका मतलब यह हुआ कि उससे इस्लाम की अपूरणीय क्षति होगी। काफिरों का आदर-सत्कार नहीं होना चाहिए बल्कि उन्हें अप्रतिष्ठित व अपमानित किया जाना चाहिए। उनके साथ कुत्तों जैसा व्यवहार किया जाना चाहिए तथा एक दूरी बनाकर रखनी चाहिए।...धार्मिक आजादी केवल सुन्नियों को दी जानी चाहिए तथा अन्य धार्मिक मतावलम्बियों का सम्पूर्ण दमन होना चाहिए।..." आप इसमें व्यक्त घनीभूत घृणा से पैदा होनेवाली तिक्तता, कडुवाहट और तिलमिलाहट का अनुमान कर सकते हैं। डॉ. मुबारक अली ने लिखा है कि वह शियाओं का भी जबर्दस्त विरोधी था। वह उनके अस्तित्व को सुन्नी के लिये घातक मानता था। उनके अनुसार— "भारत में सुन्नी-शिया के बीच झगड़े के बीज बोने का श्रेय भी उसे ही दिया जाना चाहिए। उसने एकता की प्रक्रिया को रोकने की पूरी कोशिश की और हिन्दू-मुसलमानों के बीच अलगाव पर जोर दिया।"[22] उन्होंने आगे अपने देश पाकिस्तान में रूढ़िवाद को संघटित करने के लिये यह बताया है कि लोग उसकी भूमिका को बहुत चढ़ा-बढ़ाकर बखान करते हैं। सरहिन्दी की ताकत के पीछे उनके विचार कम, सुन्नी अभिजात वर्ग का समर्थन ज्यादा था। ऐसे प्रतिकूल प्रतिरोध के विरुद्ध जब हम अकबर की भूमिका को देखेंगे तो उसके महत्त्व को और ज्यादा ईमानदारी से समझ सकेंगे।

अब हम अकबर की महानता और उसके कार्यों के महत्त्व को ठीक-ठीक समझने के लिये उपर्युक्त आलोक में ही उसके शासनकाल में सामाजिक सद्भावना के कारकों की तलाश करेंगे। जाहिर है हमें इस क्रम में थोड़ा-सा फिर अतीत में जाना होगा। जजिया कर से आहत हिन्दुओं के भीतर मुस्लिम शासकों के प्रति विद्वेष की भावना का होना तो स्वाभाविक था। जजिया कर को जायज ठहरानेवाले विचारकों और इतिहासकारों में भले अल्लामा शिबली नोमानी ही क्यों न हों, वह हिन्दुओं के स्वाभिमान पर सीधी चोट थी। लेकिन बीच में तुगलक, सिकन्दर लोदी और शेरशाह सूरी की सद्भावनावाली नीतियों से आपसी लगाव की भावना को जरूर बल मिला होगा। मुगलशासित बंगाल, बहमनी राज्य और काश्मीर में भी समय-समय पर राहतें देनेवाली नीतियाँ लागू रहीं। इसके पूर्व सूफियों के चिन्तन, व्यवहार और बराबरी की नीतियों से प्रभावित ब्राह्मणवाद से त्रस्त एक विशाल जनता जो निम्न जातियों के कारण तिरस्कृत थी, धर्मान्तरित होती गयी। हिन्दुओं में व्याप्त जातिवादी कट्टरता के विरुद्ध सूफियों के प्रेम और बराबरी के न्याय ने निम्न जातियों को इस्लाम के करीब पहुँचाया, जहाँ उन्हें फौरी तौर पर मुक्ति दिखाई पड़ी। दूसरी

महत्त्वपूर्ण भूमिका भक्ति आन्दोलन की रही, जिसने सामाजिक सद्भाव कायम करने की मजबूत पृष्ठभूमि तैयार कर दी। उत्तर भारत में रामानुज सम्प्रदाय को लोकप्रिय बनाने में सन्त रामानन्द ने अग्रणी भूमिका निबाही और वे 14वीं से 15वीं शताब्दी के बीच सक्रिय रहे। उनके यहाँ जाति, धर्म और स्त्री-पुरुष का कोई भेद नहीं था। फिर सन्त कबीर तक आते-आते इसकी जड़ें दूर-दूर तक जमती चली गयीं। कबीर ने हिन्दुओं और मुसलमानों के बाह्याडम्बर, पाखंड और कुरीतियों पर सीधी और तीखी चोट की, इसलिये दोनों समुदायों में उनके अनुयायी बने। कुछ ऐसी ही भूमिका सन्त नानकदेव की भी रही, जिसमें जाति और सम्प्रदाय का कोई भेद नहीं था।

ये सारी अनुकूलता राज्य शासन और शासक की भूमिका के बिना प्रभावशाली रूप में कभी फलीभूत नहीं होतीं, क्योंकि राजनीतिक हालात ऐसे थे जिनमें कट्टर इस्लामी विचारक और उलेमा बहुत प्रभावशाली हो गये थे। इक्तिदार आलम खान लिखते हैं कि "शेख अहमद सरहिन्दी ने जोर देकर कहा था कि गैर-मुस्लिमों के प्रति अकबर की सहिष्णुता बुनियादी तौर पर इस्लाम से उसकी दुश्मनी का नतीजा थी। यह बात अकबर की धार्मिक सहिष्णुता की नीति के समुचित मूल्यांकन के लिये उसके निजी विश्वासों की अहमियत को और रेखांकित करती है।"[23] उनकी इस बात की आखिरी पंक्तियों पर गौर करें तो हालात की विषमता का भी अहसास होता है। अकबर को इस अवरोध का अन्दाज था और साथ ही यह अहसास भी कि साम्राज्य का स्थायित्व और विस्तार समाज की संकीर्णता से नहीं, सद्भाव से ही सम्भव था। उसके सामने शेरशाह सूरी को समाज के समवेत समर्थन की ताकत का पता था और उसके वंशज तथा अफगान बिखरे जरूर थे, लेकिन वे अभी भी मौजूद थे। सरहिन्दी जैसे कट्टरपन्थी या स्वार्थी और जड़ उलेमा की निगाह तो इस्लामी वर्चस्व को बलात कायम करने तक ही महदूद थी जबकि अकबर की दृष्टि व्यापक और दूरन्देशी थी।

डॉ. आर. पी. त्रिपाठी भी मानते हैं कि हिन्दुओं या शियाओं के प्रति अकबर की जो भी नीति थी वह पूरी तरह सुचिन्तित थी। अकबर इस बात को अच्छी तरह समझ रहा था कि "हिन्दुओं के महत्त्व को पूरी तरह और उदारता से स्वीकार किये बिना राजनीतिक समस्याओं को हल करना असम्भव था। कभी-न-कभी हालात की प्रबलता मुस्लिम शासक को यह अनुभव करने के लिये बाध्य कर देती कि हिन्दुओं को महत्त्व दिये बिना मुस्लिम शासन को स्थायित्व प्रदान करने की कोशिश बेकार है।"[24] वे तो यहाँ तक मानते हैं कि राणा साँगा और हेमू के समय संयोग या कुछ दुर्भायपूर्ण स्थितियाँ रहीं वरना वे मुगल शासन को उखाड़ फेंकने की स्थिति पैदा कर चुके थे। जाहिर था यह बात अहमद सरहिन्दी की समझ में नहीं आ सकती थी।

उलेमा अपनी अधीरता और उतावलेपन में थे और वे सीधे इस्लामी कट्टरपन को थोपकर कठोर इस्लामी शासनवाला इस्लामी राज्य बनाना चाहते थे। वे ताकत से गैर-मुस्लिम जनता को पददलित और अपमानित कर अपने अधीन रखना चाहते थे, क्योंकि उनके अनुसार ऐसा करना इस्लामसम्मत था। वे राजत्व के नजरिये से इसके भयंकर आत्मघाती परिणामों की तनिक परवाह करनेवाले नहीं थे, जबकि अकबर की या किसी शासक की पहली और आखिरी चिन्ता राजत्व की ही थी। उसे ध्यान में रखकर वह अपनी धार्मिक नीतियों में आसानी से परिवर्तन कर सकता था।

अकबर को हिन्दुओं और शियाओं को समेटने अथवा साथ रखने से बौखलाये सरहिन्दी और कट्टर सुन्नी उलेमा उसे इस्लाम-विरोधी ठहराने का फतवा देने में लगे थे। लेकिन डॉ. आर. पी. त्रिपाठी लिखते हैं—"अकबर की जो भी छुपी हुई भावनाएँ रही हों, उसने अभी तक ऐसा कुछ भी नहीं किया था कि उस पर इस्लाम-विरोधी सुनिश्चित आरोप लगाने के लिये उसके खिलाफ कोई आधार मिल सके।"[25] इसलिये सुन्नी जमात इस हद तक अकबर से नाराज थी कि उसे उखाड़ फेंके, विद्रोह कर दे—ऐसी भी बात नहीं थी। वे आगे और विस्तार से लिखते हैं कि "सबसे खराब बात यह हुई कि 'धर्म खतरे में है' की आवाज भी उठायी गयी और अकबर के खिलाफ फतवे जारी किये गये।...अकबर को अपदस्थ घोषित कर दिया गया और पूर्व में उसके भाई (सौतेले) हाकिम के नाम पर दूसरी बार खुत्बा पढ़ा गया। बिना किसी प्रकार के भय और निराशा के अकबर ने इस चुनौती को स्वीकार किया और शान्ति तथा साहस से इस आन्दोलन का सामना किया। इस संघर्ष में ईरानी और हिन्दू अकबर के समर्थन में एकजुट रहे और यहाँ तक कि सुन्नी आबादी का ज्यादातर हिस्सा उसके पक्ष में खड़ा हो गया।"[26] डॉ. त्रिपाठी ने उदाहरण दिया है कि अफगान सीमा पर खड़ी शाही सेना के आक्रमण के खिलाफ अमीर और उमरा वहाँ के शासक हकीम मिर्जा को माफी देने के हक में थे। अकबर ने अपनी दृढ़ता का परिचय दिया और सेना को आगे बढ़ने का आदेश जारी कर अपनी जिद पूरी की, वह नहीं झुका। इससे पैदा हुए हालात में अकबर के चरित्र और उसके अहसास का एक अनुमान डॉ. त्रिपाठी ने किया है—"इस टकराव से अकबर पूरी तरह विजयी होकर निकला। उसे सुन्नियों, ईरानियों और हिन्दुओं के एक बड़े हिस्से से जो समर्थन मिला, उससे उसे नीति पर उसके उद्देश्य के औचित्य पर ज्यादा भरोसा हुआ होगा।"[27] सबसे महत्त्वपूर्ण बात यह कि डॉ. त्रिपाठी के अनुसार, उसके भीतर इस बात का अहसास भी पैदा हुआ होगा कि अपने उद्देश्य के लिये कट्टरपन्थी और रूढ़िग्रस्त रास्ता अपनाना अकलमन्दी की बात नहीं होगी। वे मानते हैं कि 'अकबर एक व्यापक नजरियेवाला व्यक्ति था जिसमें खुद को हालात के अनुरूप ढालने की क्षमता थी।' एक महान शासक को चरित्र-निर्माण के लिये ऐसी

ही प्रक्रियाओं से गुजरना होता है।

इसके लिये अकबर ने एक रणनीतिक चाल चली। उसने शुरू में खुद को मुसलमानों का मुखिया घोषित कर निर्णय लेने या उसे प्रभावित करने के विकल्प को ही खत्म कर दिया। एस. आबिद हुसैन भी ऐसा ही मानते हैं और लिखते हैं कि "अकबर का धार्मिक नेतृत्व का दावा, उलेमा की शक्ति को तोड़ने तथा अपने को दुगना शक्तिशाली बनाने के लिये एक राजनैतिक चाल मात्र थी।" उनके अनुसार, राज्य की असाम्प्रदायिक शक्ल अकबर के सामने बिल्कुल स्पष्ट थी। इसके साक्ष्य के रूप में उन्होंने अकबर के परशिया के शाह अब्बास सफवी को लिखे पत्र को उद्धृत किया है—"विभिन्न धार्मिक समुदाय हमें ईश्वर द्वारा सौंपे गये दैवी खजाने हैं और हमें उसी तरह से उनसे प्रेम करना चाहिए। यह हमारा दृढ़ विश्वास होना चाहिए कि प्रत्येक धर्म उनके आशीर्वाद से है और हमारा सच्चा प्रयत्न यह होना चाहिए कि सार्वलौकिक सहनशीलता के सदा हरे रहनेवाले उद्यान से स्वर्गीय सुख का आनन्द प्राप्त करें। सर्वशक्तिमान परमेश्वर सभी मनुष्यों पर बिना किसी भेदभाव के अपनी कृपा बरसाता है। राजाओं द्वारा जो ईश्वर की छाया है, यह सिद्धान्त कभी भी छोड़ा नहीं जाना चाहिए।" इस पत्र में प्रतिबिम्बित अकबर की सोच का विस्तार, विकास और उत्कर्ष उसके आगे के शासन में दिखाई देता है। अकबर की यह निष्ठा प्रदर्शन के लिये थी अथवा सचमुच, यही उसका अन्दरूनी अहसास भी बन चुका था—यह बहस ही व्यर्थ है, क्योंकि राज्य के स्थायित्व और विस्तार के लिये यही भाव और व्यवहार आवश्यक था। एस. आबिद हुसैन साहब ने इसके समर्थन में अबुल फजल का यह उद्धरण 'आइने-अकबरी' से दिया है जो अकबर के शासन का एक तरह से श्वेत पत्र जैसा था—"राजा को सभी धार्मिक मतभेदों से ऊपर रहना चाहिए और यह ध्यान देना चाहिए कि धार्मिक निर्णय कर्त्तव्य के मार्ग में बाधक न बनें, जिसके लिये वह प्रत्येक वर्ग और प्रत्येक समुदाय के प्रति ऋणी है। उसकी आत्मीयतापूर्ण सहायता से प्रत्येक को सुख और शान्ति प्राप्त होनी चाहिए जिससे ईश्वर की छाया द्वारा प्रदत्त लाभ सार्वलौकिक बने।"[28] अबुल फजल अकबर का मित्र, दार्शनिक और मार्गदर्शक भी था और दरबार के नवरत्नों का अहम और मूल्यवान रत्न भी। अकबर ने इस सिद्धान्त को शिल्पित करने के लिये कठोरता से निर्णय लिया। उसने उसी समय तीर्थ यात्रा-कर और जजिया-कर समाप्त कर दिया। फिर उसने 1564 ई. में फरमान जारी किया कि अब किसी जाति, किसी धर्म का कोई व्यक्ति—स्त्री, पुरुष या बच्चा—गुलाम नहीं बनाया जा सकता।

अकबर ने राजकीय सेवाओं और सेना में हिन्दुओं और शियाओं को ऊँचे से सामान्य पदों तक पर बहाली के दरवाजे भी खोल दिये। उसने शाही परिवार के वैवाहिक रिश्ते राजशाही राजपूत परिवारों में कायम किये। हिन्दू पंडितों, सन्तों को

मुस्लिम उलेमा या फगराओं के समान सहायता, सम्मान, समर्थन और भेंट दिये जाने लगे। मस्जिदों की तरह मन्दिरों को भी अनुदान दिया जाने लगा। उसने बलपूर्वक सती बनाने अथवा गर्भवती विधवाओं को जलती चिता पर बैठाने की प्रथा पर भी रोक लगा दी। शराबखोरी, जुआ और वेश्यावृत्ति के खिलाफ उसने किसी कौम को कोई छूट नहीं दी। हुसैन साहब ने लिखा है कि अकबर सम्भवतः पहला ऐसा शासक था जिसने भारत के इतिहास में राज्य की ओर से शासकीय स्कूल खोले; जिन्हें बहुसंख्यक, अल्पसंख्यक कोई दर्जा प्राप्त नहीं था; उनमें किसी भी कौम का कोई भी छात्र फारसी माध्यम से शिक्षा ले सकता था। अबुल फजल ने लिखा है कि इनके पाठ्यक्रम में फारसी साहित्य, निबन्ध, सुलेख, नीतिशास्त्र, गणित, कृषि, ज्योतिष, गृह, अर्थशास्त्र, राजनीतिशास्त्र, चिकित्साशास्त्र, तर्कशास्त्र, भौतिकशास्त्र और इतिहास शामिल थे और इन विषयों की पढ़ाई होती थी। अकबर की इस शिक्षा नीति के मूल में जो सांस्कृतिक समझ दिखाई देती है, वही उसको महान शासक के रूप में प्रतिष्ठित करने में सहायक होती है।

अकबर ने अनुवाद के माध्यम से संस्कृत के आर्ष ग्रन्थों को फारसी में प्रस्तुत कर अपनी असाधारण बुद्धिमत्ता और उदारता का परिचय दिया। अथर्ववेद और रामायण को एक हिन्दू पंडित की मदद से मुल्ला अब्दुल कदीर ने फारसी में अनूदित किया। रामायण के तो गद्य और पद्य में कई अनुवाद हुए। महाभारत का अनुवाद हिन्दू–मुसलमान को मिलाकर बनाये बोर्ड से कराया गया। अबुल फजल के भाई फैजी द्वारा 'लीलावती' का फारसी में किया गया अनुवाद एक कठिन कार्य था, क्योंकि वह गणित की एक शास्त्रीय कृति है। गणित या प्रकृति विज्ञान पर अनेक पुस्तकें फारसी में अनूदित हुईं और यह सब बहुत बाद तक चलता रहा।

अनुवाद की इस परम्परा ने फारसी में हिन्दुओं के लेखन की शक्ल में विकसित होकर जुड़ाव के एक नये क्षितिज की भी शुरुआत कर दी। मिर्जा मनोहर तौसनी, चन्द्रभान, ब्रह्म, बनवारी लाल वली की रचनाएँ तो फारसी के तत्कालीन कवियों के स्तर पर पहुँची हुई थीं। किसी विजातीय द्वारा भिन्न भाषा में सृजनात्मक उपक्रम के सिलसिले को शुरू करना अत्यन्त उल्लेखनीय बात थी। राज्य के वातावरण में न कट्टरता थी और न साम्प्रदायिकता। इस मुक्त माहौल की ही देन है कि इस युग में तुलसीदास, सूरदास, नन्ददास या कुम्भनदास जैसे महान कवि पैदा हुए। खुद उसके दरबार में अब्दुर्रहीम खान-ए-खाना के साथ हिन्दी कवि, नरहरि और गंग जैसे कवि प्रतिष्ठित थे। इस तरह अकबर ने अन्य क्षेत्रों और विधाओं के साथ सांस्कृतिक पक्ष को भी असाधारण उत्कर्ष तक पहुँचा दिया।

अकबर की महानता के धार्मिक मामले में उदारता के अलावे दूसरा पक्ष था—साहित्य, कला और संगीत का संरक्षण। भारत के अब तक के तमाम मुस्लिम शासकों में अलाउद्दीन खलजी के बाद अकबर के काल में ही राज्य का सांस्कृतिक वैभव चरम उत्कर्ष पर दिखाई देता है। जो हिन्दुस्तानी संगीत साझी संस्कृति की आत्मा के रूप में चिन्हित किया जाता है, वह 1300 ई. के आसपास अलाउद्दीन के समय में ही व्यवहृत हुआ था। उसी दौर में ध्रुपद के जनक महान संगीतकार बैजू बावरा आये थे जिन्होंने ध्रुव, प्रबन्ध और छन्द के मेल से इस आदि राग को जन्म दिया था। दक्षिण के महान गायक नायक गोपाल को भी उसी के दरबार में संरक्षण मिला था। इनकी संगत में संगीत में अभिनव योगदान देनेवाले अमीर खुसरो ने उसे एक अकल्पनीय ऊँचाई दी थी। खुसरो के मित्र महान आध्यात्मिक सन्त निजामुद्दीन औलिया और महान इतिहासकार जियाउद्दीन बरनी ने अलाउद्दीन खलजी के दरबार को विश्व में अप्रतिम बना दिया था। जियाउद्दीन बरनी ने विभिन्न क्षेत्रों के एक से एक गुणवन्तों, कलाकारों, विद्वानों, वैद्यों-हकीमों, ज्योतिषियों और आलिमों के नाम गिनाये हैं जो चकित कर देनेवाले हैं। उसके बाद लगभग दो सौ वर्षों बाद तानसेन, तुलसीदास, सूरदास, कुम्भनदास, रहीम, अबुल फजल जैसी विभूतियाँ अकबर के दौर में आकर सांस्कृतिक उत्कर्ष की वैसी ही ऊँचाई रचती हैं। इसके मध्य में ग्वालियर के महाराजा मानसिंह (1486-1516 ई.) के लगभग तीन दशकों के शासन में संगीत की दुर्लभ धारा उनकी पत्नी गुर्जर राज्यकन्या मृगनयनी प्रवाहित करती हैं, जो एक महान संगीत विदुषी थीं। इन दोनों ने मध्यकाल के दुर्दान्त और बेरहम काल में आश्चर्यजनक ढंग से संगीत की लौ जगाये रखी। रानी मृगनयनी राजा मानसिंह के निधन के बाद भी लम्बे समय तक जीवित रहीं। उनकी मुलाकात तानसेन से हुई। इस प्रसंग की चर्चा हम आगे करेंगे।

तत्कालीन स्रोतों में अबुल फजल के 'अकबरनामा', मुल्ला अब्दुल कादिर बदायूँनी के 'मुंतखबुत-तवारीख' में तो प्रमाण मिलते ही हैं; बाद के अनेक ग्रन्थों में भी काफी सामग्री मिलती है। एक तरफ दरबारी ज्योतिषी जोतिक राय की राय में—"अकबर संगीत की धुनों का, सूक्ष्म स्वरलहरियों और राग के रहस्यों का तीक्ष्ण बुद्धि और पारखी बनेगा।"... तो दूसरी ओर अबुल फजल लिखता है कि "जहाँपनाह को इल्मे-मूसीकी का इतना ज्ञान है कि उस्ताद साहिबाने-फन को भी इतना नहीं है, खासकर नकार बजाने में उन्हें प्रवीणता हासिल है।" उसके अनुसार तो अकबर ने लगभग 200 धुनों की रचना स्वयं की थी। बेशक अबुल फजल के खुशामदी वक्तव्य में अतिरेक होगा, लेकिन सच्चाई बिल्कुल निर्मूल तो नहीं ही होगी। फ्रांकोइस नलिनी देलवोये ने तो यहाँ तक लिखा है कि "अकबर की उत्सुकता सिर्फ फारसी और हिन्दवी संगीत तक सीमित नहीं थी बल्कि यूरोपीय संगीत में भी थी।

इसकी पुष्टि बदायूँनी ने की है जो कहते हैं कि अकबर ने फतेहपुर, सीकरी में 1581 ई. में प्रदर्शित किये गये एक यूरोपीय वाद्य-यन्त्र में उत्सुकता दिखाई थी।''[29] उन्होंने 'आईने-अकबरी' के संगीत से जुड़े तीन विस्तृत अध्यायों का विस्तार से उल्लेख करते हुए लिखा है कि शास्त्रीय और लोक, दोनों तरह के भारतीय संगीत का जो परिचय अबुल फजल ने दिया है, वह अन्ततः अकबर के रुझान को ही सामने लाता है। अबुल फजल ने 36 प्रमुख संगीतकारों का उल्लेख उनके नाम, मूल स्थान, गायक या वादक रूप में किया है और उनकी कुछ विशेषताओं की भी चर्चा की है। तानसेन के बारे में तो उसका मानना है कि हजार सालों में भी ऐसा कोई दूसरा नहीं हुआ। 1562 ई. में पहली बार अकबर ने तानसेन के बारे में सुना और उसने उसके संरक्षक राजा रामचन्द्र बघेल (राजा रामसिंह) से उसे अपने दरबार के लिये माँगा। बीस वर्षीय इस अद्वितीय गायक ने सम्राट अकबर के नवरत्नों में अपनी प्रतिष्ठा बनायी।

तानसेन आज तक भारत के सामान्य जन में अनेक किंवदन्तियों, मुहावरों और सामान्य बातचीत में लगभग समकालीन सरीखे जीवित रहे हैं। तानसेन के जीवन से भी अनेक तरह के मिथ जुड़ते चले गये। तानसेन पर छोटी-बड़ी काफी पुस्तकें छपी हैं, लेकिन बंगला लेखक वीरेन्द्र किशोर रायचौधुरी की 'हिन्दुस्तानी संगीत' में तानसेन का स्थान अपेक्षाकृत ज्यादा शोधपूर्ण साम्रगी से भरा है। इसकी प्रवाहमयी पाठकीयता की प्रशंसा गुरुदेव रवीन्द्रनाथ ठाकुर ने भी की थी। लेकिन जिस तरह लेखक ने तानसेन के गायन के चमत्कारिक प्रभावों को यथार्थपरक बताने पर जोर दिया है, वह बुद्धिवाद के बिल्कुल विपरीत है। लेखक ने ऐसे सारे तथ्यों का श्रमसाध्य संग्रह तो किया है, आकर्षक प्रस्तुति भी की है मगर ऐसे यथार्थ का कोई विश्वसनीय सन्दर्भ-स्रोत नहीं दिया है। बहरहाल यह पुस्तक पाठ-सुख के कारण पढ़े जाने के लिये बार-बार आमन्त्रित करती है। मैंने इसके कुछ यथार्थपरक लग रहे हिस्सों के उपयोग तक ही खुद को महदूद रखा है।

तानसेन के पिता मुकुन्दराम पांडेय (मकरन्द पांडेय) गायक थे और वाराणसी में कथा वाचन और भाव-भंगी गीत गायन से जीवनयापन करते थे। उनके गायन से लोग बेहद प्रभावित थे, इसलिये उनकी आर्थिक स्थिति बहुत अच्छी थी। लेकिन उनको कोई सन्तान नहीं होती थी। पत्नी को मृत-वत्सा अभिशाप था जिसमें सन्तान जन्म लेते ही मर जाती थी। बाद में उन्हें पता चला कि ग्वालियर में एक फकीर हजरत मुहम्मद गौस हैं जिनके तावीज का बड़ा चमत्कारिक असर होता है। मुकुन्दराम पांडेय ग्वालियर जाकर उस सिद्ध पीर से मिले। उन्होंने एक तावीज पहनने के लिये दिया और कुछ अनुष्ठानिक नियम भी बताये। उन्होंने दुआ दी कि ''भावी सन्तान न सिर्फ जीवित रहेगी बल्कि वह एक अद्वितीय विभूति भी बनेगी।'' 1506 ई. में

उन्हीं की दुआ फली और उन्हें पुत्र-रत्न की प्राप्ति हुई। नाम रखा—रामतनु!

रामतनु बचपन में थोड़े शरारती स्वभाव के थे और पढ़ने-लिखने में उनकी कोई रुचि नहीं थी। माता-पिता के भाग्य से पीर की दुआ फली थी, इसलिये दोनों उसे कभी डाँटते-फटकारते नहीं थे। उम्र तो रुकती नहीं सो रामतनु भी दस वर्ष का बालक हो गया। उसमें एक विलक्षण बात यह थी कि वह किसी भी पशु-पक्षी की आवाज हू-ब-हू नकल कर लेता था। ऐसा संयोग हुआ कि स्वामी हरिदास अपने शिष्यों के साथ तीर्थयात्रा में वृन्दावन से वाराणसी आये। उन्हें देखकर रामतनु एक पेड़ से ओट लेकर बाघ की आवाज निकालने लगा। शिष्य तो तुरन्त भयभीत हो गये मगर स्वामी हरिदास को पता था इधर पास में तो कोई जंगल नहीं, ऐसे में बाघ का होना नामुमकिन है। इसलिये उन्होंने शिष्यों को तलाश करने को कहा। आखिर पेड़ की ओट में खड़े बाघ की आवाज निकालते रामतनु मिल ही गये। स्वामी हरिदास की उस बालक पर निगाह पड़ी तो अन्दर तक उतरती चली गयी। वे चौंक गये, यह तो अद्‌भुत प्रतिभाशाली बालक है। उन्होंने उसके पिता से भेंट की और बालक को संगीत-शिक्षा के लिये माँगा। पिता खुद गायक थे और भारत-प्रसिद्ध स्वामी हरिदास की प्रतिष्ठा से वे परिचित थे। पत्नी को समझाया और कलेजे के टुकड़े को उस महान सन्त के हाथों सौंप दिया। रामतनु वृन्दावन आ गये।

स्वामी हरिदास का उल्लेख भक्तिकाल में भी है। वे दक्षिण के ब्राह्मण थे और संन्यास का जीवन धारण कर वृन्दावन में बिहारी जी की मूर्ति स्थापित कर एकनिष्ठ साधना करते थे। उन्होंने बड़े मनोयोग से रामतनु को संगीत की शिक्षा दी और रामतनु ने भी पूरी एकाग्रता और निष्ठा से उसे आत्मसात किया। दस वर्ष की लम्बी अवधि के बाद वे अपने पिता के पास गये। पिता एक तरह से अन्तिम यात्रा की तैयारी कर रहे थे। पुत्र से आखिरी मुलाकात हो गयी। उन्होंने बेटे को याद दिलाया कि यह कभी मत भूलना कि तुम ग्वालियर के सिद्ध पीर हजरत मुहम्मद गौस की दुआ से धरती पर आये हो। इसलिये एक तरह से वे भी तुम्हारे पिता हुए। उनके परामर्श को कभी मत ठुकराना। उनसे जरूर मिलना।...पिता की मौत के कुछ ही महीनों बाद माँ भी चल बसी। रामतनु अनाथ तो हुए लेकिन पूरी तरह आजाद भी। वे वृन्दावन आकर गुरु से मिले और पिता के अन्तिम कथन के साथ उनकी और माँ के निधन का हाल भी सुनाया। स्वामी जी ने ग्वालियर जाकर पीर हजरत गौस के दर्शन की अनुमति दे दी। हजरत मुहम्मद गौस मानो उनकी प्रतीक्षा ही कर रहे हों। उन्होंने रामतनु को अपने साथ ही रख लिया, कहीं जाने न दिया। वहीं रहते हुए रामतनु को महारानी मृगनयनी के बारे में पता चला और वह उनका गायन सुनने के लिये विकल हो गये। इसकी व्यवस्था हजरत मुहम्मद गौस के कहने पर आसानी से हो गयी, क्योंकि उनका रानी अतिशय सम्मान करती थीं। रानी साहिबा के दरबार में

ही दोनों ने एक-दूसरे का गायन सुना। रामतनु का गायन सुनकर रानी साहिबा एकदम मुग्ध हो गयीं और उसे पुत्रवत प्यार करने लगीं। उनकी ही एक अति प्रतिभाशालिनी शिष्या थी—हुसैनी ब्राह्मण। हुसैनी के पिता सारस्वत ब्राह्मण थे, जिन्होंने बाद में इस्लाम धर्म अपना लिया था। वहाँ दोनों के बीच संगीत ने ऐसा बीज डाला कि प्रेम की बगिया लहलहाते देर न लगी। रानी साहिबा ने हजरत गौस को पत्र लिखा और उनकी अनुमति मिलते ही दोनों का ब्याह कर दिया। इसमें पिता और पुरोहित की भूमिका मुहम्मद गौस ने ही निबाही। दोनों ने संगीत के निरन्तर अभ्यास से अपने को अद्वितीय बनाया। बाद में तो दोनों ने नादसिद्ध अवस्था प्राप्त की। संसार से विदा होते समय गौस साहब ने अपनी सारी सम्पत्ति इन दोनों को सौंप दी।

एक बार रीवाँ नरेश राजाराम ने रामतनु का गायन सुना तो अपने दरबार में लेते गये। जब बादशाह अकबर किसी प्रयोजन से रीवाँ आये तो उनका गायन सुना और मन्त्र-मुग्ध हो गये। उन्होंने रामतनु को तानसेन कहा और तब से वे तानसेन के नाम से पुकारे जाने लगे। अकबर ने उन्हें अपने दरबार के लिये माँगा तो रीवाँ नरेश ने अपने बहुमूल्य उपहारों के साथ भावुक मन से तानसेन को बादशाह की सेवा में भेंट कर दिया। फिर तो तानसेन अकबर के नवरत्नों में शुमार हुए। वहाँ से तानसेन को लेकर अनेक सच्ची-झूठी कल्पित कहानियाँ फैलनी शुरू हुईं, जिन्हें आज तक गाँव का सामान्यजन भी पूरे विश्वास से दुहराता चला आ रहा है। तानसेन की संगीत साधना, अकबर का संगीत प्रेम और दोनों के बीच रिश्ते को व्यंजित करनेवाले एक दिलचस्प वाकये का वर्णन श्री लक्ष्मीनारायण गर्ग ने किया है—"एक दिन अकबर ने तानसेन से कहा—'तुम्हारा गाना इतना मीठा है तो तुम्हारे गुरु जी का संगीत तो न जाने कितना मधुर होगा! हम उसे सुनना चाहते हैं।' तानसेन बोले—'महाराज, मेरे गुरुदेव योगी पुरुष हैं। दरबार में तो वे आएँगे नहीं, अगर आप वृन्दावन उनके आश्रम को चलें तो आपकी इच्छा पूर्ण हो सकती है।' संगीत प्रेमी अकबर वेष बदलकर और स्वामी जी के लिये रत्नादि भेंट लेकर तानसेन के साथ उनके आश्रम में पहुँचे। स्वामी जी अन्तर्दृष्टा थे, अत: एक नजर में ही उन्होंने छद्मवेषी अकबर को पहचान लिया और तानसेन से कहा—'अरे तनुआँ! बादशाह को इतनी तकलीफ देकर काहे को साथ लाया?' विस्मित होकर तानसेन ने बादशाह के आने का कारण गुरु जी को बता दिया तो स्वामी जी ने प्रसन्नतापूर्वक बादशाह को अपना संगीत सुनाया। इस दिव्य संगीत को सुनकर बादशाह आत्मविभोर हो गये और साथ में लाए हुए रत्न स्वामी जी के आगे रख दिये। स्वामी जी ने मुस्कुराते हुए कहा—'मैं संन्यासी हूँ, रत्नों का क्या करूँगा? और यदि रत्न ही देना चाहते तो तो नेत्र बन्द करके सुनो!' यह कहते हुए स्वामी जी ने एक और चीज गायी। अकबर ध्यानमग्न हो सुन रहे थे। गायन

समाप्ति पर जब अकबर की आँख खुली तो स्वामी जी ने पूछा—'कहो, कुछ देखा?' बादशाह बोले—'हाँ! मैंने देखा कि यमुना जी में रत्नों का एक घाट बना हुआ है, गोपियाँ जल भरने आई हैं, उसी घाट की एक सीढ़ी टूटी हुई है, कृष्ण जी वहाँ खड़े हैं और गोपियों को टूटी सीढ़ी से सावधान रहने की सूचना दे रहे हैं।' स्वामी जी ने कहा—'ठीक है, तुम हमको जो रत्न देते थे, उसके द्वारा उस टूटी हुई सीढ़ी को बनाय दो।' तब अकबर की समझ में आया कि स्वामी जी की इच्छा पूरी करने योग्य मेरे पास रत्न कहाँ हैं!''[30] नमिता देवीदयाल की एक अद्भुत पुस्तक अल्पख्यात लेकिन महान गायिका धोण्डूताई के जीवन पर केन्द्रित छपी है। उसमें भी इस वाकये को कुछ ज्यादा परिष्कृत ढंग से दर्ज किया गया है। उसमें रत्नोंवाली बात तो नहीं है लेकिन अन्त में वे लिखती हैं—''वापसी पर ज्यादातर रास्ता उन्होंने खामोशी से काटा। फिर, अकबर ने तानसेन से पूछा, 'अगर वे इस तरह गा सकते हैं तो आप क्यों नहीं गा सकते?' तानसेन बोला, 'आसान-सी बात है, जहाँपनाह! मैं आपके लिये गाता हूँ, वे ईश्वर के लिये गाते हैं'।''[31]

इसमें व्यंजित भाव और अर्थ इतने गहरे और उदात्त हैं कि यह बात गौण हो जाती है कि यह वाकया ऐतिहासिक घटना की शक्ल में प्रामाणिक है या नहीं। अकबर के दरबार में सिंहलगढ़ के अधिकृत राज्य के पूर्व राजा समुखन सिंह का पुत्र मिश्री सिंह था जो बाद में इस्लाम धर्म अपनाकर नबात खाँ के नाम से जाना गया—वह बड़ा ही दक्ष वीणावादक था। कहते हैं उसने भी संगीत की शिक्षा स्वामी हरिदास से ही ली थी। उसी से तानसेन की बेटी सरस्वती देवी का विवाह हुआ।

तानसेन के चार पुत्र थे—शरतसेन, सुरतसेन, तरंगसेन और विलास खाँ। बाद में ये सभी अकबर के दरबार की शोभा बने। कहते हैं जब उनका आखिरी वक्त आया तो बादशाह उनकी शैय्या के पास आये। तानसेन की आँखों से आँसू बहने लगे।... खुदाबन्द! अब मेरा आखिरी समय आ गया है। अगर आप मुझे ग्वालियर नहीं जाने देते तो मेरी एक इच्छा जरूर पूरी कीजियेगा—मेरी समाधि वहीं बनवा दीजिएगा।... बादशाह ने आश्वासन दिया और भींगी आँखों से चुपचाप विदा हो गये। लेकिन मन नहीं माना। इस तरह आँखों के आगे से तानसेन का जाना अकबर को अन्दर-ही-अन्दर मथ रहा था। वे फिर उसकी शैय्या के करीब आये। तानसेन ने उनके मर्माहत चेहरे को देखा और आखिरी बार अपनी दुर्लभ आवाज़ में अपने बादशाह को गाकर सुनाया। सम्राट अकबर खुद को रोक नहीं पाये और फफक-फफक कर रो पड़े। वीरेन्द्र किशोर रायचौधुरी ने यहाँ फिर एक चमत्कारिक और अविश्वसनीय घटना का वर्णन किया है और इसकी प्रामाणिकता के लिये बस इतना लिखा है कि वहाँ कुछ यूरोपीय राजदूत भी थे। उनके अनुसार, तानसेन ने अपने पुत्रों को कहा कि...मेरे मृत शरीर के पास तुम चारों गायन करोगे और जिसके गाने से मेरे

मृत शरीर का दाहिना हाथ उठ जाएगा, उसी के वंश से मेरी संगीत परम्परा प्रकाशमान होगी।... रायचौधुरी ने लिखा है—"किसी के भी गायन से यह असम्भव नहीं घटा–अन्त में तानसेन के कनिष्ठ पुत्र विलास खाँ ने तोड़ी राग में ध्रुपद 'कौन भ्रम भुलाये मन अज्ञानी...' गाया। उनके गायन के साथ ही मृत तानसेन का दाहिना हाथ उठ गया। यूरोपीय दूत विस्मित से स्तम्भित हो गये। तब सभी ने विलास खाँ को तानसेन की साधना के यथार्थ उत्तराधिकारी रूप में वरण किया।"[32] उनके मृत शरीर को ग्वालियर ले जाया गया और उनके धर्म–पिता हजरत मुहम्मद गौस की समाधि के निकट भूरोपित कर दिया गया। उसके ऊपर बनी छतरी आज भी मौजूद है। कहते हैं वहाँ एक इमली का पेड़ है, जिसके पत्ते खाने से कंठ मधुर हो जाता है।

इस काल में संगीत सम्बन्धी पुस्तकों की भी खूब रचनाएँ हुईं। पुंडरीक बिट्ठक की षड्राग चन्द्रोदय, रागमाला, राग मंजरी, नर्तन निर्णय, सोमनाथ की राग प्रबोध, दामोदर की संगीत–दर्पण, व्यकंटमुखी की चतुर्दण्डी प्रकाशिका, अहोबल की संगीत पारिजात, हृदयनारायण देव की हृदय प्रकाश, भावभट्ट की अनूप विलास, अनूपांकुश या अनूप रत्नाकर नामक पुस्तकों को देख सकते हैं। सम्भव है बादशाह के संगीत प्रेम और तानसेन की प्रतिष्ठा और प्रस्तुति से भी प्रोत्साहन मिला हो। अबुल फजल ने जिन छत्तीस प्रमुख संगीतकारों का उल्लेख किया है—यह सब उस युग में संगीत की समृद्ध परम्परा के ही प्रमाण हैं।

अकबर के शासनकाल को लेकर एक महत्त्वपूर्ण तथ्य की ओर डॉ. रामविलास शर्मा ने भी ध्यान आकृष्ट किया है—"फारसी के राजभाषा रहते हुए भी यहाँ की लोकभाषाओं को विकसित होने का पूरा अवसर प्राप्त था। तुर्क वंश के अभिजात साहित्यकारों को यहाँ की लोकसंस्कृति गहराई से प्रभावित कर रही थी। इसका शानदार उदाहरण अब्दुर्रहीम खान–ए–खाना हैं। वे अरबी–फारसी के विद्वान थे, अकबर के प्रमुख सहयोगियों में थे। फिर भी उनकी ब्रजभाषा की रचनाएँ लोकसंस्कृति से प्रभावित ही नहीं हैं, वरन उसका अभिन्न अंग बन गयी हैं। इस युग में हिन्दी प्रदेश के प्रधान शासक अकबर थे।"[33] रहीम कवि अकबर के नवरत्नों में थे और वे उस समय के महान कवि तुलसीदास के मित्रों में थे। कहा जाता है कि एक बार तुलसीदास ने किसी की सिफारिश के लिये संकेत में एक दोहा लिखकर भेजा, जिसका काम कर रहीम ने प्रत्युत्तर में वैसा ही किया। उसी दौर के दूसरे महान कवि सूरदास के प्रसंग में है कि एक बार तानसेन ने सूरदास का लिखा कोई पद सुनाया। अकबर इतना प्रभावित हुआ कि उनको बुलाने का आदेश दिया। बड़ी मुश्किल के बाद सूरदास आये तो उनको पूरा सम्मान दिया गया। उनसे अकबर ने कुछ भजन सुने और उनकी बहुत तारीफ की। जब अकबर की प्रशंसा में कुछ सुनाने को कहा गया तो वे कृष्ण की प्रशंसा में सुनाने लगे। पुरस्कार, ईनाम देने के प्रस्ताव को थोड़ी

नाराजगी से ठुकरा दिया और पूरी तरह अनासक्ति दिखायी। सूरदास ने आग्रह किया कि दुबारा बादशाह उनसे न मिलें तो वे राहत महसूस करेंगे। आप कल्पना कीजिये इसके बावजूद बादशाह अकबर ने उनके पदों का फारसी में अनुवाद कराया। वल्लभाचार्य के शिष्य और अष्टछाप के ही कवि कुम्भनदास का कोई पद अकबर ने सुना तो उनसे मिलने की इच्छा प्रकट की। दरबारी उनको दबाव देकर लाये। कुम्भनदास जी मथुरा से दिल्ली पैदल चले आये और बादशाह की शाही सवारी लौटा दी। अकबर ने पूछा—'बाबा मैं आपकी क्या सेवा कर सकता हूँ?' उन्होंने बड़ी विनम्रता से कहा—'आवत जात पनहिया घिस गयी बिसर गये हरिनाम...जहाँपनाह! अब हमें कभी दरबार में हाजिर होने का हुक्म न सुनाया जाय।'

मध्यकालीन इतिहास में वास्तुशिल्प के अलावे साहित्य, कला और संगीत के संरक्षक की भूमिका में अकबर ने महान कार्य किया। सबसे महत्त्वपूर्ण बात यह कि वे जनकवि जो लोकभाषा में लिखते थे, सामान्य जन के बीच रहते थे, वे न उमरा थे, न कुलक, न अमीर, उनका सम्भ्रान्त समाज के प्रभु वर्ग से दूर-दूर तक कोई नाता नहीं था। बावजूद अकबर ने उनको मान-सम्मान दिया। उपहार, भेंट और पुरस्कार दिये। कविवर रहीम और संगीतज्ञ तानसेन को तो नवरत्नों में प्रतिष्ठा दी और अपनी इन्हीं भूमिकाओं से उसने भारतीय इतिहास में अपनी विशिष्ट जगह भी हासिल की।

सन्दर्भ-स्रोत—

1. आईने-अकबरी (1)-अबुल फजल-रामलाल पांडेय पृष्ठ-27
2. भारतीय संस्कृति और हिन्दी प्रदेश (2)-डॉ. रामविलास शर्मा पृष्ठ-213
3. मुगलकालीन भारत (हुमायूँ) भाग-1-'अकबरनामा'-1-अबुल फजल पृष्ठ-353, 354
4. मुस्लिम प्रशासन के कुछ पहलू-डॉ. आर. पी. त्रिपाठी पृष्ठ-104
5. मध्यकालीन भारत : राजनीति, समाज और संस्कृति-डॉ. सतीशचन्द्र पृष्ठ-227
6. मध्यकालीन भारत : राजनीति, समाज और संस्कृति-डॉ. सतीशचन्द्र पृष्ठ-245
7. मध्यकालीन भारत : राजनीति, समाज और संस्कृति-डॉ. सतीशचन्द्र पृष्ठ-255
8. हिन्दुस्तान की कहानी-पं. जवाहरलाल नेहरू पृष्ठ-352
9. हिन्दुस्तान की कहानी-पं. जवाहरलाल नेहरू पृष्ठ-353
10. हिन्दुस्तान की कहानी-पं. जवाहरलाल नेहरू पृष्ठ-354
11. हिन्दुस्तान की कहानी-पं. जवाहरलाल नेहरू पृष्ठ-358
12. अकबर और तत्कालीन भारत-सं. डॉ. इरफान हबीब पृष्ठ-90

13. अकबर और तत्कालीन भारत-सं. डॉ. इरफान हबीब पृष्ठ-91
14. मध्यकालीन भारत (2)-सं. डॉ. हरीशचन्द्र वर्मा पृष्ठ-129
15. अकबर और तत्कालीन भारत-सं. डॉ. इरफान हबीब पृष्ठ-91
16. अकबर और तत्कालीन भारत-सं. डॉ. इरफान हबीब पृष्ठ-92
17. मध्यकालीन भारत (2)-सं. डॉ. हरीशचन्द्र वर्मा पृष्ठ-132
18. मध्यकालीन भारत (2)-सं. डॉ. हरीशचन्द्र वर्मा पृष्ठ-133
19. मध्यकालीन भारत (2)-सं. डॉ. हरीशचन्द्र वर्मा पृष्ठ-135
20. मध्यकालीन भारत (2)-सं. डॉ. हरीशचन्द्र वर्मा पृष्ठ-156
21. इतिहास का मतान्तर-डॉ. मुबारक अली पृष्ठ-70
22. इतिहास का मतान्तर-डॉ. मुबारक अली पृष्ठ-71
23. अकबर और तत्कालीन भारत-सं. डॉ. इरफान हबीब पृष्ठ-86
24. मुस्लिम प्रशासन के कुछ पहलू-डॉ. आर. पी. त्रिपाठी पृष्ठ-107
25. मुस्लिम प्रशासन के कुछ पहलू-डॉ. आर. पी. त्रिपाठी पृष्ठ-108
26. मुस्लिम प्रशासन के कुछ पहलू-डॉ. आर. पी. त्रिपाठी पृष्ठ-109
27. मुस्लिम प्रशासन के कुछ पहलू-डॉ. आर. पी. त्रिपाठी पृष्ठ-110
28. भारत की राष्ट्रीय संस्कृति-ए. एस. आबीद हुसैन पृष्ठ-81
29. अकबर और तत्कालीन भारत-सं. डॉ. इरफान हबीब पृष्ठ-198
30. हमारे संगीत-रत्न-लक्ष्मीनारायण गर्ग पृष्ठ-193, 194
31. संगीत कक्ष-नमिता देवीदयाल पृष्ठ-27
32. हिन्दुस्तानी संगीत में तानसेन का स्थान-वीरेन्द्र किशोर रायचौधुरी पृष्ठ-43
33. भारतीय संस्कृति और हिन्दी प्रदेश (2)-डॉ. रामविलास शर्मा पृष्ठ-199

जहाँगीर
(1605-1627 ई.)

डॉ. सैयद अतहर अब्बास रिजवी ने मुगलकाल में हुमायूँ तक ही मूल स्रोत-सामग्री का अनुवाद और सम्पादन प्रस्तुत किया है, इसलिये बाद के बादशाहों और उनके समय से जुड़ी सामग्री बिखरी हुई है। हिन्दी में आजादी के दौर में और उसके कुछ बाद तक इस दिशा में जो उल्लेखनीय कार्य हुए थे, वे सब नष्टप्राय और अपनी दुर्दशा को प्राप्त हो चुके हैं। नागरी प्रचारिणी सभा, काशी ने ही बाबू ब्रजरत्न दास की अनूदित और सुसम्पादित 'मुगल दरबार' दो खंडों में प्रकाशित की थी। 'हुमायूँनामा', 'अकबरनामा' और 'जहाँगीरनामा' भी उन्हीं के सौजन्य से छपा था। मुगल बादशाह जहाँगीर सम्बन्धी मूल स्रोत-सामग्री के रूप में इतिहासकारों ने जिस एक ग्रन्थ का सबसे ज्यादा इस्तेमाल किया है, वह है—जहाँगीरनामा। बाबू ब्रजरत्न दास ने जिस दक्षता और मिहनत से इसे फारसी से हिन्दी में अनूदित कर सुसम्पादित किया है, वह विस्मित भी करता है और उनके प्रति कृतज्ञ भी। उन्होंने इसकी उपलब्ध तमाम प्रतियों के बीच पाठान्तर, विभिन्न नामों से उनकी प्रतिलिपियों और अंग्रेज विद्वानों की चूकों की ओर संकेत करते हुए बहुत ही महत्त्वपूर्ण भूमिका भी लिखी है। कुल नौ नामों से उपलब्ध जहाँगीरनामा की प्रामाणिकता पर विचार करते हुए उन्होंने बताया है कि मूल आत्मकथा में मात्र बारह वर्षों के विवरण ही निर्विवाद हैं। कुछ प्रतियों में 16 या 18 वर्ष तक विवरण दर्ज हैं और ऐसा क्यों हुआ, इस पर भी उन्होंने विचार किया है। एक जगह वे एक महत्त्वपूर्ण सूचना देते हैं कि "जहाँगीरनामा की तीन प्रकार की प्रतियाँ मिलती हैं और इसके नाम भी आधे दर्जन प्रकार से मिलते हैं। सन् 1863 ई. में सर सैयद अहमद खाँ ने अन्तिम प्रकार की कई प्रतियों का मिलान कर एक सुसम्पादित संस्करण गाजीपुर से निकाला था और इसके दूसरे ही वर्ष इसे अलीगढ़ से भी प्रकाशित कराया था। इसकी प्रति भी अब अप्राप्य है।"[1] कभी-कभी यह सोचकर शर्म आती है कि अगर अंग्रेज विद्वानों ने हमारे इतिहास की मूल

स्रोत-सामग्री को, औपनिवेशिक दृष्टिकोण से ही सही लेकिन उस पर काम नहीं किया होता तो क्या पता हमारी स्थिति आज कितनी दयनीय होती!

बाबू ब्रजरत्नदास द्वारा प्रस्तुत 'जहाँगीरनामा' को पढ़ते हुए बार-बार रोचक और दिलचस्प अनुभव होते हैं। आप बादशाहों की अन्दरूनी और बाहरी दुनिया को, उस समय को, उस दौर के लोगों को बहुत करीब से महसूस करते हैं। इसकी भाषा अत्यन्त सहज, सरल और बोल-चाल के करीब वाली है। सम्भव है जहाँगीर ने इसे बोलकर लिखवाया हो। खुद तो लिखने की जहमत वह शायद ही उठाता होगा। पूरी आत्मकथा में एक स्वाभाविक प्रवाह है और कहीं-कहीं भाषा में रोमान भरा काव्यात्मक स्पर्श भी। इसके सहारे जहाँगीर की मानसिक बुनावट की पहचान करते हुए आपको कुछ असहज भी लग सकता है। पशु-पक्षी अथवा प्राकृतिक दृश्यावलियों के समय का सम्वेदनात्मक भाव, या मदिरोत्सवों के मस्तीभरे माहौल के साथ जब आप किसी दोषी को हाथी के पैरों तले कुचलवाकर मार डालनेवाली घटना पर आते हैं तो भले आपका रोआँ गनगना जाय, जहाँगीर पूर्व तरह ही तटस्थ, सहज, सरल तरीके से ही उसका वर्णन कर रहा होता है। पाशविक बेरहमी से भरी यह तटस्थता अन्दर-बाहर एक सिरहन-सी पैदा कर देती है, लेकिन जहाँगीर की भाषा का रंग तनिक भी नहीं बदलता। वह एक बादशाह था। उसमें कोमलता और कठोरता को लेकर कोई द्वन्द्व था ही नहीं, उसमें लोगों की प्रकृति-पहचान की क्षमता भी गजब की थी। जो इतिहासकार सुल्तानों के दरबार में थे अथवा उनके समकालीन थे, उन्होंने ज्यादातर अतिप्रशंसात्मक शैली का ही प्रयोग किया, इस नजरिये से जहाँगीरनामा अपेक्षाकृत यथार्थ के करीब है। लेकिन उसमें भरपूर आत्मप्रशंसा है और दूसरों के दोष-निदर्शन में भी उसने काफी उन्मुक्तता बरती है। अपने बाईस वर्षों के शासन में उसने खुद एक भी युद्ध नहीं लड़ा, लेकिन खुद को वह बाबर या अकबर से तनिक कम नहीं समझता। जगह-जगह व्यक्त हुई उसकी आत्मश्लाघा उसके व्यक्तित्व की कोई अच्छी छवि नहीं उकेरती। ब्रजरत्नदास ने लिखा है—"मदिरोत्सवों का, अहेरों का, पशु-पक्षी, फल-फूल, प्रकृतिं प्रेम आदि का अत्यन्त सुन्दर स्वाभाविक वर्णन किया है। यह कहीं अपने को ही अत्यन्त क्रूर हिंसक प्रगट करता है और कहीं अत्यन्त प्रेमी, जीवों के प्रति अत्यन्त दयालु-सा। जहाँगीर ने अपने आत्मचरित में अपने पिता का बहुत कुछ वर्णन दिया है और बड़ी श्रद्धा के साथ दिया है, जिसके विरुद्ध वह उसके जीवनकाल में विद्रोह कर चुका था।"[2] जाहिर था उसके भीतर परस्पर विरोधी प्रवृत्तियाँ थीं। व्यक्तित्व के अपने अन्तर्विरोध थे। उसने अपने जीवन और कारनामों की कई अप्रिय, असंगत लेकिन इतिहाससम्मत बातों को छुपा लिया है। आत्मगोपन का यह चातुर्य उसके आत्ममुग्ध व्यक्तित्व का ही एक हिस्सा है। फिर भी, जहाँगीर पर लिखते हुए प्राय: सभी इतिहासकारों ने उसके आत्मचरित का भरपूर इस्तेमाल

किया है और यह स्वाभाविक भी है।

मुगलकाल के इतिहास में भले ही अकबर की उपलब्धियाँ उसे अशोक के बाद भारत का सबसे महान सम्राट बनाती हों, मगर उसकी खुद की जिन्दगी तो गहरी कारुणिकता से भरी हुई थी। खास तौर से जीवन के आखिरी दौर में उसे कई तरह के ऐसे मर्मान्तक आघात झेलने पड़े, जिससे वह सकूनभरी मौत को भी तरस गया। दरअसल इसकी शुरुआत तभी हो गयी थी जब उसने गद्दी के वारिस की चिन्ता में शेख मुईनुद्दीन चिश्ती के दरबार में हाजिरी लगायी और बड़ी आरजू-मिन्नत के बाद दुआ कबूल हुई। अकबर इतना अहसानमन्द हुआ कि उसके बेटे का जन्म शाही महल में नहीं होकर शेख सलीम चिश्ती की खानकाह में ही 17 रबीउल् अव्वल 977 हिजरी (30 अगस्त 1569 ई. बुधवार) को सीकरी में हुआ। उसने कृतज्ञता से भरकर उसका नाम शेख के नाम पर ही रखा—मुहम्मद सुल्तान सलीम। उसे वह प्यार से शेखू बाबा भी कहकर बुलाता था। उसने अपने भीतर इस इनायत का ऐसा बोझ महसूस किया कि जियारत के लिये दो सौ अट्ठाईस मील की दूरी नंगे पाँव पैदल चलकर सोलह दिनों में पूरी की। वह पवित्र शुक्रवार 20 जनवरी 1570 को चलकर रविवार 5 फरवरी को अजमेर पहुँचा और चिश्ती की दरगाह पर जियारत की। शेख सलीम की खानकाह में उसकी पत्नी ने 7 जून 1570 को मुराद और दूसरी ने 9 सितम्बर 1572 को दानियल को जन्म दिया था।

सलीम जब 15 साल का हुआ ही था, अभी किशोरवय की ठीक से केंचुल भी नहीं उतरी थी कि अकबर ने आमेर के राजा भगवानदास की पुत्री मानमती (मीनाबाई, मानबाई) से 13 फरवरी 1585 को उसकी शादी करवा दी। जब वे शाही महल में आयीं तो उनको शाह बेगम का नाम हासिल हुआ। उससे उनको सुल्तानुन्निसा पुत्री और खुसरो दो सन्तानें हुईं। सलीम का जन्म भले ही शेख चिश्ती की दुआ से हुआ था, लेकिन संस्कार तो उसके शाही ही थे। उसने अगले ही साल 1586 ई. में तीन शादियाँ और कीं। पहली जोधपुर के राजा उदयसिंह की पुत्री जगत गोसाइन से हुई जिससे खुर्रम शाहजहाँ और शहरयार दो पुत्र हुए। दूसरी बीकानेर के राजा रायसिंह की पुत्री से और तीसरी शादी सईद खाँ काशगरी की पुत्री से हुई। विवाह या निकाह का यह सिलसिला आगे भी नहीं थमा और अपने राज्यारोहण के पूर्व उसने कुल सोलह शादियाँ कीं। 1611 ई. में उसका निकाह नूरजहाँ बेगम से हुआ, जिसका शासन के उत्तरार्द्ध में पूरा दबदबा रहा। बादशाह जहाँगीर की पत्नियों, उपपत्नियों की संख्या बढ़कर तीन सौ तक पहुँच गयी थी। आप कल्पना कर सकते हैं कि इस्लाम में इतनी शादियों की इजाजत की कोई गुंजाइश नहीं थी, लेकिन बादशाह तो खुदा का प्रतिनिधि था और उसे किसी से इजाजत की कोई दरकार ही नहीं थी। स्त्री-विलास के अलावे जहाँगीर की दूसरी कमजोरी शराबखोरी थी। उसने अपने आत्मचरित

में एक शेर लिखा है—

यह वह समय है कि खूब आनन्द व आराम कर लूँ,
क्योंकि मदिरा सुराही में है और सुराही हृदयहीन है।[3]

स्त्री-विलास और शराबखोरी के साथ शाहजादा सलीम के भीतर बादशाहत की चाह भी पनप चुकी थी। उसकी इस महत्त्वाकांक्षा को उत्तेजित करने में सबसे बड़ी भूमिका उसके बालसखा खूबू की थी, जो शेख सलीम चिश्ती का पौत्र था। सलीम इस दिशा में सक्रिय भी हो गया था।

कहा जाता है कि उसने पहली कोशिश 1591 ई. में बादशाह अकबर को जहर देकर मारने से शुरू की। अचानक अकबर के पेट में बड़ी जबर्दस्त पीड़ा हुई। सन्देह की सुई शाही चिकित्सक हकीम हुमाम की ओर गयी जो सम्भवत: सलीम के दबाव में आकर विषाक्त भोजन देने को विवश कर दिया गया था। प्रो. हेरम्ब चतुर्वेदी ने लिखा है—''मध्यकालीन इतिहासकार बदायूँनी बताता है कि अकबर ने कहा, कि शेखू बाबा यह सारी सल्तनत तो तुम्हीं को विरासत में मिलती तो तुम्हें मेरे ऊपर ऐसा आघात करने की क्या आवश्यकता थी? मेरा जीवन लेने के लिये भी तुम्हें अन्यायपूर्ण प्रयास करने की जरूरत नहीं थी। तुम मुझसे मेरा जीवन भी माँगते तो मैं तुम्हारी खुशी के लिये तुम्हें वह भी खुशी-खुशी देता।''[4] आप देख सकते हैं मुगलपूर्व की राज्य-लिप्साओं वाली निर्ममता में कोई फर्क नहीं आया था। यह बात अलग है कि अनेक इतिहासकार या तो इस घटना की पूरी तरह अनदेखी कर जाते हैं अथवा इसकी प्रामाणिकता को ही विवादित कर देते हैं। प्रो. चतुर्वेदी ने डॉ. बेनीप्रसाद जैसे आधुनिक इतिहासकारों के हवाले से बताया है कि अकबर या जहाँगीर के समकालीन इतिहासकारों में ऐसा साहस और ऐसी निष्पक्षता नहीं थी कि वे इन बातों को लिखते। यही कारण है कि 1595 ई. से 1598 ई. तक के समय का अब कोई प्रामाणिक इतिहास सुलभ नहीं है। बहुत सारी जानकारियाँ और सूचनाएँ तो अंग्रेज यात्रियों या उस समय मौजूद पादरियों के लिखे संस्मरणों से ही ज्ञात होती हैं।

शाहजादा सलीम की सतर्क निगाह अपने दूसरे दावेदारों मुराद और दानियल पर भी थी जबकि वे शायद ही उसकी राह के रोड़ा बनते। बावजूद वह चौकन्ना था और मुराद की गतिविधियों पर तो नजर रखने के लिये अपने विश्वस्त गुप्तचर तक तैनात कर दिये थे। लेकिन उसकी यह चिन्ता भी असमय ही दूर हो गयी। मुराद पूरी तरह विलास और शराब में लीन रहता था। शेख चिश्ती की खानकाह में जन्म लेने का उस पर कोई प्रभाव नहीं पड़ा था। अपनी इसी जीवनशैली के अतिरेक में 2 मई 1599 को वह हमेशा के लिये दुनिया से विदा हो गया। सलीम को उसकी मौत ने चाहे जितनी राहत दी हो, बेबस चक्रवर्ती सम्राट् अकबर को इससे मर्मान्तक पीड़ा हुई। पिता का दिल और बादशाह का दायित्व—वह गहरे कशमकश में रहा। उसने

राजा मानसिंह और शाह कुली खाँ के साथ उसके नेतृत्व में उसे मेवाड़ फतह को भेजा तो वह खुद अजमेर में रुककर शिकार में लग गया और सुरा-सुन्दरी में रम गया। उसने सेना और सेनानायक को राणा से निबटने के लिये भेज दिया। अकबर दक्षिण के अपने आखिरी अभियान में जाने लगा तो उसने पूरे उत्तर भारत का दायित्व उसे ही सौंप दिया।

अकबर ने शाहजादा दानियल और अब्दुर्रहीम के नेतृत्व में एक सेना अहमदाबाद का घेरा डालने के लिये भेजी और खुद असीरगढ़ के सुदृढ़ दुर्ग पर घेरा डाल दिया। पूरे छह महीने तक घेरा डाले रहा, तब जाकर अन्त में मिर्जा बहादुरशाह ने दुर्ग को बादशाह के हाथों में सौंपा। अब खानदेश की राजधानी बरहानपुर मुगल सल्तनत के अधीन आ गयी। यह अकबर के जीवन की आखिरी जीत थी। उसने बरार, अहमदनगर और खानदेश का शासन अपने छोटे शाहजादे दानियल को सौंप दिया। सम्भव है उसके भीतर कहीं-न-कहीं यह भाव रहा हो कि अगर इसे दक्षिण के प्रान्तों को सौंपकर सलीम को उत्तर का दायित्व दे दे तो शायद साम्राज्य और शाहजादों का सामंजस्य भी ठीक हो जाएगा। बादशाह अकबर के भीतर जो भी भाव रहा हो, शाहजादे सलीम को लगा दक्षिण में बादशाह के लम्बे प्रवास का लाभ उठाकर वह खुद को दिल्ली का बादशाह घोषित कर सकता है। उसे बस राजा मानसिंह का भय था। तभी बंगाल से विद्रोह की खबर आयी और मानसिंह को उसे दबाने के लिये कूच करना पड़ा। सलीम को लगा, उसे मनमाँगी मुराद मिल गयी।

सैयद अब्दुल्ला और महावत खाँ सलीम को लगातार उत्तेजित कर रहे थे। सलीम ने शहबाज खाँ की मौत के बाद उसकी लगभग एक करोड़ की सम्पत्ति पर बलात् कब्जा कर लिया और तरह-तरह के मनसूबे बनाने लगा। इसी दौरान उसने एक ऐसा घृणित कुकृत्य किया जिसे झुठलाने अथवा ढँकने की कोशिश अनेक इतिहासकारों ने की है। वह कृत्य सलीम का अपनी सौतेली माँ और शाहजादा दानियल की माँ अनारकली से बलात्कार करना था। इस बेशर्म और अनहोनी घटना से मुगल हरम में हंगामा मच गया। उस समय अकबर की माँ मरियम मकानी जीवित थीं। जब उनके कानों में यह बात गयी तो वह सन्न रह गयीं। गहरे क्षोभ के बावजूद वे बादशाह के क्रोध और दंड के साथ-साथ मुगल साम्राज्य के भविष्य को लेकर भी व्याकुल हो उठीं। उन्होंने हुमायूँ के साथ बहुत बुरे दिन देखे थे। आतप-आपदाओं की आँधियाँ झेली थीं। उनसे ज्यादा इस मुगल साम्राज्य की अहमियत को दूसरा कौन समझ सकता था? उन्होंने इस मामले में सीधे हस्तक्षेप का मन बना लिया। उनके दिमाग की एक-एक नस सक्रिय हो गयी।

नशे और वासना के उन्माद में सलीम ने जो कुकृत्य कर डाला था, उससे उबरने पर उसके लिये अपनी ही बेहयाई का सामना करना मुश्किल हो रहा था। ऐसे

में माँ, दादी या पिता को मुँह दिखाने के लिये जरूरी शर्म और साहस वह कहाँ से ला पाता? वह अपनी सेनाओं को इलाहाबाद पहुँचने का हुक्म सुनाकर खुद नाव से इलाहाबाद रवाना हो गया। वहाँ पहुँचकर उसने सबसे पहले खुद को बादशाह घोषित कराया और अपने नाम का खुत्बा भी पढ़वाया। उसने तमाम राजसी पोशाक, छत्र, तोरण मसलन सारे प्रतीकों को धारण किया। अपने दोस्त खूबू को बिहार की सूबेदारी, लाल बेग को जौनपुर और यतीम बहादुर को कालपी का शासक बहाल कर दिया। उसने अब्दुल्ला को खाँ की उपाधि दी और महत्त्वपूर्ण जागीरें भी सौंप दीं। बिहार के खजाने से तीस लाख रुपये लेकर अपने पास रख लिये। उसका अगला अभियान तीस हजार सैनिकों के साथ आगरा पर धावा बोलने का था। इतना ही नहीं, उसने गोवा के पुर्तगाली शासकों से पत्राचार शुरू किया कि वे उसे अकबर के विरुद्ध सैनिक मदद करें। अकबर को अब सलीम से पहले सल्तनत की चिन्ता हुई। उसने अहमदनगर में फँसे अपने अजीज दोस्त और सलाहकार अबुल फजल को सन्देश पठाया कि वह तुरन्त आगरा पहुँचे। यह बात जब जहाँगीर को मालूम हुई तो वह परेशान हो उठा। अबुल फजल की करामाती सोच और चालों से वह अच्छी तरह परिचित था। उसका पहुँचना जहाँगीर के इरादों पर पानी फिरने जैसा था। उसने अपने सबसे विश्वस्त दोस्त वीरसिंह देव बुन्देला को यह जिम्मेदारी सौंपी कि वह रास्ते में ही उसका खात्मा कर दे।

प्रसिद्ध इतिहासकार अबुल फजल अकबर के दरबार के नवरत्नों में एक था। उसकी विद्वता, वफादारी और कर्त्तव्य-निष्ठा बेमिसाल थी। उसके दबदबे के सामने तमाम अधिकारी सहमे रहते और यही बात सलीम को बुरी तरह खटक रही थी। वह जब उज्जैन पहुँचा तो उसके साथियों को बुन्देला के इरादों की भनक मिली। यह भी पता चला कि वह डकैती और हत्या का पेशा भी कर लेता है। उन्होंने अबुल फजल को आगाह किया कि वे रास्ता बदलकर चाँदे की घाटी से चलें। अबुल फजल को लगा चोर-डकैतों का साहस बादशाह के नवरत्नों पर आक्रमण करने का हो ही नहीं सकता। राजसी ओहदे का अहम आसानी से दबता भी नहीं। साथ में सिर्फ दो-तीन ही सवार थे। बराकी सराय अब मात्र आधे कोस की दूसरी पर था। एक सवार ने इशारा किया कि सामने धूल उड़ रही है, जरूर कोई आ रहा है। अबुल फजल ने घोड़े की बाग रोक दी। अफगान सवार गदाई खाँ ने चिल्लाकर कहा—'यह वक्त ठहरने का नहीं है। दुश्मन बिल्कुल वेग से पास आ रहा है। आप निकल जायँ। अतरी कस्बा सिर्फ दो-तीन कोस की दूरी पर है। हम इसे रोकते हैं।' अबुल फजल बादशाह अकबर का शागिर्द था। "गदाई खाँ! तुम सैनिक होकर ऐसी सलाह दे रहे हो? शहंशाह अकबर ने मुझ फकीर को मस्जिद के कोने से उठाकर सदरे-मसनद पर बैठा दिया। तुम चाहते हो इस चोर से डरकर उनके रुतबे को मिट्टी में मिला दूँ? फिर

मैं कौन-सा मुँह लेकर उस दरबार में बैठ सकूँगा? भाग्य में मरना ही लिखा है तो मुझे कोई नहीं बचा सकता।'' दुश्मनों ने ज्यादा मौका नहीं दिया। अफगान सवारों ने पूरे वेग से लड़ाई लड़ी, लेकिन वे पहले ही शहीद हो गये। बरछा सीधे अबुल फजल के शरीर में गड़ा और वह घोड़े से नीचे गिर पड़ा। अफगान सवारों के बीच मध्यकाल के उस महान इतिहासकार के क्षत-विक्षत शरीर से बुन्देला ने सिर अलग कर दिया और सलीम को भिजवा दिया। उसने सिर को पाखाने में डलवा दिया। इतिहास में ऐसा घिनौना सलूक शायद ही किसी और ने किया हो, वह भी उस शाहजादे द्वारा जिसकी सल्तनत के बेशकीमती रत्नों में वह भी एक अनमोल रत्न था।[5]

दक्षिण से फतह कर आगरा लौटे सम्राट अकबर ने खुद को दुनिया का सबसे पराजित इंसान महसूस किया। सलीम यह कभी नहीं समझ सकता था कि वीरसिंह देव बुन्देला ने जिस शख्स का सिर काटकर उसे सौंपा था, उसकी उसी के पिता के लिये क्या अहमियत थी! वह अपनी माँ मरियम मकानी की गोद में सिर छिपाकर किसी असहाय बच्चे की तरह फूट-फूटकर रो रहा था—'यदि सलीम को बादशाहत चाहिए थी तो वह मुझे मार देता, लेकिन मेरे अजीज और बेकसूर दोस्त को उसने क्यों मारा?' मरियम मकानी ने सल्तनत में अपनों के षड्यंत्रों और हत्याओं का अन्तहीन सिलसिला देखा था। बादशाहों के हरम में हवस के बेशुमार कृत्यों की वह खुद गवाह रही थीं। उन्हें पता था दानियल विलासिता में इतना रुग्ण हो चुका है कि उसकी कब्र तो खुद कर तैयार हो चुकी है! सलीम सल्तनत का इकलौता टिमटिमाता चिराग था। वे तय कर चुकी थीं अपराध किसका, कितना है और किसको क्या दंड मिलना है! यात्री एडवर्ड टैरी का प्रो. हेरम्ब चतुर्वेदी ने हवाला दिया है कि ''अनारकली अकबर की सर्वाधिक प्रिय पत्नी थी, अत: दूसरी स्त्रियों की इस पूरे प्रकरण में उदासीनता उस काल के नैतिक मूल्यों, हरम जीवन एवं विलासितापूर्ण जीवन-शैली की परिचायक थी।'' सलीम की सौतेली माँ सलीमा बेगम खुद सलीम को लाने इलाहाबाद गयीं। मरियम मकानी और अकबर के सामने बड़े नाटकीय तरीके से सलीम को पिता के पाँवों में पटक दिया गया। प्रो. हेरम्ब चतुर्वेदी ने आगे लिखा है—''समर्पण की इस घड़ी में, अपनी माँ की उपस्थिति में अकबर जैसा सुसंस्कृत व शिष्ट व्यक्ति कर ही क्या सकता था? एक तरफ उसे हरम में भी महिलाओं को संयत रखकर 'हरम' के प्रभाव को सन्तुष्ट करना था तो दूसरी ओर साम्राज्य को विद्रोह से निकालकर पुनर्गठित भी करना था। उसकी वरीयता निश्चित एवं निर्धारित थी—क्रोध एवं कठोर दंड परिस्थितियों को और बिगाड़ सकते थे, अत: संयम और साहस से उसने परिपक्व मन का परिचय दिया था। पता नहीं भावनाओं, सम्वेदनाओं एवं बादशाहत को उसने कैसे नियन्त्रित किया होगा?''[6] एक

भिन्न प्रसंग यह है कि अकबर अपनी सेना के साथ सीधे इलाहाबाद की ओर बढ़ा। रास्ते में पता चला कि उसकी माँ सख्त बीमार हो गयी हैं। उसने अपने पोते शाहजादा खुर्रम जो उसी के साथ रहता था; हकीम अली के साथ घोड़े से आगरा भेजा। वे सचमुच बीमार थीं। लौटकर खुर्रम ने कहा कि अगर आप आखिरी दीदार चाहते हैं तो फौरन जायँ। अकबर ने तुरन्त काफिले की वापसी का फरमान जारी किया। वह जब आगरा पहुँचा तो उसकी अम्मी मरियम मकानी अन्तिम साँसें ले रही थीं। थोड़ी देर बाद उनका देहान्त हो गया।

प्रो. हेरम्ब चतुर्वेदी ने अनारकली को काल्पनिक सिद्ध करने की कोशिशों को प्रामाणिक तथ्य-तर्कों के साथ बिल्कुल असरहीन कर दिया है। अंग्रेज यात्री विलियम फिंच जो 1608 से 1611 ई. के बीच भारत में रहा था; उसने जो यात्रा-संस्मरण लिखा है—उसमें अनेक 'अनछुए और अनसुलझे पहलुओं' पर पर्याप्त प्रकाश डाला गया है। उसके अनुसार, अनारकली के साथ बलात यौन सम्बन्धों के कारण ही बचाव में सलीम विद्रोह कर बैठा। प्रो. हेरम्ब चतुर्वेदी के अनुसार, उसके लिखे में इस बात के भी संकेत हैं कि इस कुकृत्य में अनारकली भी दोषी थी और अकबर ने उसकी संलिप्तता के प्रति आश्वस्त होने पर ही उसे लाहौर के महल की दीवार में जिन्दा चुनवा दिया। इस बात की पुष्टि एडवर्ड टैरी भी करता है। उन्होंने अन्य उदाहरणों से भी इसकी पुष्टि की है।

अकबर के भीतर यह भी विचार आया कि क्यों न सलीम के बेटे खुसरो को ही उत्तराधिकारी घोषित कर दिया जाय। लेकिन परामर्श के समय ही मीर जिया-उल-मुल्क और सैयद खाँ बराह ने इस विचार का जबर्दस्त विरोध किया। आखिर उसे निर्णय बदलना पड़ा। ये सारे प्रकरण अकबर को भीतर-ही-भीतर बुरी तरह जर्जर कर रहे थे और उसका स्वास्थ्य बड़ी तेजी से गिरने लगा था। बिस्तर पर गोया वह पल-पल मौत का इन्तजार कर रहा हो। संकोच और शर्म की मोटी परत से उद्विग्न सलीम उसका सामना करने से लगातार परहेज कर रहा था। राजा मानसिंह और मिर्जा अजीज कोका बादशाह के भीतर खुसरो के विकल्प को जान चुके थे। वे चाहते थे, बिना उत्तराधिकार चयन किये ही बादशाह की मौत हो जाय। मरते हुए चक्रवर्त्ती सम्राट की शैया के आसपास उत्तराधिकार का षड्यंत्र बहुत तेजी से चल रहा था। बात यहाँ तक पहुँच चुकी थी कि अगर सलीम अन्तिम दर्शन को आये तो उसे बन्दी बना लिया जाय। यह षड्यन्त्र राजा मानसिंह का हो या मिर्जा अजीज कोका का, इसकी भनक सेना के उच्च ओहदेदार मीर बख्शी शेख फरीद को भी लग चुकी थी। वह सलीम के पक्ष में पूरी तरह सावधान था। जब सलीम आखिरी दर्शन को चला तो पहले राजमहल में ही ठिठक गया। कुछ अनहोनी-सी आशंका उसने भी भाँप ली थी। शेख फरीद तुरन्त सारे पहरेदारों, मौजूदा सैनिकों और चोबदारों के

हथियार बाहर रखवाकर चुने हुए सैनिकों के साथ उसके पास पहुँचा और झुककर अभिवादन किया। सलीम उसी के साथ अपने दम तोड़ रहे पिता के पास पहुँचा। सम्राट अकबर ने आँखें खोलीं—सामने शाहजादा सलीम खड़ा था। वही बेटा सलीम, जिसके लिये 16 दिनों तक नंगे पाँव पैदल चलकर अजमेर के चिश्ती की दरगाह में उसने जियारत की थी। उसी बेटे से यह आखिरी मुलाकात थी। भावनाओं से भरे बादशाह की आँखें छलछला आयीं। उसने दरबारियों की ओर देखा। अभ्यस्त दरबारियों ने बादशाह की आँखों के संकेत पढ़ लिये और दौड़कर शाही पगड़ी और बादशाह की रत्नजड़ित पोशाकें लाये। सलीम को बादशाह के संकेत बताये गये। जब सज-धज कर सलीम बादशाह के सामने खड़ा हुआ तो एक दरबारी ने तुरन्त उसकी कमर में हुमायूँ की शाही कटार बाँध दी। सलीम ने बादशाह के पाँवों पर माथा रखकर अपना आखिरी अभिवादन किया। एक क्षीण मुस्कान बादशाह के सूखे चेहरे को सजीव कर गयी और उसने सकून देनेवाली आखिरी साँस भरी। महान अशोक के शताब्दियों बाद भारत के दूसरे चक्रवर्त्ती सम्राट् अकबर ने हमेशा के लिये आँखें मूँद लीं। अब शाहजादा सलीम मुगलिया तख्त का बादशाह जहाँगीर बन चुका था और मुगल सल्तनत में एक नये अध्याय की शुरुआत हो चुकी थी।

सलीम के रूप में उसके व्यक्तित्व की चाहे जो कमजोरियाँ और आचरण में जो भी विच्युतियाँ रही हों, जिससे उसके पिता बेहद चिन्तित और बेचैन रहे, बादशाह जहाँगीर के रूप में वह एकबारगी बदल गया था। अपने 22 वर्ष के शासन में खास तौर से पूर्वार्द्धवाले काल में उसने कई ऐसे ऐतिहासिक निर्णय लिये और शासन का ऐसा सफल संचालन किया जिसे आश्चर्यजनक ही कहा जाएगा। इस मामले में एक गौर करनेवाली बात डॉ. आर. पी. त्रिपाठी ने लिखी है कि अकबर ने अपनी मृत्यु के तीन माह पूर्व ही—''वित्त विभाग (विज़ारत) को शाहजादे सलीम के नियन्त्रण में रख दिया।...विजारत का नियन्त्रण शाहजादे को हस्तान्तरित करने से तुरन्त ही वह कुछ सीमा तक काम के दबाव से मुक्त हो गया और इससे प्रशासकीय तन्त्र पर शाही परिवार का नियन्त्रण मजबूत हो गया।'' वे आगे यह भी बताते हैं कि ''यह काम उन्होंने लीक से हटकर किया; वजीर की जगह राजवंश को ज्यादा भरोसेमन्द समझा। अकबर ने जो प्रयोग किया, वह स्पष्ट बताता है कि वह किसी पुरानी व्यवस्था से सन्तुष्ट नहीं था और वह नये तरीके आजमाने से नहीं हिचका।''[7] सम्भव है अकबर को चल रहे अथवा सम्भावित षड्यन्त्रों का अहसास हो या उसने यह सोचा हो कि अन्ततः जिसे आगे उत्तराधिकारी होना है अगर उसे ही देकर परखने की कोशिश की जाय। जहाँगीर की आश्चर्यजनक सफलता के पीछे यह भी था कि अकबर ने उसे जितना विशाल और ताकतवर साम्राज्य सौंपा था, उतने ही ऊँचे आदर्शों की विरासत भी छोड़ी थी। सोच और आचरण दोनों स्तरों पर मुगल सल्तनत

की कुछ महान परम्पराएँ थीं, जो उसके रास्ते को बराबर रोशन कर रही थीं। इसके साथ ही साथ पूरा शासन बिल्कुल अनुसरण जैसा न लगे, इसलिये उसने छोटे-मोटे मौलिक परिवर्तन भी शुरू कर दिये। सरसरी निगाह से देखने पर अपने नाम से सिक्के ढलवाना भले ही बहुत सामान्य बात लगे, मगर इसमें उसकी सोच और मौलिकता दोनों की झलक मिलती है।

बेशक उसके कार्यकाल में ढलवाये गये सिक्के अकबरकालीन आधार पर ही थे मगर उसने निसार (एक रुपये का चौथाई) नाम का सिक्का चलाया जो उसके बाद भी प्रचलित रहा। इसके अलावे उसने अपशाँ और खैर काबुल नाम के बिल्कुल नये सिक्के ढलवाये। उसकी परिष्कृत रुचि का असर ऐसा था कि उसने अपने सिक्कों पर पद्यात्मक आख्यान अंकित कराये। चित्रकला में उसकी विशेष रुचि थी और इस दिशा में उसका बोध बहुत ऊँचे दर्जे का था। इस कारण उसके एक सिक्के पर उसकी अर्धप्रतिमा का पार्श्वचित्र है जिसमें एक हाथ बाल्कनी पर रखे हुए अंकित है। कुछ पर हाथ में फूल व प्याला लिये तस्वीर अंकित है। उसने खुशी में कैदियों को आम माफी देकर अपनी उदार छवि प्रसारित की। जब वह गद्दी पर बैठ गया तो उसे सरदारों की अहमियत का पूरा अहसास हुआ। यही कारण है कि उनके विशेषाधिकार से उसने कोई छेड़छाड़ नहीं की। मसलन वह अपनी स्वीकृति को लेकर भी सचेत था। शासन में उसकी मौलिक प्रतिभा का पहला प्रदर्शन तब होता है जब वह अपने राज्य के लिये 12 सूत्री आदेश जारी करता है जो एक तरह से चार्टर के रूप में देखा जा सकता है। इन आदेशों पर गौर करें तो यह पूर्व-मध्ययुगीन शासन व्यवस्था की तुलना में ज्यादा आधुनिक, प्रगतिशील और मानवीय सरोकारोंवाले आदेश हैं। लेकिन इन आदेशों को जिन वस्तुगत सामाजिक स्थितियों के विरुद्ध लागू किया गया होगा उनकी मौजूदगी तो समाज में जरूर रही होगी। मसलन अधिकारियों और जागीरदारों की भूमिकाएँ बहुत ज्यादा जनविरोधी और दमनकारी रही होंगी, वरना बादशाह को ऐसे आदेश की जरूरत ही क्यों पड़ती?

1. जकात, (आय का 40वाँ भाग जो दान दिया जाता है), मीर बहरी (जलमार्ग से माल ले जाने पर लगनेवाला कर), तुमगा (व्यापार के सामान पर लगाया गया कर) को, जिससे प्रतिवर्ष आठ सौ मन हिन्दुस्तानी तौल से सोना उतरता था, पूर्ण रूप से प्रजा को छोड़ दिया जिससे कष्ट में पड़े हुए लोगों का कष्ट दूर हो जाय।

2. जिन मार्गों में चोर या डाकू हों, जो यात्रियों को लूटते हों; वहाँ के आदमी को पदमुक्त किया जाय। जहाँ खाली रास्ता हो, वहाँ कस्बे बसाये जायँ और रास्ते न हों तो बनवाये जायँ। सुनसान रास्तों पर मजिस्दें और सराय बनवायी जायँ जहाँ यात्री आराम कर सकें। खालसा (राज्य की भूमि) जमीन तथा उस करोड़ी (वह तहसीलदार

जो ढाई लाख रुपये वसूल करता हो, चालीस दाम का एक रुपया/एक करोड़ दाम वसूल करनेवाला) के पैसे से ये इमारतें बनेंगी।

3. मार्गों में व्यापारी के बोझों को बिना उसकी अनुमति के न खोला जाय।

4. यदि किसी की मौत हो जाय और उसके पास बादशाह का कोई बकाया न हो तो उसके अयोग्य पुत्र होने पर भी उसे सम्पत्ति दे दी जाय। अगर उसको कोई सन्तान न हो तो उसकी सम्पत्ति से मस्जिद, पुल या तालाब बनवाये जायँ।

5. मदिरा बनाने और बेचने पर पूर्ण प्रतिबन्ध। यहाँ जहाँगीर ने खुलकर बताया है कि वह स्वयं 16वें साल से मदिरा का सेवन करता है, वह अपने मदिरा सेवन को लेकर थोड़ा मस्तीभरे अन्दाज में वर्णन करता है लेकिन फिर लिखता है—"मनुष्य को वह मनुष्यत्व तथा पुरुषार्थ से दूर कर देता है और यदि वैसा अभ्यास नहीं है तो इसके सिवा क्या होगा कि मनुष्य को कठोर तथा स्वार्थी बना देता है तथा झूठी इच्छाएँ उत्पन्न करता है।"[8] यहाँ उसके विवेक की तारीफ करनी होगी, क्योंकि वह निर्णय प्रजा के हित को ध्यान में रखकर कर रहा है।

यहाँ जहाँगीर बहुत खुलकर अपने शराब पीने के बारे में बताता है कि वह एक दिन में बीस प्याला और कभी-कभी इससे भी अधिक पी जाता है। (एक प्याला लगभग छह औंस) इतना ही नहीं, उसे इससे हो रहे नुकसान का भी अहसास था। लिखता है—"इस कारण हमारी ऐसी अवस्था हो गयी कि यदि एक घड़ी भी न पीता तो हाथ काँपने लगते तथा बैठने की शक्ति नहीं रह जाती थी। हमने यह जानकर कि यदि इसी प्रकार यह बढ़ता जाएगा तो इसका परिणाम कठिन हो जाएगा। अत: विवश होकर इसे कम करना शुरू कर दिया और छह महीने के समय में बीस प्याले से पाँच प्याले तक पहुँचा दिया।" आत्मनियन्त्रण की यह कोशिश उसे बार-बार पूर्ण नियन्त्रण की ओर ही प्रेरित कर रही थी। वह आगे लिखता है—"हमारी इच्छा थी और ईश्वर से यही चाहता भी हूँ कि इससे तौबा कर लूँ। मेरे बड़े पिता का जिस प्रकार पक्का तौबा पैंतालीस वर्ष की अवस्था में पूरा उतर गया था, उसी प्रकार ईश्वर की इच्छा से मेरा भी पूरा उतरे।"[9] यहाँ उसका सहज मानवीय व्यक्तित्व उभरकर सामने आता है।

6. कोई जबर्दस्ती किसी के घर में न रहे। सैनिक कहीं जाएँ और किराये पर घर न मिले तो नगर के बाहर खेमा लगायें जिससे प्रजा को कष्ट न हो। आगे उसने घरवाले की असुविधा का जो उल्लेख किया है कि परिवारवाले गृहस्थ के घर में हठात जाकर अपने लिये जगह कब्जाने से उन्हें किस तरह की दिक्कत होती है—जहाँगीर के अति संवेदनशील मन और नजरिये को ही दिखाता है।

7. किसी भी अपराध के लिये दंड में नाक, कान काटने पर उसने रोक लगा दी। अगर उसका अपराध घातक हो तो उसे मार डालना अच्छा है और यदि कोई

अन्य अपराध हो तो उसे काँटेदार बेंत से दंड दिया जाय।

8. प्रजा की जमीन को तहसीलदार (करोड़ी) या जागीरदार जबर्दस्ती नहीं ले सकते और न ही उस पर खुद कोई निर्माण कर सकते हैं या न ही खेती।

9. जागीरदार अपने अधीनवाले परगने के बाहर हस्तक्षेप नहीं कर सकते। दूसरे के इलाके के आदमी या बैल को जबर्दस्ती पकड़ नहीं सकते। सभी अपनी भूमि पर खूब खेती करें और कर दें।

10. बड़े नगरों के शासक अपने नगर में चिकित्सालय खोलें, हकीम नियुक्त करें। बीमार आदमी को लावें और सरकारी व्यय से उसे निरोग कर खुशी-खुशी विदा करें।

11. "हमारे जन्म का महीना रवीउल्अव्वल है (मुहर्रम के बाद एक महीना छोड़कर आगेवाला महीना) और उक्त महीने की 18वीं को मांस न बनाने की आज्ञा दी और हर वर्ष के बराबर एक दिन विश्वास करके पशु न काटने की आज्ञा दी। सप्ताह में बृहस्पतिवार को, जो हमारे राजगद्दी का दिन है और रविवार को भी मांस न खाने का आदेश दिया क्योंकि वह सृष्टि की उत्पत्ति के आरम्भ का दिवस है जिससे किसी सजीव को निर्जीव न किया जाय। हमारे पिता (अकबर) भी उस दिन किसी कारणवश मांस की रुचि नहीं करते थे। (यहाँ किसी कारणवश का प्रयोग जहाँगीर इसलिये करता है, क्योंकि अकबर सूर्योपासना में यकीन करते थे, जिसे वह छिपा लेता है।) हमारे अनुमान से 15 वर्ष तक या उससे अधिक हुआ होगा कि उन्होंने रविवार को कभी मांस नहीं खाया। उस दिन सभी नगरों में मांस न खाने का आदेश दे दिया था।"

12. उसने अपने पिता के समय कर्मचारियों या किसी को जो मनसब या जागीरें दी गयी थीं, उसे यथावत बनाये रखने का आदेश दिया। गो कि उसने बहुतों के वेतन में बढ़ोतरी भी की। उसने अपने शासनकाल में एक और महत्त्वपूर्ण आदेश सती-प्रथा को लेकर दिया था। उसने किसी स्त्री को उसकी अनुमति के बिना सती करने पर सख्त रोक लगा दी थी। गर्भवती स्त्री के सती होने पर तो उसने पूर्ण प्रतिबन्ध ही लगा दिया था जो उसकी गहरी संवेदनशीलता का प्रमाण है।

इन आदेशों के आलोक में जहाँगीर के शासन की शुरुआत न सिर्फ अकबर के आदर्शों के अनुरूप हुई बल्कि जनता में उसके और मुगल सल्तनत के असर, प्रभाव और छवि को भी इससे लाभ हुआ होगा। लेकिन क्या ऐसे जनोपयोगी आदेशों के पीछे कोई और दबाव था? ऐसा मानने का कोई प्रत्यक्ष कारण तो नहीं दिखता, लेकिन राज्यारोहण के समय से ही उस पर रूढ़िवादी उलेमा दबाव बनाने में सक्रिय हो गये थे। अकबर की धार्मिक उदारता से क्षुब्ध उलेमा वर्ग को यह लगा कि अगर शुरू से ही दबाव बनाया जाय तो जहाँगीर के शासन को अपने अनुकूल किया जा

सकता है जिससे इस्लामी कानूनों को सख्ती से लागू किया जा सकेगा। मुल्ला अहमद नामक मुल्ला ने तो बाजाप्ता उच्च अधिकारियों को पत्र लिखकर यह गुजारिश की थी कि शुरू में ही इसके लिये दबाव बनायें, क्योंकि शासन के पूरी तरह व्यवस्थित हो जाने पर आगे दबाव बनाना मुश्किल हो जाएगा। जहाँगीर ने इस मामले को समय रहते भाँप लिया था और ज्यादा परिपक्वता का परिचय देते हुए यह आदेश दिया कि चार ऐसे इस्लामी विद्वानों की एक समिति बना दी जाय जो शरीअत विरोधी कार्यों को चिन्हित करे और उसे रोके। इससे मुल्ला दाउद तनिक भी सन्तुष्ट नहीं हुआ। उसका तर्क था कि चार विद्वानों का एक बात पर सहमत होना कठिन है, इसलिये एक ही व्यक्ति नियुक्त हो। जहाँगीर ने दूरदर्शिता से काम लिया। वह समझ गया कि इससे राज्य शासन में एक समानान्तर सत्ताकेन्द्र उभर सकता है, इसलिये वह अपने निर्णय पर अड़ा रहा। उलेमा क्षुब्ध होकर मुस्लिम जनता को भड़काने लगे कि वह हिन्दू समारोहों में बादशाह के शामिल होने से उन्हें रोके और हिन्दू रीति-रिवाजों पर रोक लगाये। जहाँगीर द्वारा अत्यन्त समझदारी से काम लेते हुए प्रारम्भ में मुस्लिम जनता की भावनाओं और हितों का विशेष ख्याल रखा जाने लगा और जैसे-जैसे उसकी शासन पर पकड़ बनी, स्थिति मजबूत हुई; अपनी ही नीतियों पर दृढ़ता से चलता रहा। उलेमा जनता में विद्रोह अथवा गहरा असन्तोष पैदा करने में असफल रहे। प्रो. हरिशंकर श्रीवास्तव ने लिखा है कि "इसी कारण शासन के प्रथम दशक में उसकी धार्मिक नीति का झुकाव रूढ़िवादियों के पक्ष में था। उसके पश्चात पुनः जहाँगीरकालीन धार्मिक सहिष्णुता की नीति स्थापित की गयी।"[10] वह अपने को पूरी तरह इस्लामी शासक ही मानता था। प्रो. श्रीवास्तव ने इस प्रसंग में विपरीत मतों की चर्चा करते हुए लिखा है—"अपनी आत्मकथा में वह अकबर की सुलह-कुल नीति की प्रशंसा करता है। इसके विपरीत डॉ. कुरैशी के अनुसार जहाँगीर की आत्मकथा में ही कुछ ऐसे उल्लेख हैं जिनसे उसे इस्लामी शासक कहा जा सकता है।"[11]

वह अपनी आत्मकथा में मथुरा को कृष्णनगरी के रूप में याद करते हुए उस पर हिन्दुओं की आस्था का वर्णन करते हुए वहाँ की बोली ब्रजभाषा की मधुरता का भी उल्लेख करता है। वह लिखता है कि "राजा मानसिंह ने उस सरकार में जो मन्दिर निर्माण कराया है उसमें हमारे पिता के आठ-दस लाख रुपये लग गये।" वह इस नगरी में मरने पर स्वर्ग जानेवाले अन्धविश्वास की तो चर्चा करता है लेकिन उसके पास ऐसा कोई प्रमाण नहीं—यह कहना भी नहीं भूलता। आगे बनारस में राजा मानसिंह द्वारा मन्दिर निर्माण में भी पिता के सहयोग को लेकर उसने अपनी बातचीत का जो प्रसंग लिखा है—वह अत्यन्त महत्त्वपूर्ण है और इससे दोनों की धार्मिक सहिष्णुता का प्रमाण भी मिलता है—"हमने अपने पिता से पूछा था कि इन मन्दिरों

के आपके बनवाने का क्या कारण है तब उन्होंने कहा कि बाबा, हमलोग बादशाह हैं और बादशाह खुदा की छाया है, इसलिये जब खुदा ने प्रजा को अपनी कृपा से हमें सौंपा है तो हमें भी चाहिए कि उन पर दया तथा स्नेह रखें। हम खुदा की कुल प्रजा को शान्ति के साथ रखते हैं और किसी को कष्ट नहीं पहुँचाते।''[12] जाहिर है, दोनों के व्यक्तित्व में पर्याप्त धार्मिक सहिष्णुता थी। उसके भीतर अपने पिता की धर्मनिरपेक्षता का पर्याप्त अहसास और आदर था; इस बात की चर्चा वह अपनी आत्मकथा में भी करता है—''हमारे पिता सभी धर्मवालों से मेल रखते थे और हर जाति तथा धर्म के भले और अच्छे पुरुषों से सत्संग करते थे। आवश्यकतानुसार वह हर एक आदमी से मिलते थे और यहाँ तक कि कभी-कभी इस प्रकार के सत्संग में सारी रात्रि बीत जाती थी।'' (पृ. 65) इतना ही नहीं, उसने आत्मकथा में काशी, मथुरा के अलावे उज्जैन और नर्मदा के महत्त्व पर भी खुलकर बड़ी उदारता से लिखा है। उसने कई जगह प्रचलित मान्यताओं, अन्धविश्वासों और अविश्वसनीय जनश्रुतियों का वर्णन किया है। अविश्वसनीय घटनाओं और कथाओं का भी वर्णन किया है; जैसे पारस पत्थर का। (देखिये-परिशिष्ट) लेकिन वह अपनी बुद्धिवादिता बनाये रखता है। तार्किकता का बराबर सहारा लेता है। उसमें पर्याप्त जिज्ञासा और जानकारी भी है। एक जगह (पृ. 255 से 257) उसने हिन्दू धर्म के चार वर्णों की पूरी मान्यताओं की बहुत विस्तार से चर्चा की है। इसको पढ़ते हुए यह कहीं अहसास नहीं होता कि उसकी सोच और सम्वेदना में कट्टरता मौजूद होगी। अब राजनीतिक कारणों से अपने राज्य या खुद के हित में उसने कभी कुछ किया या प्रतिकूल निर्णय लिया तो यह बात अलग है। जैसे सिख गुरु अर्जुनदेव के बारे में उसके अत्यन्त कठोर और निर्मम निर्णय के पीछे इतिहासकार यह मानते हैं कि उसके विद्रोही बेटे खुसरू के प्रति उनकी सदाशयता थी। सम्भव है किसी ने द्रेषवश उसको सिख गुरु के खिलाफ जोरदार ढंग से भड़काया हो। वरना अमूमन उसमें धार्मिक सहिष्णुता और समानता के ही आचरण दिखाई देते हैं।

बेशक जहाँगीर ने प्रारम्भ में ऐसे दबावों को भले महसूस किया होगा, लेकिन बाद में उसने अपने पिता की नीतियों का ही अनुसरण किया। इसको लेकर इतिहासकारों में मतभेद रहे। खास तौर से डॉ. बेनीप्रसाद ने कहा कि वह उलेमाओं के असर में आ गया था। मगर प्रो. इरफान हबीब और डॉ. अतहर अली ने अनेक तथ्य-तर्कों से इस सोच को नकार दिया और अकबर द्वारा अपनायी गयी धर्मनिरपेक्ष नीति के अनवरत प्रवाह को रेखांकित किया। उसने आत्मकथा में (पृ. 77) लिखा है कि ''उसने बनारस के शेख को आज्ञापत्र भेजा कि हिन्दू लोग अपने मन्दिरों में जाकर एक प्रकार की पूजा करते हैं। इस कारण कि वास्तव में वे भी उसी खुदा की ओर लौ लगाये हैं, उनको कोई उस कार्य में न रोके।'' उसने विधवा स्त्रियों की

मदद के लिये हाजी कोका को नियत किया था। जहाँगीर ने न तो जजिया कर लगाया और न ही तीर्थयात्रा कर ही। उसके कार्यकाल में 4 से 5 लाख तक तीर्थयात्री बिना कोई कर चुकाये हरिद्वार की यात्रा करते रहे। उसने कभी गैर-मुस्लिमों को अपने धार्मिक उत्सवों, त्योहारों, या पर्वों को मनाने पर रोक नहीं लगायी। वह मुस्लिम फकीरों, दरवेशों से मिलता था तो हिन्दू सन्तों से भी। एडवर्ड टैरी ने जहाँगीर के जयपुर के निकट रोडा नामक जगह पर एक साधु से मिलने का दिलचस्प वर्णन किया है। उसके अनुसार जहाँगीर ने उस साधु से बड़ी आत्मीयता, दयालुता और विनम्रता से बातचीत की जो अमूमन किसी राजा में दिखाई नहीं पड़ती—"उसने उसे बाँहों में भर लिया जबकि कोई सफाईपसन्द व्यक्ति उसे छूना भी गवारा नहीं करेगा, तीन बार अपना हाथ अपनी छाती पर रखा और उसे पिता कह कर पुकारा।"[13] वह लगभग तीन-चार वर्षों तक भारत में रहा था और मुगल दरबार में भी गया था। उसे जहाँगीर के साथ मांडू, अहमदाबाद, अजमेर जैसी जगहों पर जाने का मौका मिला था। उसने उसके धर्मनिरपेक्ष दृष्टिकोण पर पर्याप्त रोशनी डाली है। उसका इतना जरूर कहना था कि वह धर्मान्तरण को पसन्द नहीं करता था। और तो और, उसने ईसाई पादरी फादर जेवियर को बुलाकर ईसाई धर्म को समझने की कोशिश की थी और शिक्षा ग्रहण भी की थी। उसने जैन सन्त सिद्धिचन्द्र मुनि को नादिरे-जमाँ की उपाधि भी दी। उसके मित्र वीरसिंह बुन्देला ने मथुरा में एक मन्दिर का निर्माण कराया। बनारस में तो उसके शासनकाल में 70 से भी अधिक मन्दिरों का निर्माण हुआ। अहमदाबाद और हुगली में गिरजाघरों का निर्माण हुआ। उसकी धर्मनिरपेक्षता ही थी कि अपने पुत्र खुसरू को हिन्दू दर्शन पढ़ाने के लिये उस समय के प्रसिद्ध विद्वान शिवदत्त नियुक्त किये गये थे।[14] उसने अनेक संस्कृत ग्रन्थों का फारसी में अनुवाद कराया था। कल्पना कीजिये जहाँ यह मान्यता हो कि अगर कोई मुसलमान धर्मान्तरित हो तो उसकी हत्या कर देनी चाहिए, वहाँ 1610 ई. में उसका भतीजा, दानियल का बेटा ईसाई बन गया तो उसने कोई दंड नहीं दिया। शायद बाद में उसकी धर्म-वापसी भी हो गयी थी। लेकिन स्वेच्छा से धर्म-परिवर्तन को नापसन्द करने के बावजूद जहाँगीर ने इस पर कभी रोक नहीं लगायी। निःसन्देह यह मध्ययुग से बहुत आगे की आधुनिक सोच थी।

इसमें कोई सन्देह नहीं कि जहाँगीर थोड़ा आजाद ख्याल तबियत का बादशाह था। इसलिये हर समुदाय के त्योहारों में खुलकर भाग लेता था। वह रोजा रखता था। शबे-बारात उसे बहुत पसन्द था। दशहरा और दीपावली में वह खुशी से शरीक होता। ईस्टर और क्रिसमस भी उसे अच्छा लगता और वह उसमें शामिल भी होता था। ऐसा करके वह धार्मिक उदारता का नया इतिहास ही रच रहा था। प्रमुख त्योहारों पर उसने सार्वजनिक अवकाश का ऐलान कर दिया था और कुछ खास त्योहारों पर

तो मांस वगैरह की बिक्री पर भी रोक लगा दी थी। पता नहीं जो भी कारण हो, हिन्दुओं की पवित्र आस्था पर यकीन या कुछ और लेकिन वह पानी गंगाजल का ही पीता था। एडवर्ड टैरी के हवाले से मधु त्रिवेदी ने लिखा है कि—"बादशाह भले ही कहीं भी स्थित हो, उसके लिये गंगाजल की व्यवस्था की जाती थी। गंगा का पानी लाने के लिये अलग से कर्मचारी नियुक्त थे। गंगाजल सुन्दर ताँबे के बर्तनों में लाया जाता था। ताँबे के घड़ों के अन्दर कलई की हुई होती थी और पानी भरने के बाद जलवाहकों को देने से पूर्व उन्हें अच्छी तरह से टाँका लगाकर बन्द कर दिया जाता था।"[15] उसने तो अपने दरबार में काजी मीर अदल सद्र अथवा इस्लाम के धर्मवेत्ता या विद्वानों को सजदा न करने की छूट दे रखी थी।

जहाँगीर का विश्वास था कि हिन्दुओं की वैदिक धारा और इस्लाम की सूफी परम्परा में काफी समानता है। यहाँ यह स्पष्ट करना प्रासंगिक है कि मुगलकाल में सूफियों की तीन धाराएँ मौजूद थीं। एक, वहदत-उल-वुजूद जो शरीयत की परवाह नहीं करते थे; दूसरी, ठीक इसके विपरीत इनके विचारों का खंडन करते हुए शरीयत का सख्ती से पालन करते थे। वे वहदत-उश-शुहूद सिद्धान्त वाले थे। वे गैर-इस्लामी समुदाय के प्रति कुछ ज्यादा ही असहिष्णु थे। तीसरी धारा के लोग वहदत-उल-वुजूद और शरीयत के फर्क को मानते ही नहीं थे। वे हिन्दुओं की वेदान्तिक धारा से अपनाने को शरीयत की अवहेलना नहीं मानते थे। ज्यादातर अनुयायी इसी धारा के थे जिसे जहाँगीर भी स्वीकार करता था। आत्मकथा में उसने चर्चा की है कि एक बार वह पंडितों से पूछता है कि—"ये मूर्तियाँ ईश्वर का प्रतीक चिह्न हैं तो यह विचार स्वतः ही कठिन है, जिसे बुद्धि ग्रहण नहीं कर सकती, क्योंकि ईश्वर अविनश्वर है। उसकी लम्बाई, चौड़ाई, शरीर तथा आकार नहीं है, अतः वह दृष्टि से परे है। यदि तुम लोगों की धारणा है कि इनमें ईश्वर की ज्योति आ जाती है तो सभी उपस्थिति वस्तुओं में उसकी ज्योति वर्तमान है। इस कारण कि हजरत मूसा ने यही बात एक वृक्ष से सुनी थी। यदि ईश्वर के किसी गुण का इनमें प्रतिष्ठान समझो तो उस अवस्था में भी यह विचार ठीक नहीं है, क्योंकि हर एकमत में प्रतिष्ठित तथा सिद्ध पुरुष हुए हैं, जो जनसाधारण से विद्वत्ता, शक्ति तथा स्थिति में बहुत बढ़कर है। यदि तुम लोग इन्हीं मूर्तियों को अपना पूज्य समझते हो और यह कि हर एक भी तुम्हारे पूज्य को माने तो यह बहुत बुरा है। क्योंकि पूजा मुख्य पर उसी परमेश्वर की की जानी चाहिए जिसका कोई साझी या समकक्ष नहीं है। पंडितों ने पहले बहुत इधर-उधर किया। अन्त में उनमें से विद्वानों ने नम्रता से यह मान लिया है कि ईश्वर का कोई साझी या समकक्ष नहीं है। यह भी कहा कि उस पवित्र ईश्वर का ध्यान तथा स्मरण बिना किसी माध्यम के हमलोगों की बुद्धि के परे है, इसी से ऐसा किया जाता है। इसके उत्तर में हमने कहा कि ये मूर्तियाँ किस प्रकार ध्येयपूर्ति की साधना हो

सकती हैं।''[16] वह एक बौद्धिक उपक्रम से हिन्दू धर्म को समझने की कोशिश करता है और एक तार्किक संगति की तलाश करता हुआ दिखाई पड़ता है।

घटना विशेष जिसकी चर्चा हम आगे करेंगे—के कारण सिक्ख धर्म को छोड़कर शेष सभी धर्मों के प्रति उसकी सद्‌भावना ठीक-ठाक रही। लेकिन उसकी इस उदारता की लगातार तीखी आलोचना करनेवाले इस्लामी कट्टरपन्थी सन्त शेख अहमद सरहिन्दी को तो उसने बन्दी भी बना लिया था, जिन्हें बाद में रिहा कर राजधानी से बाहर कर दिया। सरहिन्दी अकबर के समय से ही धार्मिक उदारता के विरोधी थे। जहाँगीर के काल में उनके विरोध के स्वर में बहुत तीक्ष्णता आ गयी थी। वे शियाओं और हिन्दुओं के कट्टर विरोधी थे। वे लगातार जजिया कर लगाने की माँग कर रहे थे। नौकरियों में हिन्दुओं और शियाओं की थोड़ी-सी भागीदारी भी उन्हें बिल्कुल नापसन्द थी। हिदायतों का उन पर कोई असर नहीं पड़ रहा था। तो 1619 में जहाँगीर ने इनको पाखंडी बताकर बन्दी बना लिया। उन पर आरोप था कि प्रारम्भिक तीन खलीफाओं को जो निर्विवाद रूप से सर्वमान्य प्रतिष्ठा के सभी हकदार हैं, उनसे खुद को आगे की पहुँचवाला बताते फिर रहे थे। इससे कई उलेमा भी सरहिन्दी के खिलाफ हो गये थे। तब उन्होंने जहाँगीर के कदम की सराहना भी की थी। कहते हैं 1612 ई. में रक्षाबन्धन के दिन उसने पहली बार राखी भी बँधवायी थी। 1616 ई. में शिवरात्रि के अवसर पर योगियों से मुलाकात के भी प्रमाण मिलते हैं। इसका इतना असर हुआ कि हिन्दू त्योहारों में बड़ी संख्या में मुस्लिम जनता भी शामिल होने लगी। यह बहुत बड़ी सामाजिक क्रान्ति थी। प्रो. शिवशंकर मेनन ने लिखा है कि—''तारापद मुखर्जी और इरफान हबीब ने वृन्दावन शोध संस्थान में प्राप्त आलेखों का अध्ययन कर यह बताया है कि अकबर की तरह जहाँगीर भी ब्राह्मणों और मन्दिरों को दान देता था। वृन्दावन में स्थित चैतन्य सम्प्रदाय के मन्दिरों में उपलब्ध प्रलेखों के अध्ययन से यह ज्ञात होता है कि जहाँगीर दोनों मन्दिरों और अनुयायिकों को लगातार दान देता रहा।''[17] लेकिन क्या वह अपने पिता की परम्परा में ही धर्मनिरपेक्ष था? इसको लेकर विवाद है और इस विवाद के कुछ ठोस साक्ष्य भी हैं। सिक्ख गुरु अर्जुनदेव महाराज जी के साथ क्रूर व्यवहार के अलावे अहमदानगर विजय के बाद उसने जैनियों पर बहुत जुल्म ढाये। रास्ते में गाँवों, कस्बों में आग लगा दी गयी और मन्दिरों को तोड़ डाला गया। काँगड़ा जीत के समय तक किले में ही गो-वध किया गया। इसलिये अकबर से तुलना अथवा उसकी परम्परा का अनवरत विकास जैसी बातें करना यथार्थ की अनदेखी ही कहा जाएगा। दरअसल उसमें परस्पर दोनों धाराएँ थीं। धर्मान्धता और उदारता किसी के प्रति वह दृढ़ नहीं था। उससे मिलनेवाले एक अंग्रेज का अनुभव यह था कि उसके व्यवहार में एक तरह की आकस्मिकता थी। यह अनुमान करना कठिन था कि वह आगे क्या करनेवाला

है। कभी वह बहुत उदार हो जाता तो कभी कम अपराध के लिये भी कठोर दंड अथवा मौत तक दे देता था। उसके व्यक्तित्व में दृढ़ता, एकरूपता और स्थायित्व नहीं था। जाहिर था, उसकी धर्मनिरपेक्षता भी समय-समय पर मनमाने रूप में बदल जाती थी।

जहाँगीर के गद्दी पर बैठते ही उसे अपने बेटे खुसरू खाँ से चुनौती मिलने लगी थी। दरअसल इसके पीछे उसका मामा राजा मानसिंह और ससुर मिर्जा अजीज कोका का समर्थन था। जहाँगीर राजत्व को ईश्वर की देन समझता था। वह खुसरू और उसके समर्थकों की आलोचना करता हुआ अपनी आत्मकथा में इस पर लिखता है कि "ये लोग इस बात को भूल गये हैं कि राजत्व एवं विश्व शासन कुछ विद्रोहियों द्वारा किसी को प्रदान नहीं किया जा सकता। खुदा यह महत्त्वपूर्ण पद उस व्यक्ति को जिसे वह योग्य समझता है, प्रदान करता है।"[18] वह एक मामले में तो निश्चिन्त था ही कि उसका कोई भाई जीवित नहीं बचा था। शुरू में तो जहाँगीर ने पिता होने के कारण भी खुसरू को माफ कर दिया, लेकिन उसके पीछे जो लोग थे उनको लेकर वह सतर्क जरूर था। उसने खुद लिखा है कि "यद्यपि खुसरू ने बार-बार दुष्ट कार्य किये थे और वह हजारों प्रकार के दंड के योग्य था परन्तु हमारे पितृ-स्नेह ने उसे प्राणदंड देना नहीं स्वीकार किया।" (पृ.159) इस बात को जहाँगीर ने तो नहीं लिखा है, लेकिन बेटे-बाप के इस दुर्भाग्यपूर्ण विवाद से आहत माँ मानमती ने 1604 ई. में आत्महत्या कर ली थी। उसने उसे राजमहल के सामनेवाली कोठी में रखा और निगरानी लगा दी। अप्रैल 1606 ई. में खुसरू अपने दादा अकबर के मकबरे पर जाने के बहाने निकला और भाग गया। उस पर बादशाहत पाने का ऐसा जनून छा गया था कि वह पंजाब पहुँचा और मिर्जा हसन से मदद लेकर अपनी सेना गठित करने लगा। आश्चर्य की बात थी कि वह इस बात का आकलन क्यों नहीं कर सका कि शाही सेना का वह इस तरह मुकाबला नहीं कर सकेगा? अब जहाँगीर ने बादशाह के दिमाग से निर्णय लिया। उसने अपने सैन्य अधिकारियों को इस कड़े सन्देश के साथ भेजा कि "राज्यशाही किसी पुत्र और दामाद का लिहाज नहीं करती। जो गद्दी पर बैठता है उसका कोई रिश्तेदार नहीं होता।" आत्मकथा में एक जगह उसने फिर लिखा है कि "खुसरू की माताओं तथा बहनों ने बार-बार हमको कहा कि वह अपने कार्यों के लिये पश्चाताप कर रहा है, हमारे पितृ-स्नेह की भावना उद्वेलित हो उठी और हमने उसे बुला भेजा तथा निश्चय किया कि वह प्रतिदिन हमारा सम्मान करने आया करे।" (पृ. 261) इसके बावजूद कि उसने मारने का षड्यंत्र किया था, जिसकी जानकारी एक भेदिये से खुर्रम को हुई तो उसने इसमें शामिल दुष्टों को पकड़वाकर प्राणदंड दिया था।

खुसरू ने सबसे पहले लाहौर पर कब्जा करने की कोशिश की, लेकिन वह

असफल हो गया। शाही सेना ने उसे भैरावल में गिरफ्तार कर लिया। दिल्ली लाने पर जहाँगीर ने उसे तो कारागार में डाल दिया, लेकिन उसके समर्थकों की खाल खिंचवा ली अथवा हाथी के पैरों तले कुचलवाकर मार डाला। इसी क्रम में उसने सिक्ख धर्म के महान पाँचवें गुरु महाराज अर्जुनदेव जी को बहुत ही क्रूरतापूर्वक मार डाला। उनको जलती आग पर रखे तवे पर बिठाकर जीते-जी भून डाला। उनके मठ पर कब्जा कर लिया। उन पर आरोप था कि उन्होंने खुसरो खाँ की मदद की थी और पाँच हजार नगद रुपये भी दिये थे। बहुत इतिहासकार ऐसा नहीं मानते। वे इसके पीछे धार्मिक द्वेष मानते हैं। जहाँगीर ने अपनी आत्मकथा में लिखा है—''व्यास नदी के किनारे गोइन्दवाल में अर्जुनमल नामक एक हिन्दू फकीर रहता था। कई हिन्दू उसके दल में थे जो मूर्ख थे और इस्लाम की शरायतों से अनभिज्ञ थे। वे लोग उसकी पवित्रता के ढोल पीटते तथा उसे 'गुरु' कहते थे। पिछली तीन-चार पीढ़ियों से उसकी दुकान बड़ी गर्म थी। कई बार मैंने उसकी गतिविधियों को समाप्त करने के लिये सोचा या उसे इस्लाम धर्म में परिवर्तित कर लेने का विचार किया।'' स्पष्ट है कि उसके भीतर अर्जुनदेव जी को लेकर एक तरह का पूर्वग्रह था। उसकी नफरत बलात् धर्मान्तरण तक थी। इस बात को डॉ. आर. पी. त्रिपाठी ने भी लिखा है कि ''सिक्ख गुरु अर्जुन और सेवरा जैनियों को घोर कष्ट सिर्फ इसलिये नहीं उठाने पड़े कि उन पर राजद्रोह का सन्देह किया गया था बल्कि इसलिये भी कि जहाँगीर अपने भीतर उनके पन्थ के प्रति नफरत पाले हुए था।''(ऋद्धह्यद्ग ड्डठ्ठस्त्र स्नड्डद्यद्य शद्ध ह्लद्धद्ग स्ह्वद्दद्धड्डद्य श्वद्वश्चद्बह्म्द्ग श्च.४१३)[19] सिक्खों ने इसके लिये मुगलों को कभी माफ नहीं किया।

सत्ता और शासन की हवस कैसी होती है, इसका एक उदाहरण खुसरू भी है। उस पर बादशाहत पाने का ऐसा जनून छाया हुआ था कि इतना सब होने के बावजूद वह इसे छोड़ने को तैयार नहीं था। गद्दी का लोभ पागलपन की हद तक पहुँच चुका था और उद्विग्नता में उसने सोचना-समझना बन्द कर दिया था। वह अगले विद्रोह की तैयारी पहरेदारों के साथ मिलकर करना चाहता था। आखिर उसे पकड़कर उसकी आँखों में सलाई फेरवा दी गयी। उसका सौतेला भाई खुर्रम जो गद्दी के वारिस का खुद ही दावेदार था, उसे लेकर बुरहानपुर गया और मार्च 1622 ई. में उसका वध कर दिया। आँखों में सलाई फेरवाकर अन्धा करना अथवा हत्या करने का सिलसिला प्रारम्भ से मुगलकाल के आखिर तक कभी बन्द नहीं हुआ। काश! खुसरू खाँ के पास धीरज, चतुराई और दूरदर्शिता होती तो अपने पिता का विश्वास जीतकर अपनी मृत्यु के ठीक पाँच साल बाद वारिस के चयन में अपनी मजबूत दावेदारी जता सकता था।

जहाँगीर को यह बात शुरू से ही मालूम थी कि राजा मानसिंह खुसरू के

विद्रोह में शामिल है। लेकिन राजा मानसिंह अकबर के दरबार में न सिर्फ प्रमुख था बल्कि उनका चहेता भी था और शासन में उसका दबदबा और दखल था। वह सब कुछ जानते हुए उससे बचने की कोशिश करता रहा। यहाँ तक कि स्वयं बादशाह बनने के बाद भी उसने उस पर सीधी कार्रवाई नहीं की। बावजूद उसके भीतर खुन्नस बनी रही और वह अवसर की ताक में रहा। उसे यह मौका गुजरात में सेवड़ों के उपद्रव के समय मिला। जब वह आश्वस्त हो गया कि सेवड़ों को शह देने में उसका हाथ है तो उसने दंड के बारे में विचार किया, लेकिन तब तक उसे खुद ही दंड मिल गया। आत्मकथा में इसका वर्णन करते हुए उसके राहत महसूस करने की बात आसानी से लक्षित की जा सकती है—"सेवड़ों की दो शाखाएँ हैं, एक को तपा तथा दूसरे को कंथाल कहते हैं। मानसिंह द्वितीय का मुखिया था और बालचन्द तपों का सरदार था। ये दोनों सम्राट् अकबर के यहाँ उपस्थित होते थे। जब सम्राट मरे तथा खुसरू भागा और हमने उसका पीछा किया तब बीकानेर के राजा रायसिंह मुरटिया ने, जिसे अकबर की कृपा ने एक अमीर बना दिया था, मानसिंह से पूछा था कि हमारा राज्य-काल कितना है और हमारी सफलता की सम्भावना कैसी है? उस कलजिह्वे ने, जिसने ज्योतिष के ज्ञान की भविष्यवाणी की अपनी कुशलता का बहाना कर रखा था, कहा था कि हमारा राज्यकाल अधिक-से-अधिक दो वर्ष रहेगा। मूर्खराज ने इस पर विश्वास कर लिया और बिना आज्ञा लिये अपने घर चला गया। इसके अनन्तर जब अल्लाह ने इस प्रार्थी को चुना और हम विजयी होकर राजधानी लौटे तब वह सिर नीचा किये हुए लज्जित होता हमारे दरबार में आया। मानसिंह को भी तीन-चार महीने बाद कोढ़ हो गया और उसके अंग गल-गल कर गिरने लगे तथा अन्त में उसकी ऐसी अवस्था हुई कि ऐसे जीवन से मृत्यु ही अच्छी है। वह बीकानेर में रहता था और अब जब हमें उसका स्मरण हुआ तब हमने उसे बुला भेजा। मार्ग में अधिक भय के कारण उसने विष खा लिया और नर्क के स्वामियों को अपनी आत्मा समर्पित कर दी।" (पृ. 408) मानसिंह के इस अन्त को जहाँगीर ने उसके प्रति किये कुचक्र का ईश्वरीय दंड माना।

जहाँगीर ने अपने पिता के विशाल साम्राज्य को महफूज तो रखा ही; उसका कुछ विस्तार भी किया। 1611 ई. में जिस साल उसने नूरजहाँ से विवाह किया, उसी साल उड़ीसा में खुर्दा पर अधिकार भी जमाया। यह एक विचित्र दंड था कि उसने खुर्दा के राजा पुरुषोत्तमदास को अपनी बेटी की डोली भेजने को विवश किया। 1614 ई. में मेवाड़ के राणा अमर सिंह के साथ शाही सेना का युद्ध खुर्रम खाँ के नेतृत्व में हुआ। राणा अमर सिंह ने खानदानी परम्परा और शान के मुताबिक ही युद्ध किया, लेकिन वे पराजित हो गये। मुगलों का पूरा अधिकार हो गया। लेकिन जहाँगीर ने इतनी उदारता जरूर दिखाई कि उसने राणा अमर सिंह के मान-सम्मान

को पददलित करनेवाली शर्तें नहीं थोपीं। उन्हें खुद दरबार में उपस्थित होने से बरी कर दिया। उनके बेटे राणा कर्ण सिंह के साथ बेहतर व्यवहार किया गया और उनको पाँच-पाँच हजार का मनसब भी दिया गया। चित्तौड़ का किला राणा अमर सिंह को वापस कर बादशाह ने अपनी उच्च कोटि की उदारता और सद्‌भावना का परिचय दिया।

शेरशाह की मृत्यु के बाद अफगानों के गौरव को उठानेवाला कोई नेतृत्व नहीं मिला। धीरे-धीरे अफगान ताकतें बिखरती गयीं, उनको बंगाल में पनाह मिली। 1575 में अकबर ने उन्हें परास्त कर बंगाल पर अधिकार कर लिया। अफगानी बुरी तरह बौखलाये हुए थे और 1612 में उस्मान खाँ के नेतृत्व में जब उन्होंने विद्रोह बुलन्द किये तो लगा उनमें ताकत अभी भी बची हुई है। मगर नहीं, जहाँगीर ने अपना सूबेदार भेजकर उनको बुरी तरह दबा दिया और उस्मान खाँ मारा गया। जो बचे थे—उन सबके प्रति बादशाह बहुत बड़प्पन से पेश आया। कुछ को मनसब से नवाजा तो कुछ को अपने शासन में ही बहाल कर लिया। अब भी पंजाब के अधीन काँगड़ा का दुर्ग अविजित था। उसे अकबर भी पराधीन नहीं कर पाया था। मुगलों की आँखों में काँगड़ा का दुर्ग किरकिरी बना हुआ था। जहाँगीर के आदेश पर पंजाब का गवर्नर मुर्तजा खाँ भी एक बार मुँह की खा चुका था। लेकिन खुर्रम खाँ ने 1620 में उसे जीतकर बादशाह के कदमों में डाल दिया। इससे खुर्रम खाँ का रुतबा बढ़ गया, लेकिन नूरजहाँ अब सक्रिय हो गयी और उसके खिलाफ षड्‌यन्त्र करने में लग गयी।

दक्षिण के राज्य केन्द्रीय मुख्यालय से दूर होते थे; इसका वे भरपूर लाभ उठाते थे और जब केन्द्रीय सत्ता मुश्किल में होती, कहीं और जगह फँसी होती अथवा किसी कारण कमजोर पड़ती तो वे खुद को आसानी से आजाद घोषित कर देते थे। अहमदनगर को अकबर ने जीत लिया था, मगर जहाँगीर के आते ही उसने खुद को स्वतन्त्र मान लिया। वहाँ बहुत योग्य सेनापति था, लेकिन 1616 ई. में खुर्रम खाँ ने उसे भी मजबूर कर दिया और उसने अधीनता स्वीकार कर ली। अकबर ने जब कश्मीर को जीता था तो भी किश्तवाड़ का इलाका स्वतन्त्र था। उसे अपने विजित क्षेत्र में मिलाने का श्रेय कश्मीर के सूबेदार दिलावर खाँ को जाता है। उसने वहाँ के राजा को जहाँगीर के सामने उपस्थित किया। वहाँ के लोगों ने विद्रोह किया जिसे बलात् दबा दिया गया। 1622 तक आते-आते वहाँ भी शान्ति कायम हो गयी। लेकिन 1620 में फारस के शासकों ने कन्धार को अपने अधीन कर लिया तो जहाँगीर कुछ नहीं कर सका। कहा जाता है कन्धार को गँवाने की दोषी नूरजहाँ थी। खुर्रम खाँ को कन्धार जाने के लिये कहा गया तो उसने मना कर दिया, क्योंकि नूरजहाँ की चालों से वह नाराज था। नूरजहाँ शहरयार को आगे करना चाहती थी,

जिससे उसका दबदबा आगे भी कायम रहे।

जहाँगीर के व्यक्तित्व में परस्पर विरोधी प्रवृत्तियाँ थीं। शराब और विलास उसके व्यक्तित्व की जबर्दस्त कमजोरी थी, लेकिन लोगों के लिये उसके मन में दया का भाव भी खूब था। उसने अपनी आत्मकथा में लिखा है कि "जिस समय हम सिंहासन पर बैठे उस समय जो पहली आज्ञा दी, वह न्याय की जंजीर लगाने की थी, जिसका एक सिरा शाहबुर्ज के कंगूरे में दृढ़ किया था और दूसरे को नदी के तट तक ले जाकर पत्थर के खम्भों में बाँध दिया गया था। वह इसलिये था कि यदि न्यायालयों के अधिकारी निर्णय करने में विलम्ब करें अथवा छल-कपट या बहाना करें तो न्याय के इच्छुक इस जंजीर को हिलाकर ध्यान आकर्षित करें जिससे उन्हें शीघ्र न्याय प्राप्त हो सके। यह जंजीर असली सोने की थी। यह तीस गज लम्बी थी और इसमें साठ घंटियाँ लगी थीं। उसका तौल चार भारतीय मन था।" जंजीर की लम्बाई, घंटियाँ या वजन जितना हो, मगर न्याय के प्रति उसकी आस्था और सरोकार बहुत बड़ी बात थी। इससे जनता में उसके प्रति गहरी श्रद्धा और विश्वास पैदा हुआ होगा। उसने अपने राज्यारोहण के समय अनेक कैदियों को आजाद किया था। रणथम्भौर से लौटते समय किले की जेल में हत्या और उपद्रव करनेवाले कैदियों को छोड़कर उसने बाकी को रिहा कर दिया था। उनको उसने कपड़े और घर वापसी के पैसे भी दिये थे। नि:सन्देह यह उसके मानवीय पक्ष को दीप्त करनेवाली बातें हैं। डॉ. कुरैशी ने उसकी न्याय के प्रति आग्रहशीलता का वर्णन करते हुए बताया है कि किस तरह उसने एक बूढ़ी स्त्री की शिकायत पर ओहदेदार मुकर्रब खाँ तक को दंडित कर दिया था। इसकी चर्चा खुद जहाँगीर ने आत्मकथा में की है—"एक विधवा ने मुकर्रब खाँ के विरुद्ध प्रार्थनापत्र दिया कि उसने उसकी पुत्री को खम्भात में बलात् छीन लिया और उसके घर में कुछ रहने के अनन्तर जब इसने लड़की का पता लगाया तो उसने कहा कि वह अवर्ज्य मृत्यु के मुख में चली गयी। हमने इसकी जाँच किये जाने की आज्ञा दी। बहुत खोज के बाद पता चला कि उसके एक सेवक ने ऐसा कठिन दोष किया था, इसलिये उसे प्राणदंड दिया और मुकर्रब खाँ का मनसब आधा कर दिया तथा उस औरत को जिसे ऐसा कष्ट पहुँचा था, वृत्ति दी।" (पृ.197) जहाँगीर की न्यायप्रियता का एक बेहद दिलचस्प उदाहरण उसकी आत्मकथा में मिलता है—दो सारस पक्षियों की गुहार और न्याय! (परिशिष्ट में देखें)

जहाँगीर बादशाही परम्परा का निर्वाह करते हुए दान भी दिया करता था। उसने अपने राज्य के पहले ही साल पंजाब की चिनाब एवं वेहात नदियों की बड़ी भूमि उन जमींदारों को दी, जिन्होंने खुसरू के विद्रोह को दबाने में उसकी मदद की थी। इससे यह भी अन्दाज होता है कि खुसरू का विद्रोह कितना प्रभावशाली रहा होगा। अपनी आत्मकथा में वह लिखता है कि शासन के 16वें वर्ष में उसने नगदी के अलावे

85,000 बीघा भूमि, 3,325 खरबार अनाज, चार गाँव, दो कुल्बा तथा एक बगीचा दान में दे दिया था। तुलादान के बाद सोने-चाँदी से भरी थालियाँ निछावर कर गाने-बजानेवालों तथा गरीबों में बाँट दी जाती थीं। ज्योतिषी जी उसके बीमार होने पर अच्छे स्वास्थ्य की भविष्यवाणी करते थे। उनको मुहरें और रुपयों से तौलकर धन दिया जाता था जो 500 मुहरें तथा सात सहस्त्र रुपये होते थे। उसने अपने राज्य में अहमदाबाद, इलाहाबाद, लाहौर, दिल्ली, आगरा आदि में बुलगुरखान खोले, जिनमें गरीबों को पकाया हुआ खाना मिलता था, जिसके लिये 30 महाल नियत किये गये। उसने 12 व्यक्तियों की एक ऐसी समिति का गठन किया था जो प्रत्येक बृहस्पतिवार को एक हजार गरीबों को बाँटती थी। इस तरह देखें तो गरीबों के प्रति जहाँगीर में पर्याप्त दया भाव था।

एडवर्ड टैरी की उससे निकटता हो गयी थी और वह उसके साथ शराब भी पीता था तथा उसे अपने साथ बाहर भी ले जाता था। टैरी 1617 ई. में उसके साथ माँडू और अहमदाबाद भी गया था। उसे जहाँगीर को किंचित करीब से मिलने का सुयोग मिला था। लिखता है—"पादशाह कभी न्यायप्रिय और दयालु लगता था तो कभी उसमें भयानक क्रूरता भी देखने को मिलती थी। वह दो विपरीत गुणों का मिश्रण था। वह गरीबों की निरन्तर मदद करता था। वह अपनी माँ का बड़ा आदर करता था। जब वह पालकी में बैठकर जाती तो वह उसे कन्धा भी दिया करता था। वह बड़ा स्नेहशील था। लेकिन जब वह गुस्से में रहता था तो लोगों को उल्टी-सीधी सुना देता था। शराब के नशे में वह कभी-कभी गलती न होने पर भी लोगों को सजा देता था अथवा उन्हें कोड़े लगवाता था।"[20] शराब और स्त्री उसकी कमजोरी थी—यह बात कई इतिहासकारों ने कही है। गोया वह थोड़ा रोमानी, आजाद खयाल और थोड़ा-सा मस्त तबियत वाला रहा होगा। अपनी आत्मकथा में उसने शराब को लेकर अपने लगाव की मोहक चर्चा की है। शाहजहाँ जब 21 साल का था तो उसने उसे शराब पीने को आमन्त्रित किया था—"बाबा, तुम बच्चों के पिता हो गये हो, सम्राट् तथा उनके लड़के शराब पी रहे थे। आज के दिन मेरे तुलादान का दिन है। मैं तुम्हें शराब पीने को दूँगा और त्योहारों, उत्सवों, नौरोज के दिन शराब पीने की छूट देता हूँ किन्तु तुम्हें संयम के साथ शराब पीनी चाहिए।"[21]

बादशाहों के रहन-सहन और जीवन-शैली में ठाठबाट और विलासिता तो भरपूर होती ही थी, उनके कुछ विशेष शौक भी होते थे। जहाँगीर के पास भी अपने पिता की ही तरह प्रतिदिन दो पोशाक के 120 जोड़े हर मौसम के पूर्व तैयार करा लिये जाते थे। ये रेशमी कपड़ों की जरी काम किये सोने, रत्नों और मोतियों से सुसज्जित होते थे जो बेहतरीन कारीगरों द्वारा तैयार कराये जाते थे। जहाँगीर की नफासत उसकी खास तरह की पगड़ी में झलकती थी, जिसकी डिजाइन अन्य मुगल

बादशाहों से बिल्कुल अलग थी। उसकी हर उँगली में भिन्न-भिन्न रत्नों की अँगूठी होती थीं। इत्र का प्रचलन मुगलकाल की खास पहचान बन गयी थी। उसमें जहाँगीर ने तो एक नायाब इत्र का आविष्कार ही किया था; उसका नाम ही पड़ गया था—जहाँगीरी इत्र। आत्मकथा में उसने इस इत्र की खास तौर से प्रशंसा की है। कहा जाता है कि उसके पास मणि से जड़ी मूठ वाली दो हजार तलवारें थीं, जिनके फाल जर्मन से मँगाये जाते थे। मुगल बादशाहों को शिकार का खास शौक होता ही था; उनमें जहाँगीर शिकार का ऐसा शौकीन था कि एक बार तो उसने तीन महीने छह दिन तक शिकार में ही गुजार दिये थे।

अगर बादशाह अकबर का काल संगीत के उत्कर्ष का था तो जहाँगीर के काल में चित्रकला का अभूतपूर्व विकास हुआ। वह स्वयं चित्रों का बड़ा पारखी था। अबुल हसन, उस्ताद मंसूर उसके दौर के मशहूर चित्रकार थे। उसके काल में भित्ति-चित्र के भी उत्कृष्ट नमूने देखे गये हैं। फूलों, बगीचों का वह खास शौकीन था। श्रीनगर, कश्मीर के शालीमार गार्डेन उसी ने निर्मित कराये थे। पिता की विरासत से वह संगीत का भी प्रेमी था और वह अपने दरबार में संगीत के गुणी जनों को सम्मानित करता, उन्हें उपहार और उपाधियाँ देता। तानसेन के छोटे बेटे विलास खाँ, छतर खाँ, खुर्रमदाद, मक्खू और हमजान, परवेजदाद, हमजा जैसे संगीतकार कलाकार उसके दरबार के रत्नों में रहे थे। कहा जाता है कि शौकी नामक गजल गायक को जहाँगीर ने आनन्द खाँ की उपाधि दी थी।

दरअसल हम जहाँगीर के शासन को अकबर के शासन की तुलना में देखने के अभ्यस्त हो जाते हैं, जो स्वाभाविक भी है। लेकिन स्वतन्त्र रूप से आकलित करें तो उसकी शासन-व्यवस्था और संचालन-पद्धति बेहतर थी। उसने अपने पिता की विरासत का विस्तार ही किया; कम-से-कम रेखांकित करनेवाली किसी अवनति के प्रमाण तो नहीं ही मिलते।

सन्दर्भ-स्रोत—

1. जहाँगीरनामा-बाबू ब्रजरत्न दास — पृष्ठ-09
2. जहाँगीरनामा-बाबू ब्रजरत्न दास — पृष्ठ-13
3. जहाँगीरनामा-बाबू ब्रजरत्न दास — पृष्ठ-03
4. दास्तान मुगल महिलाओं की-प्रो. हेरम्ब चतुर्वेदी — पृष्ठ-142
5. अकबरी दरबार (3)-बाबू ब्रजरत्न दास — पृष्ठ 47-50
6. दास्तान मुगल महिलाओं की-प्रो. हेरम्ब चतुर्वेदी — पृष्ठ-145
7. मुस्लिम प्रशासन के कुछ पहलू-प्रो. आर. पी. त्रिपाठी — पृष्ठ-179
8. जहाँगीरनामा-बाबू ब्रजरत्न दास — पृष्ठ-14

9. जहाँगीरनामा-बाबू ब्रजरत्न दास पृष्ठ-15
10. मुगल शासन प्रणाली-प्रो. हरिशंकर श्रीवास्तव पृष्ठ-37
11. मुगल शासन प्रणाली-प्रो. हरिशंकर श्रीवास्तव पृष्ठ-39
12. जहाँगीरनामा-बाबू ब्रजरत्न दास पृष्ठ-10
13. मध्यकालीन भारत (2) सं. प्रो. हरीशचन्द्र वर्मा पृष्ठ-649
14. मुगल शासन प्रणाली-प्रो. हरिशंकर श्रीवास्तव पृष्ठ-64
15. मध्यकालीन भारत (2) सं. प्रो. हरीशचन्द्र वर्मा पृष्ठ-650, 651
16. जहाँगीरनामा-बाबू ब्रजरत्न दास पृष्ठ-60
17. मध्यकालीन भारत (2) सं. प्रो. हरीशचन्द्र वर्मा पृष्ठ-140
18. मुगल शासन प्रणाली-प्रो. हरिशंकर श्रीवास्तव पृष्ठ-28
19. उद्धृतः मुगलकालीन भारत (2)-डॉ. कौलेश्वर राय पृष्ठ-137
20. मध्यकालीन भारत (2) सं. प्रो. हरीशचन्द्र वर्मा पृष्ठ-650
21. मुगल शासन प्रणाली-प्रो. हरिशंकर श्रीवास्तव पृष्ठ-59

परिशिष्ट : जहाँगीरनामा

1. हिन्दुओं में चार वर्ण होते हैं और प्रत्येक अपने-अपने नियमों तथा प्रयासों के अनुसार कार्य करता है। प्रत्येक वर्ष में उनके एक-एक दिन निश्चित हैं। प्रथम वर्ण ब्राह्मणों का है अर्थात जो ब्रह्म को जानते हैं। इनके कर्तव्य छह प्रकार के हैं—1. धार्मिक ज्ञान प्राप्त करना 2. दूसरों को शिक्षा देना 3. अग्नि का पूजन करना 4. दूसरों से अग्नि का पूजन कराना 5. दीनों को दान देना 6. दान ग्रहण करना। इस वर्ण के लिये एक निश्चित दिन है और वह सावन महीने का अन्तिम दिन है, जो वर्षा ऋतु का दूसरा महीना है। वे इसे शुभ दिवस समझते हैं और उस दिन पूजक लोग नदी के तट पर या तालाब पर जाकर मन्त्र पढ़ते हैं तथा डोरों एवं रँगे हुए तागों पर फूँकते हैं। दूसरे दिन, जो नव वर्ष का प्रथम दिन है, उसे वे अपने समय के राजाओं तथा बड़े लोगों के हाथ में बाँधते हैं और इसे शुभसूचक समझते हैं। इस डोरे को वे राखी कहते हैं अर्थात् रक्षा करनेवाला। यह दिन तीन महीने में पड़ता है, जब संसार को गर्म करनेवाला सूर्य कर्क राशि में रहता है। दूसरा वर्ण क्षत्रिय है, जो क्षत्री कहलाता है। इनका कर्तव्य अत्याचारियों से पीड़ितों की रक्षा करना है। इस वर्ण के कर्तव्य तीन हैं— 1. ये धार्मिक शास्त्र स्वयं पढ़ते हैं पर दूसरों को पढ़ाते नहीं। 2. ये अग्नि का पूजन करते हैं पर दूसरों को पूजा नहीं कराते। 3. ये दान देते हैं पर आवश्यकता पड़ने पर भी दान नहीं लेते। इस वर्ण का दिन विजय-दशमी है। इस दिन ये घोड़े पर सवार होना तथा अपने शत्रु पर ससैन्य चढ़ाई करना शुभ समझते हैं। रामचन्द्र, जिन्हें ये देवता के समान पूजते हैं, इसी दिन शत्रु पर

सेना ले जाकर विजयी हुए थे, इसलिये इस दिन को ये बहुत मानते हैं और अपने हाथियों तथा घोड़ों को सजाकर पूजा करते हैं। यह दिन शहरिवार के महीने में पड़ता है, जब सूर्य कन्या राशि में होता है और इस त्योहार पर ये कोचवानों तथा महावतों को उपहार देते हैं। तीसरा वर्ण वैश्य है। इनकी प्रथा है कि ये प्रथम दो वर्ण की सेवा करते हैं, जिनका उल्लेख ऊपर किया गया है। ये कृषि-कार्य करते हैं, क्रय-विक्रय करते हैं तथा लाभ एवं सूद के लिये व्यापार करते हैं। इस वर्ण का भी एक निश्चित दिन है, जिसे दिवाली कहते हैं। यह दिन मेह्र के महीने में पड़ता है, जब सूर्य तुला राशि में रहता है, चांद्र महीने की 28वीं को। उस दिन रात्रि में दीपक बालते हैं और मित्रगण तथा प्रियजन एकत्र होकर जूआ खेलते हैं। इस वर्ण का विशेष ध्यान लाभ तथा सूद पर होता है। इस दिन नया खाता करने तथा पुराने को आगे ले जाने को शुभ समझते हैं। चतुर्थ वर्ण शूद्र है, जो हिन्दुओं में सबसे छोटी जाति है। ये सबके सेवक हैं और उन वस्तुओं का वे लाभ नहीं उठा सकते जो अन्य वर्गों की विशेषताएँ हैं। इनका दिन होली है, जो इनके विश्वास में वर्ष का अन्तिम दिन है। यह दिन इस्फंदार महीने में पड़ता है जब सूर्य मीन राशि में रहता है। इस दिन रात्रि में ये सड़कों तथा गलियों में आग बालते हैं और दिन होने पर एक प्रहर तक ये एक दूसरे के कन्धों तथा मुख पर राख फेंकते हैं और विचित्र प्रकार का शोर एवं उपद्रव करते हैं। इसके अनन्तर नहा-धोकर कपड़ा पहिरते और उद्यानों तथा मैदानों में घूमते हैं। हिन्दुओं में मृतकों को जला देने की निश्चित प्रथा है, इसलिये इस रात्रि में आग बालने से, जो उस गत वर्ष की अन्तिम रात्रि होती है, यह तात्पर्य होता है कि विगत वर्ष को जला दिया गया, जो मृतकों के स्थान को चला गया।

हमारे पिता के समय हिन्दू अमीर और उनकी नकल करनेवाले अन्य लोग राखी की प्रथा के अनुसार उन्हें बाँधते थे। लाल, बड़ी मोती तथा रत्नों से सजे फूलों की बहुमूल्य राखियाँ बनवाकर उनके हाथों में बाँधते थे। कुछ वर्षों तक यह प्रथा चलती रही। यह अपव्यय बहुत बढ़ गया था और इसे यह पसन्द नहीं करते थे, इसलिये इसका निषेध कर दिया। लोग शुभकामना की दृष्टि से सूत तथा रेशम की राखी अपनी प्रथा के अनुसार बाँधा करते थे। हमने भी इस वर्ष यह अच्छी धार्मिक प्रथा चलायी और आदेश दिया कि हिन्दू अमीर तथा जातियों के अग्रणी लोग हमारे हाथ में राखी बाँधा करें। रक्षाबन्धन के दिन, जो 9 अमुरदाद था, यह कार्य हुआ और अन्य जातिवालों ने भी इस धार्मिक प्रथा को नहीं छोड़ा। इस वर्ष हमने इसे स्वीकार कर लिया और आज्ञा दी कि ब्राह्मण लोग प्राचीन प्रथानुसार सूत तथा रेशम की राखी बाँधें। संयोग

से इसी दिन गत सम्राट् की मृत्यु-तिथि पड़ गयी। ऐसी वार्षिकी को इसे मनाना हिन्दुस्तान की निश्चित विधि तथा प्रथा है। हर वर्ष अपने पूर्वजों तथा प्रिय सम्बन्धियों की मृत्यु-तिथियों पर ये अपनी परिस्थिति के अनुकूल तथा योग्यता के अनुसार भोजन एवं सुगन्धि द्रव्य तैयार करते हैं और विद्वान, सम्भ्रान्त तथा अन्य मनुष्य एकत्र होते हैं। यह जलसा एक सप्ताह तक चलता है। इस दिन हमने बाबा खुर्रम को पवित्र मकबरे में भेजा कि वहाँ ऐसा जलसा करे और दस विश्वासपात्र सेवकों को दस सहस्त्र रुपए दिये कि फकीरों तथा दरिद्रों में बाँट दे। (पृष्ठ 255-257)

2. इन्हीं दिनों कश्मीर के वाकेआनवीस ने लिखा कि एक शिक्षित दर्वेश गदाई नाक मुल्ला ने, जो नगर के एक दरगाह में चालीस वर्ष से रहता था, उस दरगाह के उत्तराधिकारियों से अपनी मृत्यु के दो वर्ष पहले प्रार्थना की थी कि वह उसी दरगाह में एक कोना खोज ले, जहाँ वह गाड़ा जाय। उन्होंने कह दिया कि ऐसा ही हो। संक्षेप में उसने एक स्थान चुन लिया। जब उसका समय आ गया तब उसने अपने मित्रों, सम्बन्धियों तथा प्रियजनों को सूचना दी कि उसे आज्ञा मिल गयी है कि वह अपना शरीर छोड़कर अन्तिम लोक में आ जाय। जो लोग वहाँ उपस्थित थे वे यह सुनकर आश्चर्यान्वित हो गये और कहा कि पैगम्बरों को भी ऐसी सूचना नहीं मिली थी तब ऐसी बात का कैसे विश्वास किया जाय? उसने कहा कि ऐसी आज्ञा हमें मिल गयी है। तब उसने अपने एक विश्वासपात्र की ओर घूमकर कहा, जो उस प्रान्त के काजियों में से एक का पुत्र था, कि तुम हमारे कुरान का मूल्य हमारे गाड़ने में व्यय करना, जो सात सौ तनका मूल्य का है। शुक्रवार के निमाज की पुकार जब तुम सुनना तब हमारा पता लगा लेना। यह सब बातचीत गुरुवार को हुई थी और उसी दिन उसने अपनी कोठरी का कुल सामान अपने परिचितों तथा शिष्यों में बाँट दिया और दिन के अन्त में उसने स्नान किया। काजी का उक्त पुत्र निमाज की पुकार के पहले ही आया और मुल्ला के स्वास्थ्य के सम्बन्ध में पूछताछ की। जब वह उसकी कोठरी के द्वार पर पहुँचा तब वह बन्द मिला और एक नौकर वहाँ बैठा था। इसने उस सेवक से पूछा कि क्या हुआ? तब उसने कहा कि मुल्ला ने आदेश दिया है कि जब तक कोठरी का द्वार आपसे न खुल जाय तब तक हम भीतर न जायँ। इन बातों के थोड़ी ही देर बाद कोठरी का द्वार आप ही आप खुल गया। काजी का पुत्र उस सेवक के साथ भीतर गया और देखा कि मुल्ला घुटनों के बल किबले की ओर मुख किए बैठा है पर उसके प्राण ईश्वर के पास पहुँच गए हैं। ऐसे मुक्त पुरुष ही अच्छे हैं जो इतनी सुगमता से इस जंजाल भरे लोक से प्रयाण कर जाते हैं। (पृष्ठ 292-293)

3. इसके पहले कोतवाली कार्यालय के शाही कोष से चोरों का एक झुंड कुछ रुपये उठा ले गया था। कुछ दिनों के अनन्तर उस झुंड के सात मनुष्य पकड़े गए जिनमें उनका सर्दार नवल भी था, और कुछ रुपये भी मिले। इन सबने बड़े दुस्साहस का कार्य किया था इसलिये हमने इन्हें विशिष्ट दंड देने का निश्चय किया। इन सबको भिन्न-भिन्न प्रकार के खास दंड दिये गये और उनके सर्दार नवल को हाथी के पैरों के नीचे डाल देने के लिये आज्ञा दी। उसने प्रार्थनापत्र दिया कि उसे हाथी से लड़ने की आज्ञा दी जाय। हमने यह आज्ञा दे दी। एक अत्यन्त बिगड़ैल हाथी लाया गया। हमने आज्ञा दी कि उसे एक खंजर देकर हाथी के सामने कर दिया जाय। हाथी ने कई बार उसे गिरा दिया पर हर बार वह निडर तथा क्रोधी मनुष्य उठ खड़ा होता और अपने साथियों के दंडों को देखकर भी वह वीरता तथा दृढ़ता के साथ हाथी के सुंड पर खंजर से चोट करता था, जिससे अन्त में हाथी उस पर चोट करने से हट गया। जब हमने उसका यह साहस तथा वीरता देखी तब हमने उसका इतिवृत्त जानने की आज्ञा दी। कुछ ही समय के अनन्तर अपने ओछे तथा दुष्ट स्वभाव के कारण वह अपने देश तथा स्थान की इच्छा से भाग गया। इससे हमें बड़ा दुख हुआ और हमने उस स्थान के जागीरदारों को आज्ञा दी कि उसे खोजकर कैद कर लें। संयोग से वह दूसरी बार पकड़ा गया और हमने उस अकृतज्ञ तथा नीचाशय को फाँसी देने की आज्ञा दे दी। शेख मुस्लिहुद्दीन सादी की यह सूक्ति इस पर चरितार्थ होती है—अन्त में भेड़िया का बच्चा भेड़िया ही होता है। बेशक वह मनुष्य के साथ पालित हो। (पृष्ठ 329-330)
4. पड़ाव पर एक विचित्र बात दिखलाई पड़ी। शाही झंडों के इस पड़ाव पर पहुँचने के पहले एक खोजा उस स्थान के एक बड़े तालाब के पास गया और उसने दो बच्चे सारसों को पकड़ा। रात्रि में जब हम उस पड़ाव में आकर ठहरे, दो बड़े सारस इस प्रकार चिल्लाते हुए गुसलखाने के पास आये, जो तालाब के किनारे पर ही था, मानो उन पर कोई अत्याचार कर रहा है। वे निर्भयता के साथ चिल्लाते हुए आगे बढ़ आये। हमारे ध्यान में आया कि अवश्य इन्हें कष्ट दिया गया है और सम्भव है कि इनके बच्चे पकड़ लिये गये हैं। जाँच किये जाने पर सारस के बच्चों को पकड़नेवाला खोजा उनको हमारे सामने लाया। जब उन सारसों ने बच्चों की चिल्लाहट सुनी तो वे निधड़क उनकी ओर टूट पड़े और उन्हें भूखा समझकर उनमें से एक-एक बच्चे के मुख में खाना डालने लगा तथा बहुत-से रोते चिल्लाते रहे। उन बच्चों को दोनों ने अपने बीच में रखकर तथा पंख फैलाकर स्नेह प्रदर्शित करते अपने घोंसले का मार्ग लिया। (पृष्ठ 332)

5. मार्ग में अहेर करते जाते थे कि एक दुर्राज एक झाड़ी में उड़कर गिर पड़ा। बहुत ढूँढने पर वह दिखलाई दिया और हमने एक दल को उस झाड़ी को घेर लेने तथा उसे पकड़ने की आज्ञा दी एवं स्वयं उस ओर चला। इसी बीच दूसरा दुर्राज उड़ा जिसे हमने बाज के द्वारा पकड़वा लिया। इसके बाद ही वह आया और दुर्राज को हमारे सामने रख दिया। हमने आज्ञा दी कि इसको बाज को खाने को दो और दूसरे को, जिसे हमने पकड़ा था तथा जो अभी बच्चा था, सुरक्षित रखें। परन्तु इस आज्ञा के पहुँचने के पहले प्रधान अहेरी ने उस दुर्राज को बाज को खिला दिया था। कुछ देर के अनन्तर अहेरी ने प्रार्थना की कि यदि इसे मार न डाला जायगा तो यह मर जायगा। तब हमने उसे मार डालने की आज्ञा दे दी। ज्यों ही इसने तलवार उसकी गर्दन पर रखी त्यों ही उसने कुछ हिलकर तलवार से अपने को हटा लिया और उड़ गया। हम ज्यों ही नाव से उतरकर घोड़े पर सवार हुए त्यों ही एक गौरैया पक्षी हवा के वेग से एक तीर की नोक से जा टकरायी जिसे एक अपने हाथ में लिये था और जो हमारी अर्दली में था और तुरन्त ही गिरकर मर गयी। हम भाग्य की इस चाल को देखकर चकित हो गये। एक ओर उसने दुर्राज की, जिसका काल नहीं आया था, थोड़े ही समय में तीन घातों से रक्षा की और दूसरी ओर गौरैया को, जिसका काल आ गया था, कर्म रूपी तीर पर पटककर नाश के हाथों में दे दिया।

सांसारिक तलवार अपने स्थान से भले ही चले।
पर बिना ईश्वरी आदेश के एक नस भी न कटेगी।। (पृष्ठ 335-336)

6. उज्जैन प्राचीन नगरों में से एक है और हिन्दुओं के सात तीर्थस्थानों में परिगणित है। राजा विक्रमाजीत, जिसने हिन्दुस्तान में आकाश तथा नक्षत्रों के देखने की प्रथा चलायी, इसी नगर तथा देश में रहता था। उसके निरीक्षण के समय से अब तक जब 1026 हिजरी चल रहा है और हमारे जलूस का ग्यारहवाँ वर्ष है, 1675 वर्ष बीत चुके हैं। भारत के ज्योतिषियों की गणनाएँ उसी के निरीक्षण के आधार पर होती हैं। यह नगर शिप्रा नदी के किनारे पर स्थित है। हिन्दुओं का विश्वास है कि किसी वर्ष में एक बार अनिश्चित समय पर इस नदी का जल दूध हो जाता है। हमारे श्रद्धेय पिता के राज्यकाल में जब उन्होंने अबुल फजल को हमारे भाई शाह मुराद के कार्यों की ठीक व्यवस्था करने के लिये भेजा तब उसने इस नगर से एक सूचना भेजी थी कि बहुत संख्या में हिन्दुओं तथा मुसलमानों ने साक्ष्य दिया है कि कुछ दिन पहले रात्रि में यह नदी दूध हो गयी थी, जिससे उस रात्रि में जिन लोगों ने उसमें से जल लिया था उनके बर्तन सबेरे दूध से भरे पाये गये थे। यह बात फैल गयी थी

इसलिये यहाँ लिख दी गयी पर हमारी बुद्धि इसे किसी प्रकार स्वीकार नहीं कर सकती। सत्य बात ईश्वर ही जानता है। (पृष्ठ 340-341)

7. 2 री इस्फंदार्मुज को हम कालियादह से नाव में सवार हुए और अगले पड़ाव पर गये। हमने अनेक बार सुना था कि एक तपस्वी संन्यासी जदरूप नामक बहुत वर्ष हुए कि उज्जैन से निकलकर जंगल के एक कोने में रहता है और सच्चे ईश्वर के अर्चन में लगा रहता है। हमें उसका परिचय प्राप्त करने की बड़ी आकांक्षा थी और जब हम राजधानी आगरे में थे, उस समय इच्छा थी कि उसे बुलाकर देखें। पर अन्त में हमने सोचा कि इससे उसे बहुत कष्ट होगा इसलिये उसे नहीं बुला भेजा। जब हम उस नगर के पास पहुँचे तब हम नाव से उतर पड़े और अष्टमांश कोस पैदल चलकर उसे देखने गये। जिस स्थान को उसने निवास के लिये चुना था वह पहाड़ी के एक ओर गुफा-सी थी, जिसे खोदकर बनाया था तथा एक द्वार उसमें लगाया था। गुफा का द्वार मेहराब-सा था, जिसकी ऊँचाई एक गज तथा चौड़ाई दस गिरह थी और इस द्वार से उस कोठरी तक की दूरी जिसमें वस्तुतः वह रहता था, दो गज पाँच गिरह थी तथा चौड़ाई सवा ग्यारह गिरह। भूमि से छत तक ऊँचाई एक गज तीन गिरह थी। जिस छिद्र से उस स्थान पर जाना होता है वह साढ़े पाँच गिरह ऊँचा तथा साढ़े तीन गिरह चौड़ा था। केवल कृश मनुष्य सैकड़ों कठिनाई से उसमें जा सकता था। छेद की चौड़ाई-लम्बाई ऐसी ही थी। इसमें कोई चटाई या फूस नहीं था। इसी छोटे तथा अँधेरे छेद में वह एकान्त में अपना समय व्यतीत करता था। जाड़े के ठंडे दिनों में भी वह आग नहीं बालता था, यद्यपि वह पूरा नंगा रहता था सिवा वस्त्र के एक टुकड़े के जो आगे-पीछे रहते थे। मुल्ला रूमी ने दर्वेश की भाषा को इस प्रकार पद्य में ढाला है—

दिन में हमारा वस्त्र सूर्य है और रात्रि में हमारी चटाई तथा कम्बल चन्द्र की किरणें हैं।

यह दिन में दो बार एक जलाशय में स्नान करते हैं, जो इनके स्थान के पास है और एक बार उज्जैन नगर में जाते हैं। यह उन सात ब्राह्मण परिवारों में से प्रतिदिन केवल किसी तीन के गृह पर जाते हैं, जिनके घर स्त्री-बच्चे हैं और जिन्हें धार्मिक तथा सन्तोषी समझते थे। इनके गृह पर जो कुछ भोजन वे अपने लिये प्रस्तुत करते थे उसमें से केवल पाँच ग्रास हाथ पर लेकर निगल जाते थे, जिससे उसके स्वाद का आनन्द न मिल सके। साथ ही यह भी नियम था कि इन तीन घरों में कोई घटना नहीं घटी हो, कोई बच्चा पैदा नहीं हुआ हो तथा न कोई रजस्वला स्त्री गृह में हो। इनकी जीविका का यही साधन था, जैसा लिखा गया है। यह मनुष्यों से मिलना नहीं चाहते परन्तु ख्याति अधिक

हो जाने से लोग इनके दर्शन के लिये आया करते थे। यह ज्ञान से हीन नहीं हैं क्योंकि यह वेदान्त शास्त्र के पूर्ण पंडित हैं, जो सूफी शास्त्र ही है। हम छः घड़ी तक इनसे बातचीत करते रहे और यह इतनी अच्छी प्रकार बोले कि हमें बहुत प्रभावित किया। हमारा सत्संग भी इन्हें पसन्द आया। जिस समय हमारे श्रद्धेय पिता ने खान देश के अन्तर्गत आसीरगढ़ को विजय किया था और वहाँ से आगरे लौट रहे थे तब उन्होंने इन्हें इसी स्थान पर देखा था और सर्वदा इन्हें ध्यान में रखा।

भारतवर्ष के विद्वानों ने ब्राह्मण जाति के लिये, जो हिन्दुओं में सबसे अधिक प्रतिष्ठित जाति है, चार प्रकार की जीवनचर्या रखी है और इनके जीवन को चार कालों में विभाजित किया है। इन चार कालों को वे चार आश्रम कहते हैं। ब्राह्मण के गृह में जो पुत्र होता है उसे वे सात वर्ष तक ब्राह्मण नहीं कहते और उस समय तक कुछ नहीं करते। जब वह आठ वर्ष को होता है तब वे सब ब्राह्मणों को एकत्र करते हैं। वे मूँज की एक डोरी बनाते हैं, जिसे मौजी कहते हैं और जो ढाई गज लम्बी होती है, और उस पर प्रार्थना करते तथा मन्त्र कई बार पढ़ते हैं। इसके अनन्तर इसे तिहरा कर किसी विश्वनीय पुरुष से बालक की कमर में बँधवाते हैं। सूत का उपवीत बनाकर इसके दाहिने कन्धे पर डाल देते है। इसके अनन्तर उसके हाथ में एक गज से कुछ अधिक ऊँचा दंड देकर कि उससे वह हानिदायक वस्तुओं से अपनी रक्षा कर सके और जल पीने के लिये एक ताम्रपात्र देकर उसे किसी विद्वान ब्राह्मण को सौंप देते हैं, जिसके गृह पर बारह वर्ष तक रहकर वेदों की शिक्षा ग्रहण करे जिन्हें वे ईश्वरी ग्रन्थ समझते हैं। इस दिन से वे इसे ब्राह्मण कहने लगते हैं। इस काल में यह आवश्यक है कि यह शारीरिक सुखों से दूर रहे। दोपहर बीत जाने पर वह अन्य ब्राह्मणों के घर भिक्षा ग्रहण करने जाता है और जो कुछ मिलता है वह सब अपने गुरु के पास ले आता है तथा उनकी आज्ञा से उसे खाता है। वस्त्र के सम्बन्ध में उसके पास गुप्तेन्द्रियों के छिपाने के लिये लँगोटी के सिवा केवल दो-तीन गज सूती वस्त्र कन्धे पर रखने को होता है, और कुछ भी नहीं। यह काल ब्रह्मचर्य कहलाता है जिसमें केवल ईश्वरी ग्रन्थों का शिक्षण-मनन होता है। इस काल के बीतने पर अपने गुरु तथा पिता की आज्ञा से यह विवाह करता है और पंचेन्द्रियों के कुल सांसारिक सुखों का आनन्द लेता रहता है जब तक कि उसका पुत्र सोलह वर्ष की अवस्था का नहीं हो जाता। यदि उसे पुत्र ही नहीं होता तब वह अड़तालीस वर्ष की अवस्था तक सामाजिक जीवन बिताता है। इस काल में यह गृहस्थ कहलाता है। इसके अनन्तर वह अपने परिवारवालों, सम्बन्धियों, परिचितों

तथा मित्रों से अलग होकर और सुख की सभी सामग्री त्यागकर एकान्तवास करने के लिये अपने सांसारिक स्थान को छोड़कर वन में कालयापन करने चला जाता है। इस अवस्था को वानप्रस्थ कहते हैं अर्थात् वन में निवास करना। हिन्दुओं का यह विचार है कि कोई शुभ कार्य पत्नी के बिना साथ रहे पूरा नहीं हो सकता और इस काल में भी बहुत कुछ अर्चन-पूजन करना रहता है, इसलिये वह स्त्री को भी वन में साथ ले जाता है। यदि वह गर्भिणी हुई तो प्रसव होने तथा सन्तान के पाँच वर्ष का होने तक वह वन में जाना रोक देता है। इसके उपरान्त वह बालक को बड़े पुत्र को या सम्बन्धी को सौंप देता है और अपनी इच्छी पूरी करता है। इसी प्रकार पत्नी के रजस्वला होने पर उसके शुद्ध होने तक जाना रोक देता है। इसके अनन्तर वह अपनी स्त्री से कोई सम्बन्ध नहीं रखता और उसके समागम से अपने को दूषित नहीं करता तथा रात्रि में अलग सोता है। यहाँ यह बारह वर्ष व्यतीत करता है और वन में अपने आप उत्पन्न कन्द-मूल के आहार से जीवनयापन करता है। यह जनेऊ धारण किये रहता है और अग्निहोत्र करता है। यह अपने नखों को काटने, सिर के बाल बनाने में या दाढ़ी-मोंछ को ठीक करने में समय व्यर्थ नहीं बिताता। जब वह यह काल इस प्रकार व्यतीत कर लेता है तब वह अपने गृह लौट आता है और अपनी स्त्री को अपनी सन्तानों, भाइयों तथा ज़ामाताओं को सौंपकर अपने दीक्षागुरु को प्रणाम करने जाता है। उसके सामने अग्नि में अपना सब कुछ जनेऊ, सिर के बाल आदि डालकर जला देता है और गुरु से कहता है कि हमारा जो कुछ सम्बन्ध तपस्या, अर्चा-पूजा, इच्छा आदि से था सबका हृदय से उन्मूलन कर दिया है। इसके अनन्तर वह हृदय तथा इच्छाओं का मार्ग बन्द कर देता है और सदा ईश्वर के ध्यान में रहता है तथा सिवा उस सत्य स्रष्टा के अन्य सब कुछ भूल जाता है। यदि वह किसी शास्त्र की बात करता है तो वेदान्त की, जिसके आशय को बाबा फिगानी ने इस प्रकार शेर में बाँधा है—
इस गृह में केवल एक ही दीप है, जिसकी किरणों में

जहाँ कहीं हम देखते हैं वहीं एक झुंड है।

वे इस अवस्था को संन्यास कहते हैं अर्थात् सबका त्याग। जो इस अवस्था को प्राप्त हो जाता है उसे संन्यासी कहते हैं। (पृष्ठ 340-344)

8. कहते हैं कि राजा विक्रमाजीत के समय के पहले जयसिंह देव नाम के कोई राजा थे, जिनके समय में एक मनुष्य घास लाने के लिये खेतों में गया था। जब वह घास काट रहा था तभी उसके हाथ की खुरपी सोने के समान पीली दिखलाई पड़ने लगी। जब उसने देखा कि उसकी खुरपी बदल गयी है, तब वह उसे मदन नामक लोहार के पास ठीक कराने के लिये ले गया। लोहार

जान गया कि खुरपी सोने की हो गयी है। इसके पहले वह सुन चुका था कि इस देश में पारस है जिसके स्पर्श से लोहा तथा ताँबा सोना हो जाता है। उसने घसियारे को अपने साथ लिया और उस स्थान पर जाकर पारस ले आया। इसके अनन्तर वह वैसा अमूल्य रत्न राजा के पास ले गया। राजा ने इस प्रस्तरखंड के द्वारा बहुत-सा सोना बनाया और इसके कुछ अंश को व्यय कर यह दुर्ग बीस वर्ष में बनवाया। उस लोहार की इच्छानुसार राजा ने बहुत से पत्थरों को घन के रूप में कटवाकर उस दुर्ग की दीवाल के निर्माण में लगवाया था। अपने जीवन के अन्तिम काल में जब उसका हृदय सांसारिक विषयों से विरक्त हो, चुका तब राजा ने नर्मदा नदी के तट पर उत्सव किया, जो हिन्दुओं में पवित्र पूज्य तीर्थ मानी जाती है। ब्राह्मणों को एकत्र कर राजा ने सबको धन तथा रत्न दिये और एक ब्राह्मण को जो बहुत दिनों से उसके पास रहता था, वहीं पारस पत्थर दे दिया। अज्ञानता के कारण इसने क्रुद्ध होकर इस पत्थर को नदी में फेंक दिया, परन्तु जब बाद में इसे इस पत्थर के गुण ज्ञात हुए तब वह जन्म-भर के लिये दुखी हो गया। इसने बहुतेरा पत्थर खोजवाया पर पता नहीं चला। ये बातें किसी पुस्तक में नहीं लिखी हैं, केवल सुनी हुई हैं परन्तु हमारी बुद्धि इसे ग्राह्य नहीं समझती। यह सब भ्रान्ति, कल्पना मात्र है। मांडू मालवा प्रान्त का एक प्रसिद्ध सरकार है, जिसकी आय तेरह लाख नब्बे हजार दाम है। यह बहुत दिनों तक इस देश के राजाओं की राजधानी रही। यहाँ बहुत से प्रासाद हैं जिनमें पहले के राजाओं के चिह्न वर्तमान हैं और जो अभी तक खंडहर नहीं हुए हैं।

24वीं को हम पुराने राजाओं के प्रासादों को देखने के लिये निकले और पहले जामेअ मस्जिद गये, जिसे सुलतान होशंग गोरी ने बनवाया था। एक बड़ी ऊँची इमारत देखने में आयी जो सब कटे हुए पत्थर की बनी थी और यद्यपि उसे बने एक सौ अस्सी वर्ष बीत चुके थे पर ऐसा ज्ञात होता था कि अभी उसके निर्माताओं ने पूरा कर हाथ हटाया है। इसके अनन्तर हम उस इमारत में गये जिसमें खिलजी सुलतानों के मकबरे थे। सुलतान गियासुद्दीन के पुत्र नसीरुद्दीन की कब्र भी वहाँ थी, जिसका मुख सर्वदा के लिये काला हो चुका था। यह बात प्रसिद्ध है कि इस दुष्ट ने अपने पिता गियासुद्दीन को मारकर राजगद्दी ली थी, जिसकी अवस्था अस्सी वर्ष की थी। इसने दो बार उसे विष दिया, जिसके प्रभाव को जहरमुहरे के द्वारा दूर किया गया था और जो उसकी बाँह पर बँधा हुआ था। तीसरी बार इसने शर्बत के प्याले में विष घोलकर अपने हाथ से अपने पिता को यह कहकर दिया कि इसे पीना ही होगा। उसके पिता ने यह समझ लिया कि वह किसलिये यह प्रयत्न कर रहा

है और अपने हाथ के जहरमुहरे को खोलकर उसके आगे फेंक दिया। इसके अनन्तर बड़ी नम्रता तथा प्रार्थना के साथ स्रष्टा के सिंहासन की ओर मुख करके, जो कुछ भी नम्रता नहीं चाहता, कहा कि 'ऐ खुदा, मेरी अवस्था अस्सी वर्ष की हुई और हमने यह काल ऐसी प्रसन्नता तथा सुख से व्यतीत किया है जैसा कि बादशाह ने न किया होगा। अब यह हमारा अन्तकाल है और हम आशा करते हैं कि तू नसीर को हमारे घात के लिये न पकड़ेगा और हमारी मृत्यु भाग्य लिखित मानकर इसे दंड न देगा।' इतना कहने के अनन्तर उसने शर्बत को एक ही बार में गले के नीचे उतार दिया और थोड़ी ही देर में प्राण छोड़ दिया। उसके इस कथन का तात्पर्य यही था कि उसने अपने राज्यकाल में ऐसा सुख उठाया था जैसा किसी अन्य बादशाह ने नहीं उठाया था। जब वह अड़तालीसवें वर्ष की अवस्था में गद्दी पर बैठा तब इसने अपने मित्रों तथा पार्श्ववर्तियों से कहा कि 'हमने अपने पिता की सेवा में तीस वर्ष युद्धक्षेत्र में बिताया है और सैनिक के कर्तव्य में हमने कभी कोई चूक नहीं की है परन्तु अब हमारे राज्य करने का अवसर आया है तथा हमें नये देश को जीतने की इच्छा नहीं है इसलिये हम सुख तथा आराम से बचे जीवन को व्यतीत करना चाहते हैं।' कहते हैं कि इसने अपने हरम में पन्द्रह सहस्र स्त्रियाँ एकत्र कर ली थीं। इसने इतना एक नगर ही बसा लिया था जिनमें सभी वर्ग, जाति तथा काम की स्त्रियाँ थीं, कारीगर, पदाधिकारी, काजी, कोतवाल तथा अन्य सभी जो एक नगर के शासन के लिये आवश्यक थे। जहाँ कहीं इसने किसी सुन्दरी कुमारी का पता पाया कि उसे पूरा प्रयत्न कर प्राप्त किये बिना यह चैन नहीं लेता था। वह उन कुमारियों को अनेक प्रकार के गुण तथा कला सिखलाता था और इसे अहेर खेलने की भी बड़ी रुचि थी। इसने एक मृग-उद्यान बनवाया था और बहुत प्रकार के जानवर संग्रह किये थे। अपनी स्त्रियों के साथ यह उसमें अहेर खेलता था। संक्षेप में, अपने राज्यकाल के इन बत्तीस वर्षों में अपने विचार के अनुसार यह किसी शत्रु के विरुद्ध नहीं गया और सुख तथा आराम से कालयापन करता रहा। इसी प्रकार इसके राज्य पर भी किसी ने आक्रमण नहीं किया। यह भी कहा जाता है कि जब शेर खाँ अफगान अपने राज्यकाल में नसीरुद्दीन की कब्र पर आया तो उसने भी अपने हिंसक स्वभाव के होते हुए नसीरुद्दीन के दुष्ट व्यवहार के कारण आज्ञा दी कि उसकी कब्र के सिरे को लकड़ियों से पीटें। जब हम भी उसकी कब्र पर गये तब हमने भी उसको कई ठोकरें लगायीं और साथ के सेवकों को भी ठोकरें मारने का आदेश दिया। इससे भी सन्तुष्ट न होकर हमने आज्ञा दी कि इस कब्र को खोदकर तथा इसकी ठठरी को निकालकर आग में डाल दें। तब

ध्यान आया कि अग्नि प्रकाश है और अल्ला के प्रकाश को ऐसी अपवित्र ठठरी जलाकर अशुद्ध करना उचित नहीं है। साथ ही इस प्रकार जला देने से दूसरे लोक में इसके दंड में कुछ कमी न हो जाय; हमने आज्ञा दी कि उसके गले-सड़े शव को नर्मदा में फेंक दें। जीवित अवस्था में यह अपने दिन जल ही में व्यतीत किया करता था क्योंकि इसकी प्रकृति पर ऊष्मा ने बहुत प्रभाव डाल रखा था। यह बात विशेष ज्ञात है कि एक बार मदिरोन्मत्त होने के कारण यह कालियादह के ताल में कूद पड़ा था जो बहुत गहरा है। हरम के कुछ सेवकों ने बचाने का बहुत प्रयत्न किया और इसके बालों को पकड़कर जल से बाहर निकाल लाये। जब इसे चेतना हुई तब इसने कुल घटना सुनी। यह सुनकर कि उसके सिर के बालों को पकड़कर उसे खींच लाये थे वह अत्यन्त क्रुद्ध हुआ और उन सेवकों के हाथ काट डालने की आज्ञा दे दी। दूसरी बार जब ऐसी घटना घटी तब किसी ने भी उसे निकालने का साहस नहीं किया और वह डूब गया। संयोग से मृत्यु के एक सौ दस वर्ष बाद उसकी सड़ी हुई लाश जल में मिल गयी। (पृष्ठ 348-351)

9. इस पड़ाव के पास मार्ग पर शाह आलम का मकबरा था इसलिये हमने उसमें फातिहा पढ़ा। इस मकबरे के बनाने में एक लाख रुपए लगे थे। शाह आलम कुतुब आलम का पुत्र था और इसका वंश मखदूम जहाँनियान तक पहुँचता है। इस देश के मनुष्य छोटे-बड़े इन पर विचित्र श्रद्धा रखते हैं और कहते हैं कि शाह आलम मृतक को जिला देते थे। कई मृतकों को जिला देने के अनन्तर इस की सूचना इनके पिता को मिली और तब उन्होंने इन्हें मना किया कि ईश्वरीय सृष्टि रूपी कारखाने में इस प्रकार हस्तक्षेप करना अहंता तथा अधीनता का विरोध है। ऐसा हुआ कि शाह आलम की एक सेविका निस्सन्तान थी परन्तु शाह आलम की प्रार्थना से ईश्वर की कृपा से उसे एक पुत्र हुआ। जब वह 27 वर्ष की अवस्था में मर गया तब वह सेविका रोती-कलपती इनके सामने आकर कहने लगी कि मेरा पुत्र मर गया और वही हमारी एकमात्र सन्तान था। आपकी कृपा से ईश्वर ने उसे हमें दिया था और हमें आशा है कि आपकी ही प्रार्थना से वह जी उठेगा। शाह आलम यह सुनकर विचार में पड़ गए और अपनी कोठरी में चले गये। तब वह सेविका उनके पुत्र के पास गयी जो उससे बहुत स्नेह करता था और उससे उसके पुत्र को जिला देने के लिये अपने पिता से कहने को भेजा। वह पुत्र जो बालक था अपने पिता की कोठरी में गया और पिता से प्रार्थना करने लगा। शाह आलम ने कहा कि यदि तुम अपना जीवन देने में सन्तुष्ट हो तो हमारी प्रार्थना स्वीकृत हो सकती है। बालक ने कहा कि हम आपकी इच्छा तथा परमेश्वर की कृपा से सन्तुष्ट हैं।

शाह आलम ने लड़के को हाथ पकड़कर उठा लिया और आकाश की ओर मुख कर कहा कि इस बालक को तू उसके बदले में ले ले। तत्काल इस बालक का प्राण अल्लाह के पास पहुँच गया और शाह आलम ने उसे अपने बिछावन पर लिटाकर चादर से उसका मुख ढँक दिया। इसके अनन्तर बाहर निकलकर सेविका से कहा कि घर जाकर अपने लड़के का समाचार ले, स्यात वह तन्द्रा में रहा हो, मरा न हो। जब वह घर पहुँची तब लड़का उसे जीवित मिला। संक्षेप में गुजरात में शाह आलम के सम्बन्ध में ऐसी बहुत-सी बातें सुनी जाती हैं। हमने स्वयं सैयद मुहम्मद से, जो वहाँ के सज्जादनशीन तथा ज्ञान, विचार आदि में किसी प्रकार कम नहीं थे, पूछा कि वास्तविक बातें क्या हैं? उसने कहा कि हमने भी अपने पिता तथा पितामह से ये बातें सुनी हैं और परम्परा से सुनने में चली आती हैं पर तत्व को ईश्वर ही जानता है। यद्यपि ये बातें विवेक-बुद्धि के परे हैं पर मनुष्यों में ये प्रचलित हैं, इसलिये विचित्र घटना होने से यहाँ लिख दी गयी हैं। इस मृत्युलोक से उनके अमरलोक जाने की घटना सन् 880 हि. में सुलतान महमूद बैकरा के समय हुई थी और यह मकबरा ताज खाँ तरियानी ने बनवाया था, जो महमूद के पुत्र सुलतान मुजफ्फर के अमीरों में से एक था। (पृष्ठ 395-396)

10. मालियों के दरोगा ने सूचित किया कि मुकर्रब खाँ के एक सेवक ने नदी के किनारे मेड़ के ऊपर के चम्पा के पौधों को काट डाला है। यह सुनकर हमें क्रोध आ गया और हमने आज्ञा दी कि इसके दोनों अँगूठे काट लिये जायँ जिससे दूसरों को उपदेश मिले। यह भी ज्ञात हुआ कि मुकर्रब खाँ को इस घटना का ज्ञान नहीं था, नहीं तो वह उसे तुरन्त ही दंड देता। मंगलवार 11वीं को नगर के कोतवाल ने एक चोर पकड़ा और सामने ले आया। इसने पहले भी कई बार चोरी की थी और हर बार उसका एक-एक अंग काट लिया गया था। प्रथम बार उसका दाहिना हाथ, दूसरी बार उसके बाएँ हाथ का अँगूठा, तीसरी बार बायाँ कान, चौथी बार अंडकोष और अन्तिम बार नाक काट ली गयी थी। इतने पर भी उसने चोरी करना नहीं छोड़ा था और एक घसियारे के गृह में चोरी करने के लिये वह कल घुसा। संयोग से गृह का स्वामी जाग रहा था और उसे पकड़ लिया। परन्तु इसने छुरे की कई चोट मारकर उसका अन्त कर दिया। इस शोर तथा उपद्रव से उसके सम्बन्धियों ने पहुँचकर चोर पकड़ लिया। हमने आज्ञा दे दी कि इसे मृत के सम्बन्धियों को सौंप दें जिसमें वे उसे पूरा दंड दें। मिसरा-मुख की रेखाएँ तुम्हारे मस्तिष्क का विचार प्रकट कर देती हैं। (पृष्ठ 403-404)

शाहजहाँ
(1628–1658 ई.)

बादशाह शाहजहाँ के शासनकाल के इतिहास की मूल स्रोत–सामग्री उस तरह सहज सुलभ नहीं है जिस तरह पूर्व के बादशाहों के काल की मिलती है। डॉ. सैयद अतहर अब्बास रिजवी ने हुमायूँ तक की सामग्री को तो अनूदित–सम्पादित कर जनसुलभ कर दिया था मगर ऐसा बाद के काल को लेकर किसी ने भी नहीं किया। अकबर-काल के लिये अबुल फजल सहित अन्य सामग्री हिन्दी तक में सुलभ रही, मगर अब वह भी अप्राप्य है। अन्य की सामग्री के अलावे जहाँगीर की आत्मकथा से काफी हद तक उसके शासनकाल की यह कमी पूरी होती है। शाहजहाँ या औरंगजेब ने कोई आत्मकथा नहीं लिखी, लेकिन उसने अपने काल के इतिहास लेखन की व्यवस्था अवश्य की। इस कड़ी में शाहजहाँ के शासनकाल की पहली मूल स्रोत-सामग्री सम्भवत: मुहम्मद अमीन कजवीनी का ग्रन्थ पादशाहनामा है, जिसकी भूमिका में वह लिखता है कि 1630 में दक्षिण भारत में जब भीषण अकाल पड़ा था तो वह वहाँ मौजूद था। उसका प्रवेश शाहजहाँ के पाँचवें शासन वर्ष में होता है। 1634 ई. में बादशाह शाहजहाँ उसे इतिहास लिखने का आदेश देता है जिसे वह 1646 ई. में पेश करता है। इसमें बादशाह शाहजहाँ के जन्म से उसके शासन के प्रारम्भिक दस वर्षों का इतिहास दर्ज था। उसकी इच्छा थी कि वह आगे का इतिहास भी लिखे लेकिन बादशाह ने कोई उत्सुकता जाहिर नहीं की और उसका तबादला भी एक ऐसे विभाग में कर दिया जहाँ वह यह काम नहीं कर सकता था। दरअसल शाहजहाँ की महत्त्वाकांक्षा वैसे इतिहास लेखन की थी जैसा अबुल फजल ने 'अकबरनामा' के रूप में लिखा था। अबुल फजल की काव्यात्मक आलंकारिक शैली की मोहकता बादशाह को बहुत पसन्द थी जो कजवीनी में बिल्कुल ही नहीं थी। अनुकूल इतिहास लेखक की तलाश उसके शासन के बारहवें वर्ष में पूरी होती है, जब पटना में अवकाशप्राप्त जिन्दगी जी रहे अब्दुल हमीद लाहौरी को बुलाया

जाता है। उसकी शैली में साहित्यिकता और आलंकारिता थी, जिसे बादशाह ने पसन्द किया। उसकी नियुक्ति हुई और उसने इतिहास ग्रन्थ लिखा—'बादशाहनामा'। इसमें कजवीनी के इतिहास की पूरी मदद ली गयी थी और इसकी शुरुआत जन्मकुंडली तथा तत्कालीन ग्रह-दशा से होती है। यह अपेक्षाकृत विशाल ग्रन्थ तो है लेकिन इसमें अनेक महत्त्वहीन घटनाओं, भेंटों, उपहारों से तबादलों तक का काफी विस्तार से वर्णन है। बेशक इसमें ताजमहल के निर्माण और तख्त-ए-ताऊस का भी वर्णन है लेकिन कहीं भी साम्राज्य की सामाजिक अथवा आर्थिक दशा पर कोई रोशनी नहीं डाली गयी है। बादशाह की मुक्तकंठ प्रशंसा का आधिक्य इतिहासकार को दरबारी कवि के रूप में रूपान्तरित कर देता है। इसे आधुनिक इतिहासकार बहुत महत्त्वपूर्ण नहीं मानते। 30 अगस्त 1654 ई. को इनके निधन से यह इतिहास भी अधूरा रह जाता है जिसे पूरा करते हैं इनके ही कार्यरत सहायक और प्रिय शिष्य जनाब मुहम्मद वारिस। उन्होंने शाहजहाँ के शासनकाल के आगे के इतिहास को लिखकर इसी में शामिल कर दिया और अपने लिखे भाग को अपने गुरु को ही समर्पित कर दिया।

इन दोनों ग्रन्थों की तुलना में मुहम्मद ताहिर का लिखा 'शाहजहाँनामा' अपेक्षाकृत ज्यादा महत्त्वपूर्ण ग्रन्थ है। मुहम्मद ताहिर जिसे इनायत खाँ की उपाधि मिली थी और जो बादशाह जहाँगीर के वजीर रहे मुजफ्फर खाँ का बेटा था। जिस साल शाहजहाँ गद्दी पर बैठा था, उसी के आसपास आगरा में ही इसका जन्म हुआ था। उस समय इसके पिता कश्मीर में सूबेदार थे। बचपन से ही इसकी योग्यता से बादशाह इतना प्रभावित हुआ था कि मात्र सात साल की अल्पायु में ही इसको मनसबदार बना दिया। बाद में अपनी इच्छा जताने पर इसको शाही पुस्तकालय में रख लिया गया। थोड़े ही समय में अपने अध्ययन और योग्यता से इसने बादशाह की निकटता भी हासिल कर ली। इसकी इतिहास ग्रन्थ के अलावे एक दीवान और तीन मसनवियाँ भी हैं। इसने भी पूर्व के लिखे दोनों इतिहास ग्रन्थों से भरपूर मदद ली थी। इसके इतिहास ग्रन्थ में शाहजहाँ के पूरे शासनकाल का इतिहास दर्ज है। इसके अलावे मुहम्मद सालीह कम्बू का 'अमल-ए-सालीह' ग्रन्थ है। इसमें बादशाह शाहजहाँ के आखिरी जीवन की कैद, उसकी यातना और दयनीयता का विस्तार से वर्णन है। पूरे ग्रन्थ में शाहजहाँ के जन्म से मृत्यु तक का इतिहास समेटा गया है। अन्य इतिहास ग्रन्थों में मुहम्मद शरीफ हनफी का 'मजालिस-उल-सलातीन' और मुहम्मद सादिक खाँ का 'शाहजहाँनामा' खास तौर से उल्लेखनीय है। लेकिन ये सभी ग्रन्थ सहज-सुलभ नहीं हैं।

बादशाह शाहजहाँ सम्बन्धी इतिहास की मूल स्रोत-सामग्री के रूप में फ्रांसीसी यात्री फैंक्विस बर्नियर का यात्रा-संस्मरण अत्यन्त महत्त्वपूर्ण है। बर्नियर एक फ्रांसीसी

डॉक्टर था जो 1656 ई. से 1668 ई. तक लगभग बारह वर्षों तक भारत में रहा था और उसने कुछ वर्षों तक मुगल दरबार में नौकरी भी की थी। वह बहुत ही बुद्धिमान और तीखी निगाहवाला यात्री था। इसके संस्मरण में उस युग की बहुत सारी बातों, चरित्रों और घटनाओं पर रोशनी पड़ती है। दूसरी बात उसकी निष्पक्षता है; साथ ही उसके लिखने की शैली और भाषा भी आधुनिक और जीवन्त है। उसने मुगल साम्राज्य के उत्तराधिकार की इतिहास-प्रसिद्ध लड़ाई को अपनी आँखों देखा था। बादशाह का कैदी जीवन, महल की अन्दरूनी दुनिया, घात-प्रतिघात, दरबारियों और लोगों की कानाफूसी, दारा शिकोह को अपने पुत्र के साथ बेहद अपमानजनक तरीके से शहर में घुमाया जाना, जुलूस और बाद में उसकी निर्मम हत्या जैसी अनेक घटनाओं का वह चश्मदीद गवाह रहा था। उसने नये-नये बने ताजमहल को, तख्त-ए-ताऊस को अपनी आँखों देखा था। उस युग का वह साक्षी था, जिसके बारे में उसने लिखा है। उसका यात्रा-संस्मरण कई दृष्टियों से तत्कालीन इतिहास के लिये महत्त्वपूर्ण और प्रामाणिक मूल स्रोत-सामग्री है। इसके अलावे पेशे से जौहरी फ्रांसीसी यात्री टेऊबर्नियर और इटली के निकोलस मनुची के भी लिखे संस्मरण हैं, जिनका उपयोग इतिहासकार आलोचनात्मक विवेक से करते रहे हैं। चित्र-सिक्के, फरमान और कुछ शाही दस्तावेज भी हैं, इसके साथ ही तत्कालीन प्रान्तीय राज्यों में भी ऐसी काफी ऐतिहासिक सामग्री सुलभ है जो शाहजहाँ के शासनकाल के इतिहास को जानने में सहायक रही है।

जिस मुगल साम्राज्य की नींव बाबर ने रखी थी, जिसे अकबर ने उत्कर्ष तक पहुँचाया था, वह साम्राज्य जहाँगीर और शाहजहाँ तक आते-आते बुलन्दियों को छू रहा था। उसकी शानो-शौकत और ऐश्वर्य चरम तक पहुँच चुके थे। बहुत लोगों का तो यह मानना है कि उस समय पूरे विश्व में इतना ऐश्वर्यशाली कोई दूसरा साम्राज्य नहीं था। मसलन शाहजहाँ विश्व का शीर्ष बादशाह बन चुका था। बेशक इस साम्राज्य को ऐसा गौरवशाली बनाने में सम्राट अकबर का योगदान अप्रतिम था। लेकिन मामूली अपवादों को छोड़ दिया जाय तो जहाँगीर को अपने कार्यकाल में खुद कोई युद्ध लड़ना नहीं पड़ा। उसके शासन के उत्तरार्द्ध में काँगड़ा, मेवाड़ और अहमदनगर का युद्ध उसके बहादुर बेटे खुर्रम के नेतृत्व में लड़ा गया। उसने सारे युद्ध अत्यन्त बहादुरी से लड़े और शानदार तरीके से सभी में फतह हासिल की। जहाँगीर ने खुश होकर उसे दुनिया के बादशाह शाहजहाँ की उपाधि दी, इतिहास में खुर्रम इसी नाम से जाना गया। यह अजीब संयोग था कि इन दोनों बादशाहों के सत्तारोहण के समय साम्राज्य को भारी उथल-पुथल के दौर से गुजरना पड़ा। इसे विडम्बना ही कहा जाएगा कि सत्ता-संघर्ष का सबसे कड़वा अभिशाप मुगल-वंश के सबसे रेशमी बादशाह शाहजहाँ के हिस्से में ही आया और उसे आखिरी लगभग दस साल बेहद

दयनीय और दारुण हालात में गुजारने पड़े। शाहजहाँ मुगल-वंश का एक ऐसा बादशाह था जिसके हिस्से सौभाग्य और दुर्भाग्य की दोनों अतियाँ आयीं।

उसका जन्म सम्राट अकबर के समय में ही 5 जनवरी 1592 ई. को लाहौर दुर्ग में हुआ था। पोते के जन्म पर उन्होंने बहुत खुशियाँ मनायी थीं, हीरे-जवाहरात लुटाये थे। शाहजहाँ की माँ जगत गोसांई जो जोधाबाई के नाम से जानी गयीं मारवाड़ के राजा उदय सिंह की पुत्री थीं। एक ज्योतिषी ने कहा कि अगर शाहजादा सलीम इस बच्चे को बेऔलाद बेगम रुकैया सुल्ताना को सौंप दें तो इसका भविष्य और उज्ज्वल होगा। बादशाह ने सलीम को बुलाकर कहा। बेगम रुकैया अकबर की पहली पत्नी थीं और अब तक बेऔलाद थीं। सलीम ने किसी तरह अपनी बेगम को समझाया और अपने लख्ते जिगर को रुकैया बेगम की सूनी गोद में डाल दिया। बेगम रुकैया को लगा मानो वर्षों से पड़ा रेगिस्तान लहलहा उठा। उनको जैसे जन्नत मिल गयी हो। बादशाह अकबर को भी इससे बड़ी राहत मिली। पोते को उन्होंने राजत्व और धार्मिकता के संस्कार दिये। उसकी शिक्षा-दीक्षा में भी सम्राट अकबर ने खास रुचि ली। शाहजादे की शिक्षा अपने समय के योग्य अरबी-फारसी के विद्वान कासिम तवरेजी, हकीम अली गिलानी के द्वारा हुई। अरबी-फारसी में खुर्रम की रुचि भी थी और गति भी। उसके दूसरे उस्तादों में एक शेख सूफी भी थे जो अपने समय के नामी शायर थे। अकबर के दरबार के मशहूर इतिहासकार अबुल फजल के भाई शेख अबुल खैर भी उसके उस्तादों में शामिल थे। विचित्र बात यह थी कि अपने खानदान की तुर्की भाषा को लेकर उसमें कोई लगाव नहीं था। यह बात सलीम को अच्छी नहीं लगी कि उसका बेटा पूर्वजों की भाषा से महरूम रहे। लिहाजा बात सम्राट तक पहुँचायी गयी। सम्राट अकबर ने तुर्की के विद्वान तातार खाँ को नियुक्त कर दिया। खुर्रम ने भले ही तुर्की में, अरबी-फारसी की तरह दक्षता हासिल नहीं की हो लेकिन तुर्की की सामान्य जानकारी तो उसे हो ही गयी थी। वैसे वह हिन्दी का भी जानकार था। आगे चलकर उसका पुस्तकों से बहुत लगाव बढ़ा और शाही पुस्तकालय में वह हमेशा दिलचस्पी लेता रहा। पढ़ाई-लिखाई के साथ उसने राजत्व के अनुरूप घुड़सवारी, तीरन्दाजी, तलवारबाजी और बन्दूक चलाना भी सीख लिया था। युद्धकला में उसने अपनी दक्षता का बेमिसाल प्रदर्शन कर सभी को प्रभावित भी किया था।

जब बादशाह अकबर दक्षिण में था और जहाँगीर ने विद्रोह कर दिया था तो खुर्रम अपने दादा के साथ ही था। बगावत की सूचना पाकर बादशाह बड़ी सेना के साथ लौटा। उसी समय अकबर को अपनी अम्मीजान की बीमारी की सूचना मिली। अकबर ने तेज घोड़े से खुर्रम और हकीम अली को आगरा विदा किया। लौटकर खुर्रम ने बादशाह को बताया कि अगर वे अपनी अम्मीजान का आखिरी दीदार चाहते

हैं तो तुरन्त जाकर मिलें। अकबर फौरन आगरा रवाना हुआ और वाकई मरियम मकानी आखिरी साँसें ले रही थीं। सलीम पर नाराजगी के बावजूद दक्षिण में दानियल के इन्तकाल ने अकबर को अन्दर से तोड़ दिया था। वह बीमार पड़ा और उसकी हालत लगातार बिगड़ती ही गयी। खुर्रम अपने दादा की सेवा में लगा रहा और एक पल भी उनके पास से नहीं हटा। उसे पता चल चुका था कि वहाँ उसके पिता के खिलाफ षड्यन्त्र चल रहा था। आखिर सारा षड्यन्त्र असफल हो गया। सलीम ने आकर आखिरी सलामी दी। बादशाह के संकेत पर सरदारों ने सलीम को पगड़ी पहनाकर खिलअत भी भेंट की।

25 अक्टूबर को बादशाह अकबर की मृत्यु हुई। कुछ दिनों शोक के बाद पूरे शानो-शौकत के साथ सलीम बादशाह बना और जहाँगीर की उपाधि धारण की। खुसरू के विद्रोह और उसके भागने, फिर पकड़े जाने के बाद जहाँगीर लाहौर रवाना हुआ। उसने आगरा में शाहजहाँ को आदेश दिया कि वह अपनी अम्मीजान के साथ अन्य बेगमों को लेकर लाहौर पहुँचे। उसके साथ शाहजादा परवेज भी था। लाहौर में ही 21 मार्च 1607 ई. को दरबार-ए-आम में उसने शाहजहाँ को पचास हजार नगद, आठ हजार सैनिकों और पाँच हजार सवारों के साथ शाही मनसब सौंपा। वहीं आसफ खाँ की बेटी अर्जुमन्द बानो बेगम के साथ सगाई की और उज्जैन की जागीर भी सौंप दी। लेकिन उसने शादी एक साल के लिये टाल दी। आश्चर्य यह कि बिना निकाह किये ही उसने दूसरी सगाई मुजफ्फर हुसैन सफावी की बेटी से भी कर ली। दरअसल अर्जुमन्द बानो मेहरुन्निसा की भतीजी थी जो शेर खाँ अफगान की विधवा थी। उसकी सुन्दरता पर मोहित जहाँगीर ने दबाव बनाकर उससे निकाह किया जो आगे चलकर नूरजहाँ के नाम से मशहूर हुई और शासन में धीरे-धीरे उसका रुतबा भी बढ़ता गया। डॉ. सतीशचन्द्र इस बात से सहमत नहीं दिखते कि शाहजहाँ के विद्रोह के पीछे नूरजहाँ का हाथ था अथवा उसी के प्रभाव में तब सारे निर्णय होते थे। जहाँगीर की आत्मकथा से भी स्पष्ट है कि वह खुद निर्णय लेता था।

अयोध्या प्रसाद गोयलीय ने मुंशी देवीप्रसाद मुंसिफ के इंसाफ-संग्रह के हवाले से जहाँगीर के स्वतन्त्र निर्णय की एक बड़ी ही दिलचस्प घटना का उल्लेख किया है। जहाँगीर की प्रिय बेगम नूरजहाँ का भाई लाहौर का सूबेदार था। उसका एक मुँहलगा नौकर एक हिन्दू खत्री लड़की को बहुत तंग करता था। जब इसकी शिकायत बादशाह जहाँगीर के पास पहुँची तो उसने नौकर को तलब किया। उसने कहा कि—"हुजूर! वह लड़की मुझे चाहती है। उसने जरूर लोगों के भड़काने पर शिकायत की होगी। आप कहें तो मैं उसके शरीर के पोशीदा निशान तक बता दूँ।" बादशाह ने कहा-"पहले तुम अपनी बीवी के पोशीदा निशान बताओ।" लेकिन वह नहीं बता सका। जहाँगीर ने आवाज सख्त की और कहा—"मुझे उस नौकरानी

से असलियत मालूम हो गयी है जिसने तुम्हें पोशीदा निशान बताये थे।'' नौकर के प्राण हलक में अटक गये।

जहाँगीर ने उसे प्राणदंड दे दिया तो नूरजहाँ ने सिफारिश की। उसने बड़े मनुहार करते हुए पहले मदिरापान कराया और माफीनामे पर मुहर लगवाने की याचना की। बड़ी दीन आवाज में बोली—''कहाँ तो आप फरमाया करते हैं कि नूर के इशारे पर जान कुर्बान कर सकता हूँ और कहाँ मेरे इतने इसरार पर एक मामूली मुकद्दमे का फैसला तक नहीं बदलते?'' बादशाह ने भावहीन निगाहों से नूरजहाँ को देखा और धीरे से शान्त होकर उत्तर दिया—''मैंने जान कुर्बान करने की बात कही थी; ईमान नहीं।'' बादशाह उठा और हरम से बाहर चला गया।[1] यह घटना सच हो या झूठ, लेकिन बादशाहों के उसूल पक्के होते थे और वे राज्यादेश में किसी हस्तक्षेप को सहन नहीं करते थे। बेशक जहाँगीर के आखिरी शासनकाल में नूरजहाँ का दबदबा बढ़ा था। डॉ. सतीशचन्द्र के अनुसार—''इस काल में नूरजहाँ की राजनीतिक भूमिका ठीक-ठीक ज्ञात नहीं है। उसके नाम के सिक्के जारी किये गये थे और उसे बादशाह बेगम की पदवी दी गयी थी।'' वे यह भी कहते हैं कि अमीर बादशाह तक अपनी बात कहलवाने के लिये उसके पास जाते थे। उसने फारसी परम्पराओं पर नये फैशन चलाये। वे आगे लिखते हैं—''मुगल शासन में पहले कोई स्त्री इतनी महत्त्वपूर्ण स्थिति तक नहीं पहुँची थी। पर नूरजहाँ के गिरोह या नूरजहाँ पर जहाँगीर निर्भर नहीं था, जिसकी पुष्टि इस तथ्य से होती है कि उन अमीरों को भी सामान्य प्रोन्नति मिली जो इस गिरोह के चहेते नहीं थे। शाहजहाँ का उदय नूरजहाँ की हिमायत के कारण नहीं, उसके निजी गुणों और कारनामों के कारण हुआ था।''[2]

शाहजादा खुर्रम अपनी बहादुरी, शिष्टता और कर्त्तव्यपरायणता से सभी को प्रभावित कर चुका था। अपने दादा सम्राट अकबर के साथ दक्षिण के अभियान में उसकी साहसिकता सिद्ध हो चुकी थी। जहाँगीर अपने पिता की तरह ही मेवाड़ को जीतने के लिये बहुत परेशान था। वह अपने तमाम बहादुर सेनापतियों महावत खाँ, अब्दुला खाँ, फिरोजजंग, राजा बसु और अजीज कोका को एक-एक कर मेवाड़ भेज रहा था लेकिन मेवाड़ के शासक राणा अमर सिंह और समर्पित राजपूत सेनाएँ किले को दृढ़ता से बचाये रहीं। पहाड़ियों के भीतर छापामार लड़ाई लड़कर वे अपराजेय बने रह जाते थे। जहाँगीर हर हाल में अपने पिता की कोशिशों को अंजाम तक ले जाने को बेताब था। वह खुद 1613 ई. में मेवाड़ जीतने के लिये अजमेर गया और युद्ध की तैयारियों में लग गया। 1614 ई. के प्रारम्भ में ही उसने बारह हजार सवारों की सेना के साथ खुर्रम को मेवाड़ भेजा। वहाँ अजीज कोका पहले से डटा हुआ था। उसने सबसे पहले अजीज कोका को कैद कर लिया और एक साथ तमाम चौकियों पर धावा बोल दिया। आक्रमण इतना जोरदार था कि राजपूत सैनिकों की रणनीति

काम नहीं आयी और उनके पाँव उखड़ गये। उसने राणा अमर सिंह को सन्धि के लिये विवश कर दिया।

यह सन्धि 5 फरवरी 1615 को गोगुन्दा नामक जगह पर हुई। महाराणा अमर सिंह अपने दोनों भाइयों, तीनों पुत्रों और प्रमुख सरदारों के साथ शाहजादा खुर्रम के सामने उपस्थित हुए। इसमें बमुश्किल महाराणा अमर सिंह को यह छूट मिली कि वे स्वयं मुगल दरबार में नहीं जाएँगे। उनका बेटा राणा करणसिंह जाएगा और मनसब प्राप्त कर मुगल सेवा में बना रहेगा। राणा खुद सन्धि पर हस्ताक्षर करेंगे और चित्तौड़गढ़ में मरम्मत कार्य नहीं कराएँगे। उनके एक हजार सवार शाही सेना में रहेंगे। जिस मेवाड़ के स्वाभिमान को सम्राट अकबर मानमर्दित नहीं कर सका था, उसे खुर्रम के नेतृत्व में जहाँगीर ने फतह कर लिया। शाहजादा खुर्रम का सम्मान बहुत बढ़ गया था; उसका मनसब बढ़ाकर पन्द्रह हजार जात और आठ हजार सवारों का कर दिया गया। अजमेर के दरबार में जहाँगीर ने उसको सम्मानित किया। मेवाड़ के बाद ही उसे दक्षिण की कमान सौंपी गयी। 6 अक्टूबर 1616 को अजमेर से चलकर 4 मार्च 1617 ई. को बुरहानपुर पहुँचते ही उसने निजामशाह को समझौते के लिये मजबूर कर दिया। मलिक अम्बर ने बिना युद्ध किये ही बालाघाट सौंप दिया और अहमदनगर सहित तमाम किलों को देने का वादा भी किया। वहाँ से लौटने पर जहाँगीर खुशी से भावुक हो गया और उसे गले लगाकर माथा सूँघा और अपनी बगल में बैठाया। उसकी कीर्ति और बादशाह की खुशी परवान चढ़ चुकी थी। वहीं उसने 'शाहजहाँ' की उपाधि दी और उसका मनसब तीस हजार का और सवारों की संख्या बीस हजार कर दी गयी। उसे गुजरात सूबा भी सौंप दिया गया। ऐसा सम्मान अभी तक किसी मुगल बादशाह ने किसी को नहीं दिया था।

दक्षिण से लौटने के बाद मलिक अम्बर ने गोलकुंडा और बीजापुर को अपने पक्ष में करके मुगलों को बालाघाट से बेदखल कर दिया। उन्हें बुरहानपुर में डेरा डालना पड़ा। आखिर 1621 ई. में शाहजहाँ को फिर दक्षिण जाने का आदेश मिला। विद्रोहियों ने शाही सेना के आने की खबर पाते ही सन्धि का प्रस्ताव रखा जिसे शाहजहाँ ने मान लिया। उसने पचास लाख हर्जाने के वसूले और अपने अधिकार क्षेत्र को भी थोड़ा और बढ़ा दिया। इस बार राजधानी वापसी पर उसे बदलाव नजर आया। न तो बादशाह ने पहले की तरह सम्मान दिया और न ही वे उत्साहित लगे। उसने नूरजहाँ के बढ़ते प्रभुत्व को भी लक्षित किया। जो बात उसे अन्दर से विचलित कर गयी वह थी शाहजादा शहरयार की बादशाह से निकटता। परवेज को भी बिहार का सूबेदार बना दिया गया था। नूरजहाँ शहरयार को बादशाह बनाने के षड्यन्त्र में लगी थी। उसी समय खबर आयी कि ईरान के शाह अब्बास ने कन्धार को घेर रखा है। बादशाह ने फरमान जारी किया कि शाहजहाँ कन्धार निकल जाय, लेकिन

शाहजहाँ ने इसे मानने से इंकार कर दिया। नूरजहाँ ने इस मौके का लाभ उठाकर दोआब और हिसार फिरोजा की जागीरें जब्त करा लीं। शाहजहाँ अपनी बहादुरी और वफादारी की इस उपेक्षा से बुरी तरह विचलित हो गया। अब उसके सामने सारा षड्यन्त्र साफ था।

शाहजहाँ ने विद्रोह कर दिया जिसे दबाने के लिये जहाँगीर ने महावत खाँ के नेतृत्व में शाही सेना भेजी। इस मुठभेड़ की नजाकत शाहजहाँ समझता था। वह अजमेर होते हुए दक्षिण चला गया। जहाँगीर ने नूरजहाँ के प्रभाव में परवेज और महावत खाँ को पीछा करने के लिये भेजा। शाहजहाँ गोलकुंडा, उड़ीसा होते हुए बंगाल निकल गया। बंगाल के सूबेदार इब्राहीम खाँ ने रास्ता रोका तो शाहजहाँ ने उसे पराजित कर दिया। बंगाल पर कब्जे के साथ ही उसे तीन लाख रुपये और 500 हाथी मिले। आखिर जौनपुर में उसे शाही सेना से लड़ना पड़ा। इस युद्ध में पराजय देख वह बिहार निकल गया। उसके कुछ सेनापति उसका साथ छोड़ गये। शाहजहाँ बहुत निराश हुआ और उसने बादशाह पिता को पत्र लिखकर क्षमा माँग ली। निर्णय का लचीलापन उसके हित में रहा।

साम्राज्य और सत्ता की यह कैसी विडम्बना थी कि विद्रोही बेटा जब अपने बादशाह पिता से क्षमा माँग रहा था तो उससे बतौर जमानत बादशाह पिता ने अपने ही दो पोतों की माँग की। दारा और औरंगजेब बतौर जमानत दरबार में रहेंगे। उसने अपने दोनों पुत्रों को जवाहरात, शस्त्र और हाथी सहित लगभग दस लाख मूल्य की वस्तुओं के साथ भेजा। साथ ही शर्त के अनुसार उसने रोहतास और असीरगढ़ का किला भी सौंप दिया और खुद नासिक की ओर चला गया। उसकी निराशा इतनी ज्यादा बढ़ गयी थी कि वह भागकर ईरान चले जाना चाहता था। इसी बीच उसे अपने बड़े भाई शाहजादा परवेज के बीमार होने और फिर उसके मरने की सूचना मिली। इसी दौरान जहाँगीर के अस्वस्थ होने की भी खबर मिली। वह कश्मीर में ही इतना अस्वस्थ हो गया था कि घोड़े पर चढ़ भी नहीं सकता था। उसने पालकी पर लाहौर की ओर कूच किया। राजौरी से आगे बढ़ते ही उसकी तबियत इतनी बिगड़ी कि उसे वहीं रात्रि विश्राम करना पड़ा। अन्ततः 28 अक्टूबर 1627 ई. को 58 वर्ष की उम्र में उसकी मृत्यु हो गयी।

वजीर आसफ खाँ ने एक तेज हरकारे को शाहजहाँ के पास भेजा। शाहजहाँ तमाम विरोधों के बावजूद अपने पिता को बहुत चाहता था। उसे बहुत दुख हुआ। वह गुजरात होते हुए आगरा की ओर चला। मेवाड़ में राणा करणसिंह ने उसका स्वागत किया। आगरा से पहले एक बाग में उसने पड़ाव डाला और अगले दिन नगर में प्रवेश किया। सरदारों और अमीरों ने उसे बादशाह के रूप में स्वीकार कर लिया। 6 फरवरी 1628 ई. को वह आगरा के मुगल दरबार में तख्त पर बैठा और मुगल

बादशाह बन गया। उस समय उसकी उम्र लगभग 37 वर्ष की थी। आगरा, दिल्ली और लाहौर की जामा मस्जिदों में उसके नाम का खुत्बा पढ़ा गया और इस अवसर पर नये सिक्के ढलवाये गये। बहुत दिनों तक आगरा में जश्न मना। बादशाह बनने के बाद उसने संघर्ष में साथ देनेवाले तमाम सहयोगियों को याद किया और सभी को बहुमूल्य उपहार दिये। आसफ खाँ को आठ हजार जात और आठ हजार सवारों के मनसब से नवाजा और अपना वजीर बनाये रखा। महावत खाँ को भी सात-सात हजार का मनसब दिया और अजमेर का सूबेदार बना दिया। बहुतों को जागीरें बाँटीं। कुछ को मनसब बनाया और कुछ के मनसबों में बढ़ोतरी की। उसने अपनी सौतेली माँ और खलनायिका बनी नूरजहाँ को भी दो लाख की सालाना पेंशन मुकर्रर की।

शाहजहाँ को अपने शासनकाल के प्रारम्भिक दौर में ही दो महत्त्वपूर्ण विद्रोहों का सामना करना पड़ा था। जहाँगीर के कहने पर जिस वीरसिंह बुंदेला ने सम्राट अकबर के अन्तरंग दोस्त और महान इतिहासकार अबुल फजल की गरदन काट ली थी उसने जहाँगीर के शासनकाल में काफी शक्ति और धन अर्जित कर लिया था। उसके बेटे जुझारसिंह का चरित्र अपने पिता से भी ज्यादा गिरा हुआ था। जब उसके विद्रोह को दबाने के लिये शाहजहाँ ने महावत खाँ को भेजा तो उसने आत्मसमर्पण कर दिया और भारी रकम देकर युद्ध की क्षतिपूर्ति की। तब बादशाह ने उसे माफ कर जिन्दगी बख्श दी थी। बावजूद उसने दुबारा विद्रोह किया तो औरंगजेब के नेतृत्व में मुगल सेना ने उसे बुरी तरह पराजित किया। वह अपने बेटे के साथ जंगल में भाग गया जहाँ उसके द्वारा पूर्व में सताये गोंडों ने उसकी हत्या कर दी।

दूसरा विद्रोह खानजहाँ अफगान ने किया जो दक्षिण में और गुजरात में सूबेदार रह चुका था। उसने अहमदनगर के सुल्तान से सन्धि कर विद्रोह कर दिया। शाहजहाँ दक्षिण को लेकर बहुत संवेदनशील था। उसने 1629 ई. में मुगल सेना के साथ दक्षिण कूच किया। उसके सेनापति आजीम खाँ ने उसे परास्त कर दिया। वह बीजापुर, मराठा, बुन्देलखंड—हर जगह गया मगर उसे कहीं से सहायता नहीं मिली। आखिर में वह उड़ीसा के कालिंजर में अपने दोनों पुत्रों सहित मारा गया। शाहजहाँ ने शासन के प्रारम्भिक दौर के दोनों विद्रोहों को खत्म कर दिया था।

उसके शासन के लगभग तीसरे ही साल में दक्षिण में भीषण अकाल पड़ा। लोग कुत्तों को मारकर खाने लगे। हजारों लोग भूख की मौत मरे। फिर महामारी फैली। सड़कों पर लोगों की लाशें बिखरी रहती थीं। शाहजहाँ ने इस अकाल का सामना किया। उसने मुफ्त भोजन के अनेक लंगर खुलवा दिये; अन्न, वस्त्र और रुपये उदारता से बाँटे। अब्दुल हमीद लाहौरी ने लिखा है कि बुरहानपुर, अहमदाबाद और सूरत में उसने आदेश देकर सरायों की स्थापना करायी। वह खुद बुरहानपुर आया। उसने सख्त आदेश दिये कि प्रत्येक सोमवार को 5000 रुपये गरीबों में बाँटे

जायँ। अहमदाबाद में तो हालत इतनी खराब थी कि उसने पचास हजार रुपये बँटवाये। अकाल पीड़ित इलाकों का सारा लगान माफ कर दिया गया। स्थिति इतनी भयावह थी कि मुगल बादशाह प्रकृति से चाहकर भी नहीं लड़ सकता था। कई अंग्रेज इतिहासकारों ने उसकी बेवजह आलोचना की है। शाहजहाँ इस मामले में बेहद संवेदनशील रहा था।

अगले साल उसे पुर्तगालियों को भी दबाना पड़ा। पुर्तगाली अकबर की अनुमति से बंगाल में व्यापार कर रहे थे और हुगली उस समय बड़े व्यापारिक केन्द्र के रूप में उभर चुका था। लेकिन वे अपना प्रभुत्व बढ़ाने लगे और उनके पादरी गरीब और अनाथ लोगों को जबरन ईसाई बनाने लगे। देशी व्यापारियों से जबरन चुंगी वसूल करना और गुलामों का बेधड़क व्यापार करना सामान्य बात थी। उनकी उद्दंडता का यह आलम था कि शाहजहाँ की बेगम मुमताज महल की दो दासियों को उन्होंने छीन लिया और माँग करने पर भी नहीं छोड़ा। शाहजहाँ का गुस्सा स्वाभाविक था। उसने 1631 ई. में कासिम खाँ को बंगाल का गवर्नर बनाकर पुर्तगालियों पर आक्रमण का आदेश दिया। तीन महीने तक पुर्तगाली हुगली में घिरे रहे। दस हजार पुर्तगाली मारे गये और चार हजार बन्दी बनाये गये, जिनको जबरन इस्लाम कबूल करने को विवश किया गया। जिन्होंने इंकार किया उनको कैद में ही रखा गया और उनकी सम्पत्ति जब्त कर ली गयी। बार-बार विनती करने पर और कठिन शर्तों के बाद उन्हें क्षमा किया गया। इस बाबत बर्नियर ने शाहजहाँ के गुस्से और सख्त कार्रवाई को विस्तार से लिखा है—''शाहजहाँ की आज्ञा से पूजक, फकीर, बच्चे कोई आफत से नहीं बचे। सुन्दर रूपवती स्त्रियाँ तो—क्या ब्याही, क्या क्वाँरी, दासियाँ बनाकर राजमहल में भेज दी गयीं और जो कुछ अधिक उमर की थीं या सरूपा नहीं थीं, वे अमीरों को बाँट दी गयीं। छोटी उमर के लड़के गुलाम बनाये गये और नवयुवक कुछ तो बड़ी-बड़ी पदवियाँ पाने के लाभ से और कुछ हाथियों के पैरों के नीचे कुचलवाये जाने की धमकियों से मुसलमान हो गये। अवश्य ही कुछ महन्त अपने धर्म पर दृढ़ रहे और जे स्विट सम्प्रदाय के ईसाइयों तथा पादरियों की कृपा से, जिन्होंने इस आपदा के समय में भी आगरा नहीं छोड़ा और बहुत धन व्यय करके तथा मित्रों से कह-सुनकर जो अपने उदार विचार में कृतकार्य हुए, गोवा तथा पुर्तगीजों के अधिकार के दूसरे स्थानों को भेज दिये गये। परन्तु हुगली की घटना से पहले ये पादरी भी शाहजहाँ की कोपदृष्टि से नहीं बचे थे। उसने आगरे का विशाल और सुन्दर गिरजा जो जहाँगीर के समय में बना था; एक और गिरजे के सहित जो लाहौर में बन गया था, गिरवा दिया। इस गिरजे की मीनार पर एक घंटा लगा था, उसका शब्द नगर-भर में सुनाई पड़ता था।''[3] लेकिन यह साल उसके लिये बहुत घातक भी सिद्ध हुआ जब उसकी अत्यन्त प्रिय पत्नी मुमताज

बेगम का निधन हो गया। इसी बेगम की स्मृति में ताजमहल बनवाकर उसने अपने प्यार को अमर कर दिया था।

दक्षिण के राज्य अहमदनगर, बीजापुर और गोलकुंडा को लेकर अकबर के काल से विजय अभियान चल रहा था। बीजापुर और गोलकुंडा का राज्य शिया धर्म के माननेवाले शासकों के अधीन होने से एक धार्मिक अलगाव और विरोध की भावना भी काम कर रही थी। दूसरी बात यह कि वहाँ के शासक पराजित होकर, अधीनता स्वीकार कर लेने के बावजूद मौका मिलते ही खुद को आजाद घोषित कर देते थे। तीसरी बात, उनके अन्दरूनी अन्तर्विरोध भी थे। 1631 ई. के अकाल में जर्जर हो जाने के कारण शाहजहाँ के समय उनकी प्रतिरोध क्षमता एकदम कमजोर पड़ गयी थी। मराठा सरदार शाह जी भोंसले के हस्तक्षेप से कठिनाई के बावजूद 1632 ई. में अहमदनगर की निजामशाही का अन्त कर दिया गया। मगर शाह जी भोंसले ने फिर उसे पुनर्जीवित करने में मदद की तो शाहजहाँ ने दुबारा धावा बोलकर 1636 ई. में उसे पूरी तरह नष्ट कर दिया और राज्य को बीजापुर के सुल्तान के साथ आपस में बाँट लिया।

शाहजहाँ ने 1635 ई. में शाह जी भोंसले पर कड़ी कार्रवाई की। गोलकुंडा के शासक कुतुबशाह ने तो तुरन्त अधीनता स्वीकार कर ली, लेकिन मराठों ने युद्ध किया। बीजापुर लम्बे समय तक घिरा रहा, युद्ध हुए लेकिन अन्त में समझौता हुआ। बीजापुर के शासक को 20 लाख रुपये युद्ध की क्षतिपूर्ति के लिये देने पड़े और गोलकुंडा की अखंडता स्वीकार करनी पड़ी जो मुगलों के अधीन राज्य था। उसी समय उसने औरंगजेब को दक्षिण का सूबेदार नियुक्त कर दिया था। उसने बलगाना आदि प्रदेशों को जीता। वह 1644 ई. तक वहाँ रहा और फिर 1653 ई. में दक्षिण गया तो उत्तराधिकार की लड़ाई तक बना रहा।

भारत से मध्य एशिया के बीच व्यापार मार्ग में कन्धार का बहुत महत्त्व था, इसलिये बाबर के समय से ही कन्धार मुगलों की कमजोरी रहा। फारस से मुगल विवाद में कन्धार बहुत बड़ा कारण था। 1545 ई. में हुमायूँ इसे दुबारा जीतकर भी अपने अधिकार में नहीं रख पाया था लेकिन अकबर ने उसे अपने साम्राज्य में मिला लिया। जहाँगीर के शासन में 1623 ई. में वह फिर फारस के अधिकार में चला गया। 1638 ई. में वहाँ के शासक मर्दन खाँ को शाहजहाँ ने अपने पक्ष में कर लिया और कन्धार मुगलों के अधीन हो गया। लेकिन जब फारस का शासक अब्बास शाह द्वितीय बना तो 1648 ई. में उसने फिर कन्धार पर अधिकार जमा लिया। कन्धार को कब्जे में लेने की शाहजहाँ की जिद्द का परिणाम बहुत बुरा हुआ। 1649, 1652 ई. में मुगल सेनापतियों और 1653 ई. में दारा शिकोह के नेतृत्व में भेजी गयी विशाल सेना की असफलता, मौसम की मार तथा 12 करोड़ रुपये की हानि ने मुगल

साम्राज्य को न सिर्फ बहुत ही कमजोर कर दिया बल्कि उसकी अपराजेय सेना की प्रतिष्ठा भी धूल में मिल गयी। फारसियों के तोपखाने के सामने हजारों मुगल सैनिक शहीद हो गये थे। शाहजहाँ का यह आकलन बहुत गलत साबित हुआ। उसी तरह बल्ख अभियान में भी उसकी असफलता उसके लिये घातक सिद्ध हुई। डॉ. सतीशचन्द्र का भी मानना है कि ''अकबर ने बड़े जतन से जो काबुल-गजनी-कन्धार रक्षापंक्ति खड़ी की थी, अगर शाहजहाँ उसी पर कायम रहता तो मुगलों को सम्भवत: अधिक लाभ मिलता और धन-जन की अच्छी-खासी बचत होती।''[4] कन्धार, बल्ख, बदख्शाँ के महँगे युद्ध अभियानों और ताजमहल, शाही किलों और जामा मस्जिद जैसी अनेक इमारतों के निर्माण के विपुल खर्च ने मुगल शासन के ऐश्वर्य को अन्दरूनी स्तर पर जर्जर बना दिया था। इतिहासकारों की नजर में औरंगजेब तो निशाना बना लेकिन मुगल-शासन के पतन के बीज तो शाहजहाँ के समय में ही पड़ गये थे। हालाँकि बहुत सारे लोग यह कहते हुए मिल जाते हैं कि शाहजहाँ के ऐसे ही अपव्ययों के कारण औरंगजेब सत्ता लेना चाहता था लेकिन इसका न तो कोई प्रमाण मिलता है और न ही यह तार्किक लगता है। औरंगजेब को अगर इतनी ही राजधन के संचय की चिन्ता होती तो वह जीवन की अति वृद्धावस्था तक किलों को तीन-तीन साल घेरकर राज्यकोष को रिक्त नहीं करता। उसके शासन के आखिरी दिनों तो राज्यकोष का ऐसा हाल-बेहाल था कि सैनिकों के तीन-तीन साल के वेतन बकाये रहे।

शाहजहाँ के शासनकाल को लेकर पक्ष-विपक्ष में कई बातें लिखी जाती हैं, इसलिये किसी सरलीकृत नतीजे पर पहुँचना थोड़ा कठिन है। लेकिन यह बात तय है कि वह अतिवाद का शिकार न हुआ। अमूमन हर बादशाह का चरित्र सामान्य की तुलना में थोड़ा जटिल होता है, लेकिन शाहजहाँ का व्यक्तित्व अन्य बादशाहों की तुलना में कुछ ज्यादा ही जटिल था। जैसा कि डॉ. मुबारक अली कहते हैं कि इन शासकों का आकलन एक सामन्तशाही बादशाह के रूप में ही किया जाना चाहिए। हम ज्यों ही इस रास्ते से अलग होते हैं, इनके यथार्थ को समझने में चूक जाते हैं। शाहजहाँ का जन्म एक राजपूत माँ के गर्भ से हुआ था और उसकी शिक्षा-दीक्षा भी महान सम्राट अकबर की देखरेख में उदार सूफी विचारोंवाले शिक्षकों के द्वारा हुई थी। ऐसे में उसे लेकर धार्मिक उलेमा भी सशंकित थे। लेकिन शासन में आते ही उसमें पर्याप्त कट्टरता देखने को मिली। उसके पिता जहाँगीर ने धार्मिक नेता और विचारक सरहिन्दी को गिरफ्तार तक किया था। इस्लाम के धार्मिक नेताओं का दबाव अकबर के कार्यकाल से ही शुरू हो चुका था। वे हिन्दुओं और शियाओं को शासन में नौकरी

देने के खिलाफ थे, हिन्दू मन्दिरों के निर्माण और दान के विरुद्ध थे। वे जजिया कर की जोरदार वकालत करते थे और तीर्थाटन और धार्मिक उत्सवों तक पर पाबन्दी के लिये जोर देते थे। इस्लाम से दूरी किसी भी शासन को मुश्किल में डाल सकती थी, इसलिये शासकों के सामने भी अपने निर्णयों को लेकर दुविधाएँ बनी रहती थीं। इसी आलोक में हमें शाहजहाँ की धार्मिक नीतियों को भी देखना चाहिए, क्योंकि सत्ता हर बादशाह के लिये सर्वोपरि थी।

शाहजहाँ खुद को सुन्नी मुसलमान मानता था और इस्लाम के प्रति अपनी कट्टर आस्था सिद्ध करने के लिये उसने शासन में आते ही कई निर्णय लिये और उन्हें लागू किया। उसने उलेमा के प्रति आदर प्रकट करने के लिये जमीन पर साष्टांग लेटने की सिजदा अथवा जमीनबोसी की रवायत बन्द कर दी। ऐसा सिर्फ खुदा के लिये ही किया जा सकता था। उसने पादशाह की तस्वीर लगी पगड़ी पहनने पर भी रोक लगा दी। सम्राट अकबर के समय हिन्दुओं पर तीर्थाटन कर लगा था; उसे अकबर ने समाप्त कर दिया था। अब शाहजहाँ ने उसे फिर लागू कर दिया तो इसकी तीखी प्रतिक्रिया हुई। काशी के प्रसिद्ध सन्त आचार्य कवीन्द्र ने उसके पास प्रार्थनापत्र भेजकर आग्रह किया कि बादशाह इस फरमान को वापस ले लें। शाहजहाँ को लगा इस अतिवाद का प्रतिकूल असर पड़ सकता है, उसने यह कर तो वापस ले लिया लेकिन उलेमा की नाराजगी और दबाव बढ़ा। अब्दुल हमीद लाहौरी के अनुसार, पादशाह ने 1633 ई. में तमाम नये बने मन्दिरों को ध्वस्त करने का फरमान जारी कर दिया। पूरे देश में मन्दिर तोड़े गये। सिर्फ बनारस में ही 75 मन्दिरों को ध्वस्त कर दिया गया। मुहम्मद अमीर कजवीनी ने लिखा है कि कुछ महीनों बाद उसने दूसरा फरमान जारी कर नये मन्दिरों के निर्माण और प्राचीन मन्दिरों के जीर्णोद्धार पर पूरी तरह रोक लगा दी। इलाहाबाद में इसका भारी असर पड़ा। हिन्दुओं ने इसे धार्मिक हमले के रूप में लिया और मुगल शासन के प्रति हिन्दुओं की आस्था में भारी कमी आयी। शाहजहाँ यहीं नहीं रुका, उसने हिन्दुओं के लिये नैतिक पाबन्दियाँ भी जारी कीं। हिन्दू मुसलमानी कपड़े नहीं पहन सकते थे। शराब पीने, रखने और उसकी खरीद-बिक्री पर पूरी तरह रोक लगा दी गयी थी। कब्रगाहों के पास श्मशान के इस्तेमाल पर भी पाबन्दी लगा दी गयी। पंजाब, कश्मीर या गुजरात में हिन्दू-मुसलमानों के बीच आपसी वैवाहिक रिश्ते होते थे, उसे सख्ती से बन्द कर दिया गया। अगर मुस्लिम लड़की से कोई हिन्दू शादी करे तो उससे छीनकर लड़की को वापस लिया जाय। कोई हिन्दू मुस्लिम दास नहीं खरीद सकता था। बिना धर्म-परिवर्तन के मुसलमान लड़की से विवाह नहीं किया जा सकता था। एक सहज-स्वाभाविक सामाजिक सौहार्द की रवायत रुक गयी। जाहिर था उसने मुगल शासन की तमाम पूर्व धार्मिक नीतियों में आमूलचूल परिवर्तन कर दिये। अकबर ने जिस

गो-हत्या पर रोक लगायी थी, उसे शाहजहाँ ने वापस ले लिया। लेकिन हिन्दू बहुल इलाके में भारी रकम वसूल कर पशु-वध निषेधाज्ञा को कायम रखा जा सकता था। शियाओं पर भी तरह-तरह की पाबन्दियाँ लगायी गयीं।

अनेक इतिहासकारों ने अपनी उन्नत और तार्किक बौद्धिकता से उसकी कट्टरता को कमतर दिखाने की कोशिश की है। उनका मानना था कि राज्य पर शासन के लिये उलेमा और मुस्लिम कौम का समर्थन जरूरी था। लेकिन शाहजहाँ तो जहाँगीर की तुलना में ज्यादा बड़ा योद्धा था, उसके नेतृत्व में कई लड़ाइयों में फतह मिली थी। जब जहाँगीर उलेमा के सामने नहीं झुका तो उसकी कैसी विवशता थी? एक तर्क यह है कि इन तमाम पाबन्दियों का पूरे राज्य में कड़ाई से पालन नहीं होता था, यह सब राजधानी के आसपास तक ही सीमित था। अगर यह बात मान भी ली जाय तो भी इन नीतियों से हिन्दू समाज में इस्लाम और मुस्लिम समाज के प्रति कटुता, रोष और नफरत तो पैदा हुई ही होगी। डॉ. हरीशचन्द वर्मा ने लिखा है— ''लाहौरी और कजवीनी जैसे लेखकों ने शाहजहाँ को एक अत्यन्त आदर्श मुसलमान पादशाह करार दिया है। वे उस शरीयत का स्तम्भ, धर्मरक्षक और भारत में जीर्णप्राय प्रजा की भलाई के लिये पूर्णत: तत्पर रहने के लिये उसकी प्रशंसा करते हैं। वे उसके दोषों को क्षमा करते हुए उसके अप्रिय कृत्यों को तत्कालीन सार्वजनिक और राजनीतिक नैतिकता के आधार पर उचित भी ठहरा देते हैं। लेकिन यह बात भी उतनी ही सही है कि उसने अपनी धार्मिक नीतियों और राजनीतिक मामलों में उलेमा को हस्तक्षेप करने का मौका नहीं दिया।''[5]

डॉ. वर्मा की इस आखिरी पंक्ति में ही इन नीतियों के लागू करने के पीछे सत्ता और धर्म के रिश्तों का आशय छुपा है। हर सत्ता और सत्ताधीश के लिये धार्मिक कट्टरता अथवा उदारता की नीतियाँ उसकी निजी आस्थाओं का मामला नहीं होता। उसके लिये सत्ता ही सर्वोपरि होती है। शाहजहाँ को इससे कोई लेना-देना नहीं कि वह सही कर रहा है या गलत। उसे इस बात से मतलब था कि उलेमा और मुस्लिम जनता उसे कट्टर सुन्नी बादशाह मान रही है या नहीं? यह बात इतिहासकारों और विचारकों की है कि वे इसके हिन्दू समाज पर पड़ते प्रभावों का आकलन करें और साम्प्रदायिक सौहार्द की प्रतिकूलता के लिये उसकी आलोचना करें। लेकिन शाहजहाँ की कट्टरता कहीं से सहलाने योग्य नहीं थी। वह इतनी तेजी से बढ़ती गयी कि उसने नौकरी और तरह-तरह के प्रलोभनों से धर्म-परिवर्तन को भी प्रोत्साहित करना शुरू किया। उसकी मुसलमान बनाने की कोशिशों के पर्याप्त प्रमाण भी मिलते हैं। प्रो. हरिशंकर श्रीवास्तव ने लिखा है कि—''कुछ प्रमुख व्यक्तियों को भी मुसलमान बनाया गया। राजसिंह कछवाहा के पुत्र राजा बख्तावर सिंह को धर्म-परिवर्तन के उपलक्ष्य में 2000 नकद और एक सरोपा प्रदान किया गया। ऐसे भी उदाहरण हैं जब

राजसी कर्मचारियों का स्थानान्तरण उनके धार्मिक विचारों के कारण कर दिया गया। लश्कर खाँ को काबुल से इसलिये हटा दिया गया कि उसके धार्मिक विचार वहाँ की जनता को असह्य थे।''[6] जाहिर है इस असहिष्णुता से हिन्दू बहुत क्षुब्ध हुए और राजपूत फिर से नाराज हो गये। खास तौर से दक्षिण के बीजापुर और गोलकुंडा के शिया राज्य इस धर्मान्धता से बुरी तरह रंज थे।

ऐसी नाराजगियों को शाहजहाँ लम्बे समय तक झेलने की स्थिति में नहीं था। उसे जल्द ही यह समझ आ गयी कि दादा अकबर और पिता जहाँगीर ने जो धार्मिक नीतियाँ बनायी थीं, उनके सन्तुलन के पीछे उनकी क्या समझ थी! धीरे-धीरे उसकी नीतियों में नरमी आने लगी। खास तौर से जब वह दारा शिकोह के प्रभाव में आया तो राज्य की धार्मिक नीतियाँ पूरी तरह बदल गयीं। शाहजहाँ का उससे इतना गहरा लगाव था कि वह उसे अपना उत्तराधिकारी भी बनाना चाह रहा था, ऐसे में उसके प्रभाव का धार्मिक विचारों पर असर पड़ना स्वाभाविक बात थी। उसने पुराने हिन्दू मठों और मन्दिरों को दान देना जारी रखा। उसने वेदों समेत अनेक हिन्दू धर्मग्रन्थों का फारसी में अनुवाद कराना शुरू कर दिया। तमाम धर्मान्धता के बावजूद शाहजहाँ अरबी, फारसी का विद्वान और हिन्दी का जानकार तो था ही; कला, संगीत और साहित्य में भी उसकी गहरी रुचि थी। जब अपने शासन के दौरान वह इस ओर मुड़ा तो उसके संरक्षण में फारसी, संस्कृत और हिन्दी का बहुत विकास हुआ। अब्दुल हमीद का 'बादशाहनामा' और खैफी खाँ की 'मन्तखाब-उल-लुबाब' जैसी ऐतिहासिक रचनाएँ उसी के संरक्षण में लिखी गयीं। अब्दुल हमीद लाहौरी के अनुसार, पंडितराज जगन्नाथ उसके दरबार में राजकवि थे। 'गंगालहरी' और 'गंगाधर' जैसी रचनाएँ उसी के दरबार में रहकर लिखी गयीं। तत्कालीन समय में काशी के संस्कृत के प्रकांड विद्वान कवीन्द्र आचार्य सरस्वती ने भी उसके दरबार की शोभा बढ़ायी थी। कवि सुन्दरदास ने सुन्दर शृंगार, बारहमासा और सिंहासन बत्तीसी जैसी लोकप्रिय रचनाओं की रचना की थी जो शाहजहाँ के अत्यन्त कृपापात्र थे। प्रसिद्ध रीतिकालीन कवि-विचारक चिन्तामणि भी उसके कृपापात्र रहे थे। अनेक हिन्दू ज्योतिषी और पंडित उसके दरबार के कृपापात्र रहे और राजवंशों की कुंडलियाँ बनाकर, शुभ तिथियों को बताकर बहुमूल्य उपहार प्राप्त करते रहे। चित्रों की रचना में उसका इस्लामी विश्वास कभी आड़े नहीं आया। जयपुर संग्रहालय के अशोक कुमार दास ने लिखा है कि ''उसका गुणगान करते हुए देवदूत स्वर्ग से उसके ताज लेकर उतर रहे हैं या उसके दीर्घ जीवन की अथवा उसके सर्वविजेता होने की कामना करते हुए देवदूत झंडे लटकाये हुए हैं। चाहे खड़े हुए, चाहे मयूर सिंहासन पर बैठे हुए, चाहे अपने मनपसन्द घोड़े पर सवारी करते हुए सभी स्थितियों में उसके जो छवि-चित्र बनाये हुए थे, उन सबमें प्रायः उसे सर्वोत्तम वस्त्र और रत्नाभूषण धारण किये चित्रित

किया गया है। इन चित्रों में उसके सिर के पीछे प्रभा-पुंज भी शोभायमान है।''[7] ये सारे चित्र कट्टर इस्लाम की मान्यताओं से अलग हैं, लेकिन शाहजहाँ को यह बहुत पसन्द थे। संगीत के प्रति उसकी गहरी रुचि थी और वह प्रतिदिन संगीत सुनता था। स्वयं भी संगीत गायन करता था। लाल खाँ को उसने गुनसमन्दर की उपाधि दी थी। स्थापत्य में तो लाल किला, जामा मस्जिद, मोती मस्जिद, दीवाने खास, दीवाने आम जैसी ऐतिहासिक इमारतों का निर्माण कराया। ताजमहल के रूप में तो उसने विश्व को एक अनुपम कृति ही भेंट की है। डॉ. एन. आर. फारुकी के अनुसार इसके प्रमुख वास्तुकार उस्ताद अहमद लाहौरी थे। महान चिश्ती सन्त शाह कलीमुल्लाह के ''दादा उस्ताद अहमद लाहौरी (मृ. 1650) अपने समय के सबसे मशहूर वास्तुकार थे। वह ताजमहल और दिल्ली के लाल किले के प्रमुख नक्शानवीश थे। शाहजहाँ ने उन्हें नादिर-ए-अस्र (युग का चमत्कार) की गरिमापूर्ण पदवी प्रदान की थी।''[8]

शाहजहाँ ही नहीं, मुगलवंश का कोई भी शासक वह चाहे औरंगजेब ही क्यों न रहा हो, पूरी तरह इस्लाम और मुसलमान पर निर्भर होकर न साम्राज्य कायम रख सकता था और न ही विस्तार कर सकता था। न ही ऐसा हुआ। इस आसंग में सारी गड़बड़ियों की जड़ में ये उलेमा ही थे; जो जड़, संकीर्ण, महत्त्वाकांक्षी, अकृतज्ञ और परम स्वार्थी थे। अगर भारत में सूफीवाद का विस्तार नहीं हुआ होता तो इस्लाम का इतना फैलाव हुआ ही नहीं होता। शाहजहाँ के शासनकाल में ही राजपूत सैन्य दलों ने दकन, मध्य एशिया स्थित बल्ख तथा कन्धार जैसे दूर-दराज प्रदेशों तक मुगलों की मदद की थी। यह अकारण नहीं था कि शाहजहाँ ने अम्बेर तथा जोधपुर के दो प्रमुख राजवंशों को विशेष रूप से सम्मानित किया था। जसवंत सिंह तथा जय सिंह को पाँच-पाँच हजार का मनसब दिया गया था। फिर शाहजहाँ के काल में ही राजपूतों से चला आ रहा सम्बन्ध और सामंजस्य कमजोर पड़ने लगा था। उत्तराधिकार की लड़ाई में औरंगजेब ने ज्यादा दूरदर्शिता से काम लेकर राजपूतों को एक हद तक अपने पक्ष में कर लिया था। दुनिया के सबसे ऐश्वर्यशाली बादशाह के कारुणिक अन्त में अपेक्षित असहयोग की भूमिका भी कुछ-न-कुछ तो रही ही होगी, इससे इंकार नहीं किया जा सकता।

मुगल बादशाहों के जीवन में हरम की बड़ी अहमियत थी जहाँ महारानियाँ, रानियाँ और ढेर सारी उप-पत्नियाँ होती थीं। उनकी सेवा-शृंगार में लगी नौकरानियों की भूमिकाएँ भी बदल सकती थीं, यह बात उनकी सुन्दरता, उम्र और चपलता पर निर्भर थी। उनके लिये अच्छे-खासे बजट को प्राथमिकता हासिल थी। उनकी सुख-सुविधा और सुरक्षा में किसी तरह के खलल या चूक की हिमाकत कोई नहीं कर

सकता था। सुरापान, विलास और रति उनके जीवन का ऐसा अभिन्न और अहम हिस्सा होता था कि कभी-कभी तो उनको इसकी कीमत अपनी जान या साम्राज्य खोकर चुकानी पड़ती थी। कई शाहजादे किशोरवय में ही इसकी सोहबत के ऐसे अभ्यस्त हो जाते थे कि बिना युवापन की दहलीज लाँघे ही सीधे कब्र में पहुँच जाते थे। यह हरम अन्दर से जितना मुक्त होता था बाहर से उतना ही सख्त। आज तक कभी किसी इतिहासकार की निगाह इसके अन्दर नहीं गयी, न ही उसके पन्नों पर उसकी अन्दरूनी दुनिया उतर पायी। महारानियाँ, रानियाँ और रखैलों की संख्या किसी बादशाह के हिस्से सौ, दो सौ, तीन सौ तो राजा मानसिंह के हरम में इनकी संख्या पन्द्रह सौ तक पहुँच गयी थी। काश, कभी कोई इतिहासकार उस हरम के भीतर जाकर यह पूछ पाता कि बादशाह ने जीवन में किससे, कितनी बार रिश्ते कायम किये थे?

मुगल काल के प्रमुख बादशाहों में शाहजहाँ के व्यक्तित्व को समझना सम्भवतः सबसे मुश्किल काम है। परस्पर विरोधी प्रवृत्तियों से भरे उसके व्यक्तित्व की बुनावट इतनी जटिल है कि लगता है एक लहर उठी कि दूसरी काटती हुई विलीन हो गयी। सहसा यकीन नहीं होता कि एक आदमी के भीतर इतनी पगडंडियाँ स्थायी रूप से एक साथ कैसे मौजूद रहीं! कामुकता और रतिकांक्षा उसकी ऐसी बड़ी कमजोरी थी, जिससे वह मुगल वंश का सबसे विवादास्पद और शायद एक हद तक कलंकित बादशाह बन गया। एक ओर जहाँ उसके पिता बादशाह जहाँगीर की 20 प्रमुख महारानियों, रानियों के साथ उपपत्नियों को जोड़ने से कुल संख्या तीन सौ तक पहुँच जाती थी, वहीं शाहजहाँ ने मात्र तीन ही शादियाँ की थीं। उसमें भी पहली बेगम अकबराबादी महल और दूसरी बेगम फतेहपुरी महल उसके जीवन में और इतिहास में भी ओट में ही रह गयीं। सिर्फ तीसरी बेगम अर्जुमन्द बानो जो विवाह बाद बेगम हमीदा बानू बनी और इतिहास में मुमताज बेगम के नाम से मशहूर हुई। चौदह सन्तानों को जन्म देनेवाली मुमताज बेगम से बादशाह शाहजहाँ की बेपनाह मुहब्बत इतनी गहरी थी कि उसकी मौत ने उसको महीनों विचलित किये रखा। वह चाहकर भी इस गम से उबर नहीं पा रहा था। उसने तय किया कि वह अपनी मुहब्बत को यादगार बनायेगा और उसने वाकई अपनी महबूबा की याद में धरती पर ताजमहल जैसी अनुपम कृति खड़ी कर अपनी मुहब्बत को अमर बना दिया।

शाहजहाँ के जीवन में मुहब्बत का यह अहसास भले ही रूहानी और तसव्वुर जैसा हो, मगर महबूबा की मौत के बाद भी उसके भीतर वासना की तीखी लालसा और उत्कट आतुरता भरी हवस बनी की बनी हुई थी। स्त्री समागम की तड़प उसे हमेशा व्याकुल किये रहती। लगभग अड़तीस साल की उम्र में मुमताज से मिला यह बिछोह आगे जीवन के मिले पैंतीस वर्षों तक उसे किसी भी हाल में संयमी बनाये

नहीं रख सकता था। वह कोई पीर या दरवेश नहीं था; वह था सुरा-पान और रति-राग में डूबा मुगल सल्तनत का बादशाह। ऐसे में उसके जीवन के साथ यौन रिश्तों के कई प्रसंगों का जुड़ना कोई अनहोनी या अचरजवाली बात नहीं थी। लेकिन इन प्रसंगों की प्रामाणिकता की तलाश थोड़ी मुश्किल जरूर रही, क्योंकि किसी दरबारी या समकालीन इतिहासकार की हिम्मत नहीं थी कि वह उसके हरम या निजी जीवन के अन्दरूनी या गोपनीय इलाके में ताक-झाँक करने की हिमाकत कर सके। अगर इससे जुड़ी बातें उस दौर के भारत में रहे यूरोपीय यात्रियों के संस्मरणों में दर्ज नहीं हुई होतीं तो यह पक्ष शायद आज तक अजाना ही रह जाता। वेनिस यात्री निकोलाओ मन्यूची दारा शिकोह की सेवा में रहा था और वह जहाँआरा बेगम का भी कृपापात्र रह चुका था। वह लिखता है कि "ऐसा लगता है कि शाहजहाँ को सदैव एक ही चिन्ता रहती थी, वह थी वासनापूर्ति के लिये कामिनियों की खोज करना। यह जाफर खाँ और खलील उल्लाह खाँ की पत्नियों के साथ शाहजहाँ के अनुचित सम्बन्धों की ओर संकेत भी करता है।" (स्टोरिया दी मोगोर भाग (1) पृ. 194-195) पुर्तगाली यात्री मनरीक यह लिखता है कि "शाहजहाँ ने अपनी पुत्री की सहायता से शायस्ता खाँ की पत्नी का सतीत्व भंग किया था।" (दी टेवेल्स ऑफ पृ. 140-141) मुहम्मद वारिस जिसने शेख अब्दुल हमीद लाहौरी की 30 अगस्त 1654 में मृत्यु के बाद उसके अधूरे इतिहास ग्रन्थ 'बादशाहनामा' को पूरा किया था, वह शाहजहाँ की दो दासियों के साथ अवैध सम्बन्धों की ओर संकेत करता है।" (पाद-शाहनामा पृ. 8-7)[9]

शाहजहाँ की कामान्धता अगर यहीं तक इतिहास में अंकित हुई होती तो भी बादशाह की एक सीमा सुरक्षित रही होती। लेकिन कुछ यात्रा-संस्मरणों में ऐसे तथ्य वर्णित हैं जो उन सीमाओं का अतिक्रमण करते हैं, जिसे हम किसी भी युग में, किसी के लिये भी जायज नहीं ठहरा सकते। बादशाह शाहजहाँ के यौन रिश्ते अपनी ही बेटी शहजादी बेगम जहाँआरा से बन गये थे। लेकिन प्रख्यात फेंच यात्री फ्रांसिस बर्नियर ने इस प्रसंग की चर्चा करते हुए उच्चस्तीय लेखकीय मर्यादा का पूरा-पूरा पालन किया है। बर्नियर एक फ्रेंच डॉक्टर था जो भारत में 1658 से 1668 तक पूरे दस साल रहा। उसकी यात्रा-पुस्तक इस दौर की अत्यन्त प्रामाणिक मूल स्रोत-सामग्री के रूप में इतिहासकारों के बीच मान्य रही है। उसके भारत प्रवास के दिनों में ही बादशाह शाहजहाँ का कैदी जीवन, उसकी मृत्यु, मुगल वंश में उत्तराधिकार का अप्रिय युद्ध और औरंगजेब के राज्यारोहण की घटनाएँ घटित हुई थीं। इस प्रसंग को उसने किस गरिमा से अंकित किया है, यह गौर करनेवाली बात है—"बादशाह की बड़ी बेटी बेगम साहब अत्यन्त रूपवती, खुशमिजाज और अपने पिता की बहुत ही प्यारी थी। पिता का अपनी पुत्री से ऐसा सम्बन्ध हो जाने की खबर थी कि जिस पर

विश्वास नहीं किया जा सकता। कहते हैं कि मुल्लाओं ने यह व्यवस्था दी थी कि बादशाह का उसी वृक्ष के फल का आनन्द लेना जिसको उसने स्वयं लगाया है अनुचित और अन्याय नहीं है। शाहजहाँ को अपनी इस प्यारी पुत्री पर बेहद विश्वास था। यह भी अपने पिता की सुरक्षा का खूब ध्यान रखती और उसकी रक्षा करने में यहाँ तक सावधान रहती कि कोई भोजन जो स्वयं उसके सामने बना न होता, वह बादशाह के लिये नहीं भेजा जाता।''[10] बर्नियर एक यूरोपीय डॉक्टर था। वह ऐसे प्रसंगों को ज्यादा तटस्थता और भिन्न नैतिक प्रतिमानों से देख-समझ सकता था। मनुष्य के अन्दर मौजूद मनोवेगों की अभिव्यक्ति के विभिन्न कारणों और रूपों को वह ज्यादा मनोवैज्ञानिक तरीके से समझ सकता था।

बर्नियर ने आगे उसके और दो प्रेम-सम्बन्धों के बारे में लिखते हुए यह स्पष्ट किया है कि ''मैं जो कुछ लिखता हूँ वह ऐतिहासिक है और हिन्दुस्तान की रीति-नीति का पूरा-पूरा विवरण लिखना मेरा मुख्य उद्देश्य है।''[11] पहली घटना इस प्रकार है कि एक सुन्दर युवक चोरी से बेगम साहबा से मिलता था जिसकी भनक शाहजहाँ को लग गयी। बर्नियर के शब्दों में ही—''एक दिन बादशाह अकस्मात ऐसे समय महल चला गया और उसके आने की खबर इतने पीछे बेगम को मालूम हुई कि अपने प्रेमी को छिपाने का विचार करने तक का अवकाश उसे नहीं मिला। लाचार हो, एक पानी गर्म करने की बहुत बड़ी देग जो रखी हुई थी, उसी में उसने घबराये हुए प्रेमी को लिटा दिया। जिस समय बादशाह अन्दर आया उस समय उसके चेहरे पर क्रोध और आश्चर्य का चिह्न नहीं था, बल्कि सदा की भाँति आकर उसने बेगम से अनेक प्रकार की बातें करना आरम्भ किया। कुछ देर के बाद उसने कहा, 'मालूम होता है तुमने आज हस्ब-मूम गुस्ल नहीं किया। हम्माम गर्म करना चाहिए।' इतना कहकर ख्वाजासराओं को देग के नीचे आग जलाने की आज्ञा दी। फिर जब तक उसे इस बात का निश्चय नहीं हो गया कि शाहजादी का प्रेमी जलकर प्राणहीन नहीं हो गया तब तक वह वहाँ से नहीं हटा।''[12]

दूसरे प्रेम-सम्बन्ध की कथा भी अत्यन्त मार्मिक है। इसे भी बर्नियर के ही शब्दों में सुनें—''अबकी बार उसने नजर खाँ नामक एक ईरानी नवयुवक को जो कि सुन्दरता में प्रसिद्ध होने के अतिरिक्त सुयोग्य, बुद्धिमान, साहसी और वीर पुरुष था और जिसको दरबार के सब लोग बहुत मानते थे, अपने खानसामा के पद के लिये पसन्द किया। औरंगजेब का मामा शाइस्ता खाँ इसकी बहुत प्रशंसा करता, यहाँ तक कि एक दिन भरे दरबार में उसने यह प्रस्ताव कर डाला कि 'यह ईरानी शख्स इस काबिल है कि बेगम साहब की शादी इससे कर दी जाए।' शाहजहाँ को यह बात बहुत बुरी मालूम हुई। उसे पहले ही से कुछ कुछ सन्देह था कि नजर खाँ और शाहजादी में परस्पर कुछ अनुचित सम्बन्ध हो गया है। अब इस नवीन प्रस्ताव को

सुनकर वह सन्देह और भी पक्का हो गया, फिर तो उसने उस नवयुवक को इस संसार से विदा करने के लिये कोई विशेष उपाय या सोच-विचार करने की आवश्यकता नहीं समझी वरन् दरबारे-आम में उसे बुलाकर कृपा दिखाने की रीति पर अपने हाथ से उसे पान का बीड़ा खाने को दिया। पान लेने के समय युवक के मन में किसी प्रकार का खटका या सन्देह नहीं हुआ, क्योंकि इस राज्य में पान देना बड़े मान और प्रतिष्ठा की बात है। अतएव उसने बीड़ा लेकर मुँह में रख लिया। इस बात का उसे कुछ भी ध्यान नहीं था कि इस हँसमुख बादशाह ने धोखे से उसे विष दे दिया है। यह सोचकर कि अब बादशाह की कृपादृष्टि होने के कारण दिन पर दिन उन्नति होती जाएगी, वह हर्षपूर्वक पालकी पर सवार होकर अपने घर की ओर चला परन्तु विष का असर बहुत कड़ा होने के कारण अपने घर पहुँचने से पहले ही वह दूसरे घर पहुँच गया।''[13]

इन दोनों प्रेम-सम्बन्धों और उसकी परिणति में शाहजहाँ की बेहद ठंडी लेकिन अत्यन्त बेरहम कार्रवाइयों के पीछे उसकी मानसिकता का हम कुछ-कुछ अनुमान कर सकते हैं। इस प्रतिशोध के पीछे उसके खुद के रिश्ते की प्रतिक्रिया को अगर हम नजरअन्दाज भी करें तो भी इसमें कहीं से उसके पिता का मन, युवा बेटी की तमन्नाओं को समझने का कोई भाव नजर नहीं आता। जाहिर है बर्नियर इसके कारणों की तफसील में गया होगा, क्योंकि उसने इसी आसंग में आगे यह भी लिखा है कि हिन्दुस्तान में शाहजादियों का विवाह अपवाद ही होता था, क्योंकि बादशाह की हैसियत का कोई दूसरा बादशाह तो होता नहीं था। दूसरी बात यह कि बादशाह पिता को यह आशंका भी रहती कि शादी करनेवाला व्यक्ति कभी शाही पद की दावेदारी कर सकता है, क्योंकि कायदे से इस्लामी कानून में शाहजादी का भी पैतृक सम्पत्ति में हक बन जाता होगा। ऐसे ही कारणों से कई बार शाही परिवार की बेटियाँ अनब्याही रह जाती थीं।

ऐसे शाही या राजवंश शासकों के अन्त:पुर अथवा हरम से जुड़े गॉसिप कुछ यूरोपीय लेखकों के लिये हमेशा बड़े दिलचस्पी के विषय रहे हैं। इसे वे थोड़ी कल्पनाशीलता और नाटकीयता के साथ-साथ अत्यन्त मोहक और बेहद रोचक शिल्प-शैली में प्रस्तुत करते हैं। इस प्रसंग की ऐसी ही नाटकीय प्रस्तुति अलेक्स रदरफोर्ड ने 'इम्पायर ऑफ दी मुगल : दी सरपेंट ट्रूथ' में किया है। उसका एक अंश है—''मुमताज बेगम की मृत्यु के बाद शाहजहाँ बिखर गए थे। दक्कन विजय से लौटन के बाद शाहजहाँ की बेचैनी बढ़ने लगी थी। उन्हें हफ्तों नींद नहीं आती। मुमताज उन्हें सपनों में दिखाई देती थी। इस गम को भुलाने के लिये वे शराब में अफीम मिलाकर पीने लगे—एक तरह से यही उनके लिये नींद की दवा थी। नशे के उसी धुँधलके में बड़ी राजकुमारी जहाँआरा का प्रवेश शाहजहाँ के कक्ष में हुआ।

उन्होंने जो इत्र लगा रखा था—वह मुमताजवाला ही था। शाहजहाँ उन्हें मुमताज समझने का धोखा खा गए। वे खुद पर नियन्त्रण खो बैठे। उन्होंने उसके स्तनों को मसला और उसके कपड़े उतार दिये। वे चीखीं मगर सुल्तान को लगा कि ये कामुकता भरी चीख है। वे बाहर निकलने के लिये दौड़ीं और ऐसा करते हुए उनके कपड़ों में आग लग गयी। कुछ पलों में वे आग के हवाले थीं। वे बचा ली गयीं। लेकिन उनकी जिन्दगी पर उम्र-भर के लिये इस आग के निशान काबिज हो गये। शाहजहाँ होश में लौटे। मुमताज को प्रेम करने की तड़प एक चीज थी और अनजाने में अपनी ही बेटी का बलात्कार दूसरी बात।''[14] रदरफोर्ड ने शाहजहाँ के क्रूर और दयालु दोनों पक्षों को रखा है और ये पक्ष मुमताज बेगम की खुशबू की तरह ही स्थायी हैं। जाहिर है उनके चित्रण में शाहजहाँ का प्रेमिल व्यक्तित्व इससे धूमिल पड़ गया है और उनकी कामुकता ज्यादा उभरकर सामने आयी है।

बर्नियर और रदरफोर्ड के इस वर्णन के बावजूद इतिहास में जहाँआरा बेगम लुप्त नहीं हो जाती। उन्हें आगे की जिन्दगी जो मिलती है वह इस कलंक को धूमिल ही नहीं करती बल्कि एक हद तक अफवाह में तब्दील कर देती है। 'नकूश' पत्रिका, जून 1964 में प्रकाशित उनके लिखे एक दुर्लभ आत्म-संस्मरण का जो अनुवाद अयोध्या प्रसाद गोयलीय ने प्रस्तुत किया है, उसमें उनका व्यक्तित्व एक महान पवित्रात्मा और रूहानी स्तर पर दुर्लभ तसव्वुर हासिल कर चुकी एक स्त्री पीर का उभरकर आता है। मुक्ति की तड़प और गहन करुणा से भरा हृदय लिये वे ख्वाजा मुईनुद्दीन चिश्ती की दरगाहे-अजमेर जाती हैं। वे रास्ते में पूरी श्रद्धा और पाक मन से दो रक्अत नमाज नफूल (जो सवाब—पुण्य के लिये पढ़ी जाय), सूरस यासीन (एक आयत), सूरए फातिहा (कुरान की पहली सूरत) पढ़ती जाती हैं। राह में पलंग पर नहीं सोतीं, दरगाह की ओर पाँव नहीं करतीं, यहाँ तक कि उधर पीठ भी नहीं। दिन का वक्त दरख्तों के नीचे बसर करतीं। उनके शब्दों में, ''मैं फिर रोजे की जियारत के लिए गयी और अपने चेहरे को उस आस्ताने की खाक पर रगड़ा और दरवाजे से गुम्बद-मुबारक तक नंगे पाँव जमीन चूमती हुई अन्दर पहुँची। जब मैं गुम्बद शरीफ के अन्दर दाखिल हुई तो सात मर्तबा अपने पीर और हादी के मरकद के गिर्द तवाफ (प्रदक्षिणा) किया, अपनी पलकों से झाड़ू दी। वहाँ की खाक को अपनी आँखों का सुर्मा बनाया। उस वक्त मुझ पर ऐसी हालत हुई और वह सुख मिला कि बयान से बाहर है।'' आप उनकी आध्यात्मिक तरलता को महसूस कर सकते हैं। उनके भीतर यह भाव उनके भाई दारा शिकोह ने भरे थे जो ब्रह्म-ज्ञान और सूफी धर्म के मर्म को समझता था। उनके ही कहने पर जहाँआरा बेगम दो महान और पहुँचे हुए दरवेशों से भी मिलने गयीं। एक शेख शाह दुल्हः दरियाई और दूसरे हाजी अब्दुल्ला जो ताल जलाल गक्खड़ के हवाली में एकान्तवासी हो चुके थे।

पहले दरवेश से निराश बेगम ने हाजी अब्दुल्ला साहब को जो नजर भेजी उसे वापस करते हुए उन्होंने तसबीह, नमाज पढ़नेवाली आसनी और खुद हाथ से तैयार दो रोटियाँ भेजीं। बेगम ने लिखा है—"मैंने उनमें से एक टुकड़ा खाया तो मेरा दिल रौशन हो गया और मुझे रूहानी तस्कीन एवं आत्मसन्तुष्टि हासिल हुई।" दारा शिकोह को उस समय के तमाम ऐसे पहुँचे हुए पीरों, दरवेशों और सन्तों की पूरी जानकारी थी। उन्होंने बेगम जहाँआरा से कश्मीर के मुल्लाशाह बदख्शी की बड़ी तारीफ की थी। कश्मीर जाने पर बेगम उनके यहाँ हाजिरी लगाने को बेकल थीं। उन्हें नजर भेजी, उनकी खिदमत में खुद पाक भोजन तैयार कर भेजा, अरीजे—विनय भरे खत लिखे। पत्र का जवाब तो न दिया मगर जिस ख्वाजासरा को खिदमत में भेजा था, उससे फरमाया—"मुझे दुनियादारों और बादशाहों से क्या काम?" मगर बेगम जहाँआरा निराश न हुईं। एक जिद्द ठान ली और अरीजे पर अरीजे लिखती रहीं। आखिर मुल्लाशाह ने इनायत की और जवाब दिया। बेगम खुद लिखती हैं—"मैंने उन्हें छुपकर देखा, उनका नूरानी चेहरा देखकर मेरी हकबीं निगाहें (सत्यखोजी नजर) चुँधिया गयी। मैंने अपने भाई के जरिये अपना हाथ उनके हाथ में देकर उन्हें आध्यात्मिक धर्मगुरु बना लिया।" उनके आदेश से वे कादरिया सम्प्रदाय से जुड़ गयीं।

जहाँआरा बेगम ने लिखा है कि दारा शिकोह ने उनको ध्यानावस्था में हजरत रसूल करीम और दूसरे औलिया अल्लाह की सूरत देखने का तरीका बताया था। बेगम ने पूरी पवित्रता और विधान से वह सब किया है, बहुत सारे ओंलिया के साथ मुल्लाशाह भी उस मजलिस में मौजूद हैं। उन्होंने अपना माथा नबी करीम के कदमों में रखा। उन्होंने फरमाया—"ऐ मुल्लाशाह! तूने तैमूरी चिराग रौशन कर दिया है—जब यह हालत गुजर गयी और मैं बेदार हुई तो मेरा दिल इस खुशखबरी से बाग-बाग था। वे लगभग छह महीने कश्मीर में रहीं।"[15] लौटने के बाद वे इस्लाम के प्रति और समर्पित हो गयीं। कश्मीर से लौटने के दो-तीन रोज पहले उन्होंने ध्यान में उनसे दुपट्टा माँगा। दूसरे दिन उनकी खिदमत में जानेवाले ख्वाजासरा के हाथों से उन्होंने दुपट्टा भेज दिया। संवाद रूहानी स्तर पर पहुँच चुका था। आते वक्त वे दीदार चाहती थीं। देखा वे रास्ते में दरख्त के बराबर खड़े थे। हाथी के हौदे से बेगम ने पान और गुलाब का शीशा ख्वाजासरा के हाथों भेजा। मुल्लाशाह ने गुलाब का शीशा चखकर वापस भिजवा दिया और जहाँआरा उन्हें निहारती कश्मीर से लाहौर रुखसत हुईं। जहाँआरा बेगम ने चिश्तियाँ सन्तों के सम्मान में एक पुस्तक भी लिखी—मूनीस अल-अखाह।

इस रूहानी प्रकरण के अलावे भी बन्दी जीवन में उन्होंने ही बादशाह शाहजहाँ का ख्याल रखा था। औरंगजेब के क्षमापत्र पर हस्ताक्षर करवाये थे। पिता-पुत्र में

सुलह करवाने की पूरी कोशिश की थी। औरंगजेब ने भी उनकी हमेशा इज्जत की, उनका ख्याल रखा और शाहजहाँ की मौत के बाद उनको और सौतेली माँओं की व्यवस्था की। ऐसे में जहाँआरा और शाहजहाँ के रिश्ते को किसी हादसे या अफवाह से ज्यादा अहमियत नहीं दी सकती। शाहजहाँ पर लिखनेवाले इतिहासकारों ने अमूमन इस घटना की अनदेखी ही की है। इसका गौण और महत्त्वहीन रूप में ही उल्लेख किया है, जो बिल्कुल उचित है।

हमने लम्बे समय तक इतिहास को बादशाहों के क्रियाकलापों तक ही सीमित रखा और उसी आधार पर उस युग का इतिहास जानते-समझते रहे। आमजन में उनके कृत्यों या घटनाओं के सत्य, अर्द्धसत्य या असत्य के आधार पर बनी धारणाएँ इतनी बद्धमूल हो गयीं कि वे उसी आधार पर निष्कर्ष निकालने लगे, बहस-विमर्श में हस्तक्षेप करने लगे जिससे समकालीनता में तरह-तरह के अवरोध पैदा होते रहे। डॉ. इरफान हबीब और उन जैसे अनेक इतिहासकारों ने जिस अकल्पनीय बौद्धिक श्रम से विपुल साक्ष्यों का गहन अध्ययन कर बारीक विश्लेषण से उस युग के सामाजिक और आर्थिक इतिहास का यथार्थ सामने रखा उससे इतिहास की पूरी धारा ही बदल गयी। अब तो बादशाहों का मूल्यांकन भी इस नजरिये से होने लगा कि उसके शासनकाल में जनजीवन कैसा था। मानविकी क्षेत्र में खास तौर से इतिहास में लगातार शोध, अध्ययन, विचार-विश्लेषण और लेखन में इतना विस्तृत कार्य हुआ है कि शायद ही कोई कोना-अँतरा बाकी रह गया हो। जाहिर है यहाँ हम उस गहन विस्तार में जाकर समग्रता में उस युग के यथार्थ को नहीं रख सकते। हम उस युग में मौजूद फ्रांसीसी यायावर डॉक्टर बर्नियर के यात्रा-संस्मरणों के सहारे शाहजहाँ के काल के जनजीवन के यथार्थ को जानने के आसान तरीके को अपनाना चाहेंगे। उसने मुगल-शासन के अन्दरूनी तन्त्र को तो करीब से देखा ही था, उस समय के जनजीवन को भी अपनी आँखों देखा था।

बर्नियर के यात्रा-संस्मरण को पढ़ते हुए यह कहीं नहीं लगता कि उसके भीतर कोई पूर्वग्रह है। वह यथार्थ वर्णन में पूरी तटस्थता का ईमानदारी का निर्वाह करता है। शायद उसे इस बात की आशंका थी कि लोग उसके लेखन को लेकर सन्देह करें, इसलिये एक जगह वह लिखता भी है कि—"मैंने ऊपर जो कुछ लिखा है वह कई वर्षों के अनुभव से लिखा है और मुझे अनेक व्यक्तियों द्वारा इन विषयों की जानकारी प्राप्त हुई है और यह उस अनुसन्धान का फल है जो हिन्दुस्तान और यूरोपियन व्यापारियों से जो कि बहुत दिनों से इस देश में कारोबार करते हैं तथा भिन्न-भिन्न राज्यों के एलचियों, दूतों इत्यादि से बड़े यत्न के साथ मैंने प्राप्त किया है।"[16] उसके

यात्रा संस्मरण में कई ऐसी ऐतिहासिक घटनाओं का वर्णन है जिसे उसने स्वयं देखा था। अनेक ऐतिहासिक लोगों से वह मिला था। मुगल शासन में नौकरी की थी और एक प्रसिद्ध और प्रभावशाली दरबारी के संरक्षण में रहा भी था। एक तरफ उसने मुगल दरबार के भव्य ऐश्वर्य और बादशाह के साथ अमीर, उमरा, सूबेदार, जागीरदार, जमींदार और अधिकारी-कर्मचारी को समीप से देखा-सुना था तो दूसरी ओर प्रजा के बीच भी यायावरी की थी। उस विशाल प्रजा के बीच जो किसान थे, और उनकी जिन्दगी बहुत दारुण थी। उनका जबर्दस्त शोषण था। लिखता है—"खेती के योग्य भूमि का एक बड़ा भाग कृषकों के दुखों के कारण से जो हुक्मरानों के अत्याचारों से प्राय: तबाह और बर्बाद हो जाते हैं, खाली पड़ा रहता है। ये बेचारे गरीब आदमी जब अपने कठोर और लालची हाकिमों की इच्छाओं को पूरा नहीं कर सकते तब न केवल इनके गुजारे की वस्तु ही छीन ली जाती है बल्कि इनके बाल-बच्चे भी पकड़कर लौंडी-गुलाम बना लिये जाते हैं।"[17] उनके जीवन का मार्मिक चित्रण करते हुए वह बताता है कि किस तरह उनकी जिन्दगी काहिली और निराशा भरी थी। कभी-कभी वे चुपचाप उन राज्यों में पलायन कर जाते थे जहाँ इससे बेहतर की उमीद होती थी। वे अक्सर खेती छोड़कर भिश्ती, साईस या इसी तरह मजदूर बनकर नगरों की ओर चले जाते थे। गाँवों में दरिद्रता और उजाड़पन साफ -साफ दिखाई देता था। खेती को लेकर किसी में कोई उत्साह ही नहीं था। वह सवाल भी करता है कि आखिर कोई क्यों उत्पादन में रुचि ले, जबकि उसकी उपज और कमाई को जमींदार कर के रूप में अथवा जबरन छीन ही लेता था। कृषि उत्पादन को लेकर सिंचाई प्रबन्धों को लेकर किसी का कोई ध्यान नहीं था।

उस समय व्यापार में भी लगातार अवनति हो रही थी। जहाँ कोई अच्छे कपड़े पहनता, ढंग से रहता, खाता-पीता, उससे वसूली शुरू हो जाती। बादशाह को दुर्ग जीतने, पराजित राज्य और राजा से धन वसूलने, सेना का विस्तार करने, जीते क्षेत्रों में सैनिकों के लूटपाट करने और जमकर भोग-विलास करने से फुर्सत ही कहाँ थी! शासक वर्ग पूरी तरह परजीवी था। लिखता है—"प्रजा के साथ इस प्रकार का गुलामों जैसा बर्ताव व्यापार के लिये हानिकारक है तथा लोगों की रीति-नीति सुधरने नहीं पाती और व्यापार करने का किसी को इसलिये उत्साह नहीं होता कि इसके बदले जो कुछ लाभ उठाये, उसे वह अपने सुख के लिये खर्च कर ही नहीं सकता था।" अत्याचारी और शक्तिशाली लोग उसे कमाई का सुख नहीं उठाने देते। वह आगे विस्तार से बताता है कि हिन्दू हो या मुसलमान, सभी के पास किसी तरह से जो रुपया या अशर्फी आती उसे वह जमीन में गाड़ देता था। इससे पैसा न व्यापार में लगता, न बाजार में। वह गतिहीन होकर जमीन के अन्दर पड़ा रहता। बर्नियर कहता है कि अगर बादशाह जमीन का हक किसानों को दे देता, व्यापारियों को संरक्षण

और प्रोत्साहन देता तो यूरोप की तरह यहाँ भी किसान बेहतर स्थिति में होते, व्यापार फलता-फूलता और बादशाह को भी लाभ होता। वह आगे लिखता है— "हिन्दुस्तान में सोने-चाँदी के कम दिखाई देने का क्या कारण है अर्थात् जागीरदार, प्रान्तीय अधिकारियों और तहसीलदारों का घोर अत्याचार जिसको यदि बादशाह भी रोकना चाहे तो नहीं रोक सकता, विशेषकर उन प्रान्तों में जो राजधानी के निकट नहीं हैं। यह अत्याचार इतना बढ़ा हुआ है कि खेतिहरों और कारीगरों के पास उनके जीवन निर्वाह के लिये कुछ भी रहने नहीं देता और वे दरिद्रता तथा गरीबी में पड़े मरते है।"[18] जाहिर है शाहजहाँ का अपने जागीरदारों, अधिकारियों और तहसीलदारों पर कोई नियन्त्रण नहीं था। वे जनता के साथ छुटकर मनमानी करते थे। प्रजा के दुख-सुख और संघर्ष से राजा पूरी तरह गाफिल था। सामाजिक जीवन गतिहीन और जर्जर था। शााहजहाँ का अपनी प्रजा से कोई वास्ता ही नहीं था। वह जागीरदार से तय रकम वसूल कर निश्चिन्त था।

जिस मुगलकालीन कारीगरी की तारीफ हम बड़े ही फख्र के साथ करते थे, उसे अपनी विरासत मानकर गौरव गायन करते हैं, उसको लेकर बर्नियर कहता है कि हिन्दुस्तान की कारीगरियाँ बादशाहों और अमीरों के यहाँ पलते कारीगरों से बच तो गयी हैं मगर उन कारीगरों की कोई प्रतिष्ठा नहीं है। उनको अपनी कारीगरी की भी आजादी नहीं है। सम्पन्नता तो दूर की बात है, उनकी हालत एक कुशल मजदूर की तरह है। ईनाम का लालच और कोड़े से मारे जाने का डर है जो उनको इस काम में लगाये हुए है। वे किसी व्यापारी के मुलाजिम हैं जिसका माल होता है। वे मजदूरी पानेवाले कारीगर होते हैं। उधर व्यापारी का संकट अलग होता है। वह हमेशा घबराहट और चिन्ता में रहा करता है कि यदि कोई बलवान अत्याचार और जबर्दस्ती करना चाहेगा तो उससे वह कैसे अपना बचाव करेगा?

आज हम शाहजहाँ और औरंगजेब को लेकर धार्मिक कट्टरता के पक्ष-विपक्ष में तर्क जुटाते हैं, बहस करते हैं मगर उनके शासनकाल में जनता के सामने क्या हिन्दू-मुस्लिम धर्म का मुख्य संकट था अथवा जीवन-मरण का? हम अपने समय के साम्प्रदायिक संकट के आलोक में उस युग की व्याख्या करते हुए उस दौर के साम्प्रदायिक सौहार्द या संकीर्णता पर विचार करते हैं। लेकिन उस दौर में जनता के सामने मुख्य सकंट क्या था और उसको लेकर बादशाह कितना संजीदा था—इस पर विचार-बहस ही नहीं करते। जहाँ पूरा सामाजिक जीवन अवरुद्ध था, आर्थिक हालात पूरी तरह जर्जर हो चुके थे, वहाँ धार्मिक कट्टरता अथवा सौहार्द का कोई मतलब नहीं था। यह अकारण नहीं है कि डॉ. मुबारक अली जोर देकर कहते हैं कि इन शासकों को हमें हिन्दू-मुसलमान के नजरिये से नहीं, एक सामन्ती राजतन्त्रात्मक शासन प्रणाली के शासक के रूप में देखना चाहिए, अध्ययन करना चाहिए अथवा विचार-

विमर्श करना चाहिए। बर्नियर एशिया के अन्य देशों में भी गया था। यूरोप की तुलना में वह बार-बार एशिया के हालात की तुलना करता है—"एशिया के राज्य किस प्रकार जल्दी-जल्दी अध:पतित होते हैं। इस प्रकार की बुरी शासन प्रणाली का यह फल है कि भारतवर्ष के बहुत से शहरों के मकान कच्चे या घास-फूस आदि के बने हुए हैं और यहाँ के नगर तथा कस्बे चाहे बिल्कुल ही गिरी अवस्था में और उजाड़ न हों परन्तु ऐसा कोई भी नगर या कस्बा नहीं है जिसके शीघ्र दुर्दशाग्रस्त हो जाने के लक्षण न दीख पड़ते हों।" सबसे महत्त्वपूर्ण बात यह कि वह इसके पीछे के मूल कारणों की ओर भी इंगित करते हुए कहता है—"एक व्यक्ति के राजा होने से कितना अत्याचार होता है और उसका कैसा बुरा फल होता है।"[19] एक बड़े राज्य और उसके निरन्तर विस्तार करते जाने के साथ, अगर विकसित शासन प्रणाली जिसका बहुस्तरीय फैलाव हो—नहीं अपनायी गयी हो तो बेहतर शासन की कल्पना भी नहीं की जा सकती। इसके लिये शासन में योग्य, अनुभवी, कर्मठ और ईमानदार लोगों का प्रशासन भी उतना ही जरूरी है जो अकबर काल में था। बर्नियर ने शाहजहाँ की शासन प्रणाली की वस्तुतः एक्स-रे रपट ही प्रस्तुत कर दी है।

बर्नियर ने यह अच्छी तरह भाँप लिया था कि बादशाह का प्रभामंडल ही ऐसा था कि वह चाहकर भी अच्छे कर्मचारियों का चयन नहीं कर सकता था। एक तो बादशाह पूरी तरह निरंकुश होता था। वह चापलूसों से घिरा होता था। कोई अच्छी और राज्यहित की बात करने की तुलना में अपने हित की ही ज्यादा सोचता था। चुगली, सन्देह और हर पल विश्वासघात की आशंका से भरा बादशाह सहसा किसी पर यकीन भी नहीं कर सकता था। बर्नियर लिखता है—"ऐसे अच्छे लोगों के बदले बादशाह के चारों ओर ऐसे अनपढ़ और मूर्ख लोगों का जमाव रहता है जो गुलाम या खुशामदी लोग होते हैं जिन्होंने बहुत ही तुच्छ और हेय अवस्था से अत्यन्त उन्नत पद प्राप्त किया और जो शिष्टता, सभ्यता, स्वदेश प्रेम, गम्भीरता और वीरत्व के गुणों से बिल्कुल खाली हैं तथा जिनके मस्तिष्क असहनीय घमंड से भरे हुए हैं।" शासन के शीर्ष पर वह अगली कतार के शासकों को इंगित करते हुए लिखता है—"असल बात तो यह है कि किसी प्रान्त का शासन कार्य चाहे नजराना देकर प्राप्त किया गया हो या यों ही मिल गया हो, प्रत्येक सूबेदार, जागीरदार और व्यापारी को किसी-न-किसी प्रकार हर साल बड़े-बड़े नजराने किसी वजीर या सेवादार, किसी खोजे या महल के किसी प्रतिष्ठित अथवा ऐसे व्यक्ति को पहुँचाते रहना आवश्यक है जिसका दरबार में कुछ सम्मान समझा जाता हो।"[20] बर्नियर पूरे तन्त्र को तार-तार कर देता है। इनके वास्तविक चरित्र को खोलकर रख देता है—"सूबेदार आदि वास्तव में नीच और ऋणी गुलाम होते हैं तथा कुछ भी सम्पत्ति उनके पास नहीं होती, परन्तु शासन कार्य मिलते ही वे बड़े बुद्धिमान और सन्तुष्ट अमीर बन जाते हैं। इस प्रकार

समग्र देश में दुर्दशा और तबाही फैली हुई है।...ये सब सूबेदार अपने-अपने स्थान में छोटे-छोटे बादशाह बने हुए हैं और इनके अधिकार असीम हैं। कोई ऐसा व्यक्ति नहीं है जिसके पास पीड़ित प्रजा जाकर पुकार मचा सके। चाहे कोई कैसा ही अत्याचार बारम्बार क्यों न मचाये परन्तु किसी प्रकार की सुनवाई की आशा नहीं है। यद्यपि यह बात सच है कि बादशाह ने सब प्रान्तों में ऐसे लोग नियुक्त कर रखे हैं जिनका यह काम है कि जो घटनाएँ हों उनकी खबर भेजते रहें परन्तु...अत्याचार जो प्रजा पर होता है, उनके रहने से कदाचित ही कभी रुकता है।"[21] स्पष्ट था कि शाहजहाँ के शासन में उसका तन्त्र पूरी तरह असफल हो चुका था और लगभग एक अराजकता की स्थिति थी। मनमानी, घूसखोरी, दमन चरम पर थे। बर्नियर ने एक ईरानी के हवाले से इन अत्याचारी, लोभी सूबेदारों, जागीरदारों और तहसीलदारों के विषय में क्या ही अच्छा कहा है कि—"ये बालू में से तेल निकालते हैं।...पर सच तो यह है कि इनकी स्त्रियों, बच्चों, सेवकों और लुटेरे साथियों के खर्च के लिये कोई भी आमदनी काफी नहीं हो सकती।"

इस आँखों देखी-सुनी सच्चाई के आलोक में हमें विचार करना चाहिए कि शाहजहाँ कट्टर था या उदार, महान शासक था या नहीं था। हिन्दू शासक नहीं था, वह मुसलमान शासक था। यह सब फालतू, व्यर्थ की बातें हैं। प्रजा की दुर्दशा में हिन्दू भी भोग रहे थे, मुसलमान भी झेल रहे थे। असल भेद शासक और शासित का है। इसलिये पूरे विमर्श को इस आधार पर समझना चाहिए कि राजतन्त्रात्मक व्यवस्था जनविमुख और जनविरोधी थी, न कि हिन्दू-विरोधी।

सन्दर्भ-स्रोत—

1. जिन खोजा तिन पाईया-अयोध्याप्रसाद गोयलीय पृष्ठ-135-136
2. मध्यकालीन भारत : राजनीति, समाज और संस्कृति -डॉ. सतीशचन्द्र पृष्ठ 281-282
3. बर्नियर की भारत-यात्रा-अनु. गंगाप्रसाद गुप्त पृष्ठ-112
4. मध्यकालीन भारत : राजनीति, समाज और संस्कृति -डॉ. सतीशचन्द्र पृष्ठ-276
5. मध्यकालीन भारत (भाग-2)-सं. डॉ. हरीशचन्द्र वर्मा पृष्ठ-142
6. मुगलकालीन प्रणाली-प्रो. हरिशंकर श्रीवास्तव पृष्ठ-187
7. मध्यकालीन भारत (भाग-2)-सं. डॉ. हरीशचन्द्र वर्मा पृष्ठ-523
8. सूफीवाद कुछ महत्वपूर्ण लेख-एन. आर. फारुकी पृष्ठ-119
9. शाहजहाँनामा-दामोदरलाल गर्ग पृष्ठ-264
10. बर्नियर की भारत-यात्रा-अनु. गंगाप्रसाद गुप्त पृष्ठ-7
11. बर्नियर की भारत-यात्रा-अनु. गंगाप्रसाद गुप्त पृष्ठ-7-8

12. बर्नियर की भारत-यात्रा-अनु. गंगाप्रसाद गुप्त पृष्ठ-8
13. बर्नियर की भारत-यात्रा-अनु. गंगाप्रसाद गुप्त पृष्ठ-8-9
14. Empire of the MoÎ÷Îhul : The Serpent's Tooth- Alex Rutherford
15. नकूश-जून 1964-अयोध्याप्रसाद गोयलीय
16. बर्नियर की भारत-यात्रा-अनु. गंगाप्रसाद गुप्त पृष्ठ-152
17. बर्नियर की भारत-यात्रा-अनु. गंगाप्रसाद गुप्त पृष्ठ-129
18. बर्नियर की भारत-यात्रा-अनु. गंगाप्रसाद गुप्त पृष्ठ-143
19. बर्नियर की भारत-यात्रा-अनु. गंगाप्रसाद गुप्त पृष्ठ-144
20. बर्नियर की भारत-यात्रा-अनु. गंगाप्रसाद गुप्त पृष्ठ-146
21. बर्नियर की भारत-यात्रा-अनु. गंगाप्रसाद गुप्त पृष्ठ-147

औरंगजेब

(1658-1707 ई.)

इतिहासकारों के बीच मुगल-काल का सर्वाधिक विवादास्पद बादशाह मुहीउद्दीन मुहम्मद औरंगजेब—बादशाह शाहजहाँ और बेगम मुमताज महल की सातवीं सन्तान था। उसका जन्म 25 अक्टूबर 1618 ई. को गुजरात के पंचमहाल जिले के दोहद में हुआ था। वह बचपन से अत्यन्त कुशाग्र बुद्धि और विलक्षण स्मृतिवाला था। लेकिन शाहजहाँ के विद्रोह के समय जब जहाँगीर ने उसके दोनों बेटों को बतौर जमानत माँगा तो दारा शिकोह के साथ औरंगजेब को भी नूरजहाँ के अधीन रहना पड़ा। बाद में मुक्त होने पर उसकी शिक्षा-दीक्षा का प्रबन्ध हुआ। बहुत जल्द उसने अरबी-फारसी सीख ली। थोड़ी-थोड़ी तुर्की और हिन्दुस्तानी भी उसे आ गयी थी। धार्मिक शिक्षा में कुरान और हदीस का तो उसे इतना अच्छा ज्ञान हो गया था कि हर समय वह सटीक उदाहरण देने को तैयार रहता था। सैनिक शिक्षा में उसकी जल्द दक्षता ने सभी को बहुत प्रभावित किया। मात्र 16 साल की उम्र में शाहजहाँ ने उसे चार हजार का मनसबदार बना दिया। किशोरवय में ही उसने अपनी वीरता का एक अद्‌भुत कारनामा कर दिखाया था। दो हाथियों के समारोही युद्ध में एक हाथी ने उस पर हमला कर दिया और उसके भाला मारने के बावजूद अपने विशाल दाँतों से टक्कर मारकर घोड़े से गिरा दिया। मात्र 14 वर्षीय औरंगजेब ने तलवार से उस बिगड़ैल हाथी का सामना किया। तब तक उसका बड़ा भाई शुजा और राजा जसवन्त सिंह पहुँच गये। शाहजहाँ ने उसे छाती से लगा लिया। जब शाहजहाँ ने इस साहस के लिये उसे प्यार से डाँटा तो औरंगजेब ने कहा—"इस युद्ध में यदि मैं मारा भी जाता तो शर्म की बात न होती। मृत्यु तो बादशाहों पर भी अपना पर्दा डालती ही है, इसमें अपमान क्योंकर होता।" औरंगजेब के इस हैरतअंगेज साहस का यह पहला प्रदर्शन था।

जहाँगीर के कहने पर अबुल फजल की गरदन काटनेवाला ओरछा-नरेश

वीरसिंह राजाश्रय पाकर काफी धनी बन गया था—उसके बेटे जुझार सिंह ने महत्त्वाकांक्षा में आकर विद्रोह कर दिया था। उसे पराजित कर एक करोड़ का माल लूट लानेवाले औरंगजेब की यह पहली फतह थी। शाहजहाँ ने दक्षिण विजय के बाद अहमदनगर को विभाजित कर दिया और शोलापुर, बाँगीका, मालकी और चिड़गुपका, पूना और उत्तरी कोंकण को अपनी अधीनता स्वीकार करनेवाले बीजापुर के सुल्तान को देकर बाकी राज्य उसने खुद रखा और औरंगजेब को ही 14 जुलाई 1636 ई. को उसका सूबेदार बना दिया। उसकी राजधानी का नामकरण औरंगाबाद औरंगजेब के नाम पर ही हुआ था। वहाँ वह 1644 ई. तक रहा और अपनी बहादुरी, प्रबन्ध पटुता और कुशल कूटनीतिज्ञता का अद्भुत परिचय दिया। 11 मई 1637 ई. को औरंगजेब का पहला विवाह दिलरास बानू बेगम से आगरा में बड़े धूमधाम से हुआ। मुहम्मद अकबर के जन्म के समय 9 अक्टूबर 1657 ई. को प्रसूति के दौरान ही बेगम का निधन हो गया। उसे वहीं दफना दिया गया। बाद में औरंगजेब की शादी कश्मीर के राजौरी के राजा की पुत्री नवाब बाई, औरंगाबादी महल और उदयपुरी से हुई। वेनिस यात्री मनुची के अनुसार नवाब बाई, उदयपुरी वस्तुतः दारा शिकोह के हरम में रहनेवाली जार्जिया की एक दासी थी। उसकी मौत के बाद औरंगजेब की पत्नी हुई। औरंगजेब अन्त-अन्त तक उससे प्रेम करता रहा। उसे बेगम दिलरास बानू से पाँच सन्तानें—तीन पुत्रियाँ और दो पुत्र हुए। नवाब बाई से तीन पुत्र, एक पुत्री तथा उदयपुरी महल से सिर्फ एक लड़की हुई।

बाद में 1645 से 1647 ई. तक गुजरात और 1648 से 1652 ई. तक वह सिन्ध और मुलतान का सूबेदार रहा। इस दौरान उसने अपनी असाधारण प्रशासकीय प्रतिभा का परिचय दिया। बल्ख और बदख्शाँ प्रान्त बुखरा पर निर्भर थे। वहाँ का सुल्तान काफी अयोग्य था जिस कारण वहाँ विद्रोह हो गये। एक समय इन पर मुगल-शासन के संस्थापक बाबर का कब्जा था। शाहजहाँ ने उन पर अधिकार जताने के लिये शाहजादा मुरादबख्श को भेजा था। उसने जून 1646 ई. में इस पर अधिकार जमा लिया लेकिन वह मध्य एशिया में उजबेकों के आमने-सामने रहने से हिचक रहा था। पिता के मना करने के बावजूद वह बल्ख छोड़कर वापस आ गया तो शाहजहाँ ने औरंगजेब को भेजा। उसने उजबेक सैनिकों का सामना किया और उन्हें परास्त करता हुआ 26 मई 1647 ई. को बल्ख शहर पहुँच गया। वहाँ का शासक नजर मुहम्मद भले अयोग्य हो मगर उसके बेटे अब्दुल अजीज खाँ ने उजबेकों को एकत्रित कर एक लड़ाकू सेना गठित कर ली और बुखारा से सैनिकों को बुला लिया। उसने जबर्दस्त लड़ाई लड़ी लेकिन औरंगजेब की बहादुरी, सैन्य संचालन और युद्ध चपलता ने उसे सन्धि के लिये विवश कर दिया। औरंगजेब की दृढ़ता और धैर्य का आलम यह था कि घमासान युद्ध के बीच उसने शाम की नमाज के लिये

युद्ध भूमि में ही चादर बिछाई और बेखबर घुटने टेककर नमाज अदा करने लगा। उस समय उसके पास कोई हथियार नहीं था। बुखारा की सेना यह नजारा देखकर दंग रह गयी। अब्दुल अजीज ने घोषणा की—"युद्ध बन्द कर दो, ऐसे मनुष्य से लड़ना अपने सर्वनाश को ही बुलावा देना है।"[1] इस एक घटना से ही अन्दाज हो जाता है कि मुगलवंश के उत्तराधिकार की लड़ाई में उसकी विजय अवश्यम्भावी थी। शुरू से ही उसमें सेनापतित्व और राजत्व के असाधारण गुण दिखने लगे थे।

सन्धि प्रस्ताव में अब्दुल अजीज ने आग्रह किया कि बल्ख उसके छोटे भाई सुभान कुली को दे दिया जाय। औरंगजेब इस पर खुद निर्णय नहीं ले सकता था उसने प्रस्ताव शाहजहाँ के पास भेज दिया। शाहजहाँ ने नजर मुहम्मद के पास माफी की शर्त रखी जिसे उसने तुरन्त मान लिया। 30 सितम्बर को बल्ख नजर मुहम्मद को सौंपकर जब मुगल सेना हिन्दूकुश पहाड़ियों को पार करते हुए काबुल की ओर बढ़ी तो उजबेकों और हजारा सैनिकों ने लगातार धावा बोला और धन-जन की भारी हानि पहुँचायी। चार करोड़ रुपये का खर्च और अनेक सैनिकों को गँवाने के बाद मुगल सेना को कुछ हासिल नहीं हुआ। इसके लिये शाहजहाँ की इतिहासकार काफी आलोचना करते हैं। 1648 से 1652 ई. तक मुल्तान और सिन्ध की सूबेदारी के वक्त उसने ईरानियों से दो बार कन्धार छीना। उसने व्यापारिक नजरिये से सिन्ध नदी के निचले भाग में बन्दरगाह निर्मित किये और नावों, यात्रियों तथा माल के लिये जगह बनवायी। अफगान और बलूच जातियों को अधीन रखना टेढ़ी खीर थी, क्योंकि वे ऐसे जंगली थे जो काबू में आकर भी बार-बार बेकाबू हो जाते थे।

पश्चिम से दक्षिण काबुल मार्ग में कन्धार रणनीतिक और व्यापारिक नजरिये से बहुत अहम था। कन्धार के आगे 360 मील का मैदानी इलाका हेरात के किले तक जाता है। मध्य एशिया और फारस से आने के रास्ते में कन्धार का किला सैनिक दृष्टि से अत्यन्त महत्त्वपूर्ण था। एक समय भय से ईरानी सूबेदार अली मर्दान खाँ ने शाहजहाँ को यह किला सौंप दिया था मगर फिर ईरानियों ने इसे अपने अधिकार में कर लिया। शाहजहाँ फिर इसे लेना चाहता था। उसी के आदेश से औरंगजेब ने पहली बार कन्धार किले को पचास हजार सैनिकों के साथ 16 मई 1649 ई. को घेर लिया। ईरानियों की भरी तोपों और दक्ष तोपचियों के कारण मुगल सेना के सारे प्रयत्न व्यर्थ हो गये। आखिर 6 सितम्बर को औरंगजेब ने घेरा उठाकर सेना सहित वापसी की।

दूसरी बार बड़ी तैयारी के साथ औरंगजेब ने 2 मई 1652 ई. को किले पर घेरा डाला। खंदकें खोदी गयीं, तोप के गोले बरसाये गये। खाइयों का पानी सुखाया जाने लगा परन्तु उन्नत युद्ध कला में निपुण ईरानियों के सामने शक्तिशाली मुगल सेना कुछ नहीं कर सकी। गोलाबारी का कोई असर नहीं हुआ। युद्ध सामग्री की

कमी होने लगी। पानी सुखाने और सुरंग बनाने का काम बन्द करना पड़ा। दो महीने की मशक्कत के बाद भी किले की दीवाल में दरार तक न पड़ी। शाहजहाँ के आदेश से घेरा उठा लेना पड़ा।[9] जुलाई को शाही सेना लौट गयी। शाहजहाँ औरंगजेब पर नाराज होता रहा और वह कारण गिनाता रहा। लेकिन अगले साल अधिक बड़ी सेना और ज्यादा धन खर्च कर पहली बार मुगल सेना दारा शिकोह के नेतृत्व में कन्धार गयी तो हमले में बुरी तरह हारकर उसे वापस लौटना पड़ा।

कन्धार से लौटने के बाद शाहजहाँ ने दूसरी बार औरंगजेब को दक्षिण का सूबेदार बनाया। उसके आने के बाद से दक्षिण में अव्यवस्था फैल गयी थी। आर्थिक स्थिति खराब हो गयी। यहाँ तक कि शाही कोष का जितना दक्षिण में व्यय होता था उतनी रकम की भी वसूली नहीं हो पाती थी। वहाँ जाकर औरंगजेब ने सबसे पहले जमीन बन्दोबस्ती में बुनियादी सुधार किया। दीवान मुर्शिदकुली खाँ ने टोडरमल वाली व्यवस्था यहाँ भी प्रचलित की। उसने प्रशासन और सेना में भी सुधार किया और अयोग्य लोगों को हटाकर योग्य लोगों को बहाल किया। अपाहिज, बूढ़े और काहिल सैनिकों को हटा दिया गया। व्यवस्था को चुस्त-दुरुस्त कर औरंगजेब ने लगभग पचास हजार सालाना की बचत की। गोलकुंडा बहुत उपजाऊ, सिंचाई सुविधा से सम्पन्न, हीरों के व्यापार का केन्द्र हैदराबाद उसकी राजधानी थी जो तब एशिया के मशहूर नगरों में गिना जाता था। उद्योग-धन्धे थे फिर भी दो लाख हूण की तय रकम देने में सुल्तान आनाकानी करता था। गोलकुंडा का वजीर मीर जुमला अपनी बुद्धिमता से इतना सम्पन्न और ताकतवर हो गया था कि उसकी कुतुबशाह से ठन गयी। सुल्तान चाहकर भी उसका कुछ कर नहीं पा रहा था। लेकिन चतुर मीर जुमला सुल्तान से भिड़ने के लिये किसी बड़ी ताकत के संरक्षण की तलाश में था और इसे औरंगजेब ने पूरा कर दिया। दोनों के बीच गुप्त पत्राचार होने लगा। इस बीच मीर जुमला का बेटा मुहम्मद अमीन तमाशा खड़ा करने लगा। वह दरबार में मीर जुमला का प्रतिनिधि बनकर जाता मगर सुल्तान की इज्जत नहीं करता। एक दिन तो उसने तमाम मर्यादाएँ तोड़ दीं। नशे में दरबार में गया और सुल्तान के सिंहासन पर बैठ गया और वहीं उल्टी कर दी। अब सुल्तान ने उसे सपरिवार कैद कर लिया। औरंगजेब इसी मौके की ताक में था। उसने शाहजहाँ को आदेश भिजवा दिया कि कुतुबशाह मीर जुमला के बेटे को सपरिवार रिहा कर दे। औरंगजेब ने बिना अवसर दिये कुतुबशाह को राज्यादेश ठुकराने का दोषी ठहरा दिया और युद्ध की तैयारी करने लगा।

औरंगजेब के आदेश पर उसके बड़े बेटे मुहम्मद सुल्तान ने 11 जनवरी 1656 ई. को अपनी सेना लेकर गोलकुंडा की राजधानी हैदराबाद पर धावा बोल दिया। दस दिनों बाद स्वयं औरंगजेब भी औरंगाबाद से चल पड़ा। जिस समय मुहम्मद

सुल्तान गोलकुंडा में दाखिल हो रहा था उसी समय अब्दुल्ला को शाहजहाँ का पत्र मिला और उसने तत्काल मुहम्मद अमीन को परिवार और नौकरों सहित औरंगजेब के पास भेजा और अपना माफीनामा भी शाहजहाँ के पास भिजवा दिया। लेकिन औरंगजेब ने ऐसा षड्यन्त्र रचा कि उसका पत्र बादशाह के पास समय से नहीं पहुँचे। हैदराबाद से 24 मील दूरी पर मुहम्मद अमीन-मुहम्मद सुल्तान से आकर मिला, लेकिन उसने युद्ध बन्द करना अस्वीकार कर दिया। कुतुबशाह ने इस खतरे को देखा तो 22 जनवरी की रात को ही हैदराबाद से भागकर गोलकुंडा के किले में जा छुपा। इससे उसकी जान बच गयी। वरना औरंगजेब का आदेश स्पष्ट था। दूसरे दिन मुहम्मद सुल्तान ने हैदराबाद में प्रवेश किया और अनेक बहुमूल्य सामग्री लूट ली। 7 फरवरी को औरंगजेब भी गोलकुंडा पहुँचा और किला घेर लिया और 31 मार्च तक घेरे रहा, लेकिन वह कब्जा नहीं कर पाया।

इस बीच कुतुबशाह के प्रतिनिधि ने दारा शिकोह और बेगम जहाँआरा से मुलाकात कर सारी वस्तुस्थिति बतायी और बादशाह से निवेदन किया। औरंगजेब की मनमानी और षड्यन्त्र से शाहजहाँ क्षुब्ध हो उठा और उसने तत्काल औरंगजेब को एक कड़ा पत्र भेजकर गोलकुंडा का घेरा उठा लेने का आदेश दिया। उसने यह भी कहा कि वह सेना सहित गोलकुंडा की सीमा से बाहर निकल जाय। चार दिनों बाद कुतुबशाह की बेटी का विवाह मुहम्मद सुल्तान से हुआ और एक करोड़ रुपये हर्जाने के वसूल किये गये। औरंगजेब ने रामगीर का इलाका भी अपने में मिला लिया। मुगल सेना लौट गयी। मीर जुमला औरंगजेब के दरबार में पूरे ठाटबाट से हाजिर हुआ। उसके साथ 6 हजार घुड़सवार, 15 हजार सैनिक, 150 हाथी और कई तोपखाने भी थे। अनेक बहुमूल्य उपहार के साथ वह शाही दरबार दिल्ली में उपस्थित हुआ। उसने 216 रत्ती का एक बड़ा हीरा बादशाह को नजर किया। 6 हजार का मनसब देकर बादशाह ने सादुल्ला खाँ के मरने से खाली प्रधानमन्त्री के पद पर उसे नियुक्त कर दिया।

इसी बीच बीजापुर का सुल्तान मुहम्मद आदिलशाह 4 नवम्बर 1656 ई. को मर गया। उसके प्रधान वजीर और बेगम साहिबा ने 18 वर्षीय पुत्र अली आदिलशाह द्वितीय को गद्दी पर बैठा दिया। औरंगजेब ने शाहजहाँ को पत्र भेजा कि अली आदिलशाह द्वितीय मुहम्मद आदिल का बेटा नहीं है, इसलिये उसे बीजापुर पर चढ़ाई करने का आदेश दिया जाय। इस बीच बीजापुर के सरदारों और अनेक जमींदारों ने उपद्रव मचा दिया, जिसे औरंगजेब ने और भड़का दिया। यहाँ तक कि बीजापुर दरबार के कई लोग उसके दरबार में आने को तैयार थे। शाहजहाँ ने इस मामले में स्वतन्त्र निर्णय लेने की खुली आजादी औरंगजेब को दे दी। मीर जुमला ने भी इधर-उधर से जमा कर 20 हजार सैनिकों की सेना औरंगजेब को भेजी। 2 मार्च

1657 ई. को बीदर के किले का घेरा डाल दिया गया। मगर खाइयों के आगे मुगल सेना नहीं बढ़ सकी। उसने तमाम चढ़ाई का प्रतिरोध किया। अन्त में मीर जुमला के तोपचियों के कारण बीदर के किले को काफी नुकसान पहुँचा और किलेदार सिद्दी मरजान ने सातों पुत्रों को समर्पण के लिये औरंगजेब के पास भेज दिया। वहाँ जमा धन और युद्ध सामग्री मुगलों के हाथ लगी। फिर कल्याणी के किले पर कब्जा हुआ। बीजापुर के सुल्तान की ओर से बादशाह की कृपा पाने की कोशिशें हुईं। आखिर में आदिलशाह द्वितीय ने बीदर, कल्याणी और परेंडा का किला और उसके आसपास के इलाके को मुगल राज्य को दे दिया। उसने एक करोड़ रुपये युद्ध की क्षति-पूर्ति के लिये भी दिये। शाहजहाँ ने औरंगजेब को वापसी का हुक्म भेज दिया।

मीर जुमला के दिल्ली में प्रधानमन्त्री बनने के बाद औरंगजेब को वहाँ की हर जानकारी मिल जा रही थी। बादशाह का वार्द्धक्य और राज्य संचालन में उसकी मदद करने के साथ संचालन में दारा शिकोह का बढ़ता हस्तक्षेप। औरंगजेब दिल्ली दरबार को लेकर कुछ ज्यादा ही संवेदनशील रहने लगा और उसके भीतर बहुत सारी बातें, आशंकाएँ और महत्त्वाकांक्षाएँ भी पनपने लगीं। अब आनेवाले दिनों में कुछ ऐसा घटित होनेवाला था जिसकी कल्पना इसमें शामिल मुगल वंश के किसी सदस्य ने नहीं की थी। समय के गर्भ में एक भयानक उथल-पुथल अँगड़ाई ले रही थी। कोई अनहोनी मुगल वंश पर मँडराने लगी थी। परस्पर अविश्वास, ईर्ष्या, घात-प्रतिघात और षड्यन्त्रों की शुरुआत हो चुकी थी। औरंगजेब को बादशाह के अन्दरूनी महल से भी बड़ी बेगम के माध्यम से खबरें मिलती जा रही थीं। बड़े भाई दारा शिकोह को लेकर औरंगजेब की शंकाएँ उसे बुरी तरह परेशान और विचलित करने लगी थीं और उसने दिल्ली दरबार को लेकर अपने को खूब सचेत कर लिया था।

मुगल शासकों में शाहजहाँ ऐसा पहला बादशाह था, जिसे अपदस्थ कर उसका बेटा बादशाह बना था। उत्तराधिकार का युद्ध तो खुद उसे भी लड़ना पड़ा था और उसके पिता ने भी अपने बादशाह पिता से विद्रोह किया था। लेकिन शाहजहाँ का मामला इस सबसे अलग और बेहद खेदजनक था। अपने चार बेटों—दारा शिकोह, सुल्तान शुजा, औरंगजेब और मुरादबख्श में उत्तराधिकार पाने की प्रबल महत्त्वाकांक्षा के बीच, वह न तो मुगलवंश की परम्परा का पालन कर पा रहा था और न ही अपनी सोची हुई नयी व्यवस्था लागू कर पा रहा था। 1657 ई. में जब उत्तराधिकार का संघर्ष शुरू हुआ तो दारा 43, शुजा 41, औरंगजेब 39 और मुराद 33 वर्ष का था। मुराद को छोड़ सभी प्रौढ़ हो चुके थे। शाहजहाँ की सोच ऐसी थी कि चारों भाइयों

के बीच राज्य के बँटवारे की व्यवस्था कर विवाद सुलझा दिया जाय। उसने उनके बीच सम्भावित युद्ध टालने की तमाम असफल कोशिशें कीं और अब उसे अपनी गम्भीर बीमारी से इस बात का पक्का अहसास हो चुका था कि उस पर और राज्य पर भयावह विपत्ति बस आने ही वाली है। चारों बेटों के बीच सम्भावित युद्ध रोकने की सारी कोशिशें असफल होने के बाद उसकी खुद की पक्षधरता और कमजोरी ने उसके जीवन के आखिरी दशक को अकल्पनीय रूप से नारकीय बना दिया, भले इसमें उससे ज्यादा दारा की गलती हो। इतिहास में एक नयी मिसाल रखते हुए उसके बेटे ने जीते-जी उससे जबरन गद्दी छीन ली और उसे कैदी जीवन के लिये विवश कर दिया। विडम्बना थी कि कैसे अपने समय के सबसे अधिक ऐश्वर्यशाली सम्राट को अपना अन्तिम जीवन असीम दयनीयता और दुर्दशा में गुजारना पड़ा।

शाहजहाँ ने 7 मार्च 1657 ई. को अपने शासन के 30 वर्ष पूरे किये। उस समय उसकी दौलत विदेशियों को चकित करती थी। उसके उत्सवों में बुखारा, तुर्की, फारस, अरब देशों, फ्रांस और इटली के राजदूत और दूसरे लोग भी शामिल होते थे जो मयूर-सिंहासन, कोहिनूर हीरे, मणि, जवाहरात जैसे रत्नों के ढेर देख दंग रह जाते। उसके अधीनस्थ राज्यों के शासक ही अनेक देशों के राजाओं से बढ़कर थे। उसकी राज्य सीमा पूर्व साम्राज्य से अधिक विस्तृत हुई थी। राज्य में अमूमन शान्ति थी। उसकी उम्र 67 साल की थी और राज्य के उत्तराधिकार का सवाल उसे बुरी तरह विकल-बेचैन कर रहा था। भाइयों के बीच भाईचारा तो दूर, दारा शिकोह और औरंगजेब में जो भारी वैमनस्य था, उसकी चर्चा राज्य में प्रजा के बीच तक होने लगी थी। सभी भाई सहोदर थे इसलिये रवायत के मुताबिक दारा शिकोह का हक ज्यादा बनता था और बादशाह से उसकी नजदीकी भी अन्य भाइयों को परेशान और उद्वेलित कर रही थी। वार्द्धक्य के कारण राजकाज में उसकी मदद भाइयों की आशंकाओं को और बढ़ा रही थी, जिससे सभी भाई और अधीर हो रहे थे। सभी भाइयों के स्वभाव, सोच, रुचि और क्षमता में भी काफी अन्तर था जो उनके दावों और जीत में काफी फर्क डालनेवाला था।

बेशक दारा शिकोह बहुत उदार था और वह सभी धर्मों में मतैक्य का पक्षपाती था। उसने हिन्दुओं के वेद-वेदान्त से बाइबिल तक का अध्ययन किया था और वह सभी धार्मिक विचारधाराओं को ग्रहण कर उनके बीच समन्वय का पक्षपाती था। उसके रिश्ते भी विभिन्न धार्मिक लोगों से बने हुए थे और वह हिन्दू सन्त लालदास अथवा मुस्लिम फकीर सरमद से अक्सर मिलने, चर्चा करने में काफी समय व्यतीत करता था। आज किसी पाठक को दारा शिकोह की यह विशेषता आकर्षित करेगी और उसके प्रति सहज झुकाव भी होगा। लेकिन ऐसी उदात्त सोच के बावजूद मुगल बादशाह की गद्दी को लेकर उसकी महत्त्वाकांक्षा और लिप्सा में कोई कमी नहीं थी

और वह हर कीमत पर मुगल बादशाह बनने को आतुर था। प्रश्न यही उठता है कि धार्मिक समन्वय के उच्च विचार और प्रत्यक्ष उत्तराधिकार के बेहद दाँव-पेच भरे सम्भावित युद्ध की चतुर रणनीतियाँ, युद्ध पराक्रम तथा शासन सहायकों से लेकर प्रजा जन में बादशाहियत का विश्वास बिल्कुल अलहदा चीजें हैं। दारा शिकोह के प्रति आम सहानुभूति से वशीभूत लोग उसकी सिर्फ असाम्प्रदायिक सोच के कारण ही उसमें एक बेहतर शासक के उच्चतम गुणों और क्षमताओं को आरोपित कर देते हैं। वे एक पल रुककर उसके व्यक्तित्व के परीक्षण तक को तैयार नहीं होते और एक खलनायक की तरह औरंगजेब को स्थायी रूप से कलंकित शासक मान लेते हैं।

अगर हम दारा शिकोह के व्यक्तित्व का आकलन करते हैं तो साफ दिखाई देता है कि उसमें महत्त्वाकांक्षा चाहे जितनी प्रबल हो, उसमें उसके युग के राजत्व की कोई योग्यता नहीं थी। इतिहासकार तथ्य तलाशेंगे, बर्नियर तो उससे प्रत्यक्ष मिला था, उसके आसपास के लोगों से जुड़ा था, सब कुछ देखा-सुना था। लिखता है— ''उसको इस बात का घमंड था कि अपने बुद्धिबल और प्रयत्न से वह हर काम का प्रबन्ध कर सकता है। वह यह भी समझता था कि जगत में ऐसा कोई व्यक्ति नहीं जो उसको किसी बात की शिक्षा दे सके। जो लोग डरते-डरते उसे कुछ सलाह देने का साहस कर बैठते, उनके साथ वह बहुत बुरा बर्ताव करता। इस कारण उसके सच्चे शुभचिन्तक भी उसके भाइयों के यत्नों और चालों से उसे सूचित न कर सके। वह डराने-धमकाने में बड़ा निपुण था, यहाँ तक कि बड़े-बड़े उमरा को बुरा-भला कहने और उनका अपमान कर डालने में वह संकोच न करता था।''[2] आप कल्पना कर सकते हैं कि उत्तराधिकार की लड़ाई में उमरा-अमीर की स्वीकृति का महत्त्व कितना होता था और भला वे ऐसे शासककी तरफदारी क्यों करते? दूसरी बात आप बादशाह के प्रत्याशी हैं और आपका सारा समय अथवा अधिकांश समय हिन्दू धर्मावलम्बियों, पंडितों, विद्वानों और ईसाई धर्मवेत्ताओं के साथ गुजरेगा तो आपकी छवि को काफिर सिद्ध करने में औरंगजेब जैसे चतुर व्यक्ति को कितनी देर लगेगी? उसमें आत्मनियन्त्रण और सन्तुलन का घोर अभाव था। बर्नियर का तो यह भी कहना है कि इसमें उसकी रणनीति थी कि तोपखाने के ईसाई और हिन्दू सरदार काम पड़ने पर उसकी मदद करेंगे जबकि हिन्दू सरदार जय सिंह ने ही उसका पीछा किया और इसी कारण जीवन खाँ ने उसे कैद कर औरंगजेब को सौंप दिया था। वह बादशाह के आसपास राजकाज में ज्यादा मशगूल रहने के कारण न तो दरबारियों, अधिकारियों, सेनापतियों अथवा प्रजा में ही अपना मेल-जोल कायम कर सका और न ही उसके नाम युद्ध फतह की कोई प्रतिष्ठा ही जुड़ी हुई थी। उल्टे उस पर कन्धार की पराजय का अपयश जरूर चिपका हुआ था, जबकि औरंगजेब एक बहादुर योद्धा और पराक्रमी नायक के रूप में लोगों के बीच प्रतिष्ठित हो चुका था। कोई शाहजहाँ की रजिस्ट्री करने से साम्राज्य

का सिंहासन तो मिलनेवाला था नहीं जो वह उन्हीं के इर्द-गिर्द सिमटा हुआ था।

औरंगजेब से उसका कोई मुकाबला ही नहीं था। उसे यह तक नहीं मालूम था कि कौन उसकी मदद करेगा और कौन विश्वासघात करेगा? किसी पर यकीन कर लेना राजत्व का गुण नहीं होता। सेना से उसका कोई वास्ता तक नहीं था। डॉ. यदुनाथ सरकार ने भी लिखा है कि "उसके चारों ओर अनावश्यक झूठी चापलूसी ने उसमें दिल्ली के सिंहासन के उत्तराधिकारी युवराज होने की स्वाभाविक भावना और उद्दण्डता अवश्य उत्तेजित की थी। उसे मनुष्य-चरित्र पहचानने का एकदम अनुभव नहीं था। स्वाभिमानी और सुयोग्य व्यक्ति अवश्य ही ऐसे घमंडी और अविवेकी स्वामी से दूर रहा करते होंगे। दारा एक प्रेमी पति, लाड़ला पुत्र और प्यारा पिता था, परन्तु संकटापन्न प्रजा को अधिकार में रखने में वह असफल ही रहा।" वे आगे लिखते हैं—"कभी आवश्यकता पड़ने पर हार के मुख में पहुँचकर भी साहसपूर्ण वीरोचित दृढ़ता दिखाकर मृत्यु से खेलते हुए बिजय-श्री को छीन लाना, दारा के लिये सर्वथा एक अनहोनी बात थी। फौजी-संगठन और युद्धावश्यक व्यूहरचना तो उसकी शक्ति के बाहर की बातें थीं। सच्चे जन्मजात सेनापति के समान युद्ध के समय शान्ति और पूर्ण विचार-बुद्धि से उसकी विभिन्न गतियों का उपयुक्त रीति से संचालन करने का उसने कभी अभ्यास नहीं किया। युद्धकला से अनजान इस नौसिखिया योद्धा को भाग्यवशात् सिंहासन के लिये होनेवाले युद्ध में औरंगजेब जैसे चतुर सिद्धहस्त सेनानायक का सामना करना पड़ा।"[3] जब दोनों एक-दूसरे के आमने-सामने युद्ध कर रहे थे तो जाहिर था दोनों में एक-दूसरे को पराजित करने, शहीद करने की मंशा भी रही ही होगी। दारा शिकोह का आदर्श अगर अकबर जैसा रहता तब भी कोई बात होती। एक तरफ वह सन्त, फकीर, आलिम के रास्ते पर दूर तक यात्रा कर रहा है और दूसरी तरफ आकांक्षा एक सर्वथा विपरीत सांसारिक क्षेत्र के सबसे निर्मम और सर्वोच्च पद पाने की थी। वह भी बिना अपेक्षित तैयारी और अभ्यास के।

6 सितम्बर 1657 ई. को शाहजहाँ दिल्ली में बुरी तरह बीमार पड़ता है। न तो वह दरबार कर पाता है और न ही प्रजा को झरोखे से दर्शन दे पाता है। जाहिर है इससे अफवाह का फैलना स्वाभाविक था। औरंगजेब पहले से ही हर पल की सूचना पाने की गोपनीय व्यवस्था कर चुका था। डॉ. यदुनाथ सरकार अथवा किसी अन्य इतिहासकार ने भी शाहजहाँ की बीमारी को चिन्हित नहीं किया है, लेकिन बर्नियर एक डॉक्टर था इसलिये उसका लिखना गौर करने योग्य है—"शाहजहाँ की उमर सत्तर वर्ष के पार हो चुकी थी और वह ऐसी बीमारी में फँस गया था जिसकी अवस्था का वर्णन करना उचित नहीं है। इतना ही कहना बहुत होगा कि ऐसे वृद्ध को ऐसे खटपट में पड़ना कदापि योग्य नहीं था, वरन् बची हुई शारीरिक शक्ति को नष्ट

न करके सावधानी के साथ उसकी रक्षा करना उचित था।"[4] शाहजहाँ की यौन-लिप्सा को देखते हुए इस संकेत से उसके रोग का अनुमान करना बहुत कठिन नहीं रह जाता। बहरहाल, हकीम के इलाज से हफ्ते-भर में थोड़ा आराम मिला तो उसने निश्चय किया कि आगरा जाकर अपनी प्यारी बेगम के मकबरे के पास ही शेष जीवन व्यतीत करूँगा। शाहजहाँ को इस बात का अहसास हो रहा था कि वह जीवन की आखिरी पगडंडी पर है। वह दारा को सिंहासन सौंप देने को भी तैयार था। लेकिन दारा को लगा इससे उसकी स्थिति कमजोर होगी, इसलिये वह उसके ही आदेश से खुद शासन सँभालने लगा। उसने दूसरी बड़ी गलती यह की कि औरंगजेब के विश्वासपात्र मीर जुमला को वजीर के पद से हटाकर एक बुद्धिमान दुश्मन को जबरन उसके पाले में धकेल दिया था। उसने शाहजहाँ की ओर से महावत खाँ और तमाम सेनापतियों को दक्षिण से लौटकर दरबार में हाजिर होने का आदेश निकलवा दिया। यह औरंगजेब के लिये उसकी ओर से खुली चुनौती के रूप में लेने का साफ-साफ सन्देश था।

लगभग दो महीने बाद मध्य नवम्बर में शाहजहाँ स्वयं देखभाल करने योग्य हुआ तो उसने सारे हालात की जानकारी ली। उसे पता चला, दूसरे बेटे सुल्तान शुजा ने खुद को बादशाह घोषित कर दिया है और बंगाल से दिल्ली की ओर बढ़ा चला आ रहा है। उसे रोकने के लिये दारा ने शाहजहाँ से सहमति लेकर 22 हजार सैनिकों के साथ अपने बड़े लड़के सुलेमान शिकोह और राजा जयसिंह के नेतृत्व में सेना भेजी। तभी गुजरात से खबर मिली कि मुरादबख्श ने अपना राज्याभिषेक कर लिया है और औरंगजेब से समझौता कर आगरा की ओर आने की तैयारी कर रहा है। एक सेना दक्षिण मारवाड़ नरेश जसवन्त सिंह के नेतृत्व में भेजी गयी तो गुजरात की सूबेदारी का लालच देकर कासिम खाँ के नेतृत्व में मुराद को रोकने के लिये दूसरी सेना भेजी गयी। शाहजहाँ का दिल पिघल गया था। उसने सेनापतियों से निवेदन किया कि शाहजादों की जान न ली जाय और बहुत जरूरी होने पर ही प्राणघातक युद्ध हो। जाहिर था वह शाहजादों में राज्य की पिपासा को काफी कम करके आँक रहा था, जबकि उनमें लिप्सा बहुत तीखी हो चुकी थी।

दारा ने शाहजहाँ के पास अपने विश्वास के दो-एक मन्त्रियों को छोड़कर बाकी के आने-जाने पर पाबन्दी लगा दी थी। पत्र-वाहकों पर वह कड़ी निगाह रखता था। यह उसकी बहुत बड़ी भूल थी जिससे बादशाह शाहजहाँ को वास्तविकता का ज्ञान ही नहीं हो पाया। वरना वह हालात से निबटने का कारगर तरीका सोच सकता था। दूसरी बात जिसकी ओर यदुनाथ सरकार ने इशारा किया है कि बाहर इससे इस अफवाह को बल मिला कि शाहजहाँ मर चुका है। तीनों शहजादों को जो शाही मुहर के साथ शाहजहाँ के पत्र भिजवाये थे, वे उनको मिल गये थे। उनमें

बादशाह ने लिखा था कि वह स्वस्थ है और सभी अपने-अपने सूबे में लौट जायँ। लेकिन उस पत्र पर किसी का यकीन नहीं था। उनका मानना था कि शाहजहाँ की लिखावट की नकल करने में सिद्धहस्त दारा ने खुद यह पत्र लिखकर राजमुहर लगा दी है। अब वे अपनी आँखों से पिता को देखकर ही आगरा से लौटेंगे।

शाहजहाँ अन्दर से बेहद निराश था। दारा भी युद्ध की तैयारी में जुटा हुआ था। बर्नियर ने लिखा है कि ''दारा की इच्छाओं को रोकना अब उसकी सामर्थ्य के बाहर था, क्योंकि एक तो वह रोग-मुक्त नहीं हुआ था, दूसरे वह दारा के सामने शासक नहीं बल्कि नौकर के समान हो रहा था। दारा की दुष्टता के कारण लाचार होकर उसने राज्य-शासन के कामों से हाथ खींच लिया था और दरबारियों तथा अफसरों से कह दिया था कि उसकी आज्ञा और अनुमति के अनुसार काम करना। सारांश यह कि इन दिनों उसकी यह अवस्था थी कि जैसे दारा शिकोह तो बादशाह और शाहजहाँ प्रजा अथवा शासित।''[5] बर्नियर ने यह भी लिखा है कि सिपाहियों, सरदारों, उमरा और दरबारियों की अन्दरूनी मंशा भाँपकर उसके हितैषियों ने उसे सलाह दी थी कि वह इस लड़ाई में न पड़े। बादशाह खुद युद्ध में जाने को तैयार था, क्योंकि इससे लड़ाई टल भी सकती थी। शायद दोनों भाई पिता से सीधे युद्ध भी नहीं करते। दूसरी बात औरंगजेब और मुराद के अनेक सैनिक, सरदार भी बादशाह शाहजहाँ से कतई युद्ध नहीं करते, क्योंकि उनमें अधिकांश उसके भक्त थे। लेकिन दारा अहंकार से भरा हुआ था। उसने कोई सलाह नहीं मानी। यहाँ तक कि सुलेमान शिकोह के लौटने तक की भी प्रतीक्षा करने से उसने इंकार कर दिया। उसके अहंकार के पीछे की मानसिकता का आकलन करते हुए बर्नियर ने आगे लिखा है कि ''उसने सोचा कि इस समय बादशाह यहाँ तक मेरे पंजों में फँसा हुआ है कि उसके ऊपर मेरा पूरा-पूरा अधिकार है। दूसरे यह कि राजकोष मेरे हाथ में है। तीसरे यह कि समस्त बादशाही सेना मेरी आज्ञा के अधीन है।'' वह यह भी मान रहा था कि दोनों की सेनाएँ थकी हुई हैं और शुजा पराजित हो चुका है। बर्नियर के अनुसार, वह खुद विजय का श्रेय लेने को इतना आतुर था कि उसे डर था कि कहीं सुलेमान शिकोह ने आकर विजय हासिल की तो उसकी सभी वाहवाही करेंगे और कहीं वही बादशाह न हो जाय। अगर बर्नियर के आकलन पर भरोसा करें तो दारा शिकोह चाहे जितना बड़ा धार्मिक विद्वान् और धर्मनिरपेक्ष हो मगर अन्दर से सत्ता को लेकर उसकी मानसिकता भी अत्यन्त संकीर्ण, स्वार्थी और गिरी हुई थी।

चारों भाइयों में छोटा मुहम्मद मुरादबख्श एकदम नाकारा, मूर्ख, घमंडी, क्रोधी और परम विलासी था। दक्षिण में, बल्ख और गुजरात में उसकी अयोग्यता जाहिर हो चुकी थी मगर बादशाह ने गुजरात सौंपकर उसको सलाह देने के लिये अपने ईमानदार आदमी अली नकी को भेजा था जो बहुत योग्य था। इससे मुराद के

चापलूस, अय्याश दरबारी बहुत परेशान हो उठे। उन्होंने षड्यन्त्र करके एक जाली पत्र पकड़वाकर मुराद को सुबह-सुबह ही सौंप दिया कि इसे पत्रवाहक के द्वारा रात को पकड़ा गया है। पत्र में अली नकी की मुहर और दारा को मदद करने की बात थी। रात की काम-क्रीड़ा की खुमारी से उठे शाहजादे को भड़काने के लिये इतना काफी था। अली नकी भौचक रह गया। मुराद ने उसे बुरी तरह जलील किया। उसने उसे तुरन्त निकाल बाहर किया। औरंगजेब को कम-से-कम मुराद को अपने साथ लेने के लिये उसे अतिरिक्त रूप से मूर्ख बनाने की जरूरत नहीं पड़ी। वह उससे पत्राचार कर सेना संगठित करने और विस्तार करने का उसे परामर्श दे चुका था। मुराद ने सूरत बन्दरगाह लूटकर दो सौदागरों से ही जबरन पाँच लाख वसूले थे। डच कारीगरों की मदद से सूरत के किले में विस्फोट कराकर उसने कब्जा कर लिया और खजाने के साथ सारी युद्ध सामग्री भी ले ली। दोनों के बीच जो सन्धि का मसौदा था, उसे औरंगजेब ने चालाकी से तैयार कराया था जिस पर मूर्खता और घमंड में मुराद आँख मूँदकर यकीन कर रहा था और 25 फरवरी 1658 ई. को अहमदाबाद से रवाना होकर वह सेना के साथ मालवा के देपालपुर में 15 अप्रैल को औरंगजेब की सेना से आ मिला।

औरंगजेब की निगाह मुगल शासन के सिंहासन पर गड़ी थी और उसका दिमाग बिजली की तेजी से तमाम दावेदारों को ठिकाने लगाकर येनकेन उसे हासिल करने की युक्ति तलाशने में लगा था। लक्ष्य पाने के रास्ते में वह नैतिकता, अनैतिकता, उचित-अनुचित, धर्म-अधर्म, पाप-पुण्य और सत्य-असत्य से ऊपर उठ चुका था। वह कुछ भी करने के संकल्प और साहस से भरा हुआ था। बीजापुर की गरदन पर कसे शिकंजे को कुछ भी प्राप्त करने की आशा में वह क्रमशः ढीला करता गया और अन्त में जो था, जितनी तैयारी थी उसी को लेकर अपने मूल लक्ष्य के लिये आगरा निकल पड़ा। उसने पहले से ही सेना भेजकर नर्मदा पार करने के सारे स्थानों पर अपना कब्जा जमा लिया और दक्षिण से शाही पत्राचार को पूरी तरह रोक दिया। वह इतना चतुर और दूरदर्शी था कि उसने मन-ही-मन तय कर लिया था कि जब तक शाहजहाँ की मौत को लेकर वह आश्वस्त नहीं होगा, तब तक कभी विद्रोह नहीं करेगा। वह एक-एक पग सोच-समझकर रख रहा था। दारा ने जब चाल चलते हुए बादशाह को मजबूर कर मुराद को गुजरात से बरार का सूबेदार बनवाया, तभी औरंगजेब समझ गया था कि उससे बरार को लेने और मुराद को देने के पीछे मूल बात दोनों के बीच वैमनस्य पैदा करना है। औरंगजेब उससे कई कदम आगे चलनेवाला पहुँचा हुआ शाहजादा था। वह राजधानी के अनेक दरबारियों और प्रान्तों के अनेक अधिकारियों से गुपचुप सम्पर्क स्थापित कर उनको अपने पक्ष में कर चुका था। सभी उसके पराक्रम का जलवा देख चुके थे और अन्दर-ही-अन्दर उसे ही

भावी बादशाह के रूप में मान भी रहे थे। तेजी से दारा सिंहासन की सीढ़ियाँ तो जरूर चढ़ रहा था, मगर उसका चेहरा अहंकार से आसमान की ओर ऊपर उठा हुआ था। दूसरी ओर औरंगजेब लगातार सेना में सैनिकों की भर्ती कर रहा था, गोला-बारूद जमा कर अपनी तैयारी में पूरी तरह लगा हुआ था। वह जितना बड़ा योद्धा, रणनीतिकार था उतने ही दक्ष उसके सेनापति और अधिकारी भी थे। बिना किसी विरोध के 4 अप्रैल को नर्मदा नदी उसने अकबरपुर के पास पार की। जब वह 14 अप्रैल को उज्जैन से 26 मील दक्षिण देपालपुर पहुँचा तो मुराद से उसकी मुलाकात हुई। उससे ठीक एक दिन की दूरी पर कासिम खाँ और जसवन्त सिंह की सेना का भी पड़ाव था—यह बात उसके जासूसों ने बता दी थी। अब दोनों सेनाएँ युद्ध के कगार पर थीं। मुराद थोड़ी उतावली में था। औरंगजेब ने उसे रोका। उसे पता था, कासिम खाँ और जसवन्त सिंह बहादुर सेनापति हैं, पराक्रमी योद्धा हैं, लेकिन दोनों दारा से असन्तुष्ट हैं। वे शाहजहाँ की इच्छा और आदेश का पालन करने को लेकर विवश हैं।

पहले कासिम खाँ और जसवन्त सिंह ने अपने दूतों से औरंगजेब को खबर भिजवायी कि वह लौट जाय। लेकिन औरंगजेब ने उन दूतों को रोक लिया। अगर उस समय शाही सेना नदी पार कर आक्रमण कर देती तो औरंगजेब पराजित हो जाता, क्योंकि उसके सैनिक भी थके थे। बर्नियर लिखता है कि वह उस समय उपस्थित तो नहीं था मगर उसे आँखों देखे लोगों से सारा वर्णन सुनने को मिला था। लेकिन कासिम खाँ और जसवन्त सिंह तो उसे पराजित करने आये नहीं थे, उनका काम बस इतना था कि वे औरंगजेब को आगरा आने से रोके और उसे वापस लौटने को विवश करे। यह बात दारा को मालूम नहीं थी। औरंगजेब जान-बूझकर दूतों को लौटने नहीं दे रहा था, क्योंकि वह चाहता था उसके सैनिक दो-तीन दिन आराम कर लें। इस बीच कासिम खाँ को भी औरंगजेब ने अपने पक्ष में कर लिया था। उसने तोप, गोले, बारूद रेत में छिपा दिये थे। युद्ध हुआ तो वह जसवन्त सिंह को अकेला छोड़कर भाग निकला। वह तो राजपूत सैनिक थे जो जसवन्त सिंह को घिरा देखकर जी-जान से लड़े और उसे बचा लिया। क्षुब्ध होकर अपने स्वामीभक्त सैनिकों के साथ जसवन्त सिंह सीधे अपने राज्य को लौट गया।

दारा को जब युद्ध का हाल मालूम हुआ तो वह कासिम खाँ और मीर जुमला पर बहुत गुस्साया। अगर दोनों सामने होते तो वह निश्चित ही उन्हें मार डालता। 19 मई को वह आगरा से विशाल शाही सेना के साथ रवाना हुआ। जाते हुए वह शाहजहाँ से विदा लेने गया तो विवश वृद्ध शाहजहाँ उसके गले लगकर रोने लगता है—"खैर बेटा! तुमने अपनी मर्जी का काम किया, खुदा तुमको इसमें सुर्खरू और कामयाब करे। लेकिन याद रखो कि अगर लड़ाई बिगड़ गयी तो मुझे क्या मुँह देखाओगे!"[6]

सचमुच दारा शिकोह मुँह दिखाने के काबिल नहीं रहा और न ही दिखाया। यह किसे पता था कि बाप-बेटे की यह आखिरी मुलाकात थी। 23 मई को धौलपुर पहुँचकर उसने चम्बल नदी के तमाम घाटों को रोक दिया जिससे औरंगजेब की सेना नदी पार न कर सके। औरंगजेब बहुत दूर की सोचता था। उसे घाट के रोके जाने का पूरा अन्देशा था, इसलिये वह धौलपुर से 40 मील पहले ही नदी पार कर गया था और आगरा से महज 15 मील दूर सामूगढ़ में पड़ाव डाल दिया था। दारा इतना अदूरदर्शी था कि औरंगजेब की सेना को देखकर भी उसने तत्काल आक्रमण नहीं किया और शत्रु की चाल का अन्दाज करने लगा। यह ज्यादा बुद्धिमानी उसे बहुत भारी पड़ी। यदुनाथ सरकार ने भी लिखा है कि "यही उसकी भयंकर भूल थी। औरंगजेब की सेना संख्या में बहुत कम थी तथा उसके सैनिक कड़ी धूप में बिना पानी के दस मील की यात्रा करने के कारण थक चुके थे। दारा की फौज बिल्कुल ताजा व तैयार थी।...चतुर औरंगजेब ने अपनी सेना को सन्ध्या व पूरी रात विश्राम देकर अगले दिन के युद्ध के लिये पूरी तरह ताजा कर लिया।"[7] दारा का औरंगजेब से कोई मुकाबला नहीं था। अगर विवाद सिंहासन की जगह शास्त्रार्थ का होता तो जरूर दारा शिकोह की ही जीत हुई होती, मगर यहाँ तो युद्ध था मुगल बादशाही के तख्तोताज को लेकर। तीन-चार दिनों तक दोनों सेनाएँ आमने-सामने चुपचाप पड़ी रहीं। इस समय तक आगरा में बेचैन वृद्ध पिता दारा को सन्देश पर सन्देश भेजे जा रहा था।...सुलेमान शिकोह बिल्कुल करीब पहुँच गया है। खबरदार, बेमौके जल्दी नहीं करना।... मुनासिब यह होगा कि आगरा से और करीब हो जाओ और सुलेमान शिकोह के आ जाने तक लश्कर को किसी मुनासिब जगह ठहरा कर इर्द-गिर्द खन्दकें खुदवा लो और मोरचे बाँध लो...दारा का अहंकार विनाश बनकर उसके ऊपर मँडरा रहा था। पता नहीं वह किस दुनिया में था। उसने सन्देश भिजवाया—"हुजूर कुछ अन्देशा न फरमाएँ। इंशाअल्लाह तीन दिन न गुजरने पायेंगे कि औरंगजेब और मुरादबख्श दोनों को हाथ-पाँव बाँधकर हाजिर कर दूँगा। उस वक्त हुजूर को इख्तियार है कि जो मुनासिब हो उनको सजा दें।"[8] दारा की दुर्दशा उसकी प्रतीक्षा कर रही थी।

बेशक दारा के साथ विशाल शाही सेना थी और दारा ने वाकई साहस और बहादुरी से लड़ाई भी लड़ी, लेकिन युद्ध की रणनीति में वह बिल्कुल अनाड़ी था। सबसे बड़ी बात उसकी दुविधा थी—ऐसी दुविधा जिसने पूरा इतिहास ही बदल डाला। बर्नियर ने लिखा है कि एक बार ऐसा मौका आया जब वह औरंगजेब को मार सकता था। लिखता है—"दारा सोचता था कि औरंगजेब को मार डाले अथवा कैद किये बिना विजय पाना किसी काम का नहीं। औरंगजेब जब लड़ने योग्य नहीं रहा था अतएव दारा को वास्तव में तुरन्त आक्रमण करके उसे अपने वश में कर लेना उचित था, परन्तु कई कारणों से...उसका ध्यान दूसरी ओर चला गया और औरंगजेब

सिर पर शीघ्र ही आनेवाली विपत्ति से बच गया।''[9] दुविधा और ध्यान के बँटने से विपत्ति औरंगजेब के सिर से टली लेकिन वह दारा के सिर पर बड़ी भयंकर रूप से चढ़ गयी। उसका विश्वस्त और बहादुर राजपूत सरदार राम सिंह मारा गया जिससे दारा बहुत दुखी हुआ। उसी समय 30 सहस्त्र मुगल सैनिकों के महत्त्वपूर्ण सरदार खलील उल्लास खाँ ने दगाबाजी की और निर्णायक मौके पर उसने युद्ध में पूरी तरह निष्क्रियता बरत ली। दरअसल वर्षों पूर्व दारा के किये गये अपमान का बदला उसने इस नाजुक मौके पर लिया। बाद में वह औरंगजेब से जा मिला। दारा पराजित होकर महल की ओर भागा। इस जीत से औरंगजेब ने इतिहास उलट दिया था। उसने राजधानी में पत्र लिख-लिख कर कई उमरा को अपने पक्ष में कर लिया था। हालात को बदलते देख शाइस्ता खाँ जैसे चतुर उमरा ने भी पाला बदल लिया। दारा ने उसके साथ भी कभी अनुचित बरताव किया था जिसका बदला उसने इस मौके पर लिया।

औरंगजेब विजेता बनकर भी सचेत और सक्रिय था। वह मामले की नजाकत को अच्छी तरह समझ रहा था। उसे पता था इस जीत के बाद उसके पक्ष में लोगों का आना आसान हो जाएगा। लेकिन उसने अब अपना ध्यान मुरादबख्श पर केन्द्रित किया। उसकी बेवकूफी से इसमें औरंगजेब को ज्यादा कुछ नहीं करना पड़ा। वह मुराद से सरदार और सामन्त जैसा बरताव करता और खुद को उसके अधीन प्रदर्शित करता। वह ऐसी बातें करता मानो उसे राज्य से कोई मतलब नहीं, वह तो मुराद को गद्दी दिलाकर खुद पवित्रता और शान्ति से फकीर का जीवन व्यतीत करेगा। उसने जान-बूझकर दारा की भागती हुई सेना का पीछा नहीं किया। दारा रात को आगरा पहुँचा और अपने महल में चला गया। शाहजहाँ ने मिलने का बार-बार सन्देश भेजा लेकिन अपनी हेकड़ी दिखाने और विदा होते समय बादशाह की युद्ध बिगड़ जाने की आशंकावाली बात के कारण वह सामने जाने की हिम्मत नहीं जुटा सका। यह भी उसकी बड़ी चूक थी। अनुभवी बादशाह पिता की सलाह लेना उसे गँवारा ही नहीं था। उसने कहलवाया—''मैं अपनी इस दुर्दशा में किस प्रकार बादशाह को मुँह दिखा सकता हूँ। मेरे सामने जो लम्बी यात्रा है, उसकी विदाई का आशीर्वाद दीजिये।''[10]

भोर में रात्रि तीन बजे वह अभागा शाहजादा अपनी पत्नी और दो बच्चों के साथ निकला। साथ में 10-12 नौकर थे। शाहजहाँ की आज्ञा से शाही खजाने की मोहरें और उसके पास जो हीरे, जवाहरात, नगद रुपये और जो अन्य बहुमूल्य वस्तुएँ थीं—सब उसने साथ ले लिया। रास्ते में उसके हितैषियों के छोटे-छोटे दल मिलकर कुल 500 सैनिकों का एक अच्छा-खासा काफिला बन गया। लेकिन उस काफिले में शामिल अधिकांश लोगों की नजर उसकी बहुमूल्य वस्तुओं पर थी। उधर औरंगजेब ने आगरा के समीप आकर नूरमंजिल और देहरा के बाग में पड़ाव डाल दिया। मुगल दरबार से जुड़े लोग जिनमें दारा के लोग भी शामिल थे, आ-आकर

उपस्थिति और वफादारी दिखाते रहे। दूसरे दिन उसने शाहजहाँ को पत्र लिखकर विवशता में अपने किये कार्यों के लिये माफी माँगी। शाहजहाँ ने उसे मिलने के लिये बुलाया लेकिन शाइस्ता खाँ खलीलुल्ला खाँ ने उसे मना कर दिया। उन दोनों ने भड़काया कि शाहजहाँ तातारी स्त्री रक्षकों से उसे मरवा देगा। अन्त में शाहजहाँ ने किले का फाटक बन्द कराया और औरंगजेब ने घेरा डलवाया। औरंगजेब ने यमुना की ओर खुलने वाली खिड़की के भाग पर सेना भेजकर कब्जा कर लिया और किले का पानी ही बन्द कर दिया। तीन दिन तक किले का दरवाजा बन्द रहा। अनेक लोग जो किले में थे, धीरे-धीरे बाहर खिसक गये। शाहजहाँ ने निजी तौर पर पानी के लिये उससे आग्रह किया। उसने कहा कि—''हिन्दू तो अपने मरे हुए पितरों को पानी देते हैं तुम तो जीते-जी अपने पिता को पानी के लिये तरसा रहे हो!'' औरंगजेब ने सीधा जवाब दिया—''सब आपकी करनी का फल है।''

बादशाह को कैद करने का 'गौरव' औरंगजेब के बड़े पुत्र को हासिल हुआ। जून 1658 ई. को औरंगजेब के पुत्र मुहम्मद सुल्तान ने अपने दादा (शाहजहाँ) को आगरा दुर्ग के महल के हरम में नजरबन्द कर इस पर सख्त पहरा बैठा दिया था। साथ ही इसके बाहर-भीतर के सभी साधनों पर कठोर प्रतिबन्ध लगा दिया था। उपरान्त किले के सारे जेवर, कपड़े, सामान आदि जब्त करवाते हुए किले के सभी कमरों पर मोहर लगवा दी। मुहम्मद सुल्तान के किले से जाने के बाद मुतमाद नामक हिजड़े को किले का मुख्य अधिकारी बना दिया गया, जिसने शाहजहाँ के साथ बहुत ही सख्त और कठोर व्यवहार किया। कभी-कभी तो इसके व्यवहार से ऐसा प्रतीत होता था कि स्वयं शाहजहाँ उस हिजड़े का एक दीन दास है।''[11]

बर्नियर ने इस प्रसंग में लिखा है कि शाहजहाँ ने मुहम्मद सुल्तान से तख्त की कसमें खायीं। बातचीत के दरम्यान कुरान को रखकर विश्वास दिलाने की कोशिश की। उसने उसी को बादशाह बनाने का प्रस्ताव भी दिया। बर्नियर ने लोगों के कथन के हवाले से यह लिखा है कि मुहम्मद सुल्तान ने बहुत बड़ी चूक कर दी। इससे वह खुद बादशाह हो जाता और अपने दादा को मुक्त करने का यश भी प्राप्त करता। बादशाह के मनोनयन के बाद सेनापति, सेना, दरबारी, उमरा और लोगों का समर्थन तख्त के साथ होता और औरंगजेब कुछ नहीं कर पाता। मगर मुहम्मद सुल्तान के जीवन में ऐसा मौका पहली बार और आखिरी बार ही था, क्योंकि तमाम कोशिशों के बावजूद उसके बादशाह बनने की नौबत ही नहीं आयी। अपनी कोशिश में आखिर मुहम्मद सुल्तान को अपने पिता के हाथों कैद होना पड़ा और ग्वालियर कैद में ही 5 दिसम्बर 1666 ई. को उसे मौत मिली। शाहजहाँ का प्रस्ताव ठुकराने की कीमत उसे अपनी जान देकर चुकानी पड़ी। राज्य की इस प्रचंड लिप्सा में बेटा, भाई, बाप और दादा के रिश्ते की कोई अहमियत नहीं थी। मध्य युग की नैतिकता गद्दी

हासिल करने तक ही महदूद थी।

अब हिन्दुस्तान का बादशाह दुनिया का सबसे ऐश्वर्यशाली शहंशाह अपने हरम में कैदी बन गया था। उसके सारे अधिकार छीन लिये गये थे। उस पर कड़ी निगरानी बिठा दी गयी थी। न कोई पत्र अन्दर जाता, न कोई पत्र बाहर निकलता। शाहजहाँ पूरी तरह निरुपाय हो गया। आगरा का विपुल खजाना, अकूत दौलत औरंगजेब के हाथ में आ गयी। 11 जून को बहन जहाँआरा बेगम ने समझौते के लिये भाई को मनाने की कोशिश की मगर औरंगजेब साम्राज्य के बँटवारे के बिल्कुल खिलाफ था। उसकी योजना उसके अन्दर बन चुकी थी जिसे पूरा करने में वह लग गया। वह दारा के पीछे जाना चाहता था लेकिन महत्त्वाकांक्षी मुराद ने अलग ही बखेड़ा शुरू किया। उसे उसके दरबारी भड़का रहे थे। उसने उसे 233 घोड़े और 20 लाख रुपये दिये। उसके युद्ध में घायल होने और स्वस्थ होने पर भोजन पर आमन्त्रित किया। उसके दरबारियों और हितैषियों ने उसे बार-बार रोका, मना किया लेकिन मुराद अपने भाई औरंगजेब पर आँख मूँदकर भरोसा कर रहा था। उसने मुराद का आगे बढ़कर स्वागत किया। उसके चेहरे को प्यार से सहलाया। मुराद पूरी तरह मुतमईन था। बीच में कुरान रखकर कसमें खायी गयी थीं। उसने भाई की जमकर खातिरदारी की और उसे सुन्दर पात्र में जी भर शराब पिलायी। वह पीकर बेहोश हो गया तो नौकरों से कहा, इसको आराम से सोने के लिये शयनागार में ले जाओ। मीर खाँ ने उसके खंजर, तलवार सहित सारे हथियार अपने अधिकार में कर लिये। थोड़ी देर बाद औरंगजेब ने नींद में पड़े भाई को कई बार ठोंकरे मारीं। उसके चेहरे पर कुटिलता और तिरस्कार का भाव साफ झलक रहा था—"बड़ी शर्म की बात है कि तुम बादशाह होकर ऐसे गाफिल और बेखबर हो जाओ।" उसने अपने नौकरों से कहा—"इस बदमस्त के हाथ-पाँव बाँधकर खिलवत खाने में ले जाओ ताकि नशा उतरने तक यह इस बेशर्मी का सोना वहीं सोये।"[12] कुरान की कसमें खाकर पलटनेवाला औरंगजेब कैसा मुसलमान था, इसका आप अन्दाज कर लें। मुरादबख्श तीन वर्षों तक ग्वालियर जेल में रहा और 4 दिसम्बर 1661 ई. को दो गुलामों ने उसका कत्ल कर वहीं दफन कर दिया। मुगल सल्तनत के शहंशाह होने का ख्वाब पालनेवाले मुराद का अन्त हो गया। साम्राज्य का एक हिस्सेदार खत्म हुआ। सुल्तान शुजा पहले ही खत्म हो चुका था। औरंगजेब अब आखिरी साम्राज्य के दावेदार दारा शिकोह को पकड़ने के उद्यम में लगा।

दारा दिल्ली पहुँचकर फिर अपनी एक सेना गठित करने लगा और सप्ताह-भर बाद ही लाहौर के लिये निकल पड़ा। वह पंजाब का सूबेदार रह चुका था जहाँ अब गैरत खाँ था। 4 जुलाई 1658 ई. को लाहौर पहुँचकर उसने युद्ध की तैयारियाँ शुरू कर दीं। उसकी सेना में बीस हजार सैनिक थे। औरंगजेब स्वयं दिल्ली पहुँचा

और पंजाब के सूबेदार खलीलुल्ला खाँ को बहाल किया। औरंगजेब जब लाहौर पहुँचा तो दारा अपने परिवार और खजाने के साथ मुल्तान भाग गया। इस बीच शुजा से निबटने वह वापस दिल्ली लौटा और सेना को दारा के पीछे लगा दिया। जब उसकी सेना सक्कर पहुँची तो पता चला दारा तोपें और माल-असबाब के साथ भक्खर के किले में छुपा हुआ है। शाही सेना तुरन्त किले के पास पहुँची। दारा अपनी युद्ध सामग्री और माल-असबाब छोड़कर सेहवान भाग गया। उसके विश्वस्त सरदार दाउद खाँ और सैनिकों को अहसास हो गया कि इस भगोड़े शहजादे की पराजय निश्चित है। उन सबने दारा का साथ छोड़ दिया। जब शाही सेना सेहवान पहुँचकर सिन्धु नदी के दोनों किनारों को घेर लिया तो दारा धारा के बीच से तेज नौका चलाकर थत्ता भाग गया। मौत की इस लुका-छिपी में दारा की दयनीयता ऐसी हो गयी थी कि बस भाग्य के सहारे ही वह जीवित था। शाही सेना जब थत्ता पहुँची तो पता चला, दारा कच्छ की खाड़ी पार कर रहा है। तभी औरंगजेब ने पीछा करती सेना को वापस बुला लिया और दारा को अपनी मौत से कुछ और दिन की राहत मिल गयी।

दारा जब भुज और कठियावाड़ में तीन हजार सैनिकों के साथ अहमदाबाद पहुँचा तो वहाँ के सूबेदार शाहनवाज खाँ ने उसकी मदद का आश्वासन दिया। अब सूरत के तोपखाने के साथ वह आगरा की ओर बढ़ा तो उसे जसवन्त सिंह का सन्देश मिला कि वह अजमेर आ जाय, जहाँ राठौर और दूसरे राजपूत उसकी मदद करेंगे। यह अप्रत्याशित राहत थी। लेकिन दारा के अजमेर पहुँचने के पहले ही दुर्भाग्य वहाँ उपस्थित हो चुका था। औरंगजेब ने अहमदाबाद के किलेदार को भी धमकी या लालच देकर मना कर दिया था। औरंगजेब ने जसवन्त सिंह को भी अपने पाले में मिला लिया था। अब दोनों शहजादे अजमेर के पास थोड़ी दूरी पर थे। दारा के लिये अब युद्ध टालना असम्भव था। इस युद्ध में तमाम बहादुरी के बावजूद दारा की पराजय हुई। जसवन्त सिंह ने उसकी युद्ध-सामग्री और जानवर लूट लिये। गोकुला पहाड़ी के कोली औरंगजेब के कारण उसके भारी शत्रु हो गये थे। वह तो रात का वक्त था वरना दारा का अन्त वहीं निश्चित था। वह अपने परिवार और बारह नौकरों के साथ जैसे-तैसे गुजरात की ओर भागा। औरंगजेब मौत की तरह उसके पीछे पड़ा था। उसने राजा जयसिंह और बहादुर खाँ के साथ सेना की एक टुकड़ी को पीछे लगा दिया था। दारा बिना विश्राम किये भाग रहा था और ये दोनों उसका पीछा कर रहे थे। गर्मी और थकावट में उसके जानवर मर रहे थे। मेड़ता में आकर मिले बचे-खुचे सैनिक भी हताश और बुरी तरह थके हुए थे।

इसी दौरान रास्ते में अचानक बर्नियर की दारा शिकोह से मुलाकात हो गयी थी। वह जैसे-तैसे कोलियों से जान बचाकर भागा था। उस समय उसके साथ कोई

वैद्य नहीं था, इसलिये उसने बर्नियर की अनिच्छा के बावजूद उसे साथ ले लिया। उसने अहमदाबाद के सूबेदार के नकार भरे पत्र मिलने के बाद के दृश्य का बड़ा ही मार्मिक चित्रण किया है—"उसी रात को पौ फटने के बाद जब अहमदाबाद के हाकिम का उक्त सन्देश आया तब औरतों के रोने-चिल्लाने ने हम सबको रुला दिया। उस समय एक विलक्षण प्रकार की हैरानी और निराशा छा रही थी, सभी डर के मारे चुपचाप एक-दूसरे का मुँह देखते थे, कोई उपाय नहीं सूझता था, कुछ नहीं मालूम था कि क्षण-भर में क्या हो जाएगा। जब दारा शिकोह स्त्रियों से मिलकर कनात से बाहर आया तब मैंने देखा कि उसके मुँह पर मुर्दनी-सी छा रही है। वह कभी इससे कुछ कहता है कभी उससे कुछ बात करता है, एक साधारण सिपाही से भी पूछता है कि अब क्या करना चाहिए? जब उसने देखा कि प्रत्येक व्यक्ति डरा और घबड़ाया हुआ मालूम होता है तब उसे विश्वास हो गया कि सम्भवतया अब इनमें से एक भी मेरा साथ न देगा। वह बड़ा ही हैरान था कि अब क्या होगा, किधर जाना चाहिए, यहाँ ठहरने से तो खराबी ही खराबी दिखती है।"[13] बर्नियर तीन दिनों तक उसके साथ रहा, जिसमें उसे बिना ठहरे हुए चलना ही चलना था। प्रचंड गर्मी और उड़ती धूल में सभी का दम घुट रहा था। जानवर एक-एक कर मरते जा रहे थे। उसकी बेगम के एक पैर में भयानक घाव था। इस कारण भी दारा बर्नियर को साथ रखना चाहता था। उसके अनुनय-विनय पर भी जब किसी ने बर्नियर के लिये सवारी नहीं दी तो बर्नियर पीछे रहकर दारा की दुर्भाग्य यात्रा से बचकर बाहर निकल गया था।

औरंगजेब इतना शातिर और दूरदर्शी था कि उसने तमाम सम्भावित प्रांतों के शासकों, सूबेदारों को पत्र भेजकर दारा के नगर प्रवेश पर ही रोक लगवा दी। दारा और उसके साथियों को इस अनुभव ने बुरी तरह तोड़ दिया। वह बिल्कुल हताश-निराश हो चुका था। आखिर में मात्र एक घोड़ा, एक बैलगाड़ी और पाँच ऊँटों पर अपने परिवार और कुछ विश्वस्त नौकरों के साथ सिन्ध के दक्षिण की ओर बढ़ा। विश्व के सर्वाधिक ऐश्वर्यशाली साम्राज्य के सबसे बड़े युवराज की इस दशा-दुर्दशा के आईने में साम्राज्य का कटु यथार्थ छुपा हुआ था। औरंगजेब के आदेश से खलीलुल्ला खाँ भक्खर पहुँचकर मोर्चा बन्दी कर चुका था। उत्तर और पूर्व से जयसिंह की सेना उसे घेरे हुए आगे बढ़ रही थी। दारा के पास सिर्फ एक ही रास्ता था कि वह उत्तर-पश्चिम से सिन्धु पार कर कन्धार के रास्ते ईरान भाग जाय।

जो दारा शिकोह हिन्दू धर्म और इस्लाम धर्म की एकता के साथ सारे धर्मों के बीच समन्वय के उदात्त दर्शन के सहारे एक महान आदर्श स्थापित करना चाहता था। जाहिरन उस जैसे विचारक शाहजादे को कम-से-कम गैर-मुसलमानों का साथ-सहयोग तो अवश्य ही मिलना चाहिए था! लेकिन दारा राज्य-लिप्सा, उसकी

हिस्सेदारी और उसके शासक की कृपा पाने की तीव्र वासना से भरी ताकत को बिल्कुल ही भूल गया था। राजा जयसिंह के भीतर दारा को पकड़ने की तीखी अकुलाहट औरंगजेब से तनिक कम नहीं थी। आखिर वह क्यों इस तरह पीछे पड़ा था—सिर्फ औरंगजेब का कृपापात्र होने के लिये ही! इसी राज्य और उसके शासक की ताकत पाने की आकांक्षा ने ही तो दारा शिकोह को इस हालत में ला पटका था। जयसिंह अजमेर से भीषण कष्ट झेलते हुए रण और कच्छ पार कर लगातार उसका पीछा करते हुए जब सिबिस्तान पहुँचा तो उसे लग गया कि दारा मुगल सीमा पार कर चुका है।

दारा जब डटा रहता तो वहाँ के औरंगजेब समर्थक मीर बाबा के घेरा डाले दुर्ग के अन्दर से उसे मदद मिल जाती। बर्नियर को यह बात उन फ्रांसीसी और यूरोपियन सैनिकों ने बतायी थी जो दुर्ग के भीतर थे। मीर बाबा उनको बहुत सता रहा था। अगर दारा शिकोह पहुँचता तो वे लोग निकलकर मीर बाबा को जरूर पराजित कर देते और दारा को दुर्ग के अन्दर ले आते। बर्नियर लिखता है—''उन्होंने मुझसे यह भी कहा कि जब उसको दारा के निकट आने का संवाद मिला तब उसने और भी उत्साह दिखाया और इस प्रकार सिपाहियों का मन अपने हाथ में कर लिया कि दुर्गवाले मीर बाबा का घिराव तोड़कर दारा को दुर्ग में लाने के लिये अपने प्राण दे देने को तैयार दिखाई दिये।''[14] वे मीर बाबा की सेना में भी फूट डाल सकते थे। परन्तु दारा में खतरे उठाने का साहस था ही नहीं।

दारा ईरान चला जाता तो कम-से-कम अपनी दुर्दशा भरी मौत से तो बच जाता! लेकिन उसकी पत्नी इसके लिये हरगिज तैयार नहीं थी। बेगम नादिरा बानू इस भयावह भागमभाग में बुरी तरह बीमार पड़ चुकी थीं। उनको डर था कि ईरान जाने पर वहाँ के बादशाह की लौंडी बनकर शेष जीवन जीना पड़ेगा, जो उन्हें बिल्कुल मंजूर नहीं था—''अगर आप ईरान जाने का कस्द करेंगे तो खूब समझ लीजिये कि मुझको और मेरी बेटी दोनों को शाह ईरान की लौंडिया बनना पड़ेगा, जो कि ऐसी बेइज्जती की बात है कि हमारे खानदान में किसी को गवारा न होगा।''[15] आपदा ने दोनों की बुद्धि भ्रष्ट कर दी थी, उन्हें अपने ही पूर्वज हुमायूँ के ईरान जाने का किस्सा याद नहीं आया, जहाँ उसकी एक बादशाह जैसी इज्जत की गयी थी। दुर्भाग्य बड़ी ताकत और तेजी से उसके पाँव खींच रहा था और उसने फिर अपने जीवन में ऐसी चूक की जो आखिरी चूक साबित हुई। ईरान जाने का इरादा बदलकर वह दादर के पठान जमींदार मलिक जीवन खाँ पर यकीन कर उसके इलाके में गया। यह वही अफगान मलिक जीवन खाँ था जिसे मृत्युदंड मिला था। दारा शिकोह ने बादशाह से सिफारिश कर इसे हाथी के पैरों तले कुचलवाने से दो बार बचाकर जीवन और आजादी दिलवायी थी। उसकी कृतज्ञता पर भरोसा कहीं से

अनुचित बात नहीं थी। आखिर कोई कैसे जान सकता है कि यथार्थ किसी भी भरोसे से ज्यादा कटु होता है। कहते हैं दुर्भाग्य किस तरह आदमी की बुद्धि भ्रष्ट कर देता है! जीवन खाँ के पास जाने की बात सुनकर उसकी बेगम, पुत्री और सिफर शिकोह का बेटा दारा के पाँवों पर गिरकर अनुनय करने लगे कि आप उसके यहाँ हरगिज नहीं जायँ। वह एक डाकू और लुटेरा है। वहाँ जाना मौत को दावत देना ही नहीं, मौत के पास जाना है। आप काबुल की राह पकड़ वहाँ के सूबेदार महताब खाँ के पास चलिये, क्योंकि आपकी बदौलत ही उसे काबुल की सूबेदारी मिली थी। वह जरूर अपनायेगा। लेकिन दारा के दुर्भाग्य और मौत के पास अब ज्यादा वक्त नहीं बचा था। दारा जीवन खाँ के पास ही पहुँचा। जब तक जीवन खाँ को भरोसा था कि उसके साथ विशाल शाही सेना का बड़ा हिस्सा होगा, उसने बड़ी तवज्जो दी, इज्जत की। बाद में वास्तविकता का पता चलते ही उसके रंग-ढंग बदल गये। अब तक लूटमार से बचे खच्चरों पर जो धन-दौलत थी, स्त्रियों के शरीर पर जो आभूषण थे—रात को आक्रमण करके सब जबरन छीन लिये और बाप-बेटे को बाँधकर कैद कर लिया। एक नंगी तलवार लिये पीछे बधिक को रखकर दोनों को हाथियों पर बिठा उन्हें मीर बाबा को सौंप दिया। उसने इन्हें तत्काल लाहौर के रास्ते दिल्ली ले जाने की आज्ञा दी।

दुर्भाग्य और दयनीयता की सजीव मूर्ति बने दारा शिकोह और उसके निरीह और निर्दोष पुत्र सिफर शिकोह के दिल्ली पहुँचने के पूर्व ही औरंगजेब ने अपने दरबारियों से मशविरा कर लिया था। औरंगजेब उसे कैद करने के पूर्व शहर में घुमाना चाहता था जिसे बहुत लोग समर्थन दे रहे थे मगर कुछ मुगलवंश की गरिमा और लोगों की प्रतिक्रिया का हवाला देकर मना भी कर रहे थे, मगर औरंगजेब जनता पर अपना आतंक कायम करना चाहता था। अभागा दारा पुत्र सिफर शिकोह के साथ एक हाथी पर बैठाया गया जिसके पीछे नंगी तलवार लिये बधिक बहादुर खाँ था। उसे गन्दे, मोटे कपड़े पहनाये गये थे। बर्नियर ने भी यह दृश्य देखा था। उसे यकीन नहीं हुआ कि बिना सेना की टुकड़ी के उसे शहर में घुमाया जा रहा था। दारा लोगों में काफी लोकप्रिय था, मगर बाजारों के बीच से सिर झुकाये अपने प्यारे शाहजादा को जलील करनेवाली इस यात्रा को लोग देखते रहे। वे दुखी हुए, कुछ रोये भी, कई ने औरंगजेब को भला-बुरा कहा मगर उसे छुड़ाने को लोग आगे नहीं बढ़े। कहीं कोई बलवा नहीं हुआ। दारा के दुर्भाग्य पर लोग हाथ मल रहे थे, पछतावा कर रहे थे। रोने, चिल्लाने की आवाजें भी आ रही थीं। विश्वासघात करनेवाला नीच पठान जीवन खाँ घोड़े पर साथ-साथ चल रहा था। वह तो कुछ फकीर और गरीब लोग थे जो खुद को रोक नहीं पाये और उस पाजी पठान पर पत्थर फेंके मगर कोई उसे छुड़ाने नहीं आया, नहीं ही आया।

औरंगजेब को जब लोगों की सारी प्रतिक्रियाएँ मालूम हुईं तो उसने अब मशविरा इस बात पर किया कि इसे ग्वालियर में कैद रखा जाय अथवा इसका वध ही कर दिया जाय। ज्यादातर लोग उसके वध करने के पक्ष में थे, सिर्फ सिफर शिकोह को कैद करने की बात कही जा रही थी। ऐसा कहनेवाले ज्यादातर वे लोग थे जो कभी दारा के बिल्कुल अपने थे। बहन रोशनआरा बेगम जो औरंगजेब पर गुमान करती थी, शाहजहाँ के दरबार और अन्दर की बातें उसे नियमित पहुँचाती रही और शाहजहाँ और दारा के बीच के पत्राचार को चुपके से भाई को सौंप भी चुकी थी। पता नहीं क्यों अपने दानिशमन्द भाई दारा शिकोह को वह बिल्कुल पसन्द नहीं करती थी। वह उसके वध के लिये जोर दे रही थी। कभी दारा के अपने रहे और मामूली बातों पर खुन्नस पालनेवाले शाइस्ता खाँ और खलीलुल्ला खाँ भी वध कर देने की ही बात का समर्थन कर रहे थे। एक करुंब खाँ नामक चापलूस ईरानी था जो कम ही दिनों में सफलता की सीढ़ियाँ चढ़ा था, वह दारा के वध की बड़ी जोरदार पैरवी कर रहा था—''सल्तनत की सलामती और हिफाजत इसी में है कि फौरन उसकी गर्दन मारी जाय। मुझे तो उसके कत्ल की सलाह देने में जरा भी ताम्मुल नहीं होता, क्योंकि वह बेदीन और काफिर है और अगर ऐसे शख्स के कत्ल से कुछ गुनाह आयद होता हो तो वह मेरी गर्दन पर हो।'' बर्नियर ने लिखा है कि ऊपरवाले की इच्छा ऐसी कि वैसा ही हुआ और ''इस अविचार के रक्तपाप का फल उसी को मिला, बहुत शीघ्र वह बड़ी दुर्दशा के साथ मारा गया।''[16]

दारा शिकोह विश्वासघातियों से घिरा था। उसके जीवन में पग-पग पर ऐसे कृतघ्न लोग आये और अपना बदला चुका लिया। उसे कत्ल करने के लिये जिस नजीर नामक गुलाम को चुना गया था, वह शाहजहाँ के यहाँ ही पला था। पता नहीं शायद कभी दारा ने उसे भी डाँट दिया हो! 22 अक्टूबर 1659 ई. को जब वह चार और वधिकों के साथ दारा के पास पहुँचा तो देखा, दारा अपने बेटे के साथ दाल पका रहा था। दारा ने उसे देखते ही अपने बेटे से कहा—''लो बेटा, हमारे कातिल आ गये।'' शाहजादा दारा ने रसोई का चाकू ले लिया। एक ने सिफर शिकोह को पकड़ा। बाकी तीनों ने दारा को जबर्दस्ती पटक दिया और उसी के घर में गुलाम रहे नजीर ने बिना किसी हिचक के उसकी गरदन धड़ से अलग कर दी। तमाम धर्मों में समन्वय की तलाश करनेवाला दारा अपने चार सहोदर भाइयों में कोई समन्वय नहीं कर सका। इतिहास ने यह साबित कर दिया कि धर्म राजसत्ता के सामने कोई अहमियत नहीं रखता। औरंगजेब एक निष्ठावान धार्मिक व्यक्ति माना जाता है। कई इतिहासकारों ने उसकी इस्लामी धर्मनिष्ठा के कशीदे काढ़े हैं। अल्लाह ही जानता है कि कुरान की किस सूरा, किस आयत को ध्यान में रखकर उसने इतमीनान से अपने सहोदर बड़े भाई का कटा सिर थाल में रखवाकर पानी से धुलवाया और जब उसे

इतमीनान हो गया कि यह कटा सिर उसी का है तो राहत की साँस ली। पता नहीं उसके भीतर क्या भाव उमड़े, उसकी आँखें छलछला आयीं और मुँह से सिर्फ इतना कहा—"ऐ बदबख्त!"

दारा शिकोह को हुमायूँ के मकबरे में दफना दिया गया। उसकी बेटी उसी रात महल में भेज दी गयी। शाहजहाँ और बहन जहाँआरा बेगम की अनुनय-विनय पर बादशाह औरंगजेब ने उदारता दिखायी और बेटी को उन्हें सौंप दिया। दारा की बेगम को आनेवाली दुर्दशा का पूरा अन्दाजा था, कैद कर दिल्ली लाते समय लाहौर में ही उसने विष खाकर अपना अन्त कर लिया और बादशाह देवर को अपनी भाभी के साथ क्या सलूक करे—इस दुविधा से पूरी तरह बचा लिया। इस लोमहर्षक वारदात के समापन के बाद जीवन खाँ ने दरबार में हाजिर होकर अपना ईनाम लिया और सलाम कर विदा हो गया। जब वह अपने घर से मात्र दस-बारह कोस ही दूर रहा होगा कि पहले से घात लगाये कुछ अज्ञात लोगों ने उसका वध कर दिया। क्या पता इसके पीछे बादशाह औरंगजेब का ही दिमाग हो। खुदा जाने कत्ल के बाद उसकी रूह अपने किये के बारे में क्या सोच रही होगी?

औरंगजेब जानता था सुलेमान शिकोह अब भी बचा हुआ है और श्रीनगर में आश्रय लिये हुए है। राजा जयसिंह ने श्रीनगर के राजा को लगातार पत्र लिखकर उसे डरा दिया था। औरंगजेब की धमकियों से उसकी नींद हराम हो गयी थी। दारा शिकोह की घटना से औरंगजेब के बारे में ऐसे राजाओं के भीतर स्वभावत: भय और चिन्ता समा गए थे। सुलेमान शिकोह को भी लगा अब यहाँ टिकना सुरक्षित नहीं। वह जैसे-तैसे तिब्बत की ओर भागा, लेकिन राजा ने अपने पुत्र से उसका पीछा करवाया और घायल सुलेमान शिकोह पकड़ा गया। उसे अपने चाचा मुरादबख्श के साथ सलीमगढ़ में कैद कर रखा गया।

बर्नियर ने लिखा है कि दारा शिकोह का सिर मँगवानेवाले बादशाह भाई ने जब भतीजे सुलेमान शिकोह को दरबार में बुलवाया तो "मैं भी यह अनुचित तमाशा देखने के लिये दरबार में गया था और जिस कौतुक और आश्चर्य से मैंने उसे देखा उसका वर्णन नहीं हो सकता।" उसकी बेड़ियाँ तो निकाल दी गयीं, लेकिन हथकड़ियाँ मौजूद थीं—उन पर सोने का मुलम्मा चढ़ा हुआ था। उस सुडौल शरीरवाले रूपवान शाहजादे के लिये दरबार में लोग आँसू बहा रहे थे। दीवाल की जाली के पार बैठी बेगमें उदास और दुखी थीं। औरंगजेब ने भी भतीजे की दुरावस्था पर दुख प्रकट किया—"खुदा पर नजर करो और इतमीनान रखो कि तुमको कुछ जरब न पहुँचाया जाएगा बल्कि तुम्हारे साथ मेहरबानी की जाएगी। तुम्हारा बाप तो सिर्फ इस वजह से कत्ल हुआ कि वह काफिर और लामजहब हो गया था।" सुलेमान ने झुककर सलाम किया और कहा—"हुजूर की यह मंशा हो कि मुझे पोस्त

पिलायी जाय तो बेहतर है कि मैं अभी कत्ल कर दिया जाऊँ।'' इस पर धर्मनिष्ठ, चाचा, बादशाह औरंगजेब ने प्रतिज्ञा करते हुए कहा—''तुमको पोस्त हरगिज नहीं पिलायी जाएगी, बिल्कुल इतमीनान रखो।''[17] सुलेमान ने झुककर सलाम किया। उससे अशर्फियों से लदे उस हाथी के बारे में पूछा गया जिसे श्रीनगर जाते समय उससे छीन लिया गया था। दूसरे दिन उसे ग्वालियर दुर्ग के कैदखाने में भेज दिया गया।

पोस्त से मतलब अफीम के बीज जिसके छिलके को भिगोकर और निचोड़कर उसका कटोरा भर रस पिलाया जाता है। जब तक कैदी इसे नहीं पी लेता, उसे भोजन नहीं दिया जाता। इसे पीनेवाला धीरे-धीरे निस्तेज और दुर्बल होकर अपनी स्मृति खो देता है। आखिर में उसकी दुखद मौत हो जाती है। धर्म के महान रक्षक, परम निष्ठावान बादशाह ने भरे दरबार में प्रतिज्ञा करके जो आश्वासन दिया था, उसे उसी के कैदियों के रखवालों ने नहीं निभाया। प्रतिज्ञा के ठीक विपरीत, सिफर शिकोह, मुरादबख्श और सुलेमान शिकोह को पोस्त का रस पिला-पिलाकर ठंडी निर्ममता के साथ तिल-तिल मार डाला गया। कई इतिहासकार और औरंगजेब के पक्ष में मुखर लोग दारा के साथ उसके किये व्यवहार को यह कहकर उचित ठहराते हैं कि वह काफिर हो गया था। उसने इस्लाम की रक्षा में ऐसा किया। क्या सिफर शिकोह, सुलेमान शिकोह, मुरादबख्श—ये भी काफिर थे? इनको मारने से किस धर्म की रक्षा हुई और कैसे?

औरंगजेब का एक भाई सुल्तान शुजा अभी भी जीवित था। वह मुगल साम्राज्य का इकलौता वारिस बनकर हमेशा-हमेशा के लिये निष्कंटक हो जाना चाहता था। उत्तराधिकार के इस युद्ध में एकमात्र बचा सुल्तान शुजा उसे रह-रहकर खटक रहा था। वह अन्दर से चिन्तित और कुछ-कुछ भयभीत भी था। वैसे उसने मीर जुमला के सेनापतित्व में एक सेना भेज दी थी। मुंगेर में शुजा ने 15 दिनों तक डटकर शाही सेना का मुकाबला किया। शाही सेना ने खड़गपुर, वीरभूमि और चटगाँव के शासकों को मिलाकर उनकी सहायता से शुजा को पीछे भागने पर मजबूर कर दिया। वह पीछे हटते हुए मालदा तक पहुँच गया। अब शाही सेना ने राजमहल तक अपना प्रभाव बना लिया। शुजा की सेना में मात्र पाँच हजार सैनिक ही बचे थे। इसी बीच औरंगजेब का बड़ा बेटा मुहम्मद सुल्तान जो शाहजहाँ को कैद करने का दम भरता था, उसकी मीर जुमला से बकझक हो गयी और वह एक रात चुपके से भागकर शुजा से मिल गया। शुजा ने अपनी पुत्री गुलरुख बानू से उसके विवाह का वादा कर उसे अपने साथ मिलाये रखा। तभी बरसात में मीर जुमला मासूमा-बाजार में पड़ाव डाले फँस गया। शुजा ने शहर की रसद पर ही ऐसी रोक लगा दी कि मुगल सेना भारी मुश्किल में पड़ गयी। उसने उसी बीच हमला कर राजमहल को फिर वापस जीत लिया। लेकिन दुर्भाग्यवश उसे बहुत दिनों तक कायम नहीं रख सका।

इस बीच दाऊद खाँ की फौज और काफी मात्रा में नावें पहुँचने से मीर जुमला की ताकत फिर वापस आ गयी और शुजा को भागने पर विवश होना पड़ा। टाँडा और फिर बंगाल के आखिरी नगर ढाका तक। उधर मुहम्मद सुल्तान भी उसे छोड़कर भाग चुका था और उसके पास सैनिक और युद्ध सामग्री ही नहीं बची थी कि वह युद्ध करता। वह बेगमों, दोनों बच्चों, प्रधान सेनानायकों, कुछ सैनिकों और सेवकों के साथ कुल 300 लोगों के काफिले और खजाने के साथ साठ नावों में बैठकर टाँडा से भागा। लेकिन ढाका में भी उसे शरण नहीं मिली। अब वह जंगली इलाकों की ओर बढ़ा। उसके परिजन और हितैषी बहुत परेशान हुए मगर वह किसी कीमत पर औरंगजेब के हाथों पड़कर दारा शिकोह और मुरादबख्श जैसी दुर्गति सहने को तैयार नहीं था। 12 मई 1660 को वह मुगल भूमि बंगाल को, जहाँ उसने बीस वर्षों तक राज्य किया था—हमेशा-हमेशा के लिये छोड़कर अपने परिवार और लगभग चालीस लोगों के साथ अराकान की ओर जल-यात्रा पर निकल गया। एक डच रिपोर्ट के हवाले से सर यदुनाथ सरकार ने लिखा है कि उसने वहाँ के राजा से राज्य छीनने का षड्यन्त्र रचा। जब अराकान के राजा को इसकी भनक लगी तो उसने उसे मार देने का आदेश दिया। शुजा अपने आदमियों के साथ जंगल में भाग गया। वहाँ माघ जनजाति के लोगों ने उसका पीछा किया और पकड़कर टुकड़े-टुकड़े काटकर जंगल में फेंक दिया। शाहजहाँ के एक शहजादे का इस तरह अन्त हुआ। अब औरंगजेब उत्तराधिकार के दावेदारों में अकेला बचा। उसकी सारी चुनौतियाँ खत्म हो गयीं।

अब एक तरह से निश्चिन्त होकर औरंगजेब 5 जून 1659 ई. को गद्दी पर बैठा। उसने इस अवसर पर बहुत धूमधामवाला एक शानदार जलसा किया जिसमें कई विदेशी मुस्लिम राज्यों के प्रतिनिधि भी उसे बधाई देने आये। उसने कुछ वर्षों तक राजधानी से ही पूरे साम्राज्य का राज्य संचालन किया। 7 दिसम्बर 1662 ई. को काश्मीर गया तो 17 फरवरी को ही वापस आ गया। लगातार भाग-दौड़, मानसिक और शारीरिक परिश्रम के कारण वह अचानक बीमार पड़ गया। उसे बार-बार बुखार हो जाता। कमजोरी ऐसी हुई कि मुँह से आवाज तक नहीं निकलती। दरअसल उस साल 10 अप्रैल से 9 मई तक रमजान था और धार्मिक अनुष्ठान और रोजा के कारण उसकी दशा और बिगड़ गयी थी। 12 मई को तो हकीमों के इलाज में इतना खून निकला कि वह कमजोरी के कारण बेहोश हो गया। इसी बीच अफवाह फैली कि बादशाह की मौत हो गयी और बेगम रोशनआरा ने जान-बूझकर सच्चाई छिपा दी है। जनता में कोई तीखी प्रतिक्रिया न हो और वह शान्त रहे, इसलिये राज्य की ओर से गुपचुप यह बात फैला दी गयी कि गुजरात के सूबेदार जसवन्त सिंह, काबुल के सूबेदार महावत खाँ बादशाह शाहजहाँ को आजाद कराने के लिये निकल पड़े हैं। इधर शाहजादा सुल्तान मुअज्जम अमीरों को रिश्वत दे-देकर अपने पक्ष में करने लगा

था तो रोशनआरा बेगम तीसरे पुत्र सुल्तान अकबर को जो सिर्फ 7–8 साल का था, गद्दी पर बिठाकर राज्य का खुद संचालन करने का सपना देखने लगी थी। सच्चाई यह थी कि किसी की हिम्मत नहीं थी जो औरंगजेब की जब तक साँस चल रही है, कोई टस से मस हो। लगभग एक–डेढ़ महीने बाद औरंगजेब स्वस्थ हुआ तो उसने खुशी में एक उत्सव आयोजित कराया।

उसके फिर से गद्दी पर आते ही सारी अफवाहें खत्म हो गयीं। उसने एक-एक बात की जाँच की। यहाँ तक कि रोशनआरा बेगम से वह थैली भी मँगवायी जिसमें मुहर रहती थी कि वह आश्वस्त होना चाहता था कि उसने कोई अनुचित इस्तेमाल तो नहीं किया है। औरंगजेब अपने अलावे और किसी दूसरे पर यकीन नहीं करता था। उसकी इच्छा थी कि दारा शिकोह की बेटी का विवाह अपने बेटे सुल्तान अकबर से करा दे, लेकिन उसने साफ मना किया कि वह अपनी जान दे देगी मगर अपने पिता के हत्यारे के बेटे से कभी विवाह नहीं करेगी। बर्नियर ने रोशनआरा बेगम के भी हरम में अनुचित रीति से एक–एक कर दो व्यक्तियों के प्रवेश कराने, कुछ दिनों तक छिपाकर रखने की घटना का वर्णन किया है, लेकिन औरंगजेब ने शाहजहाँ की तरह उन दोनों के प्राण नहीं लिये। वे दोनों जिस रास्ते आये थे, उन्हें उसी रास्ते बाहर निकलवा दिया—बस। औरंगजेब न तो चापलूसी से पिघलने वाला बादशाह था और न ही वह किसी की सलाह सुनना पसन्द करता था।

औरंगजेब ने शाहजहाँ की कैद में पूरी सतर्कता बरती थी जहाँ किसी तरह की चूक की कोई गुंजाइश नहीं थी। जब तक शाहजहाँ आगरा में कैद रहा, औरंगजेब ज्यादातर दिल्ली में ही रहा। उसने आगरा में कभी अपना दरबार नहीं लगाया। वह बीच–बीच में मुख्य रक्षक को चेताता रहता। बावजूद शाहजहाँ के साथ बहुत अदब से बर्ताव किया जाता था। वह अपने पहले रहनेवाले महल में ही था, जहाँ उसकी पुत्री बेगम साहबा उसका बड़ा ख्याल रखती थी। रसोई और नृत्य करनेवाली स्त्रियों की उपस्थिति पर भी कोई रोक नहीं थी। वह बाज, हरिण अथवा मेंड़ की लड़ाई का लुफ्त भी ले सकता था। लेकिन इस बेबस जिन्दगी के दौर में शाहजहाँ पूरी तरह आस्तिक हो गया था और पवित्र जीवन जीते हुए मुल्लाओं से धार्मिक पुस्तकें पढ़वाता था। दोनों के बीच पत्राचार में औरंगजेब सम्मान प्रकट करता और बार–बार क्षमा माँगता था जिसे वह स्वीकार नहीं करता। दारा शिकोह की बेटी भी अपने दादा के पास आसानी से आ–जा सकती थी। जब बादशाह आज्ञावाले अन्दाज में कुछ लिखता तो जवाब में पूरी विनम्रता के बावजूद औरंगजेब अपनी बात पर दृढ़ ही रहता। बर्नियर ने उनके बीच हुए पत्राचार को खुद पढ़ा था जिसका एक बड़ा अंश उसने उद्धृत भी किया है, जो इस प्रकार है—

"क्या हुजूर यह चाहते हैं कि मैं सख्ती के साथ पुरानी रस्मों का पाबन्द रहूँ

और जो कोई नौकर-चाकर मर जाये उसकी जायदाद जब्त कर लूँ? शाहाने-मुगलिया का यह दस्तूर रहा है कि अपने किसी अमीर या दौलतमन्द महाजन के मरने के बाद बल्कि बाज औकात तो दम निकल जाने से भी पहले उसके तमाम मालो-असबाब का पता लगा लेते थे और जब तक उसके नौकर-चाकर कुल मालो-दौलत बल्कि अदना-अदना जेवर भी न बतला दें तब तक उन पर मार-पीट होती और वे कैद किये जाते। गो कि वह दस्तूर बेशक फायदेमन्द है मगर जो नाइंसाफी और बेरहमी इसमें है उससे कौन इंकार कर सकता है? अगर हर एक अमीर नेकनामखाँ जैसा मामला करे या कोई औरत उस बेवा महाजनी की तरह अपने माल को पोशीदा कर ले तो उसके हक बजानिब हैं या नहीं? मैं हुजूर की खफगी से बहुत डरता हूँ और यह नहीं चाहता कि हुजूर मेरे तौरोतरीक की निस्बत गलतफहमी फरमायें। हुजूर फरमाते हैं, तख्तनशीनी ने मुझे खुदराय और मगरूर बना दिया लेकिन यह ख्याल गलत है। 40 बरस से ज्यादा के तजरबे से हुजूर खुद सही ख्याल फरमा सकते हैं कि ताजशाही किस कदर गिराँवार चीज है और बादशाह जब दरबार से उठता है तब किस कदर फिक्रें उसके दिल को गमगीन और दर्दमन्द बनाये रहती हैं। हमारे जद्दे अमजद जलालुद्दीन मुहम्मद अकबर ने इसी गरज से कि उनकी औलाद दानाई नर्मी और तमीज के साथ सल्तनत करे, अपने अहले सल्तनत की तारीख में अमीर तैमूर का एक जिक्रे बतौर नमूना लिखकर अपनी औलाद को उसकी तरफ तवज्जह दिलायी थी। यह तजकिरा यों हैं—जब तुकी सुल्तान बैजद गिरफ्तार होकर अमीर तैमूर के हुजूर में लाया गया और अमीर बहुत गौर के साथ उस मगरूर कैदी की तरफ देखकर हँस दिया तब बैजद ने इस हरकत से नाराज होकर अमीर से कहा कि तुमको अपनी फतहमन्दी पर इस कदर इतराना न चाहिए। दौलत और इज्जत बख्शना या ले लेना खुदा के हाथ में है। मुमकिन है कि जिस तरह तुम आज यह बात करते हो, कल मेरी तरह पकड़े जाओ। अमीर ने जवाब दिया कि दुनिया और उसके जाहो दौलत की बेसबाती से मैं खुद वाकिफ हूँ और खुदा न करे कि मैं किसी मगलूब दुश्मन की हँसी उड़ाऊँ। मेरी हँसी का सबब यह न था कि तुम्हारा दिल दुखाऊँ, बल्कि तुम्हें देखकर मुझे अपनी और तुम्हारी बदसूरती के ख्याल ने बेइख्त्यार हँसा दिया, क्योंकि तुम तो काने हो और मैं लँगड़ा, मेरे दिल में यह बात गुजरी कि बाज सल्तनत ऐसी चीज है जिसको पाकर बादशाह अपनी हस्ती को भूल जाते हैं, हालाँकि खुदाएताला उसको अपने ऐसे बन्दों को अता करता है जो काने और लँगड़े हों।

"मालूम होता है कि हुजूर यह ख्याल फरमाते हैं कि मेरी मसरूफियत बनिस्बत उन उमूर के जिनको मैं मुल्कदारी और सल्तनत के अन्दरूनी इन्तजाम के लिये निहायत जरूरी जानता हूँ नयी फतूहात और मुल्कगीरी की जानिब निहायत

होना चाहिए। इस अम्र से मैं हरगिज इंकार नहीं कर सकता कि एक बड़े शहंशाह का अहदे दौलत नयी-नयी फतूहात की वजह से मुमताज होता और तरक्की करता है और अगर मैं ऐसा न करूँ तो गोया अपने बुजुर्ग अमीर तैमूर की नस्ल को धब्बा लगाऊँगा, मगर बहरहाल यह बात करीने इंसाफ नहीं कि मुझे काहिली और खामोश बैठे रहने का इलजाम दिया जाये। क्योंकि बंगाल और दक्षिण में मेरी फौजों की मसरूफियत को तो हुजूर अबस ख्याल फरमा ही नहीं सकते और मैं हुजूर को यह भी याद दिलाता हूँ कि बड़े से बड़ा मुल्कगीर भी हमेशा सबसे बड़ा बादशाह नहीं हुआ। देखा जाता है कि कभी-कभी दुनिया के अक्सर हिस्से बिल्कुल वहशी नातर-बियतयाफ्त कौमों ने फतह कर लिये हैं और निहायत वसीय सल्तनतें थोड़े ही अर्से में बिल्कुल टुकड़े-टुकड़े हो गयी हैं। परन्तु, हकीकत में सबसे बड़ा बादशाह वही है जो रिआया परवरी और अदल व इंसान ही को अपना हासिल अम्र जाने।''[18]

बर्नियर ने लिखा है कि इसके अगले हिस्से को उसे नहीं पढ़ने दिया गया। बर्नियर शाहजहाँ की मृत्यु तक भारत में रहता है बल्कि उसी वर्ष वापस लौटता है। उसने लिखा है कि शाहजहाँ के मरने का संवाद उसे गोलकुंडा में मिला। शाहजहाँ की मौत 22 जनवरी 1666 ई. में हुई। उसे पता चला कि औरंगजेब ने पिता के मरने का बहुत शोक मनाया और वह सब कुछ किया जो शोकातुर बेटे को पिता के निधन पर करना चाहिए। वह दिल्ली से आगरा पहुँचा तो बेगम साहब ने अगवानी की। कमख्वाब के थान लटकाकर बादशाही मस्जिद सजायी गयी। जब वह महल में गया तो राजकुमारी ने शाहजहाँ से प्राप्त रत्नों और खुद के जमा रत्नों से भरा थाल भेंट किया। बहन के व्यवहार से औरंगजेब अन्दर से पसीज गया। उसने उसके साथ बहुत नरमी और उदारता का बर्ताव किया। अन्त में बर्नियर ने लिखा है कि—''यह तो मानना ही पड़ेगा कि औरंगजेब को परमेश्वर ने बड़ी बुद्धि, चिन्तनशक्ति और समझदारी दी है और वह एक बड़ा ही उच्च तथा आलीशान बादशाह है।''[19] ये उसके यात्रा-संस्मरण की आखिरी पंक्तियाँ हैं।

मृत्यु के समय शाहजहाँ की आयु 74 वर्ष की हो गयी थी। 7 जनवरी 1666 ई. को अचानक उसे बुखार चढ़ा। 22 जनवरी को उसकी हालत गम्भीर हो गयी। आखिर में अपना अन्त देख उसने लोगों को कुरान पढ़ने को कहा और कमरे के झरोखे से टकटकी लगाये ताजमहल को देखता रहा और कलमा पढ़ा—''ऐ खुदा! इस लोक में मेरी गति सुधार ले और परलोक में मुझे नरक यातना से बचा ले।'' कुछ ही क्षणों बाद वह चिरनिद्रा में सो गया।

उत्तराधिकार के इन दो वर्षों तक चले अप्रिय युद्ध में औरंगजेब के कृत्यों को लेकर इतिहासकारों में भारी मतान्तर है। सवाल नैतिकता और अनैतिकता का नहीं था और

न ही इसके पीछे कोई धार्मिक आग्रह–दुराग्रह की भूमिका थी। मूल में सिर्फ साम्राज्य हासिल करने की इकलौती लिप्सा थी, जिसे पूरी करने के लिये दावेदारों ने चाहे धर्म का इस्तेमाल किया हो चाहे अनैतिकता का। औरंगजेब के अनैतिक कार्य अथवा अतिरंजित क्रूरता को लेकर तत्कालीन समय–समाज में ही नहीं, बल्कि अन्य प्रान्तों और फारस–ईरान जैसे देशों में भी उसकी छवि खराब हुई। उसे लोगों ने नापसन्द किया और उसकी आलोचना भी हुई। व्यापक पैमाने पर इसे हिन्दू–मुसलमान के रूप में धार्मिक नजरिये से देखा ही नहीं गया। जो हिन्दू राजा दारा का पीछा कर रहे थे उनके पीछे राज–लिप्सा के अलावे और दूसरी कोई बात नहीं थी। इतिहासकारों के इस आसंग में हुए आकलन की तटस्थ समीक्षा डॉ. हरीशचन्द्र वर्मा ने बड़ी दक्षता से की है। उन्होंने इस दिशा में परस्पर विरोधी आग्रहों की अतिरंजना की छानबीन करते हुए तत्कालीन यथार्थ को स्पष्ट करने की कोशिश की है।

इसमें सबसे अधिक आपत्तिजनक, संकीर्ण और साम्प्रदायिक नजरिया मौलाना शिबली, एम. फारुकी और आई.एच. कुरेशी का रहा जो बिना किसी प्रमाण के इस निष्कर्ष तक पहुँचे कि अकबर की सहिष्णुता की नीति के कारण हिन्दू समुदाय निरंकुश हो गया और मुसलमानों पर अत्याचार करने लगा। यह वर्ग दारा शिकोह के माध्यम से हिन्दू समुदाय के वर्चस्व और अपने लिये तमाम दरवाजे खोल देने की अपेक्षा से सक्रिय हो गया था। यह पूरी तरह तथ्यहीन और अत्यन्त प्रतिक्रियावादी सोच है। अगर हम इस सोच के आईने से विचार करें तो क्या जहाँ मुसलमान अल्पसंख्यक हैं अथवा शासित हैं, वहाँ गैर–मुस्लिमों को उनके साथ यही व्यवहार करना उचित होगा? आप दारा और औरंगजेब के युद्ध को ही लें कि इसमें हिन्दू राजपूत भी औरंगजेब के साथ रहे। बल्कि दारा का पीछा करने में उन्हीं ने निर्णायक भूमिका भी निभायी। दारा जब अजमेर पहुँचा था उस समय जसवन्त सिंह अपने कहे मुताबिक अन्य राजपूत सैनिकों के साथ दारा के साथ हुआ होता तो औरंगजेब को काफी महँगा पड़ सकता था। डॉ. हरीशचन्द्र वर्मा ने पाकिस्तान के इतिहासकार इफ्तिखार खान घोरी के बारे में बताया है कि वे एक कदम आगे बढ़कर उसे हिन्दुत्व और इस्लाम तथा सुन्नी बनाम शिया के बीच की लड़ाई बताते हैं। ऐसे तमाम आधारहीन, तथ्यहीन, संकीर्ण और साम्प्रदायिक सोच की तीखी आलोचना पाकिस्तान के ही इतिहासकार डॉ. मुबारक अली ने की है। वे हिन्दुवादी और इस्लामी दोनों सोच की संकीर्णताओं पर चोट करते हैं। हिन्दू निरंकुश होकर मुसलमानों पर अत्याचार कर रहे थे—इसे माननेवाले उनके इस उद्धरण पर गौर करें—"लाहौर के गवर्नर का बेटा मिर्जा लाहौरी आदतन अपने नौकरों को चाबुक से मारता और उसे इसमें सुख मिलता। कभी-कभी तो वह उन्हें जिन्दा ही गड़वा देता और कहता कि मुनकर नकीर (कब्रों में आनेवाले देवदूत जो मृतक का धर्म जाँचने आते) को सारी

बात बताना। वह विवाह के वक्त हिन्दू वधुओं का अपहरण कर लेता तथा उनका सतीत्व हरण करने के बाद लौटा देता। जहाँगीर के एक प्रिय सामन्त संबायत के गवर्नर मुकर्रब खाँ ने एक युवती का अपहरण कर उसे अपने हरम में रख लिया। उसकी विधवा माँ किसी प्रकार जहाँगीर से शिकायत करने में कामयाब हो गयी। परन्तु राजकीय प्रयत्नों के बावजूद सामन्त ने लड़की को लौटाने से इनकार कर दिया तथा कुछ धन देकर विधवा माँ का मुँह बन्द कर दिया।''[20] उन्होंने ऐसे-ऐसे उदाहरण दिये हैं जिन पर यकीन करते हुए दहशत होती है। शाहजहाँ से उड़ीसा के गवर्नर बकार खाँ की शिकायत करने पर सात सौ लोगों की हत्या करने, उनमें जो एक आदमी बचा हुआ था उसे अदालत पहुँचने के पहले ही उसके दामाद द्वारा कत्ल कर दिये जाने और सब कुछ जानते हुए शाहजहाँ की भी चुप्पी का कोई क्या उत्तर देगा? उन्होंने स्पष्ट रूप से आगे लिखा है कि ''इतिहास में मुस्लिम सामन्तवर्ग की औरतों के अपरहण और बलात्कार, जनता से जबरन धन वसूली, अत्याचार, हत्या तथा लोगों को जेल में डाल देने के अपराध दर्ज हैं। मुगल न्याय का झूठ तो उन राष्ट्रवादी इतिहासकारों ने गढ़ा है जिन्होंने अंग्रेजों को बदनाम करने के लिये मुगल-शासन को गौरवमंडित किया।''[21] अपवादों को छोड़कर ऐसे विपुल उदाहरण औरंगजेब के पचास सालों के शासन में भी भरे पड़े हैं। पूरे मुगल शासन में इसके हजारों उदाहरण भरे पड़े हैं।

डॉ. हरीशचन्द्र वर्मा ने डॉ. सुरेश कुमार श्रीवास्तव की चर्चा करते हुए इतिहासकार डॉ. अतहर अली के अत्यन्त परिश्रम से किये कार्यों की विस्तार से समीक्षा की है। उन्होंने शाहजादे का हुक्मनामा-निशान का हवाला देकर बताया है कि इसे औरंगजेब ने मेवाड़ के राणा राजसिंह को भेजा था। उसने इस निशान में लिखा था कि ''विभिन्न समुदायों और धर्मों के व्यक्तियों को शान्ति से और समृद्धि में जीवन-यापन करना चाहिए। किसी को एक-दूसरे के मामले में हस्तक्षेप नहीं करना चाहिए।''[22] डॉ. अतहर अली बताते हैं कि दारा के खिलाफ मुख्य आरोप-पत्र में वह दारा को शाहजहाँ के शासन में हस्तक्षेप करने, उसके मुख्य संचालक बनने की इच्छा, बादशाह को परामर्श देना और औरंगजेब को पूरी तरह असफल करना शामिल था। उसे अपधर्मी बताना तो उसे कमजोर करने के लिये मढ़ा गया आरोप-भर था। इसके भी प्रमाण नहीं हैं कि उमरा वर्ग में समर्थन का आधार धर्म रहा। अतहर अली ने तो बाजाप्ता संख्या के आधार पर बताया है कि 11 राजपूत, 10 मराठे और 2 अन्य कुल 23 ऐसे उमरा हिन्दू थे जो औरंगजेब के पक्ष में थे। उसने जयसिंह को दकन और जसवन्त सिंह को गुजरात का सूबेदार बनाया था। राजा रघुनाथ साम्राज्य के दीवान थे। मेवाड़ नरेश राणा राजसिंह उसके घनिष्ठ मित्रों में रहे। उसकी शाही सेना में भी राजपूत तथा अन्य हिन्दू सैनिक काफी संख्या में थे। बेशक दारा बौद्धिक स्तर पर

अकबर की सोच के समीप था और यह भी सच है कि पचास सालों के शासन में समय-समय पर औरंगजेब की नीतियों में कट्टरता आयी और गैर-इस्लामी समुदायों के खिलाफ उसने काफी संकीर्ण और कठोर नीतियाँ लागू कीं।

जजिया कर का लागू करना, प्राचीन मन्दिरों की मरम्मत पर रोक, नये मन्दिरों के निर्माण पर रोक, नवरोज पर पाबन्दी, हिन्दू त्योहारों को मनाने से मना करना, राजपूत राजाओं के टीका और तुलादान समारोहों पर पाबन्दी, चिड़ियाँ, जानवर और स्त्री-पुरुष के शक्लवाले खिलौनों के निर्माण पर रोक और ऐसी ढेर सारी धार्मिक विभेद भरी नीतियों से जहाँ वह मुसलमानों को अपने पक्ष में एकजुट करने की रणनीति अपना रहा था तो दूसरी ओर जाटों, राजपूतों, सिक्खों, सतनामियों और मराठों के विद्रोह को भी जन्म दे रहा था। डॉ. इरफान हबीब का यह मानना भी विवादास्पद है कि इन विद्रोहों के पीछे कृषि-संकट और दोहरा भू-राजस्व था तो सवाल उठता है कि इन विद्रोहों में मुस्लिम समुदाय के लोग क्यों नहीं शामिल हुए? यह कहना कि इसमें धार्मिक नीतियों के प्रति असन्तोष की कोई भूमिका नहीं थी शायद उचित नहीं होगा, क्योंकि सिर्फ जजिया वसूली को ही लें तो इस्लाम न माननेवालों पर अत्याचार और जजिया वसूली में अधिकारियों और काजियों के जोर-जबर्दस्ती और जुल्मों के अनेक प्रमाण मिलते हैं। इसके खिलाफ अक्सर आवाज उठती थी। मुस्लिम कट्टरपन्थी गैर-मुस्लिमों पर अत्याचार से चाहे जितना ख़ुश हों मगर मुगल शासन के पतन में इसकी बड़ी भूमिका रही। डॉ. मुबारक अली ने लिखा भी है कि—"अकबर की नीति का अनुसरण उसके उत्तराधिकारियों ने नहीं किया, जिन्होंने सारे भारत पर विजय तो प्राप्त कर ली परन्तु सत्ता में भागीदारी से सारी जातियों और लोगों को अलग रखा। इसी की प्रतिक्रिया में मरहठों, जाटों और सिखों में विद्रोह पनपा जिसने मुगल शासन को खंडित किया।"[23] दरअसल इस्लाम के प्रवक्ताओं, काजियों और धर्मवेताओं में राजसत्ता के भरोसे बलात इस्लाम स्थापित करने की सोच थी, लेकिन शासक अपनी सत्ता और समझ के अनुसार ही जितना कर सकते थे, कर रहे थे।

औरंगजेब पर लिखे गये विपुल लेखन में जितना पढ़ा-देखा, उसमें अपनी अल्पअक्ली के बावजूद कहूँ तो सबसे सन्तुलित और समग्र दृष्टि डॉ. यदुनाथ सरकार की ही है। उन्होंने तटस्थता और ईमानदारी से औरंगजेब के उदात्त और अपोदात्त दोनों को रखा है। उन्होंने लगभग पच्चीस वर्षों तक अथक परिश्रम करके विपुल स्रोत-सामग्री जमा की थी और गहन छानबीन कर उनके जीवन और युग पर लिखा था। लेकिन नब्बे वर्ष पूर्व किये गये कार्य के बाद आज इतिहास में आश्चर्यजनक शोध और लेखन हुए हैं, जिनसे औरंगजेब को लेकर उससे जुड़े अनेक पक्षों पर काफी नयी रोशनी पड़ी है। डॉ. सरकार से असहमति दर्ज करते हुए अथवा उनसे

अलग लीक पर काम करनेवाले कई विद्वान इतिहासकार भी आये, जिन्होंने इस अध्ययन को अधुनातन बनाया, समृद्ध किया। डॉ. इरफान हबीब से डॉ. सतीशचन्द्र तक और डॉ. अतहर अली से डॉ. सुरेश कुमार श्रीवास्तव तक के कार्यों और आकलन की विचारोत्तेजकता की अनदेखी करके आज औरंगजेब पर कोई बात नहीं की जा सकती है। लेकिन ऐसे इतिहासकारों और लेखकों की भी एक बड़ी कतार है जिनका लेखन इस प्रतिज्ञा के साथ ही शुरू और अन्त होता है कि वे औरंगजेब को हर हाल में उदार और धर्मनिरपेक्ष सिद्ध करके ही दम लेंगे। उनके पास भले कोई पोख्ता सबूत न हों अथवा कोई अप्रामाणिक साक्ष्य होते भी हैं तो एकदम अपर्याप्त। बावजूद दरेरा देते हुए वे मुखर तर्कों के भरोसे बड़े हठीले विश्वास से अपनी बात मनवाने को उद्धत दिखाई देते हैं। औरंगजेब को लेकर ऐसे कट्टर पक्षकारों में कई बड़े नाम शामिल हैं, जिनको पढ़ते हुए अक्सर खीज और कोफ्त होती है। कभी-कभी लगता है औरंगजेब को अपने किये कार्यों का जितना समर्थन अपने समय में नहीं मिला होगा, उससे कई गुना ज्यादा उसे शताब्दियों बाद आज मिला हुआ है। जाहिर है उसके अनेक कार्यों, कई नीतियों ने अपने वक्त में जितना जहरीलापन पैदा किया होगा उससे कहीं ज्यादा, बहुत ज्यादा वह आज कर रही हैं। हम अपनी आस्थाओं, विचारों और हठों को इतिहास पर थोप देते हैं। बावजूद इसके कि आज हमारी कोशिश यथार्थ को ठीक-ठीक समझने और समझाने की ही होनी चाहिए। आखिर हम इतिहास को आज के समय में देख रहे हैं।

औरंगजेब मुगल-शासन के इतिहास में सबसे अधिक जटिल व्यक्तित्ववाला बादशाह है। आप उसके बारे में जो राय रखेंगे ठीक उसके विपरीत तथ्य-तर्क उसके जीवन या कार्यों से तुरन्त मिल जाएँगे। आप उसे कट्टर सिद्ध करेंगे तो उदारता के साक्ष्य मिल जाएँगे, हिन्दू विरोधी मानेंगे तो इसके विपरीत उदाहरण भी। कई मन्दिरों के दान-पत्र वाले फरमान तो इस लेख के साथ भी संलग्न हैं। उसकी धार्मिकता ऐसी कि बिना नागा पाँचों वक्त की नमाज तो पढ़ता ही था, युद्धभूमि में भी बिना सुरक्षा के चादर डाल घुटने टेक नमाज पढ़ने लगता था। उसका निजी जीवन अत्यन्त सादगी से भरा—कुरान की नकल और टोपियाँ सीकर गुजारे की रकम जुटाता। लेकिन वही औरंगजेब कुरान को बीच में रखकर अपने सहोदर छोटे भाई मुरादबख्श से समझौता करता है और मौका आते ही विश्वासघात भी कर देता है। अपने भतीजे सुलेमान शिकोह से प्रतिज्ञा करता है कि उसे पोस्त का पानी पिलाकर तिल-तिल नहीं मारा जाएगा, मगर उसी तरह मारता है। निर्दयता और अनैतिकता ऐसी कि पिता को पानी के लिये तरसाकर कैद किया और लगभग दस वर्षों तक कैद में ही रखा। मगर जब मरा तो बादशाह जैसा शोक मनाया। दारा शिकोह जैसे भाई की दुर्गति तो इतिहास में उदाहरण बन गयी। उसने अपने बेटे को कैद किया और मार डाला। दूसरे

बेटे को अंजाम भुगतने की धमकी दी। अब बताइये उसकी धार्मिकता का उसके जीवन से क्या रिश्ता बनता है? किस काम की ऐसी धार्मिकता? उसके धार्मिक आचरण और जीवन-व्यवहार के बीच इस्लाम कहाँ दिखता है? अगर है तो वह कैसा दिखता है? मगर इन तमाम अन्तर्विरोधी आचरण, व्यवहारों और घटनाओं को अगर आप राज्य लिप्सा और साम्राज्य सत्ता से जोड़कर देखेंगे तो कहीं कोई अन्तर्विरोध नहीं दिखाई देगा। मुझे हैरानी सबसे अधिक इस बात से होती है कि उसकी छवि बेहतर करने की कठिन कवायद क्योंकर की जाती है? कोई उसे किसी कौम का नायक या खलनायक क्यों बनाने पर आमदा है? वह एक साम्राज्य का बादशाह था और उसने लगभग पचास वर्षों तक शासन किया था। हमें हर हालत में उसका आकलन उसके शासन में जनता के हालात और उसके शासन के बाद हुए साम्राज्य के प्रभावों के आधार पर ही करना चाहिए।

बेशक एक इतिहासकार के लिये समग्र आकलन अपेक्षित होता है और उसका धर्म भी होता है कि वह हर पहलू पर विचार करे। औरंगजेब को लेकर तमाम विवादों, मतभेदों के आधार पर डॉ. सतीशचन्द्र ने विचार के जिन पाँच बिन्दुओं को चिहिन्त किया है, उनमें उन्होंने लगभग सब पक्ष समेटे हैं।

1. मन्दिरों के प्रति उसकी नीति, जजिया को दोबारा लागू करना और दूसरे भेदभावपूर्ण कार्य जिनका झुकाव हिन्दुओं को अपना विरोधी बनाने की ओर था।
2. राजपूतों के साथ उसका अलगाव, जिन्हें साम्राज्य की ताकत समझा जाता था।
3. उसकी विस्तारवादी नीतियाँ, विशेष रूप से दक्षिण की नीतियाँ।
4. मराठों के साथ समझौता करने में उसकी असमर्थता और अनिच्छा जो उदयीमान शक्ति थे।
5. प्रशासनिक और कृषि सम्बन्धी संकट का उभरना।''[74]

अपने शासनकाल के प्रारम्भिक दौर से उसमें धार्मिक कट्टरता और दूसरे धर्मावलम्बियों के प्रति असहिष्णुता के संकेत मिलने शुरू हो गये थे। उसने मन्दिरों, चर्चों और यहूदी-प्रार्थना स्थलों के निर्माण पर रोक लगा दी थी। यहाँ पुराने मन्दिरों की मरम्मत की दी गयी छूट को ऐसे बताया जाता है गोया औरंगजेब ने महान उदारता का परिचय देते हुए गैर-मुस्लिमों पर कोई भारी अहसान कर दिया हो। इसे डॉ. सतीशचन्द्र ने 'सीमित सहनशीलता' कहा है। बाद में वह इस उदारता को भी समेट लेता है और सामान्य रूप से मन्दिरों को ध्वस्त करने का आदेश देता है। यह कहना कि ऐसा वह मुस्लिम जनता को एकजुट कर समर्थन पाने के लिये कर रहा था, जो जरूरी था तो इसी तर्क से गैर-मुस्लिम शासक भी मस्जिदों को ध्वस्त करने को हिन्दू, सिख या ईसाई समुदाय को एकजुट करने और समर्थन पाने का तर्क जुटा

सकते हैं या नहीं? इसलिये कम से कम यहाँ उसकी इस नीति की तो जमकर आलोचना की जानी चाहिए थी? वह मस्जिदों के बहुतायत निर्माण, मुस्लिम समुदाय की बेहतरी से भी तो उनका समर्थन पाने की कोशिश कर सकता था? क्या मुसलमान गैर-मुस्लिमों के पूजा-स्थलों को ध्वस्त करने, उन पर जजिया लगाने और उनके अधिकारों को निलम्बित करने से ही इस्लाम और मुस्लिम समुदाय की बेहतरी समझते और मानते हैं? इसी से वे एकजुट होते हैं और किसी शासक को अच्छा या बुरा मानते हैं अथवा उसका समर्थन या विरोध करते हैं? यही आधार अगर मुस्लिम समुदाय पर लागू कर उनके धार्मिक अधिकारों के साथ ऐसा ही सलूक होता तो क्या उनके तर्क यही होते? इस तरह कमजोर होने पर लोकतान्त्रिक और ताकतवर होने पर निरंकुश तानाशाही के समर्थन की तर्कावली से कम से कम बुद्धिजीवियों को बचना चाहिए। इसका दुष्परिणाम यह होता है कि ऐसे विचार मध्यकालीन इतिहास से चलकर आधुनिक युग में भयावह अराजकता और समाज में स्थायी संघर्ष का सबब बन जाते हैं। इसकी प्रतिक्रिया में गैर-मुस्लिम समुदायों के संकीर्ण लोग भी और मुखर हो जाते हैं और इतिहास का यथार्थ समझने की जगह अप्रिय शोर पैदा हो जाता है। अल्लामा शिबली नोमानी औरंगजेब के मन्दिर विध्वंस की नीति का बचाव ही नहीं करते बल्कि समर्थन तक करते हैं—''यूरोपियन और हिन्दू मुवर्रिख कहते हैं कि आलमगीर ने चूँकि बुतखाने गिराये इसलिये बगावत हुई लेकिन वाकया यह है कि बगावत हुई इसलिये बुतखाने गिराये गये।''[25] अब यह अल्लामा का कथन है तो बगावत और मन्दिर ध्वस्त के स्थानों की भिन्नता की तो अनदेखी करनी ही पड़ेगी! बर्नियर अपने यात्रा संस्मरण में औरंगजेब के कार्यों के प्रति तत्कालीन जनमानस की प्रतिक्रिया भी दर्ज करता है, जिससे औरंगजेब की छबि खराब होती है। वह औरंगजेब को लेकर अल्लामा शिबली जैसी धारणा नहीं रखता, इसलिये अल्लामा शिबली नोमानी अपनी पुस्तक में बर्नियर को औरंगजेब का दुश्मन नम्बर एक मानते हैं। अब उनके सामने कोई तथ्य, कोई प्रमाण आये—वे उसे तर्क-कुतर्क से उड़ा देंगे क्योंकि उनका यकीन कट्टरता में तब्दील हो चुका था और यह मान चुके थे कि—''आम इस्लामी दुनिया में इसके बाद आज तक कोई इसकी (औरंगजेब) बराबरी का शख्स पैदा नहीं हुआ।''[26] लेकिन मुहम्मद हुसैन आजाद अथवा मुंशी जकाउल्लाह बिल्कुल इससे अलग सोचते और अलग लिखते हैं।

मुंशी जकाउल्लाह इस बात को अवश्य गलत ठहराते हैं कि औरंगजेब ने किसी को बलात मुसलमान बनने को विवश किया, लेकिन उसकी दूसरे समुदाय के प्रति बरती गयी असहिष्णुता को वे हरगिज पसन्द नहीं करते। ''जब जुमा आया और बादशाह सवार जामा मस्जिद को जाने लगा तो किला और जामा मस्जिद के दरम्यान हिन्दुओं ने अजमहाम किया, जजिया के लिये वावेला मचाया। हिन्दुओं के हुजूम ने

बादशाह को ऐसा घेर लिया कि बादशाह को मस्जिद तक जाना मुश्किल हो गया, मगर उसने उनकी फरियाद सुनने के लिये कान सुन्न और बहरे कर लिये और बीहड़ के सबब से जब राह न मिली तो हाथियों से इस तरह चीड़-फाड़ कर रास्ता निकाला कि कुछ आदमी घोड़ों और हाथियों के पैरों तले कुचल कर पिस गये। लाचार हुनूद अपने घर चले गये, फिर दम न मारा, जिजिया देने लगे।''[27] उन्होंने औरंगजेब के तौर-तरीके को अनुचित रूप में हिन्दुओं को नाराज करनेवाला, अपमानित और दिल दुखानेवाला बताया है—हिन्दुओं की तो मजहबी इबादात और रसूमात, कदीन से चली आती थी उनको नहीं रोका मगर बात वह की जिनसे हिन्दुओं का दिल नाराज हो गया।'' किसी इतिहासकार की तुलना में जनमानस के सोच को ऐसे लेखक ज्यादा प्रभावित करते हैं। धार्मिक विचार के स्तर पर तो सारे मुसलमान एक समान हैं, लेकिन क्या मुस्लिम समाज में श्रेणी भेद नहीं रहा? उसी तरह जजिया के पक्ष में कई विचारकों ने यह समझाने की कोशिश की है कि यह 'सुविधा कर' के रूप में है—उन्हें बिना सैन्य-सेवा में गये सुरक्षा मिलती है। लेकिन व्यवहार में क्या ऐसा था? डॉ. मुबारक अली ने लिखा है—''जजिया के पीछे की भावना अर्थ-संग्रह की नहीं बल्कि हिन्दुओं को अपमानित करने की थी क्योंकि दस्तूर यह था कि जिम्मी व्यक्तिगत तौर पर जाकर सरकारी खजाने में अपना हिस्सा अदा करें। इस दस्तूर का अभिप्राय बताते हुए अहमद सरहन्दी ने अपने एक पत्र में लिखा कि जजिया का मकसद अविश्वासियों का दमन तथा उन्हें यह बताना था कि वे मुसलमानों से हीन थे। मुस्लिम राजघरानों के पूरे शासनकाल में हिन्दुओं के साथ सम्बन्ध गैर-बराबरी का ही रहा।''[28] ऐसे जजिया पर सफाई दिये जाने का कोई मतलब नहीं।

औरंगजेब के जीवन और कार्यों पर विचार करें तो हमेशा उसकी प्राथमिकता साम्राज्य की थी। वह धार्मिक नीतियों का कार्यान्वयन भी साम्राज्य का ख्याल करके ही करता था। इसे इसी रूप में देखा जाना उचित है और कई बड़े इतिहासकारों ने ऐसा ही किया भी है। डॉ. सतीशचन्द्र ने लिखा है—''मन्दिरों के प्रति औरंगजेब की नीति में एकरूपता नहीं थी और शरिया आदेशों के अतिरिक्त वह कभी हिन्दू राजाओं और दूसरों द्वारा खुल्लमखुल्ला अथवा गुप्त रूप से विरोध किए जाने के डर (वास्तविक अथवा काल्पनिक) से और कभी स्थानीय हिन्दुओं को शान्त करने अथवा उनसे मित्रता करने की इच्छा से प्रेरित नजर आती है।''[29] लेकिन अपने लम्बे शासनकाल में औरंगजेब उत्तरार्द्ध तक आते-आते ज्यादा कट्टर हो जाता है। डॉ. सतीशचन्द्र ने टॉमस रॉल जो सूरत में अंग्रेजों के कारखाने का अध्यक्ष था—उसके हवाले से बताया है कि ''जजिया बड़ी निष्ठुरता के साथ सिर्फ औरंगजेब के खजाने को फिर से भरने के उद्देश्य से ही नहीं वसूला जा रहा था, इसका एक अन्य उद्देश्य देश के गरीब तबकों को मुसलमान बनने के लिये बाध्य करना भी था।''[30] वे इसके

समर्थन में मनूची का भी कथन पेश करते हैं। दरअसल लगातार साम्राज्य विस्तार, लम्बे-लम्बे समय तक किलों की घेरेबन्दी और अपने तक ही विशाल साम्राज्य के निर्णयों और अधिकारों को केन्द्रित करने के कारण खजाना बिल्कुल खाली हो गया था। आखिरी वर्षों में तो सेना जैसे क्षेत्रों में भी तीन-तीन साल का वेतन बकाया रहने लगा था। लेकिन डॉ. सतीशचन्द्र इस बात को नहीं मानते कि इसके पीछे धर्मान्तिरण जैसी कोई बात थी अथवा ऐसा कुछ घटित हुआ। वे यह तो मानते हैं कि ''यह एक प्रतिगामी कर था और धनिकों की अपेक्षा गरीबों को ज्यादा प्रभावित करता था, इस युक्ति के कारण औरंगजेब के शासनकाल में किसी बड़े पैमाने पर धर्मान्तरण का प्रमाण नहीं मिलता।''[31] उन्होंने दूसरी महत्त्वपूर्ण बात यह कही है कि जजिया कर की राशि खजाना-ए-जजिया में रखी जाती थी और इसे खैराती कामों के लिये अलग रखा जाता था। ऐसे में यह राशि मूल खजाने के बोझ की ज्यादा भरपाई भी नहीं कर सकती थी। ऐसे भी वे आर्थिक कारणों से जजिया लगाने की बात सही नहीं मानते। इसके पीछे मुल्लाओं का दबाव मानते हैं जो जजिया को इसलिये भी उचित मानते थे कि इससे हिन्दू अपमानित होते थे। एक तरह से दूसरी श्रेणी की नागरिकता वाली बात हो जाती थी। वे बताते हैं कि इसकी वकालत में कुछ उलेमाओं के तर्क हास्यास्पद तक हो जाते थे। उन्होंने अबुल फजल के जजिया हटाने के तमाम तर्कों और आधारों की भी चर्चा की है। वह जजिया लगाने के कभी पक्ष में नहीं रहा। डॉ. सतीशचन्द्र का आकलन है कि मुगलकाल में न तो अकबर का धर्मनिरपेक्ष राज्य और न ही शरीअत के आधार पर संकीर्ण आधारवाला राज्य ही कायम रहा।

डॉ. सतीशचन्द्र ने औरंगजेब को 'कट्टर विशुद्धतावादी' कहनेवाले डॉ. श्रीराम शर्मा के कथन के पीछे उन आधारों की गम्भीर समीक्षा की है। डॉ. के. एम. पणिक्कर और डॉ. ईश्वरी प्रसाद जैसे बड़े इतिहासकार भी उसे कट्टर धर्मान्ध और हिन्दू विरोधी ही मानते हैं। डॉ. सतीशचन्द्र छानबीन कर और गहराई से विचार करते हैं। उस हालत को समझने की कोशिश करते हैं। वे सरलीकरण से बचते हैं। दक्षिण में बीजापुर और गोलकुंडा के विवादों के दौरान शिया धर्मावलम्बियों और मराठों के गठजोड़ से इस्लाम के वर्चस्व पर असर पड़ा था। इस दौरान 1686 ई. में जब फाजिल खाँ के मुंशी राम राय के भतीजों ने बादशाह के कहने पर इस्लाम ग्रहण किया तो उन्हें हाथियों पर बैठाया गया और शोलापुर में जहाँ बादशाह ठहरा हुआ था, सड़कों पर बाजे-गाजे और झंडों के साथ घुमाया गया। लेकिन जब सिकन्दर आदिल शाह ने मराठों से गठबन्धन नहीं खत्म किया तो उसे लग गया कि धार्मिक सहारे से काम नहीं चलेगा। मुल्लाओं का असन्तोष कम होने का नाम नहीं ले रहा था, इसलिये कुछ समय तक मन्दिरों को ध्वस्त करने का अभियान चलाया और फिर कोई राजनीतिक लाभ नहीं देखा तो डॉ. सतीशचन्द्र ने लिखा है—''1698 ई. के

बाद जब मराठों का प्रतिरोध कड़ा हो गया तो—उसने बड़े गूढ़ ढंग से जुल्फिकार अली खाँ और मुगल खाँ को लिखा—'किसी मन्दिर का ध्वंस किसी भी समय सम्भव है, क्योंकि वह अपनी जगह से हिल-डुल नहीं सकता।'''...जाहिर था समय और परिस्थिति के अनुसार उसके दृष्टिकोण में आते परिवर्तनों के पीछे अपना और अपने साम्राज्य का हित ही था। डॉ. सतीशचन्द्र का मानना है कि अगर सचमुच औरंगजेब हिन्दुओं के धर्मान्तरण के प्रति गम्भीर होता तो दक्षिण में जीते गये प्रदेशों में वह ऐसी कोशिश अवश्य करता। पश्चिम पंजाब, कश्मीर अथवा पूर्वी बंगाल के धर्मान्तरण में उसकी कोई भूमिका नहीं थी। इसलिये उनके अनुसार धर्मान्तरण के उदाहरण यदाकदा ही मिलते हैं—''धर्मान्तरण के अधिकांश मामलों में छोटे जमींदार अथवा निम्नस्तरीय राज्य कर्मचारी अथवा पाल्य थे। ऐसे धर्मान्तरित लोग जमींदारी पाने अथवा प्राप्त जमींदारी की संपुष्टि अथवा सीमित संख्या में ही उपलब्ध राजकीय पदों के लिये विशिष्ट व्यवहार की अपेक्षा रखते थे।''[32] उन्होंने इसका एक उदाहरण देवीदास का दिया भी है जो 1682 ई. में धर्मान्तरण के बाद क्रय-विक्रय विभाग का मुशरिफ बहाल कर दिया गया।

कट्टर सुन्नी मुसलमान होने के बावजूद औरंगजेब सूफियों से मिलता भी था और अपनी यात्रा के दौरान प्रसिद्ध सन्तों के मकबरों पर भी जाता था। जाहिर था इसके पीछे जन-भावनाओं को प्रभावित करने की ही मंशा रहती होगी। वह गैर-इस्लामी सन्तों, वैरागियों से भी मिलता, बातें करता और उन्हें खिलअत तक प्रदान करता था। डॉ. सतीशचन्द्र के अनुसार उसके दरबार का वातावरण उतना संकीर्ण और अनुदार नहीं था जितना चित्रित किया जाता है। यहाँ तक कि मशहूर चिश्ती सन्त शेख कलीमुल्ला ने तो कट्टर मुल्लाओं का मखौल भी उड़ाया था और औरंगजेब को जिन्दा पीर कहे जाने को पाखंड और धृष्टता तक ठहरा दिया था। उनका निष्कर्ष यह है कि—''औरंगजेब के अधीन धार्मिक नीति के उद्भव और विकास को ज्यादा बारीकी से समझने के लिये एक शासक के लिये एक शासक के निजी विश्वासों एवं अभिरुचियों, शासक वर्ग के मूल्यों एवं प्रवृत्तियों, धार्मिक समुदायों की ताकत, आमजनों के राजनीतिक एवं सामाजिक मूल्यों तथा उस काल की राजनीतिक आवश्यकताओं के बीच लगातार पड़ रहे पारस्परिक प्रभाव को ध्यान में रखना आवश्यक है।''[33] हमारा संकट यह है कि हम औरंगजेब को सिर्फ एक मुसलमान मानकर चलते हैं जबकि वह सामन्ती काल का एक बड़ा बादशाह था, जिसने स्वजनों की कुर्बानी लेकर उसे हासिल किया था और उसे कायम रखने के लिये वह किसी स्वजन, किसी व्यक्ति, किसी मूल्य, किसी आस्था और किसी विश्वास की कुर्बानी बेहिचक दे भी सकता था।

सद्भावना के आग्रह और उछाह में कभी-कभी कई ऐसी कथाएँ भी प्रचलित

हो जाती हैं जिसकी प्रामाणिकता सन्दिग्ध होती है। डॉ. असगर अली इंजीनियर ने भारत में 'साम्प्रदायिकता : इतिहास और अनुभव' में डॉ. पट्टाभि सीतारमैया की प्रसिद्ध पुस्तक 'द फीदर्स एंड द स्टोंस' से एक ऐसी ही घटना का वर्णन किया है— "जब औरंगजेब बंगाल जाते हुए वाराणसी के पास से गुजर रहा था तो उसके काफिले में शामिल हिन्दू राजाओं ने प्रार्थना की कि यदि एक दिन विश्राम कर लिया जाए तो उनकी रानियाँ वाराणसी में गंगा स्नान करके भगवान विश्वनाथ की पूजा कर सकेगी। औरंगजेब सहमत हो गया। सेना ने वाराणसी से पाँच मील दूर डेरा जमा लिया। रानियाँ वाराणसी गयीं और गंगा स्नान करके पूजा के लिये विश्वनाथ मन्दिर गयीं। पूजा के बाद सभी रानियाँ वापस आ गयीं, लेकिन कच्छ की महारानी वापस नहीं लौटी। मन्दिर की छानबीन की गयी, लेकिन रानी कहीं नहीं मिली। जब औरंगजेब को इसका पता चला तो उसे गुस्सा आया। उसने उच्च अधिकारियों को महारानी की खोजबीन के लिये भेजा। अन्ततः उन्हें दीवार में जड़ी गणेश की मूर्ति मिली जिसे इधर-उधर सरकाया जा सकता था। जब मूर्ति को सरकाया गया तो उन्होंने सीढ़ियाँ देखीं जो तहखाने में उतर रही थीं। उन्होंने रानी को रोते हुए पाया और उसकी इज्जत लूटी जा चुकी थी। राजाओं ने इस जघन्य अपराध के लिये कड़ी सजा देने की माँग की। औरंगजेब ने आदेश दिया कि जगह की पवित्रता भ्रष्ट हो चुकी है, इसलिये भगवान विश्वनाथ को किसी दूसरे स्थान पर स्थापित किया जाए और मन्दिर को गिरा दिया जाए और महन्त को गिरफ्तार किया जाए और सजा दी जाए।"(पृष्ठ 35)

डॉ. असगर अली इंजीनियर ने इसे विश्वंभरनाथ पांडेय के हवाले से दर्ज किया है, लेकिन इसकी प्रामाणिकता-अप्रामाणिकता पर कुछ नहीं कहा है। यह घटना औरंगजेब द्वारा काशी विश्वनाथ मन्दिर के ध्वंस की तिक्तता और रोष को कम करती है। अब आप विचार कीजिये कि जो स्थल हिन्दू देवालय के लिये अपवित्र और भ्रष्ट हो चुका है तो वही मस्जिद निर्माण के लिये कैसे पवित्र मान लिया जाता है? औरंगजेब ने वहाँ मस्जिद निर्माण कराया जो आज भी है। दूसरी बात यह कि लाखों दस्तावेजों के गहन शोध पर आधारित अपने विशालकाय शोधग्रन्थ औरंगजेब में डॉ. यदुनाथ सरकार ने न तो इस घटना की चर्चा की है और न ही औरंगजेब की बंगाल यात्रा के ऐसे किसी काफिले का ही उल्लेख है जिसमें तमाम राज्यों के राजा अपनी रानियों के साथ शरीक रहे हों और क्यों? तीसरी बात, क्या यह सम्भव है कि कोई महारानी इतनी अकेली और अरक्षित स्थिति में स्नान करके मन्दिर में गयी होगी कि उसको महन्त ने अपहृत कर लिया हो तथा बलात्कार कर तहखाने में बन्द कर दिया हो? जबकि एक-एक रानी के स्नान, शृंगार पर दासियों की फौज लगी रहती थी? गोया वह गाँव की कोई औरत हो और अकेली मन्दिर में गयी हो जिसे महन्त

ने पकड़कर बलात्कार किया और तहखाने में डाल दिया! आखिरी बात यह कि औरंगजेब की इतनी ज्यादा दहशत रहती थी कि उसकी सेना सोलह कोस, पच्चीस कोस दूर है—यह सुनकर शिवाजी जैसा योद्धा भी भाग जाता था। उसके काफिले में शामिल किसी राजा की पत्नी के साथ ऐसा करने का दुःसाहस असम्भव है, कम-से-कम विश्वसनीय नहीं। इसलिये इसका सीधा मतलब यही है कि इसे लिखनेवाला अथवा इस पर यकीन करनेवाला साम्प्रदायिक सौहार्द के लिये बहुत ही ज्यादा बेचैन आत्मा वाला व्यक्ति होगा। उसकी इच्छा है कि विश्वनाथ मन्दिर के कलंक से औरंगजेब को मुक्त मान लिया जाय। लेकिन हमें याद रखना चाहिए कि इतिहास का कोई भी यथार्थ हमेशा जनता के पक्ष में ही जाता है। इस घटना की सत्यता पूरी तरह सन्दिग्ध लगती है—एकदम कपोल कल्पित!

अमूमन औरंगजेब के पूरे शासनकाल 1658 से 1707 ई. के इतिहास को दो भागों में बाँटकर देखा जाता है। 1658 से 1681 ई. तक वह उत्तर भारत में सैनिक अथवा असैनिक कार्य करता रहा और उस दौरान दक्षिण भारत पर वह बहुत कम ध्यान देता था। 1681 से 1707 ई. तक वह दक्षिण भारत में जमा रहा तब उसकी तमाम राजनीतिक गतिविधियाँ दक्षिण में ही सिमट गयीं। परिवार, दरबार और सेना भी दक्षिण में ही स्थानान्तरित रही। जाहिर था इसका असर उत्तर भारत की राज-व्यवस्था पर पड़ा और यह हिस्सा अराजकता और अव्यवस्था का शिकार हो गया। औरंगजेब किसी भी तरह का नुकसान उठाकर एक पर एक किला जीतता जाता था। बेशक इससे राज्य का तो विस्तार हुआ लेकिन बढ़ते साम्राज्य को सँभालने वाली कोई विकसित शासन व्यवस्था वह नहीं बना पाया। इसलिये हमेशा कोई-न-कोई समस्या पैदा होती रहती थी। एक तो अधिनायक शासन का स्वरूप जिसका वह सर्वेसर्वा था। किसी क्षेत्र का शासक या सूबेदार जिसे वह बनाता था उसे बिना औरंगजेब की आज्ञा के कोई स्वतन्त्र निर्णय लेने का अधिकार नहीं था। जाहिर है जब साम्राज्य का विस्तार होगा तो सेना भी बड़ी होगी। अब सेना जहाँ किसी किले को वर्षों से घेरे हुए है तो उससे दूर के दुश्मन आसानी से दूसरे इलाके में धावा बोलकर उस इलाके को तबाह कर सकते थे, लूट-खसोट सकते थे अथवा अपना कब्जा जमा सकते थे। लम्बे समय तक घेरा डालने से धन-जन की भी अपार हानि होती थी। साम्राज्य विस्तार के एकसूत्री कार्यक्रम ने पचास वर्षों के शासनकाल में उसे कभी प्रजा की बेहतरी, सुख-समृद्धि या उनके जीवन-यापन की चिन्ता करने की फुर्सत ही नहीं दी। युद्ध, कर, लूट, अकाल और महामारी के निरन्तर प्रहार से प्रजा त्राहि-त्राहि कर उठी। किसान भूखे बिलखने लगे। लोगों ने कृषि करना छोड़ दिया,

कुछ ने तो राज्य से पलायन भी किया। यह सिलसिला शाहजहाँ के शासन में ही शुरू हो गया था जो औरंगजेब के शासन तक आते-आते चरम पर पहुँच गया। अन्त में हालात इतने विस्फोटक हो गये कि सैनिकों के वेतन तीन-तीन साल के बकाया हो गये और वे विद्रोह भी करने लगे। अपने उच्च अधिकारियों से लड़ने-झगड़ने लगे; और तो और लूटपाट तक करने लगे। वे राज्यादेश तक की कोई परवाह नहीं करते थे।

साम्राज्य विस्तार की अपार भूख और संकीर्ण धार्मिक नीतियों के कारण धीरे-धीरे राजपूत, जाट, सतनामी और सिक्खों के असन्तोष ने उन्हें संगठित होने पर विवश किया और वे जोरदार टक्कर देने लगे। गोलकुंडा और बीजापुर के शिया शासकों को पराजित करने के बाद और बेकाबू मराठों के एकजुट होने तथा लगातार प्रतिरोध ने मुगल साम्राज्य को अन्दर से खोखला कर दिया। इसलिये डॉ. इरफान हबीब औरंगजेब की धार्मिक नीतियों से ज्यादा महत्त्व उस समय के कृषि संकट को देते हैं और किसानी असन्तोष को विद्रोह का मुख्य कारण बताते हुए बतौर एक शासक औरंगजेब की असफलता को ज्यादा प्रामाणिक तौर पर पुष्ट करते हैं। शान्ति काल में विकसित मुगल साम्राज्य एक स्थायी अशान्ति और अराजकता में प्रवेश कर चुका था और उसके तेजी से छीजने के स्पष्ट प्रमाण औरंगजेब के जीवन के आखिरी क्षणों में ही साफ दिखाई देने लगते हैं। भारत में कृषि ही राष्ट्रीय समृद्धि का मूल आधार थी। उद्योग-धन्धे अथवा व्यापार में लगे लोगों की आमदनी का स्रोत भी किसान ही थे। दूसरी स्थिति माल के आवागमन में शान्ति और सुरक्षा का संकट भी विकट समस्या बनी हुई थी। इससे उद्योग और व्यापार भी नष्ट होने लगे।

लगभग पच्चीस वर्षों तक दक्षिण भारत में चले युद्ध की निरन्तरता ने राज्य को आर्थिक तौर पर जर्जर बना दिया। उस समय मुगल सेना में एक लाख सत्तर हजार सैनिक थे और इससे अधिक संख्या पड़ावों के प्रबन्ध में लगे कर्मचारियों और नौकरों की थी। आप कल्पना कीजिये लाखों-लाखों की शाही सेना जिधर से लाव-लश्कर के साथ गुजरती अथवा जहाँ पड़ाव डालती वहाँ के गाँवों, खेतों, फसलों की क्या दुर्दशा होती होगी? उनके हजारों हाथी-घोड़े बेरोकटोक खड़ी फसलों को रौंद देते, खा जाते। डॉ. यदुनाथ सरकार ने लिखा है—"अपनी अन्तिम लड़ाई के बाद सन् 1705 ई. में जब औरंगजेब (तब उसकी उम्र 88 साल के आसपास थी) वापस लौटा तब तक सारा देश बरबाद होकर पूर्णतया वीरान हो चुका था—"न प्रान्तों के खेतों में फसलें रही थीं और न कोई वृक्ष ही, उनके स्थान पर वहाँ सब ओर मनुष्यों और ढोरों की हड्डियाँ बिखरी पड़ी थीं।" (मनुची) वे आगे लिखते हैं— "दक्षिण की इन लड़ाइयों के कारण प्रति वर्ष एक लाख मनुष्य तथा हाथी, घोड़े, ऊँट, बैल आदि सब मिलाकर तीन लाख जानवर मरते रहते थे। गोलकुंडा के घेरे के समय सन्

1687 ई. में अकाल पड़ा। सन् 1688 ई. में बीजापुर में भयंकर महामारी (प्लेग) फैली, जिसमें तीन महीने में कोई एक लाख स्त्री-पुरुष मर गए।''[34] अकाल और अनावृष्टि के साथ-साथ पड़ते प्रभावों के कारण शाही पड़ावों में भी खाने की सामग्री तथा अन्य जरूरत की वस्तुओं का भारी अभाव रहता और वहाँ भी हालात अकाल जैसे बन जाते थे।

90 वर्ष की उम्र में अपनी मृत्यु के मात्र दो वर्ष पूर्व तक वृद्ध बादशाह औरंगजेब सिर्फ किलों पर कब्जा करता रहा, युद्ध लड़ता रहा और अपनी विशाल सेना और प्रजा को भुखमरी में धकेलता रहा। यह कैसी बादशाही हुई? कैसी महानता? उसकी कट्टर धार्मिकता अथवा उदारता उसके सैनिकों अथवा प्रजा के किस काम की? कभी-कभी उन दिमागदार बुद्धिजीवियों पर आश्चर्य होता है जो दशकों-दशकों से उसकी कट्टरता, और कट्टरता नहीं पर बौद्धिक गुत्थमगुत्था मचाये चले आ रहे हैं। डॉ. यदुनाथ सरकार ने उस समय के समाज की जो दारुण और भयावह तस्वीर रखी है उसे पढ़ते हुए आदमी अन्दर से हिल उठता है। विविध मदों में भारी कर-वसूली, अशान्ति, असुरक्षा और प्राकृतिक आपदाओं से प्रभावित भूखे किसान लूटपाट और डकैती डालने लगे। वे अस्त्र-शस्त्र और घोड़े चुराकर या छीनकर जमा करने लगे और मराठों के साथ मिलकर लूट को धन्धा बना लिया। जाहिर है इसमें व्यापार पूरी तरह चौपट हो गया। प्रान्तीय सूबेदार शाही आदेशों की खुलेआम अनदेखी कर व्यापारियों का माल कम दाम पर बलपूर्वक लेकर ज्यादा दाम पर बेचने का भी धन्धा करने लगे। उद्योग प्रभावित हुआ तो कारीगरों के कौशल का भी लोप होने लगा। पहले शाही सेना से हुए प्रजा के नुकसान की बादशाह भरपाई करता था, जब धन का अभाव हुआ तो क्षतिपूर्ति का रिवाज भी बन्द हो गया।

शिवाजी के नेतृत्व में संगठित मराठों का दल या शिवाजी के मरने के बाद भी मराठी संगठित होकर मुगल शासित राज्यों में जमकर लूटपाट करते रहे। मुगल सेना उसके सामने विवश और लाचार थी। बेरड़े और पिंडारी दल बनाकर मराठों के पीछे लगे रहते थे। डकैती और लूट तो उनका वैध पेशा बन गया था, जो बहुत बाद में चलकर अंग्रेजों के लिये भी भारी सरदर्द साबित हुए। किसी को न उधार मिलता था और न अधिकारियों को घूस। औरंगजेब ने तब भी किसी की सलाह नहीं सुनी। डॉ. सरकार ने 'एनेकडोड्स-सं. 11' से औरंगजेब के अपने बेटे मुअज्जम को लिखे पत्र में से ये पंक्तियाँ उद्धृत की हैं—''रेगिस्तान और जंगलों में मेरे साथ घूमते रहने के कारण अब मेरे अधिकारी यह चाहने लगे हैं कि मेरी मृत्यु हो जावे।''[35] इस निरर्थक और निरुद्देश्य युद्ध से सैनिक भी निराश और हैरान थे। उनकी हिम्मत पस्त हो चुकी थी। जाहिर था ऐसे में लगान वसूली तो हो नहीं सकती थी और राज्य का खर्च रुक नहीं सकता था। राजकोष बड़ी तेजी से रिक्त होने लगा। जमींदार, जागीरदार,

गुमाश्ता या तहसीलदार किसानों का सब कुछ चूसकर भी अपना खर्च चला पाने की हालत में नहीं होते थे। ऐसे में वे राजकोष की चिन्ता भला कहाँ से करते? पूरा मुगल साम्राज्य एक विषम चक्कर में फँसकर तड़प रहा था।

डॉ. सरकार ने लिखा है कि उम्र के इस आखिरी पड़ाव पर पहुँचकर औरंगजेब अत्यन्त जिद्दी बन गया था। उसकी मनमानी और बढ़ती ही जा रही थी। किसी की हिम्मत नहीं पड़ती कि कोई उसकी बात काटे अथवा उसे अप्रिय लगनेवाली सलाह दे। वे लिखते हैं—''औरंगजेब स्वयं भी भविष्य की आशंकाओं से त्रस्त होकर निराशा के साथ दुखपूर्वक सिर हिलाता था और अपनी मृत्यु के बाद पूर्ण सर्वनाश होने की ही भविष्यवाणी करता था।''[36] उसके सामने से हटने के बाद अधिकारी, उमरा या अमीर के लिये उसके आदेश का कोई मतलब नहीं रहता था। बिल्कुल आखिर में तो हालत यह हो गयी थी कि आतंक और दबदबा तो दूर, उसकी किसी बात का उसी के अधिकारी या कर्मचारी के लिये कोई मतलब नहीं रह गया था। डॉ. सरकार ने एक घटना का वर्णन किया है कि वजीर का पौत्र मिर्जा तफ्ख्खुर अपने गुंडा दोस्तों के साथ महल से निकलकर दिल्ली के बाजार में किसी दुकान को लूट लेता था। पालकी में बैठकर यमुना नदी की ओर जानेवाली हिन्दू कन्याओं को जबरन उठाकर व्यभिचार करता था। अगर कभी किसी फरियादी की दरख्वास्त बादशाह तक पहुँच भी जाती थी तो वह उसके दादा वजीर के पास ही भेजकर अपने कर्त्तव्य को पूरा मान लेता था। अब औरंगजेब को लेकर इस बात पर बहस करने का क्या मतलब है कि वह कट्टर था या उदार? वह मुसलमानों का नायक था या खलनायक?

औरंगजेब को लेकर डॉ. सरकार का आकलन है कि ''किसी बड़े महकमे के अधिकारी के पद के लिये वह सर्वथा सुयोग्य और पूर्णतया उपयुक्त था। परन्तु उसमें यह प्रतिभा न थी कि आगे ज़न्म लेनेवाली भावी पीढ़ियों के जीवन और विचारों को नूतन ढाँचे में ढालने के लिये आवश्यक नयी नीति तथा नये नियमों को पहले से ही निश्चित कर उनको आरम्भ कर सकने योग्य वह बुद्धिवाला दूरदर्शी राजमर्मज्ञ बन सकता। यद्यपि अकबर निरक्षर था और यदाकदा वह अत्यधिक उग्र भी हो जाता था, परन्तु भारत के मुगल सम्राटों में केवल उसी में ऐसे राजमर्मज्ञ की अत्यावश्यक असाधारण बुद्धि पायी जाती थी।''[37] अकबर और औरंगजेब के परस्पर विपरीत ध्रुवान्तों और उत्कर्षों के मध्य मुगल-शासन को लेकर न तो पूरी तरह सकारात्मक और न पूरी तरह नकारात्मक धारणा कायम की जा सकती है। लेकिन इसमें भी सन्देह नहीं कि मुगलकाल ने भारतीय समाज के अनेक क्षेत्रों और विधाओं में उत्कर्ष और उदात्त के अनेक टीले रचे जिस पर आनेवाली पीढ़ियाँ गर्व कर सकें।

शाहजादा मुहम्मद आजम औरंगजेब जैसे ही उत्तराधिकार, युद्ध और विजय के

कलंकित इतिहास को दुहराने के लिये पूरी तरह बेचैन था। उसने पटना के सूबेदार शाह आलम के तीसरे बेटे अजीम उशान को वापस आने का आदेश जारी करवा दिया। वजीर असद खाँ को वह पहले ही अपने पक्ष में कर चुका था। कई अमीरों से भी उसने सम्पर्क साध रखे थे और वह इस फिराक में था कि मौका मिले तो अचानक धावा बोलकर कामबख्श को मार डाले। उसकी समस्या यह थी कि वह अपने वैमनस्य को छुपा नहीं पा रहा था। बूढ़े औरंगजेब के दिमाग के सारे तन्तु पूर्ववत काम कर रहे थे। उसने उसकी मंशा भाँप ली थी। उसने अपने विश्वस्त सुल्तान हुसैन को शहजादे की सुरक्षा के लिये कामबख्श की सेना का फौजबख्शी नियुक्त कर दिया।

1707 ई. के प्रारम्भ से ही औरंगजेब की तबियत खराब रहने लगी और वह कभी-कभी चेतनाशून्य भी हो जाता था। उसे इस बात का आभास हो गया कि अब उसका अन्त बिल्कुल करीब है। उसे आजम की हिंसक महत्त्वाकांक्षा बुरी तरह बेचैन कर रही थी। उसने शाहजादा कामबख्श को बीजापुर का सूबेदार बनाकर एक बड़ी सेना के साथ रवाना कर दिया। चार दिनों बाद मुहम्मद आजम को मालवा का सूबेदार बना उसे जोर देकर विदा किया। लेकिन वह इतना काइयाँ था कि धीरे-धीरे चल रहा था और जल्दी-जल्दी पड़ाव डाल रहा था। उसे लग रहा था कि बादशाह तो आज-कल में मरनेवाला है, इसलिये नजदीक होगा तो जल्द दिल्ली पहुँचकर बादशाही का पद हासिल कर लेगा।

बादशाह तेज बुखार के बावजूद दरबार और पाँचों नमाज को नहीं छोड़ रहा था। इन आखिरी दिनों में उसने अपने दोनों पुत्रों आजम और कामबख्श के नाम जो पत्र लिखे उसमें उनके पश्चाताप के मार्मिक भाव व्यक्त हुए हैं। वी. ए. स्मिथ इन पत्रों से बहुत प्रभावित हुए—"औरंगजेब के चरित्र और उसके कारनामों की आलोचना करनेवाला कठोर से कठोर आलोचक इन संवेदनशील पत्रों के लिखे गये विलापों से पसीज उठेगा। शायद ही कोई आलोचक अकेले मृत्यु-शय्या पर पड़े हुए इस बूढ़े व्यक्ति पर सहानुभूति प्रकट करने से हिचकेगा।"[38] औरंगजेब ने शयन-कक्ष से निकलकर फजीर की नमाज अदा की और माला लेकर 'ईश्वर एक है और मुहम्मद ही उसके एकमात्र सच्चे पैगम्बर हैं' जपता रहा। धीरे-धीरे उसकी साँस धीमी होती गयी, एक तरह की बेहोशी छाने लगी। जब तक उसकी साँस चली उसकी उँगलियाँ माला के मनकों पर चलती रहीं और वह होंठों से बुदबुदाता रहा। अल्लाह ताला ने उसकी आखिरी इच्छा पूरी कर दी थी। वह चाहता था उसकी मौत पवित्र शुक्रवार को ही हो। उसकी मौत 21 फरवरी 1707 ई. शुक्रवार को ही हुई। दौलताबाद के पास खुल्दाबाद में शेख जैनुद्दीन की समाधि के पास बिल्कुल सामान्य-सी कब्र में उसे सुपुर्दे-खाक किया गया, जैसी कि उसकी इच्छा थी।

सन्दर्भ-स्रोत—

1. औरंगजेब-सर यदुनाथ सरकार पृष्ठ-15
2. बर्नियर की भारत-यात्रा-अनु. गंगाप्रसाद गुप्त पृष्ठ-04
3. औरंगजेब-सर यदुनाथ सरकार पृष्ठ-32
4. बर्नियर की भारत-यात्रा-अनु. गंगाप्रसाद गुप्त पृष्ठ-16
5. बर्नियर की भारत-यात्रा-अनु. गंगाप्रसाद गुप्त पृष्ठ-30
6. बर्नियर की भारत-यात्रा-अनु. गंगाप्रसाद गुप्त पृष्ठ-31
7. औरंगजेब-सर यदुनाथ सरकार पृष्ठ-47
8. बर्नियर की भारत-यात्रा-अनु. गंगाप्रसाद गुप्त पृष्ठ-33
9. बर्नियर की भारत-यात्रा-अनु. गंगाप्रसाद गुप्त पृष्ठ-36
10. औरंगजेब-सर यदुनाथ सरकार पृष्ठ-50
11. शाहजहाँनामा-दामोदरलाल गर्ग पृष्ठ-251
12. बर्नियर की भारत-यात्रा-अनु. गंगाप्रसाद गुप्त पृष्ठ-48
13. बर्नियर की भारत-यात्रा-अनु. गंगाप्रसाद गुप्त पृष्ठ-1-62
14. बर्नियर की भारत-यात्रा- अनु. गंगाप्रसाद गुप्त पृष्ठ-64
15. बर्नियर की भारत-यात्रा-अनु. गंगाप्रसाद गुप्त पृष्ठ-65
16. बर्नियर की भारत-यात्रा-अनु. गंगाप्रसाद गुप्त पृष्ठ-68
17. बर्नियर की भारत-यात्रा-अनु. गंगाप्रसाद गुप्त पृष्ठ-70
18. बर्नियर की भारत-यात्रा-अनु. गंगाप्रसाद गुप्त पृष्ठ-106, 107
19. बर्नियर की भारत-यात्रा-अनु. गंगाप्रसाद गुप्त पृष्ठ-125
20. इतिहासकार का मतांतर-डॉ. मुबारक अली पृष्ठ-102
21. इतिहासकार का मतांतर-डॉ. मुबारक अली -पृष्ठ-102, 103
22. मध्यकालीन भारत (भाग-2)-सं. प्रो. हरीशचन्द्र वर्मा पृष्ठ-143
23. इतिहासकार का मतांतर-डॉ. मुबारक अली पृष्ठ-37
24. मध्यकालीन भारत में इतिहास लेखन, धर्म और राज्य का स्वरूप -डॉ. सतीशचन्द्र पृष्ठ-126
25. औरंगजेब-सर यदुनाथ सरकार पृष्ठ-90
26. मुगलकालीन भारत के आधुनिक उर्दू इतिहासकार-सफी उल्लाह खाँ पृष्ठ-87
27. मुगलकालीन भारत के आधुनिक उर्दू इतिहासकार-सफी उल्लाह खाँ पृष्ठ-67
28. इतिहासकार का मतान्तर-डॉ. मुबारक अली पृष्ठ-55
29. मध्यकालीन भारत में इतिहास लेखन, धर्म और राज्य का स्वरूप -डॉ. सतीशचन्द्र पृष्ठ-127
30. मुगलों की धार्मिक नीतियाँ : राजपूत-समुदाय और दक्खिन-डॉ. सतीश चन्द्र पृष्ठ-177
31. मुगलों की धार्मिक नीतियाँ : राजपूत-समुदाय और दक्खिन-डॉ. सतीश चन्द्र पृष्ठ-178
32. मुगलों की धार्मिक नीतियाँ : राजपूत-समुदाय और दक्खिन-डॉ. सतीश चन्द्र पृष्ठ-206
33. मुगलों की धार्मिक नीतियाँ : राजपूत-समुदाय और दक्खिन-डॉ. सतीश चन्द्र पृष्ठ-214-215
34. औरंगजेब-सर यदुनाथ सरकार पृष्ठ-332,333

35. औरंगजेब-सर यदुनाथ सरकार पृष्ठ-336
36. औरंगजेब-सर यदुनाथ सरकार पृष्ठ-339
37. औरंगजेब-सर यदुनाथ सरकार पृष्ठ-349
38. मुगलकालीन भारत-डॉ. कौलेश्वर राय पृष्ठ-203

परिशिष्ट

1. आजम के नाम औरंगजेब का अन्तिम पत्र

''तुम्हें शुभ शान्ति प्राप्त हो!

''बुढ़ापा आ गया और दुर्बलता बहुत बढ़ गयी है; मेरे अंग-प्रत्यंग शक्तिहीन होते जा रहे हैं। मैं अकेला ही आया था और एकाकी ही जा रहा हूँ। मैं नहीं जानता कि मैं कौन हूँ और अब तक क्या करता रहा हूँ। पूजा-प्रार्थना में बीते समय के अतिरिक्त जो भी दिन मैंने यहाँ बिताये हैं, उनसे मुझे खेद के अतिरिक्त कुछ नहीं मिला। न मैंने साम्राज्य पर ही कोई (सच्चा) शासन किया और न मैं अपनी प्रजा का पालन ही कर पाया।

''ऐसा बहुमूल्य जीवन व्यर्थ ही बीत गया। मेरा स्वामी सदैव मेरे घर में विद्यमान रहा है, किन्तु मेरी अन्धी आँखें उसके वैभव को नहीं देख सकती हैं। जीवन स्थायी नहीं होता है; गये-बीते दिनों का कोई चिह्न भी नहीं रह जाता है; और भविष्य से कोई भी आशा नहीं की जा सकती है।

''मेरा ज्वर उतर गया है, और पीछे रह गये हैं केवल चमड़ी और यह ऊपरी भूसा। मेरा पुत्र कामबख्श, जो बीजापुर गया है, मेरे पास ही है। और तुम तो उससे भी निकट हो। मेरे पुत्रों में से प्यारा शाहआलम ही सबसे अधिक दूर है। उस परमात्मा की इच्छानुसार ही पौत्र मुहम्मद अजीम (बंगाल से लौटकर) हिन्दुस्तान के पास तक आ पहुँचा है।

''मेरे सारे सैनिक भी मेरे समान ही असहाय हतबुद्धि और घबराये हुए हैं। अपने प्रभु को छोड़ देने के कारण ही मैं पारे के समान चंचल और उद्विग्न हूँ। वे (सैनिक) यह नहीं सोचते कि हमारा स्वामी परमपिता (सदैव हमारे) साथ है। मैं अपने साथ (इस जगत में) कुछ भी नहीं लाया था, और अब अपने पापों का भार मैं अपने साथ ले जा रहा हूँ। मैं नहीं जानता हूँ कि मुझे क्या दंड मिलनेवाला है। यद्यपि मुझे उसकी उदारता और दया की पूरी-पूरी आशा है, फिर भी अपने किए हुए कर्मों के कारण ही यह चिन्ता मुझे नहीं छोड़ती है। जब मैं अपने आपसे ही विदा हो रहा हूँ तब दूसरा और कौन मेरे साथ रहेगा?

हो कैसा भी वहाँ तूफान,
डाल रहा हूँ जल में अपनी नौका मैं अनजान।

''यद्यपि वह परम पालक अपने दासों को बचाता ही रहेगा, फिर भी बाहरी दुनिया की दृष्टि से तो मेरे पुत्रों का यह कर्तव्य है कि उसके (ईश्वर के) जीव और मुसलमान व्यर्थ ही नहीं मारे जावें।

''मेरे पौत्र बहादुर को (अर्थात् बेदारबख्त को) मेरा अन्तिम आशीर्वाद पहुँचा देना। विदाई के समय मैं उसे नहीं देख सका हूँ। उससे मिलने की इच्छा रह गयी। जैसा कि दिखाई देता है, बेगम दुख के मारे सन्तप्त है, किन्तु ईश्वर सबके हृदयों का स्वामी है। दृष्टि अदूरदर्शी हो जाने पर निराशा के अतिरिक्त कुछ भी हाथ नहीं लगता।

''विदा! विदा! अल्विदा!''

2. कामबख़्श के नाम औरंगजेब का अन्तिम पत्र

''मेरा पुत्र, मेरे कलेजे (के समान, जो मेरे दिल के निकट है)! यद्यपि अपने प्रभुत्व-काल में मैंने ईश्वरेच्छा के प्रति आत्मसमर्पण करने की सलाह दी, और जहाँ तक भी सम्भव हो सका अपनी शक्ति से भी परे तदर्थ प्रयत्न किया, किन्तु ईश्वर को यह मंजूर नहीं था, और किसी ने भी मेरी एक न सुनी। अब मैं मर रहा हूँ एवं इस सम्बन्ध में मेरे कुछ भी कहने से कोई लाभ नहीं होगा। जो भी पाप और कुकर्म मैंने किये हैं उनका भार मैं अपने साथ ही ले जाऊँगा। कैसी विचित्र बात है कि मैं (जगत में) अकेला ही आया था और (अब) अपने साथ इतना (बड़ा) काफिला लिये वापस लौट रहा हूँ। जिस ओर भी मैं दृष्टि डालता हूँ, वहाँ उस ईश्वर के अतिरिक्त दूसरा कोई भी इस काफिले का नायक नहीं दिख पड़ता है। सेना तथा दलानुयायियों की चिन्ता के मारे ही मेरा मस्तिष्क उदास हो गया है और इस अन्तिम समय में भी उसी की आशंकाएँ मुझे सता रही हैं। यद्यपि ईश्वर अपने प्राणियों की सुरक्षा का भार उठावेगा, किन्तु साथ ही मेरे पुत्रों और मुसलमानों का भी यह कर्तव्य है। जब मेरा शारीरिक बल भरपूर था, तब मैं यत्किंचित भी उनकी सुरक्षा नहीं कर सकता; और अब तो मैं अपने आपकी भी देखरेख नहीं कर सकता हूँ। मेरे अंगों का हिलना-चलना भी बन्द हो गया है। जो साँस निकल जाती है उसके वापस लौटने की भी कोई आशा नहीं रहती। ऐसी अवस्था में सिवाय प्रार्थना के और मैं कर ही क्या सकता हूँ? मेरी बीमारी के समय तुम्हारी माता उदयपुरी ने (बेगम ने) मेरी सेवा-शुश्रुषा की; वह तो मेरे साथ (दूसरे लोक में) चलने को इच्छुक है। तुम्हें और तुम्हारे बच्चों को मैं ईश्वर के भरोसे छोड़ता हूँ। मैं तो काँप रहा हूँ। तुमसे मैं विदा लेता हूँ...सांसारिक लोग धोखा ही देते हैं; (अक्षरशः अर्थ होगा—गेहूँ का नमूना दिखाकर वे जौ ही बेचते हैं); उनकी ईमानदारी पर विश्वास करके ही कोई काम न करो। संकेतों और लक्षणों द्वारा ही काम किया जाना चाहिए। दारा शिकोह ने ठीक प्रबन्ध

नहीं किया था, जिससे वह अपने ध्येय तक पहुँचने में असफल रहा। उसने अपने सैनिकों का वेतन पहिले से भी बहुत अधिक बढ़ा दिया था, किन्तु जब आवश्यकता हुई तब उसके प्रति उनकी सेवाएँ दिनो-दिन घटती ही गयीं। इसी कारण वह दुखी था। अपनी शतरंजी की सीमा के भीतर ही पाँव रखो।

"जो कुछ भी मुझे तुम्हें कहना था, वह यहाँ बता दिया है। अब मैं विदा लेता हूँ। इस बात का पूरा-पूरा ध्यान रखो कि किसान और प्रजा व्यर्थ ही बर्बाद न हों, और मुसलमान न मारे जावें, अन्यथा इस सबका दंड मुझे भुगतना पड़ेगा।" (इंडिया ऑफिस में संगृहीत, हस्तलिखित ग्रन्थ सं. 1344, प. 26 अ)।

3. औरंगजेब का अन्तिम वसीयतनामा

(इण्डिया आफिस लायब्रेरी में संगृहीत, हस्तलिखित ग्रन्थ सं. 1344, प. 49 ब। कहा जाता है कि औरंगजेब के ही हाथ का लिखा हुआ यह कागज उसकी मृत्यु-शय्या के तकिये के नीचे पड़ा मिला था।)

मैं (अपने जीवन-भर) असहाय था, और अब वैसा ही निस्सहाय मैं यहाँ से विदा ले रहा हूँ। मेरे जिस किसी भी पुत्र को सम्राट् बनने का सौभाग्य प्राप्त हो, उसे चाहिए कि यदि बीजापुर और हैदराबाद के दो प्रान्त लेकर ही कामबख्श सन्तुष्ट हो जावें तो उसको वह नहीं सतावे। असद खाँ से अच्छा वजीर न हुआ है और न (आगे भी कभी) होगा। दक्षिण का दीवान दयानत खाँ अन्य शाही अधिकारियों से बेहतर है। अपने जीवन-काल में साम्राज्य के बँटवारे का मैंने जो प्रस्ताव किया था, उसे स्वीकार कर लेने के लिये मुहम्मद आजम शाह से स्वामिभक्तिपूर्ण आग्रह के साथ प्रार्थना की जावे; अगर वह उसके लिये तैयार हो जावे तो विभिन्न सेनाओं में कोई युद्ध नहीं होंगे और न मनुष्यों की हत्या ही होगी। मेरे वंशपरम्परागत सेवकों को न तो नौकरी से अलग किया जावे और न उनको सताया जावे। सिंहासनारूढ़ होनेवाले को दिल्ली और आगरा के सूबों में से कोई भी एक सूबा लेना चाहिए। जो कोई भी आगरा सूबा लेने को तैयार हो उसे पुराने साम्राज्य के चार सूबे—आगरा, मालवा, गुजरात और अजमेर तथा उनके साथ सम्बद्ध चकले भी तथा दक्षिण के चार सूबे—खानदेश, बरार, औरंगाबाद और बीदर तथा उनके बन्दरगाह भी मिलेंगे। जो दिल्ली सूबा लेने को सहमत होगा उस पुराने साम्राज्य के ग्यारह सूबे—दिल्ली, पंजाब, काबुल, मुलतान, थत्ता, कश्मीर, बंगाल, उड़ीसा, बिहार, इलाहाबाद और अवध मिलेंगे। (फ्रेजर कृत 'नादिरशाह', पृ. 36-37 पर इस बँटवारे का दूसरा पाठान्तर दिया है; अविनकृत 'लेटर मुगल्ज', 1, पृ. 6 भी देखो।)

हामिदुद्दीन खान-बहादुर कृत अहमकाम-इ-आलमगीरी में औरंगजेब का कहा जानेवाला एक दूसरा वसीयतनामा दिया गया है। (इस ग्रन्थ का मूल भाग तथा

अनुवाद मैंने 'एनेकडोट्स् आफ औरंगजेब' नाम से प्रकाशित किया है; देखो उसका अध्याय 8)। वह इस प्रकार है—

"मैं ईश्वर की वन्दना करता हूँ। उसके जो सेवक (उसकी भक्ति में लगकर) स्वयं पवित्र हो गये हैं, और जिनसे वह सन्तुष्ट है, उन्हें मैं आशीर्वाद देता हूँ।

अपनी अन्तिम वसीयत और मृत्यु-लेख (के रूप में मेरे कुछ निर्देश ये) हैं—

(1) अन्याय में डूबे हुए इस पापी की (मेरी ओर से हसन को परमात्मा शान्ति प्रदान करें—पवित्र कब्र को (वहाँ चढ़ाये गये कपड़े से) ढाँक देना, क्योंकि पाप के सागर में डूबे हुओं के लिये दया और क्षमा के उस स्रोत का सहारा लेने के अतिरिक्त उनकी रक्षा का दूसरा कोई उपाय नहीं है। इस महान पुण्यात्मक कार्य को पूरा करने के साधन मेरे पुत्र शाहजादे आलीजाह के (आजम के) पास हैं; वह उनसे प्राप्त करो।

(2) मेरी सी-हुई टोपियों की कीमत से प्राप्त आमदनी में से बचे हुए चार रुपये और दो आने महलदार आलाबेग के पास जमा हैं। उससे लेकर वह रकम इस असहाय प्राणी का कफन मोल लेने में व्यय की जावे। कुरान-नकल द्वारा कमाए गए तीन सौ पाँच रुपये मेरे व्यक्तिगत व्यय के लिये मेरे बटुए में हैं। मेरी मृत्यु के दिन उन्हें फकीरों को बाँट देना। कुरान नकल कर कमाये हुए धन को शिया सम्प्रदाय वाले आदरणीय समझते हैं, अतएव उसे मेरे कफन आदि अन्य आवश्यक वस्तुओं पर व्यय न करना।

(3) अन्य आवश्यक वस्तुएँ शाहजादे आलीजाह के कर्मचारी से ले लेना, क्योंकि मेरे पुत्रों में वही मेरा निकटतम उत्तराधिकारी है, और (मुझे दफनाते समय) उचित या अनुचित (विधि) का सारा ही उत्तरदायित्व उसी पर है; यह बेबस व्यक्ति (अर्थात् औरंगजेब) उनके लिये जवाबदेह नहीं है, क्योंकि मुर्दों का तो सब-कुछ ही पीछेवालों की दया पर निर्भर रहता है।

(4) सच्चे मार्ग से बहक कर दूर पथभ्रष्ट की घाटी में इस भटकनेवाले को खुले सिर ही गाड़ देना, क्योंकि जो कोई भी बरबाद पापी उस सम्राटों-के-सम्राट के (ईश्वर के) सामने खुले सिर पहुँचता है, वह अवश्य ही उसकी दया का पात्र बन जाता है।

(5) मेरी अर्थी पर के कफन को गाजी नामक सफेद मोटे कपड़े से ढाँकना, उस पर कोई तम्बू खड़ा नहीं किया जावे। गायकों (के जुलूस) की-सी नयी रस्में न करना। पैगम्बर के मौलाद के समान कोई उत्सव भी तब नहीं मनाया जावे।

(6) साम्राज्य के शासन के (अर्थात् मेरे उत्तराधिकारी के) लिये यह उचित होगा कि इस लज्जाविहीन प्राणी के साथ जो बेचारे सेवक मरुभूमि और (दक्षिण के) उजाड़ जंगलों में मारे-मारे फिरते रहे हैं, उनके प्रति दयापूर्ण बर्ताव करें।

यदि उन्होंने प्रकट रूप से कोई अपराध किये हों, तब भी दयालुता दिखा (उनके अपराधों की) उपेक्षा कर उदारतापूर्वक उन्हें क्षमा ही प्रदान करना।

(7) मुतसद्दी के काम के लिये ईरानियों से बढ़कर दूसरी किसी जाति के व्यक्ति नहीं होते हैं। सम्राट हुमायूँ के समय से लेकर अब तक युद्ध में भी इस जाति के किसी ने भी युद्ध-क्षेत्र से मुँह नहीं मोड़ा है, उनके सुदृढ़ पाँव कभी नहीं उखड़े हैं। अपने स्वामी की आज्ञाओं का उल्लंघन या उसके प्रति विश्वासघात का अपराध उनसे कभी नहीं हुआ है। किन्तु उन्होंने इस बात पर सदैव जोर दिया है कि उनके प्रति विशेष आदर के साथ निर्वाह होना सदैव कठिन ही रहा है। किसी तरह उनका समाधान कर बड़ी ही चतुराई के साथ तुम्हें उनके प्रति व्यवहार करना चाहिए।

(8) तूरानी लोग सदैव सैनिक ही रहे हैं। आक्रमण करने, धावा मारने, रात के समय छापा मारने और शत्रु को पकड़ने में वे बड़े ही चतुर होते हैं। युद्ध करते-करते वापस हटने की आज्ञा पाकर अर्थात् दूसरे शब्दों में चढ़े हुए तीर को पीछा उतार लेने में भी कोई आशंका, निराशा या लज्जा की भावना उन्हें बिल्कुल ही नहीं सताती है। (युद्ध में) अपने स्थान से न हटकर अपना सिर तक कटवाने की हिन्दुस्तानियों की-सी घोर जड़ता से वे सैकड़ों कोस दूर हैं। इस जाति के प्रति तुम्हें हर तरह की कृपा दिखानी चाहिए, क्योंकि कई एक अवसरों पर वे जैसी महत्त्वपूर्ण आवश्यक सेवा कर सकते हैं वैसी दूसरे कोई नहीं कर सकते।

(9) बारहा के सैयद पूज्य हैं, एवं उनके प्रति तुम्हारा बर्ताव कुरान की इस आयात के अनुसार होना चाहिए, ''(पैगम्बर के) निकट सम्बन्धियों को उनके अधिकार के अनुसार सब कुछ दो।'' पुनः उनका आदर करने तथा उनके प्रति कृपा दिखाने में कभी ढिलाई न करो। पवित्र आयत में लिखा है, ''मैं कहता हूँ कि इसके लिये बदले में (मेरे) सम्बन्धियों के प्रति प्रेम के सिवाय मैं तुमसे और कुछ नहीं चाहता'', तदनुसार इस घराने के प्रति स्नेह (मुहम्मद साहब की) पैगम्बरी का उपहार-मात्र है, एवं उनके प्रति वह प्रदर्शित करने में भूल न करो और उसका फल तुम्हें इस लोक तथा परलोक दोनों में मिलेगा। किन्तु बारहा के इस सैयदों के साथ अपने व्यवहार में तुम्हें पूरी-पूरी सावधानी बरतनी चाहिए। हृदय में उनके प्रति पूरा प्रेम रखो, किन्तु प्रत्यक्ष रूप से कभी उनको ऊँचा पद न दो, क्योंकि एक बार शासन में पूर्ण शक्ति प्राप्त कर लेने के बाद स्वयं सम्राट बनने की इच्छा होने लगती है। यदि कभी तुमने यत्किंचित भी उनके हाथ में शासन सौंपा तो उसका परिणाम तुम्हारा अपना ही अपमान होगा।

(10) जहाँ तक भी किसी प्रकार सम्भव हो एक साम्राज्य के शासक को तो इधर-उधर घूमते रहने से कदापि नहीं घबराना चाहिए। किसी एक ही स्थान पर उसे बहुत काल तक नहीं ठहरना चाहिए। यद्यपि एक स्थान पर ठहरने से उसे ऊपरी तौर पर विश्राम मिलेगा, किन्तु वास्तव में उससे हजारों आपदाएँ और कष्ट उसके सिर पर आ पड़ेंगे।

(11) अपने पुत्रों पर कभी विश्वास न करो, और न अपने जीवन-काल में ही उनके साथ घनिष्टता का बर्ताव करो। क्योंकि यदि सम्राट शाहजहाँ ने दारा शिकोह के साथ ऐसा बर्ताव नहीं किया होता तो उसका खेदजनक अन्त नहीं होता। सदैव इस कहावत को ध्यान में रक्खो कि—''सम्राट के शब्द सदैव निष्फल ही रहते हैं।''

(12) साम्राज्य के समाचारों की पूरी जानकारी रखना ही शासन का प्रधान आधार-स्तम्भ है। एक क्षण की असावधानी के फलस्वरूप अनेक वर्षों तक अपमान भुगतना पड़ता है। मेरी ही लापरवाही से वह नराधम शिवा निकल भागा, और (उसका परिणाम यह हुआ कि) मुझे अपने जीवन के अन्त तक (मराठों के विरुद्ध) कड़ी मिहनत करनी पड़ी।

(संख्याओं में) बारह एक पवित्र संख्या है, अतएव मैंने भी बारह आदेशों से ही इसे समाप्त किया है।

यदि तुम इस (शिक्षा को) ग्रहण करोगे तो मैं तुम्हारी बुद्धि को प्यार करूँगा।

यदि तुमने उसकी अवहेलना की तो अफसोस! सद् अफ सोस!!

(साभार : औरंगजेब-डॉ. यदुनाथ सरकार, पृष्ठ 284-289)

औरंगजेब के कुछ फरमान

1. नगर-सेठ को शत्रुंजय तथा अबू मन्दिर को जमीन देने सम्बन्धी फरमान : सोनार सतीदास ने दरबार के गणमान्य लोगों के मार्फत महामहिम तक बात कहलवायी है कि बादशाह के फरमान के मुताबिक बादशाह जो सुलेमान के माफि क सम्माननीय है, जो मुहम्मद साहब के दरबार के रक्षक हैं, वो मुहम्मद साहब जो स्वयं ईश्वर की छाया है, ने रमजान महीने की उन्नीस तारीख साल 31 को पलीताना जिले में जो कि सोरठ सरकार के अधीन सतरंजा भी कहलाता है, अहमदाबाद (जहाँ का राजस्व दो लाख दाम है) उसी सूबे का अधीनस्थ हिस्सा है, उसको अर्जीदाता के नाम हमेशा के लिये ईनाम घोषित किया जाता है। अर्जीदाता इस बात की उम्मीद लगाये हुए है कि दरबार एक बड़ा आदेश जारी कर देगा। इसलिये पहले की तरह हम अर्जीदाता को फिर से

उक्त जिला ईनाम के रूप में देते हैं। अब वर्तमान तथा भावी सूबा मैनेजरों का दायित्व है कि इस अध्यादेश का पालन करवायें, उस जिले को अर्जीदाता के अधीन ही रहने दें। पीढ़ी-दर-पीढ़ी उसी की सन्तानों के पास यह जमीन रहे। उन्हें कर से मुक्त रखा जाय। हर साल उनसे नया सनद न माँगा जाय और वे इस आदेश का उल्लंघन न करें।

(हिजरी 1068, 1658 ई.) (Memorial submitted to chief secretary of India by Jains in 1923 ई.)

2. शान्तिदास जौहरी पुत्र सहस भाई जो श्रावक सम्प्रदाय के हैं उन्होंने बड़ी उम्मीद से विशेष कृपा की माँग की है, इसलिये यह फरमान जारी किया जाता है। इन्होंने सैन्य अभियान के समय रसद मुहैया करायी थी। ये विशेष पुरस्कार की उम्मीद करते हैं। इसलिये अहमदाबाद के अधीन पलीताना गाँव और शत्रुंजय के रूप में जानी जानेवाली पहाड़ी जिस पर मन्दिर स्थित है, उसे हम श्रावक समुदाय के शान्तिदास जौहरी को देते हैं। पहाड़ी पर की लकड़ी और जलावन भी इसी समुदाय की सम्पत्ति होगी जिसे वे मन-मुताबिक उपयोग कर सकते हैं। जो कोई भी शत्रुंजय पहाड़ी तथा इसके मन्दिर की देखभाल करेगा उसे पलीताना के राजस्व पर अधिकार होगा। वे इसके लिये शासन की सलामती के लिये प्रार्थना करेंगे। यह निहायत जरूरी है कि अधिकारी, जागीरदार तथा वर्तमान भावी करोड़ी किसी भी हालत में इस फरमान का उल्लंघन न होने दें।

   इसके अलावा जूनागढ़ में गिरनार के नाम से मशहूर पहाड़ है तथा अबूजी में भी एक पहाड़ी है जो सिरोही के अधीन है—हम ये दो पहाड़ी श्रावक समुदाय के शान्तिदास जौहरी को विशेष ईनाम के रूप में देते हैं जिससे वे पूरी तरह सन्तुष्ट हो जायँ। अधिकारी इस आदेश का पूरा पालन होने दें। कोई राजा इन्हें रोके नहीं, बल्कि वे इनकी मदद करें तो बादशाह प्रसन्न होंगे। वे हर वर्ष नयी सनद न माँगें। यदि कोई इस गाँव पर दावा ठोके तथा इन पहाड़ियों पर भी तो वह जनता तथा ईश्वर दोनों के शाप का भागी होगा। शान्तिदास को एक अलग से भी सनद दिया गया है।

   महान रजब हिजरी साल 1070, (12 मार्च 1660 ई.) (Journal of Bombay University Vol. I Page 54)

3. हवेली मुहम्मदाबाद जो बनारस सूबा इलाहाबाद के नाम से जाना जाता है—के अधिकारियों को सूचित किया जाता है कि परगना बनारस के निवासी अर्जुनमल और जंगम (शैव सम्प्रदाय के) इन दोनों ने बादशाह के सामने हाजिर होकर शिकायत की है कि बनारस का रहनेवाला नाजिरबेग जोर-

जबर्दस्ती से पाँच हवेलियों पर कब्जा कर चुका है। ये हवेलियाँ कस्बा बनारस में थीं और उनकी थीं। इसलिये यह आदेश दिया जाता है कि उनका मुकद्दमा सही पाया गया और अर्जी सही पायी गयी तो अब उन हवेलियों पर नाजिरबेग को जाने की इजाजत नहीं दी जाएगी ताकि भविष्य में जंगम (शैव सम्प्रदाय के) मेरे सामने शिकायत लेकर न आये। (जंगम्बरी मठ के महन्त से प्राप्त सनद 1672 ई.)

4. परगना हवेली बनारस सूबा इलाहाबाद के सभी वर्तमान और भावी जागीरदारों और करोड़ियों को सूचित किया जाता है कि बादशाह के तारीख 9 अमरदाद इलाही के आदेश के अनुसार 178 बीघा जमीन जंगमों को दान में दिया गया ताकि वे अपना भरण-पोषण करें। यह जमीन उन लोगों को खरीफ फसल के प्रारम्भ में ही लौटा दिया जाय, जैसा पहले होता था। उनको कोई तंग न करे ताकि ये हर फसल का मुनाफा उपयोग कर सकें और बादशाह के राज की मौजूदगी के लिये दुआ कर सकें। इसमें उनको चूकना नहीं है न ही कोई विपरीत काम करना है।

    परगना हवेली बनारस सूबा इलाहाबाद के वर्तमान तथा भावी अधिकारियों को सूचित किया जाता है कि परगना बनारस की जमीन अपने रख-रखाव के लिये 178 बीघा जमीन जंगमों को दी गयी है। ये जंगम पिछली दफा बादशाह के दरबार में उपस्थित हुए थे। उनके अधिकार प्रमाणित हैं और जमीन आज भी उन्हीं के कब्जे में है। ये जमीन पहले की तरह उन्हीं को दी गयी है। शहंशाह के प्रति वे समर्पित हैं। उक्त जमीन को मुफ्ती जमीन माना जाय ताकि वे इसका उपयोग कर सकें ताकि बादशाह के राज की सलामती के लिये दुआ कर सकें।

    (कृष्णागिरि द्वारा जगतगुरु श्री महन्त मलिक अर्जुन स्वामी के विरुद्ध 1934 में दाय मुकद्दमे के साथ संलग्न पत्रक। दिनांक 11 शाबान सान 13 जुलूस 1972 ई.)

5. इस शुभ समय में एक गरिमापूर्ण फरमान जारी किया गया कि 588 दीरा माप का एक भूखंड गंगा के किनारे बेनीमाधव घाट पर स्थित (एक भूखंड रामजीवन गोसाईं के घर के सामने और केन्द्रीय मस्जिद के पीछे स्थित तथा दूसरा उसके कुछ आगे जाकर स्थित) बिना किसी मकान के जो परती जमीन है वह बैतुल मल की है, उसे हमने ईनाम स्वरूप रामजीवन गोसाईं और उसके बेटे को दे दिया है। वह इस जमीन पर धार्मिक ब्राह्मणों तथा पवित्र साधुओं को घर बनाने दें और स्वयं ईश्वराधन करें। हमारे ईश्वर द्वारा दिये गये साम्राज्य जो अनन्त काल तक बना रहेगा—उसकी सलामती के लिये प्रार्थना

करें। इस तरह एक बन्धन रहेगा हमारे काबिल पुत्रों, माननीय मन्त्रियों, सामन्तों, उमराओं, बड़े अधिकारियों, दरोगाओं तथा वर्तमान और भावी कोतवालों को कि वे इस फरमान को लागू रहने देंगे। जमीन इनके कब्जे में रहने देंगे तथा इन्हें करमुक्त रखेंगे और हर साल इनसे सनद नहीं माँगेंगे।

6. गौहाटी फरमान : सरकार दखिल कुल परगना पांडु पट्य बेंगेसर सभी वर्तमान-भावी प्रशासकों, चौधरियों, कानूनगों, मुकद्दमों और किसानों को सूचित किया जाता है कि ग्राम सरकार की 2.5 बिस्वा जमीन, जिसका कुल राजस्व जमा तीस रुपये है, पूर्व के शासकों के अनुसार उमानन्द के पुजारी सुदामा तथा उनके पुत्रों के नाम था। आज के समय में इस जमा राशि से बीस रुपये उक्त गाँव का महसूल अदा होता है। इसके अलावा शेष राशि तथा जंगल इन्ताखाली गाँव से लिया जाता है। इस राशि को उपर्युक्त प्राप्तकर्ता के रख-रखाव के लिये सदा के लिये दिया जाता है। अधिकारी यह जान लें—यह उनके भरण-पोषण तथा भोग के लिये है ताकि वे साम्राज्य की सलामती के लिये प्रार्थना करते रहें। उन्हें इनसे कोई कर नहीं लेना है, न ही नया सनद माँगना है। इस बाध्यता का उन्हें उल्लंघन नहीं करना है।

(Journal of Assam Research Society Jan-Aril 1942 Page 1-12)

7. हमारी व्यक्तिगत एवं स्वाभाविक सद्भावनाएँ समग्र रूप से ऐसी दिशा में झुकी हुई हैं कि जिससे जनता की भलाई और देश में रहनेवालों का सुधार हो तथा हमारे धर्म में ऐसा निश्चित है कि प्राचीन मन्दिर कतई न तोड़े जाएँ और नये मन्दिर न बनवाये जाएँ। हमारे न्यायपूर्ण राज्य में यह सूचना मिली है कि कुछ लोग बनारस के रहनेवाले हिन्दुओं पर और उसके आस-पास अन्य रहनेवालों पर, वहाँ के रहनेवाले ब्राह्मणों पर, जो कि मन्दिरों का इन्तजाम करते रहे हैं, हस्तक्षेप कर अत्याचार करते हैं और चाहते हैं कि वहाँ का प्रबन्ध, जो चिरकाल से ब्राह्मणों के हाथ में है, छीन लें। इस कारण वे लोग बहुत परेशान और बेहाल हैं। अत: यह आदेश भेजा जाता है कि इस फरमान के पहुँचने के साथ ही दृढ़ता के साथ यह घोषित कर दिया जाए कि कोई भी व्यक्ति किसी भी कारण इन ब्राह्मणों और इस स्थान के रहनेवाले अन्य हिन्दुओं को बिल्कुल न छेड़े और न उन्हें परेशान करें। वे पूर्ववत अपनी जगह और अपने मकान पर रहकर शान्तिपूर्वक हमारे शासन के स्थायित्व के लिये सदैव प्रार्थना करते रहें। इस आदेश को बहुत जरूरी समझा जाए।

8. इलाहाबाद सूबे के कालिंजर परगना के अन्तर्गत चित्रकूट पुरी के निर्वाणी महन्त बालकदास को श्री ठाकुर बालाजी महाराज की पूजा और भोग के लिये बिला लगानी (माफी) आठ गाँव—देवखरी, हिनौता, चित्रकूट, रोदेरा, सिरिया,

पढेरी, जरवा और दोहरिया दान के तौर पर दिये गये हैं और राठ परगना के जाराखाड गाँव की डेढ़ सौ बीघा जमीन और अमरावती गाँव की एक सौ अस्सी बीघा जमीन (कुल तीन सौ तीस बीघा) बिला लगान और कोनी-परोष्ठा परगना की लगान वसूली से एक रुपया रोजाना अनुदान मंजूर किया जाता है।

तारीख 19 रमजान के पवित्र महीने की 19 वीं तारीख को आलमगीर बादशाह के शासन के 35 वें वर्ष में यह फरमान जारी किया गया। वाकये नवीस रफीउल्लाह सआदत खाँ। यह फरमान रमजान की 25 वीं तारीख दिन शनिवार को शाही रजिस्टर में दर्ज किया गया। इसे शाही कागजात में दर्ज किया नाजिम आफताब खाँ ने। (अनुवाद—सीताराम शरण)

मुगलकाल का पतन : उत्तर औरंगजेब

(1707–1857 ई.)

भारतीय स्वाधीनता आन्दोलन के दौरान पाकिस्तान के पक्ष में कई मुस्लिम नेताओं का यह तर्क रहता था कि उनकी कौम ने लम्बे समय तक भारत में जिस कौम पर राज किया है, अब वे उसी के अधीन कैसे रह सकते हैं? इसका सबसे सशक्त उत्तर डॉ. भीमराव बाबा साहब अम्बेडकर ने दिया था। हिन्दू–मुस्लिम दोनों सम्प्रदायवादियों को निरुत्तर कर देनेवाला ऐसा लेखन और किसी भारतीय राजनेता का नहीं है। पाकिस्तान के ही प्रख्यात इतिहासकार डॉ. मुबारक अली ने इस पर सवाल उठाते हुए ऐसी सोच और ऐसे दृष्टिकोण की तीखी आलोचना की है। वाकई किसी शासक की कौम या जाति को उसके वर्ग से अलग कर खुद को अथवा किसी कौम या जाति से जोड़कर शासक होने के अहसास में अहम पालने से बड़ी कोई हास्यास्पद बात नहीं हो सकती। लोगों में इस तरह के अहसास का अहम बना रहे, यह शासक के बिल्कुल हित में होता है। वह खुद ऐसा उपक्रम भी करता रहता है कि लोगों में यह भ्रम बना रहे। लेकिन इस दौर के इतिहास और इसके शासकों को देखते हुए आश्चर्य इस बात पर होता है कि कैसे कोई समझदार, सचेत और स्वाभिमानी मुसलमान ऐसे शासकों पर गर्व करेगा और उससे खुद को जोड़कर उससे गौरव-बोध भी महसूस होगा? खास तौर से अन्तिम सबल मुस्लिम बादशाह औरंगजेब की 1707 ई. में मौत से 1857 ई. की राजक्रान्ति तक के बीच आये मुस्लिम मुगल शासकों को लेकर।

औरंगजेब के कुल पाँच बेटे थे। उनमें एक मुहम्मद सुल्तान को वह बहुत चाहता था और शायद उसे ही अपना उत्तराधिकारी भी बनाना चाहता था। लेकिन वह इतना अधीर, उतावला और अदूरदर्शी था कि वह राज्य और शासक के मोहक तिलिस्म को तनिक भी समझ नहीं सका। जिस औरंगजेब ने राज्य के लिये अपने सगे भाइयों को अमानुषिक यातनाएँ देकर उनका वध किया था, अपने बादशाह पिता

को जीवन के आखिरी आठ साल जेल में गुजारने को विवश किया था, उन पर तरह-तरह की पाबन्दियाँ लगा दी थीं; उसी औरंगजेब के सामने उसने खुद को सम्राट घोषित कर खुली चुनौती दे दी थीं। औरंगजेब ने उसे बन्दी बनाकर कारागार में डाल दिया जहाँ 1679 ई. में उसकी मौत हो गयी। दूसरी सन्तान मुहम्मद अकबर को भी सम्राट बनने की ऐसी सनक सवार हुई कि खुद को बादशाह घोषित कर उसने विद्रोह का बिगुल ही फूँक दिया। उसकी हिम्मत की दाद देनी होगी कि वह युद्ध के लिये औरंगजेब को ललकारता अजमेर के मैदाने-जंग में आ डटा। जाहिर था उसे पराजित होना था और वह हुआ भी। वह भागकर ईरान चला गया जहाँ उसकी बहुत खराब परिस्थितियों में मौत हो गयी।

शेष तीनों बेटे पहले से ही अलग-अलग प्रान्तों का शासन सँभाल रहे थे। मुअज्जम शाह आलम काबुल और पेशावर का, आजम शाह गुजराज का और कामबख्श दक्षिण हैदराबाद का सूबेदार था। इन तीनों के बीच असल लड़ाई आगरा और दिल्ली को लेकर थी। तीनों शहंशाहे-हिन्दुस्तान बनने को अधीर थे। औरंगजेब ने बहुत सोच-विचार कर जो वसीयत तैयार की थी, वह तीनों में किसी को मंजूर नहीं थी। इनके बीच पहली लड़ाई आगरा के समीप जाजमऊ में 10 जून 1707 ई. को हुई। मुअज्जम शाह आलम ने शुरू में इस बात की कोशिश भी की कि उसका आजम शाह से समझौता हो जाय। आजम शाह को मुगलिया तख्त तो नहीं मिल सका, अलबत्ता अपने दोनों बेटों के साथ वह शहीद जरूर हो गया। उसे कुछ गज की कब्रगाह में ही जाकर अन्तिम पनाह हासिल हुई। हैदराबाद के निकट 15 जनवरी 1708 को उसकी मुठभेड़ कामबख्श से हुई। उसने उसे भी दक्षिण के राज्यों को लेकर समझौता करने को कहा। लेकिन वह भी हिन्दुस्तान के तख्तो-ताज की आकांक्षा तजने को तैयार नहीं था। इस युद्ध में कामबख्श बुरी तरह घायल हो गया था। अन्ततः उसकी मौत हो गयी और उसे भी आखिरी पनाह कब्र में ही लेनी पड़ी।

दो भाइयों को पिता ने और दो को खुद मुअज्म शाह आलम ठिकाने लगाया फिर जब वह दिल्ली के तख्त पर बैठा तो अपने को बहादुरशाह की उपाधि से नवाजा। भाइयों से युद्ध में मदद करनेवाले मुनीम खाँ को उसने प्रधानमन्त्री चुना तो पहले से इस पद पर रहे असद खाँ को यह बात बहुत नागवार लगी। बहादुरशाह ने तनिक भी देर नहीं की और हालात को देखते हुए फिर से असद खाँ को ही वजीर के पद पर बहाल कर मुनीम खाँ को राजस्व विभाग का प्रधान बना दिया। लेकिन दोनों में रिश्ते इतने कटु थे कि इसका असर प्रशासन पर भी दिखने लगा था। दरबार में षड्यन्त्र होने लगे थे। नतीजा यह कि मराठों और सिक्खों की ताकत निर्बाध बढ़ती रही। उधर अंग्रेजों ने भी पावँ पसारने शुरू कर दिये थे। केन्द्रीय सत्ता की कमजोरी पूरे देश को अवांछित अराजकता की ओर ले जा रही थी। राज्य के भीतर गृह-युद्ध

के हालात धीमे और तेज लेकिन निरन्तर बने रहे। 66 वर्ष की उम्र में गद्दी पर बैठे बहादुरशाह को बादशाही का सुख अगले पाँच साल तक मिला और 27 जनवरी 1712 ई. को उसकी मौत हो गयी। राज्य का पतन लगातार तेजी से हो रहा था, जिसमें सुधार की कोई गुंजाइश ही नहीं थी।

राज्य के भविष्य को लेकर जैसी चिन्ता उसके पिता औरंगजेब ने की थी, वैसी ही बहादुरशाह भी कर रहा था। उसने अपने चारों पुत्रों में राज्य के बँटवारे का प्रस्ताव दिया था। लेकिन यह कैसे सम्भव था कि वे मुगलवंश की महान परम्परा को छोड़कर कोई नयी रवायत अपनाते! आखिर बड़े भाई मुईउद्दीन ने एक-एक कर अपने तीनों भाइयों का कत्ल कर कब्रगाह के हवाले किया और 1712 ई. में तख्त पर बैठा तो खुद के लिये जहाँदारशाह की उपाधि ली। उपाधि देनेवाला खुद अपने लिये उपाधि चयन कर लेता था। उसने भाइयों के वध में मदद करनेवाले जुल्फिकार खाँ को सम्मानित किया और उसे वजीर बना लिया। मात्र नौ महीने तख्त पर बैठने के लिये उसने अपने भाइयों की हत्या की थी। लेकिन इसी नौ महीने की संक्षिप्त अवधि में उसने मुगल शासकों की विलासिता के सारे पूर्व कीर्तिमान तोड़ दिये। लालकुँवर नामक एक अत्यन्त रूपवती, सुरीले कंठ वाली चंचला वेश्या थी। उस पर पूरी तरह मुग्ध जहाँदारशाह विलासिता में इस कदर डूबा रहा कि अकसर दरबार तक नहीं जा पाता था। अधिकारी भय से कुछ कहते नहीं थे। लेकिन उसकी दर्जन-भर पत्नियों में एक राजपूत कन्या अनूप बाई इससे आजिज आ गयी। उस क्षत्राणी ने तलवार से वेश्या पुत्री लालकुँवर की नाक काटकर उसे कुरूप बना दिया। जहाँदार डर के मारे चुप रहा। फिर वह अपने पिता अमीर सरदार जयसिंह के पास चली गयी। आखिर उसके भतीजे फर्रूखसियर ने उसकी हत्या कर दी और वह 1713 ई. में गद्दी पर बैठा। वह 30 साल का खूबसूरत नौजवान था। उसने पहला वार वजीर जुल्फिकार खाँ पर किया और उसका वध करा दिया। पूर्व वजीर असद खाँ को भी बन्दी बना लिया। दोनों की सारी सम्पत्ति जब्त कर ली। उसने 1716 ई. में सिक्खों के ऊपर बहुत अत्याचार किये। उसने सिक्ख नेता बन्दा बहादुर को पराजित किया तो 740 सिक्खों को बन्दी बनाकर एक-एक को मार डाला। सरदार बन्दा बहादुर के तीन वर्षीय बच्चे पर इस्लाम कबूलने के लिये जोर दिया तो उसने साफ इंकार कर दिया। उसने उसका भी कत्ल कर दिया। इसे मुगलकाल का सबसे वाहियात बादशाह माना जाता है। इसका कत्ल सैयद बन्धुओं ने किया।

सैयद बन्धुओं ने बाबरी वंश के शासक बहादुरशाह के पौत्र रफी उल्दरजात को शासक बनाया और शासन संचालन में वे इसकी मदद भी करते थे। 20 वर्षीय इस नौजवान ने सुरा और सुन्दरी का इतना बेइन्तहा भोग किया कि फेफड़े में जख्म हुआ और मात्र चार महीने में ही स्थायी निवास कब्रगाह में चला गया। उसका छोटा

भाई रफीउद्दौला अपने भाई से भी एक कदम आगे निकला और सिर्फ तीन महीने में ही भाई के पास चला गया। मुगल वंश के इस बादशाह की आप कल्पना कीजिये जिसकी उम्र मात्र तेरह साल थी, लेकिन ये हजरत आठ बेगमों के शौहर थे। सुरा, सुन्दरी और संगीत से बाहर कभी साँस ली ही नहीं। सैयद बन्धु दो भाई थे जो मूलतः ईरानी समुदाय से थे। एक का नाम हुसैन अली जो बिहार तथा दूसरा अब्दुल्ला आगरा का सूबेदार था। दोनों मुगल-सत्ता के अमीर थे और उसके प्रति वफादार भी थे। वे मुगल-सत्ता के बिखराव को लेकर बहुत चिन्तित थे। असल समस्या यह थी कि वे शिया थे, इसलिये सुन्नी फर्रूखसियर के कत्ल को लेकर बेहद खफा थे। दूसरे मुगल-सत्ता के संचालन में इनकी भूमिका भी उन्हें बुरी तरह खटक रही थी। बावजूद सैयद बन्धु ईमानदारी से मुगल प्रभाव की वापसी करने की जुगत में लगे थे। उन्होंने राजपूतों से मेल-जोल बढ़ाया भी था। उन पर से जजिया कर भी हटवा दिया था। उन्होंने हिन्दू-मुस्लिम एकता की जो पहल की उसका जैसे-जैसे असर बढ़ा, कट्टरवादी सुन्नी मुसलमान बेहद नाराज होते गये। आखिर तूरानी समुदाय का नेता दक्कन का सूबेदार निजाम-उल-मुल्क और मुगल सेनापति अमीन खाँ ने कई लोगों मीर मुहम्मद, सादात खाँ वगैरह को शामिल कर षड्यन्त्र रचा और अन्ततः हुसैन अली की हत्या करने में सफल हो गया। अब्दुल्ला किसी तरह भागकर आगरा पहुँचा मगर वहाँ बन्दी बना लिया गया। कुछ वर्षों बाद कारागार में ही जहर देकर उसे भी मार डाला गया। हिन्दू-मुस्लिम एकता धरी की धरी रह गयी। सूफियों के स्तर पर अथवा जनता के आपसी सरोकारों के अलावे शासकीय स्तर पर हिन्दू-मुस्लिम एकता अथवा गंगा-यमुनी संस्कृति की कोई अनवरत या मजबूत परम्परा कभी नहीं रही। अकबर का काल इस मायने में अपवाद या श्रेष्ठ दिखता है तो इसलिये क्योंकि हम उसे दूसरे शासकों के कार्यकाल के सापेक्ष देखते हैं।

1719 ई. में दिल्ली के तख्त पर बैठनेवाले शासक मुहम्मद शाह रंगीला जी भिन्न कारणों से इतिहास में मशहूर होते हैं। वरना मुगलकाल के पूरे इतिहास में ऐसा कलंकित कोई और बादशाह नहीं हुआ जिसने बाबर-अकबर की महान विरासत को पूरी तरह धूल में मिला दिया। इस हजरत ने शाही महल में नजराने में अशर्फियों के बदले सुन्दरियाँ स्वीकार करने का रिवाज डाला। व्यापारियों ने इस कमजोरी को भाँप लिया और वे सुन्दरियों का भी व्यापार करने लगे। एक व्यापारी से उन्होंने एक रूपवती बाला को एक लाख अशर्फी देकर खरीदा था। उस कन्या के नखरे ऐसे थे जिसके नमूने आपको इतिहास में दूसरे नहीं मिलेंगे। एक बार उस कन्या को भीषण गर्मी के मौसम में कुतुबमीनार देखने की तमन्ना हुई। रँगीले बादशाह ने लालकिला से कुतुबमीनार तक तकरीबन 14 मील रास्ते के दोनों ओर खस की टट्टियाँ

लगवायीं। उसने पूरे रास्ते पर रूमी मखमली चादरें बिछवायीं और ऊपर से इत्र का भी छिड़काव किया गया। बीच-बीच में पानी के फव्वारे बनवाये गये। अय्याशी के ऐसे नायाब तरीकों की कोई आसानी से कल्पना भी नहीं कर सकता।

शासकों के निकम्मेपन, उनकी कमजोरी, चरित्रहीनता और उत्तरदायित्वों की अनदेखी से पूरी शासन व्यवस्था तहस-नहस हो गयी थी। प्रान्त के अधिकारी राज्यादेशों तक को तनिक अहमियत नहीं देते। अराजकता पूरी तरह व्याप्त थी। यहाँ तक कि प्रान्तों से आनेवाली शाही खजाने की रकम भी लूटी जाने लगी। भ्रष्टाचार और अव्यवस्था का एक ऐसा आलम था कि वेतन के अभाव में, भारी अनियमितता के कारण सेना विद्रोही हो गयी थी। डॉ. ताराचन्द की निगाह में सबसे भयानक बात यह थी कि विभिन्न सरदारों के बीच आपसी प्रतिद्वन्द्विता और ईर्ष्या-द्वेष बुरी तरह बढ़ा हुआ था। खास तौर से मध्य एशिया से आये तूरानी, ईरानी और अफगानी समुदायों में। यहाँ के गुरालगानों से उन सबकी नफरत और अदावत तो और पुरानी थी। वे सभी शासन में ऊँचे पदों पर काबिज रहे थे और उनका पूरा दबदबा रहता था। हिन्दुस्तानी सरदारों में पीढ़ियों से रह रहे वे मुस्लिम सरदार थे, जो इन आगन्तुक और उच्च पदासीन लोगों से ईर्ष्या करते थे। इनके बीच आपसी रिश्ते कभी ठीक नहीं रहे थे। केन्द्रीय सत्ता के कमजोर पड़ने से ये सभी महत्त्वपूर्ण हो उठे थे—"क्योंकि विरोधी दावेदार ने गद्दी प्राप्त करने के लिये इनसे सहायता माँगना प्रारम्भ कर दिया। 18वीं शताब्दी का इतिहास इनके षड्यन्त्रों और बेहद तेजी से वफादारी बदलने की कथाओं से भरा पड़ा है।"[1] राजपूत, मराठे, जाट और सिक्ख चारों ओर से चढ़ते चले आ रहे थे। प्रान्तीय जागीरदारों और जमींदारों ने जागीरें, जमीनें अपनी निजी सम्पत्ति के रूप में तब्दील करते-करते खुद को लगभग मुक्त मान लिया था। जिस समय 1737 ई. में मराठा सेनापति बाजीराव दिल्ली के भीतर घुस आया तो प्रतिरोध में कोई मुगल सेना सामने नहीं आयी। मुगल सत्ता की शान पूरी तरह धूल-धूसरित हो गयी।

बाजीराव बहुत योग्य सेनापति था और उसने मराठों की बिखरी ताकत को समेटकर उन्हें नेतृत्व दिया था। उसने 1731 ई. से उत्तर भारत पर आक्रमण शुरू कर दिया था। 1734 ई. में आगरा के समीप हिंडौन पर धावा बोलकर अपने अधीन कर लिया था। आखिर सम्राट को उसे मालवा का सूबेदार बनाना पड़ा, लेकिन उसकी महत्त्वाकांक्षा इससे बड़ी थी। उसने एक बड़ी माँग पेश की जो लगभग 50 लाख आयवाली जागीर की थी, जिसे मुहम्मद शाह ने नहीं माना था। निजाम-उल-मुल्क के नेतृत्व में शाही सेना से उसका युद्ध हुआ जिसमें शाही सेना पराजित हो गयी थी। 17 जनवरी 1738 ई. को शाही राज को उससे अपमानजनक सन्धि करनी पड़ी, जिसमें नर्मदा से चम्बल तक उसका आधिपत्य मानना पड़ा था और काफी धन देकर

इस अपमानजनक धावे से बाजीराव को विदा करना पड़ा था। लेकिन दिल्ली की एक बड़ी दुर्दशा अभी शेष थी—नादिरशाह का आक्रमण, कत्लेआम और भीषण लूट।

नादिरशाह को ईरान का नेपोलियन कहा जाता है। उसने एक निर्धन परिवार में जन्म लिया था और उसने जिन्दगी में बहुत सारे कष्ट भी झेले थे। एक मामूली सैनिक से जिन्दगी का सफर शुरू करनेवाले नादिरशाह, 1732 ई. में ईरान को शाह तहमास्य के हाथों से आजाद करा लिया। 1736 ई. में उसने सत्ता पूरी तरह अपने कब्जे में कर ली और खुद ईरान का शाह बन गया। उसमें तलवार की ताकत के साथ राजनीतिक सूझ-बूझ और कूटनीति भी थी। भारत में मुगल शासन की जमा दौलत की खबर पूरे मध्य एशिया तक और सुदूर यूरोप तक फैली हुई थी। सभी की आँखें इस सम्पत्ति की लूट पर लगी थीं। नादिरशाह ने सबसे पहले मुगल सम्राट को दूत भेजकर कहा कि यहाँ से भागे पर्सियन लोगों को शरण नहीं दे। मुहम्मद शाह ने वादा तो किया लेकिन इसे उसने उतनी अहमियत नहीं दी। कुछ पर्सियन लोगों ने उसके यहाँ शरण पायी थी। नादिरशाह ने इसकी शिकायत करते हुए जब दूत भेजा तो मुहम्मद शाह ने उसे रोक लिया। इतना नादिरशाह के लिये काफी था। उसे मुगल शासन के पतन और कमजोरी का पूरा-पूरा ज्ञान था। उसने तुरन्त भारत अभियान की तैयारी पूरी की।

मई 1738 ई. में उसने सबसे पहले अफगानिस्तान में प्रवेश किया। जून में काबुल, सितम्बर में जलालाबाद फतह करने में उसे कोई परेशानी नहीं हुई। नवम्बर में पेशावर और जनवरी 1739 ई. में बिना प्रतिरोध के लाहौर पर कब्जा करते हुए उसने महसूस किया कि असल समय तो उसे पहुँचने में लगता है। प्रदेश जीतना तो कोई संकट नहीं। मुहम्मद शाह और उसके सलाहकार भी मानो उसके आने और स्वागत करने की प्रतीक्षा ही कर रहे थे। उन्हें सब पता था कि वह भारत में घुस चुका है और वजीराबाद, ईमानबाद और गुजरात को रौंद चुका है। वह सम्पत्ति और औरत लूटता था, बाकी सब कुछ बर्बाद करता चलता था। मुहम्मद शाह ने आखिरी समय में सामना करने के लिये मराठों और राजपूतों को सन्देश अवश्य भिजवाये मगर तब तक काफी देर हो चुकी थी। अन्ततः उसने दिल्ली से दूर करनाल में उससे मुकाबले के लिये 80 हजार सैनिकोंवाली सेना खड़ी की। फिर भी युद्ध एक औपचारिकता ही रही। अमीर-उल-उमरा जब घायल होकर युद्धभूमि में आखिरी साँसें ले रहा था तो सैनिकों से आग्रह किया—"इस नादिरशाह के सामने सम्राट को कभी मत आने देना। न ही इसे दिल्ली पहुँचने देना। इस अभिशाप को चाहे जैसे हो, यहीं से वापस करने की जुगत करना।" उमरा मर गया लेकिन इस अभिशाप को टालना किसी के वश में नहीं था।

प्रधान सलाहकार निजाम-उल-मुल्क ने बहुत निहोरा किया कि नादिरशाह पचास लाख की रकम लेकर लौट जाय। लेकिन निजाम का परम शत्रु और गद्दार सादात खाँ उससे मिल चुका था और कायदे से फुसफुसा दिया था कि वे दिल्ली जरूर जायँ, वहाँ उन्हें अकूत दौलत हासिल होगी। नादिरशाह ने निजाम को हुक्म दिया कि उसका फरमान मुहम्मद शाह को तुरन्त पहुँचाये—"मुझे तुम्हारा निकम्मापन और अहंकार यहाँ तक खींच लाया है। इसके लिये मुझे भारी खर्च और तरद्दुद करनी पड़ी है। लम्बे सफर से हमारे आदमी बुरी तरह थके हुए हैं इसलिये दिल्ली आकर आराम करना जरूरी है, जिससे सभी तरोताजा हो सकें। फिर मुझे निजाम-उल-मुल्क की पेशकश रकम पचास लाख मिल जाएगी तो तुम्हें दिल्ली सौंपकर वापस लौट जाऊँगा।" अभिशाप को दिल्ली पहुँचना था और वह पहुँचा भी।

नादिरशाह दिल्ली में आफत बनकर दाखिल हुआ। मस्जिदों में उसके नाम के खुत्बा पढ़े गये। दुर्भाग्य कैसे आता है, इसे दिल्लीवालों ने जाना। पता नहीं कैसे अफवाह फैली कि नादिरशाह मर गया और बिना दरयाफ्त किये ही दिल्ली के कुछ उत्साही लोगों ने उसके सैनिकों पर हमला करके कुछ की हत्या तक कर दी। अभिशाप बवंडर बनकर टूट पड़ा। आनन्द राम के शब्दों में—"रविवार की सुबह 11 मार्च 1739 को पर्सियन सम्राट नादिरशाह ने दिल्ली के निवासियों के कत्लेआम का आदेश दे दिया। इसके परिणाम का अन्दाज ही किया जा सकता है। चाँदनी चौक, दरिया बाजार तथा जामा मस्जिद के चारों ओर के मकानों में आग लगा दी गयी जो जलकर राख हो गये। सारे लोगों का कत्लेआम कर दिया गया। पर्सियनों ने जो चाहा, लूटा। शाही जवाहरात और आभूषण ले लिये गये। खजाना लूट लिया गया, जिसमें करीब 60 लाख रुपये और कई हजार अशर्फियाँ थीं। सोने के आभूषण, कीमती बर्तन जिसकी कीमत लगभग 50 करोड़ थी। मयूरपंख-तख्ते-ताउस जिसे शाहजहाँ ने एक करोड़ में बनवाया था, नादिरशाह के हाथ लगा। एक हजार हाथी, सात हजार घोड़े, दस हजार ऊँट, एक तौ तीस लिपिक, एक सौ राजमिस्त्री और दो सौ बढ़ई भी अपने साथ ले गया।"[2] कहा जाता है उसने कोहेनूर हीरा भी ले लिया था और लगभग बीस हजार दिल्ली निवासियों का बेरहमी से वध करवा डाला था।

कुल 57 दिनों तक वह दिल्ली पर काबिज रहा। कहते हैं जाते समय जब उसने मुकुट को मुहम्मद शाह के सिर पर रखा तो उसने कहा—"शाहंशाह की दुआ ने मुझे दूसरी बार मुकुट का स्वामी बनाकर मुझे दुनिया के राजाओं में ऊँचा उठाया है। इस दुआ के लिये मैं सिन्धु नदी के पश्चिम कश्मीर से सिन्धु तक के इलाके भेंट करता हूँ।" आप मुहम्मद शाह की दयनीयता पर न रो सकते हैं, न हँस सकते हैं। मुगल वंश की प्रतिष्ठा पाताल में चली गयी। सबसे दिलचस्प है जाते हुए नादिरशाह ने मुहम्मदशाह को सलाह दी—"वह अमीरों से जागीर वापस लेकर उन्हें पद या

मनसब के मुताबिक वेतन दे। किसी को सेना नहीं रखने दे। साठ हजार घुड़सवार सैनिक रखे और सबको नियमित वेतन दे। हरेक दस पर एक दहवशी, हर दहवशी पर एक सुदीबल और दस सुदीबल पर एक हजारी रखे। सभी के बारे में पूरी जानकारी रखे। सभी को चुस्त-दुरुस्त रखे।'' उसने निजाम-उल-मुल्क से सावधान रहने का भी परामर्श दिया, क्योंकि उसकी नजर में वह ''स्वार्थी, चालाक और महत्त्वाकांक्षी है।''[3] ऐसे परामर्शों का मुगल बादशाह रँगीले जी पर कोई असर न पड़ना था, न पड़ा। साम्राज्य में और तेजी से अराजकता फैली। रुहेलों ने शाही लोगों की जागीरें छीन लीं और स्वतन्त्र रियासतें कायम कर लीं। अवध, बंगाल, बिहार और उड़ीसा हाथ से निकल ही गये थे। यमुना के दक्षिण-पश्चिम में राजपूत और दक्षिण की ओर चम्बल तक जाटों का अधिकार कायम हो चुका था। पूर्वी प्रान्तों में मराठों का वर्चस्व मनमाना बन ही चुका था। मालवा और गुजरात उनके कब्जे में था। राजपूत भी उन्हीं के रहमोकरम पर थे। मुगल राज दिल्ली-आगरा के आसपास तक सिमट गया था। वैसे तकनीकी तौर पर बादशाहत तो 1857 तक कायम रही जिसका कोई मानी-मतलब नहीं था। बहादुरशाह जफर तक उसी बूते खिताब और उपाधियाँ दे-देकर पुराने गौरव का भ्रम बनाये रहे।

हमारे मुहम्मद शाह रँगीले जी इस महाविपदा का आघात झेलकर भी जस के तस थे। कोई शर्म नहीं। बस, वे विलासिता से अध्यात्म की ओर मुड़े गये थे। प्रो. बी. एस. चयानी ने उनका हाल लिखा है—''मुहम्मद शाह तो शिवनारायण सम्प्रदाय के प्रवर्तक स्वामी नारायण सिंह के दया, आत्मनिष्ठा और सार-संग्रहवादी विचारों से इतना अधिक प्रभावित था कि वह नादिरशाह के आक्रमण के बाद उनका शिष्य बन गया। 17वीं और 18वीं शताब्दियों में मस्जिदों, मदरसों और मन्दिरों को माफी की जमीनों तथा धन-दौलत देने की प्रथा निरन्तर चलती रही। मुहम्मदशाह ने महन्त लाल गिरी को मस्तीपुर तरदीह गाँव माफी में दिया था।''[4] 26 अप्रैल 1748 को इस मुहम्मद शाह रँगीले जी ने कब्र में आखिरी विश्राम प्राप्त किया।

शाह वलीउल्लाह

औरंगजेब के बाद जिस तेजी से मुगल-शासन का पतन हुआ उसमें फैली अराजकता, निराशा और अन्धकार में पूरी मुस्लिम कौम डूबी हुई थी। उसके पास मुक्ति का कोई रास्ता नहीं था। ऐसे दौर में एक नयी रोशनी और नयी आवाज के साथ शाह वलीउल्लाह का उदय, उनकी अपील किसी मुक्ति से कम नहीं थी। सम्भवत: उस दौर में रौशन करनेवाले, एक विश्वास और उम्मीद जगानेवाले वे अकेले नायक थे, जिनकी वकत किसी फरिश्ते से कम नहीं थी। इसलिये अगर शाह वलीउल्लाह को मुस्लिम नवजागरण का जनक कहा जाय या पहला महानायक माना जाय तो आपको

बहुत सारे इतिहासकारों और विचारकों का समर्थन भी मिल सकता है। लेकिन ठीक इसके विपरीत उनकी संकीर्ण और कट्टर छवि पेश करनेवालों की भी कमी नहीं होगी। जाहिर है मूल स्रोत-सामग्री के गहन अनुसन्धान के बिना उनके कारनामों का यथार्थ आकलन करना कठिन है। डॉ. सैयद अतहर अब्बास रिजवी ने उन पर अपनी अनुसन्धानपरक पुस्तक में उनकी जो छवि प्रस्तुत की है और ओब्बैदुल्ला सिन्धी ने उनके विचारों को लेकर जो धारणा व्यक्त की है, वह उनको असाधारण मुस्लिम विचारक के रूप में पेश करती है। वे तो उनके विचारों के आलोक में अविभाजित भारत की शासन व्यवस्था का एक व्यवस्थित खाका भी पेश करते हैं। जाहिर है हम दोनों परस्पर भिन्न ध्रुवान्तों की अवधारणा को रखने की कोशिश करेंगे, क्योंकि उनकी मूल स्रोत-सामग्री हमें हासिल नहीं हो सकी थी।

औरंगजेब के शासनकाल में अनेक मुल्ला, मौलवी और इस्लामी विद्वान राज दरबार के कृपा-पात्र बन गये थे और शासन की छाया में अपना प्रभाव भी कायम कर लिया था। इससे उनको अनेक तरह की सुविधाएँ आसानी से हासिल हो जाती थीं। लेकिन उसी दौर में इस सबसे उदासीन इस्लामी फकीर अब्दुर्रहीम भी थे, जिन्हें राज-दरबार और बादशाह से कोई सरोकार नहीं था। वे चुपचाप अपने खानदानी मदरसे का संचालन करते धार्मिक शिक्षा दे रहे थे और इस्लामी धार्मिक सिद्धान्तों का गहराई और बारीकी से अध्ययन कर रहे थे। बादशाह औरंगजेब के दरबार को लेकर उनकी उदासीनता लोगों को आश्चर्य में डालती थी और उत्सुक भी बनाती थी। जब लोगों ने सहज जिज्ञासा से इसके सबब उनसे पूछा तो उन्होंने शान्त भाव से उत्तर दिया—"बेशक बादशाह औरंगजेब एक निष्ठावान मुसलमान और धार्मिक चरित्रवाले हैं। लेकिन उनकी शासन नीति में दूरदर्शिता नहीं है। उनकी धार्मिक कट्टरता और हिन्दुओं के प्रति भेद-भाव वाली नीति भविष्य में मुगल साम्राज्य के लिये घातक हो सकती है।"...यह एक और इस्लामी उलेमा की दूरदृष्टि थी अथवा उसकी भविष्यवाणी, यह तो नहीं कहा जा सकता लेकिन आगे उनकी आशंका सही साबित हुई। 1707 में जब बादशाह औरंगजेब का निधन हुआ तो बड़ी तेजी से उसके विशाल साम्राज्य का पतन भी शुरू हो गया। इस्लामी शासक के इस विशाल साम्राज्य का छीजना इस्लामी सन्त शाह अब्दुर्रहीम को अन्दर से कचोट रहा था, लेकिन वे विवश थे। ठीक बारह वर्षों बाद 1719 में उनका भी इन्तकाल हो गया और उनकी विरासत उनके बेटे शाह वलीउल्लाह के कन्धों पर आ गयी।

शाह वलीउल्लाह का जन्म 1702 ई. में हुआ था। महज पाँच साल की उम्र में वे पिता के मदरसे में दाखिल हुए थे। दो वर्षों में उन्होंने कुरान का अध्ययन पूरा किया। सात साल के बालक के मुँह से कुरान की आयतें सुनना लोगों को चकित कर देता था। अब उन्होंने अरबी व्याकरण शरह मुल्लाजामी का अध्ययन शुरू किया और

दो-तीन वर्षों में अरबी व्याकरण की पढ़ाई पूरी कर वे अरबी साहित्य के अध्ययन में लग गये। जब उनकी उम्र पन्द्रह साल की हुई तो पिता की देखरेख में उन्होंने तसव्वुफ की साधना शुरू की। ठीक दो वर्ष बाद जब उनके पिता नहीं रहे तो शाह वलीउल्लाह की हैसियत एक इस्लामी विद्वान और साधक की बन चुकी थी। उनके मना करने के बावजूद मरदसे के तमाम नामी मौलवियों ने दबाव बनाकर उनको ही मदरसे का प्रधान बना दिया। अध्ययन और साधना की निरन्तरता ने उनके बौद्धिक और आध्यात्मिक आकाश को लगातार विस्तार दिया। अब वे दर्शन और धर्म के साथ-साथ सामाजिक और राजनीतिक विषयों का भी अध्ययन करने लगे। इसका एक असर यह हुआ कि वे अपने समय-सरोकारों के प्रति भी सचेत होते गये। उनके विचारों में समकालीनता शामिल होती गयी। उनको महसूस हुआ कि व्यक्ति की निजी उन्नति से बड़ी बात सामाजिक उन्नति है और वह पूरी तरह राजनीतिक स्थिति पर ही निर्भर करती है।

शिवशंकर मेनन ने शेख अहमद सरहिन्दी से शाह वलीउल्लाह को हिगराते हुए बताया है कि नक्शबन्दी परम्परा में कुछ लोग ऐसे थे जो अकबर की धार्मिक नीतियों और वुजूदी विचारों के विरोध को उचित नहीं मानते थे। इस तरह उसकी दो शाखाएँ बन गयीं। एक वुजूदी विचारों का समर्थन करनेवाली और दूसरी वहदत-उश-शुदूद का समर्थन करनेवाली। वुजूदी विचारों के प्रवर्तक और समर्थक शाह वलीउल्लाह थे। वे इस्लाम को नया स्वरूप देना चाहते थे। वे मुगल साम्राज्य के पतन के बिखराव को इस्लाम के रुग्ण होने से जोड़कर देखते थे। वे चाहते थे इस्लामी संस्थाओं का पुनर्गठन हो और एक बार फिर से मुस्लिम समाज शक्तिशाली बनकर उभरे। यह अकारण नहीं था कि उन्होंने वहदत-उल-वुजूद और वहदत-उश-शुदूद दोनों में समन्वय स्थापित करने की कोशिश की। लेकिन कट्टरवादियों ने इसे बहुत पसन्द नहीं किया। वे मुगल बादशाह, वजीर और अमीरों को भी पत्र लिखकर प्रशासन को मजबूत करने की सलाह देते थे, खालसा भूमि का विस्तार कर राजस्व बढ़ाने की बात कर रहे थे।[5] यह एक इस्लामी फकीर का राजनीतिक रूपान्तरण था। वे देश की तत्कालीन राजनीतिक स्थिति के प्रति सजग और गम्भीर होते गये।

प्रखर इतिहासकार वन्दिता वर्मा ने इस दौर का बड़ी बारीकी से विश्लेषण किया है। वे शाह वलीउल्लाह की चिन्ताओं की पृष्ठभूमि का आकलन करते हुए लिखती हैं—"राजनैतिक वर्चस्व गँवाने के साथ इसके सांस्कृतिक वर्चस्व पर भी खतरे उत्पन्न होने लगे, क्योंकि धर्म, शिक्षा व न्याय के क्षेत्रों में छेड़छाड़ इस समुदाय को आहत कर रहे थे। वर्चस्व की जंग से उत्पन्न विभ्रम की स्थितियों के बीच 18वीं शताब्दी के उत्तरार्ध और 19वीं शताब्दी के शुरुआती वर्षों में मुस्लिम समुदाय का यह

आक्रोश दोधारी तलवार जैसा भी दिखता रहा, क्योंकि मुगल शासन के पतनोन्मुख वर्षों में जहाँ हिन्दुओं का बढ़नेवाला वर्चस्व इनकी चिन्ताओं का कारण बनता दिखा, वहीं ब्रिटिश शासन का प्रादुर्भाव व उत्तरोत्तर विस्तार उन्हें उसी गति से उद्वेलित भी करता रहा।''[6] लेकिन दूसरे विचारकों ने शाह वलीउल्लाह की मुख्य चिन्ताओं को अंग्रेजों की बढ़ती गतिविधियों और फ्रांसीसी उपस्थिति तक ही सीमित माना है। उनके अनुसार, मुगल साम्राज्य को खतरा इन्हीं विदेशी व्यापारियों से हो रहा था जो राजनीतिक महत्त्वाकांक्षा से सक्रिय हो रहे थे। औरंगजेब ने दूरदर्शिता का परिचय नहीं दिया और इनसे खतरों की ठीक-ठीक पहचान नहीं कर सका। वैसे औरंगजेब एक बार भारतीयों को सताने के जुर्म में इनको सख्ती से दंडित कर चुका था, लेकिन तब ये डरकर दुबक गये और माफी माँगने लगे। उसने सख्त हिदायत दी कि वे यहाँ खुद को विदेशी प्रजा की हैसियत तक ही महदूद रखें। लेकिन जब उसके पौत्र और बंगाल के सूबेदार अजीम शाह ने अंग्रेजों को छुतानटी, गोविन्दपुर और कलकत्ता तीन गाँव सौंपे तो जानकारों ने बादशाह से हस्तक्षेप की गुजारिश की थी कि इन फिरंगियों को किले और कोठियाँ बनाने देना साम्राज्य के हित में ठीक नहीं होगा। मगर औरंगजेब एक सामन्ती सोच का शासक था। उसके सोच का दायरा प्रकृतितः छोटा था। उसने अपने अहंकार में अपने से आगे की विकसित सभ्यतावाले अंग्रेजों को पहचानने में भारी भूल की। उसने उसी सामन्ती लापरवाही वाले अन्दाज में कहा—''मैं इन चीजों में क्यों दखल दूँ? सम्भव है कि अगल-बगल की प्रजा उनसे जलती हो और उनको तंग करती हो। ऐसे में अगर वे अपनी सुरक्षा का इन्तजाम खुद कर रहे हैं तो इसमें बुराई ही क्या है? बेचारे समुद्र पार कर इतनी दूर से अपनी रोजी-रोटी के लिये बड़ी मिहनत कर रहे हैं तो मैं क्यों उसमें खलल डालूँ?'' जाहिर था बादशाह से तर्क-वितर्क सम्भव नहीं था और उसकी सामन्ती सोच का दायरा सीमित था। पूरे मुगलकाल में ऐसा एक भी उदाहरण नहीं था जिससे यह पता चलता हो कि भारत के बाहर कहाँ, क्या घटित हो रहा है, इसका किसी बादशाह को कोई इल्म रहा हो। उधर अंग्रेजों ने भारतीय शासकों, उनके दरबार के अन्दरूनी षड्यन्त्रों, और विभिन्न धर्मों या समुदायों के शासकों के आपसी रिश्तों की खटपट और अन्तर्विरोधों का रग-रेशा पहचान लिया था। वे चुपचाप एक दीर्घ योजना को ध्यान में रखकर इस धरती पर धीरे-धीरे अपनी ताकत में इजाफा करते जा रहे थे। उनके लिये समुद्र के तटीय इलाके व्यापारिक कारणों से ही नहीं, सामरिक कारणों से भी ज्यादा मुफीद थे। जरूरत पड़ने पर वे आसानी से ब्रिटिश मदद बुला सकते थे। दक्षिणी, पश्चिमी और कलकत्ते के साथ पूर्वी सामुद्रिक तटीय इलाकों पर वे अपनी स्थिति काफी हद तक मजबूत कर चुके थे।

शाह वलीउल्लाह मूलतः धार्मिक विद्वान थे, इसलिये उनकी सक्रियता का

मूल इलाका धर्म ही था। दूसरी बात यह कि वे हालात की गम्भीरता को समझ जरूर रहे थे मगर उनके पास जो भी समाधान था, उसका रास्ता इस्लाम से ही होकर गुजरना था। उनका दृढ़ विश्वास था कि सारी समस्याओं का निदान कुरान और इस्लामी विचारधारा में ही ढूँढ़ा जा सकता है। वन्दिता वर्मा उनको नक्स-बन्दिया सिलसिले का सूफी बताती हैं और उनको नेज्द के (1703-1787) उलेमा अब्दुल बहाव का शिष्य लिखती हैं। गोकि वे यह भी कहती हैं कि उनको "वहाबी पन्थ से जोड़ा जाना सही नहीं था। किन्तु इसमें भी सन्देह नहीं कि वलीउल्लाह को शुद्ध इस्लाम पर ही अधिक भरोसा था। वलीउल्लाह का सूफीवाद प्रबुद्ध अध्यात्मवादी सूफीवाद नहीं बल्कि एक 'सुधरा हुआ' सूफीवाद कहा गया जिसे इनके द्वारा स्वयं अन्य रहस्यवादी पन्थों की तुलना में उत्कृष्ट माना गया।" वन्दिता वर्मा आगे उनके कट्टर मुस्लिमपरस्त सरोकारों की बात करती हैं—"शेख अहमद सरहिन्दी की ही तरह ये प्रशासन आदि में हिन्दुओं के रहने के पक्षधर नहीं थे और न ही सूफियों की स्वीकृत अवधारणा की तरह इनका हिन्दुओं की आध्यात्मिक परम्परा से ही कुछ लेना-देना था।" ये बातें वे आर. उपाध्याय के 'सूफीज्म इन इंडिया' के हवाले से कहती हैं, मगर कहीं भी वे उनका कोई मूल उद्धरण पेश नहीं करतीं।

बेशक डॉ. अतहर अब्बास रिजवी के आधार पर वे अपने वक्तव्य को थोड़ा सन्तुलित करते हुए यह जरूर मानती हैं कि "वलीउल्लाह का एक महत्त्वपूर्ण योगदान यह अवश्य था कि आध्यात्मिक पक्ष से अधिक राजनैतिक नियन्त्रणों पर इन्होंने जोर देना शुरू किया। डॉ. रिजवी भी यह मानते हैं कि "दिल्ली में सुन्नी मुसलमानों की राजनैतिक सत्ता कायम रखना इनका एकमात्र लक्ष्य था।" इसलिये डॉ. रिजवी आगे बताते हैं कि उन्होंने "नक्शबन्दिया सिलसिले को ही अधिक ऊर्जावान बनाने के उद्देश्य से इसके ही साथ कादि्रया और चिश्तिया सिलसिलों को भी मिलाकर एक कर दिया।[7] डॉ. अतहर अब्बास रिजवी ने शाह वलीउल्लाह की लिखी और उनसे जुड़ी मूल सामग्री के आधार पर 'शाह वलीउल्लाह एंड हिज टाइम्स' (1980) और उनके पुत्र शाह अब्दुल अजीज (1982) पर गम्भीर शोधपरक पुस्तक लिखी है। शाह वलीउल्लाह जब मक्का जाते हैं तो वहाँ दो वर्षों तक रुककर इस्लामी सिद्धान्तों का गहन अध्ययन करते हैं। वे अपने समय के मशहूर अरबी विद्वान शेख अबू ताहिर की शागिर्दी में इस्लाम और अरबी का गहन अध्ययन करते हैं। वन्दिता वर्मा जी बताती हैं कि उन्होंने नेज्द के अब्दुल वहाब का शिष्य बनकर वहाबी पन्थ की अवधारणा ली। ऐसे बहुत विचारक हैं जो यह मानते हैं कि यह उनकी खुद की अवधारणा थी। मक्का में इस्लाम और अरबी साहित्य के अध्ययन के दौरान उनको अपने भीतर गम्भीर परिवर्तन का अहसास हुआ। एक नयी रोशनी का इलहाम हुआ। वे नयी ताजगी और ऊर्जा के साथ भारत वापस लौटे।

लौटकर उन्होंने सबसे पहले पाक ग्रन्थ कुरान का फारसी भाषा में अनुवाद किया। शायद विश्व में पहली बार किसी भाषा में कुरान का अनुवाद हो रहा था। इसे उन्होंने तफसीर फतहुर रहमान नाम से किया था। डॉ. मुहम्मद मुजीब ने लिखा है कि "उन्होंने इस पाक ग्रन्थ का अनुवाद यह सोचकर किया कि ज्यादा लोगों तक इसका ज्ञान पहुँचेगा। लेकिन उलेमा इससे सख्त नाराज हुए और जोरदार विरोध किया। यहाँ तक कि उनको पिटवाने के लिये कुछ लोगों को भेजा भी।"[8] रूढ़िवादी उलेमा का आरोप था कि इन्होंने अपनी ओर से नयी बातें जोड़ दी हैं। सच्चाई यह थी कि वे लोगों को अरबी से अनुवाद करके बताते और उनको मनमानी व्याख्या की भी गुंजाइश थी। इससे वे अच्छी-खासी आमदनी भी कर लेते और कौम में रसूख भी बना रहता। उन्होंने इस बात को समझाने की बड़ी कोशिश की कि मुकद्दस ग्रन्थ को निजी और सांसारिक लाभ के लिये इस तरह इस्तेमाल करना गलत है। उलेमा को लेकर उनकी एक गम्भीर लेकिन थोड़ी सख्त टिप्पणी अरुण शौरी ने उद्धृत की है—

"मैं आध्यात्मिक गुरुओं के वंशजों से पूछता हूँ जिन्होंने पात्रता के बिना ही उनकी गद्दी पर कब्जा जमा लिया है। आपने मजहब को अपने पूर्वाग्रहों और अपनी सनक का खिलौना क्यों बना लिया है? और आप सबने उस जीवनपथ को क्यों त्याग दिया है, जिसका फरमान और शिक्षा अल्लाह ने अपने रसूल मुहम्मद (खुदा उन्हें सुकून बख्शे) के माध्यम से दी थी? आप में से हर एक आत्मकेन्द्रित नेता बन गया है और लोगों को अपनी तरफ बुला रहा है। आप में से हर एक खुद को सही मार्ग पर चलनेवाला और महदीर (धर्मनेता) मानता है, जबकि उसने अपना सही रास्ता खो दिया है और वह दूसरों को भी गुमराह कर रहा है। जो लोग दुनियावी लाभों और हितों के लिये लोगों की निष्ठा हासिल करना चाहते हैं और जो इसलिये ज्ञान प्राप्त करते हैं ताकि वे अपनी सांसारिक इच्छाओं को पूरा या तृप्त कर सकें, जो लोगों को अपने पास बुलाकर उनसे अपनी लालसाओं और स्वार्थों को पूरा करने की माँग करते हैं, हम उनके व्यवहार और रवैये का समर्थन नहीं कर सकते। वे सब वस्तुत: डाकू, धोखबाज और झूठे हैं। उन्होंने अपने को धोखा दिया है और वे दूसरों को भी धोखा दे रहे हैं।"[9]

शाह वलीउल्लाह ने अपनी एक संस्था कायम की—वली उल्लाही जमात। सामान्यत: इसके सिद्धान्त और संस्था का स्वरूप भी धार्मिक था। लेकिन उनके सन्देश, विचार और कार्य पूरी तरह राजनीतिक थे। उन्होंने अपने विचारों को पुस्तकों में व्यक्त करना शुरू किया। उनकी पुस्तकों में क्रान्ति का अभिनव सन्देश होता था। ऐसा सन्देश—जैसा इसके पहले किसी मुस्लिम विचारक ने नहीं दिया था। ऐसा सन्देश—जो अपने समय से बहुत आगे का था। ऐसा सन्देश—जिसमें आनेवाले

समय की धमक सुनाई पड़ रही थी। अपनी पुस्तक 'हुज्जत-उल्लाह-इल-बालिघा' में वे लिखते हैं—''यदि कोई जाति सांस्कृतिक क्षेत्र में लगातार तरक्की करती रहे तो उसका कला-कौशल उत्कर्ष की चरमावस्था को प्राप्त कर लेगा। लेकिन अगर शासक वर्ग सुख और विलास का जीवन बिताने लगता है तो उसका भार समाज के कामगार (श्रमजीवी) वर्ग के ऊपर पड़ता है। कभी-कभी वह इतना बढ़ जाता है कि समाज के बहुसंख्यक लोग जानवरों जैसा जीवन बिताने को मजबूर हो जाते हैं। ऐसे हालात हो जाते हैं कि मिल्लतवाली मानवतावादी संस्कृति का विनाश हो जाता है। जब शासक या ताकतवर लोग तमाम कामगारों का बलात दमन करते हैं तो उन बेचारों को बैल या गधे की तरह अपने पेट भरने के लिये दिन-रात खटना पड़ता है। जब भी मानवता पर ऐसी विपदा आती है तो खुदा उससे आजादी दिलाने के लिये कोई-न-कोई रास्ता अवश्य निकालता है।''[10] इन विचारों के आलोक में अगर हम शाह वलीउल्लाह की सोच और मानसिकता को समझने की कोशिश करते हैं तो उनकी वैचारिक तुर्शी हमें गहरे प्रभावित करती है। उनमें आमूलचूल बदलाव की आकांक्षा भी झलकती है, लेकिन यह बात गौर करनेवाली है कि उनके विचार, लेखन, सन्देश, उनकी सारी गतिविधियाँ और सारे उपक्रम न सिर्फ धार्मिक आवरण में पेश होते हैं और अपने अनुयायियों के माध्यम से मुस्लिम समुदाय तक ही महदूद नहीं रह जाते हैं। ऐसे में जो बात उनके समग्र व्यक्तित्व को पूरी तरह उलट देती है—वह है जाटों और मराठों के बढ़ते खतरों को लक्षित करते हुए वन्दिता वर्मा ने आर. उपाध्याय के हवाले से यह लिखा है—''वलीउल्लाह ने हिन्दुओं से निजात दिलाने व दिल्ली पर सुन्नियों का शासन फिर कायम करने की दृष्टि से अफगानिस्तान से अहमद शाह अब्दाली को यहाँ आक्रमण करने के लिये खुद बुलाया था।''[11]

अहमदशाह अब्दाली अफगान जाति के सदौजे वंश से ताल्लुक रखता था। वह पहले नादिरशाह की सेना में एक महत्त्वपूर्ण पद पर काम कर चुका था। 1747 के अन्त में अफगानिस्तान के सुल्तान की हत्या कर दी गयी तो वह गद्दी पर काबिज हो गया था। 1748 में ही पंजाब के सूबेदार शाहनवाज खाँ ने उसे भारत पर आक्रमण करने के लिये आमन्त्रित किया था। उसने लाहौर पर आसानी से कब्जा कर लिया और वह आगे दिल्ली की ओर बढ़ता जरूर, लेकिन उस समय दिल्ली की गद्दी पर मुहम्मद शाह बैठा था। उसके पुत्र शाहजादे अहमद ने मनूपुर नामक गाँव में ही उसे चुनौती दी। अब्दाली को वापस काबुल लौटना पड़ा। लेकिन उसने 1749 में पंजाब पर आक्रमण किया और जुर्माना वसूल कर चला गया। 1752 में फिर पंजाब पर धावा बोला और दिल्ली की ओर बढ़ा। उस समय अहमदशाह बादशाह था। उसने पंजाब और मुल्तान देकर जैसे-तैसे अपनी और दिल्ली की जान बचायी। उसने चौथी बार 1756 में आक्रमण किया। जब उसका काफिला लाहौर पहुँचा तो मुगल

सूबेदार भाग खड़ा हुआ। 28 जनवरी 1757 को उसने दिल्ली में प्रवेश किया। उसने मथुरा, अवध जगह-जगह सेना भेजकर रकम वसूली, बेरहमी से लूटमार की। महल से कई स्त्रियों को उठाया। कई करोड़ लूट के बाद ही वह विदा हुआ। फिर 1761 ई. में उसका युद्ध मराठों से हुआ जिसमें मराठे पराजित हुए। सम्भवत: 1767 में उसने आखिरी बार पंजाब पर हमला किया था, जिसका सिक्खों ने जबर्दस्त जवाब दिया और फिर वह कभी नहीं आया। ऐसे में लगातार आक्रमण करनेवाले अहमदशाह अब्दाली को आक्रमण के लिये आमन्त्रित करने से वलीउल्लाह साहब क्या सिद्ध करते और क्या हासिल करते? यह बात सही है कि औरंगजेब की मृत्यु के बाद मुगल वंश और दिल्ली सल्तनत का जो हाल हुआ था, वह आश्चर्यजनक था। ऐसे भी वलीउल्लाह जरूर बेचैन हुए होंगे। एक जगह उन्होंने लिखा भी है—"सल्तनत का शीराजा बिखर चुका है। उसमें कैसरो-कसरा की सी खराबियाँ पैदा हो चुकी हैं, इसलिये मसलहते-खुदाबन्दी यही है कि इस निजाम को सिरे से तोड़ दिया जाय।"[12]

औरंगजेब के निधन के बाद जिस तेजी से मुगल शासन छीजने लगा था, उसमें फैली गहरी निराशा से कट्टरतावाद और पुनरुत्थानवादी ताकतों का उभरना स्वाभाविक बात थी। एस. आबिद हुसैन ने लिखा है कि "ये आन्दोलन मुगल साम्राज्य के पतन के काल में प्रारम्भ हुए थे, इस उद्देश्य से कि लोगों को नैतिक विषाद में से बाहर निकाला जाए, जो कि आंशिक रूप से राजनैतिक अराजकता का कारण और कुछ अंशों में प्रभाव था। बाद में पश्चिमी संस्कृति, जो व्यापारिक साहसिक व्यक्तियों द्वारा भारत में लायी गयी थी, के विरुद्ध प्रतिक्रिया में उन्होंने शीघ्रता की।"[13] इसी आलोक में हमें मुस्लिम कट्टरता और पुनरुत्थानवादी आन्दोलन को ही नहीं, बल्कि इसी दौर में हिन्दू सुधारवादी और पुनरुत्थानवादी आन्दोलनों को भी देखना चाहिए। समाज में इसका असर भी देखने को मिला जैसा कि एस. आबिद हुसैन साहब लिखते हैं कि—"मुसलमानों के एक वर्ग ने अपना अन्धविश्वास तथा शान-शौकत की आदतें छोड़ दीं और इस्लाम के प्रारम्भिक समय के समान पवित्र संयमी जीवन बिताने लगे।"[14] क्योंकि वे मुगल साम्राज्य के तेजी से हो रहे पतन से बुरी तरह आहत-उत्तेजित हुए थे। अहमदशाह अब्दाली खुद नैतिक रूप से इतना भ्रष्ट और निम्न कोटि का था कि वह बार-बार लूटने के इरादे से भारत में दाखिल होता, लूटकर चला जाता। यहाँ तक कि शासकों के परिवार की स्त्रियों तक को लूटता था। लेकिन इससे शाह वलीउल्लाह को कोई फर्क नहीं पड़ता। डॉ. मुबारक अली वन्दिता वर्मा की बात की तस्दीक ही नहीं करते, बल्कि उसे और ज्यादा प्रामाणिक रूप से रखते हैं और इसके पीछे के कारणों को भी स्पष्ट करते हैं—"बाद में मुगलकाल में परिस्थितियाँ तेजी से बदलीं और धार्मिक पहचान केवल

उच्च श्रेणी के मुसलमानों तक सीमित रह गयी जबकि आम मुसलमान और हिन्दू एक हो गए। खासकर सेना में हिन्दू और मुसलमान सैनिक मिल-जुलकर रहते तथा अपने शासक की निष्ठा से सेवा करते, भले ही वह किसी भी धर्म का हो। महान चिन्तक शाह वलीउल्लाह इस स्थिति पर बहुत दुखी हुए, परन्तु अपने उपदेश व सीखों के बावजूद वह सेना में हिन्दू व मुसलमान सैनिकों को अलहदा नहीं कर पाये। इस काल में विशुद्ध रूप से हिन्दू या मुसलमान सेना का गठन असम्भव-सा हो गया था। शाह वलीउल्लाह ने अहमदशाह अब्दाली को मरहठों के विरुद्ध पानीपत की तीसरी लड़ाई लड़ने के लिये आमन्त्रित किया, परन्तु मरहठा सेना में मुस्लिम सैनिक बड़ी संख्या में थे। तोपखाने का सरदार था इब्राहीम गरदी, जिसने अब्दाली की सेना को काफी क्षति पहुँचायी तथा मरहठों के लिये लड़ते हुए युद्ध में प्राण गँवाये।''[15]

शाह वलीउल्लाह गैर-मुस्लिमों के प्रति बेहद सख्त थे। उनका एक कथन डॉ. मुबारक अली ने उद्धृत किया है—''मशहूर चिन्तक शाह वलीउल्लाह ने लिखा है—'काफिर बगावती लोग हैं। वे विवेकशील नहीं हैं। हालाँकि वे जानते हैं पर मानते नहीं कि ईश्वर एक है। उन्हें धिक्कार है। वे सतत निन्दनीय लोग है।''[16] उनमें कट्टरता और संकीर्णता जबर्दस्त थी। वे बलात इस्लामी आदर्शों को मनवाने में यकीन करनेवाले थे। आश्चर्य तो तब होता है जब मुगलों की सत्ता लगभग खिसक चुकी थी, फिर भी उनके विचारों में कोई तब्दीली नहीं आयी थी। उनके विचार में एक किस्म का वहशीपन था जो उनके जैसे सन्त विचारक को कहीं से शोभा नहीं देता। डॉ. मुबारक अली ने उनके विचारों को इस प्रकार लिखा है—''1. इस्लाम तथा मुसलमानों की वरीयता को बनाये रखने के लिये दूसरे धर्मों को तिरस्कारपूर्ण दृष्टि से देखा जाना चाहिए। 2. अन्य धर्मों के लोगों को अपने धार्मिक रीति-रिवाज व त्यौहार मनाने की आजादी नहीं दी जानी चाहिए। 3. सारे राजनीतिक व सामाजिक मामलों में काफिरों को बराबरी का दर्जा नहीं दिया जाना चाहिए, क्योंकि यही प्रतिबन्ध उन्हें इस्लाम कबूल करने को बाध्य करेंगे। 4. मुस्लिम शासक को चाहिए कि वह अन्य धर्मों पर इस्लाम के वर्चस्व को संघटित करे। 5. काफिर किसानों के साथ बोझस्वरूप जानवारों-सा व्यवहार किया जाना चाहिए। शाह वलीउल्लाह किसानों के धर्मान्तरण के पक्ष में नहीं थे, क्योंकि उनकी राय में वे भावना और सम्वेदनाशून्य लोगों के समान थे।''[17] उन्होंने तो रोहिल्ला के सरदार नजीबुद्दौला को भी जाटों से युद्ध लड़ने को कहा था जो दिल्ली के आसपास काफी ताकतवर होते जा रहे थे। उनके विचारों में जो बौखलाहट, घनीभूत घृणा और संकीर्णता है उसमें कहीं से बुद्धिमत्ता नहीं दिखती। डॉ. मुबारक अली ने लिखा है—''शाह वलीउल्लाह ने तत्कालीन शासकों को सम्बोधित करते हुए उद्घोष किया था कि वे

म्यान से तलवार निकालें और तब तक लड़ाई जारी रखें जब तक सारे काफिरों का सफाया न हो जाए। इस्लाम धर्म की स्थापना हो तथा कोई इस्लाम पर न हमला कर सके, न चुनौती दे सके।

''शाह वलीउल्लाह का मानना था कि हिन्दुओं के विरुद्ध धर्मयुद्ध कर मुस्लिम सम्प्रदाय भारत में बचा रह सकता है। उसने अपने समय के साहसी मुस्लिम सेनानायकों से आग्रह किया कि वे आपसी मतभेद भुलाकर अपनी सारी ताकत हिन्दू शक्तियों के विरुद्ध लगायें। उसे कुछ अफगान सेनानायकों पर भरोसा था कि वे हिन्दुओं का दमन कर भारत में फिर से मुस्लिम सत्ता को बहाल कर सकते हैं। पर ऐसे सारे प्रयास बेकार गये क्योंकि उन सेनानायकों की दिलचस्पी सम्प्रदाय से अधिक स्वार्थ में थी।''[18]

उनके इस कथन से ऐसा लगता है जैसे हिन्दुओं ने ही मुस्लिम शासकों को सत्ता से बेदखल किया हो! मुस्लिम शासक किस तरह एक दूसरे से अपने खून के रिश्तों से सलूक करते हैं—इस पर वे चुप रहते हैं। कोई चर्चा तक नहीं करते। हिन्दुओं के प्रति उनकी अकूत घृणा बार-बार उभरकर सामने आती है। अपनी मातृभूमि और यहाँ के रहनेवालों के प्रति उनकी धारणा किसी शासक से भी ज्यादा कटु, कठोर और संकीर्ण थी। सारे समुदायों से मेल-जोल, अपनापा, भाईचारा अथवा साझी संस्कृति जैसी बात उनकी सोच में दूर-दूर तक नहीं थी। डॉ. मुबारक अली ने उनका एक और कथन उद्धृत किया है—''भारत के मुसलमानों को सम्बोधित अपने विधान में शाह वलीउल्लाह ने कहा—हम आगन्तुक हैं, क्योंकि हमारे पूर्वज इस धरती पर आप्रवासी के रूप में आये थे। हमें अपनी अरब वंशावली तथा अरबी भाषा पर गर्व है तथा अरब के रीति-रिवाजों को और परम्परा को हम नहीं छोड़ेंगे, क्योंकि वही हमारे पैगम्बर का जन्म स्थान है। हम फारसी या हिन्दू आदतों और रीति-रिवाजों को नहीं अपनायेंगे

''अपने विधान में शाह वलीउल्लाह ने खासकर मुस्लिम आप्रवासियों को सम्बोधित कर उन्हें आगाह किया था कि उनकी निष्ठा अरब-संस्कृति के प्रति होनी चाहिए। फारसी व हिन्दू संस्कृति की निन्दा करते हुए उन्होंने अरब संस्कृति को ही विशुद्ध इस्लामी संस्कृति माना।''[19]

डॉ. मुबारक अली ने जिस बेबाकी से शाह वलीउल्लाह के विचारों का विश्लेषण किया है, उस पर सहसा यकीन नहीं होता। मगर शाह वलीउल्लाह सचमुच बेहद कट्टर और संकीर्ण विचारक थे, गोकि इतिहास में इस्लामी विचारक के रूप में उनकी निर्विवाद प्रतिष्ठा है। आगे डॉ. मुबारक अली ने उनके विचारों, महत्त्वाकांक्षाओं और उनकी असफलताओं पर भी विचार किया है—''शाह वलीउल्लाह ने अपने विधान में लिखा कि सौभाग्यशाली हैं वे लोग जिन्हें अरबी का अच्छा ज्ञान

है, क्योंकि केवल अरबी के ज्ञान से ही कुरान समझी जा सकती है। कविता, तर्कशास्त्र व राजाओं के इतिहास का अध्ययन तथा पैगम्बर व उनके साथियों के मतभेद में दिलचस्पी गुमराह करती है।'' वे आगे लिखते हैं—''परवर्ती मुगलकाल में रूढ़िवादिता के पक्षधर शाह वलीउल्लाह हारी हुई लड़ाई लड़ रहे थे। उन्होंने शासन से मदद लेने के कई प्रयास किये, पर वे सब निष्फल रहे। यहाँ तक कि अहमदशाह अब्दाली को आमन्त्रित कर मुगल शासन की पुनः प्रतिष्ठा का प्रयास भी विफल रहा तथा मुगलों के राजनीतिक पतन की प्रक्रिया को रोका न जा सका।''[20]

डॉ. मुबारक अली का कहना है कि धार्मिक पूर्वाग्रहों, असहिष्णुता तथा संकीर्ण मानसिकता के कारण समाज छिन्न-भिन्न हो चुका था, ऐसे में पश्चिमी ताकतों के सामने पराजय निश्चित थी। उनके अनुसार, वे भावनात्मक उत्तेजना में एक हारी हुई लड़ाई लड़ रहे थे। वे बार-बार शासकों से मदद की गुहार कर रहे थे। अहमदशाह अब्दाली को भी आमन्त्रित करने के पीछे उनको लगा कि वह एक बार फिर मुगलशासन को ताकत से प्रतिष्ठित कर देगा। उन्हें पता ही नहीं चला था कि कठिन आर्थिक स्थिति का यथार्थ ऐसा था कि सिर्फ धर्म के नाम पर सैनिक लड़ने को तैयार ही नहीं थे।

आश्चर्य इस बात पर है कि वे मुगल शासकों को कभी आलोचनात्मक नजरिये से नहीं देखते, उनके पतन के कारणों पर आखिर क्यों नहीं विचार करते? वे मुस्लिम जनता के बीच इस सवाल को लेकर क्यों नहीं गये? सिर्फ ताकत से, भावनात्मक उत्तेजना से वे क्या हासिल करना चाहते थे? उनके लिये इस्लाम जरूरी था अथवा मुस्लिम शासक? अगर इस्लाम ही उद्देश्य था तो वे आसानी से जनता के बीच इस्लामिक आदर्शों को प्रचारित कर सकते थे। वे बार-बार हिन्दुओं के प्रति इतनी तीखी नफरत क्यों उगल रहे थे? क्या मुगल-साम्राज्य के पतन के लिये वे ही जिम्मेदार थे? वे एक ऐसे इस्लामी विचारक थे जो चाहते थे कि उनके इस्लामी विचारों को कोई मुस्लिम शासक जबरन जामा पहनाये? वे अहमद सरहिन्दी के हश्र को देखने के बावजूद इस भ्रम में कैसे रह रहे थे कि कोई शासक उनके विचारों को उनके कहने पर जबरन अमली जामा पहनायेगा?

एक राजनीतिक उपक्रम के रूप में वलीउल्लाह की असफलता या चूक का उनके मूल्यांकन में बहुत महत्त्व है, क्योंकि वे एक ऐसे विचारक के रूप में सामने आये थे, जिसकी धमक 1857 की राजक्रान्ति और उसके बाद तक सुनाई देती रही। उन्होंने अपने विचारों को फैलाने के लिये एक संस्था भी बनायी थी—वली उल्लाही जमात। कुछ लोगों के अनुसार ब्रिटिश सरकार ने इसी के अनुयायियों को वहाबी कहना शुरू कर दिया। उन्होंने इसके केन्द्र नजीबाबाद, बरेली, सिन्ध के ठठ में स्थापित किये। इसके प्रमुख रूप से चार सिद्धान्त थे—1. खुदापरस्ती 2. इंसाफ

3. संयम-अनुशासन और 4. आन्तरिक और बाह्य शुद्धता। उन्होंने संस्था और उसके उद्‌देश्यों का कलेवर धार्मिक बनाये रखा लेकिन अपने सन्देशों को वे अलग तरीके से लिखकर फैलाते जाते थे। वामपन्थी विचारधारा से प्रभावित ओबैदुल्ला सिन्धी उनके विचारों को बहुत महत्त्व देते थे और वे उन्हें प्रेरणा-स्रोत के रूप में स्मरण करते थे। 'हुज्जत-उल्लाह-इल-बालिघा' में ही उनके शब्द हैं—"मानव समाज के सामूहिक जीवन के लिये आर्थिक समानता अत्यन्त आवश्यक है। प्रत्येक मानव समाज को एक ऐसी आर्थिक व्यवस्था की आवश्यकता होती है जो उनकी जीवनोपयोगी सामग्री को देने के लिये उत्तरदायी हो। जब मनुष्यों को अपनी आर्थिक आवश्यकताओं से सन्तोष होता है जो वे जीविकोपार्जन से बचे समय में अपना सांस्कृतिक विकास करते हैं—यही मानवता का वास्तविक रूप होना चाहिए।"[21] जाहिर है इसमें आर्थिक समानता, लोकतान्त्रिकता और आजादी तथा न्यायपूर्ण समाज-व्यवस्था की बात उभरकर सामने आती है।

ओबैदुल्ला सिन्धी ने अविभाजित भारत की महाभारतीय स्वराज्यीय पार्टी की जो रूपरेखा और संविधान तैयार किया था, (देखिये परिशिष्ट (भाग-2)) उसका मूल स्रोत वलीउल्लाह की वैचारिक पृष्ठभूमि पर ही आधारित था। उनके ऐसे विचार 'बुदूरे बाजेगाह' नामक पुस्तक में वर्णित हैं। इसमें वे भारतवर्ष को छोटे-छोटे स्वायत्त प्रान्तीय सरकारों के समूह के रूप में कल्पित करते हैं। ये सभी एक केन्द्रीय व्यवस्था से अभिन्न रूप से जुड़े रहेंगे। कहा जाता है देवबन्द आन्दोलन के प्रख्यात नायकों में एक मौलाना हुसैन अहमद मदनी ने पाकिस्तान की माँग के सवाल पर शाह वलीउल्लाह की ही व्यवस्था सम्बन्धी अवधारणा को विकल्प के रूप में रखा था और विभाजन का विरोध किया था। भारतीय स्वाधीनता आन्दोलन में कठोर मुस्लिमपरस्ती के बावजूद वलीउल्लाह के विचारों से ज़ुड़े किसी नेता ने भारत-पाकिस्तान विभाजन का समर्थन नहीं किया था। उन्होंने जमींदारों, किसानों तथा अन्य वर्गों में अपने संगठन के प्रचार-प्रसार के लिये अपने शिष्यों को भेजा। उनके प्रमुख शिष्यों में—मौलाना मुहम्मद आशिक फुलती, मौलाना नूर उल्ला बुढ़ानवी तथा मौलाना मुहम्मद अमीर कश्मीरी थे। उनके संगठन में इस बात की भी सुगबुगाहट थी और संगठन के मजबूत होते ही कई शिष्यों का प्रस्ताव था कि वे मुगल तख्त को ही पलटकर काबिज हो जायँ। वह समय भी था जब बहुत जल्दी-जल्दी बादशाह बदले जा रहे थे। जो लोग जिस व्यक्ति को शाही तख्त पर बैठाते थे, वही दूसरे दिन से ही उसे हटाने के षड्यन्त्र में लग जाते थे। ऐसा करना कोई बहुत अनहोनी बात भी नहीं होती, मगर वलीउल्लाह ने इस सोच से ही इंकार कर दिया। लेकिन शाही तख्त को जरूर कुछ ऐसा अन्देशा हो गया था। उनके विचारों में बगावत के स्वर तो थे ही। 1763 ई. में शाह वलीउल्लाह का इन्तकाल हुआ तो उनकी

विरासत बड़े बेटे शाह अब्दुल अजीज के कन्धों पर आ गयी। इशरत हक यह तो मानती हैं कि "शाह वलीउल्लाह और उनके उत्तराधिकारी तत्कालीन समन्वयवादी प्रवृत्तियों के प्रतिरोध में रहे।" लेकिन वे यह भी कहती हैं कि "शाह अब्दुल अजीज ने हिन्दुओं के प्रति उदार दृष्टिकोण अपनाया और उनको मुस्लिम दार्शनिक वर्गों (फलसफिया) के समकक्ष रखा।" यहाँ तक कि "मानव, पशु तथा मछली के रूप में हिन्दुओं के विविध अवतारों को उसने दैवी प्रतीक के रूप में स्वीकार किया।"[22] शायद तब तक दोनों समुदायों की समन्वयवादी प्रवृत्तियाँ भी ताकतवर रूप से उभरकर सामने आ चुकी थीं।

शाह अब्दुल अजीज को अपने पिता की जो विरासत हासिल हुई थी, उसमें विचारों के साथ-साथ उनके पास पूरे देश में फैले समर्पित अनुयायियों की एक विशाल फौज भी थी। इसलिये जब उन्होंने 1804 में हिन्दुस्तान को दारुल हर्ब घोषित किया तो पूरे देश के मुसलमानों में हलचल मच गयी। यह देश मुसलमानों के रहने योग्य नहीं रहा। मुसलमान या तो इसे छोड़कर चले जाएँ अथवा इसे दारुल इस्लाम बनाएँ। इनके 'जिहाद' की परिकल्पना राजनीतिक शक्ल में कट्टर वहाबी आन्दोलन के रूप में सामने आया। रायबरेली के सैयद अहमद बरेलवी (1786-1831) उनके खास शिष्यों में थे और उनकी सक्रियता बहुत जुझारू थी। शाह वलीउल्लाह के बेटे शाह अब्दुल अजीज के प्रस्तावित सुधारों के असल रूप को रूपाकार देने के लिये मौलाना सैयद अहमद बरेलवी ही नहीं, उनके दामाद मौलाना अब्दुल हई और उनके भतीजे मौलवी मुहम्मद इस्माइल ने लगातार कोशिशें कीं। इन्होंने हथियारों से लैस होकर लड़ाइयाँ लड़ीं और 1815 ई. में तो पश्चिमी पंजाब और उत्तर-पश्चिमी सीमान्त को छीन भी लिया। वे चाहते थे इन जीते हुए इलाकों में आदर्श इस्लामी राज्य की स्थापना करके शाह वलीउल्लाह के स्वप्नों को मूर्त किया जाय। लेकिन पठान इसके लिये तैयार नहीं थे। उनसे इनके मतभेद बढ़ते गये। इससे ये कमजोर पड़े और कुछ ही साल बाद बालाकोट में सिखों ने इन्हें खत्म कर दिया। मौलाना सैयद अहमद और मौलवी मुहम्मद युद्धभूमि में शहीद हो गये और इनका स्वप्न, स्वप्न बनकर ही रह गया।[23] विचारक एम. जे. अकबर ने लिखा है—"सैयद अहमद बरेलवी ने 1825 में एक जिहाद शुरू किया। बरेलवी का आन्दोलन पूर्वी हिन्दुस्तान में शुरू हुआ, लेकिन उन्होंने उत्तर-पश्चिम सरहदी सूबे के मालाकन्द मंडल में बालाकोट नामक स्थान को अपना युद्ध का मुख्यालय बनाया।...बरेलवी की ताकत निचले दर्जे और दबे-कुचले तबके की शक्तियों को लामबन्द करने में छिपी हुई थी। मुसलमानों के सबसे नीचे की जमात के लोगों से चन्दा आता जिसे उलेमा का एक जाल ऊपर तक पहुँचाता। जब बंगाल या बिहार में किसान खाना खाते तो वे मुट्ठी-भर कच्चा चावल जिहाद में अपने योगदान के तौर पर अलग रख

देते।'' एम.जे. अकबर ने इस जबर्दस्त प्रतिरोध से प्रभावित अंग्रेजों को लेकर आगे लिखा है कि ''इस लम्बी जंग ने अंग्रेजों के दिमाग में इस नजरिये की ताईद कर दी कि जब मुसलमान आस्था से प्रेरित होते थे तो वे ऐसे विचारों के लिये लड़ते थे जो इलाके या सल्तनत से कहीं परे तक जाते थे, और उन्हें कायल कर दिया कि इस्लाम ऐसा मजहब था जो स्थायी युद्ध की प्रेरणा देता था।''[24] इससे आप 1857 की पृष्ठभूमि में रखकर विचार करें तो आपको पता चलेगा कि मुसलमानों को सत्ता से महरूम रखनेवाले अंग्रेजों के खिलाफ वे किस तरह के रोष में थे। साथ ही यही धधकती चिंगारी 1857 के रूप में विस्फोट बनी तो वे कैसे भौचक्के रह गये थे। इसके अलावे बंगाल में शरीयत उल्लाह के नेतृत्व में 1804 में ही जो फरैजी आन्दोलन चला, वह भी वहाबी पन्थ जैसा ही था। फरैजी कहते ही उसी को हैं जो कट्टर इस्लामी पन्थ का अनुगामी होता है। उनकी विरासत जब उनके पुत्र मुहम्मद मुशीन उर्फ दद्दू मियाँ के कन्धों पर आयी तो वे अपने पिता से भी दो कदम आगे निकल गये। उन्होंने बाखरगंज, पावना, फरीदपुर, ढाका, मैमन सिंह, नोआखाली और त्रिपुरा तक इसका विस्तार किया और जमींदारों के विरुद्ध हिंसक जेहाद बोला। उनके अनुयायियों की संख्या 50 हजार से 80 हजार के बीच थी। 1857 के पूर्व इन तमाम हलचलों को विस्फोट के पूर्व की स्थितियों और तैयारियों के रूप में समझना चाहिए।

अन्त

नादिरशाह ने मुगल राज की रीढ़ तोड़ दी थी। फिर से उसके उठ खड़ा होने की दूर-दूर तक कोई उम्मीद नहीं थी। वह सत्ता-शासन का एक ऐसा ढाँचा था, जिसमें कोई जान नहीं थी। बावजूद नोंचने-खसोटने के लिये आक्रमणकारियों का वह सबसे आसान चारा था। अहमदशाह अब्दाली भले ही 1748 ई. में वापस चला गया था मगर उसमें लपलपाहट अब भी मौजूद थी। जब 28 अप्रैल 1748 ई. को मुहम्मद शाह का पुत्र अहमदशाह गद्दी पर बैठा तो उसकी उम्र 21 साल की थी। वह भी विलासी, व्यभिचारी और निहायत अयोग्य ही निकला। उसने अवध के सूबेदार सफदरगंज को अपना वजीर बनाया। सादात खाँ मीर बख्शी बना। नवाब बहादुर के नाम से मशहूर जावेद खाँ औरतों और हरम के हिजड़ों का प्रमुख बना। उसकी वजीर से पटती नहीं थी, सो उसकी हत्या का षड्यन्त्र करने लगा। उधर रुहेलों ने ऐसा उत्पात मचाया कि उसे दबाने के लिये मराठों की मदद ली गयी। मराठों ने रुहेलों को शान्त तो कर दिया मगर तीस लाख नगद के अलावे अलीगढ़ से दक्षिण-पूर्व कोरा जहानाबाद तक का इलाका भी ले लिया। उधर अहमदशाह अब्दाली ने 1749 ई. में पंजाब पर आक्रमण कर दिया तो जैसे-तैसे कुछ रकम देकर उसे वापस भेजा गया।

उसने फिर 1752 ई. में पंजाब पर चढ़ाई की और उसे जीतकर दिल्ली की ओर बढ़ा। इस बार पंजाब और मुल्तान लेकर वापस हुआ। मुगल शासन की हालत यह थी कि कोई आता था, दो चपत जड़ता था और जो चाहता लेकर वापस चला जाता था।

वजीर और जावेद खाँ का विवाद भयंकर रूप लेता गया। वजीर ने धोखे से जावेद खाँ की हत्या करवा दी। आखिर वजीर सफदरगंज को हटना पड़ा। उधर मराठों ने इमाद-उल-मुल्क को वजीर बनवाने में मदद की और 1754 ई. में अहमदशाह को हटाकर जहाँदार के दूसरे लड़के अजीज-उद्दीन को आलमगीर द्वितीय नाम से गद्दी पर बैठा दिया। इसने पहला काम यह किया कि अहमदशाह और उसकी माँ की आँख में सलाई फेरवाकर दोनों को अन्धा बना दिया। इसकी उम्र 55 साल की थी और इसने सारा जीवन जेल में बन्दी के रूप में गुजारा था। बिल्कुल अनुभवहीन, इतिहास की पुस्तकों का अध्येता और पाँचों वक्त की नमाज पढ़ने वाला था—राजकाज को पूरी तरह वजीर ही चला रहा था। वह मराठों से उलझा, पंजाब में हस्तक्षेप किया, नतीजा मराठे और मजबूत हो गये और गुस्से में आकर अहमदशाह अब्दाली ने 1756 ई. में फिर आक्रमण कर दिया। उसके लाहौर आते ही वहाँ का सूबेदार अदीनाबेग भाग खड़ा हुआ। 28 जनवरी 1757 ई. में अब्दाली ने दिल्ली में प्रवेश किया। लूटपाट मचायी। सेना की टुकड़ी मथुरा भेजकर हिन्दू यात्रियों को अकारण कटवा दिया। अवध के शुजाउद्दौला से पाँच लाख वसूला। उसने मुहम्मद शाह की बेटी से खुद और आलमगीर द्वितीय की बेटी से अपने बेटे का निकाह किया। जब वह लौटा तो शाही वंश की कई स्त्रियों, हरम की खूबसूरत औरतों के साथ करोड़ों रुपये भी साथ ले गया।

अब्दाली के जाने के बाद नाराज आलमगीर ने नजीबुद्दौला को वजीर बहाल कर दिया। उसने खजाने का और मनमाना दुरुपयोग किया। लेकिन इमाद-उल-मुल्क ने मराठों की मदद से आलमगीर से सम्बन्ध मधुर बनाये रखा और जैसे-तैसे नजीबुद्दौला को अपनी जागीर में जाने को विवश कर दिया। अब वह फिर वजीर बन बैठा। एक दिन बादशाह आलमगीर को धोखे से सन्त-दर्शन के बहाने फिरोजशाह कोटला में ले जाकर 29 नवम्बर 1759 ई. को वध करवा दिया। लेकिन उसका बेटा अली जौहर बारह वर्षों बाद बिहार से लौटा। उसे सारा कुछ मालूम था। उसने शाह आलम द्वितीय के नाम से खुद को सम्राट घोषित कर दिया। 1764 ई. में शाह आलम बक्सर में अंग्रेजों से परास्त होकर बन्दी बन गया। 1765 ई. में उसने जब बंगाल, बिहार और उड़ीसा की दीवानी अंग्रेजों को सौंप दी तो उन्होंने उसे मुगलसम्राट के रूप में मान्यता दे दी। पानीपत में अहमदशाह अब्दाली के बाद से मराठे शान्त हो गये थे। ऐसे में दिल्ली सल्तनत के चारों ओर रुहेलों और अफगानों का प्रभाव बहुत बढ़ गया था। शाहआलम द्वितीय का उन पर निर्भर रहना उसकी

विवशता बन गयी थी। वह एक तरह से उनके संरक्षण या कहिये अधीन आ चुका था। वे इतने उद्दंड थे कि दबंगई के साथ राजमहल में प्रवेश कर शाही बेगमों तक से चुहल करते। रूहेला सरदार का बेटा जाब्ता खाँ जो अत्यन्त लम्पट, विलासी और बेरहम था, निर्भीकतापूर्वक अन्त:पुर में आता-जाता रहता। बादशाह को पता चला तो उन्होंने सख्ती की। वह भागकर छुप गया। लेकिन मराठों ने उसे पकड़कर मार डाला। उसका पुत्र कादिर खाँ पकड़कर बादशाह के सामने पेश किया गया। बादशाह ने उसके पिता के अपराध के लिये उसे दंडित करना उचित नहीं समझा और उसे माफ कर दिया। बाद में बादशाह ने उस पर कृपा की और उसे 1787 ई. में अपने यहाँ रख भी लिया। गुलाम कादिर खाँ मीर बख्शी बन गया। उसने घोर कृतघ्नता दिखाते हुए किले पर अधिकार जमा लिया। फिर वृद्ध बादशाह को पटककर उसकी छाती पर चढ़ बैठा और अपने खंजर से जीते-जी दोनों आँखें निकाल लीं। मीर तकी 'मीर' ने इस पर यह शेर रचा—

शहाँ की कुहले-जवाहर थी खाके-पा जिनकी
उन्हीं की आँखों में फिरती सलाइयाँ देखीं

(जिनके पाँवों की धूल आँखों को रोशन करने के लिये सुरमा समझी जाती थी, उन्हीं की आँखों में लोहे की सलाइयाँ फिरती हुई देखी गयीं।)

कहा जाता है कि वह शाही बेगमों और बान्दियों को नंगा कर नाचने पर विवश करता था। किसी तरह बेबस और लाचार बादशाह ने अपनी पीड़ा सिन्धिया तक पहुँचायी और आरजू-मिन्नत की कि वे दिल्ली आकर गुलाम कादिर को दंडित करें। महदजी सिन्धिया ने गुलाम कादिर को पकड़वाकर प्राण-दंड दिया। 24 सितम्बर 1803 ई. को अंग्रेज अधिकारी लॉर्ड लेक आकर उससे मिला और उसके लिये अच्छी-खासी (रकम दस लाख से 25 लाख वार्षिक तक) पेंशन तय कर दी गयी। अंग्रेजों की उसी पेंशन पर जीवन गुजारता वह अन्धा बादशाह 1806 ई. में हमेशा के लिये कब्र में चैन की नींद सो गया।

शाह आलम के बाद उसका पुत्र 1806 ई. से 1837 ई. तक अंग्रेजों की पेंशन पर पलता रहा। ऐसा लग रहा था साम्राज्य किसी ऐसे शरीर की तरह हो चुका था जिसका एक-एक अंग गल-गलकर गिर रहा हो। अकबर द्वितीय के बाद बहादुरशाह जफर 1837-1857 ई. के बीच अपने महल के भीतर तक का ही बादशाह था। चक्रवर्त्ती अकबर की मुगल सल्तनत किले के अन्दर तक सिमटकर समय के ललाट पर एक विडम्बना-बिन्दी की तरह प्रतीकात्मक बची रह गयी थी। बाबर के रोपे गये मुगल-वंश का यह भयावह, लेकिन बड़ा ही हृदयविदारक अन्त था।

एक युग के अन्त और दूसरे युग की शुरुआत के मध्य संक्रमणकाल को सरलीकृत तरीके से नहीं समझा जा सकता। न ही उसके सीमित कारण होते हैं। इस

कालखंड को लेकर इतिहास में व्यापक और विविध पक्षों पर विचार हुआ है और बहुत बारीकियों में जाकर गहन शोध हुए हैं। मुगल साम्राज्य अपने समय में विश्व के सर्वाधिक विशाल केन्द्रित साम्राज्यों में था और उसकी जनसंख्या लगभग 10 से 15 करोड़ के आसपास थी। बेशक औरंगजेब के मरने के बाद पतन तेज गति से हुआ और उस शताब्दी के तीसरे-चौथे दशक तक जाते-जाते इसकी दयनीयता पूरी तरह उजागर हो गयी। खास तौर से नादिरशाह के आक्रमण के बाद यह पूरी तरह गहन कोमा में चला गया, जहाँ से सिर्फ उसकी मौत की प्रतीक्षा ही की जा सकती थी।

केन्द्रीय ढाँचे की कमजोरी का सीधा असर अधीनस्थ राज्यों के एक-एक कर आजाद होने, राजस्व में भारी कमी आने और सैन्य शक्ति के तीव्रता से संकुचित होने पर पड़ा। बंगाल, अवध, हैदराबाद ने एक-एक कर अपनी स्वतन्त्रता घोषित की और मराठों या सिक्खों से लोहा लेने की मुगल साम्राज्य में कूव्वत न बची। जब मैसूर, ट्रावनकोर, फर्रूखाबाद और रुहेलखंड जैसे मामूली राज्यों ने अपनी आजादी घोषित की तो किसी मुगल बादशाह में सवाल पूछने की हिम्मत नहीं थी। औरंगजेब ने मराठों, सिक्खों, राजपूतों और जाटों के साथ जैसा अपमानजनक सलूक किया, अत्याचार किया और जिस तरह उनके साथ धार्मिक कट्टरता से पेश आया, उससे गैर-मुस्लिम प्रजा के भीतर भीषण असन्तोष पैदा होना स्वाभाविक था। ऐसे में केन्द्र के कमजोर पड़ने से उनके प्रतिरोध आसानी से मुखर होने लगे। इरफान हबीब ने लगान वसूली की जिन शोषणवादी नीतियों और तरीकों पर शोध किया है, उससे कृषकों में भयानक असन्तोष का पता चलता है। यही असन्तोष जगह-जगह विद्रोह की शक्ल में सामने आने लगा। डॉ. सतीशचन्द्र ने दरबारी राजनीति और गुटबाजी को लेकर पतन के कारणों की गहरी पड़ताल की है। डॉ. लक्ष्मी सुब्रमण्यण ने लिखा है—"शाही दरबार में गुटबाजी अपने चरम पर पहुँच चुकी थी। कुलीन वर्ग के विशेष समूह—तूरानी गुट मध्य एशिया से, ईरानी गुट फारस से सम्बन्धित थे तथा इसके अतिरिक्त शाही दरबार में भारतीय मुसलमान और हिन्दू भी थे। इन कुलीन वर्गों में हमेशा प्रतिस्पर्धा चलती रहती थी, लेकिन अठारहवीं शताब्दी में व्यापक आर्थिक संकट के कारण इस प्रतिस्पर्धा में तेजी आ गयी जिसका उल्लेख इतिहासकार सतीशचन्द्र ने जागीरदारी संकट के तौर पर किया है।"[25] असन्तोष के बाहर निकलने का कारण सिर्फ आर्थिक ही नहीं था। जमींदारों का लपलपाता लोभ जबरन वसूली के रूप में बड़ी ही अमानवीय शक्ल में उनके अत्याचारों में दिखाई पड़ता था। इससे सामाजिक सत्ता के समीकरण भी प्रभावित हुए। वे सत्ता-समीकरणों के साथ सत्ता में हिस्सेदारी को अधीर हो उठे थे।

जैसे-जैसे केन्द्रीय सत्ता कमजोर होती गयी, जागीरदारों के स्वार्थ तीखे होते गये। इससे जमींदारों में विद्रोह फैलने लगा और वे लगान नहीं देने और जबरन

वसूली करने की स्थिति में प्रतिरोध करने लगे। जहाँ तक व्यापार का मामला है तो वहाँ जलवाहन में मुस्लिम व्यापारियों का वर्चस्व था और दलाली तथा आढ़त और हुंडी का काम हिन्दू व्यापारी करते थे। ईस्ट इंडिया कम्पनी ने सबसे पहले जलवाहनों के मामले में मुसलमानों को बेरोजगार किया। घरेलू व्यापार पर भी उनका प्रभाव बढ़ने लगा। डॉ. लक्ष्मी सुब्रमण्यण ने लिखा है—''मुगलकालीन भारत के सूरत और हुगली जैसे प्रमुख बन्दरगाहों तथा दक्षिण-पूर्व भारतीय केन्द्रों पर कारोबार और नौवहन में भारी गिरावट आ गयी। इनका स्थान कलकत्ता, बम्बई और मद्रास जैसे औपनिवेशिक शहरों ने ले लिया। मुस्लिम जहाज मालिकों को भारी नुकसान उठाना पड़ा और उनकी जगह निजी यूरोपीय व्यापारियों ने ले ली।''[26] जैसे-जैसे राजनीतिक सत्ता का पतन हो रहा था आर्थिक संरचना भिन्न ताकतों, भिन्न समुदायों की ओर हस्तान्तरित होती जा रही थी। नये व्यापारिक बन्दरगाहों पर अंग्रेजों की मजबूत होती स्थिति की दस्तक तो औरंगजेब के शासन में ही पड़ने लगी थी, जो उसने अनसुनी कर दी थी। 1739 ई. में नादिरशाह के आक्रमण ने मुगल साम्राज्य पर पड़े आखिरी झीने कपड़े को भी उतार दिया। बावजूद इसके मुगल दरबार षड्यन्त्रों, चालबाजियों और साजिशों का अड्डा बना रहा। शासन में यातना और प्रतिरोध का अनवरत सिलसिला, राजस्व वसूली की नाकामी और असफलता, अधिकारियों की लापरवाही और कुंठा, कारोबार का पतन और भयावह अराजकता से उत्पन्न शान्ति-व्यवस्था का संकट बुरी तरह राज्य को त्रस्त किये हुए था। ऐसे में विघटन की प्रक्रिया का तेज होना स्वाभाविक और सहज बात थी। बंगाल, अवध और हैदराबाद की स्वतन्त्र राज्य स्थापना और इसके साथ ही राजपूतों, मराठों और सिक्खों के उदय ने मुगल साम्राज्य को बुरी तरह विपन्न कर दिया। इस दौर को डॉ. लक्ष्मी सुब्रमण्यण ने आकलित करते हुए लिखा है कि—''अठारहवीं शताब्दी के पहले पचास वर्षों में उदीयमान राजनीतिक और सामाजिक महत्त्वाकांक्षियों ने प्रतिस्पर्धा के तौर पर सामने आने हेतु मुगल व्यवस्था की जड़ों पर कुठाराघात किया। शताब्दी के पूर्वार्द्ध में इनमें से कुछ महत्त्वाकांक्षी समेकन और प्रशासन जैसे ज्यादा स्थिर कारोबार में संलग्न हो गए, नयी ताकत ईस्ट इंडिया कम्पनी की लालच की राजनीति ने नए राज्यों की कमजोर नींवों को हिला दिया और उन्हें अपनी सम्प्रभुता व सत्ता स्थापित रखने योग्य नहीं रहने दिया। इस दृष्टि से देखने पर हमें एक राजनीतिक शक्ति के रूप में अठारहवीं शताब्दी के क्षेत्रीयतावाद की सीमाओं का पता चलेगा।''[27]

जगह-जगह प्रान्तीय ताकतों के उदय ने ईस्ट इंडिया कंपनी के राजनीतिक एजेंडे को बिल्कुल आसान बना दिया। वे तिकड़म और ताकत से एक-एक को आराम से निगलते गये। डॉ. लक्ष्मी सुब्रमण्यण ने लिखा है—''भारत में क्षेत्रीयवाद की शक्ति ज्यादा दिनों तक जीवित नहीं रही। शताब्दी के समापन के पहले ही

ज्यादातर क्षेत्रीय शक्तियाँ ईस्ट इंडिया कम्पनी की शक्ति के सामने घुटने टेक चुकी थीं। ध्यान रहे, ईस्ट इंडिया कम्पनी ने 1818 तक एक पूर्ण साम्राज्य का दर्जा हासिल कर लिया था और अब वह शासन करने के लिये बिल्कुल तैयार थी।''[28]

प्रेमचन्द ने अपनी मशहूर कहानी 'शतरंज के खिलाड़ी' में इस सत्ता-हस्तान्तरण को प्रतीकात्मक लेकिन बिल्कुल सजीव ढंग से चित्रित किया है। किस तरह सामन्तवाद का पतन हो रहा है और सत्ता साम्राज्यवाद के हाथों में हस्तान्तरित होती रही—यह साफ महसूस किया जा सकता है। हिन्दुस्तान में एक महान युग-परिवर्तन की प्रक्रिया सम्पन्न होती है।

क्या यह अन्त किसी कौम को इस अहंकार भरे गौरव-बोध के लिये उत्तेजित कर सकता है कि वह खुद को इससे जोड़कर सत्ता पर अपने कब्जे की निरन्तरता का दावा कर सके? नहीं—बल्कि इससे बेहतर विकल्प यह है कि वह डॉ. मुबारक अली के उस विवेक वचन पर विचार करते हुए शासन और शासित के बीच अपने लिये एक ज्यादा बेहतर और आधुनिक विकल्प तलाश करे और अपनी भूमिका तय करे और उसे ईमानादारी से निभाये।

सन्दर्भ-स्रोत—

1. भारतीय स्वतन्त्रता आन्दोलन का इतिहास (भाग-1)-डॉ. ताराचन्द -पृष्ठ1/42
2. आधारित-मुगलकालीन भारत-डॉ. कौलेश्वर राय पृष्ठ-285
3. आधारित-मुगलकालीन भारत-डॉ. कौलेश्वर राय पृष्ठ-286
4. मध्यकालीन भारत (2)-सं. प्रो. हरीशचन्द वर्मा पृष्ठ-65-66
5. मध्यकालीन भारत (2)-सं. प्रो. हरीशचन्द वर्मा पृष्ठ-156,157
6. ब्रिटिश साम्राज्यवाद के सांस्कृतिक पक्ष और 1857-वन्दिता वर्मा पृष्ठ-115
7. ब्रिटिश साम्राज्यवाद के सांस्कृतिक पक्ष और 1857-वन्दिता वर्मा पृष्ठ-119
8. दि इंडियन मुस्लिम्स-डॉ. मुहम्मद मुजीब पृष्ठ-277
9. फतवे, उलेमा और उनकी दुनिया-अरुण शौरी पृष्ठ-599
10. रेशमी पत्रों का षड्यन्त्र-रतनलाल बंसल पृष्ठ-21
11. ब्रिटिश साम्राज्यवाद के सांस्कृतिक पक्ष और 1857-वन्दिता वर्मा पृष्ठ-119
12. रेशमी पत्रों का षड्यन्त्र-रतनलाल बंसल पृष्ठ-22
13. भारत की राष्ट्रीय संस्कृति-एस. आबिद हुसैन पृष्ठ-120
14. भारत की राष्ट्रीय संस्कृति-एस. आबिद हुसैन पृष्ठ-121
15. इतिहासकार का मतान्तर-डॉ. मुबारक अली पृष्ठ-23
16. इतिहासकार का मतान्तर-डॉ. मुबारक अली पृष्ठ-27
17. इतिहासकार का मतान्तर-डॉ. मुबारक अली पृष्ठ-28
18. इतिहासकार का मतान्तर-डॉ. मुबारक अली पृष्ठ-40

19. इतिहासकार का मतान्तर-डॉ. मुबारक अली पृष्ठ-53
20. इतिहासकार का मतान्तर-डॉ. मुबारक अली पृष्ठ-68, 69
21. रेशमी पत्रों का षड्यन्त्र-रतनलाल बंसल पृष्ठ-24
22. मध्यकालीन भारत (2)-सं. प्रो. हरीशचन्द वर्मा पृष्ठ-829, 30
23. भारत की राष्ट्रीय संस्कृति-एस. आबिद हुसैन पृष्ठ-121
24. चिंगारी-एम. जे. अकबर पृष्ठ-26
25. भारत का इतिहास 1707 से 1857 तक-लक्ष्मी सुब्रमण्यण पृष्ठ-14
26. भारत का इतिहास 1707 से 1857 तक-लक्ष्मी सुब्रमण्यण पृष्ठ-18
27. भारत का इतिहास 1707 से 1857 तक-लक्ष्मी सुब्रमण्यण पृष्ठ-22
28. भारत का इतिहास 1707 से 1857 तक-लक्ष्मी सुब्रमण्यण पृष्ठ-44

परिशिष्ट

विशिष्ट शब्दावली

अक़्ताअ	वह भूमि, जो सेना के सरदारों को सेना रखने और उसका उचित प्रबन्ध करने के लिये दी जाती है।
अतालीक	संरक्षक तथा शिक्षक, जो शाहजादों के लिये नियुक्त किया जाता था।
अबजाब अबवाब	वे विभिन्न प्रकार के कर, जो अधिकारियों और जमींदारों द्वारा वैध या अवैध रूप से नियमित राजस्व के अतिरिक्त वसूल किये जाते थे। ये कर इस्लाम धर्म में स्वीकृत नहीं।
अब्जद	अरबी अक्षरों का वह क्रम, जिसमें हर अक्षर का मूल्य एक से हजार तक क्रमशः निश्चित है। इन अक्षरों की सहायता से घटनाओं की तिथियाँ निकाली जाती हैं।
आफ्ताबगीर	मुगल सम्राटों द्वारा प्रयुक्त अंडे की शक्ल का एक गज ऊँचा मखमल तथा सुनहले काम का सायबान।
आबकशाँ	शाही भोजनालय में पानी भरनेवाला कर्मचारी।
आबदारखाना	सम्राट के जल तथा पेय वस्तुओं के प्रबन्ध करने का विभाग।
आयमा	धार्मिक-शैक्षणिक कार्यों के लिये मदद-ए-माश के रूप में दिया जानेवाला भूमि-अनुदान।
आबादी	सामान्य अर्थ में कृषि क्षेत्र में बसी जनसंख्या—वह जनसंख्या जो अनिवार्य रूप से कृषि कर्म से जुड़ी हुई हो।
आइन	सरकारी नियम-कानून।
अल्तमगा	सरकारी अनुदान (Grant-under-scal)—एक विशेष प्रकार की काश्तकारी जिसकी शुरुआत जहाँगीर ने की थी। अहादी घुड़सवारों की ऐसी श्रेणी जिन्हें मुगल शासक सीधे ही अपनी सेवा में ले लेते थे।

अमीन	एक सरकारी पदनाम, शेरशाह के काल में किसी परगना के दो प्रमुख अधिकारियों में से एक। अकबर के समय सूबेदार के अधीन एक सरकारी कर्मचारी जिसके कार्य के बारे में स्पष्ट उल्लेख नहीं था। 17 वीं शताब्दी में प्रान्तों के दीवान के अधीन राजस्व निर्धारण करनेवाला अधिकारी।
आमिल, आमलदार	साधारणतया गाँवों में भूमि-कर वसूल करनेवाला पदाधिकारी। 15वीं शताब्दी के मध्य यह एक अधिशासी अधिकारी होता था। अकबर और उसके बाद के काल में खालसा भूमि से राजस्व वसूल करनेवाला अधिकारी सरकारी पदनाम अमलगुजार से भिन्न और करोड़ी का समानार्थी। 18वीं शताब्दी में इसका सूबेदार के अर्थ में प्रयोग किया जाने लगा जो सामान्य प्रशासन की देखरेख करता था।
अताबेक	अवयस्क शासकों के संरक्षकों के लिये प्रयुक्त एक तुर्की उपाधि।
इब्तियाखाना	क्रय-विभाग।
इजारा	ठेका, विशेष रूप से भू-राजस्व का ठेका।
इजारादार	भू-राजस्व का ठेकेदार।
इनाम	भेंट, कल्याणकारी कार्यों के लिये किया गया दान; वह भूमि जो लगान से मुक्त हो।
उलेमा	इस्लामी धर्मशास्त्र का ज्ञाता।
उश्र	इस्लामी कानून के अन्तर्गत दसवें हिस्से के बराबर लगाया गया धर्मशुल्क उश्र कहलाता है। वह राज्य जिस पर यह धर्मशुल्क लगाया गया हो। यह खराजी के ठीक विपरीत अर्थ में है।
करावलबेगी	शिकारगाह का प्रमुख अधिकारी।
काजी	न्यायाधीश, जो शरा के अनुसार मुकदमों का निर्णय करते हैं।
काजी-ए-अस्कर	राजधानी के सैनिक-क्षेत्र के लिये नियुक्त एक काजी। इसे काजी-ए-उर्दू भी कहा जाता था। वह सेना के साथ दौरों पर भी जाता था।
कियास	इस्लामी धर्मशास्त्र का एक स्रोत, जिसके अनुसार अनुरूप मुकदमों का निर्णय एक तरह से नजीर के आधार पर किया जाता था।
किरकिराकखाना	शाही वस्त्र विभाग।

किसास	इसका अर्थ प्रतिकार है। इस्लामी कानूनी के अनुसार, यह वह दंड है, जो कानून द्वारा निर्धारित तो है किन्तु ग्रसित व्यक्ति या उसके उत्तराधिकारी उसे क्षमा भी कर सकते हैं।
कुरखाना	सम्राट के व्यक्तिगत प्रयोग में आनेवाले हथियारों का विभाग।
कानूनगो	भूमि के विभिन्न हितों, नियमों और भूराजस्व वसूली का रिकॉर्ड रखनेवाला सरकारी कर्मचारी जो लेखपाल अथवा पटवारी के ऊपर होता है।
कोतवाल	नगर की सुरक्षा की देखभाल करनेवाला प्रशासनिक अधिकारी।
करोड़ी	खालिसा भूमि से होनेवाले राजस्व को संग्रह करनेवाले व्यक्ति के लिये 16वीं शताब्दी में प्रचलित एक पदनाम। सरकारी तौर पर इसे 'अमलगुजार' कहा जाता था। 17वीं शताब्दी में इसका प्रयोग जागीरदार द्वारा नियुक्त संग्रहकर्त्ता के अर्थ में भी किया जाता था।
कुलकर्णी	गाँव का लेखपाल।
कबुलियत	राजस्व अदा करने के लिये दिया गया लिखित वचन, पट्टे की प्रतिलिपि।
कुरियत	गाँव, देह का पर्याय।
खजान-ए-अमरा	बैत-ए-खराज अर्थात् खालिसा भूमि का भू-राजस्व तथा हिन्दुओं द्वारा दिए जानेवाले कर इत्यादि के लिये मुगल प्रान्तों में स्थापित विशेष कोष।
खजान-ए-सदाकत	दानकर के रूप में मुसलमानों से एकत्रित धन के लिये अतिरिक्त कोष।
खन्यागराँ	मुगल सम्राटों के काल का संगीत-विभाग।
खम्स	इस्लामी धर्मशास्त्रों से स्वीकृत चार करों में से एक। इस्लामी कानून के अनुसार युद्ध में लूट का 1/5 भाग राज्य को तथा 4/5 भाग सैनिकों को प्राप्त होता था। इस कर को खम्स कहा जाता था। दिल्ली सल्तनतकाल में अलाउद्दीन खिलजी ने इसे उलट दिया। वह राज्य के कोष में 80 प्रतिशत जमा करा लेता था तथा सैनिकों को केवल पचीस प्रतिशत देता था। यह नियम फिरोज तुगलक के पूर्व तक चलता रहा। फिरोज तुगलक ने पुनः इस्लामी कानून के अनुसार खम्स के वितरण की आज्ञा दी।
खालिसा	वह भूमि, जिसकी आय केन्द्रीय सरकार के लिये सुरक्षित

	रहती थी। उसमें से किसी को कोई भाग अक्ता के रूप में नहीं दिया जाता था।
खिराज	गैर-मुस्लिम किसानों से वसूल किया जानेवाला भूमिकर, इस्लाम में स्वीकृत किन्तु बाद में सभी कर खिराज कहलाने लगे। खिराज भूमि-कर है। यह कर प्रारम्भ में केवल गैर-मुसलमानों से लिया जाता था तथा बाद में यह मुसलमानों से भी लिया जाने लगा।
खिल्अत	बादशाह द्वारा सम्मानार्थ भेंट किये गये वस्त्र, जो प्रतिष्ठा के द्योतक होते थे।
खिलवतखाना	गुसलखाना (गोपनीय मन्त्रणा का कक्ष), जिसे कभी-कभी खिलवतखाना भी कहा जाता था।
खुत्बा	शुक्रवार, ईद-उल-फि तर एवं विशेष अवसरों पर नमाज के समय दिया गया वक्तव्य जिसमें खुदा, मुहम्मद साहब, खलीफाओं तथा राज्य के शासक के नाम का उल्लेख होता था। एक इस्लामी राज्य में केवल एक ही सुल्तान के नाम से खुत्बा पढ़ा जा सकता था। इस्लामी सिद्धान्त के अनुसार, इससे उस शासक को वैधानिकता प्राप्त होती थी।
खुराक-ए-अस्पान	घोड़े के खर्च के लिये वसूल किया जानेवाला कर।
खुराक-ए-दब्वाब	मनसबदारों के अधीन जानवरों के चारे के खर्च की सरकार द्वारा की गयी कटौती।
खैरदख्ती	प्रति पेड़ लिया जानेवाला कर।
खानकाह	सूफी गतिविधियों का स्थान, जहाँ खुदा की लीलाओं का वर्णन होता था। यहाँ एक या ज्यादा शेख रहते थे जो घुमन्तू सूफियों का मनोरंजन करते थे और अपने शिष्यों को शिक्षा देते थे।
खानजादा	उमरा के साहबजादे (बेटे)।
खिदमती	अधीनस्थों द्वारा अपने उच्च अधिकारी को दी गयी भेंट।
खुदकाश्त	भूस्वामी द्वारा अपनी जमीन पर स्वयं खेती करना, जबकि पाहीकाश्त इसके विपरीत होता है।
गजूर	कोषाध्यक्ष।
गुसलखाना	मुगलकाल में गोपनीय मन्त्रणा का कक्ष। अबुल फजल इसे दौलतखाना कहता है। इसे खिलवतखाना तथा दौलतखाना-ए-खास भी कहा जाता था।

गंज	स्थायी रूप से लगनेवाला एक छोटा बाजार, अनाज-मंडी।
गाजी	जिहाद में आस्था रखनेवाला योद्धा।
गुमाश्ता	एक सहायक अथवा अधीनस्थ कर्मचारी, आइन में इसका आशय उन अधीनस्थ कर्मचारियों से है जो खालिसा जमीन से सम्बन्धित मामलों के लिये राजस्व अधिकारी द्वारा तैनात किये जाते थे।
चकला	सत्रहवीं शताब्दी में इसका अभिप्राय उस खालिसा भूमि से था जो चकलादार के अधीन होती थी। बंगाल में 18वीं शताब्दी में यह एक प्रशासनिक क्षेत्र था।
चौथ	मराठों द्वारा अपने विजित प्रदेश से वसूली के तौर पर माँगा गया राजस्व का चौथा हिस्सा। उस क्षेत्र पर मराठे अपना प्रशासनिक नियन्त्रण स्थापित नहीं करते थे। ताँबे का एक सिक्का जो अकबर के काल में रुपए के चालीसवें हिस्से के बराबर होता था, लेकिन चाँदी के मूल्य के अनुसार इसका मूल्य बदलता रहता था।
जकात	यह कर मुसलमानों की उस सम्पत्ति पर लगता था जो उनके पास निर्धारित समय तक रहती थी। यह कर जिम्मियों से नहीं लिया जाता था। भारत में यह कर धार्मिक कर के रूप में नहीं, बल्कि आयात शुल्क (सीमा शुल्क) के रूप में वसूल किया जाता था।
	जकात का अर्थ है—शुद्धिकरण। इसकी स्वीकृति कुरान में दी गयी है। इसका लक्ष्य था कि धनी मुसलमानों की आय से निर्धन स्वधर्मियों को आर्थिक सहायता प्राप्त हो सके। जकात कर दैनिक जीवन की आवश्यक वस्तुओं, जैसे रहने का मकान, कपड़ा, बर्तन, सवारी या कृषि के लिये प्रयोग में आनेवाले पशु इत्यादि पर नहीं लगता था, सिद्धान्ततः यह कर दृष्टिगत या प्रकट सम्पत्ति पर देय था—जैसे सोना, चाँदी, पशु (जो दूध देते हों या चरागाहों में चरते हों) और व्यापारिक वस्तुएँ। नियमानुसार यह कर तभी वसूल किया जाता था तब वह सम्पत्ति करदाता के पास कम-से-कम एक साल तक रही हो और जिसकी मूल्य निश्चित सीमा (निसाब) से अधिक हो। यह कर ढाई प्रतिशत (सम्पत्ति का चालीसवाँ) की दर से वसूल किया जाता था।

	जकात से प्राप्त धन किसको दिया जाए, इसके विषय में भी इस्लामी विधिवेत्ताओं ने नियम निर्धारित किया है। इसके अनुसार सात तरह के लोगों को जकात धन दिया जा सकता है : फकीर, ऐसे मुसलमान जिनके पास कोई सम्पत्ति न हो, जकात एकत्रित करनेवाले कर्मचारी, कर्जदार, धर्मयुद्ध (जिहाद) में भाग लेनेवाले या यात्री।
जमा रकम कलमी	कागजों में दर्ज मालगुजारी।
जमा हाल हासिल	वास्तविक मालगुजारी।
जमीनबोस	सम्राट के अभिवादन की एक प्रक्रिया, जिसमें पृथ्वी छूकर सम्राट को साष्टांग प्रमाण किया जाता था।
जमींदरान-ए-उम्दा	मुगल कागजात में अधीनता स्वीकार करनेवाले बड़े राज्य।
जरीवाना	भूमि की पैमाइश करनेवाले अधिकारी को दिया जानेवाला कर।
जात	मनसबदार का व्यक्तिगत पद, जो उसकी पद-स्थिति को निश्चित करता था तथा जिसके अनुसार उसे वेतन दिया जाता था।
जागी-ए-तनख्वाह	वेतन के एवज में दी गयी जागीर।
जागीर	वह क्षेत्र, जिसका राजस्व किसी राजकीय कर्मचारी अथवा मनसबदार को उनकी सेवाओं के बदले में वेतन के रूप में दिया जाता था। मुगल साम्राज्य में जागीर तथा अन्य क्षेत्रों का प्रशासनिक दायित्व फौजदार पर होता था, जागीरदार पर नहीं।
जाबिताना	भूमि की पैमाइश के सम्बन्ध में होनेवाला व्यय।
जजिया	वह कर, जो इस्लामी कानून के अनुसार गैर-मुस्लिमों से यानी जिम्मियों से वसूल किया जाता था। जजिया का सिद्धान्त कुरान की एक आयात पर आधारित है जिसमें कहा गया है : 'जो लोग खुदा में विश्वास नहीं करते हैं, खुदा एवं पैगम्बर द्वारा वर्णित बातों को नहीं मानते, सत्य धर्म (इस्लाम) स्वीकार नहीं करते और जो धर्मग्रन्थ रखते हैं, उनसे अन्तिम दिन तक जब तक कि वे अधीन होकर खुद जजिया न दें, लड़ो।' इसी आधार पर इस्लामी धर्मशास्त्र में जजिया की विवेचना जिहाद (धर्मयुद्ध) के सन्दर्भ में की गयी है। इसके अनुसार, ऐसे धर्म के अनुयायी जिसमें मूर्तिपूजा स्वीकृत है, उन्हें धर्मयुद्ध द्वारा

या तो इस्लाम स्वीकार करना चाहिए अथवा उन्हें मार डाला जाएगा। ऐसे धर्म के अनुयायी जिनका धर्म, धर्मपुस्तक पर आधारित है, उन्हें इस्लाम धर्म स्वीकार न करने पर जजिया देकर अपनी तथा अपने परिवार की सुरक्षा प्राप्त करने का अधिकार है। ऐसे लोगों को जिम्मी कहा जाता है।

जिम्मी	मुसलमानों द्वारा किसी देश पर विजय के उपरान्त वहाँ की जो प्रजा इस्लाम स्वीकार नहीं करती थी और जजिया देना स्वीकार कर लेती थी, उसे जिम्मी कहा जाता था।
जिहाद	काफिरों के खिलाफ शरीअत के अनुसार धर्मयुद्ध की घोषणा। इस्लाम के प्रसार के लिये युद्ध।
जरीब	जमीन की एक माप, एक मापक उपकरण जिससे जमीन की माप की जाती है। 16वीं शताब्दी में इससे जमीन का क्षेत्र-निर्धारण किया जाता था, जिसे पैमाइश कहा जाता था।
जब्त	अकबर के काल में उस समय प्रचलित माप के द्वारा राजस्व निर्धारित करना। जहाँ यह प्रणाली प्रचलित थी, वहाँ क्षेत्र के लिये जब्ती विशेषता का प्रयोग होता था। परवर्ती काल में जब्ती का प्रयोग राजस्व की दर अथवा बुआई किये गये क्षेत्र पर लगान की दर के लिये किया जाने लगा। यह लगान फसल के घटने-बढ़ने के साथ बदलता रहता था।
जमींदारे-जोरतलब	जमींदार जो केवल बलपूर्वक ही राजस्व की भरपाई करते थे।
टंका	13वीं से 16वीं शताब्दियों के दौरान प्रचलित प्रमुख मुद्रा की इकाई।
तन्का	यह एक तोला सोना या चाँदी का होता था।
तन्दिल	जहाज पर काम करनेवाले खलासियों का प्रमुख अधिकारी।
ताजीर	कोषाध्यक्ष।
तहवीलदार	इस्लामी कानून के अनुसार वह अपराध, जिसके विषय में हदीस या किसास (नजीर) उपलब्ध नहीं है। इसका निर्णय काजी या न्यायाधीश की बुद्धि पर छोड़ दिया गया था। इसका लक्ष्य अपराधी को सुधारना था।
तुमार-ए-जमा	खालसा भूमि के लगान सम्बन्धी प्रपत्र।
तौक	हँसली। बन्दियों के गले में लोहे के भारी और कभी-कभी काँटेदार तौक इसलिये डाले जाते थे कि उन्हें कष्ट रहे और वे भाग न पाएँ।

तौजीह	विवरण नामावली।
ताल्लुक	अधीन क्षेत्र या आश्रित राज्य।
तकावी	सरकार द्वारा किसान को दी गयी पेशगी रकम।
तजकीर	जीवनीपरक पुस्तक। इसमें मुस्लिम धर्म के धार्मिक व्यक्तियों और कवियों की जीवनियों और रचनाओं का लेखा-जोखा रहता है।
तुयूल	राजस्व का निर्धारण। यह जागीर तथा इक्ता का पर्याय है।
दंदान-ए-फिल	हाथीदाँत का विभाग।
दस्तूरुलअमल	अकबर और उसके बाद के काल में राजस्व सम्बन्धी नियम व अधिनियमों का संकलन, जिसमें मालगुजारी, नकदी दरों में व राजस्व सम्बन्धी कार्यों में संलग्न कर्मचारियों के लिये निर्देश होते थे।
दाग	घोड़ों को दागने की प्रथा। यह प्रथा इसलिये चलाई गयी कि एक ही घोड़ा निरीक्षण के समय कई बार प्रस्तुत न किया जा सके।
दारुलहर्ब	इस्लामी नियमानुसार संसार (दारुल इस्लाम) तथा (दारुल हर्ब) दो भागों में विभाजित किया जाता था। दारुल हर्ब वह देश है जिसमें मुसलमानों का युद्ध चल रहा हो। विजयोपरान्त वह दारुल इस्लाम में सम्मिलित हो जाता था।
दीवाने-आला	साम्राज्य के केन्द्रीय शासन का वित्तमन्त्री। इसे वजीर भी कहा जाता था।
दीवाने-खालसा	उन क्षेत्रों का राजस्व मन्त्री, जिनकी आय सीधे शाही खजाने में जमा होती थी।
दीवाने-तन	वेतन सम्बन्धी राजस्व मन्त्री।
दीवाने-बयूतात	वित्त-विभाग का एक प्रमुख अधिकारी।
दीवाने-विजारत	राजस्व-विभाग। वजीर का विभाग दीवाने-विजारत कहलाता था।
दो अस्पा	मुरत्तब सैनिक, जो दो घोड़े रखते थे।
दो अस्प सेह अस्पा	यह एक प्रशासनिक वाक्य था, जिसका अर्थ है—मनसबदार के निर्दिष्ट सैनिक दस्ते का दुगुना हो जाना। ऐसे सवार दस्ते के लिये वेतन भी उसी अनुपात में दिया जाता था।
देसाई	गुजरात क्षेत्र में यह शब्द जमींदारी के अर्थ में प्रयोग किया जाता था। जिले का प्रधान राजस्व अधिकारी भी देसाई

	कहलाता था।
देशमुख	जमींदार (महाराष्ट्र में)।
दाम	ताँबे का एक सिक्का जो अकबर के काल में रुपए के चालीसवें हिस्से के बराबर होता था, लेकिन चाँदी के मूल्य के अनुसार इसका मूल्य बदलता रहता था।
दार-उल-इस्लाम	मुस्लिम शासन के अधीन जमीन, दार-उल-हर्ब यानी गैर-इस्लामी अशान्त क्षेत्र के ठीक विपरीत अर्थ में। अकबर और उसके बाद के काल में राजस्व निर्धारण की दरों की सूची जो नकदी दरों में दर्शाई जाती थी, दस्तूर-उल-अमल का संक्षिप्त रूप।
देह	गाँव, मौजा और कुरियत का पर्याय।
दीवान, दीवानी	16वीं शताब्दी में इसका अभिप्राय राजस्व मन्त्री से था। 17वीं शताब्दी में (क) राजस्व मन्त्रालय में एक उच्च अधिकारी (ख) प्रान्तीय राजस्व अधिकारी।
नजर	बधाई तथा खुशी के अवसरों पर दी जानेवाली भेंट।
नाजिम	प्रान्तपति।
नाजिर	मुशरिफ के अधीन एक मुख्य कर्मचारी।
नानकार	कानूनगो द्वारा वसूल किये लगान का एक प्रतिशत दस्तूरी।
निखलाना-ए-अजलास	राजसी कर्मचारियों के हस्ताक्षर से प्रदत्त वस्तुओं के भावों की विवरणिका।
नीम सवारान	दो घुड़सवारों के बीच में एक घोड़ा।
नजराना	निष्ठा (स्वामी-भक्ति) प्रदर्शित करने के लिये दिया जानेवाला उपहार अथवा अधिकार के लिये (शासन के लिये) दिया जानेवाला कर।
परवाना	उच्च अधिकारी द्वारा अपने से छोटे पद के अधिकारी को लिखा गया आदेशात्मक पत्र।
पायबाकी/पैबाकी	वह जागीर, जो किसी व्यक्ति के अधिकार से ले ली गयी हो किन्तु अन्य को न दी गयी हो। इसकी मालगुजारी सरकारी खजाने में जमा की जाती थी। ऐसी हस्तान्तरित जमीन जिसकी व्यवस्था कुछ समय तक अधिकारी देखते हैं।
पायबोस	सम्राट को अभिवादन की एक प्रक्रिया, जिसमें व्यक्ति पृथ्वी को स्पर्श कर प्रणाम करता था।
पेशकश	जमींदारों तथा राजाओं द्वारा मुगल सम्राट को दी जानेवाली

	भेंट तथा वार्षिक कर।
पाहीकाश्त	आम तौर पर एक गाँव में अपनी भूमि के अतिरिक्त दूसरे की भूमि पर इच्छानुसार खेती करना।
परगना	गाँवों का समूह। 14वीं शताब्दी में कस्बों के स्थान पर सरकारी तौर पर प्रयोग होने लगा था।
पटेल	गाँव का मुखिया।
पट्टा	राजस्व इकट्ठा करनेवाले अधिकारी द्वारा राजस्व देनेवाले को दिया गया दस्तावेज। इसमें उन शर्तों का उल्लेख रहता है जिन पर भूमि उसे दी गयी है तथा इसके बदले में उसे कितनी राशि देनी है।
पटवारी	गाँव का लेखपाल।
पोलिगर	दक्षिण भारत का छोटा मुखिया।
फौजदार	16वीं से 18वीं शताब्दी के मध्य किसी प्रान्त के एक हिस्से के सामान्य प्रशासन की देख-रेख करनेवाला अधिकारी।
फितना	एक अरबी शब्द जिसका मूल अर्थ है जाँचना-परखना अथवा चुनौती देना, उपेक्षा करना, खुलकर विरोध करना। बाद में इसका इस्तेमाल अभिमान में चूर हो ईश्वरीय कानून का उल्लंघन करने और मुस्लिम समाज व्यवस्था को चुनौती देने के अर्थ में और इस तरह विद्रोह के आम अर्थ में होने लगा। भारत में मुगल शासन के खिलाफ मराठों का विद्रोह और इसी तरह के अन्य विद्रोहों का कारण गरीबी नहीं बल्कि सत्ता और उन हिन्दू जमींदारों द्वारा सम्पत्ति का जुटाया जाना था जिनकी हैसियत मुगलों की तरह हो गयी थी और जो पादशाहत की महत्वाकांक्षा रखने लगे थे। उनके लिये फितना नयी सम्प्रभुत्ता स्थापित करने का साधन-मात्र था।
फतवा	मुस्लिम कानूनवेत्ता द्वारा धार्मिक नियमों के अनुसार घोषित निर्णय।
फर्राशखाना	शाही तम्बुओं, खेमों तथा साज-सामग्री का विभाग।
फरमाने साब्ती	नाज़िम तथा उच्च अधिकारियों को नियुक्त करने का आज्ञापत्र।
फोतादार	कोषाध्यक्ष। फोतदार। खजांची।
वितिकची	लिपिक।
बुलंगरखाना	लंमुगरखाना-लंगरखाना, जहाँ मुफ्त भोजन वितरण होता था।
बैतुलमाल	राजकोष।

बनजारा	अनाज अथवा पशु-व्यापारी, हिन्दुओं की एक घुमक्कड़ जनजाति।
बटाई	खेत जोतनेवाले और भूस्वामी अथवा सरकार के बीच उपज का बँटवारा। भुगतान नकदी अथवा अनाज के रूप में किया जाता है।
बेग	उच्च स्तर अथवा ओहदेवाले मनुष्य के लिये प्रयुक्त एशियाई अथवा तुर्की नाम।
मल्बख	शाही भोजनालय।
मदद-ए-माश	विद्वानों तथा धार्मिक व्यक्तियों को दिया जानेवाला अनुदान।
मश्रूत	पद के ग्रहण करने के आधार पर दी गयी जागीर।
महसिलाना	मालगुजारी वसूल करनेवाले कर्मचारी को दिया जानेवाला कर।
मीर-ए-अर्ज	आवेदन पत्रों को प्राप्त करनेवाला अधिकारी। पेशकार।
मीर बख्शी	मुगल प्रशासन के चार प्रमुख विभागों में सैन्य-विभाग का मन्त्री।
मीर बकावल	शाही भोजनालय का प्रमुख अधिकारी।
मीर-ए-सामान	मुगल साम्राज्य के चार प्रमुख केन्द्रीय विभागों के मन्त्रियों में से एक विभाग का मन्त्री। यह सम्राट के हीरे-जवाहरात, हथियार, साधारण वस्तुएँ, शाही भवन इत्यादि के रख-रखाव तथा चीजों को वक्त पर मुहैया करने के लिये उत्तरदायी था।
मुक्ता	अक्ता का स्वामी।
मुकद्दम	गाँव का प्रमुख अधिकारी। इसे चौधरी, पटेल या मुखिया भी कहा जाता था।
मुज्तहिद	इस्लामी धर्मशास्त्र का विद्वान।
मुतसद्दी	बन्दरगाह का प्रमुख अधिकारी।
मुश्रिफ	लेखाकार (एकाउंटेंट)।
मुस्तौफी	लेखा-परीक्षक (ऑडिटर)।
मुहतसिब	समस्त गैर-इस्लामी बातों को रोकनेवाला अधिकारी।
मदद-ए-माश	विद्वान अथवा धार्मिक लोगों की सहायता के लिये सरकार द्वारा निर्धारित राजस्व, परोपकारी संस्थान।
मदरसा	'उलेमा' को विशेष रूप से फिक का ज्ञान कराने-सिखाने के लिये पाठशाला। आम तौर पर यह मस्जिदनुमा आकार का बना होता था, जिसमें प्रायः कई अहाते होते हैं।

महल	अशुद्ध अर्थ में 'राजसम्पत्ति' भूखंडों का एक वर्ग जिसे भू-राजस्व आँकने के लिये राजस्व की एक इकाई माना जाता था। अकबर के शासनकाल में राजस्व का एक उपविभाग।
मक्तब	आरंभिक पाठशाला; इसमें कुरान की आयतें याद करवायी जाती थीं। कहीं-कहीं इसमें पढ़ना और लिखना भी सिखाया जाता था।
मालिकाना	जमींदार अथवा भूस्वामी को दिया जानेवाला एक विशेष भत्ता।
मनसब	अधीनस्थ घोड़ों और सवारों की संख्या के आधार पर बनाया गया मुगल राजदरबार का एक पद। यह पद मनसबदारों को दिया जाता था। मनसबदारी प्रथा अधीनस्थ घोड़ों और सवारों की संख्या पर आधारित सरकारी पदानुक्रम थी।
मौजा	राजस्व के सन्दर्भ में गाँव के लिये प्रयुक्त शब्द।
मिरास	वंशागत अधिकार।
मुआफी	सेवा अथवा धर्म के लिये दिये गये दान के आधार पर राजस्व-मुक्त भूमि।
मुनसिफ	स्थानीय न्याय अधिकारी।
मुतालबा	राजस्व की माँग अथवा बकाया राजस्व की वसूली।
राहदरी	महसूल—वह कर, जो किसी विशेष क्षेत्र से गुजरनेवाले व्यापारियों से वसूल किया जाता था।
रैयत	किसानों के लिये सामान्यत: प्रयोग किया जानेवाला शब्द।
रोजीना	विद्वान तथा धार्मिक लोगों को प्रतिदिन के हिसाब से दिया जानेवाला भत्ता।
रोजीनादार	दैनिक वेतन पर काम करनेवाला कर्मचारी।
रे, राइ	इसका प्रयोग 16वीं शताब्दी में होता था। इसका आशय जिंस के रूप में राजस्व-दर की तालिका है। इस तालिका का प्रयोग राजस्व के आकलन तथा अगली उपज का लक्ष्य निर्धारित करने के लिये किया जाता था। इसका प्रयोग दस्तूर यानी राजस्व की नकदी दरों की तालिका के ठीक विपरीत अर्थ में होता था।
वक्फ	वह भूमि अथवा धन, जो धार्मिक कार्यों के लिये सुरक्षित हो।
वजीर-ए-आजम	प्रधानमन्त्री।
वकील	13वीं तथा 14वीं शताब्दी में दिल्ली दरबार में औपचारिक

तौर पर सर्वोच्च अधिकारी प्रतीत होता है। मुगलकाल में वकील का ओहदा वजीर से भी ऊँचा होता था और उसकी हैसियत प्रधान वजीर की थी। लेकिन पद हमेशा भरा नहीं जाता था। पद-रिक्त होने की स्थिति में व्यवहारत: वजीर ही प्रमुख वजीर होता था।

वजीर — 13वीं तथा 14वीं शताब्दी में वजीर प्रमुख मन्त्री होता था। उसके अधीन व्यवहारत: राजस्व तथा वित्त प्रशासन होता था। मुगलकाल में वकील की नियुक्ति होने की स्थिति में राजस्व तथा वित्तमन्त्री वजीर ही होता था। कभी-कभी उसे दीवान भी कहते थे। वकील का पद रिक्त होने की स्थिति में वह प्रधान वजीर के साथ-साथ राजस्व-प्रशासन सम्बन्धी कार्य भी करता था।

शरा (शरीअत) — इस्लाम के धार्मिक नियम शरा कहलाते थे।

शायीलनचियाँ — शाही भोजन परोसनेवाले कर्मचारी।

शिक — प्रान्त का उप-प्रभाग, सरकार (जिला)।

शिकदार — शिक (सरकार या जिला) का प्रमुख अधिकारी।

शेखजादा — भारतीय मुसलमान।

सददोई — गाँव के लगान, लेन-देन इत्यादि का हिसाब रखने के लिये गाँव के पटवारी को प्राप्त होनेवाली दस्तूरी।

सद्र-अस-सुदूर — मुगल केन्द्रीय प्रशासन के चार प्रमुख विभागों में एक विभाग का मन्त्री। वह समस्त धार्मिक कार्यों की देखरेख करता था। वह काजी-ए-ममालिक अर्थात् मुख्य न्यायाधीश भी होता था। न्याय के सम्बन्ध में वह सम्राट की सहायता करता था। वह धार्मिक तथा शिक्षा सम्बन्धी कार्य करनेवालों के लिये वृत्ति की सम्राट से सिफारिश करता था।

सनद — वह प्रपत्र, जिसके द्वारा किसी व्यक्ति विशेष को सरकारी पद, अनुदान, विशेषाधिकार आदि प्रदान किये जाते थे।

सयूरगाल — विद्वानों तथा धार्मिक व्यक्तियों को जीविकोपार्जन हेतु दी जानेवाली करमुक्त भूमि।

सरखौल — दस घुड़सवारों का सेनानायक।

सर्राफी — धन-विनिमय शुल्क।

सरकार — पुराने समय में आमतौर पर राजा अथवा कुलीन के खजाने के लिये प्रयुक्त होता था। शेरशाह के काल में इसका अर्थ

प्रशासनिक इकाई (जिला) यानी परगनों का समूह था एवं अकबर के शासनकाल में इसका प्रयोग जिले का राजस्व के अर्थ में होता था।

सैयद — मुसलमानों का एक प्रमुख समुदाय जो मुहम्मद के नाती हुसैन के वंशज होने का दावा करता था।

सुयूरगल — मुगलकाल में पादशाह द्वारा दिये गये भत्ते। इनका भुगतान नकद अथवा भूमि अनुदानों के रूप में किया जाता था।

हद्द — इस्लामी कानून के अनुसार वह दंड, जिसकी सीमाएँ कुरान, हदीस से परिमित हैं।

हदीस — मुहम्मद साहब के कथनों तथा जीवन से सम्बन्धित कहानियों का संग्रह।

हासिल — यदाकदा इसका इस्तेमाल महसूल के अर्थ में किया जाता है जो सन्दर्भ के अनुसार उपज अथवा उपज की माँग को दर्शाता है। 16वीं शताब्दी से आम तौर पर इसका इस्तेमाल वास्तविक आय के अर्थ में होने लगा जो अनुमानित आय के ठीक विपरीत अर्थ में है।

हुंडी — स्वदेशी बैंकर द्वारा जारी किया गया भुगतान-पत्र, जिसके आधार पर एक स्थान के व्यापारी को रुपए देकर दूसरे स्थान के व्यापारी से रुपए ले लिये जाते हैं। व्यापारिक साख-पत्र, हुंडियों के दलाल को हुंडीवाला कहते हैं जो व्यापारिक माल के बीमे और उसके परिवहन की व्यवस्था करनेवाले कमीशन एजेंट के तौर पर काम करता है।

(**स्रोत :** मुगल शासन प्रणाली—हरिशंकर श्रीवास्तव, पृष्ठ 309-315 और मध्यकालीन भारत (भाग-2) सं. हरीशचन्द्र वर्मा, पृष्ठ 832-839 किंचित सम्पादित एवं साभार)

इस्लाम के सम्प्रदाय

सन् 750 ई. से सन् 1000 ई. तक का काल इस्लाम के इतिहास में बहुत महत्त्व रखता है। इस काल में अब्बासी खलीफाओं का इस्लामी दुनिया पर आधिपत्य रहा। साहित्य, संस्कृति, दर्शन आदि की अभूतपूर्व उन्नति हुई। इस काल की कितनी विचारधाराएँ, कितनी मान्यताएँ आज भी किसी-न-किसी रूप में इस्लामी दुनिया में वर्तमान हैं। इस्लाम के अन्तर्गत बहुत से सम्प्रदायों का आविर्भाव इसी काल में हुआ। इस काल में कभी-कभी विचार-स्वातन्त्र्य का इतना अधिक प्राबल्य रहा कि दकियानूसी विचार वालों पर अनेक अत्याचार हुए और ऐसा भी हुआ कि किसी खलीफा विशेष के कारण दकियानूसी विचारों को प्रश्रय मिला और अधिक स्वतन्त्र प्रकृतिवालों को उसका फल भुगतना पड़ा। इस्लाम धर्म के प्रारम्भिक काल से ही राजनीति और धर्म का ऐसा सम्बन्ध बना रहा कि बहुत-सी विचारधाराएँ राजनीति के कारण पैदा हुईं और उन्होंने धार्मिक मतभेद का रूप ले लिया अथवा कितने धार्मिक मतवाद बाद में चलकर राजनीति के साथ युक्त हो गये। बहुत ही कम ऐसे मतवाद हैं जिनका राजनीति से सम्बन्ध न रहा हो।—डॉ. रामपूजन तिवारी (इस्लाम के सम्प्रदाय-सूफीमत : साधना और साहित्य) पृ. 132

प्रथम दो सम्प्रदाय—(i) खारिजी (ii) शिया।

(द्व) **खारिजी :** पहला सम्प्रदाय। इनके अनुसार खलीफा की नियुक्ति चुनाव के द्वारा होनी चाहिए। उसे मुसलमान के सामने उत्तरदायी होना होगा। खलीफा कोई भी हो सकता है, इसमें कोई भेदभाव नहीं। वह चाहे किसी देश का हो। उसका कुरैश वंश का होना अनिवार्य नहीं। यहाँ तक कि गुलाम भी इस पद पर चुना जा सकता है। नीति और व्यवहार से असन्तोष होने पर लोग उसे हटा भी सकते हैं। ऐसे में उसकी हत्या तक की जा सकती है। वे नमाज, रोजा तथा अन्य नियमित अनुष्ठान को अनिवार्य मानते थे। ऐसा नहीं करनेवाला काफिर कहा जायेगा। सर्वश्रेष्ठ मुसलमान को ही खलीफा होना चाहिए, फिर वही शासन कर सकता है। इनकी कट्टरता के बारे

में कहा जाता है कि ये हाथ में तलवार लेकर लोगों से पूछते रहते थे कि वे उनसे सहमत हैं या नहीं। ये धर्म-रक्षा में हत्या बिल्कुल जायज मानते थे। परमात्मा के अलावे और किसी के सामने सिर नहीं झुकाना है। इनमें कुछ बहुत ही कठोर जीवन बिताते थे—उपवास और प्रार्थना पर खास जोर देते थे। इनको शुरात कहा जाता था, मतलब स्वर्ग के लिये जीवन और सम्पत्ति को बेच देना। विधर्मी के साथ ये कोई भी अत्याचार कर सकते थे। सामान्य मुसलमानों में इनको व्यापक समर्थन नहीं मिला। आगे चलकर खारिजी भी बँट गये और इनमें अनेक दल बन गये। इनमें छह समुदायों के नाम सुज्ञात हैं—

(i) इबाधिया-अब्दुल्ला इब्न इबाध के अनुयायी।

(ii) अजारिक-अबू रशीद नफे इब्द अजरक के अनुयायी।

(iii) नज्दत अजारिया-नज्दत इब्न अमीर के अनुयायी।

(iv) अजारिद-अब्दुल करीम बिन अजरद के अनुयायी।

(i) सुफा जुद (vi) जियादिया।

कुछ लोग जाहिरिया और वहाबी को खारिजी ही मानते हैं।

नोट : मुरीजी और शिया में मुरीजी खारिजियों के प्रबल विरोधी थे।

मुरीजी : 'मुरीज' शब्द 'अरजआ' से बना है जिसका अर्थ हुआ—'भविष्य के लिये टालना'। ये सीरिया और मेसोपोटामिया से फैले। इनका मानना है कि पाप-पुण्य का लेखा-जोखा ईश्वर रखता है। इस मत में बहुसंख्यक मुसलमान शामिल हुए। ये कहते थे कि हर व्यक्ति का निर्णय ईश्वर करेगा, इसलिये कोई मुसलमान काफिर नहीं है। इस सम्प्रदाय के सम्बन्ध में ज्यादा सामग्री उपलब्ध नहीं है। इनकी एक बात खास तौर से गौर करनेवाली है कि अगर कोई हृदय से अल्लाह पर ईमान लाता है तो वह इस्लाम के बाह्य आचरण को बिना किये भी मुसलमान बना रह सकता है। ये धर्म को मनुष्य के अन्तरतम की चीज मानते हैं। लेकिन ये गैर-धर्मावलम्बियों को गलत राह के पथिक मानते हैं। इन्हीं उदारवादियों के बीच से निकलकर अबू हनीफा (767 ई.) आये, जो आगे चलकर सुन्नी के एक सम्प्रदाय विशेष के संस्थापक हुए।

शिया सम्प्रदाय : 'शिया' का शाब्दिक अर्थ 'दल' होता है। हजरत मुहम्मद के बाद उनके कोई पुत्र नहीं रहने से खलीफा की नियुक्ति के लिये चुनाव और वंश परम्परा में एक को अपनाने के लिये विवाद हुआ। कुछ अरब उमैय्या वंश के किसी को खलीफा बनाने के लिये चुनाव पद्धति अपनाने पर जोर दे रहे थे तो कुछ मुहम्मद साहब के दामाद अली साहब को। इन दोनों दलों का विवाद गहरा हुआ, लेकिन आखिर में मुआविया के खलीफ हो जाने पर दूसरा 'दल' अलग पड़ गया। 'दल' मतलब 'शिया'—आगे उनके लिये यही शब्द रूढ़ बन गया। ये लोग अली तथा

उनके बेटों के पक्ष में बने रहे। आगे छठे खलीफा के चयन के समय अली के पुत्र हजरत इमाम हुसैन को खलीफा बनवाने की कोशिश की तो दूसरे दलवालों ने इसका विरोध किया। हजरत इमाम हुसैन मदीना से कूफा की यात्रा पर थे तो तत्कालीन खलीफा के लोगों से उनका कर्बला के मैदान में युद्ध हुआ और वे मार डाले गये। अब यहीं से उनको माननेवाले 'शिया' और बाकी मुआवियावाले मुसलमान 'सुन्नी' कहे जाने लगे।

शिया सम्प्रदाय के अन्दर कुछ लोग अली को ही ईश्वर का अवतार मानने लगे। कुछ का तो यहाँ तक कहना था कि ईश्वर ने जिस ज्ञान को कुरान के माध्यम से धरती पर उतारा, उसके लिये रसूल के रूप में अली का ही चयन हुआ था मगर गलती से जिब्राइल ने मुहम्मद साहब को ही अली समझ लिया। कुछ लोगों का कहना है कि इसके पीछे एक नगण्य सम्प्रदाय की भूमिका थी जिसका संस्थापक एक यजीदी अब्दुल्ला इब्न सबाक था। यह यमन के राना का रहनेवाला था और उसने खलीफा उस्मान (653 ई.) के समय में ही इस्लाम धर्म अपना लिया था। इसने अपने मत का प्रचार मिस्र में किया था। यह ईसा की तरह मुहम्मद साहब के भी पुनर्जन्म की बात करता था। अली को ईश्वर मानने पर नाराज होकर उन्होंने इसे देश निकाला तक दे दिया था। शिया के भीतर भी एक-एक कर कई सम्प्रदाय बनते गये, जिसके धार्मिक मतवाद और राजनीतिक कारण भी रहे। उसमें कुछ प्रमुख नाम हैं—(i) इस्माइली (ii) हाशिमिया (iii) इमामिया (iv) इस्रा अनारिजा (i) द्रुज (vi) नुसैरी (vii) यजीदी—इत्यादि। कुछ इन सम्प्रदायों के भी उप-सम्प्रदाय बने।

दरअसल तीसरे खलीफा उस्मान की हत्या के बाद इस्माइली दुनिया में मतभेद उभरकर सामने आने लगे थे। अली समर्थक चुनाव से खलीफा चयन को नहीं मानते थे। वे वंश-परम्परा के पोषक थे। ईरान में तो वंश-परम्परा को ही तरजीह मिली। ये खलीफा की जगह इमाम को महत्त्व देने लगे। यही आगे चलकर सुन्नी खलीफा और शिया इमाम समर्थक बने। शिया मतवालों का कहना था कि जो सर्वोत्तम चरित्र का व्यक्ति हो, निष्पाप हो और नैतिक रूप से सबल हो—उसे ही इमाम चुना जाना चाहिए। सभी शिया ईश्वर को एक और अद्वितीय मानते हैं। उनके लिये भी कुरान मुख्य ग्रन्थ है और वे इसे अनादि मानते हैं।

हाशिमिया : यह शिया सम्प्रदाय में प्रारम्भिक स्तर पर ही अलग सम्प्रदाय के रूप में उभरने लगा था। वे 'ताविल' सिद्धान्त को मानते थे, जिसका अर्थ हुआ-व्याख्या करना। इनका कहना था कि प्रत्येक आकृति के पीछे एक व्यक्ति है। संसार की प्रत्येक दृश्यमान वस्तु का प्रतिरूप दूसरे जगत में ढूँढा जा सकता है।

इमामिया : ये शिया सम्प्रदाय में हाशिमिया के साथ-साथ विकसित हुए। इनका मानना था कि इमाम पैगम्बर साहब की पुत्री फातिमा की वंश-परम्परा का

होना चाहिए अथवा ईरान के श्रेष्ठ वंश सासानी का कोई व्यक्ति हो। ये अली के दोनों पुत्रों—हसन और हुसैन को भी स्वीकार तथा उसका सम्मान करते हैं। इमाम का पैगम्बर की वंश-परम्परा में होना कोई जरूरी नहीं।

तकिया सिद्धान्त : जब खलीफा अल कादिर ने 1029 ई. में बगदाद की एक शिया मस्जिद में सुन्नी अधिकारी रख दिया तो ये विवश हो गये। तब यह बात हुई कि जहाँ दूसरे मत के लोग शक्तिशाली होंगे और शिया मुसलमान को कोई सुरक्षा नहीं होगी तो वे दिखाने के लिये उसके धर्म को बाहर से मान लेंगे। यही तकिया सिद्धान्त है। इस्माइलियों ने इसे बड़े पैमाने पर अपनाया।

इमामों की संख्या को लेकर भी शिया में दो विश्वास हैं। एक वे हैं जो बारहों इमाम मानते हैं। उनको इस्ना असारिया कहते हैं तो दूसरे सात इमाम को ही वास्तविक मानते हैं जो साबिय्या कहलाते हैं। इन दोनों में पूरी तरह अलगाव पाया जाता है। इस्माइल को सातवाँ इमाम माननेवाले इस्माइली भी आगे चलकर दो हिस्सों में बँट गये। इसमें अब्दुल्ला बिन मैमून जैसे साधक हुए जो यह मानते थे कि बाहर जो जाहिर तौर पर दिखता है, उसके पीछे असल अर्थ बातिन छुपा हुआ है। इसे माननेवाले बातिनी नाम से प्रसिद्ध हुए। इस सिद्धान्त ने अब्दुल्ला बिन मैमून के बाद इमदान बिन अल-अशास नाम का जबर्दस्त अनुयायी आया जो करमत नाम से प्रसिद्ध हुआ। आगे इस्माइली शिया सम्प्रदाय में करमती सम्प्रदाय बना—जो बड़े ही खूँखार स्वभाववाले थे। ये कारवाँ लूटनेवाले गिरोह के रूप में भी जाने गये। इसमें घुमक्कड़ अरबी लोग ज्यादा थे। आगे चलकर इस्माइली सम्प्रदाय के लोगों ने ऐसे अनेक उप-सम्प्रदायों को समाप्त कर दिया।

जैदी : ये शिया सम्प्रदाय के होते हुए भी सुन्नी के करीब पड़ते हैं। ये अदृश्य इमाम अथवा तकिया सिद्धान्त में विश्वास नहीं करते। लेकिन प्राय: शिया सम्प्रदाय वाले सूफियों को भी नहीं मानते। सूफियों को नहीं माननेवालों में जैदी ज्यादा सख्त होते हैं।

मुतजिला सिद्धान्त : इसका सिद्धान्त तर्क है। ये ईश्वर में ज्ञान, शक्ति आदि गुणों का आरोप नहीं मानते क्योंकि इससे ईश्वर का एकत्व खंडित होता है। वे कुरान को मनुष्यकृत कहते थे। वे भाग्यवाद के भी विरोधी थे। वे इस बात से इंकार करते थे कि ईश्वर ने सभी मनुष्यों के भाग्य पहले से तय कर दिये हैं। वे यह भी नहीं मानते थे कि परमात्मा दंडित करते हैं। इससे तो वह निरंकुश और बेरहम माना जाएगा। वे परमात्मा के न्याय और एकत्व पर पूरी तरह ईमान लाने का दावा करते थे।

उनके अनुसार परमात्मा अनादि और अनंत है। उनके जात और सिफ त अभिन्न हैं। कुरान की बातें प्रधान हैं, लेकिन अलौकिक नहीं। ज्ञान से हम ईश्वर को जान सकते हैं। ईश्वर न्यायप्रिय और सभी का भला करनेवाला है। भाग्यवाद एकदम

गलत है। परमात्मा और मनुष्य के बीच किसी मध्यस्थ की जरूरत नहीं। आगे इसके माननेवालों के अन्तर्गत भी कई सम्प्रदाय हुए—वासिलिया, हुजैलिया, नज्जामिया इत्यादि। इसका जोर सन् 813 से 833 ई. और सन् 842 से 847 ई. तक बहुत ज्यादा रहा। इसकी विडम्बना यह थी कि विचार-स्वातन्त्र्य की बात करनेवाले मुतजिला सिद्धान्तवादी अपने प्रभाव के दिनों में कट्टर बन गये। ये बसरा और बगदाद में ज्यादा संख्या में थे। ये अपने विचारों को मनवाने के लिये बल प्रयोग और अत्याचार तक करने लगे। जाहिर था इससे मुस्लिम जगत प्रभावित नहीं हुआ। मुतवक्किल (सन् 847-861 ई.) के खलीफा बनने पर इनका दमन हुआ और ये प्रभावहीन हो गये। सनातनपन्थी इस्लाम को फिर प्रतिष्ठा मिली। ईसा की 11वीं शताब्दी में ये अफगानिस्तान में पाये जाते थे, जिसे महमूद गजनवी ने जबरन निकाल बाहर किया था।

सुन्नी-सम्प्रदाय : यह सनातनपन्थी इस्लाम को माननेवाले हैं, जिनकी संख्या संसार में सब से ज्यादा है। इनमें चार प्रमुख शाखाएँ हैं जो आपस में न सिर्फ मिलती-जुलती हैं बल्कि आपसी मैत्रीभाव भी रखती हैं। ये एक-दूसरे के इमामों का परस्पर सम्मान ही नहीं करते बल्कि किसी के साथ नमाज पढ़ने से गुरेज भी नहीं करते। सुन्नी की इन चारों शाखाओं में सबसे प्राचीन हनीफी हैं।

हनीफी शाखा : इसके संस्थापक एक ईरानी गुलाम के पुत्र अबू हनीफा थे, जिनका जन्म सन् 700 ई. में हुआ था। ये व्यापारी थे लेकिन इस्लाम धर्म में इनका अद्भुत प्रवेश था। इनका अपना कोई स्वतन्त्र ग्रन्थ तो नहीं लेकिन इनके सिद्धान्त इनके शिष्य अबू यूसुफ (सन् 798) की पुस्तक 'किताब अज-खराज' में दर्ज हैं। इनकी मृत्यु 767 ई. में हुई थी। धर्म के आचरण अथवा कर्मकांड के उचित-अनुचित विचार के लिये ये हदीस से ज्यादा कयास पर जोर देते थे। कयास से उनका मतलब तर्क द्वारा व्यापक से व्याप्य के अनुमान से था। इनका मानना था कि विचार के बाद धर्म के नियमों पर अमल जरूरी है। उनका कहना था कि हर आदमी को यह हक है कि वह समझ-बूझकर अपना रास्ता तय करे। अनुमान किया जाता है कि संसार के आधे सुन्नी इसी शाखा के हैं। भारत में सुन्नी प्रायः हनीफी शाखा के ही हैं। ये उदारवादी माने जाते हैं।

मालिकी शाखा : ये अपेक्षाकृत अनुदार और कट्टर होते हैं। ये हदीस की प्रधानता पर यकीन करते हैं। इस शाखा का जन्म मदीना में हुआ था और इसके प्रवर्तक थे—मालिक इब्न अनास। वे पैगम्बर के जीवन और सोचने के अन्दाज से गहरे परिचित थे। ये उचित-अनुचित पर विचार करने में 'हदीस' का हवाला देते थे। इनका जन्म सन् 713-14 में और इन्तकाल 795 ई. में हुआ था।

शाफी शाखा : इसके प्रवर्तक मुहम्मद इब्न-इदरीस अस शाफी थे जो कुरैश

वंश से आते थे, जिस साल 767 में अबू हनीफा का इन्तकाल हुआ। इदरीस शाफी साहब का गाजा में जन्म हुआ था। इनकी शिक्षा मदीना में हुई थी, लेकिन इनका कार्य और प्रभाव क्षेत्र बगदाद और कैरो था। इनका इन्तकाल कैरो में 820 ई. में हुआ। उस समय खलीफा मामून का शासन था। ये न तो हनीफियों की तरह उदार थे न मालिकियों की तरह कट्टर। इन्होंने मध्यमार्ग अपनाया। भारत में बोहरा लोगों में इनके अनुयायी पाये जाते हैं, कुछ तटीय इलाके में भी।

हनबली शाखा : इसके प्रवर्तक अहमद इब्न हनबल थे। ये अत्यन्त कट्टर और पूरी तरह दकियानूसी विचारों को माननेवाले थे। इस कारण खलीफा मामून और उनके बाद तक काफी दंगे होते रहे, लेकिन इन्तकाल के बाद इनको सन्त माना गया। ये पहले अस-शाफी के शिष्य थे लेकिन इनके अनुसार हदीस का अक्षरशः पालन होना चाहिए और इसमें वे सख्ती बरतने से भी गुरेज नहीं करनेवाले विचारक थे। वे धर्मशास्त्र के नियमों के बहुत बड़े ज्ञाता थे। इनका जन्म 780 ई. और इन्तकाल 855 ई. को बगदाद में हुआ। ये खलीफा मामून और खलीफा मुतसिम बिल्लाह तक के धार्मिक दृष्टिकोण का विरोध बड़ी निर्भीकता से करते रहे। इनके बहुत कम अनुयायी हैं।

ये सभी प्रवर्तक सन्त और इमाम हैं। इनका बड़ा सम्मान है। विभिन्न मत सामाजिक, सांस्कृतिक भिन्नताओं के अलावा धार्मिक कारणों से भी उत्पन्न हुए और राजनीतिक कारणों से भी—जो बाद में धार्मिक बन गये। मूल बात कर्म के पाँच भेद थे—(i) फ़र्ज—जिसे न करने पर दंड भुगतना पड़ेगा (ii) मुस्तहब्ब—शुभ लेकिन न करने पर दंडित नहीं (iii) जायज—ऐसे कर्म जो उचित हैं—दंड/पुरस्कार से परे (iv) मकरूह—अनुचित लेकिन दंडनीय नहीं (i) हराम—निषेध कर्म, दंडनीय।

(**स्रोत : सूफीमत :** साधना और साहित्य—डॉ. रामपूजन तिवारी, सौजन्य—प्रो. अमिताभ राय)

सम्प्रदायों का नाम बताती कई सूचियाँ देखी जा सकती हैं। नीचे दी गयी सूची मुंशी महबूब आलिम और अबू-मंसूर-अल-बगदादी द्वारा प्रकाशित इस्लामिक विश्वकोष से ली गयी है। अबू-मंसूर-अल-बगदादी की सूची दसवीं सदी के आसपास तैयार की गयी थी। इसमें उन्होंने राजनीतिक आन्दोलनों को अलग-अलग सम्प्रदायों के रूप में उल्लिखित किया है। ये आन्दोलन नेतृत्व के मुद्दे पर एक-दूसरे से मतभेद रखते थे। इनमें कोई धार्मिक मतभेद नहीं थे। देखने से ऐसा लगता है कि इसे एक स्वतन्त्र सम्प्रदाय नहीं माना जा सकता, इसलिये इस सूची में वैसे स्वतन्त्र किस्म के सम्प्रदायों का नामोल्लेख नहीं है। दूसरी ओर मुंशी महबूब आलम ने अपनी सूची में

उन सम्प्रदायों का नाम लिया है, जिसे वे इस्लाम का हिस्सा ही नहीं मानते। उदाहरण के लिये घुल्लत तथा उसके उप-सम्प्रदाय जो अली के ईश्वरत्व में यकीन करते हैं। जनादिकिया और कुछ अन्य सम्प्रदाय फैसले के दिन की अवधारणा में विश्वास नहीं करते। इस सूची को तैयार करते समय बगदादी से सहमति थी, इसलिये उन सम्प्रदायों में यकीन नहीं रखा गया। अन्त में मुंशी महबूब आलिम ने दो सम्प्रदायों अलिविया और अजारिया का जिक्र किया है। उनके बीच फर्क करते हुए वे कहते हैं कि इनमें से एक अली के पैगम्बरत्व में विश्वास करता है जबकि दूसरा मानता है कि अली पैगम्बरत्व के साझीदार थे। कुछ लोग दोनों सम्प्रदायों को एक मानते हैं। इन दो सूचियों को ऊपर बताये गये भेदों के अलावा एक बात और है कि मुंशी महबूब आलिम समूचे उम्मा को छह प्रमुख शाखाओं में बाँटते हैं—1. रफीदिया 2. खरीजिया 3. जबरिया 4. कादिरिया 5. जहमिया 6. मरजिया। लेकिन अबू-मंसूर जहमिया सम्प्रदाय को मरजिया के अन्तर्गत रखते हैं और जबरिया को कादरिया के अन्तर्गत रखते हैं। इस प्रकार उम्मा केवल चार वर्गों में विभाजित होता है—1. रफीदिया 2. खरीदिया 3. कादरिया 4. मरजिया। इसके अलावा यह फर्क पाया जाता है कि ये दोनों लेखक कभी-कभी एक ही सम्प्रदाय के लिये अलग-अलग नाम रखते हैं। उन सम्प्रदायों की आस्थाओं पर नजर डालने से यह स्पष्ट हो जाता है। ऐसा इसलिये है कि ये दोनों अलग-अलग क्षेत्रों में रहते थे। एक अरब में, दूसरा भारत उपमहादेश में और अलग-अलग समय में भी। इसलिये शायद एक ही प्रकार के सम्प्रदाय अलग-अलग जगहों पर अलग-अलग नामों से जाने जाते थे। जहाँ तक सम्भव हो सका है—कोशिश की गयी है कि इन दोनों द्वारा एक ही सम्प्रदाय के लिये भिन्न-भिन्न नामों को यहाँ शामिल कर लिया जाय।

1. *जरूदिया*—ये अबुल जरूद के अनुयायी थे। इनका मानना था कि पैगम्बर ने ही अली को उनके गुणों के चलते न कि नाम के कारण इमाम घोषित किया था।
2. *सुलेमानिया या जरीरिया*—ये सुलेमान इब्न जरीद-अल-जैदी के अनुयायी थे। इनका मानना था कि इमामत मजलिस का मामला था। इसे दो श्रेष्ठ मुसलमानों के द्वारा सम्पुष्ट (Confirm) किया जा सकता था।
3. *बुतरिया या हुररिया*—ये उस्मान (Uthman) के खिलाफत को खारिज नहीं करते थे, न ही इसका विरोध करते थे और न ही प्रशंसा।
4. *याकूबिया*—ये अबू बक्र और उमर के खिलाफत को कबूल करते थे लेकिन इनके विरोधियों को खारिज नहीं करते थे। इनका यह भी यकीन था कि बड़े पापों को करनेवाले मुसलमान हमेशा दोजख की आग में जलते रहेंगे।
5. *हनफि या*—ये मुहम्मद इब्न अल हनीफा की इमामत के अनुयायी थे। इनका

यकीन था कि अल्लाह की कहीं-न-कहीं से शुरुआत तो हुई ही होगी।

6. *करीबिया*—ये मानते थे कि इमाम मुहम्मद इब्न अल हनीफा मरे नहीं हैं। वे ही इमाम अदृश्य हैं जो महदी के रूप में आएँगे।
7. कमिलिया—ये अबू कमील के अनुयायी थे। ये मानते थे कि वे लोग अपधर्मी है, क्योंकि उनका अली के प्रति कोई लगाव (जुड़ाव) नहीं था और वे उनकी भर्त्सना करते थे। उन्होंने लड़ना छोड़ दिया है। उनका यकीन था कि उनके दुबारा जन्म लेने के बाद मरे लोग भी जीवित हो उठेंगे। उनका यह भी मानना था कि शैतान का मिट्टी की जगह आग का चुनाव सही था।
8. *मुहम्मदिया या मुघैरिया*—ये मुहम्मद इब्न अब्दुल्ला इब्न अल हसन के अनुयायी थे। ये यह बात नहीं मानते थे कि इमाम मुहम्मद इब्न अब्दुल्ला की मौत हो गयी। वे ही इमाम अदृश्य हैं, जिनका महदी के रूप में इन्तजार हो रहा है।
9. *बकिरिया*—ये मुहम्मद इब्न अली बाकिर के अनुयायी थे। ये उन्हें (इमाम) अदृश्य मानते हैं, वही महदी के रूप में आएँगे।
10. *नदिसिया*—इनका यकीन था कि जो खुद को किसी दूसरे से बेहतर मानते थे, वे कादिर हैं।
11. *शाइया*—इनका मानना था कि जो भी लाइलाहा-इल-इल्लाह का उच्चार करते हैं, वे कुछ भी करते हो, उन्हें कभी दंडित नहीं किया जाएगा।
12. *अमालिया*—इनका मानना था कि आस्था वही है जिसे मनुष्य दिल में माने और उसे आचरित भी करे।
13. *इस्माइलिया*—ये इस्माइल इब्न जफर के वारिसों में इमामत की निरन्तरता में यकीन करते थे।
14. *मुसब्बिया या ममतुराह*—ये मानते थे कि मुसा इब्न जफर इमाम अदृश्य हैं और भावी महदी भी।
15. *मुबारिकिया*—ये मुहम्मद इब्न इस्माइल इब्न जफर के वारिसों में इमामत की निरन्तरता में यकीन करते थे।
16. *कथिया या इश्न असारिया*—ये बारह इमामों को माननेवाले हैं। इनका यकीन था कि भावी महदी बारहवें इमाम होंगे। ये अली इब्न अबी तालिब के वारिसों में से एक होंगे।
17. *अशमिया या तरकिबिया*—ये अल्लाह को साकार मानते थे। उनका आरोप था कि पैगम्बर ने अल्लाह की अवज्ञा की थी।
18. *जरारिया*—ये मानते थे कि अल्लाह कभी सशरीर नहीं रहे और न ही वे कभी जीवित लक्षणों वाले रहे, जब तक कि उन्होंने अपने लिये जीवन और जीवन

के लक्षणों की खुद रचना नहीं कर ली, तब तक उनमें जीवन के लक्षण नहीं रहे।

19. *यूनसिया*—ये यूनस इब्न अब्द अल रहमान अल कम्मी के अनुयायी थे। इनका यकीन था कि अल्लाह को उनकी गद्दी पर ताबेदार ले जाते थे, जबकि वे उनसे ज्यादा ताकतवर थे।
20. *शैतानिया या शिरिकिया*—ये इस विचार को मानते थे कि अल्लाह के गुलामों के कारनामे ही असल सार है और अल्लाह का गुलाम ही वह सार पैदा कर सकता है।
21. *अजराकिया*—ये नफी इब्न अल अजराक के अनुयायी थे। वे बेहतरीन स्वप्न और विजन में यकीन नहीं करते थे। वे सभी तरह के गुप्त ज्ञान की सम्भावना को खारिज करते थे।
22. *नजादत*—ये नजदा इब्न अमीर अल हनफी के अनुयायी थे। इन्होंने सुरापान के लिये बने दंड को खत्म कर दिया था और इनका मानना था कि सुरापान के पाप करनेवाले नरक की आग में नहीं जलेंगे। इन्हें अन्य स्थानों पर जरूर दंडित किया जाएगा, लेकिन उसके बाद ये फिर जन्नत जा सकेंगे।
23. *सूफ्रि या*—ये जियाद इब्न अल अस्फर के अनुयायी थे। इनका मानना था कि पाप करनेवाले लोग बहुधर्मी थे।
24. *अजरिदा*—ये अब्द अल करीम इब्न अजराद के अनुयायी थे। ये मानते थे कि बच्चा जब वयस्क हो जाय, तब उसे इस्लाम में शरीक किया जाना चाहिए। वे यह भी मानते थे कि युद्ध में हासिल धन तब तक गैर-कानूनी है, जब तक कि उसका मालिक मार न दिया गया हो।
25. *खजिनिया*—इनका मानना था कि अल्लाह सभी धर्मों के लोगों को मानता है भले ही वे जीवन-भर उसमें यकीन नहीं करते हों।
26. *खजिनिया*—इनका मानना था कि अल्लाह जो चाहता है, वही होता है; भले ही कुछ और हो या न हो। अगर ऐसा कुछ हो या नहीं हो तो इसका मतलब है कि अल्लाह उसे नहीं चाहता।
27. *खलफि या*—ये खलफ के अनुयायी थे। ये लड़ाई में तब तक विश्वास नहीं करते थे, जब तक वह इमाम के नेतृत्व में न हो।
28. *मालूमिया या मझुलिया*—इनका मानना था कि जो भी अल्लाह को उनके नाम से नहीं पहचानता, वह उन्हें नहीं जानता था। जो भी ऐसा था—वह नास्तिक था।
29. *सलतिया (सल्तिया)*—ये सल्त इब्न उस्मान (thanan) के अनुयायी थे। ये वयस्कों के ही धर्म-परिवर्तन में यकीन करते थे। ये मानते थे कि अगर पिता

ने इस्लाम कबूल कर लिया तो भी उनके बच्चे तब तक मुसलमान नहीं माने जाएँगे, जब तक वे वयस्क नहीं हो जाते।

30. *हमजिया*—ये हम्ज इब्न अकरात के अनुयायी थे। इनका मानना था कि बहुधर्मियों या विधर्मियों के बच्चे नरक में जाएँगे।

31. *थलिबिया*—ये थलबा इब्न मशकान के अनुयायी थे। ये मानते थे कि अभिभावक माँ, बाप-बच्चों के हमेशा अभिभावक रहेंगे। जब तक बच्चे उन्हें यह बता नहीं दें कि वे सत्य के रास्ते से भटक नहीं गये हैं।

32. *ममदिया*—ये गुलामों को देने या उनसे लेने में यकीन नहीं करते थे।

33. *अखनासिया*—ये केवल आत्मरक्षा में युद्ध करने के पक्षधर थे या फिर ऐसे लोगों के खिलाफ युद्ध करने के पक्षधर थे—जिन्हें वे नहीं जानते थे।

34. *शैबानिया या मशबिया*—ये शैबान इब्न शलामा अल खारिजी के अनुयायी थे। इनका मानना था कि अल्लाह बन्दे के जैसा ही है।

35. *रशिदिया*—इनका यकीन था कि झरनों, नहरों या नदियों से सिंचित जमीन के लिये आधा जकात दिया जाना चाहिए, लेकिन केवल वर्षा-जल से सिंचित होनेवाली जमीन के लिये पूरा जकात लेना चाहिए।

36. *मुकरमिया या तहमिया*—ये अबू मुकर्रम के अनुयायी थे। इनका मानना था कि अज्ञान-अविश्वास के बराबर है। वे यह भी मानते थे कि अल्लाह के साथ मित्रता या शत्रुता किसी मनुष्य के अन्तिम समय (मरते समय) की भावना पर निर्भर करता है।

37. *इबादिया या अफालिया*—ये अब्दुल्ला इब्न इबाद को अपना इमाम मानते थे। ये अल्लाह को खुश करने के इरादे के बिना ही अच्छे कर्म करने में विश्वास करते थे।

38. *हफसिया (हफिसया)*—ये हफ्स इब्न अबी मिकदम को अपना इमाम मानते थे। वे मानते थे कि केवल अल्लाह को जानने से बहुधार्मिक/विधर्मी की आस्था से मुक्ति मिल सकती है।

39. *हरिथिया*—ये हरीथ इब्न माजिद अल इबादी के अनुयायी थे। ये मानते थे कि काबिलियत के बाद ही कर्म प्रदर्शित होता है।

40. *अशाबताह*—इनका मानना था कि अल्लाह अपना पैगम्बर बिना किसी पहचान के भेज सकता है। अपनी भविष्यवाणी सिद्ध करने की पहचान दिये बिना भी भेज सकता है।

41. *शबिबिया या सलिहिया*—ये शबीब इब्न याजिद अल शैबानी के अनुयायी थे। ये गजाला नाम की औरत की इमामत में यकीन करते थे।

42. *वसिलिया*—ये वसील इब्न अता अल गजा के अनुयायी थे। इनका मानना था

कि जो बड़ा पाप करेगा वह दोजख में दंडित होगा, लेकिन वह धर्म का अनुयायी बना रहेगा।

43. *अमुरिया*—ये अम्र इब्न उबैद इब्न बाब के अनुयायी थे। ये ऊँट के लिये लड़ी गयी लड़ाइयों के दोनों पक्षों के कानूनी बयानों को खारिज करते थे।

44. *हधैलिया या फानिया*—ये अबू अलहधैल मुहम्मद इब्न अल अधैल के अनुयायी थे। इनका मानना था कि जन्नत और दोजख दोनों नष्ट हो जाएँगे। अल्लाह की पहले से तय स्थिति समाप्त हो जाएगी और वह सर्व शक्तिमान नहीं रह जायेगा।

45. *नजमिया*—ये अबू इसाक इब्राहिम इब्न सइया के अनुयायी थे। वे पाक कुरान की चमत्कारिक प्रकृति में विश्वास नहीं करते थे न ही वे पवित्र पैगम्बर के जादुई करिश्मे में यकीन रखते थे। जैसे वे चाँद को खंडित कर सकते थे—यह वे नहीं मानते थे।

46. *मुअम्मरिया*—ये अल्लाह द्वारा जीवन या मृत्यु की रचना में यकीन नहीं करते थे। उनका ये मानना था कि यह जीवित शरीर की प्रकृति का ही कृत्य है।

47. *बशरिया*—ये बश इब्न अल मुतामिर के अनुयायी थे। ये मानते थे कि अल्लाह किसी के पापों को माफ कर सकता है और बाद में अपनी इस दया-दृष्टि के विचार को बदल भी सकता है। अगर वह इसके बावजूद अल्लाह की अवज्ञा करता है, तो वह उसे दंडित भी कर सकता है।

48. *हिशमिया*—ये हिशम इब्न अम अलफ़ुती के अनुयायी थे। इनका मानना था कि अगर कोई मुस्लिम समुदाय एकमत हो जाय कि उसे नया इमाम चाहिए और इसके लिये वह विद्रोह करके वह अपने इमाम को मार देता है तो ऐसी स्थिति में विद्रोह के दरम्यान कोई भी इमाम नहीं चुना जाना चाहिए।

49. *मुरदरिया*—ये ईसा इब्न शबीह के अनुयायी थे। इनका विश्वास था कि राजा के साथ अधिक निकटता रखने से आदमी विधर्मी हो जाता है।

50. *जफ रियाह*—ये जफर इब्न हर्ब और जफर इब्न मुबासिर के अनुयायी थे। ये मानते थे कि कच्ची शराब पीना दंडनीय नहीं है और यह भी कि दोजख का दंड मानसिक स्तर पर भी दिया जा सकता है।

51. *इसकाफि या*—ये मुहम्मद इब्न अब्दुल्ला अल इसकाफी के अनुयायी थे। इनका मानना था कि अल्लाह में अपने बच्चों और पागलों को प्रताड़ित करने की ताकत थी, लेकिन उन्हें नहीं जो दिमागी स्तर पर दुरुस्त थे। उनको प्रताड़ित करने की ताकत नहीं।

52. *थमामिया*—ये थमामा इब्न अशरास अल नुमैरी के अनुयायी थे। इनका मानना था कि जिनको अल्लाह जानने के लिये बाध्य नहीं करता वे जानने के लिये

बाध्य नहीं थे। ऐसे लोगों को पशु-तुल्य माना जाता था, जिन्हें कोई जिम्मेवारी नहीं होती।

53. *जहिजिया*—ये अमु इब्न बहर अल जाहिज के अनुयायी थे। वे मानते थे कि अल्लाह कोई चीज तो रच सकता था, लेकिन उसे मिटा नहीं सकता था।

54. *शहामिया या सिपतिया*—ये अबू याकिब अल शहाम के अनुयायी थे। ये मानते थे कि जो कुछ भी निर्धारित था, उसे निर्धारित करनेवाले दो थे एक तो सृष्टिकर्त्ता और दूसरा प्राप्तकर्त्ता।

55. *खैयातिया या मखलूकिया*—यो अबू अल हुसैन अल खैयात के अनुयायी थे। ये मानते थे कि जो कुछ अस्तित्वहीन है, वह अस्तित्व में आने के पूर्व एक वस्तु की शक्ल लेता है, जैसे कि आदमी जो कि जन्म लेने के पूर्व एक अस्तित्वहीन वस्तु है। ये भी मानते थे कि कोई भी गुण तभी अस्तित्व में आता है, जब वह प्रकट होता है।

56. *काबिया*—ये अबू कासिम अब्दुल्ला इब्न अहमद इब्न महमूद अल बनाही जो कि अल करबी के नाम से जाना जाता है, के अनुयायी थे। वे मानते थे कि अल्लाह खुद को या किसी और को नहीं देखता, केवल खुद को या किसी को जानने की स्थिति में ही देखता है।

57. *जुबैया*—ये अबू अली जुब्बाई के अनुयायी थे। वे मानते थे कि अल्लाह जब अपने गुलामों की इच्छा पूरी करता था तो उनकी बात मानता था।

58. *बहशमिया*—ये अबू हाशिम के अनुयायी थे। ये मानते थे कि जो गलत करना चाहते थे लेकिन करते नहीं थे, वे काफिराना हरकत करते थे और इसके लिये वे दंड के भागी होते थे।

59. *इब्रियाह*—ये मानते थे कि पवित्र पैगम्बर एक बुद्धिमान व्यक्ति थे, लेकिन वे पैगम्बर नहीं थे।

60. *मुहकमिया*—ये मानते थे कि ईश्वर का अपनी सृष्टि पर कोई नियन्त्रण नहीं।

61. *कबरिया*—ये कब्र को दंड नहीं मानते थे।

62. *हुज्जतिया*—ये कर्मों के आधार पर दंड की अवधारणा में विश्वास नहीं करते थे। उनके इस तर्क का यह आधार था कि चूँकि सब कुछ पूर्व निर्धारित है, इसलिये कोई कुछ भी करता है तो उसके लिये वह जिम्मेदार नहीं है।

63. *फि क्रिरिया*—ये मानते थे कि अल्लाह को याद करना और उनके बारे में सोचना उनकी इबादत से बेहतर है।

64. *अलीबिया या अजरिया*—ये मानते थे कि हजरत अली मुहम्मद के साथ पैगम्बर के सहभागी थे।

65. *तनसिखिया*—ये आत्मा के पुनर्जन्म में विश्वास करते थे।

66. *रजिया*—ये मानते थे कि हजरत अली इब्न अबी तालिब एक दिन इस दुनिया में लौटकर आएँगे।
67. *अहदिया*—वे (इस्लाम) के प्रति निभाये जानेवाले फ र्जों में विश्वास करते थे, लेकिन वे सुन्ना को नहीं मानते थे।
68. *रदिदिया*—वे मानते थे कि यह दुनिया सदा कायम रहेगी।
69. *सतबिरिया*—ये पश्चाताप के स्वीकार में यकीन नहीं करते थे।
70. *लफ्जिया*—वे मानते थे कि कुरान ईश्वर के मुँह से निकला शब्द नहीं है। केवल इसके अर्थ और मर्म ही ईश्वर के शब्द हैं। इस्लाम के शब्द बस वाचक के शब्द हैं।
71. *असरिया*—ये कयास लगाने को गलत मानते हैं। इसे अविश्वास के बराबर मानते हैं।
72. *बदैया*—ये मानते थे कि अमीर की बात मानना अनिवार्य है, चाहे जो आदेश हो।

(**स्रोत** : श्री जाकिर हुसैन-खुदाबक्श लाइब्रेरी, अशोक राजपथ, पटना। अनुवाद-सीताराम शरण (पटना)

सन्दर्भ-ग्रन्थ

1. आदि तुर्ककालीन भारत-सम्पादक/अनुवादक-डॉ. सैयद अतहर अब्बास रिंजवी
2. खलजीकालीन भारत-सम्पादक/अनुवादक-डॉ. सैयद अतहर अब्बास रिजवी
3. तुगलककालीन भारत-भाग (1) और भाग (2)-सम्पादक/अनुवादक-डॉ. सैयद अतहर अब्बास रिजवी
4. उत्तर-तैमूरकालीन भारत-भाग (1) और भाग (2)-सम्पादक/अनुवादक- डॉ. सैयद अतहर अब्बास रिजवी
5. मुगलकालीन भारत : बाबर-सम्पादक/अनुवादक-डॉ. सैयद अतहर अब्बास रिजवी
6. मुगलकालीन भारत : हुमायूँ-भाग (1) और भाग (2)-सम्पादक/अनुवादक -डॉ. सैयद अतहर अब्बास रिजवी
7. मध्यकालीन भारत-भाग (1) और भाग (12)-सं. इरफान हबीब
8. इस्लाम का जन्म और विकास-असगर अली इंजीनियर
9. साम्प्रदायिकता : इतिहास और अनुभव-असगर अली इंजीनियर
10. दिल्ली सल्तनत-डॉ. मोहम्मद हबीब, डॉ. खलीक अहमद निजामी
11. मुस्लिम प्रशासन के कुछ पहलू-डॉ. आर. पी. त्रिपाठी
12. मध्यकालीन भारत : नये आयाम-डॉ. हरबंस मुखिया
13. इस्लाम : उद्‌भव और विकास-डॉ. किशोरीप्रसाद साहु
14. शेख निजामुद्‌दीन औलिया-डॉ. खलीक अहमद निजामी

15. इब्ने बतूता की भारत-यात्रा
16. मध्यकालीन भारत में इतिहास लेखन, धर्म और राज्य का स्वरूप-प्रो. सतीशचन्द्र
17. मुगलों की धार्मिक नीतियाँ : राजपूत समुदाय और दक्खिन-प्रो. सतीशचन्द्र
18. मध्यकालीन भारत : राजनीति, समाज और संस्कृति-प्रो. सतीशचन्द्र
19. हिन्दुस्तान की कहानी-पं. जवाहरलाल नेहरू
20. मेरी राम कहानी-पं. जवाहरलाल नेहरू
21. इस्लामी राज्य बनाम मुस्लिम राज्य-जाफर रजा
22. भारतीय संस्कृति पर इस्लाम का प्रभाव-डॉ. ताराचन्द
23. भारतीय स्वतन्त्रता संग्राम का इतिहास, भाग-1 से भाग-4-डॉ. ताराचन्द
24. हुमायूँनामा-गुलबदन बेगम-अनुवादक, ब्रजरत्न दास
25. मुगल सम्राट हुमायूँ-प्रो. हरिशंकर श्रीवास्तव
26. मुगल शासन प्रणाली-प्रो. हरिशंकर श्रीवास्तव
27. आईने अकबरी (1)-अबुल फजल-रामलाल पांडेय
28. भारतीय संस्कृति और हिन्दी प्रदेश, भाग (2)- डॉ. रामविलास शर्मा
29. अकबर और तत्कालीन भारत-सं. डॉ. इरफान हबीब
30. भारत की राष्ट्रीय संस्कृति-ए. एस. आबिद हुसैन
31. हमारे संगीत रत्न-लक्ष्मीनारायण गर्ग
32. संगीत-कक्ष-नमिता देवीदयाल
33. हिन्दुस्तानी संगीत में तानसेन का स्थान-वीरेन्द्र किशोर रायचौधरी
34. जिन खोजा तिन पाईया-अयोध्याप्रसाद गोयलीय
35. मध्यकालीन भारत, भाग (1) और भाग (2)-सं. डॉ. हरीशचन्द्र वर्मा
36. बर्नियर की भारत-यात्रा-अनुवादक गंगाप्रसाद गुप्त
37. सूफीवाद कुछ महत्त्वपूर्ण लेख-एन. आर. फारुकी
38. शाहजहाँनामा-दामोदरलाल गर्ग
39. औरंगजेब-सर यदुनाथ सरकार
40. मुगलकालीन भारत के आधुनिक उर्दू इतिहासकार-सफी उल्लाह खाँ
41. इतिहासकार का मतान्तर-डॉ. मुबारक अली
42. दिल्ली सल्तनत-डॉ. कौलेश्वर राय
43. मुगलकालीन भारत-डॉ. कौलेश्वर राय
44. जहाँगीरनामा-अनुवादक, ब्रजरत्न दास
45. दास्तान मुगल महिलाओं की-प्रो. हेरम्ब चतुर्वेदी
46. दि इंडियन मुस्लिम (अंग्रेजी)-डॉ. मोहम्मद मुजीब
47. फतवे, उलेमा और उनकी दुनिया-अरुण शौरी
48. रेशमी पत्रों का षड्यन्त्र-रतनलाल बंसल
49. ब्रिटिश साम्राज्यवाद के सांस्कृतिक पक्ष और 1857-वन्दिता वर्मा
50. भारतीय निबन्ध-सं. जगदीश चतुर्वेदी
51. आधुनिक भारतीय चिन्तन-विश्वनाथ नरवणे

52. भारत में अंग्रेजी राज और मार्क्सवाद, भाग (1) और भाग (2)-डॉ. रामविलास शर्मा
53. उर्दू, प्रेस और ब्रिटिश शासन-डॉ. अब्दुल मुजीब खाँ
54. चिन्गारी-एम. जे. अकबर
55. बापू के कदमों में-डॉ. राजेन्द्र प्रसाद
56. सत्य के प्रयोग-महात्मा गाँधी
57. Uncharted Terriains (अंग्रेजी)-Pro. IRFAN HABIB
58. हिन्दी, उर्दू, हिन्दुस्तानी, हिन्दू-मुस्लिम साम्प्रदायिकता और अंग्रेजी राज- प्रो. कृपाशंकर सिंह
59. भारत के स्वतन्त्रता संग्राम में मुस्लिम महिलाओं का योगदान-प्रो. आबिद समीउद्दीन
60. मकालाते शिबली, भाग-8 (उर्दू)
61. मुस्लिम लीग और साम्प्रदायिक राजनीति-गिरीशचन्द्र पांडेय
62. झेलम किनारे दहकते चिनार-उर्मिलेश
63. भारतीय चिन्तन परम्परा-के. दामोदरन
64. उर्दू साहित्य का आलोचनात्मक इतिहास-डॉ. एहतेशाम हुसैन
65. दारुल उलूम देवबन्द का इतिहास-मौलाना मोहम्मदुल्लाह कासमी
66. मुस्लिम मन का आईना-राजमोहन गाँधी
67. भारत में राष्ट्रवाद और साम्प्रदायिक राजनीति-मुशीरुल हसन
68. इस्लाम और आधुनिक भारत-प्रो. मुकुट बिहारी लाल
69. खिलाफत आन्दोलन-काजी मुहम्मद अदील अब्बासी, अनुवादक-नूर नबी अब्बासी
70. उर्दू भाषा और साहित्य-फिराक गोरखपुरी
71. गालिब और उनका युग-पवनकुमार वर्मा
72. जकाउल्लाह ऑफ डेल्ही (अंग्रेजी)-सी. एफ . एंड्रयूज
73. हयाते जावेद-मौलाना अल्ताफ हुसैन हाली
74. आजादी का आन्दोलन और भारतीय मुसलमान-शान्तिमय रे
75. सैयद अहमद खाँ-डॉ. खलीक अहमद निजामी
76. इतिहास का सच और हिन्दी-उर्दू तथा दक्खिनी-डॉ. कृपाशंकर सिंह
77. दि रोल ऑफ शेख-उल-हिन्द मौलाना-मोहम्मद-उल-हसन- मोहम्मद तैय्यब इन दि इंडियन फ्रीडम मूवमेंट (अंग्रेजी शोध-प्रबन्ध)
78. सत्यभक्त और साम्यवादी पार्टी-सं. कर्मेन्दु शिशिर
79. नवजागरणकालीन पत्रकारिता और मतवाला (2)-सं. कर्मेन्दु शिशिर
80. उर्दू-ए-मुअल्ला के अदबी खिदमात (उर्दू)-डॉ. रेहान अली
81. हसरत मोहानी-एम. हबीब खाँ
82. खुतबाते हसरत मोहानी-मुफ्ती मुहम्मद रजा अंसारी
83. हसरत मोहानी-खलीक अंजुम
84. भारत का इतिहास 1707 से 1857 तक-लक्ष्मी सुब्रमण्यण
85. आजादी की कहानी-मौलाना अबुल कलाम आजाद
86. इमाम-उल-हिन्द (शताब्दी स्मारक ग्रन्थावली-3)-सैयद सैयदैन हमीद, प्रो. मुजीब रिजवी

87. अबुल कलाम आजाद-अब्दुल कवी दस्नवी
88. मौलाना अबुल कलाम आजाद-अर्श मलसियानी
89. मौलाना आजाद की याद में-खुदाबक्श लाइब्रेरी
90. मौलाना आजाद के चुनिन्दा लेख और अभिभाषण-डॉ. के. सी. यादव
91. सैफ़ुद्दीन किचलू-तौफीक किचलू
92. इस्लाम में धार्मिक चिन्तन की पुनर्रचना-मुहम्मद इकबाल
93. जावेदनामा-सं. मुहम्मद शीस खान
94. पलासी से विभाजन तक-शेखर वंद्योपाध्याय
95. असरारे खुदी-सं. मुहम्मद शीस खान
96. हकीम अजमल खाँ-जफर अहमद निजामी
97. हकीम अजमल खाँ-सैयद जिल्लुर्रमान
98. मुसद्दसे हाली-सं. जफर अंसानी जफर
99. शिब्ली-जफर अहमद सिद्दीकी-अनु. जानकीप्रसाद शर्मा
100. पाकिस्तान का मतलब क्या है?-असगर वजाहत
101. मौलाना कासिम नानौवती : हयात और कारनामे (उर्दू)-मौलाना सैयद मुनाजिर अहसन गिलानी
102. साम्प्रदायिक सद्भाव के प्रणेता-डॉ. एन. एम. पी. श्रीवास्तव
103. मजहरुल हक-डॉ. कयामुद्दीन अहमद और जटाशंकर झा
104. बदरुद्दीन तैयब जी-ए. जी. नूरानी
105. संस्कृति के चार अध्याय-रामधारी सिंह 'दिनकर'
106. बढ़ती दूरियाँ : गहराती दरार-डॉ. रफीक जकारिया
107. मौलाना अबुल कलाम अजाद-एक युग पुरुष-मो. इसहाक भट्टी
108. मौलाना अबुल कलाम आजाद-सं. मलिक मुहम्मद कमाल यूसुफ
109. भारत की आत्मा-गाय सोर्मन
110. सूफीमत : साधना और साहित्य-डॉ. रामपूजन तिवारी
111. ओबैदुल्ला सिन्धी-अबू सलमान शाहजहाँपुरी
112. सरस्वती-(अप्रैल 1911)-सं. महावीर प्रसाद द्विवेदी
113. लोकमत समाचार (नागपुर दीपावली अंक-2006 सम्पादक-प्रकाश चन्द्रायन)
114. वसुधा-जनवरी-मार्च 2006
115. वर्तमान साहित्य-नवम्बर-दिसम्बर 2006
116. अकार (36)-अगस्त-नवम्बर 1913-सं. प्रियंवद

❑❑❑

णाणं
पयासयं
वीर नि.सं. 2470
ई. सन् 1944
भारतीय ज्ञानपीठ